Bernd Klein

Leichtbau-Konstruktion

Aus dem Programm Konstruktion

Technisches Zeichnen Grundkurs
von S. Labisch, C. Weber und P. Otto

AutoCAD – Zeichenkurs
von H.-G. Harnisch

Pro/ENGINEER-Praktikum
von P. Köhler, R. Hoffmann und M. Köhler

Leichtbau-Konstruktion
von B. Klein

FEM
von B. Klein

Lehr- und Lernsystem Roloff / Matek Maschinenelemente
von W. Matek, D. Muhs, H. Wittel, M. Becker und D. Jannasch

Arbeitshilfen und Formeln für das technische Studium
Band 2: Konstruktion
von W. Böge (Hrsg.)

I-DEAS Praktikum CAE / FEM
Berechnen und Simulieren
von H.-B. Woyand und H. Heiderich

I-DEAS Praktikum
Modellieren mit dem 3D-CAD-System I-DEAS Masters Series
von W. Wagner und J. Schneider

vieweg

Bernd Klein

Leichtbau-Konstruktion

Berechnungsgrundlagen und Gestaltung

5., überarbeitete Auflage

Mit 255 Abbildungen, 58 Tabellen und umfangreichen Übungsaufgaben zu allen Kapiteln des Lehrbuchs

vieweg

Die Deutsche Bibliothek – CIP-Einheitsaufnahme
Ein Titeldatensatz für diese Publikation ist bei
Der Deutschen Bibliothek erhältlich.

1. Auflage 1989
2., neubearbeitete Auflage 1994
3., überarbeitete Auflage 1997
4., überarbeitete Auflage Oktober 2000
5., überarbeitete Auflage Oktober 2001

Der Verlag Vieweg ist ein Unternehmen der Fachverlagsgruppe BertelsmannSpringer.

www.vieweg.de

Konzeption und Layout des Umschlags: Ulrike Weigel, www.CorporateDesignGroup.de
Druck und buchbinderische Verarbeitung: Hubert & Co., Göttingen
Gedruckt auf säurefreiem Papier
Printed in Germany

ISBN 3-528-44115-1

Vorwort zur 1. Auflage

Das vorliegende Manuskript umfaßt den Umfang der Vorlesung "Leichtbau-Konstruktion", die ich seit 1985 an der Gesamthochschule Kassel als zweisemestrige Veranstaltung für Studenten des Maschinenbaus anbiete.

Bei der Aufbereitung des Stoffes habe ich die bekannten Standardwerke des Leichtbaus (Czerwenka/Schnell, Hertel, Schapitz und Wiedemann) sowie Vorlesungsmitschriften von anderen Hochschulen zu Rate gezogen.

Intention war hierbei, die allgemein als schwierig bezeichneten Grundlagen des Leichtbaus so zu vereinfachen und zu verkürzen, daß diese in besonderem Maße den Vorstellungen einer praxisorientierten Ingenieurausbildung gerecht werden. Als Zielgruppe sollten daher auch primär Studierende an Fachhochschulen und Gesamthochschulen sowie in der Praxis stehende Ingenieure angesprochen werden.

Die inhaltlichen Darstellungen spiegeln im wesentlichen die Anforderungen wieder, die nach meinen Erfahrungen heute der Maschinen- und Fahrzeugbau an den Leichtbau stellen. Insofern habe ich thematisch einen großen Kreis geschlagen, ohne letztlich vollständig sein zu können. Mein Bemühen war dabei aber immer, besondere Prinzipien und Analogien herauszustellen, um den Lernenden letztlich Problemlösungsansätze zu vermitteln. Falls sich hieraus weitere Anregungen ergeben sollten, wäre ich um konstruktive Rückmeldungen dankbar.

Des weiteren möchte ich nicht unerwähnt lassen, daß ich bei der Erstellung des Manuskriptes in den Mitarbeitern des Fachgebietes für Leichtbau-Konstruktionen Helfer hatte. So hat Herr Dipl.-Ing. D. Eulenbach einige Kapitel maßgeblich mitgestaltet sowie einige andere Herren vielfältige Detailarbeit geleistet. Die mühevolle Schreibarbeit hat ausschließlich Frau M. Winter übernommen. Ihnen allen sei an dieser Stelle herzlich gedankt.

Kassel, im August 1988 *B. Klein*

Vorwort zur 5. Auflage

In den letzten Jahren hat der Fahrzeugbau dem Leichtbau wesentliche neue Impulse gegeben. Dies betrifft vor allem die Anwendung neuer Werkstoffe neuer Technologien und angepaßte Bauweisen. Die Überarbeitung war deshalb darauf ausgerichtet, einige dieser Neuerungen einzuarbeiten. Weiterhin wurden noch textliche Änderungen und eine Fehlerkorrektur durchgeführt.

Die schriftlichen Arbeiten hat wiederum Frau Winter durchgeführt, während die grafischen Anpassungen Herr cand.-ing. W. Morgan übernommen hat. Allen Beteiligten sei dafür wieder herzlich gedankt.

Kassel, im August 2001 *B. Klein*

Inhaltsverzeichnis

Formelzeichensammlung

a	Belastungsabschnitte Rißlänge
A	umschriebene Fläche
B	Biegesteifigkeit, Plattensteifigkeit
b	Breite
c	Flanschabkantung Konstante
C_F	Forman-Konstante
C_{ij}	Steifigkeitskoeffizienten
C_P	Paris-Konstante
C_W	Wölbwiderstand
D	Drillsteifigkeit, Dehnsteifigkeit
d	Durchmesser
E	Elastizitätsmodul
F	äußere Kraft
f(t)	Ausfalldichte
F(x,y)	Spannungsfunktion
f_G	Gewichtsfunktion
F_0	Oberflächenfaktor
F_{0T}	resultierender Oberflächen-Technologiefaktor
F_T	Technologiefaktor
g	Erdbeschleunigung
G	Gewicht Gleitmodul
h	Höhe
$H_Ü$	Häufigkeit
i	Trägheitshalbmesser
i_L	Sicherheitszahl
J	Flächenträgheitsmoment
j	Risikofaktor
k	Abminderungsfaktor Beulwert spezifische Kosten Spannungsüberhöhung Wöhlerlinienexponent
K	Kosten
K_I	Spannungsintensität
K_{Ic}	Bruchzähigkeit
ΔK	zyklische Spannungsintensität
ΔK_o	Schwellenwert
$\ell_ü$	Überlappungslänge
L	Länge Lebensdauer
L_{BK}	Leichtbaukennzahl
m	bezogene Momente Masse
M	Schnittgröße Moment
m, n	Halbwellenlänge
m_F	Forman-Exponent
m_P	Paris-Exponent
n	Anzahl Bauweisenexponent bezogene Normalkräfte
N	Schnittgröße Normalkraft
N_B	Bruchlebensdauer
N_G	Grenzlastspielzahl
N_R	Rißbruchlastwechselzahl
n_x, n_y	Normalkraftfluß
p	äußere bezogene Kraft
$P_{a,A}$	Ausfallwahrscheinlichkeit
$P_{ü,Ü}$	Überlebenswahrscheinlichkeit
q	bezogene Querkräfte Querkraftfluß
Q	Schnittgröße Querkraft Querkrümmungssteifigkeit
r	Radius
R	Grenzspannungen Reservefaktor Spannungsverhältnis
S	Schubsteifigkeit Sicherheit statisches Flächenmoment Strukturkennwert
D_K	Kollektivschädigung
T	Knickmodul Streumaß Temperatur
t	Materialdicke
t_E	Meßschritt
t_N	Nutzungszeit
u, v, w	Verschiebungen
V	Volumen
v, w	Schweißfaktor
w_B	Kollektivwiederholungsfaktor
W_t	Drillwiderstandsmoment
x, y, z	Koordinaten
Y(a)	Korrekturfunktion

α	linearer Wärmeausdehnungs-koeffizient
	Vergrößerungsfaktor
	Seitenverhältnis
α_K	Formzahl
ß	Durchbiegefaktor
	Bezugsgröße
$ß_K$	Kerbwirkungszahl
γ	spezifisches Gewicht
	Schiebungen
δu	Variation der Verschiebung
ε	Dehnung
ζ	Durchbiegefaktor
η	Diagonalzahl
θ	Steifigkeitsparameter
κ	Krümmung
	Spannungsverhältnis
λ	Schlankheitsgrad
	Faktor
$\lambda(t)$	Ausfallrate
μ	Massenbelegung
ν	Querkontraktion
π	Formänderungsenergie
ρ	Dichte
	Faktor
σ	Normalspannungen
σ_a	Ausschlagspannung
σ_A	Dauerfestigkeit
σ_m	Mittelspannung
σ_o	Oberspannung
σ_u	Unterspannung
τ	Schubspannungen
ϕ	Verdrehung
	Bezugsgröße
ϕ'	Verwindung
ψ	Querschnittsdrehung
	Verbindungssteifigkeitsverhältnis
ω	Bezugsgröße
ω^*	Wölbfunktion

1 Zielsetzung des Leichtbaus

Eine Hauptforderung bei mechanisch und thermisch beanspruchten Konstruktionen ist, daß diese so ausdimensioniert werden, daß die zulässige Beanspruchung in allen Querschnitten möglichst gleichmäßig erreicht wird. In diese Richtung tendiert auch die Aufgabenstellung des Leichtbaus, wo ein minimales Baugewicht unter höchster Ausnutzung angestrebt wird. Gewöhnlich stehen dem Restriktionen entgegen, die in den nutzbaren Kennwerten des Werkstoffs und den extremal zulässigen Verformungen bestehen. Insofern ist in der Praxis oft eine Extremlösung nicht zu verwirklichen, weil seitens des Werkstoffs, der Herstellung oder der Bauweise verschiedene Kompromisse eingegangen werden müssen.

Vor diesem Hintergrund ist sodann nur ein *optimierter Leichtbau* zu realisieren. Dies ist in der Regel jedoch nicht mit einer Kostensenkung gegenüber normalen Konstruktionen verbunden. Die Erfahrung zeigt, daß Leichtbaukonstruktionen meist in der Konzeption, im Werkstoffeinsatz, in der Herstellung und der Erprobung sehr aufwendig sind, weshalb mit erheblichen Mehrkosten gerechnet werden muß. Wenn man bei einer Konstruktionsaufgabe trotzdem diesen aufwendigeren Weg beschreitet, so sollte dies unter Kosten-Nutzengesichtspunkten wohl begründet sein, wobei die Vorteile die Nachteile deutlich kompensieren müssen. In der Verkehrstechnik ist dies relativ unproblematisch, weil durch Leichtbaumaßnahmen handfeste wirtschaftliche Vorteile ausweisbar sind. Eine Gewichtsreduzierung kann beispielsweise

- zu einer Nutzlaststeigerung oder Geschwindigkeitserhöhung führen,
- eine geringere Masse bewirkt weiter einen geringeren Rollwiderstand, Beschleunigungswiderstand und Steigungswiderstand,
- was insgesamt einen geringeren Energieverbrauch zur Folge hat.

So kann abgeschätzt werden, daß einer Massenersparnis von 100 kg bei einem PKW eine Verbrauchsminderung von durchschnittlich 0,5 Ltr. Kraftstoff je 100 km gegenüber steht. Würde man dies durch eine Werkstoffsubstitution erreichen wollen, so könnten 2 kg Stahl durch 1 kg Aluminium ersetzt werden. Hierbei gehen je 100 kg in einer Struktur verbautes Aluminium ca. 5 % an Belastbarkeit und 6 % an Steifigkeit verloren.

Die wesentlichen mit dem Leichtbau zusammenhängenden Fragen wurden zuerst im Luftfahrzeugbau aufgegriffen und systematisch bearbeitet. Da hier die Kosten meist nicht im Vordergrund standen, ist der Leichtbau gerade durch die Freiheiten der Luftfahrtforschung entscheidend geprägt worden. Neben einer generellen Erweiterung der theoretischen Grundlagen bezieht sich dies auch auf die erprobten konstruktiven Prinzipien (s. insbesondere /1.1/ und /1.2/).

Ein markanter Entwicklungsschritt war hierbei sicherlich die Ablösung der Fachwerkbauweise durch die freitragende Bauweise unter Ausnutzung des Tragvermögens der Häute. Die hierauf beruhenden Prinzipien der Vollwand- und Schalensysteme haben sich dann über den Luftfahrzeugbau hinaus ausgedehnt in den Eisenbahnwaggonbau, den Schiffbau und den Fahrzeugkarosseriebau.

Als einen weiteren Meilenstein für den Leichtbau ist die Nutzbarkeit der Schweißtechnik anzusehen. Die Materialdopplungen, die vorher bei Nietverbindungen entstanden, ließen sich

Anmerkung: In der Automobilindustrie kann ein Serienbauteil um 6,- bis 15,- DM teurer werden, wenn durch einen anderen Werkstoff etwa 1 kg an Gewicht eingespart werden kann.

nun durch stumpfes Aneinandersetzen vermeiden. Durch die hohe Festigkeit der Schweißverbindungen und die sich ergebenden gestalterischen Möglichkeiten konnten so völlig neue Strukturkonzepte verwirklicht werden. Die konsequente Weiterentwicklung findet man heute in laserstrahlgeschweißten Rümpfen bei Großraumflugzeugen (Airbus A 318, A3 XXX) und im modernen Karosseriebau von Pkw's.

Neuen Auftrieb erhielt zudem der Leichtbau in den letzten Jahren durch die immer leistungsfähiger werdende elektronische Datenverarbeitungstechnik und die darauf abgestimmten Rechenverfahren. So sind heute mittels der Finite-Element- oder Boundary-Element-Methode sehr tiefgreifende Analysen des Beanspruchungs- und Verformungsverhaltens möglich, woraus sich meist Optimierungsmöglichkeiten hinsichtlich einer besseren Leichtbaueignung ergeben. Darüber hinaus werden die rechnerunterstützten numerischen Rechentechniken sicherlich auch dazu beitragen, erweiterte Fragestellungen wie zum Beispiel die Ermüdungsfestigkeit, Rißphänomene oder die Strukturzuverlässigkeit im Leichtbau wissenschaftlich zu klären.

Der moderne Leichtbau ist letztlich auch geprägt durch den Fortschritt in den Materialwissenschaften, der zu neuen Bauweisen geführt hat. So stehen mit metallischen und polymeren Verbundwerkstoffen erstmals Hochleistungswerkstoffe zur Verfügung, die eine hohe funktionale Integration bei extremer Steifigkeit und minimalem Gewicht ermöglichen.

Aus der Auflistung dieser Tendenzen wird mehreres deutlich. *Erstens*: Der Leichtbau ist eine interdisziplinäre Ingenieurwissenschaft, welche auf Erkenntnissen der Festigkeitslehre, Rechentechnik, Werkstoffkunde und Fertigungstechnik begründet ist. Mit den Jahren haben sich zudem bestimmte Prinzipien durchgesetzt, so daß neben der Beherrschung der Theorie auch hinreichende konstruktive Erfahrung kommen muß. *Zweitens*: Die Forderungen werden immer extremer, so daß der Leichtbauer sich mit allen neuen Strömungen auseinandersetzen muß und immer bestrebt sein sollte, diese problemspezifisch zu adaptieren.

Mit dem vorliegenden Buch soll daher der Versuch unternommen werden, einige relevante Fragestellungen aufzugreifen und deren Behandlung im Gesamtumfeld zwischen Theorie und Praxis zu zeigen. Der Schwerpunkt soll hierbei im konstruktiven Umsetzen liegen, was zu der Formulierung von Konstruktionsregeln natürlich auch die Vermittlung von Grundwissen zum Werkstoffeinsatz, zu den elasto-mechanischen Grundlagen und zu den typischen Leichtbauelementen bedarf. Dazu wurde ein aufbauendes didaktisches Grundkonzept gewählt, das sich jedoch in vielerlei Hinsicht an die klassischen Leichtbauwerke /1.3, 1.4, 1.5, 1.6/ anlehnt.

2 Problemstruktur des Leichtbaus

Wie bereits angedeutet, kann Leichtbau kein Selbstzweck sein. Aufwand und Nutzen müssen dabei in einem interessanten Verhältnis zueinander stehen, so daß Leichtbaumaßnahmen lohnend erscheinen. Diesbezüglich gilt es, alle über das übliche Maß hinausgehenden Anstrengungen auch unter Wirtschaftlichkeitsgesichtspunkten zu bewerten. Hilfreich ist hier vielfach die Erstellung eines Gewichts- und Kostenmodells, welches parameterielle Abhängigkeiten zwischen dem Strukturgewicht, den Herstellkosten und dem wirtschaftlichen Nutzwert darzustellen vermag. Auf diese Aspekte des technologischen Leichtbaus soll im folgenden kurz eingegangen werden.

2.1 Eigengewichtsaufgabe

Alle Bemühungen des Leichtbaus sind darauf gerichtet, das Eigengewicht einer Konstruktion zu minimieren. Als Einschränkung ist dabei zu berücksichtigen, daß hierdurch weder die Funktion, noch die Sicherheit und Langlebigkeit beeinträchtigt werden dürfen. Maßnahmen, mit denen man dies heute zu erreichen versucht, sind:

- Realisierung von fortschrittlichen Bauweisenlösungen,
- Einsatz leichter und hochfester Werkstoffe,
- neue Herstelltechnologien

und

- analytische Durchdringung des Belastungs- und Beanspruchungsfalls.

Im Zuge der Umsetzung dieser Prinzipien können bestimmte Konstruktionsstrategien /2.1/ zum Tragen kommen, deren Merkmale sich verkürzt klassifizieren lassen in:

· einen sog. *Formleichtbau*, in dem konstruktiv versucht wird, durch bessere Kräfteverteilung und Formgebung ein hohes Tragvermögen einer Struktur mit geringstem Stoffeinsatz zu erreichen,

· einen sog. *Stoffleichtbau*, in dem versucht wird, spezifisch schwere Werkstoffe durch leichtere und festere Werkstoffe zu substituieren

und

· einen sog. *Bedingungsleichtbau*, dessen Bestreben in einer Infragestellung von überzogenen Sicherheitsforderungen sowie günstigere Integration eines Leichtbauteils in eine ursprünglich steife Umgebung besteht.

Hierhinter verbirgt sich stets ein ganz individueller technologischer Aufwand. Dem somit praktisch realisierbaren Leichtbaugrad (1/G) sind jedoch im Maschinen- oder Fahrzeugbau oft enge Grenzen durch die Kostengesetzmäßigkeiten auferlegt. Die Grundtendenz zeigt schematisiert Bild 2.1.

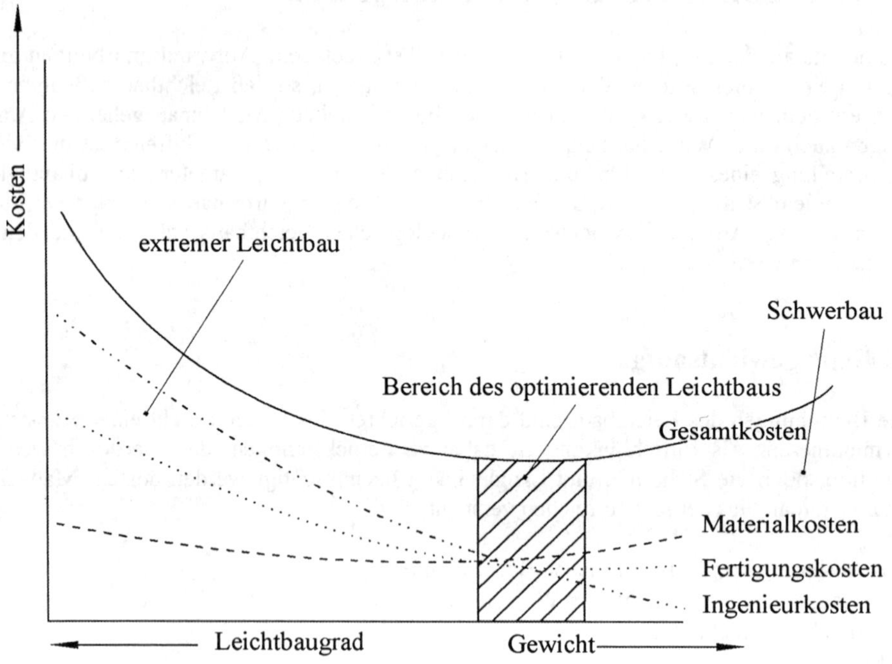

Bild 2.1: Zusammenhang zwischen Kosten und Gewicht eines Systems

Danach gibt es einen direkten Zusammenhang zwischen dem angestrebten Gewicht und der Kostenentwicklung. In der Regel nehmen die Herstellkosten einer Struktur mit höherem Leichtbaugrad überproportional zu. Als Ursachen dafür lassen sich anführen:

- Die Ingenieurkosten können bei Leichtbaukonstruktionen um den Faktor 5-10fach höher liegen.
- Mit sinkendem spezifischen Gewicht werden gewöhnlich die Werkstoffe teurer, etwa wie Stahl: Aluminium: GFK: AFK: CFK = 1 : 5 : 10 : 100 : 500.
- Des weiteren können die Fertigungskosten infolge höherer Werkzeug- und Prozeßkosten bis zu 3fach höher liegen.

In der Praxis des Maschinen- und Fahrzeugbaus ist deshalb oft ein sinnvoller Kompromiß anzustreben. Insofern besteht meist als Zielrichtung der *optimierte Leichtbau*, bei dem vernünftige Relationen zwischen Aufwand und Nutzen vorliegen.

Bei Luft- und Raumfahrtkonstruktionen ist es demgegenüber oft so, daß die Kosten hinter der Mission zurückstehen und daher ein extremer Leichtbau betrieben wird.

2.2 Kostenmodell

Unter der Maßgabe, alle Leichtbaumaßnahmen wirtschaftlich bewertbar zu machen, sollen im folgenden einige Abhängigkeiten diskutiert werden. Zugrunde gelegt werden soll hier das übersichtliche *Modell eines Verkehrsfahrzeuges*, bei dem die Nutzlast bzw. die Einnahmen zur Amortisation des Mehraufwandes /2.2/ herangezogen werden können. Demgemäß gilt es, vereinfachend die folgende Gegenüberstellung zu wichten:

1. Gewichtsrelationen

G_S (Strukturgewicht)
$+ G_N$ (Nutzlast)
$= G$ (zul. Gesamtgewicht) (2.1)

2. Kostenansatz/Periode

K_S (Systemkosten)
$+ K_B$ (Betriebskosten)
$- K_E$ (Einnahmen)
$= K$ (Kostenüber- oder -unterdeckung (2.2)

- In den *Systemkosten* K_S (äquivalenten Herstellkosten) sind wesentliche Anteile die Design-(K_D) und die *Leichtbauzusatzkosten* (K_L) der Entwicklung sowie die *Werkstoffkosten* (K_W), die *Werkzeugkosten* (K_{Wzg}) und die *Fertigungskosten* (K_F):

$$K_S = (K_W + K_{Wzg} + K_F) + (K_D + K_L). \tag{2.3}$$

  Die Leichtbauzusatzkosten ergeben sich als Mehraufwand bei den Ingenieurleistungen (ΔK_I), der Erprobung (ΔK_V) und den Herstellmitteln (ΔK_{FW}).

- Die *Werkstoffkosten* werden hierbei einen dominierenden Einfluß haben. Sie bestimmen sich als

$$K_W = \sum_{i=1}^{n} k_{Wi} \cdot G_{Si}, \tag{2.4}$$

  mit k_{Wi} als Werkstoff-Kilopreis für jede Strukturkomponente.

- Die *Betriebskosten* sind weitestgehend proportional zum Gesamtgewicht und mit dem Betriebskostenfaktor k_B anzusetzen als

$$K_B \approx k_B \cdot G. \tag{2.5}$$

- Die *Einnahmen* sind hingegen proportional zur Nutzlast und mit dem Einnahmefaktor k_E anzusetzen als

$$K_E \approx k_E \cdot G_N. \tag{2.6}$$

Da ein Betreiber eines *Leichtbau*-Verkehrsfahrzeuges nur in begrenztem Maße die Einnahmen- und Betriebskostenseite beeinflussen kann, sind alle Anstrengungen darauf zu richten, die Leichtbauzusatzkosten sinnvoll zu begrenzen. Ziel ist es, eine leichte Struktur bei möglichst geringen Systemkosten /2.3/ zu erstellen:

- Die *Leichtbauzusatzkosten* werden im allgemeinen kleiner, wenn die Strukturgewichtsminimierung durch eine bessere Ausdimensionierung und eine Strukturentfeinerung erfolgt.

- Die *Leichtbauzusatzkosten* werden dagegen größer, wenn die Strukturgewichtsminimierung durch Bauweisenverfeinerung und den Einsatz höherwertiger Werkstoffe erfolgt.

Unter Wirtschaftlichkeitsgesichtspunkten wäre es für ein Nutzfahrzeug ideal, wenn die Nutzlast deutlich größer als das Strukturgewicht ($G_N \geq G_S$) wäre, da sich so der Zusatzaufwand recht schnell amortisieren ließe.

Generell kommt bei Verkehrsfahrzeugen der Erreichung einer bestimmten Gewichtsrelation eine hohe Wertigkeit zu, wie in Fahrzeuglastenheften immer wieder herausgestellt wird. Gelingt es bei einer Entwicklung nicht, das projektierte Gesamtgewicht G_o - das auch Basis aller Annahmen war - zu erreichen, so sind Folgemaßnahmen nötig, welche durch den Zusammenhang /2.4/

$$G_1 \approx G_o + \alpha \cdot \Delta G_S \tag{2.7}$$

ausgedrückt werden können. D. h., im Konzept wird ein *Vergrößerungsfaktor* α wirksam, der berücksichtigt, daß weitere Zusatzmaßnahmen an der Struktur bzw. den Aggregaten erforderlich sind, um dennoch eine gleiche Nutzlast über die vorgegebene Reichweite befördern zu können.

Der Vergrößerungsfaktor kann demgemäß wie folgt definiert werden:

$$\alpha = \frac{\Delta G}{\Delta G_S} = \frac{\text{(Gesamtgewichtsänderung)}}{\text{(Folgemaßnahmen an der Struktur)}} \,. \tag{2.8}$$

Nach Erfahrung bewegt sich der Vergrößerungsfaktor etwa im Bereich

- $\alpha \approx 1{,}1 - 1{,}5$ im Fahrzeugbau,
- $\alpha \approx 2 - 3$ im Flugzeugbau,
- $\alpha \geq 5$ in der Raumfahrt.

Treten nun Gewichtsüberschreitungen auf, so sind zwei Handlungsalternativen denkbar, und zwar

Alternative I: Die Nutzlast G_N wird auch weiter konstant gehalten, weshalb die Struktur ($+\Delta G_S$) nachgerüstet werden muß. Hierdurch entsteht ein Mehraufwand, der etwa proportional ist zu

$$\Delta K \approx C(K_S + K_B) \cdot \alpha \cdot \Delta G_S \,.$$

oder

· Alternative II: Die Nutzlast ($-\Delta G_N$) wird reduziert, weshalb die Struktur konstant gehalten werden kann. Hierdurch verändert sich die Wirtschaftlichkeit etwa proportional zu

$$\Delta K \approx C(K_S - K_E) \cdot \alpha \cdot \Delta G_N \,.$$

Je nach Einsatzgebiet ist dann der ökonomisch sinnvollste Weg zu wählen.

2.3 Konstruktive Rahmenbedingungen

Bei der Umsetzung von Leichtbauprinzipien muß in der Regel auf dünnwandige, filigrane Profile und einen besonderen Strukturaufbau zurückgegriffen werden. Diesbezüglich ist eine Leichtbaukonstruktion manchmal hinsichtlich Steifigkeit und Festigkeit im Nachteil gegenüber einer massiven Konstruktion. Dies schließt vielfach auch das Schädigungsverhalten ein, das wegen der geringen Querschnitte oft als sensibel zu bezeichnen ist.

Um damit den gesetzten Qualitätsansprüchen zu genügen, ist den im Bild 2.2 aufgeführten Tragfähigkeits-, Sicherheits- und Nutzungsdauernachweisen große Bedeutung beizumessen.

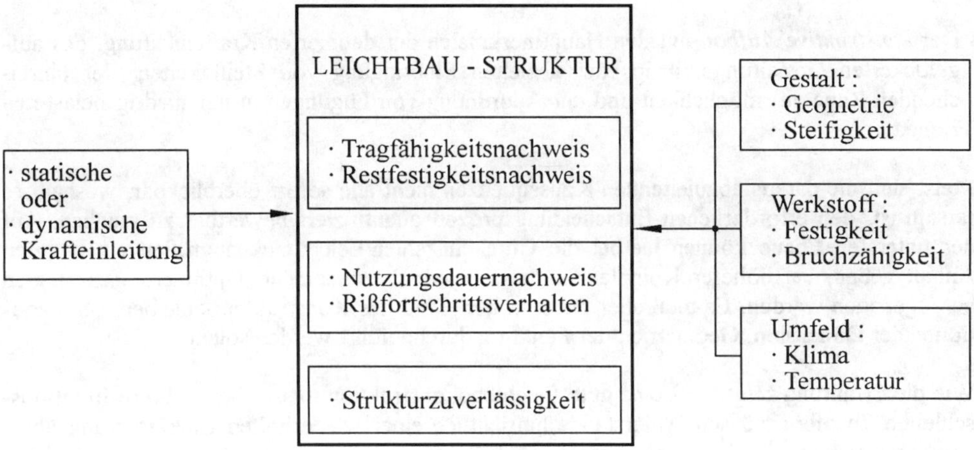

Bild 2.2: Nachweisarten für Leichtbaustrukturen

Gewöhnlich dient hierbei der Tragfähigkeits- und Restfestigkeitsnachweis der Überprüfung einer sicheren Ausdimensionierung /2.5/. Wird des weiteren ein Schadenstoleranznachweis gefordert, so gilt es, die Nutzungsdauer zu belegen und das Rißfortschrittsverhalten zu prognostizieren.

In Abhängigkeit vom Anwendungsfall haben sich dabei zwei Grundhaltungen hervorgetan:

- die Philosophie des "*safe-life-quality*", die absolute Schadensfreiheit für das ganze Leben verlangt

und

- die Philosophie des "*fail-safe-quality*", die Schadenstoleranz und hinreichende Resttragfähigkeit voraussetzt.

Dem entsprechenden Ziel nach sind im weiteren alle erforderlichen Leichtbaumaßnahmen zu begründen. Als Ansatzpunkte sind im wesentlichen anzuführen:

- Der *Werkstoff*, für den ideal zu fordern ist: geringe Dichte, hoher Elastizitätsmodul, hohe statische und dynamische Grundfestigkeiten sowie ausreichende Bruchzähigkeit; manchmal müssen einige Werte auch unter Wärme beständig sein.

- Bei den natürlichen Werkstoffen ist diese Eigenschaftskombination so meist nicht anzutreffen, weshalb zunehmend Verbundwerkstoffe mit gezüchteten Eigenschaften zum Einsatz kommen. Von besonderer Bedeutung haben sich hierbei die faserverstärkten Werkstoffe erwiesen.

- Die *Dimensionierung*, die stets das Prinzip der minimalen Auslegung verfolgen sollte. Dies setzt oft einen hochwertigen Berechnungsansatz (Lösung einer DGL, Erstellung eines FE-/BE-Modells) mit hinreichender Aussagekraft voraus.

- Der *konstruktive Aufbau* mit den Hauptmerkmalen der definierten Krafteinleitung, des aufgelockerten Gestaltungsprinzips, der gezielten Einbringung von Steifigkeiten, der hinreichenden Reparaturmöglichkeit und der Anordnung von Fügungen in nur niedrig belasteten Zonen.

Meist sind die daraus abzuleitenden Konsequenzen nicht alle sofort überblickbar, weshalb es ratsam ist, den erforderlichen Entscheidungsprozeß quantifiziert bewertbar zu machen. Auf der untersten Ebene können hierbei die Gütekennzahlen/Leichtbaukenngrößen einen guten Anhalt geben, bei höherer Komplexität müssen jedoch zunehmend Optimierungsstrategien herangezogen werden. Es muß aber dabei in der Hand des Konstrukteurs bleiben, ob Variationen der Dimension, Geometrie oder Funktion durchgeführt werden sollen.

Wie die Erfahrung zeigt, reift eine gute Leichtbaukonstruktion meist über mehrere Iterationsschleifen. Insofern müssen Widerstände hinsichtlich einer wiederholten Überarbeitung überwunden werden. Dies ist heute leichter möglich, wenn der manuelle Variationsaufwand begrenzt bleibt, was den gezielten Einsatz rechnerunterstützter Hilfsmittel (CAD, FEM) voraussetzt.

3 Methoden und Hilfsmittel im Leichtbau

Bei fast allen Entwicklungsprojekten bestätigt sich, daß der Leichtbau mit zu den theoretischsten Disziplinen der Ingenieurwissenschaft zu zählen ist. Gewöhnlich verteilen sich die Zeitanteile bei typischen Projekten etwa wie folgt:

- 30 % konstruktive Bearbeitung (Konzipieren, Entwerfen, Ausarbeiten),
- 40 % Auslegung (Dimensionierung, Optimierung),
- 20 % experimentelle Absicherung (Prototyp, Test),
- 10 % Überarbeitung (Konzept, Entwurf),

wobei mit ungefähr 80 % die theoretischen Anteile deutlich überwiegen. Insofern ist es vor dem Hintergrund, eine Methodenlehre des Leichtbaus darzulegen, auch geboten, auf die zum Einsatz kommenden Techniken und Hilfsmittel einzugehen.

3.1 Konstruktive Techniken

Schon seit geraumer Zeit versucht man, die Tätigkeiten beim Konstruieren zu systematisieren. Intention ist es hierbei, nicht mehr produktbezogene Vorgehensweisen darzulegen, sondern eine allgemeingültige methodenbezogene Technik (s. VDI-R 2221/2222) des Konstruierens zu vermitteln. In diesem Sinne scheint es gesichert zu sein, daß der Leichtbau keiner besonderen Konstruktionslehre bedarf, sondern daß hier nur ein modifiziertes Konzept /3.1/ zum Tragen kommen kann, welches die besonderen Gegebenheiten der Leichtbautechnologie berücksichtigt.

Wie nämlich bei jeder technischen Aufgabenstellung geht es auch bei Leichtbauaufgaben in der Hauptsache um eine vorgegebene Funktionserfüllung. Stärkste Nebenbedingung ist hier jedoch das Gewichtsminimum, welches durch weitere Bedingungen wie

- Sicherheit/Zuverlässigkeit,
- Herstellbarkeit,
- Kontrollierbarkeit,
- Montierbarkeit/Handhabbarkeit,
- Inspizierbarkeit/Wartbarkeit/Instandsetzbarkeit,
- Umwelt,
- Recycling etc.

konkretisiert wird. Die Erfüllung einer isolierten Eigengewichtsaufgabe kommt daher praktisch so gut wie nie vor. Insofern läßt sich auch das leichtbaugerechte Konstruieren zergliedern in aufeinander aufbauende Arbeitsschritte mit etwa folgenden Inhalten:

· *Klären der Aufgabenstellung*: Informationsbeschaffung über die Anforderungen einer Aufgabe und Erstellung einer Anforderungsliste; Eingrenzung bestehender Bedingungen und ihre Bewertung für die Lösungserfüllung.

· *Konzipieren* (Findung einer prinzipiellen Lösung): Hinterfragung der Aufgabe und Sichten des Kernproblems; Zerlegung des Kernproblems in untergeordnete Teilprobleme; Suche nach Lösungswegen zur Erfüllung der Teilprobleme; Kombination der Teilproblemlösungen zu Lösungsansätzen für das Kernproblem; Bewertung der Lösungen; Erstellung von Konzeptskizzen.

Voraussetzungen einer sinnvollen Konzepterstellung sind Kenntnisse über die Größe und Richtung der wirkenden Kräfte, die Möglichkeiten des gewählten Werkstoffs, die Bauweiseneigenschaften und eine angepaßte Vordimensionierung.

· *Entwerfen* (gestalterische Konkretisierung einer Lösung): Maßstäbliche Konkretisierung der Konzeptskizzen zu Bauvarianten; Bewertung, Vereinfachung und Auswahl einer Variante; Überarbeitung zu einem Gesamtentwurf.

und

· *Ausarbeiten* (fertigungs- und montagegerechte Festlegung einer Lösung): Endgültige Bestimmung der Geometrie, Dimensionen, Werkstoffe und Herstellung, um die notwendigen Fertigungsunterlagen erstellen zu können.

Hieran schließen sich eine oder mehrere Schleifen an, die der Optimierung der Lösung dienen. Dem zuzuordnende Phasen sind:

· Prototypen-Herstellung (Kontrolle der Funktionen, Montage etc.),
· Testprozeduren (Überprüfung der Tragfähigkeit, Zuverlässigkeit, Lebensdauer).

Als Abschluß steht dann die Freigabe mit der erforderlichen Dokumentation.

Diese Ablauffolge ist weitestgehend identisch mit dem allgemeinen Vorgehen der Konstruktionssystematik, so wie dies im Bild 3.1 angedeutet ist.

Ein gutes Ergebnis wird man hier aber nur auf der Basis eines gesicherten Leichtbauwissens erzielen können. Kreativität alleine wird gewöhnlich nicht ausreichen, da der gewählte Werkstoff meist eine bestimmte Bauweise vorschreibt und hierdurch wiederum Leichtbaueffekte zum Tragen kommen. Letztlich verlangt dies eine ideale Kombination von theoretischen Grundlagen und praktischer Erfahrung. In den theoretischen Erkenntnissen muß letztlich auch die Übersicht gehören, mit welchen Methoden und Werkzeugen ein Problem anzugehen ist.

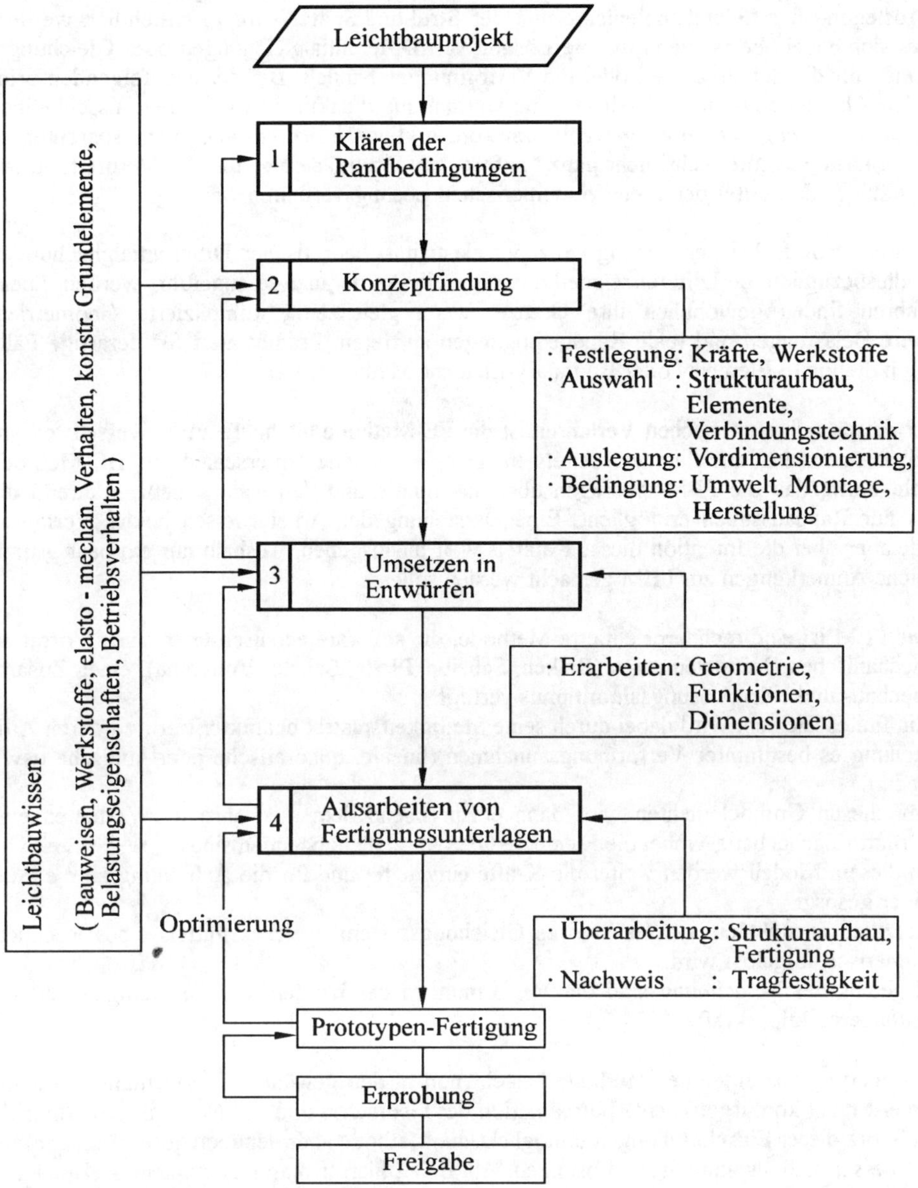

Bild 3.1: Systematik des leichtbaugerechten Konstruierens

3.2 Berechnungsmethoden

Wie in der anfänglichen Aufstellung ausgewiesen ist, entfällt ein relativ großer Zeitanteil auf die Auslegung der Leichtbauelemente und der Struktur. Später wird offensichtlich werden, daß es sich dabei überwiegend um die Lösung von Differentialgleichungen oder Gleichungssystemen für die Schnittgrößen oder die Verformungen handelt. Bei der nachfolgenden prinzipiellen Abarbeitung einiger Teilprobleme werden aus didaktischen Gründen ausschließlich *analytische Lösungsverfahren* gewählt, um konstruktive Verhaltensweisen transparenter zu machen. Dies ist heute nicht mehr ganz konform zur Praxis, da hier mit der Verbreitung leistungsfähiger Computer der Trend zu numerischen Lösungsverfahren weist.

Als unterste Stufe bei der Lösung einfacher elastizitätstheoretischer Differentialgleichungen kann diesbezüglich die Differenzenmethode oder die Fourieranalyse angeführt werden. Diese Verfahren finden gewöhnlich ihre Grenze, wenn gleichzeitig komplizierte Geometrien, mehrere Belastungen und reale Randbedingungen auftreten. Prädestiniert für derartige Fälle ist dann die Finite-Element- oder Boundary-Element-Methode /3.2/.

Unter diesen rein numerischen Verfahren ist die FE-Methode bis heute am universellsten anwendbar und daher auch am verbreitetsten. Der wesentliche Unterschied zur BE-Methode besteht darin, daß die FEM Aussagen über das Innere und den Rand zuläßt, während die BEM nur Randaussagen ermöglicht. Eine Darstellung der Arbeitsweisen beider Verfahren würde aber über die Intention dieses Kapitels weit hinausgehen, weshalb nur ein paar grundsätzliche Anmerkungen zur FEM gemacht werden sollen:

- Die FEM ist eine rechnerorientierte Methode, die softwaretechnisch über einen Vorrat an mechanischen Grundelementen (Balken, Scheibe, Platte, Schale, Volumina), einen Zusammenbau- und einen Lösungsalgorithmus verfügt.
- Ein finites Element wird dabei durch seine Steifigkeitsmatrix charakterisiert, zu deren Aufstellung es bestimmter Verformungsannahmen (lineare, quadratische oder kubische usw.) bedarf.
- Mit diesen Grundelementen wird dann entsprechend dem mechanischen Verhalten eine Struktur nachgebaut, wobei die Elemente über Knoten angebunden sind.
- In diesem Modell werden weiter die Kräfte eingeleitet und für die Anbindung an die Auflager gesorgt.
- Letztlich entsteht ein großes lineares Gleichungssystem, welches mittels eines Rechners numerisch aufgelöst wird.
- Ergebnis der Berechnung sind die Verformungen der Knoten, die Spannungen und die Auflagerreaktionskräfte.

Der Näherungscharakter der Methode besteht nun in den gewählten Verformungsansätzen, der meist nicht konturgetreuen Approximation der Geometrie und der Numerik des Algorithmus. Trotz dieser Einschränkungen ermöglicht die Methode aber dennoch gute Aussagen, die meist besser sind als analytische Lösungen. Als Beleg hierfür mag das einfache Beispiel von Bild 3.2 dienen, welches in der Realität einen Prüfungsaufbau für die Bewegungssimulation von Satelliten darstellt. Das verwendete Material ist nichtrostender Edelstahl und wird während der Prüfung den gleichen Umgebungseinflüssen (extreme Kälte und Wärme) wie der Satellit ausgesetzt. Die Dynamik wird quasistatisch erfaßt, d. h., es werden in verschiedenen Stellungen Ersatzkräfte aufgebracht und somit die eigentliche Beanspruchung simuliert.

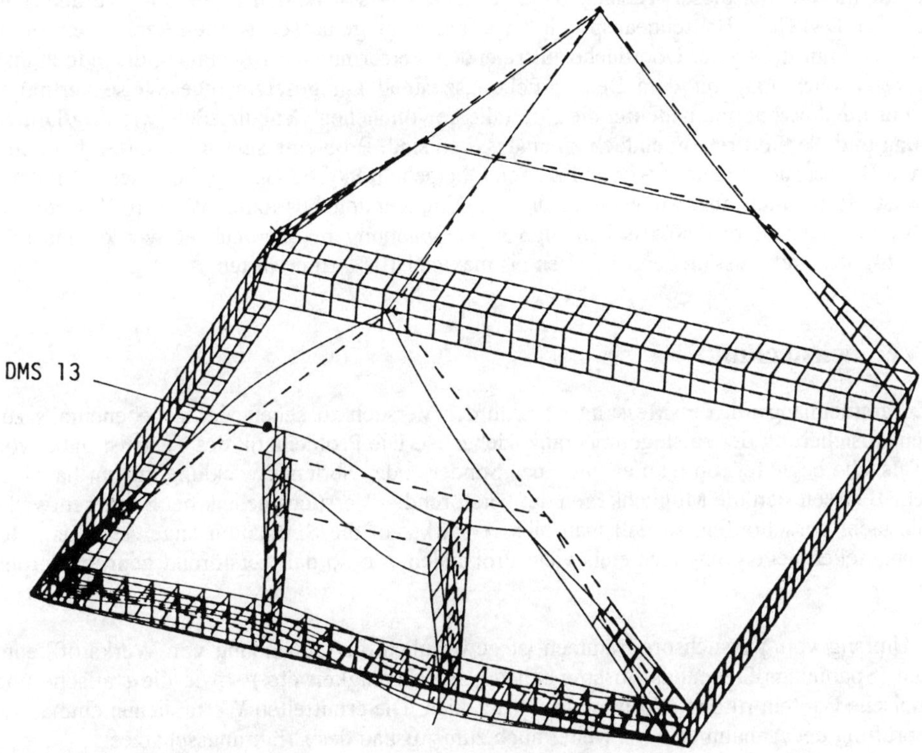

Bild 3.2: Prüfstandsmodell aus finiten BALKEN- und SCHALEN-Elementen

Nachdem die Dimensionierung überarbeitet war, wurde der Prüfstand tatsächlich gebaut, welches die Möglichkeit gab, einmal Rechnung und Messung vergleichen zu können. An dem ausgezeichneten Knoten 13 wurde beispielsweise die Spannung berechnet zu $\sigma_{theo} = 39{,}9$ MPa die DMS-Messung ergab $\sigma_{real} \approx 38$ MPa, was einem Fehler von 4,76 % entspricht. Dies ist eine extrem kleine Abweichung; in anderen Fällen wurden Abweichungen bis 13 % gemessen.

3.3 Meßtechnik

Bei allen theoretischen Methoden der Dimensionierung bleibt oft eine Restunsicherheit bestehen, so daß zur Ergebnisabsicherung meist eine Messung am Modell /3.3/ notwendig wird. Da es sich dabei überwiegend um die Bestimmung von Kräften oder Spannungen handelt, kommt hier der Dehnungsmeßstreifen-Technik (DMS) maßgebliche Bedeutung zu, weil dazu das Bauteil weder geschädigt noch zerstört werden braucht.

Ohne auf die Details dieser Technik näher einzugehen, soll jedoch ausgeführt werden, daß mittels der DMS die Bauteilbeanspruchung selbst nicht gemessen werden kann. Den Meßstreifen sind nur die an der Oberfläche auftretenden Verformungen zugänglich, die jedoch im linear-elastischen Fall mit dem Beanspruchungszustand auf gesetzmäßige Weise verknüpft sind. Für die Anwendung bedeutet dies, daß die gewöhnlichen Grundlastfälle wie Zug/Druck, Biegung und Torsion relativ einfach zu analysieren sind. Probleme sind zu erwarten bei überlagerten Beanspruchungen und komplizierten Querschnitten. Die Genauigkeit dieser Meßmethode ist letztendlich aber auch durch die zur Umrechnung benutzten Werkstoffkonstanten gegeben, da hiermit die elektrischen Signale in Spannungen umgerechnet werden müssen. Diesbezüglich sind Aussagegenauigkeiten bis maximal 10 % zu erwarten.

3.4 Versuchstechnik

Im Zusammenhang mit der Messung ist auch der Versuch zu sehen, der gegebenenfalls zur letzten Absicherung der Auslegung heranzuziehen ist. Die Problematik des Tests ist dabei von der Tatsache begleitet, ob man es mit einer Sonder- oder Serienentwicklung zu tun hat. Naturgemäß lassen sich die Möglichkeiten der zerstörenden Versuchstechnik bei Sonderentwicklungen nicht ausschöpfen, so daß man hier verstärkt auf die Simulation angewiesen ist. Bei Serienbauteilen liegen hingegen stets viele Probanden vor, so daß zerstörend geprüft werden kann.

Zum Umfang von Versuchsprogrammen ist gewöhnlich die Gewinnung von Werkstoffkennwerten (Spannungs-Dehnungs-Zusammenhang, Bruchzähigkeit etc.) sowie die statische und dynamische Bauteilprüfung (Wöhlerlinien) zu zählen. Die ermittelten Werte dienen einmal der Überprüfung der Annahmen bzw. weiter auch zum Ausbau des Erfahrungsschatzes.

Die Praxis des Leichtbaus zeigt immer wieder, daß die anfallenden Prüfungen nach Art und Umfang sehr verschiedenartig sind und auch die Größen der Bauteile vielfach wechseln. Feste Prüfeinrichtungen sind demnach oft unzweckmäßig. Vielmehr haben sich sogenannte Aufspannfelder bewährt, die einen hohen Grad der Variabilität in den Prüfungen zulassen.

Im nachfolgenden Bild 3.3 ist eine Ausführungsvariante eines Aufspannfeldes in der Dimension 2,5 m x 4 m gezeigt. Dieses besteht aus einer massiven Grundplatte mit verschiedenen Spannmöglichkeiten unter einem verstellbaren Rahmen zur Aufnahme verschiedener Einzelprüfzylinder für derzeit 25/63/100/160/250 kN Prüflast. Weiter gehört dazu noch eine digitalanaloge Ansteuereinheit, um unterschiedliche Lasten auf die Bauteile aufbringen zu können und ein Prozeßrechner zum Nachfahren von Belastungskollektiven.

Damit sind die Möglichkeiten und Erfordernisse der Prüfung insoweit abgedeckt, wie dies für eine qualitativ hochstehende Produktentwicklung im Maschinen- und Fahrzeugbau erforderlich ist.

Bild 3.3: Aufspannfeld des Laboratoriums für Leichtbau-Konstruktion an der Gh-Kassel

4 Leichtbauweisen

Einführend in die Prinzipien des Leichtbaus sollen im folgenden einige übergeordnete konstruktive Ausführungen charakterisiert werden. Maßgebend für die Wahl eines bestimmten Lösungsprinzips sind in der Regel:

- der Kraftflußverlauf,
- die Eigenschaften des Werkstoffs,
- die Umgebungsbedingungen,
- die Sicherheitsanforderungen,
- die Zuverlässigkeit der Fügungen

sowie

- die Möglichkeiten der Fertigung.

Eine hierauf abgestimmte Realisierung wird gemeinhin als spezielle Bauweise /4.1/ bezeichnet. Differenzierungsmerkmale sind hierbei die Funktion und die Trageigenschaften.

4.1 Differentialbauweise

Das differentielle Prinzip zählt zu den klassischen konstruktiven Aufbautechniken /4.2/, bei dem alle Einzelteile additiv*) verbunden werden. Gewöhnlich wird dies im Blechleichtbau (s. Bild 4.1) durch überlappende Nieten, Kleben oder Schweißen durchgeführt.

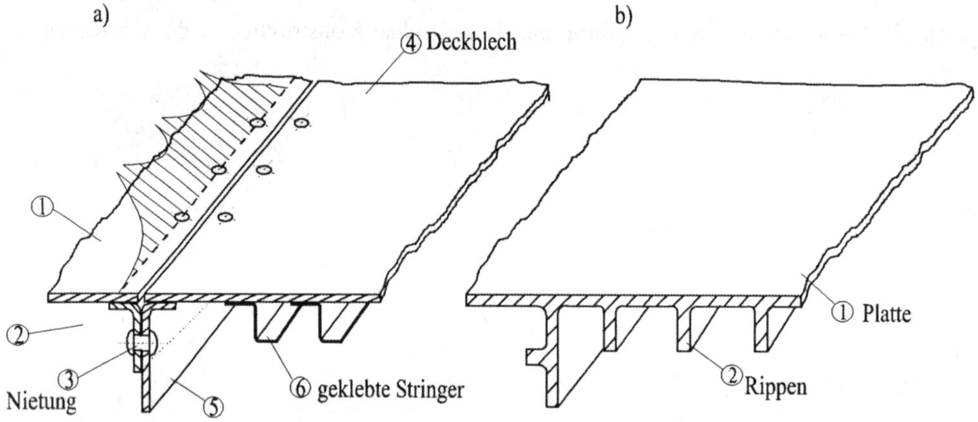

Bild 4.1: Grundprinzipien der Differential- und Integralbauweise
a) additive Zusammenfügung vieler Einzelteile,
b) aus dem Vollen gefräste Integralplatte

Das entstehende Verbindungsgewicht (Überlappungen) läuft natürlich dem Bestreben, ein Minimalgewicht erreichen zu wollen, entgegen.

*) Anmerkung: Nach der EU-Altauto-Richtlinie müssen ab 1.1.2006 mindestens 85 % des Fahrzeuggewichtes verwertet werden; ab 2015 steigt diese Quote auf 95 %. Ab 2005 müssen Autos so konstruiert werden, daß eine Werkstofftrennung möglich ist.

Als vorteilhaft kann allgemein angesehen werden, daß hierdurch die Kombination /4.3/ unterschiedlicher Werkstoffe, ein späteres Recycling sowie eine partielle Reparatur möglich sind. Weiterhin weist eine Differentialbauweise gute *fail-safe*-Qualitäten (dynamisches Sicherheitsverhalten) auf, da die vorhandenen Löcher und Querschnittsübergänge als Rißfallen oder Rißbremsen wirken. Probleme können jedoch die Kerbwirkung und gegebenenfalls das Korrosionsverhalten aufwerfen.

4.2 Integralbauweise

Beim integrativen Prinzip wird eine Minimierung von Einzelteilen angestrebt. Dies erreicht man durch das Konzept der *Einstückigkeit*. Heute wird dieses Prinzip teils soweit getrieben, daß auch Funktionen (z. B. Lager, Zwischengelenke etc.) mit der Geometrie zusammengefaßt werden. Seitens der Erreichung des Minimalgewichts weist also die Integralbauweise den richtigen Weg.

Dem gegenüber sind als Nachteile der stets gleichartige Materialeinsatz, die oft höheren Werkstoff- und Werkzeugkosten sowie das katastrophale Schädigungsverhalten anzuführen. Meist kann eine derart homogen gestaltete Struktur dem Durchwandern von Rissen keinen wirksamen Widerstand entgegensetzen.

4.3 Integrierende Bauweise

Vor dem Hintergrund des Schädigungsverhaltens und der Notwendigkeit der Reparatur oder Austauschbarkeit gilt es, die Integration sinnvoll zu begrenzen. Unter Beibehaltung des Grundansatzes versucht man deshalb, zu Teilintegrationen gemäß Bild 4.2 zu gelangen.

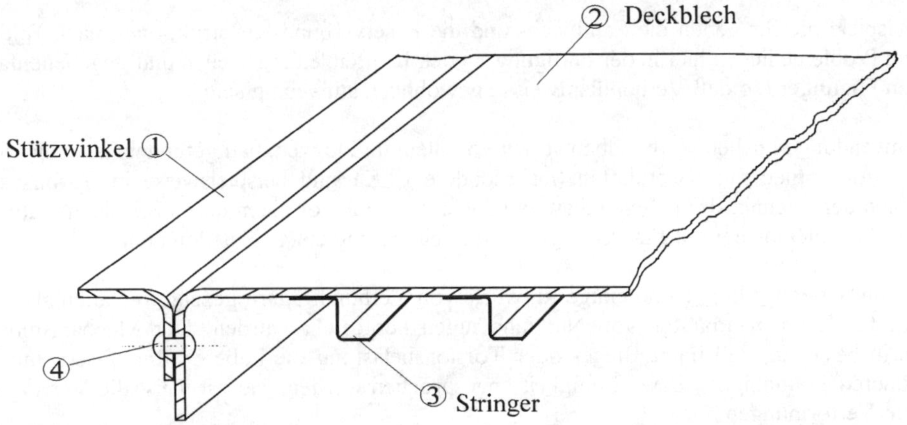

Bild 4.2: Prinzip der integrierenden Bauweise

Die Vorteilhaftigkeit dieses integrierenden Prinzips ist somit darin zu sehen, daß jeweils die positiven Merkmale der Addition und Integration lokal genutzt werden können. Damit kann es gelingen, alle Probleme bezüglich der Kerben, Korrosion und Rißausbreitung wirksam einzugrenzen.

4.4 Verbundbauweise

Die Verbundbauweise hat gemäß ihrer Zielrichtung differentiellen Charakter. Im Vordergrund steht dabei eine fallweise optimale Kombination unterschiedlicher Werkstoffe, um zu hoher Steifigkeit und Tragfähigkeit bei minimalem Gewicht zu kommen.

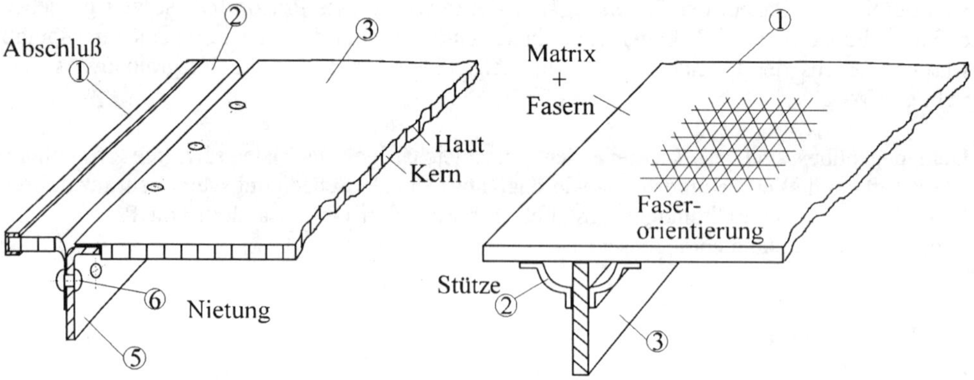

Bild 4.3: Grundprinzipien der Verbundbauweise
a) Sandwich-Konstruktion
b) Faserverbund-Konstruktion

Beispiele hierfür geben die Sandwich- und die Faserverbund-Konstruktionen nach Bild 4.3. Die Probleme liegen hier in der Fertigung, in den Krafteinleitungsstellen und gegebenenfalls in den Fügungen, so daß Verbundbauweisen gewöhnlich aufwendig sind.

Anwendungen haben Verbundbauweisen vor allem im Flugzeugbau gefunden. Kombinationen aus Al-Profilen mit Faserplatten (insbesondere CFK) sind beispielsweise im Airbus schon Stand der Technik. Im Fahrzeugbau verspricht man sich vor allem durch Mischaufbauten von Blechprofilen belegt mit Fasersträngen in Harzeinbettung ein großes Potential.

Im umseitigen Bild 4.4 sind einige Entwürfe von Verbundträgern gezeigt, die auch als Prototyp für Rahmenaufbauten von Nutzfahrzeugen hergestellt wurden. Der Mechanismus soll darin bestehen, daß unter Biege- oder Torsionsbelastung die äußeren Randfasern mit ihrer höheren Tragfähigkeit bzw. Steifigkeit angesprochen werden. Ziel ist meist die Verringerung von Verformungen.

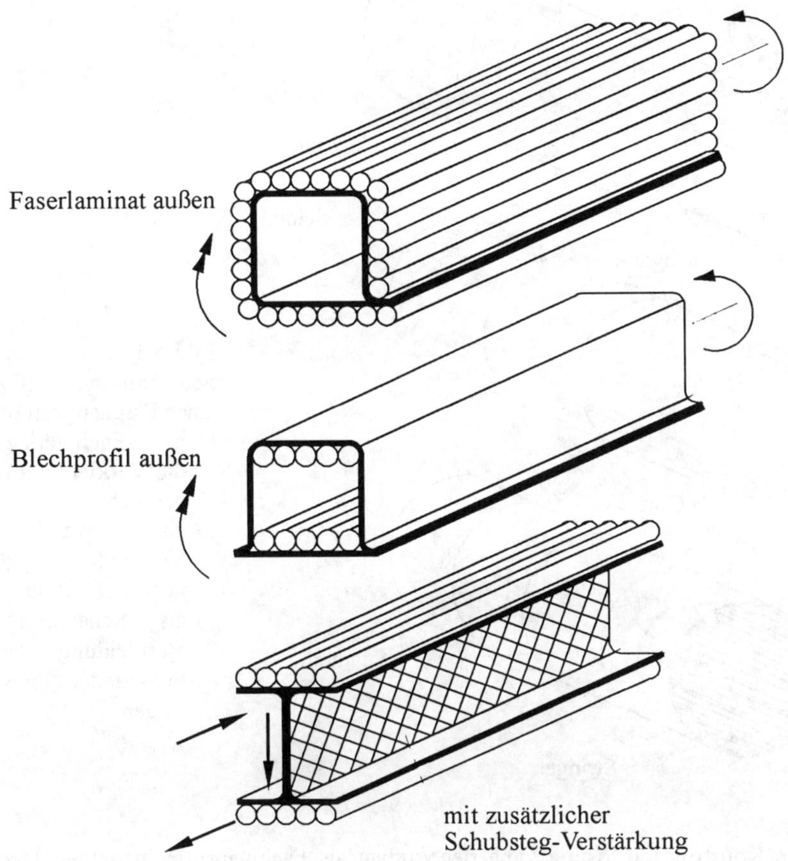

Bild 4.4: Verbundaufbauten von Blechprofilen mit CFK für Nfz-Bodengruppenanwendungen

4.5 Vollwand- und Schalensysteme

Eine ausschließliche Charakterisierung über die funktionellen Eigenschaften ist im Normalfall für große Strukturen wie Karosserien oder Aufbauten von Nutzfahrzeugen nicht ausreichend. Meist ist eine weitere Differenzierung in die Trageigenschaften erforderlich. Am Beispiel der Entwicklungsstufen von Flugzeugrümpfen (s. Bild 4.5) sollen einige prinzipielle Systemlösungen /4.4/ herausgestellt werden. Analogien dazu findet man auch im Schiffbau oder beim Reisezugwagen, die ähnliche Entwicklungsstufen durchlaufen haben. Zielsetzung ist hierbei ein funktionaler Kompromiß zum Gewichtsminimum.

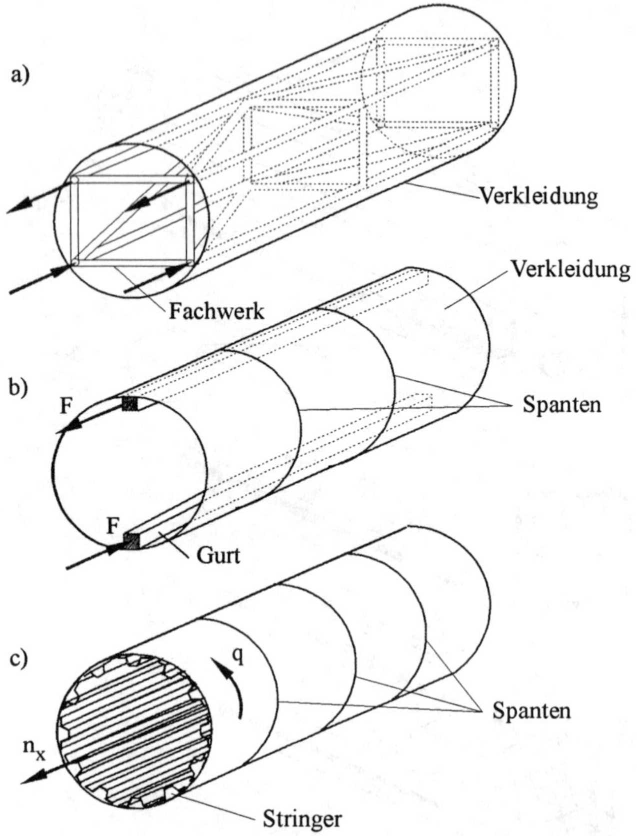

Bild 4.5:
Schematische Darstellung eines Flugzeugrumpfes
a) in Fachwerk-Bauweise, die Verkleidung trägt hierbei nicht
b) als Vollwandsystem, die Verkleidung trägt vorwiegend auf Schub
c) als Schalensystem, die Verkleidung kann Normal- und Schubkräfte abtragen

Als frühe Konstruktionslösung kann der Aufbau als Fachwerkprinzip gelten. Hier lag eine klare Aufgabenteilung zwischen Tragen und Verkleiden vor. Die Fachwerkstruktur war kraftführend, während die Blech-Oberfläche kräftefrei war. Diese Ausführung zeigt typische differentielle Merkmale mit allen Vor- und Nachteilen. Bei Nutzfahrzeugen (Kleinlaster, Omnibusse) mit kleineren Stückzahlen werden derartige Aufbauten auch heute noch eingesetzt.

Als Folgeentwicklung ist die Vollwand-Bauweise entstanden, bei der die Funktionen Tragen und Verkleiden verknüpft sind. Kennzeichnend für ein Vollwandsystem ist eine aus Blechwänden und massiven Einzelgurten aufgebaute Konstruktion, bei der die Tragfunktion so aufgespalten ist, daß die Bleche vorwiegend Schubflüsse (aus Querkräfte) abtragen bzw. die Gurte konzentrierte Einzelkräfte und Biegung aufnehmen.

Hiermit verglichen ist eine Schalenkonstruktion feingliedriger aufgebaut. Die eingebrachten Stringer und Spanten bestehen aus relativ dünnwandigen Profilen, wodurch eine weitestgehend stetige Verteilung der Kräfte in der Gesamtstruktur erreicht wird. Die Profile übertragen somit Schub- und Normalkraftflüsse und leiten diese in die Blechverkleidung ab. Um dies auch sicherzustellen, sind meist besondere Ein- und Ableitungskonstruktionen für die Kräfte notwendig.

5 Kriterien für die Werkstoffauswahl

Das Spektrum der im modernen Leichtbau zum Einsatz kommenden Werkstoffe ist mittlerweile sehr groß. Traditionell wurden immer hochfeste Stähle und Aluminiumlegierungen eingesetzt. Mit den gewachsenen Anforderungen haben aber auch Magnesium- und Titanlegierungen Bedeutung erlangt. Derzeit werden gerade große Anstrengungen unternommen, mit Verbundwerkstoffen bestimmte Anwendungen zu erschließen. Um insgesamt zu einem zweckgerechten Werkstoffeinsatz zu gelangen, bedarf es eines frühzeitigen Überblicks über die Ausnutzbarkeit der verschiedenen Werkstoffe. Hierzu müssen quantifizierende Größen und Auswahlkriterien definiert werden.

5.1 Eigenschaftsgrößen

Zu den wesentlichen Eigenschaften der Werkstoffe bezüglich eines Einsatzes in belasteten Konstruktionen /5.1/ sind zu zählen:

- die physikalischen Größen

-- Dichte:

$$\rho = \frac{m}{V}\left[kg / dm^3\right] \tag{5.1}$$

und

-- lineare Wärmeausdehnung:

$$\alpha = \frac{\Delta L}{L_0 \cdot \Delta T}\,[1 / grd] \tag{5.2}$$

sowie
- die mechanischen Größen: Grenzspannung (R_m, R_{eH}, $R_{p0,2}$), Elastizitätsmodul (E), Querkontraktion (ν) und Bruchzähigkeit (K_I, K_{Ic}).

Mit diesen Größen kann dann eine Gewichtswertung und weiter eine Strukturberechnung durchgeführt werden.

5.2 Linear-elastische Kenngrößen

Im Vordergrund sollen jetzt die für eine Bauteilauslegung besonders relevanten mechanischen Eigenschaften stehen. Hierunter sind vor allem die im Zugversuch (DIN 50 145) aus dem Spannungs-Dehnungs-Diagramm ableitbaren Größen zu verstehen. Unter Heranziehung von Bild 5.1 bezeichnen diese:

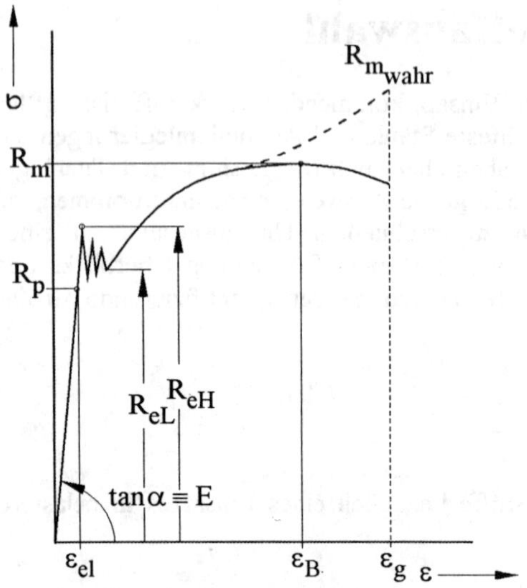

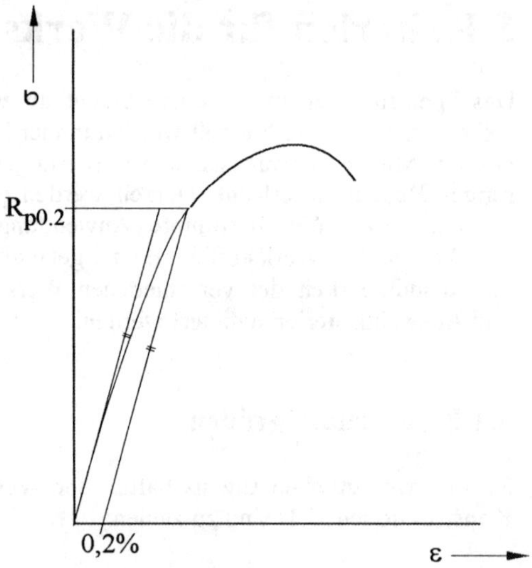

Bild 5.1: Aus dem Zugversuch ermittelte Spannungs-Dehnungs-Diagramme
a) für einen weichen Stahl
b) für einen hochfesten Stahl oder eine hochfeste Al-Legierung

- Bis zur Proportionalitätsgrenze R_p liegt gemäß dem bekannten Hookeschen Gesetz ein linearer Zusammenhang zwischen der Spannung und der elastischen Dehnung vor.

- Das Verhältnis

$$\frac{\sigma}{\varepsilon} \equiv \tan\alpha = E \qquad (5.3)$$

stellt die Steigung der Hookeschen Geraden dar und wird als Elastizitätsmodul bezeichnet.

- Ab den Fließgrenzen R_{eL}, R_{eH} (bzw. σ_S) fängt ein Werkstoff an überproportional zu fließen.

- Liegt insgesamt nichtlineares Werkstoffverhalten vor, so müssen für eine Beschreibung Ersatzgrößen wie
die technische Elastizitätsgrenze $R_{p0,1}$ für 0,01 % Referenzdehnung oder
die 0,2 % Dehngrenze $R_{p0,2}$ für 0,2 % Referenzdehnung definiert werden.

- Weiter ist die Bruchfestigkeit R_m (bzw. σ_B) als maximal aufnehmbare Spannung bezogen auf den Ausgangsquerschnitt A_o der Probe von Wichtigkeit.

- Damit im Zusammenhang steht die Bruchdehnung (ε_B, A) gemäß der Definition

$$A = \frac{\Delta L}{L_0} \cdot 100 \, [\%] \tag{5.4}$$

als größte Verlängerung. Da der angegebene Wert vom Verhältnis Meßlänge zu Querschnitt abhängt, muß die nähere Spezifizierung durch die Angabe A_5 oder A_{10} erfolgen.

Des weiteren ist manchmal noch von Bedeutung:

- das Streckgrenzenverhältnis R_{eH} / R_m als ein Maß für die Sprödbruch-Empfindlichkeit eines Werkstoffs,
- der Schubmodul G als Widerstandsmaß gegen Gleitung, welcher insbesondere bei isotropen Werkstoffen über

$$G = \frac{E}{2\,(1 + \nu)} \tag{5.5}$$

mit dem E-Modul verknüpft ist

und

- die Querkontraktion ν als richtungsabhängige Volumenänderung eines Werkstoffs.

Bei vielen Dimensionierungen spielen auch zeitabhängige Größen eine Rolle, z. B. gehören dazu

- die Zeitdehngrenze $\sigma_{1/100000}$ bzw. die Zeitbruchgrenze $\sigma_{B/100000}$ für Werkstoffe, die nach 100.000 Stunden Belastungszeit zu 1 % bleibende Kriechdehnung oder zum Bruch führen

oder

- die Dauerfestigkeit σ_A als die unter Schwingbeanspruchung beliebig lang ertragbare Spannungsamplitude.

In den meisten Fällen reichen diese Kennwerte zur Abschätzung eines Werkstoffeinsatzes aus. Unter besonderen Bedingungen, wie beispielsweise Rißbruchgefahr, gilt es, mit der Bruchzähigkeit (K_c, K_{Ic}) gegebenenfalls auch andere Bewertungsgrößen heranzuziehen.

5.3 Nichtlinear-elastische Kenngrößen

In der Praxis kommt es oft vor, daß bei hoch ausgelasteten Leichtbauwerkstoffen der lineare Bereich des Spannungs-Dehnungsgesetzes überschritten wird und der Werkstoff zumindest partiell fließt. Im Bild 5.2 ist ein typischer nichtlinearer Verlauf /5.2/ dargestellt.

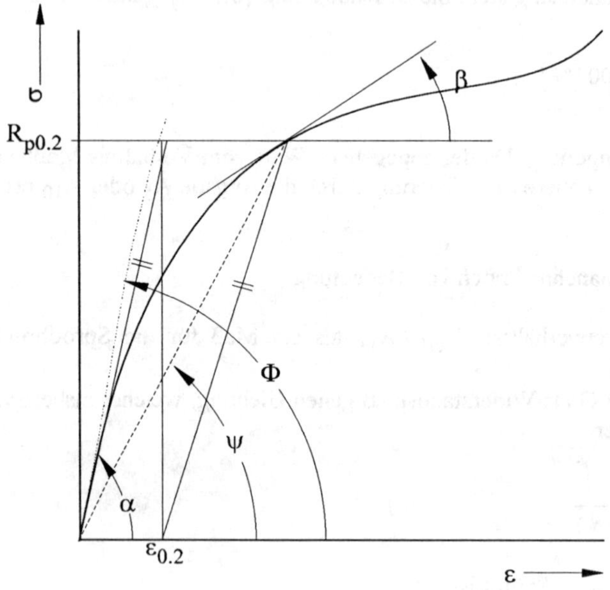

Bild 5.2: Steifigkeitskenngrößen bei nichtlinearem Werkstoffverhalten

Im einzelnen können in dem σ-ε-Diagramm definiert werden:

- der *Elastizitätsmodul*: $E = \tan\alpha$
- der Plastizitätsmodul: $\Phi = \tan\Phi$ (5.6)
- der Sekantenmodul: $E_S = \tan\psi$
- der *Tangentenmodul*: $E_T = \tan ß$.

Zur Quantifizierung von beliebigen nichtlinearen Verläufen von Spannungs-Dehnungskurven wird in der Praxis vielfach noch die Approximation von *Ramberg-Osgood* /5.3/ benutzt. Im Bild 5.3 ist die prinzipielle Vorgehensweise für metallische Werkstoffe mit ihren Bezugspunkten exemplarisch dargestellt.

Die Beschreibungsgrößen für Stahl lauten hiernach:

- Verfestigungsexponent: $$n = 1 + \frac{\ln\left(\frac{17}{7}\right)}{\ln\left(\frac{R_{0,7}}{R_{0,85}}\right)} \qquad (5.7)$$

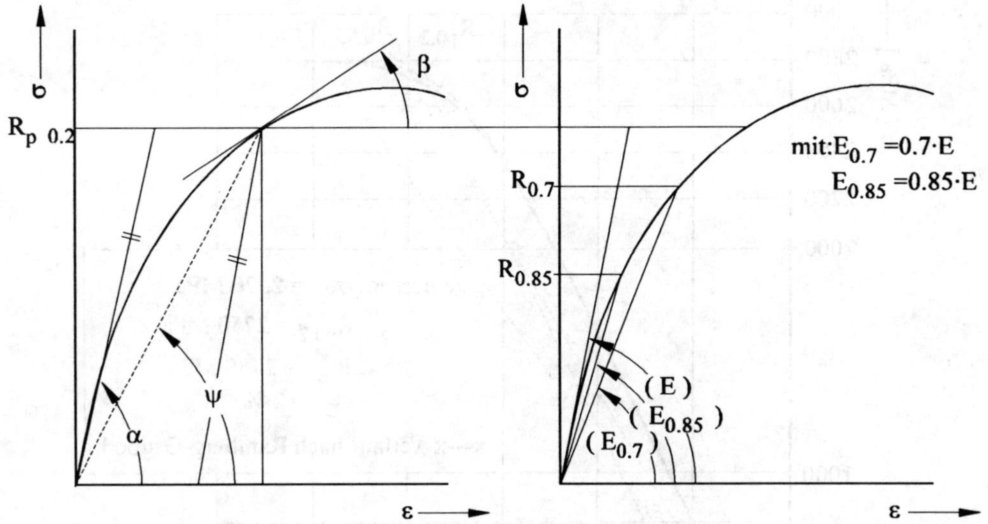

Bild 5.3: Analyse von verfestigenden Spannungs-Dehnungs-Verläufen nach Ramberg-Osgood

- Dehnungsmaß:
$$\varepsilon = \frac{R_{0,7}}{E}\left[\frac{\sigma}{R_{0,7}} + \frac{3}{7}\left(\frac{\sigma}{R_{0,7}}\right)^n\right] \tag{5.8}$$

- Ersatzstreckgrenze:
$$R_{p0,2} = (4{,}66 \cdot 10^{-3} \cdot E)^{\frac{1}{n}}\, R_{0,7}^{\frac{n-1}{2}} \tag{5.9}$$

- Tangentenmodul:
$$\frac{E_T}{E} = \frac{1}{1 + \left(\frac{3}{7} \cdot n\right)\left(\frac{\sigma}{R_{0,7}}\right)^{n-1}} \tag{5.10}$$

- Sekantenmodul:
$$\frac{E_S}{E} = \frac{1}{1 + \frac{3}{7}\left(\frac{\sigma}{R_{0,7}}\right)^{n-1}}. \tag{5.11}$$

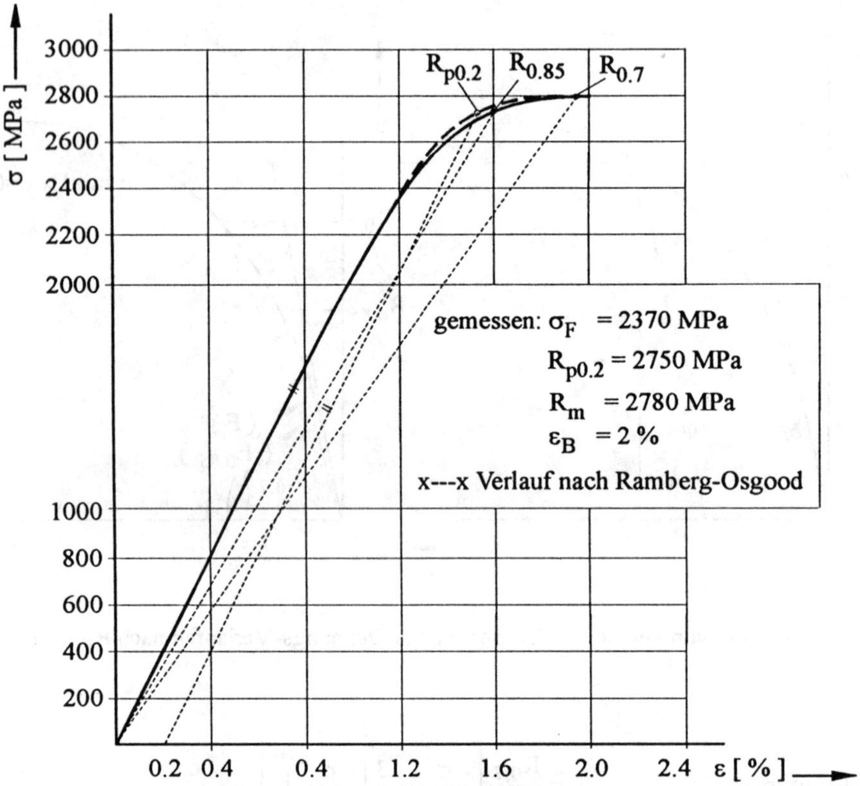

Bild 5.4: σ-ε-Diagramm für Maraging-Stahl X2NiCoMo 18 12 4 mit Approximation nach Ramberg-Osgood /6/;
$R_{p0,2}$ = 2745 MPa, $R_{0,7}$ = 2770 MPa, $R_{0,85}$= 2750 MPa

Die Anwendung dieser Formeln ist im vorstehenden Bild 5.4 beispielhaft bei der Charakterisierung eines hochfesten Stahls gezeigt.

5.4 Belastungseigenschaften

In Mischkonstruktionen, geschichteten Verbänden oder Faserverbund-Konstruktionen müssen die elastischen Kenngrößen der zusammenwirkenden Werkstoffe besonders sorgfältig aufeinander abgestimmt werden. Als Beispiel hierfür können unidirektionale Laminate (Bild 5.5) unter einem Normalspannungszustand angeführt werden, bei denen das Tragvermögen besonders transparent darstellbar ist.

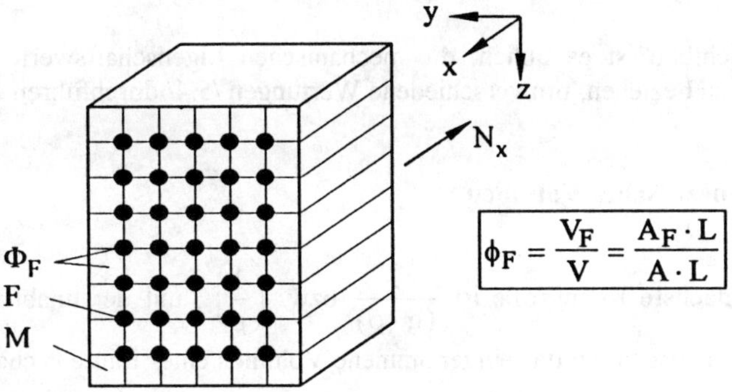

Bild 5.5: Unidirektionales Schichtelement unter reiner Normalspannung
F = Faser, M = Matrix, ϕ_F = Faservolumenanteil

- Hohe Ausnutzung verlangt dabei, daß die Bruchdehnung der Matrix größer ist als die Bruchdehnung der Faser: $\varepsilon_{BM} \geq \varepsilon_{BF}$.
- In der Regel ist des weiteren der E-Modul der Faser viel größer als der E-Modul der Matrix $E_F >> E_M$. Die Fasern ziehen somit als steifere Schicht die Belastung auf sich.
- Die örtlichen Spannungen in der Faser oder Matrix betragen dann

$$\sigma_{xi} = E_{xi} \cdot \varepsilon_x \ . \tag{5.12}$$

- Infolge geringerer Verformungsfähigkeit sind aber die Fasern bruchgefährdet. Faserbruch zieht das Versagen des Laminats nach sich.
- Es kann somit nur eine mittlere Festigkeit ausgenutzt werden, die sich aus der Proportion ergibt:

$$R_{Bm} = R_{BF} \cdot \frac{E_m}{E_F} \tag{5.13}$$

mit

$$E_m = \phi_F \cdot E_F + (1 - \phi_F)\, E_M \quad , \tag{5.14}$$

- womit letztlich ein Traglastverhältnis definiert werden kann:

$$\eta_T = \frac{R_{Bm}}{R_{BF}} \approx \phi_F \ . \tag{5.15}$$

Hieraus folgt, daß die Ausnutzung eines Verbundes etwa proportional zum Faservolumenanteil ist. Bei vielen anderen Fragestellungen ist es zudem auch sinnvoll, eine Art Wirkungsgrad des Tragverhaltens zu bilden.

5.5 Bezogene Werkstoffeigenschaften

Im Leichtbau ist es üblich, die mechanischen Eigenschaftswerte eines Werkstoffs auf die Dichte zu beziehen, um verschiedene Wertungen /5.4/ durchführen zu können.

5.5.1 Spezifisches Volumen

Die einfachste Kenngröße ist $\frac{1}{(g \cdot \rho)}$ bzw. $\left(\frac{1}{\rho}\right)'$, mit der unabhängig von elasto-mechanischen Eigenschaften das eingenommene Volumen eines Bauteils charakterisiert werden kann.

5.5.2 Spezifische Steifigkeit

Entsprechend kann mit $\frac{E}{(g \cdot \rho)}$ eine bezogene Längssteifigkeitskenngröße bzw. mit $\frac{G}{(g \cdot \rho)}$ eine bezogene Schubsteifigkeit definiert werden. Diese sind ein Maß für die eintretende Deformation.

5.5.3 Stabilitätswiderstand

Mit $\frac{\sqrt{E}}{(g \cdot \rho)}$ wird weiter die Knickstabilität von Stäben bzw. mit $\frac{\sqrt[3]{E}}{(g \cdot \rho)}$ die Biegesteifigkeit von Balken und die Beulstabilität von Platten charakterisiert.

5.5.4 Reißlänge

Mit Reißlänge wird das Verhältnis $\frac{R_m}{(g \cdot \rho)}$ ausgedrückt. Es quantifiziert demgemäß, bei welcher Länge ein aufgehängter Faden unter Eigengewicht reißt und kann somit zur Bewertung des Zugbeanspruchungszustandes herangezogen werden.

5.5.5 Werkstoffwertung

Im Bild 5.6 ist eine Kenngrößenauswertung für einige Leichtbauwerkstoffe vorgenommen worden. Je größer hierin der Zahlenwert des spezifischen Volumens wird, um so größer ist auch das eingenommene Volumen.

Die Höhe des Zahlenwertes bei der spezifischen Steifigkeit ist danach ein Maß für den Widerstand gegen Verformbarkeit bzw. bei der Reißlänge ein Maß für die festigkeitsmäßige Ausnutzbarkeit unter reiner Zugbeanspruchung.

Werkstoff	$\rho\left[\frac{kg}{dm^3}\right]$	E [MPa]	R_m [MPa]	$\frac{1}{\rho}\left[\frac{dm^3}{kg}\right]$	$\frac{E}{(g \cdot \rho)}$ [km]	$\frac{R_m}{(g \cdot \rho)}$ [km]
Stahl	7,85	210.000	500	0,1274	2.675,16	6,37
Al-Legierung	2,70	70.000	350	0,3700	2.592,60	12,95
Mg-Legierung	1,74	40.000	330	0,5750	2.298,85	18,96
Ti-Legierung	4,50	102.000	900	0,2222	2.266,67	20,00
PA 6 (trocken)	1,15	2.500	80	0,8690	217,40	6,96
GFK-UD (50 %)	1,95	40.000	800	0,5128	2.051,28	41,03
CFK-UD (50 %)	1,40	250.000	1.000	0,7142	17.857,14	71,41
AFK-UD (50 %)	1,35	65.000	1.500	0,7407	4.814,81	111,11
Holz	0,50	12.000	100	2,0000	2.400,00	20,00
Beryllium	1,85	245.000	400	0,54	13.243,24	21,62
Lithium	0,53	12.000	180	1,89	22.641,51	33,96

Bild 5.6: Wertung typischer Leichtbauwerkstoffe unter Zugbeanspruchung

5.6 Gütekennzahlen

Als Ergänzung zu den vorstehenden Bewertungsmöglichkeiten kann man die Gütekennzahlen /5.5/ ansehen. Im umseitigen Bild 5.7 ist eine Zusammenstellung der in der Praxis gebräuchlichen Gütekennzahlen zu unterschiedlichen Beanspruchungsarten gegeben. Des weiteren ist eine Normierung auf Aluminium-Legierungen vorgenommen worden, was vielfach den Vergleich relativierbarer macht.

Eine normierte Gütekennzahl gibt demgemäß an, um *wieviel leichter (oder schwerer) eine geometrisch ähnliche Konstruktion aus dem betrachteten Werkstoff ist*, verglichen mit jener aus dem gewählten Bezugswerkstoff.

So wäre nach der umseitigen Tabelle die auf statische Zugfestigkeit ausgelegte Verstrebung eines Flugzeugflügels aus GFK um den Faktor 3,17mal leichter als aus einer Al-Legierung.

Bei Auslegung auf die gleiche Längssteifigkeit wäre sie aber nur noch 0,79mal so leicht, also 1,26mal schwerer.

Insofern erlaubt die Tabelle eine sehr gute Zuordnung von Werkstoffen zu bestimmten Beanspruchungscharakteristika und dient einer schnellen Vorauswahl.

Eigenschaften bezüglich	Gütezahl	HOLZ	Mg-Leg.	Al-Leg.	Ti-Leg.	STAHL	GFK	CFK	AFK
Stat. Festigkeit - Zug, Druck	$[R_m/(g\cdot\rho)]'$	1,54	1,46	1	1,54	0,49	3,17	5,52	8,58
Längssteifigkeit - Zug, Druck	$[E/(g\cdot\rho)]'$	0,93	0,89	1	0,87	1,03	0,79	6,88	1,86
Schubsteifigkeit - Torsion	$[G/(g\cdot\rho)]'$	-	0,90	1	0.89	1,06	0,32	0,37	0,15
Knicksteifigkeit von Stäben	$[\sqrt{E}/(g\cdot\rho)]'$	2,24	1,17	1	0,72	0,60	1,05	3,64	1,93
Beulstabilität und Biegesteifigkeit von Platten	$[\sqrt[3]{E}/(g\cdot\rho)]'$	3,05	1,31	1	0,69	0,50	1,17	3,00	1,98
Elastisches Arbeitsaufnehmevermögen	$[\frac{\sigma^2_{prop}}{E}]'$	0,47	1,55	1	4,54	0,68	9,14	2,29	19,78
Schlagzähigkeit	[A]'	0,20	2,50	1	1,50	2,50	0,75	0,20	0,20
Schwingfestigkeit $R = -1$ $N = 10^6$	$[\sigma_{bw}/(g\cdot\rho)]'$	1,20	1,20	1	2,20	1,30	1,70	2,80	3,20

Bild 5.7: Gütekennzahlen zur Beurteilung der Leichtbaueignung einiger typischer Konstruktionswerkstoffe normiert auf Aluminium

5.7 Leichtbaukennzahlen

Gemäß dem Wunsch, die tatsächlichen Belastungsverhältnisse noch besser erfassen zu können, hat man die Leichtbaukennzahl kreiert. Sie stellt das Verhältnis zwischen der Gesamtlast F_G, die eine Tragkonstruktion aufnehmen kann, zur Eigenlast $F_E\left(\hat{=}\ G\right)$ der unbelasteten Konstruktion dar. Insofern ist anzusetzen:

$$LBK = \frac{F_G}{F_E}\ . \tag{5.16}$$

Je größer der Zahlenwert von LBK wird, um so geeigneter ist der gewählte Werkstoff bei dem vorliegenden Belastungsfall für eine Leichtbaukonstruktion.

Für die drei häufig vorkommenden Belastungsfälle - Zug, Biegung und Knickung - soll im folgenden die Bestimmung der Leichtbauzahl kurz gezeigt werden:

- Die Leichtbaukennzahl für *Zug* ergibt sich aus der Festigkeitsbedingung

$$\sigma_{vorh} = \frac{F_G}{A} \leq R_{p0,2/eH} \tag{5.17}$$

und dem Eigengewicht des Zugstabes

$$G = \rho \cdot g \cdot A \cdot L \ .$$

Gemäß Definition folgt daraus

$$LBK_z = \frac{F_G}{F_E} = \frac{R_{p0,2/eH} \cdot A}{\rho \cdot g \cdot A \cdot L} = \frac{R_{p0,2/eH}}{(\rho \cdot g) \cdot L} \qquad (5.18)$$

Im Bild 5.8 ist dazu die Bewertung eines Zugstabes für einige alternative Werkstoffe gegeben.

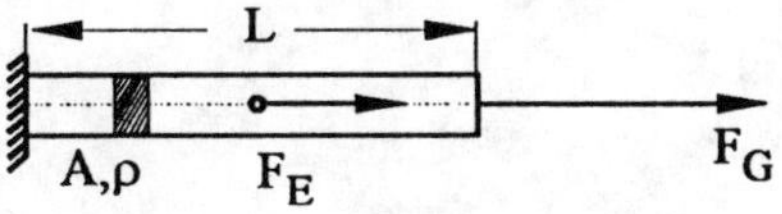

Definition: Leichtbaukennzahl für Zugfall

$$LBK_z = \frac{R_{p0,2/eH}}{(\rho \cdot g) \cdot L}$$

Werkstoff	ρ [kg/dm^3]	$R_{p0.2/eH}$ [MPa]	LBK_z für L = 1.000
St 37	7,85	235	3.051,61
St 52-3	7,85	355	4.609,88
AlCuMg 1 F 38	2,70	240	9.061,05
MgAl 6 Zn	1,74	220	12.888,56
Q StE 460	7,85	460	5.973,37
Ti Cr 5 Al 3	4,30	600	14.223,74
$GFK_{\|\|}$ (0.55)	1,95	800	41.820,23

Bild 5.8: Leichtbaukenngrößen für ein Bauteil unter Zugbeanspruchung

- Bei der Aufstellung der Leichtbaukennzahl für *Biegung* muß der Lagerungsfall mit eingearbeitet werden. Danach kann man für den Balken auf *zwei Stützen* mit der Gesamttragkraft

$$M = \frac{R_{p0,2/eH} \cdot J}{e} = \frac{F_G \cdot L}{4},$$

$$F_G = \frac{4}{L} \cdot \frac{R_{p0,2/eH} \cdot J}{e}$$

und beispielsweise dem Trägheitsmoment für Rechteckquerschnitte

$$J = \frac{A \cdot h^2}{12}$$

schreiben

$$LBK_b^{(2)} = \frac{2}{3} \cdot \frac{R_{p0,2/eH}}{(\rho \cdot g) \cdot L^2 / h} \quad . \tag{5.19}$$

Für den *Kragbalken* erhält man dagegen mit

$$M = \frac{R_{p0,2/eH} \cdot J}{e} = F_G \cdot L$$

$$F_G = \frac{1}{L} \cdot \frac{R_{p0,2/eH} \cdot J}{e}$$

und somit

$$LBK_b^{(1)} = \frac{1}{6} \cdot \frac{R_{p0,2/eH}}{(\rho \cdot g) \cdot L^2 / h} \quad . \tag{5.20}$$

Eine typische Auswertung dieses Falles zeigt Bild 5.9. Auch hier gilt wieder, daß durch die absolute Größe des Zahlenwertes die Vorteilhaftigkeit für den Leichtbau ausgedrückt wird.

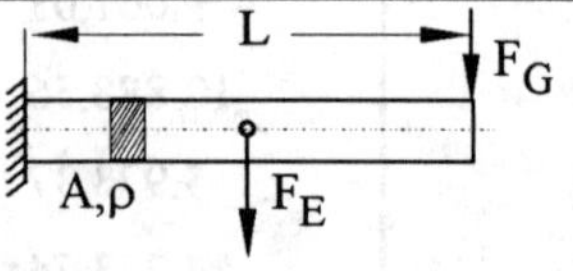

Definition: Leichtbaukennzahl für Biegefall

$$LBK_b = \frac{R_{p0,2/eH}}{6 \cdot (\rho \cdot g) \cdot L^2/h}$$

Werkstoff	ρ [kg/dm^3]	$R_{p0.2/eH}$ [MPa]	LBK_b für $\frac{L^2}{h} = 1.000$
St 37	7,85	235	50,86
St 52-3	7,85	355	76,83
AlCuMg 1 F 38	2,70	240	151,02
MgAl 6 Zn	1,74	220	218,10
Q StE 460	7,85	460	99,56
Ti Cr 5 Al 3	4,30	600	237,06
$GFK_{\parallel}$ (0.55)	1,95	800	697,00

Bild 5.9: Leichtbaukenngrößen für ein Bauteil unter Biegebeanspruchung

- In Analogie zur Bewertung einzelner Strukturelemente kann auch für ganze Strukturen eine Leichtbaukennzahl definiert werden. Bei Karosserien oder großen Karosseriebauteilen (Türen, Klappen etc.) verwendet man hier eine *Leichtbaugüte*, beispielsweise für die Torsionssteifigkeit

$$L_T = \frac{m_{RK}}{c_T \cdot A} \quad \text{mit } c_T = \text{Torsionssteifigkeit} \qquad (5.21)$$

$$A = \text{projizierte Fläche}$$

Dies drückt das Verhältnis der Masse der Rohkarosserie zur Torsionssteifigkeit und zum Raumbedarf aus. Ziel ist es, einen möglichst kleinen Wert für die Leichtbaugüte zu erreichen, welches exemplarisch im Bild 5.10 über mehrere Karosserie- bzw. Fahrzeuggenerationen sichtbar wird.

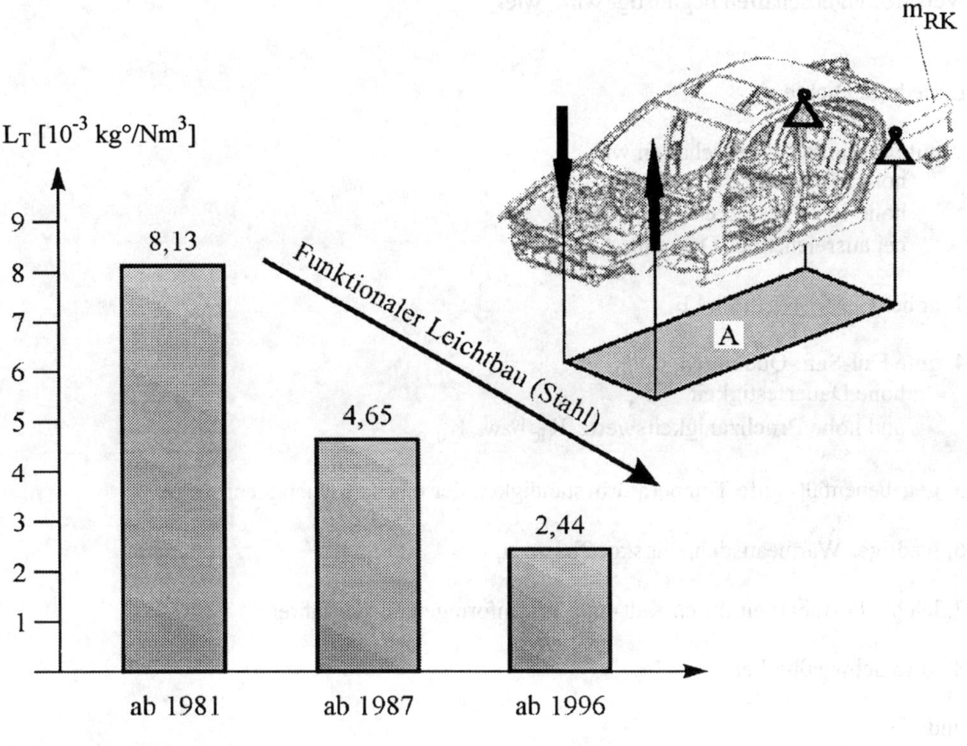

Bild 5.10: Leichtbaugüte für Karosserie 3er BMW

Eine Leichtbaugüte kann natürlich auch für die Absenkbiegung einer Pkw-Türe definiert werden zu:

$$L_{AB} = \frac{m_{Türe}}{c_{AB} \cdot A_{Projektion}} \qquad (5.22)$$

Vielfach wird auch ein Bezug zur Eigenfrequenz $\omega^2 = c / m$ gewünscht, womit sich dann

$$L_{AB} = \frac{1}{\omega^2 \cdot A} \tag{5.23}$$

ergibt.

5.8 Gesichtspunkte für die Werkstoffauswahl

Der Erfolg einer Leichtbaukonstruktion hängt somit zu einem großen Teil von der richtigen Wahl des Werkstoffs ab. Diesbezüglich sind vorhergehend die Hauptkriterien zusammengetragen worden. In diesem Sinne läßt sich feststellen, daß der Leichtbau durch ganz bestimmte Werkstoffeigenschaften begünstigt wird, wie:

1. niedrige Dichte ρ,

2. gute Festigkeitseigenschaften wie:
   hohe Fließgrenze R_{eH},
   hohe Bruchfestigkeit R_m,
   bei ausreichender Dehnung A,

3. hoher Elastizitätsmodul E,

4. gute Fail-Safe-Qualitäten, d. h.
   hohe Dauerfestigkeit σ_A
   und hohe Bruchzähigkeitswerte K_{Ic} bzw. K_c ,

5. gegebenenfalls gute Temperaturbeständigkeit der mechanischen Kennwerte,

6. niedriger Wärmeausdehnungskoeffizient α,

7. leichte Formbarkeit durch Kalt- und Warmformgebungsverfahren,

8. gute Schweißbarkeit

und

9. akzeptabler Kilopreis.

Die Summe der positiven Eigenschaften ist bei keinem natürlichen Werkstoff so ideal anzutreffen, weshalb in der Auswahl oft Kompromisse eingegangen werden müssen. In der Tendenz neigt daher die moderne Bauweisenentwicklung zu *synthetischen Werkstoffen*, bei denen bestimmte Eigenschaften gezielt gezüchtet werden können. Wesentliche Effekte, nämlich die Anhebung der Festigkeitswerte und des E-Moduls /5.6/, erreicht man durch Einlagerung eines festeren Werkstoffs, wodurch Verbunde entstehen.

6 Leichtbauwerkstoffe

Im vorherigen Kapitel wurde das Verhalten der Werkstoffe unter rein qualitativen Gesichtspunkten diskutiert. Für den Einsatz sind jedoch tiefere Kenntnisse bezüglich der physikalischen und mechanischen Eigenschaftsprofile erforderlich. Mit dieser Zielsetzung sollen im folgenden einige bewährte Konstruktionswerkstoffe des Leichtbaus näher analysiert werden.

6.1 Stahl

Die Stähle zählen bis heute zu den wichtigsten Konstruktionswerkstoffen des Maschinen- und Fahrzeugbaus /6.1/. Im übertragenen Sinne gilt dies auch für den *normalen* Leichtbau. Von großem Vorteil ist hierbei die Vielfalt in den mechanischen und verarbeitungsrelevanten Eigenschaften, die weitestgehend steuerbar sind und von extremen Festigkeiten, hoher Wärmebeständigkeit, guter Schweißeignung bis zu hoher Korrosionsbeständigkeit reichen. Von Nachteil ist jedoch die hohe Dichte, die in Relation zur Festigkeit und zum Elastizitätsmodul zu relativ ungünstigen Leichtbaubewertungen führt.

Ihre Bedeutung als Massenwerkstoff haben die Stähle bisher wegen ihres günstigen Kilopreises behaupten können, der sicherlich auch mitbestimmend war für die Einsatzbreite. Im Zuge des optimierenden Leichtbaus besteht vor allem Bedarf an Qualitätsstählen und Sondergüten, um ein ausgewogeneres Preis-Leistungsverhältnis zu erreichen.

6.1.1 Eigenschaftsmodifikationen

Die Eigenschaften der Stähle können bekanntlich durch Legieren, gezielte Wärmebehandlung oder Verfestigung /6.2, 6.3/ geeignet verändert werden.

Eine bedeutende Rolle spielt hierbei das Legieren, d. h. das Zusetzen von bestimmten Elementen, die entsprechenden Einfluß auf die Streckgrenze/Bruchfestigkeit/Dauerfestigkeit, Härte, Dehnbarkeit und andere technologische Eigenschaften nehmen. Als ein Spiegel der tendenziell erreichbaren Eigenschaftsänderungen kann in dieser Hinsicht die Tabelle von Bild 6.1 aufgefaßt werden, die einige grundsätzliche Effekte aufzeigt.

Unter den Auswirkungen kann als bekannt angenommen werden, daß beispielsweise der Kohlenstoff-, Stickstoff- und Phosphorgehalt am stärksten auf Festigkeit und Härte durchschlagen. Im Gegensinne wirken diese Elemente aber auch versprödend. Bedeutend geringere Wirkung auf die mechanischen Werte zeigen hingegen Mangan, Silizium und Nickel. Diese Elemente beeinflussen teils aber andere Grundeigenschaften positiv, die sich wiederum in einer qualitativ guten Bauweiseneignung des Stahls bemerkbar machen.

Des weiteren können durch Wärmebehandlungsverfahren wie Glühen und Härten bestimmte Gefügeveränderungen ausgelöst werden, die sich ebenfalls in Änderungen der mechanischen Eigenschaften bemerkbar machen. Dadurch können sowohl kern- wie oberflächenharte Stähle für besondere Anwendungen erzeugt werden.

Legierungs-element	R_m	Härte HB	Dehnung A	Grundeigenschaften
C	(++)	(++)	(--)	Schweißbarkeit (-) Sprödbruchempfindlichkeit (-)
P	(+)		(-)	Schlagfestigkeit (-) Kaltbruchneigung (+)
Mn	(+)			Schweißbarkeit (+) Kerbschlagzähigkeit (-)
Si	(+)			Schweißbarkeit (-) Kaltumformbarkeit (-)
Ni	(+)			Kerbschlagzähigkeit (+)
Cr	(+)		(-)	Oberflächenhärte (+)
Mo				Warmfestigkeit (+)
Spurenelemente V, Nb, Ti	(+)	(+)		Schweißbarkeit (+)

Bild 6.1: Einfluß der wichtigsten Legierungselemente (+ höher, - niedriger, jeweils auf 1 % Zusatz bezogen)

Eine andere Möglichkeit, einige Eigenschaften noch besser auszuprägen, ist durch den Vorgang der Verfestigung gegeben, der entweder als Kaltverfestigung oder thermomechanisches Walzen durchgeführt werden kann.

6.1.2 Sorten

Je nach den Einsatzgebieten unterscheidet man bei den Konstruktionsstählen /6.4/:

- allgemeine Baustähle, Feinkornbaustähle,
- Vergütungs-, Einsatz- und Nitrierstähle,
- warmfeste/hochwarmfeste Stähle

sowie

- korrosionsbeständige, hitzebeständige und kaltzähe Stähle,

die gemäß ihrer Bedeutung kurz angesprochen werden sollen.

- Die unterste Qualitätsstufe ist durch die allgemeinen Baustähle gegeben. Diese finden im Leichtbau überwiegend in den Sondergüten Stxx-2 oder Stxx-3 Verwendung (siehe auch Bild 6.2). Eine Sonderstellung nimmt hierbei der St52-3 ein, der ursprünglich für den

Stahlleichtbau kreiert wurde. Diese Sorte ist mit Mn und Si legiert und hat bei geringem C-Gehalt eine höhere gewährleistete Streckgrenze und ist gut schweißbar.

Kurz-zeichen	Werk-stoffnr.	Zugfestigkeit R_m [MPa] für Erzeugnisdicken in mm		Obere Streckgrenze R_{eH} [MPa] für Erzeugnisdicken in mm		Bruchdehnung A_5 [%] für Erzeugnisdicken in mm	
		< 3	≥ 3 ≤ 100	≤ 16	> 16 ≤ 40	≥ 3 ≤ 40	> 40 ≤ 63
S275JR (St 44-2)	1,0044	430...580	410...540	275	265	22 20	21 19
S355JO (St 52-3)	1,0570	510...680	490...630	355	345	22 20	21 19
E295 (St 50-2)	1,0050	490...660	470...610	295	285	20 18	19 17
E335 (St 60-2)	1,0060	590...770	570...710	335	325	16 14	15 13
E360 (St 70-2)	1,0070	690...900	670...830	365	355	11 10	10 9

Bild 6.2: Leichtbaustähle

- Im konventionellen Blechleichtbau werden bevorzugt die klassischen Tiefziehgüten St 12xx, 13xx, 14xx eingesetzt, die gut umformbar sind.

- Hingegen werden im Fahrzeugbau in größerem Umfang Feinkornstähle (Q St E/Z St E mit unterdrückter Perlitbildung durch Mikrolegierungselemente wie V, Nb, Ti) und verschiedene Sondergüten von Fein- und Hochfestblechen (s. Einordnung in Bild 6.3) eingesetzt /6.5/, wie z. B.

  - IF (Interstitial Free Stähle, Bez. HX) als mikrolegierte Sondertiefziehgüten mit vollständiger Abbindung der interstitiellen Atome C und N,
  - BH (Bakehardening Stähle, Bez. BHZ) mit gelöstem C als eine Sondergüte für Karosserieteile, die beim Lackeinbrennen noch eine Streckgrenzensteigerung erfahren,
  - DP (Dualphasen Stähle Bez. DP-K) mit ferritischer Matrix und inselförmigem C für festigkeits- und crashrelevante Strukturen.
  - CP (Complexphasenstähle Bez. CP-K) mit feinkörnigem, ferritisch-bainitisch-martensitischem Gefüge für kaltumformbare und gut schweißbare Teile.

  und

  - Z St E (P), Z St E (Nb, Ti), hauptsächlich mit Phosphor, Niob und Titan legierte höherfeste Feinkornstähle für verformungsfähige Komponenten.

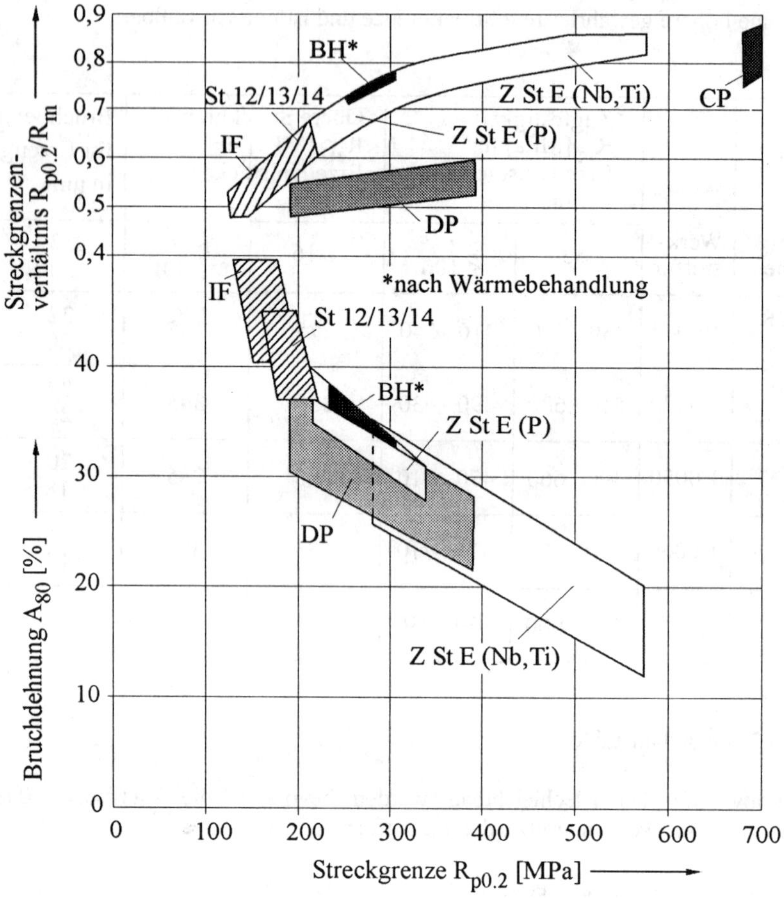

Bild 6.3: Einordnung der Feinbleche für den Automobilbau

- Einsatzgehärtete Baustähle (Aufkohlen der Randschicht mit nachfolgendem Härten) werden im Maschinenbau bevorzugt für Bauteile herangezogen, die eine verschleißfeste, harte Oberfläche aufweisen müssen. Für dynamisch beanspruchte Leichtbauteile ist vor allem die durch Einsatzhärtung anhebbare Dauerfestigkeit und die durch Druckeigenspannungen in der Oberfläche erzeugte geringe Anrißempfindlichkeit von Interesse.

- Entsprechend werden durch Vergüten (Härten mit anschließendem Anlassen) die Streckgrenze, die Zugfestigkeit und die Dauerfestigkeit angehoben, gleichzeitig verbessert sich die Zähigkeit.

Es kann an dieser Stelle festgestellt werden, daß in den letzten Jahren einige Fortschritte im Stahlleichtbau alleine durch Sortenweiterentwicklung ausgewiesen werden konnten.

6.1.3 Physikalisch-mechanische Eigenschaften

Hierzu sind zu zählen:

- Dichte: $\rho_{St} = 7,85 \text{ kg/dm}^3$
- Querkontraktion: $\nu_{St} = 0,3$
- Elastizitätsmodul: $E_{St} = 2,1 \cdot 10^5$ MPa
- Gleitmodul: $G_{St} = 8 \cdot 10^4$ MPa
- lin. Wärmeausdehnungskoeffizient: $\alpha_{St} = 10,4 \cdot 10^{-6}$ 1/grd.

6.2 Eisen-Gußwerkstoffe

Das Streben nach einer Verringerung von Einzelteilen in einer Struktur führt oft zu Lösungen, bei denen durch Gießen die sog. *Einstückigkeit* hergestellt wird. Es soll darum auch kurz erwähnt werden, daß für viele normale Leichtbauteile mittlerweile auch Stahlguß (GS), lamellarer Grauguß (GGL), Sphäroguß (GGG) oder Temperguß (GTW/GTS) zur Anwendung kommt.

Noch bessere Aussichten zeichnen sich durch die Verwendung von sogenanntem *austenitischen Gußeisen* ab, das etwa doppelt so hohe Festigkeitswerte wie die anderen Gußeisenwerkstoffe aufweist. Dies wird durch Zusetzen von Ni, Si und Cr erreicht. Demgemäß unterscheidet man die Sorten

- GGL-NiMn / GGL-NiCuCr / GGL-NiSiCr mit Lamellengraphit
sowie
- GGG-NiMn / GGG-NiCr / GGG-NiSiCr mit Kugelgraphit,

deren Problematik allerdings wegen der höheren Härte in der Weiterbearbeitung liegt.

6.3 Aluminium

Als ein weiterer wichtiger Konstruktionswerkstoff /6.6/ des metallischen Leichtbaus kann Aluminium mit seinen Legierungen angeführt werden. Mittels der verschiedenen Legierungstypen ist dabei ein breites Spektrum (s. Bild 6.4) in den mechanischen und technologischen Eigenschaften erreichbar.

Von besonderem Vorteil für den Leichtbau ist hierbei

- die niedrige Dichte,
- die an die Stähle heranreichenden Festigkeitswerte,
- der relativ gute Elastizitätsmodul
und
- die hohe Zähigkeit.

Weiterhin günstig wirkt sich noch die gute Formbarkeit (Strangpressen, Gießen), Spanbarkeit, die meist gegebene Schweißbarkeit und die sehr gute Korrosionsbeständigkeit aus.

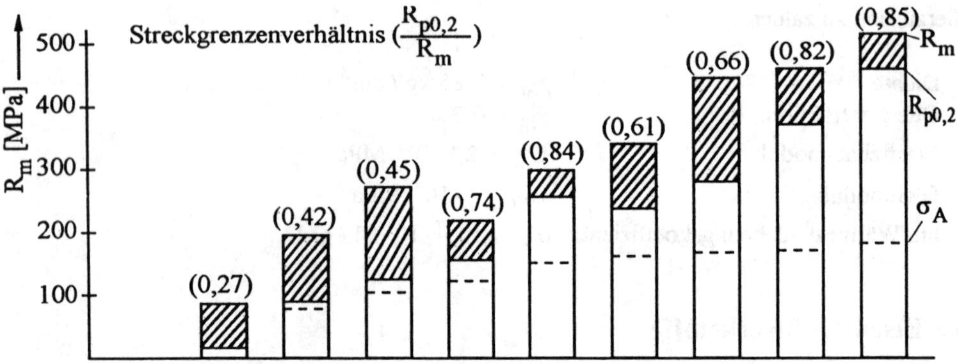

Auswahlkriterien	Al 99,5 F 8	AlMgMn AlMg 3 F 19	AlMg 4,5 Mn F 28	AlMg Si 0,5 F 22	AlMg Si 1 F 31	AlZn Mg 1 F36	AlCu Mg 2 F 44	AlZn MgCu 0,5 F 45	AlZn MgCu 0,5 F 53
Festigkeit	+	+	++	++	++	++	+++	+++	+++
Zähigkeit	+++	+++	+++	++	++	++	++	+	+
Schweißeignung	+++	+++	+++	++	++	+++	+	-	-
Verformbarkeit	+++	+++	+++	++	++	++	++	+	+
Korr.-Verhalten	+++	+++	+++	++	++	++	+	++	+
Strangpressen	+++	++	+	+++	++	++	+	+	+

Bild 6.4: Auswahlkriterien für Aluminiumknetlegierungen (+, ++, +++ = Verbesserungsgrad)

6.3.1 Eigenschaftsmodifizierungen

Auch beim Aluminium können Eigenschaftsmodifizierungen zufolge Legieren, Aushärten und Kaltverfestigen vorgenommen werden. Durch Legieren wird Reinaluminium hinsichtlich seiner Festigkeitswerte, Härte und Zähigkeit verändert. Zu den wichtigsten Legierungselementen gehören Cu, Mg, Zn, Si und Mn. Durch Kombination dieser Elemente werden gleichzeitig auch aushärtbare und nichtaushärtbare Legierungen geschaffen.

Die Aushärtung (Wärmebehandlung) führt weiter zu einer Festigkeitssteigerung. Hierfür eigenen sich aber nur die aushärtbaren Legierungstypen - AlMgSi, AlSiMg, AlCu, AlCuMg, AlZnMg, AlZnMgCu -, wobei der Grad der Festigkeitssteigerung sehr unterschiedlich ist. Bei den nichtaushärtbaren Legierungstypen - AlMg, AlMn, AlMgMn, AlSi - kann dagegen eine Festigkeitssteigerung nur durch eine Kaltverfestigung erzielt werden.

6.3.2 Al-Knetlegierungen

Die als Knetlegierungen zu bezeichnenden Sorten erhalten ihre Form ausschließlich durch Ur- und Umformung, wozu das Strangpressen und Gesenkschmieden zu rechnen ist. Von den Festigkeitswerten her liegen die ausgehärteten Sorten über den kaltverfestigten und diese wiederum über den naturharten. Zu den bevorzugt im Leichtbau eingesetzten Knetlegierungen sind zu zählen:

- AlMg 3, AlMg 4,5 Mn,
- AlMgSi 0,5, AlMgSi 1, AlMgSiPb,
- AlCuMg 1, AlCuMgPb

sowie

- AlZnMgCu 0,5, AlZnMgCu 1,5.

In der Übersicht von Bild 6.5 ist eine entsprechende Auswahl gegeben.

Werkstoff	R_m [MPa]		$R_{p0,2}$ [MPa]	A_5/A_{10} [%]		HB	Bemerkung
	min.	max.	min.	min.			
Al 99,5 F 8	75	110	20	20	-	22	
Al Mg 3 F 19	190	-	80	12	-	50	Bleche Bänder
Al Mg 4,4 Mn F 28	275	-	125	12	-	70	
AlMgSi 0,5 F 22	215	-	160	12	10	70	Rohre, Stangen Drähte
AlMgSi 1 F 31	310	-	260	10	8	95	
AlZnMg 1 F 38	380	-	230	10	-	-	Gesenkschmiede-stücke
AlCuMg 2 F 44	440	-	290	13	11	110	Bleche Bänder
AlZnMgCu 0,5 F 45	450	-	370	8	-	125	
AlZnMgCu 1,5 F 53	530	-	450	8	-	140	

Bild 6.5: Mechanische Eigenschaften von Al-Knetlegierungen

Eine Sonderstellung kommt hierbei den Sorten AlMgSi zu, die wegen ihrer guten Warmformbarkeit vielfach zu Strangpreßprofilen verarbeitet werden. Weiter hervorzuheben gilt es die Sorten AlZnMgCu, die unter den Knetlegierungen die höchsten Festigkeitswerte erreichen.

Bereits an dieser Stelle soll auf das abweichende Verhalten der Al-Legierungen unter schwingender Beanspruchung hingewiesen werden. Die Wöhlerkurve weist hierbei den kennzeichnenden Knick beim Übergang vom Zeitfestigkeits- in den Dauerfestigkeitsbereich nur andeutungsweise auf, wodurch der relevante Schädigungsbereich ausgeprägter ist. Vereinbarungsgemäß wird deshalb die Grenzlastspielzahl bei $N_G = 10^7$ LW (Stahl $N_G \approx 2.1 \cdot 10^6$ LW) festgesetzt.

6.3.3 Al-Gußlegierungen

Die als Gußlegierungen ausgewiesenen Sorten werden für die Formgebung durch Gießen (Sand-, Kokillen-, Druck- oder Feinguß) eingesetzt. Bevorzugte Sorten sind hier wieder:

- G-AlSi 12 / G-AlSi12 (Cu), G-AlSi 10 Mg / G-AlSi 10 Mg (Cu), G-AlSi 8 Cu 3 / G-AlSi 6 Cu 4 für allgemeine Verwendung,

- G-AlSi 5 Mg, G-AlMg 3, G-AlMg 3 Si, G-AlMg 3 (Cu), G-AlMg 5, G-AlMg 5 Si für besondere Verwendung

und

- G-AlSi 7 Mg, G-AlSi 9 Mg, G-AlCu 4 Ti, G-AlCu 4 TiMg, G-AlSi 11 für besondere mechanische Anforderungen.

Auch hier gibt die Übersicht von Bild 6.6 einige Anhaltswerte, wobei die vorstehenden Legierungen den Gruppen A, B, C zugewiesen wurden.

	Werkstoff	R_m [MPa]	$R_{p0,2}$ [MPa]	A_5 [%]	HB
Gruppe A	G-AlSi 12	160 - 210	70 - 100	5 - 10	45 - 60
	G-AlSi 12 (Cu)	150 - 200	80 - 100	1 - 4	50 - 65
	G-AlSi 10 Mg	170 - 220	80 - 110	2 - 6	50 - 60
	G-AlSi 10 Mg (Cu)	180 - 240	90 - 110	1 - 4	55 - 65
	G-AlSi 8 Cu 3	160 - 200	100 - 150	1 - 3	65 - 90
Gruppe B	G-AlSi5Mg	140 - 180	100 - 130	1 - 3	55 - 70
	G-AlMg 3	140 - 190	70 - 100	3 - 8	50 - 60
	G-AlMg 3 Si	140 - 190	80 - 100	3 - 8	50 - 60
	G-AlMg 5	160 - 220	100 - 120	3 - 8	55 - 70
	G-AlMg 5 Si	160 - 200	110 - 130	2 - 4	60 - 75
Gruppe C	G-AlSi 9 Mg wa	250 - 300	200 - 270	2 - 5	75 - 100
	G-AlSi 7 Mg wa	230 - 310	190 - 270	2 - 5	75 - 105
	G-AlCu 4 Ti wa	200 - 260	200 - 260	3 - 8	95 - 110

Bild 6.6: Mechanische Werte von Al-Gußlegierungen (Lieferformen als Sand-, Kokillen- oder Druckguß)

Gegenüber den Knetlegierungen weisen die Gußlegierungen etwas geringere Festigkeits- und Zähigkeitswerte auf. Als günstig kann die weitreichende Formbarkeit und somit wieder die Bauweiseneignung angeführt werden.

Heute ist es Bestrebung, G-Al-Teile auch für sicherheitsrelevante Teile im Automobilbau zu nutzen. Hierfür müssen feinkörnige und porenfreie Gefüge vorliegen, weshalb dazu zunehmend Sondergießverfahren (Vacuralguß, Thixo-Casting und Squeeze-Casting-Verfahren) eingesetzt werden.

6.3.4 Physikalisch-mechanische Eigenschaften

Hierzu sind zu zählen:

- Dichte: $\rho_{Al} = 2{,}7\ kg/dm^3$
- Querkontraktion: $\nu_{Al} = 0{,}34$
- Elastizitätsmodul: $E_{Al} = 70.000\ MPa$
- Gleitmodul: $G_{Al} = 26.000\ MPa$
- lin. Wärmeausdehnungskoeffizient: $\alpha_{Al} = 23{,}5 \cdot 10^{-6}\ 1/grd.$
- Streckgrenze: $R_{p0,2} \approx 10-25\ MPa$ (weich) $\approx 80\text{-}350\ MPa$ (hart)
- Zugfestigkeit: $R_m \approx 40-50\ MPa$ (weich) $\approx 55-500\ MPa$ (hart)
- Bruchdehnung: $A_{10} \approx 30-45\,\%$ (weich) $\approx 2-4\,\%$ (hart)

6.3.5 Sinteraluminium

Um Aluminium in der Luft- und Raumfahrt besser einsetzen zu können, muß die Temperaturbeständigkeit erhöht werden. Hierfür werden heute SAP-Legierungen eingesetzt. SAP bezeichnet Sinteraluminiumpulver, welches pulvermetallurgisch hergestellt wird. Es kann für Bauteile und Profile eingesetzt werden, die durch aufeinanderfolgendes Kalt-, Heiß- und Strangpressen aus Al-Pulver formbar sind. Der Werkstoff zeichnet sich durch eine hohe Warmfestigkeit aus, was eine Folge der eingestellten Dispersionsverfestigung durch Al_2O_3-Partikel ist.

Als Gebrauchstemperatur für eine längere Dauerbeanspruchung gilt etwa 400 °C. Je nach Feinheit und Oxidgehalt des Ausgangspulvers beläuft sich die Raumtemperatur-Zugfestigkeit auf $R_m = 300-400\ MPa$. Oberhalb von 300 °C ist die Festigkeit des dispersionsverfestigten SAP's den besten ausgehärteten Al-Legierungen (Bild 6.7) überlegen. Bei langzeitigen Beanspruchungen fällt allerdings auch hier die Warmfestigkeit ab. Für 310 °C beträgt etwa $R_{m/100} \approx 100\ MPa$ und für 480 °C nur noch etwa $R_{m/100} \approx 60\ MPa$. Für den Einsatz von SAP sprechen neben der geringen Dichte und die Warmfestigkeit noch die Korrosionsbeständigkeit.

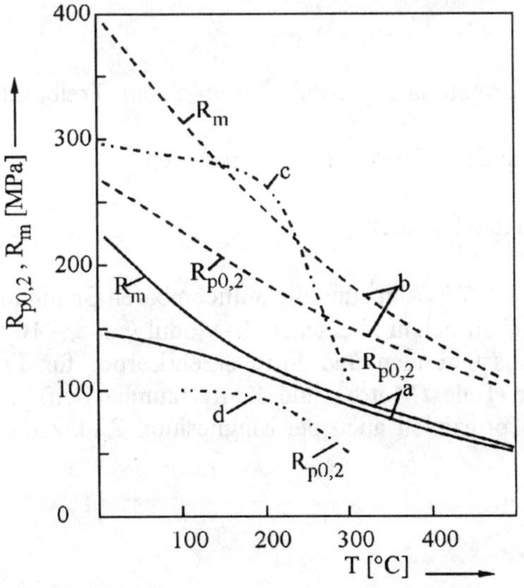

Bild 6.7: Festigkeitswerte von SAP in Abhängigkeit von der Temperatur
a) Al+4 % Al_2O_3
b) Al+14 % Al_2O_3
c) AlCu 6 MnZr
d) AlMg 3

6.3.6 Schaumaluminium

Zur Realisierung eines extremen Leichtbaus gibt es derzeit Bestrebungen, mit Metallschäumen, insbesondere Schaumaluminium, sehr leichte selbsttragende Konstruktionen oder Versteifungsstrukturen aufzubauen. Schaumaluminium ist ein hochporöser Aluminiumwerkstoff mit zellularer Struktur. Man kann ihn auch als Verbundwerkstoff betrachten, bei dem offene und geschlossene Poren in einer Aluminium-Matrix fein vereilt sind.

Heute wird Schaumaluminium schmelzmetallurgisch durch Abscheidung oder pulvertechnologisch hergestellt. Im Bild 6.8 ist beispielsweise der pulvertechnologische Weg prinzipiell dargestellt.

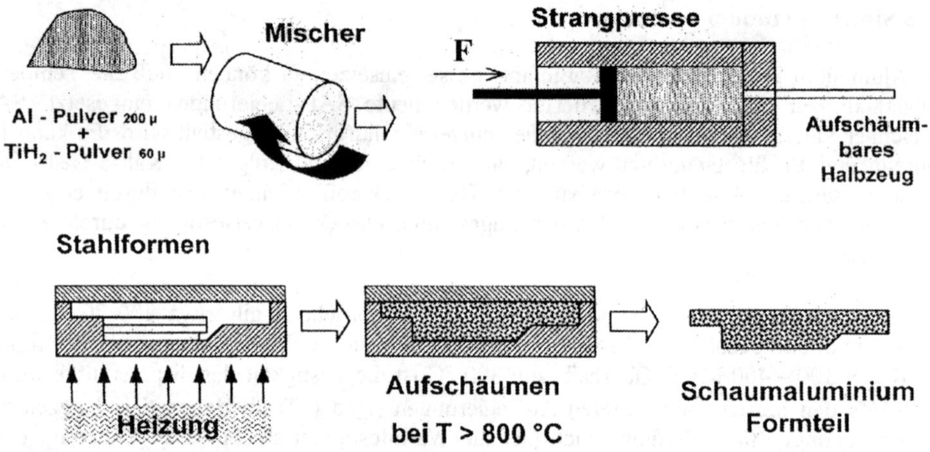

Bild 6.8: Herstellung von Schaumaluminiumteilen

Der Verfahrensablauf ist hierbei:

- Mischung eines aufschäumbaren Vormaterials (Al-Pulver mit einem Treibmittel, z. B. Titanhydrid, vermischt),
- Herstellung eines Halbzeuges durch axiales Heiß- oder Strangpressen

und

- Aufschäumung des Halbzeuges zu einem Formteil.

Die erreichbaren Dichten liegen bei 0,3 – 0,7 kg/dm^3 und die aufnehmbaren Spannungen etwa zwischen 10 – 25 MPa (bevorzugt Druckaufnahme) bei einem E-Modul von 8 – 10 GPa. Anwendungen sind: Ultraleichtprofile, Aussteifungen und Stoßverzehrkörper für Front- und Seitenaufprall, aber auch großflächige Teile (Motor- und Kofferraumhauben). Außer bei Aluminium funktioniert das Verfahren prinzipiell auch bei Magnesium, Zink/Zinn, Messing und Blei.

6.4 Magnesium

Der Werkstoff Magnesium hat unter den Gebrauchsmetallen die wohl niedrigste Dichte und scheint daher für den Leichtbau prädestiniert zu sein. Trotz dieser und anderer Vorzüge haben jedoch einige Negativpunkte (geringe Bruchdehnung, hohe Korrosionsanfälligkeit) dazu geführt, daß es wenig Anwendungen über die Luft- und Raumfahrt bzw. den Fahrzeugbau hinaus gibt.

Zu den vorteilhaftesten Eigenschaften sind zu zählen:

- die relativ guten Festigkeitswerte (etwas niedriger als bei Al),
- die gute spanabhebende Bearbeitbarkeit (teils in Trockenbearbeitung)
- die gute Gießbarkeit (insbesondere Druckguß)

und

- die bedingt gute Schweißbarkeit.

Wegen der hohen Affinität zum Sauerstoff müssen allerdings beim spanenden Bearbeiten, Gießen und Schweißen besondere Vorkehrungen getroffen werden. Des weiteren ist als Folge des hexagonalen Gitteraufbaus die Kaltumformung von Magnesium schwierig und kann wegen der Gefahr der Spannungsrißkorrosion nur bei > 225 °C durchgeführt werden. Kaltgeformte Erzeugnisse mit starker Umformung sind daher nur mit mehrfachem Zwischenglühen herstellbar. Größere Bedeutung kommt somit den warmgeformten Magnesium-Erzeugnissen und den Gußprodukten zu. Insofern erweist sich das Gießen bzw. Druckgießen als das wirtschaftlichste Formgebungsverfahren überhaupt. Hervorzuheben ist noch die hohe Kerbempfindlichkeit des Magnesiums, welches eine möglichst glatte (ohne scharfe Kerben) und riefenfreie Oberfläche unerläßlich macht. Weiterhin ist es Folge der niedrigen Bruchdehnung, daß Magnesium-Bauteile sehr empfindlich gegen Schlag- und Stoßbeanspruchung sind.

6.4.1 Mg-Legierungen

Das Reinmagnesium ist technisch ohne Bedeutung. Nur durch Zusatz von Al, Zn, Mn und Zr entstehen nutzbare Legierungen. Im wesentlichen bewirkt Zink eine Erhöhung der Zähigkeit und eine Verringerung der Kerbempfindlichkeit, Aluminium eine Steigerung der Festigkeit und eine Verbesserung der Aushärtbarkeit, Mangan eine Verbesserung der Schweißbarkeit und eine Erhöhung der Korrosionsbeständigkeit, ein Zusatz an Zirkon verbessert noch die Warmfestigkeit.

Alle Mg-Legierungen sind sowohl im Sand-, Kokillen- und Druckguß gut vergießbar. Da jedoch die Schmelzen sehr oxidationsfreudig sind und bei Sauerstoffzusatz verbrennen würden, erfolgt in der Regel eine Abdeckung mit einer Salzschicht. Zum Schweißen ist anzumerken, daß dies zwar nach mehreren Verfahren möglich ist, die Schweißverbindung aber zur Warmrissigkeit und zur Bildung von Mikrolunkern neigt; bei größeren Bauteilen ist daher mit Vorwärmung zu arbeiten.

Im Bild 6.9 ist eine kurze Auswahl von Mg-Knet- und -Gußlegierungen mit ihren mechanischen Kenngrößen zusammengestellt. Diese Eigenschaften verändern sich im Temperaturbereich von -80 °C bis 100 °C kaum, kurz oberhalb von 100 °C setzt dagegen der Steilabfall der Festigkeitswerte ein. Als übliche Grenze des Gebrauchs von Mg-Legierungen kann man 150 °C ansetzen.

Werkstoff	$R_{p0,2}$ [MPa] min.	R_m [MPa] min.	A_{10} [%] min.	HB etwa	σ_{bw} [MPa] $N_G=50 \cdot 10^6$	Bemerkung
Mg Mn 2 F 20	100	200	10	40		gut schweiß- und formbar
MgAl 3 Zn F 24	140	240	12	50		schweiß- und formbar
MgAl 6 Zn F 28	180	280	10	55		beschränkt schweißbar
MgAl 8 Zn F 30	210	300	10	60		höchste Festigkeit
G-MgAl 6	80-120	180-240	8-12	50-65	70-90	hohe Dehnung und Schlagzähigkeit
G-MgAl 8 Zn 1	90-110	160-220	2-6	50-65	70-90	stoßbeanspruchte Teile
G-MgAl 8 Zn 1 ho	90-120	240-280	8-12	50-65	80-100	gute Gleiteigenschaften
G-MgAl 9 Zn 1 ho	110-140	240-280	6-12	55-70	80-100	höchste Werte für Zugfestigkeit u. 0,2-Grenze,
G-MgAl 9 Zn 1 wa	150-190	240-300	2-7	60-90	80-100	homogenisiert

Bild 6.9: Mechanische Kenngrößen von Magnesiumlegierungen

Bezüglich des Einsatzes von Bauteilen unter schwingender Beanspruchung sei noch erwähnt, daß einige Mg-Legierungen dauerfester als die meist höherfesten Al-Legierungen sind, was sicherlich eine hervorstechende Nutzungseigenschaft ist. Ein Vergleich dazu zeigt Bild 6.10.

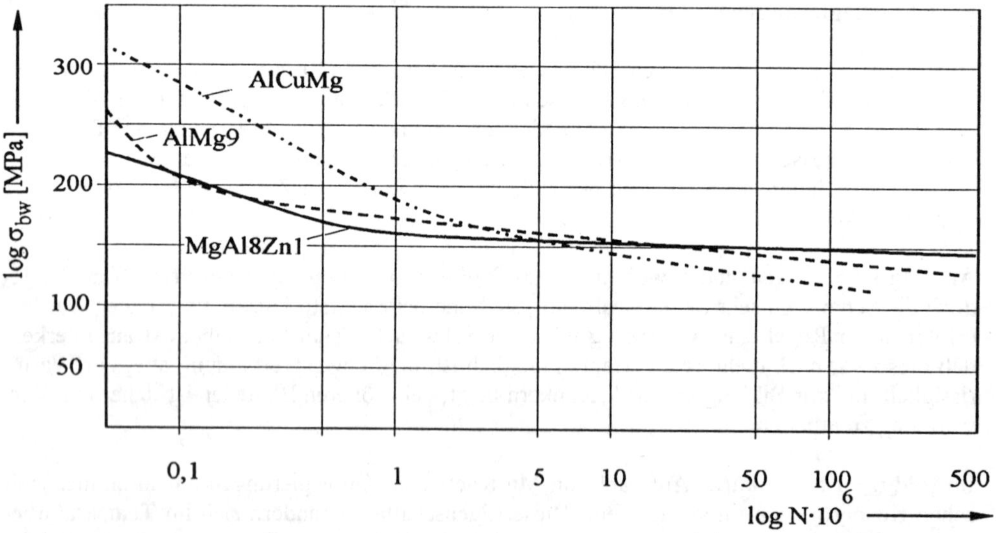

Bild 6.10: Biegewechsel-Festigkeitswerte von Al- und Mg-Legierungen

Im Fahrzeugbau werden daher Bauteile für dynamische Langzeitbeanspruchung (z. B. Getriebegehäuse) bevorzugt aus Mg-Legierungen ausgeführt. Das Bruchverhalten von Magnesium ist aber wegen seiner hohen Sprödigkeit *plötzlicher* als bei Al-Legierungen, die vor dem Bruch eine ausgeprägte Plastifizierungsphase aufweisen. Demzufolge ist Magnesium nur wenig schadenstolerant.

Ein sehr negatives Merkmal aller Mg-Legierungen ist die hohe Korrosionsempfindlichkeit. Da Mg das unedelste Metall überhaupt ist, wird Mg in jeder Werkstoffkombination „gefressen".

6.4.2 Physikalisch-mechanische Eigenschaften

Hierzu sind zu zählen:

- Dichte: $\rho_{Mg} = 1,74 \text{ kg/dm}^3$
- Elastizitätsmodul: $E_{Mg} = 45.000 \text{ MPa}$
- Gleitmodul: $G_{Mg} = 17.700 \text{ MPa}$
- Querkontraktion: $\nu_{Mg} = 0,27$
- lin. Wärmeausdehnungskoeffizient: $\alpha_{Mg} = 25 \cdot 10^{-6} \, 1/\text{grd}$.

Weitere mechanische Relationen sind:

- Zugfestigkeit: $R_m \approx 100 - 150$ MPa (gegossen) bzw. ≈ 250 MPa (gepreßt)
- Druckfestigkeit: $\sigma_{dB} \approx 2 \cdot R_m$
- Biegefestigkeit: $\sigma_{bB} \approx (1{,}7 - 2{,}2)\, R_m$
- Torsionsfestigkeit: $\tau_{tB} \approx 0,66 \cdot R_m$
- Bruchdehnung: $A_{10} \approx 4 - 5$ % (gegossen) bzw. ≈ 10 % (gepreßt)

6.5 Titan

Im allgemeinen kann Titan als ein für den Leichtbau äußerst interessanter Konstruktionswerkstoff /6.7/ angesehen werden. Unter den vorteilhaften Merkmalen ist demgemäß auszuweisen:

- die noch relativ niedrige Dichte,
- die teils hochfesten Stählen überragenden Festigkeitswerte,
- die geringe Wärmeausdehnung,
- die hohe Korrosionsbeständigkeit (wie rostfreie Stähle)

und

- die gute chemische Beständigkeit.

Als nachteilig ist anzuführen, daß Reintitan und die Ti-Legierungen nur aufwendig umzuformen sind und das Reintitan zwar gut weich-, hartlötbar und schweißbar ist, dies aber für die Legierungen nur eingeschränkt gilt. Auch sind Ti-Legierungen nur schwierig spanend zu bearbeiten.

6.5.1 Reintitan

Die mechanischen Eigenschaften von Reintitan werden vorwiegend durch Zusetzen von Sauerstoff bestimmt. Daneben sind aber auch geringe Zusätze von Eisen, Stickstoff, Wasserstoff und Kohlenstoff förderlich. Die eingesetzten Reintitansorten sind im Bild 6.11 aufgelistet.

Werkstoff		R_m [MPa]	$R_{p0,2}$ [MPa]	A_5 [%]	Bemerkung
Ti 99,8	0,2% ↑ 0,1%	300 - 420	180	30	Ziehteile
Ti 99,7	Fe │ O	400 - 550	250	22	
Ti 99,6		470 - 600	330	18	Apparatebau
Ti 99,5	0,35% ↓ 0,3%	550 - 750	400	16	Schmiedeteile

Bild 6.11: Mechanische Kennwerte von Reintitan

Für die besonders reinen Reintitansorten (Ti 99,9 und Ti 99,8) ist zu bemerken, daß diese bei abnehmenden Temperaturen eine Festigkeitssteigerung (z. B. Ti 99,8 bei -190 °C auf $R_m = 1.000$ MPa) erfahren. Die Einsatzgrenze im oberen Temperaturbereich ist dagegen mit etwa 350 °C anzusetzen.

6.5.2 Ti-Legierungen

Da Titan polymorph ist, ergeben sich die folgenden Variationsmöglichkeiten bei der Legierungsbildung zu:

- *α-Ti-Legierungen* enthalten bis zu 5,5 % Al.
  Weil hier nur eine Phase vorliegt, sind die Legierungen relativ gut schweißbar und zeigen hohe Warmfestigkeit. Die Festigkeiten bei Raumtemperatur (RT) reichen bis $R_m = 1.000$ MPa und die Einsatzgrenze bis 600 °C.

- *α+ß-Ti-Legierungen* sind zweiphasig.
  Die bei RT erreichbaren Festigkeiten reichen bis $R_m = 1.200$ MPa, die thermische Stabilität der Legierungen ist allerdings nur bis 400 °C gewährleistet.

- *ß-Ti-Legierungen* sind wiederum einphasig.
  In der Regel sind diese Legierungen gut umformbar und auch gut schweißbar. Ausgehärtet sind Festigkeiten bis $R_m = 1.300$ MPa möglich, wegen thermischer Instabilität liegt die Einsatzgrenze bei 300 °C.

Eine Auswahl dieser drei Legierungstypen ist im Bild 6.12 gezeigt.

Typ	Werkstoff	Zustand	R_m[MPa]	$R_{p0,2}$[MPa]	A_5[%]
α	TiAl 5 Sn 2,5 TiAl 8 Mo 1 V 1	geglüht geglüht	880 1.030	840 950	18 16
α + β	TiAl 6 V 4	geglüht ausgehärtet	950 1.190	840 1.050	14 10
β	TiV 13 Cr 11 Al 3	geglüht ausgehärtet ausgehärtet	950 1.300 1.830	910 1.230 1.720	16 8 4

Bild 6.12: Mechanische Kennwerte der hauptsächlichen Ti-Legierungen

Die Dauerfestigkeit dieser Legierungen ist bezogen auf die Zugfestigkeit mit ($\sigma_A / R_m \approx 0,7$) bedeutend höher als bei anderen Werkstoffen. Für Stahl gilt in etwa ($\sigma_A / R_m \approx 0,5$) bzw. für Aluminium ($\sigma_A / R_m \approx 0,2$). Große Auswirkung auf die Dauerfestigkeit hat die Oberflächenbeschaffenheit, was unterstreicht, daß Titan sehr kerbempfindlich ist. Im Bild 6.13 ist dies beispielsweise bezüglich der Kerbschärfe an Titanproben ausgewiesen.

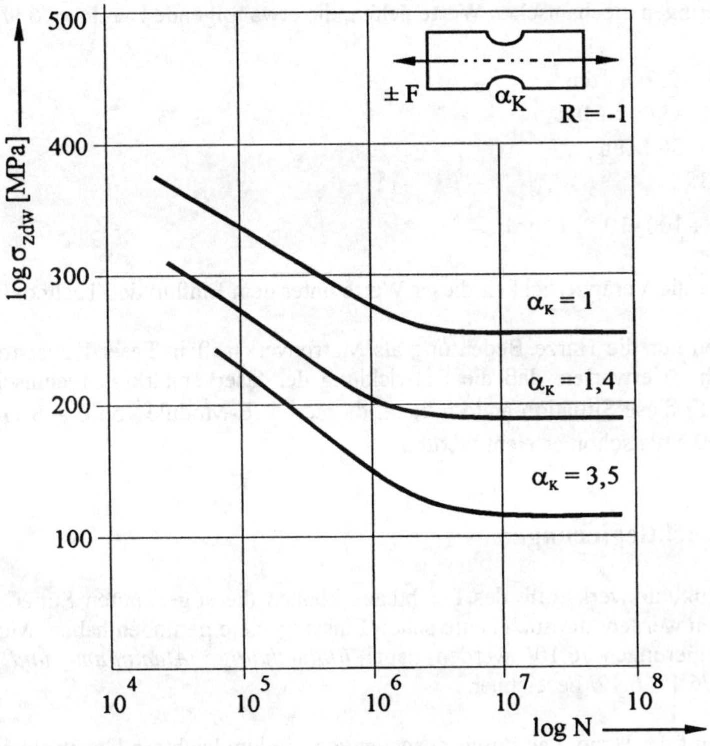

Bild 6.13: Dauerfestigkeiten gekerbter Ti-Proben

Durch Kugelstrahlen kann die Dauerfestigkeit wieder angehoben werden. Die Wirkung besteht im Schließen der vielen Mikrorisse durch eine Oberflächenverfestigung.

6.5.3 Physikalisch-mechanische Eigenschaften

Hierzu sind zu zählen:

- Dichte: $\rho_{Ti} = 4{,}5\ \text{kg/dm}^3$
- Elastizitätsmodul: $E_{Ti} = 110.000\ \text{MPa}$
- Gleitmodul: $G_{Ti} = 40.400\ \text{MPa}$
- Querkontraktion: $\nu_{Ti} = 0{,}36$
- lin. Wärmeausdehnungskoeffizient: $\alpha_{Ti} = 8{,}7 \cdot 10^{-6}\ 1/\text{grd}$.
- Streckgrenze: $R_{p0,2} \approx 200-400\ \text{MPa}$
- Zugfestigkeit: $R_m \approx 300-900\ \text{MPa}$
- Bruchdehnung: $A_{10} \approx 16-30\ \%$

6.6 Kunststoffe

Die große Vielzahl der thermoplastischen und duromeren Kunststoffe spielt für tragende Strukturbauteile im Leichtbau eine untergeordnete Rolle /6.8/. Als Ursache hierfür können die insgesamt geringen mechanischen Werte gelten, die etwa folgende Bereiche /6.9/ abdecken:

- $\rho_K \approx 0{,}8 - 2{,}2\text{kg} / \text{dm}^3$,
- $E_K \approx 500 - 3.000\ \text{MPa}$,
- $R_m \approx 30 - 80\ \text{MPa}$,
- $\nu_K \approx 0{,}35$,
- $\alpha_K \approx 70 \div 100 \cdot 10^{-6}\ 1/\text{grd}$.

Hinzu kommt die Veränderlichkeit dieser Werte unter dem Einfluß des Technoklimas.

Derzeit haben nur die Harze Bedeutung als Matrixwerkstoff in Faser-Kunststoff-Verbunde. Es ist jedoch zu erwarten, daß die Entwicklung der faserverstärkten technischen Thermoplaste (GM-T) diese Situation ändern kann, da hiermit E-Module von 6 – 8 GPa und R_m-Werte bis 100 MPa schon erreicht werden.

6.7 Superleichtlegierungen

Als wahre Zukunftswerkstoffe des Leichtbaus können die sogenannten Superleichtlegierungen angesehen werden, die auch heute schon Einsatzgebiete gefunden haben. Mit dem Begriff Superleichtlegierungen /6.10/ werden dabei *lithiumhaltige Aluminium- und Magnesiumlegierungen* /6.11, 6.12/ bezeichnet.

Es liegt fast auf der Hand, daß durch Zusetzen von Lithium leichtere Konstruktionswerkstoffe geschaffen werden können, da Lithium mit einer Dichte von $\rho_{Li} = 0{,}53\ \text{kg} / \text{dm}^3$ zu den leichtesten Metallen überhaupt zählt.

Folgende Ausführungsarten sind bereits verfügbar:

- *Al-Li-Legierungen* sind schon seit längerem bekannt und werden in der Luftfahrt auch eingesetzt. Generelle Zielsetzung war dabei, Aluminium metallurgisch zu optimieren, und zwar hinsichtlich niedrigerer Dichte, höherer Steifigkeit und größerer Riß-Bruchzähigkeit. Einige Anhaltswerte zu den mechanischen Eigenschaften von Al-Li gibt Bild 6.14.

Legierungstyp	Masse - % Li	Mg	Mn	Cu	ρ [kg/dm^3]	E [MPa]	$R_{p0,2}$ [MPa]	R_m [MPa]	K_{Ic} [MNm$^{-3/2}$]	A_5 [%]
2024	-	1,50	4,40	0,60	2,77	72.000	- 530	- 580	-	6
7075	-	2,60	1,50	-	2,80	71.700	- 470	- 540	30	8
	1,90	-	-	-	2,54	80.500				
(Al Zn Mg Cu 1,5)	2,80	-	-	-	2,40	83.000				
	2,71	3,55	-	0,27	-	81.000				
	3,14	1,94	-	0,28	2,45	81.400				
	3,00	2,00	-	-	2,46	83.000				
	3,20	1,10	3,40	0,60	2,52	85.000				
2020	1,3	-	4,50	0,50	2,71	77.000				
DTD XXXA	2,3-2,6	0,5-0,9	1,0-1,4	-	2,55	80.000				
Al-Li (high strength)					2,60	76.000	552	610	28	9-12
Al-Li (low density)					2,45	82.000	320	430	28	10
Al-Li (damage tolerant)					2,50	80.000	423	510	35	8-12

Bild 6.14: Metallurgische Zusammensetzung und mechanische Kennwerte von Al-Li-Werkstoffen

Hervorzuheben ist die durchschnittliche Absenkung der Dichte um 8 % und die E-Modul-Erhöhung von 11 %. Als weitere Verbesserung ist noch die gesteigerte Widerstandsfähigkeit gegen Korrosion bzw. Spannungsrißkorrosion anzuführen.

- *Al-Li-Plattenmaterial* wird des weiteren auch noch im Verbund mit AFK zu Sandwiches verarbeitet, d. h. zu ARALL-Platten (ARamid ALuminium Laminates). Hierdurch gelingt es noch einmal, die Dichte abzusenken und die Steifigkeit der dünnen Platten anzuheben.

- *Mg-Li-Legierungen*, die einen weiteren Durchbruch in der Gewichtswertung bringen würden, befinden sich derzeit in der Entwicklung. Im Bild 6.15 sind zur Orientierung einige Kennwerte aufgeführt.

Legierungstyp	ρ [kg/dm^3]	E [MPa]	$R_{p0,2}$ [MPa]	R_m [MPa]	A_5 [%]
MgLi (7-10) Al (4-6) Cd (3-5) Zn (0,8-2) Mn(0,15- 0,5)	1,57-1,60	~47.000	160-220	240-270	
MgLi (14) Al (1,2) Mn (0,15)	1,35		95	115	10

Bild 6.15: Metallurgische und mechanische Kennwerte von Mg-Li-Legierungen

Bislang steht der Verwendung als Strukturbauteile noch die niedrige Festigkeit /6.13/ entgegen. Von der Formgebung her lassen sich Mg-Li-Legierungen als Knet- und Gußwerkstoffe verarbeiten.

6.8 Faserverstärkte Werkstoffe

Das Prinzip der Faserverstärkung /6.14/ besteht darin, daß in einem Grundwerkstoff (Matrix) in bestimmter Anordnung Fasern eingebettet werden. Vorstellung ist hierbei, daß unter Belastung die Fasern die Kräfte auf sich ziehen sollen. Damit dies gewährleistet ist, müssen bei einer Werkstoffkombination folgende Voraussetzungen erfüllt sein:

- Die Bruchfestigkeit der Fasern muß größer sein als die der Matrix ($R_{mF} > R_{mM}$).
- Der E-Modul der Fasern muß weit größer sein als der der Matrix ($E_F >> E_M$).

aber

- Die Bruchdehnung der Matrix muß größer sein als die der Fasern ($\varepsilon_{BM} \geq \varepsilon_{BF}$).

Für die Konstruktion ist dann von Interesse, wie sich solche Verbunde elastizitätsmechanisch in unterschiedliche Richtungen verhalten. Insbesondere für undirektionale Glasfaserverbunde können folgende einfache Beziehungen für die Grundelastizitäten angegeben werden:

$$E_{II} = \phi_F \cdot E_F + (1 - \phi_F) \cdot E_M \,, \tag{6.1}$$

$$E_{\perp} = \frac{E_M}{1 - \nu_M^2} \cdot \frac{(1 + 0{,}85 \cdot \phi_F^2)}{(1 - \phi_F)^{1{,}25} + \dfrac{E_M \cdot \phi_F}{(1 - \nu_M^2) \cdot E_F}} \,, \tag{6.2}$$

$$\nu_{\perp II} = \phi_F \cdot \nu_F + (1 - \phi_F)\, \nu_M, \quad \nu_{II\perp} = \nu_{\perp II} \cdot \frac{E_{\perp}}{E_{II}} \,, \tag{6.3}$$

$$G_{II\perp} = \frac{\left(1 + 0{,}6 \cdot \phi_F^{0{,}5}\right) \cdot G_M}{(1 - \phi_F)^{1{,}25} + \dfrac{G_M}{G_F} \cdot \phi_F} \,. \tag{6.4}$$

Näherungsweise können diese Gleichungen auch zur Berechnung von Kohlenstoff- und Aramidfaserverbunden herangezogen werden, wenn man anstelle von E_F, G_F die entsprechenden Faserquermodule $E_{IIF}, E_{\perp F}$ bzw. $G_{II\perp F}$ benutzt. Die Eigenschaften derartiger Verbunde sollen nachfolgend kurz dargelegt werden.

6.8.1 Faserverstärkte Kunststoffe

In vielen technischen Anwendungen dominieren heute die Faserkunststoff-Verbunde. Es hat sich nämlich gezeigt, daß die vorhandenen Leichtbaueigenschaften vieler Thermoplaste und Duromere hinsichtlich Festigkeit und Steifigkeit auch unter erhöhten Temperaturen durch

Compoundieren mittels Silikate, Karbonate oder Metalloxide bedeutend verbessert werden können. Diese Füllstoffe gehen als

- Kurz- oder Langfasern auf der Basis von Glas, Kohlenstoff oder organischen Polyamiden (Kevlar) in der Form von Vliesen, Matten, Gewebe oder Bändern

bzw.

- globulare, plattenförmige oder lamellare Füllungen

ein. Gebräuchliche Matrix-Kunststoffe sind

- bei den Thermoplasten: Polyamide, Polysulfone, Polyolefine
und
- bei den Duromeren: Polyimid, Epoxid und Polyester.

Die Anordnung der Füllungen kann gerichtet (un-, bi- oder tridirektional) oder ungerichtet erfolgen, wodurch sich entweder ein gesteuertes oder ungesteuertes anisotropes Verhalten erzeugen läßt.

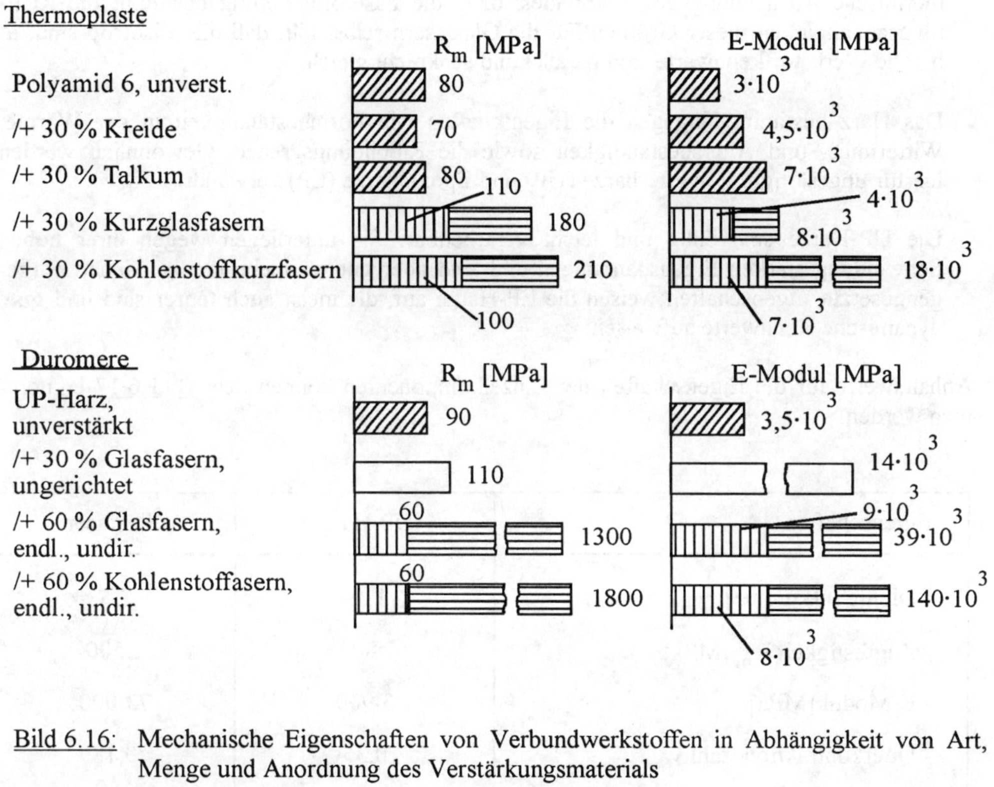

Bild 6.16: Mechanische Eigenschaften von Verbundwerkstoffen in Abhängigkeit von Art, Menge und Anordnung des Verstärkungsmaterials

Je nach Verstärkungstechnik können dabei die Grundfestigkeiten um 1 bis 2 Größenordnungen angehoben werden. Die Zähigkeit des Verbundes fällt durch die eingelagerten spröden Versteifungen aber deutlich unter der des Matrixwerkstoffes ab.

Für die mechanischen Eigenschaften ist weiter besonders die Haftung zwischen Matrix und Fasern entscheidend, die vollständig sein muß, um Matrix und Fasern gleichmäßig zum Tragen heranziehen zu können. Der Belastungsmechanismus ist dann so vorgesehen, daß der Hauptteil der Kräfte von den Fasern aufgenommen wird.

Eine undirektionale Anordnung von Langfasern entspricht hier belastungsmäßig einer Parallelschaltung von Fasern und Matrix bzw. senkrecht dazu einer Reihenschaltung. Bei geschichteten Laminaten (Mehrschichtverbunden) ermittelt man dagegen die Eigenschaften durch einen Überlagerungsansatz mit den Schichtdicken als Wichtungsfaktor.

6.8.1.1 Glasfaserverstärkte Kunststoffe (GFK)

Der technisch wohl bedeutendste Verbundwerkstoff dürfte die Kombination zwischen einem Harz und Glasfasern /6.15/ sein. Bei einem derartigen Verbundwerkstoff liegt eine klare Aufgabenteilung zwischen Fasern und Matrix vor.

- Die Glasfasern bestimmen im wesentlichen die Festigkeit, Steifigkeit, Bruchdehnung und thermische Ausdehnung des Verbundes, bzw. die Faserorientierung bestimmt die Richtungsabhängigkeit dieser Größen. Für die Glasfasern selbst gilt, daß diese isotrop sind, d. h., alle Werkstoffkennwerte sind parallel und senkrecht gleich.

- Das Harz bestimmt hingegen die Eigenschaften wie Formbeständigkeit in der Wärme, Witterungs- und Altersbeständigkeit sowie die Rißbildungsgrenze. Gewöhnlich werden hierfür ungesättigte Polyesterharze (UP) und Epoxidharze (EP) verwandt.

  Die UP-Harze sind billig und leicht verarbeitbar. Sie unterliegen wegen ihrer hohen Schwindung starken Eigenspannungen und sind aber gut wärmebeständig. Genau entgegengesetzte Eigenschaften weisen die EP-Harze auf, die meist auch teurer sind und gute dynamische Kennwerte aufweisen.

Anhaltswerte für die Eigenschaften der Einzelkomponenten können dem Bild 6.17 entnommen werden.

Eigenschaften	UP-Harz	Glasfaser
- Dichte ρ [kg/dm^3]	1,19	2,5
- Zugfestigkeit R_m [MPa]	80	1.500
- E-Modul [MPa]	3.900	73.000
- Querkontraktionszahl ν	0,35	0,18
- therm. Ausdehnungskoeffizient α [1/K]	$100 \cdot 10^{-6}$	$4{,}6 \cdot 10^{-6}$

Bild 6.17: Mechanische Werte von Harz und Glasfasern separiert

Die mechanischen Werte eines GFK-Laminats hängen somit in erster Linie vom Glasfasergehalt ab. Dennoch können die Festigkeiten nicht beliebig gesteigert werden, da höhere Glasgehalte nur durch stärkere Verdichtung zu realisieren sind. Bei höheren Drücken besteht aber bei sich kreuzenden Glasfasern die Gefahr der Schädigung mit einem damit verbundenen Festigkeitsabfall. Die Grenzen, bei denen GF-Versteifungen noch wirksam sind, liegt bei Mattenlaminaten etwa bei 35 %, bei Gewebelaminaten etwa bei 50 % und bei Rovings bei 75 %.

6.8.1.2 Kohlenstoffaserverstärkte Kunststoffe (CFK)

Für CFK-Verbunde werden als Matrixwerkstoffe überwiegend Epoxidharze eingesetzt, die gegenüber den Polyesterharzen für GFK-Teile den Vorteil höherer mechanischer Beanspruchbarkeit, geringere Wasseraufnahme, höhere Chemikalien- und Temperaturbeständigkeit aufweisen. Anhaltswerte gibt Bild 6.18.

Eigenschaften	Epoxidharz	Kohlenstoffaser
- Dichte $\rho\left[kg/dm^3\right]$	1,15 - 1,20	~ 2,0
- Zugfestigkeit R_m[MPa]	50 - 100	2.000 - 2.500
- E-Modul [MPa]	2.600 - 3.500	180.000 - 500.000
- Bruchdehnung A_5[%]	2 - 7	0,5 - 1,1

Bild 6.18: Mechanische Werte von Harz und Kohlenstoffaser separiert

Als Faserwerkstoff werden eingesetzt:

- C-Fasern auf der Basis von Polyacrylnitril als sog. PAN-Fasern (HT, IM, HM, UHM) in ca. 90 % aller Anwendungsfälle

und

- C-Fasern auf der Basis von Mesophasenpech (HM, UHM) für niedrige Anforderungen.

Die verbreitetste C-Faser ist die hochfeste HT-Faser, da sie im Vergleich zu den Hochmodulfasern relativ preiswert ist. Ein guter Kompromiß stellt die IM-Faser dar. Sie hat eine höhere Steifigkeit und ein höheres Dehnungsvermögen als die HT-Faser, ist jedoch deutlich preiswerter als die C-Hochmodulfaser (HM) und Ultrahochmodulfaser (UHM).

6.8.1.3 Aramidfaserverstärkte Kunststoffe (AFK)

Die AFK-Verbunde erhalten ihre Versteifung durch organische Chemiefasern (Aramidfasern). Die Faserfestigkeit der Aramidfasern liegt zwischen den Glasfasern und den Kohlenstoffasern. Bei den mechanischen Werten (s. Bild 6.19) ist besonders die relativ hohe Bruchfestigkeit bei guter Bruchdehnung bemerkenswert.

Eigenschaften	Aramidfaser
- Dichte $\rho\ \left[kg/dm^3\right]$	1,44
- Zugfestigkeit $R_m\ [MPa]$	3.000
- Zug-E-Modul [MPa], längs	120.000
- Zug-E-Modul [MPa], quer	5.500
- Bruchdehnung [%]	2,0
- Wärmeausdehnung $\alpha_{längs}$	$(-3{,}5 \text{ bis } -4{,}1)\cdot 10^{-6}$
- Wärmeausdehnung α_{quer}	$17\cdot 10^{-6}$

Bild 6.19: Mechanische Werte von *Aramidfasern*

6.8.1.4 Verbundfestigkeit

In der Tabelle des umseitigen Bildes 6.20 sind die wesentlichen mechanischen Eigenschaften der Fasern und der Faserkunststoffverbunde aufgeführt. Die Werte gelten nur für den angegebenen Fasergehalt von $\phi_F \approx 0{,}55$.

Von den Größenordnungen der Werte kann direkt rückgeschlossen werden zu der relativen Vorteilhaftigkeit sowie den möglichen Einsatzbereichen des Compounds und der jeweiligen Verstärkungsart (Aufbautechnik).

Mechanische Eigenschaften von Verstärkungsfasern

Faserart	ρ [kg/dm^3]	Eigenschaften	$E_{F\|\|}$ [MPa]	R_m [MPa]	α [1/K]
E-Glas-Fasern	2,54	isotrop	$73 \cdot 10^3$	1.500-2.000	$4{,}8 \cdot 10^{-6}$
Aramid-Fasern	1,44	anisotrop	$(70\text{-}130) \cdot 10^3$	2.500-3.000	$\alpha_{\|\|} = -4 \cdot 10^{-6}$ $\alpha_{\perp} = 70 \cdot 10^{-6}$
C - Fasern (Normaltyp)	1,55	anisotrop	$200 \cdot 10^3$	2.000	$\alpha_{\|\|} \approx -0{,}5 \cdot 10^{-6}$
C - Faser (HM - Typ)	2,00	anisotrop	$(350\text{-}550) \cdot 10^3$	1.500-2.500	$\alpha_{\perp} \approx 30 \cdot 10^{-6}$

Mechanische Eigenschaften von Faserverstärkten Kunststoffen (für Faservolumenanteil $\phi_F = 0{,}55$)

GFK	1,95	UD	$\|\|$	$40 \cdot 10^3$	800 - 1.000	$(6\text{-}8) \cdot 10^{-6}$
		UD	$\perp$	$12 \cdot 10^3$	20 - 50	
		UD	#	$4{,}5 \cdot 10^3$	40 - 70	$35 \cdot 10^{-6}$
		BD		$25 \cdot 10^3$	400 - 550	$12 \cdot 10^{-6}$
		TD		$22 \cdot 10^3$	250 - 350	$12 \cdot 10^{-6}$
AFK (TM-Typ)	1,35	UD	$\|\|$	$70 \cdot 10^3$	1.500	$-3 \cdot 10^{-6}$
		UD	$\perp$	$6 \cdot 10^3$	15 - 30	$70 \cdot 10^{-6}$
		UD	#	$2 \cdot 10^3$	20 - 40	
		BD		$40 \cdot 10^3$	750	0
		TD		$30 \cdot 10^3$	500	0
CFK (Normaltyp)	1,40	UD	$\|\|$	$110 \cdot 10^3$	1.100	0
		UD	$\perp$	$8 \cdot 10^3$	20 - 40	$40 \cdot 10^{-6}$
		UD	#	$5 \cdot 10^3$	40 - 100	
		BD		$40 \cdot 10^3$	550	$1.5 \cdot 10^{-6}$
		TD		$30 \cdot 10^3$	370	$1.5 \cdot 10^{-6}$

Bild 6.20: Eigenschaftswerte von Faserverbundwerkstoffen

Anmerkung: UD = un-direktional, BD = bi-direktional, TD = tri-direktional

6.8.2 Faserverstärkte Metalle

Wie bei den Kunststoffen verspricht auch die Faserverstärkung von Leichtmetallen zukünftig Bedeutung zu erlangen. Erste Ansätze zeichnen sich im *bor- und kohlenstoffaserverstärkten Aluminium* bzw. *stahldrahtverstärktem Aluminium* sowie im *kohlenstoffaserverstärktem Nickel* ab. Zielsetzung ist es dabei unter Erhalt der niedrigen Dichte dieser Werkstoffe, die Festigkeit und Steifigkeit, insbesondere unter erhöhten Temperaturen (T > 500 °C), zu stabilisieren. Auf die damit zusammenhängenden Aspekte soll noch kurz eingegangen werden:

- *Bor- und kohlenstoffaserverstärkte Aluminium*-Verbundwerkstoffe erreichen vielfach höhere mechanische Werte als ausgehärtete oder legierte Aluminiumlegierungen. Die Herstellung dieses Compounds ist allerdings sehr schwierig, da Aluminium die Fasern erst bei hohen Temperaturen vollständig benetzen kann. Des weiteren sind besondere Vorkehrungen gegen unerwünschte chemische Reaktionen der Schmelze erforderlich, da durch die Bildung von Al-Karbiden der Verbund an Festigkeit wieder einbüßt.

  Ein in Pilotanlagen erprobtes Verfahren ist das Plasmaspritzen von sogenannten *Al-B-Tapes* (s. Bild 6.21). Zur Herstellung von Blechen werden mehrere Tapes übereinander gelegt und durch Hartlöten oder Diffusionsschweißen miteinander verbunden. Durch die Anordnung der einzelnen Tapes können sowohl undirektionale als auch Winkelverbunde hergestellt werden. Fertigteile gewinnt man dann durch Ausfräsen oder Funkenerosion.

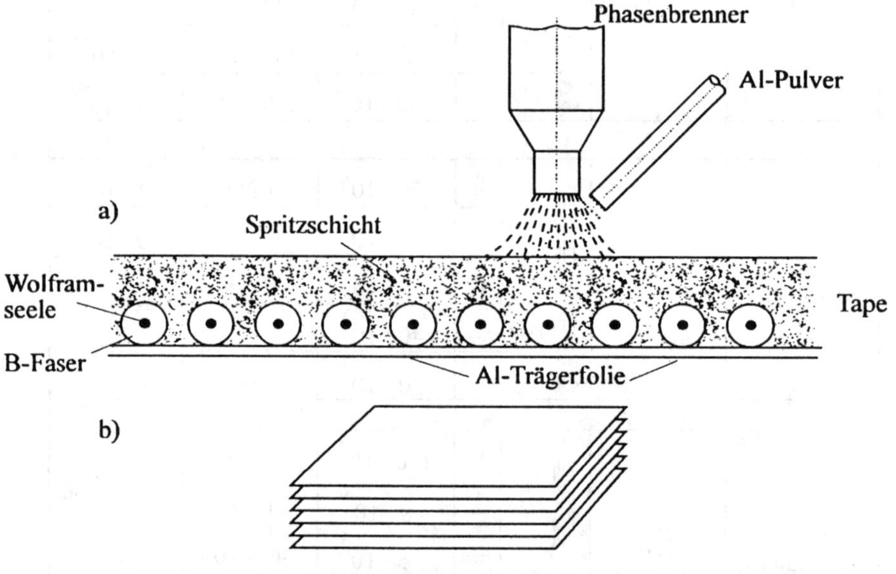

Bild 6.21: Verstärktes Bor-Aluminium
a) Herstellung durch Plasmaspritzen
b) Aufbau von Struktur aus geschichteten Tapes

Im folgenden Bild 6.22 sind einige Richtwerte zu den mechanischen Eigenschaften aufgeführt, die an Probestäben ermittelt worden sind.

Fasergehalt	ϕ_F	[%]	44
Dichte	ρ	[kg/dm³]	2,52
Zugfestigkeit	$\sigma_{zB II}$	[MPa]	1.064
	$\sigma_{zB\perp}$	[MPa]	91
E-Modul	E_{II}	[MPa]	$1{,}7465 \cdot 10^6$
	$E_{\perp}$	[MPa]	$1{,}0607 \cdot 10^5$
Scherfestigkeit	$\tau_{II\perp}$	[MPa]	53
Gleitmodul	$G_{II\perp}$	[MPa]	$3{,}462 \cdot 10^4$
Fasergehalt	ϕ_F	[%]	53
Biegebruchfestigkeit	σ_{bB}	[MPa]	1.071
Biege-E-Modul	E_b	[MPa]	$2{,}143 \cdot 10^5$

Bild 6.22: Werkstoffkennwerte von Al-B-Verbundwerkstoffen in Abhängigkeit vom Fasergehalt

- Ein weiter möglicher Verbund ist *Stahldraht-Aluminium*, bei dem martensitische Stahldrähte $(d \approx 150\ \mu m,\ R_m \geq 3.000\ MPa)$ in AlMgSi1 eingelagert werden. Hierbei konnten bei 35 % Drahtanteil durchschnittliche Zugfestigkeiten von $R_m \approx 1.200 MPa$ in Faserrichtung gemessen werden. Herstellverfahren für derartige Tapes ist das Heißpreßverfahren, Plasmaspritzen und die Schmelzinfiltration.

- Die Entwicklung von *Al-C-Verbunden* ist dagegen noch nicht so weit fortgeschritten, als daß dafür schon verläßliche Materialwerte angegeben werden können. Erste Proben zeigen aber schon, daß die Verbundfestigkeiten unter denen der Al-B-Verbunde liegt.

- *Kohlenstoffaserverstärktes Nickel* befindet sich derzeit ebenfalls noch in der Entwicklung. Probleme bereitet hier die Reaktionsfreudigkeit des Ni mit C bei Temperaturen um 900 °C, bei denen die Kohlenstoffasern zu Graphitflocken umkristallisieren. Insofern sind derzeit bei der Stabilisierung der Warmfestigkeitswerte noch keine durchgreifenden Erfolge abzusehen.

- Mit Mg-C (kohlenstofflangfaserverstärktes Magnesium) zeichnet sich ebenfalls eine interessante Entwicklung für ultraleichte Fahrzeugkomponenten (Motorenbau, Fahrwerk) ab. Die im Labor hergestellten Proben zeichnen sich durch niedrige Dichte bei hoher Festigkeit, Verschleißbeständigkeit und Wärmeleitfähigkeit bei geringer Ausdehnung aus.

Ebenso wie die Faser-Kunststoff-Verbunde wird in naher Zukunft auch den Metall-Matrix-Verbunden (allgemein als MMC = Metal Matrix Composites bezeichnet) ein festes Anwendungsfeld im Leichtbau eingeräumt.

7 Gestaltungsprinzipien im Leichtbau

Die Natur bedient sich innerhalb der Schöpfung von Pflanzen und Lebewesen vielfältig bewährter Prinzipien. So ist nachweisbar, daß biologische Bauweisen stets mit möglichst geringster Energie hergestellt werden, stets massearm und langlebig sind. Dies ist auch insofern notwendig, da der Materialaufwand jeweils mit der Stoffwechselleistung produziert wird, für die erforderliche Beweglichkeit eine günstige Massenverteilung und abgestimmte Steifigkeiten anzustreben sind.

Bei vielen technischen Lösungen wurde die Natur mit Erfolg kopiert. Beispiele (s. Bild 7.1) hierfür geben Stützkonstruktionen, Sandwich- oder Faserverbundbauweisen, die erst neuartige Konstruktionen ermöglicht haben.

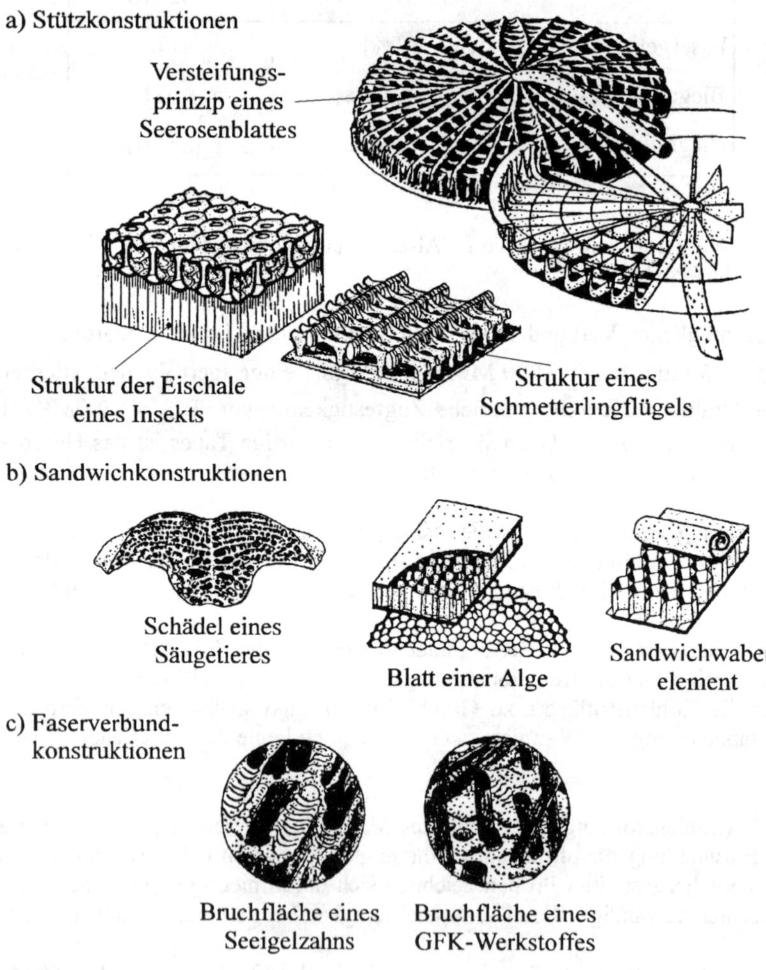

Bild 7.1: Bauweisen in der Natur nach /7.1/

Die Natur stellt mit 1,5 Mio. Tier- und 0,5 Mio. Pflanzenarten ein unendliches Reservoir für technisch-funktionale Lösungen mit hohem Leistungsvermögen dar. So verfügt beispielsweise der Chitinpanzer des Käfers aufgrund seiner Sandwichstruktur über eine enorme Druckfestigkeit; der Weizenhalm zeigt als hohle Verbundkonstruktion eine extreme Knickfestigkeit, und selbst große Schädelstrukturen sind durch Pneumatisierung ungeahnt leicht. Die Erfahrung zeigt jedoch, daß man nicht einfach übernehmen, sondern zweckgerecht adaptieren muß.

7.1 Strukturmerkmale

Ein Grundprinzip der Natur ist, daß Biomasse vorrangig dort angelagert wird, wo die größte Belastung auftritt. An Stellen mit geringerer Belastung findet dagegen eine Materialabnahme statt. So findet man als Bauprinzipien vielfach dünnwandige, profilierte Stabprofile bzw. geschlossene Rohre oder gefächerte und verrippte Flächentragwerke vor. Die Profilierung ist hierbei stets belastungsoptimal. Prinzipien /7.2/ sind hierbei:

- Wenn möglich wird eine *Zugbeanspruchung* angestrebt. Derartige Strukturen benötigen keine Biegesteifigkeit, da keine Instabilitäten auftreten.

- Falls *Druckbeanspruchungen* auftreten, werden Maßnahmen gegen Instabilität durch Profilierung oder stützende Anbindungen vorgesehen, die aber meist zu einer Gewichtszunahme führen.

- *Biege- oder Torsionsbeanspruchungen* in massiven Querschnitten werden vermieden, da derartige Querschnitte nicht richtig ausgenutzt werden.

Die Werkstoffe zeichnen sich ebenfalls durch eine extrem geringe Dichte (z. B. Spinnseide: $\rho = 0{,}11\ \text{kg}/\text{dm}^3$, Vogelfedern: $0{,}115\ \text{kg}/\text{dm}^3$, Chitin[*]: $0{,}14\ \text{kg}/\text{dm}^3$) aus. Stabilität wird durch die Einlagerung von Elastin, Kollagen und Resilin mit gummiartigen Eigenschaften $\left(\rho = 1{,}2\ \text{kg}/\text{dm}^3,\ E \approx 10 - 20\ \text{N}/\text{mm}^2\right)$ hergestellt. Flächige Strukturen erhalten hingegen ihre Steifigkeit durch Wachstumpfade (s. Blätter), die gleichzeitig Strukturen segmentieren und dadurch eine hohe Biege- und Beulsteifigkeit haben.

7.2 Konstruktive Prinzipien

Die Entwicklung einer Leichtbau-Konstruktion ist bekanntlich ein mehrstufiger Prozeß, bei dem verschiedene Schleifen innerhalb der Konzipierung und Realisierung /7.3/ zu durchlaufen sind. Um den Aufwand an Mitteln und Zeit zu begrenzen, sollte vorhandenes Erfahrungswissen möglichst frühzeitig in die Entwürfe einfließen. Es zeigt sich nämlich in der Praxis, daß die Beherzigung natürlicher Prinzipien stets zu intelligenten Konstruktionen führt. Alle Verstöße hiergegen wirken zurück durch erhöhten Aufwand in der Konstruktion, Gewichtswertung und Herstellung.

Einige Anhaltspunkte für ein abgestimmtes leichtbaugerechtes Konstruieren sollen die folgenden Regeln geben:

[*] Anm.: Chitin = Cellulose ähnlicher Stoff; Elastan = Gerüsteiweiß; Kollagen = Bindegewebsleim; Resilin = elastische Substanz aus Protein-Ketten

1. Regel: Möglichst direkte Krafteinleitung und Kraftausgleich

Es ist anzustreben, daß Kräfte stets unmittelbar in die Haupttragstruktur eingeleitet werden. Umleitungen oder Umlenkungen führen wegen komplizierter Spannungszustände oft zu höheren Belastungen mit entsprechenden Konsequenzen auf die Dimensionierung und das Eigengewicht (etwa 10fach schwerer). Schematisierte Beispiele dazu gibt Bild 7.2.

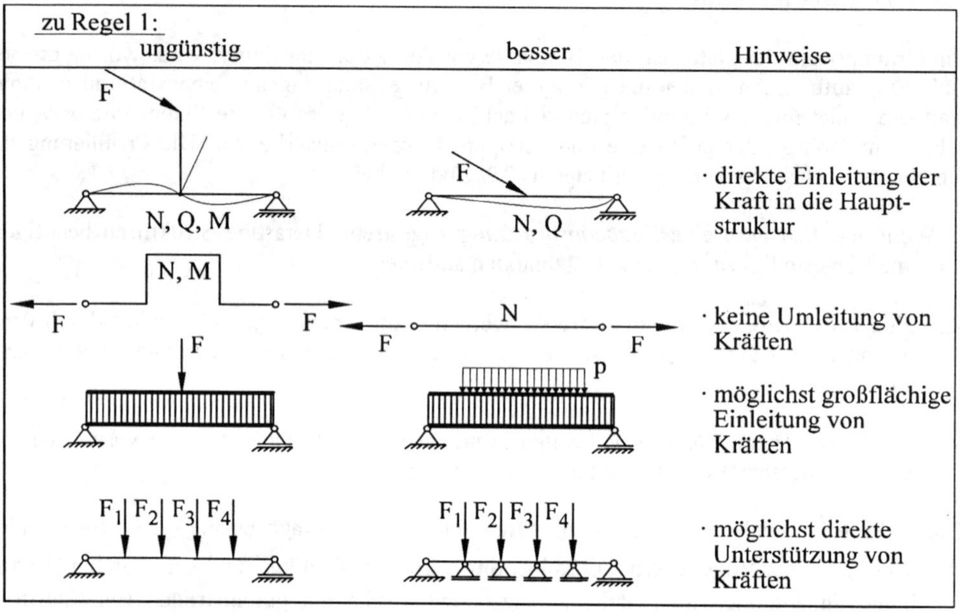

Bild 7.2: Typische Krafteinleitungsprobleme in Tragwerken

Wenn möglich sollte versucht werden, unsymmetrische Konstruktionen zu symmetrisieren. Als Vorteil kann dann ein innerer Kräfteausgleich genutzt werden. Dies führt bei reinen Stützkonstruktionen (Stäbe und Balken) zu der oft besser ausgenutzten Schubfeldkonstruktion.

Gleiche Überlegungen sind bei Profilen anzustellen. Ein geschlossenes Profil ist vielfach höher belastbar (etwa 30fach) und deformiert sich viel geringer (1/300fach) als ein offenes Profil. Dies gilt bei jeder Querschnittsgeometrie.

Das Prinzip muß also sein, Konstruktionen oder Profile zu schließen und gegebenenfalls zu segmentieren. Im umseitigen Bild 7.3 ist versucht worden, dies exemplarisch herauszustellen.

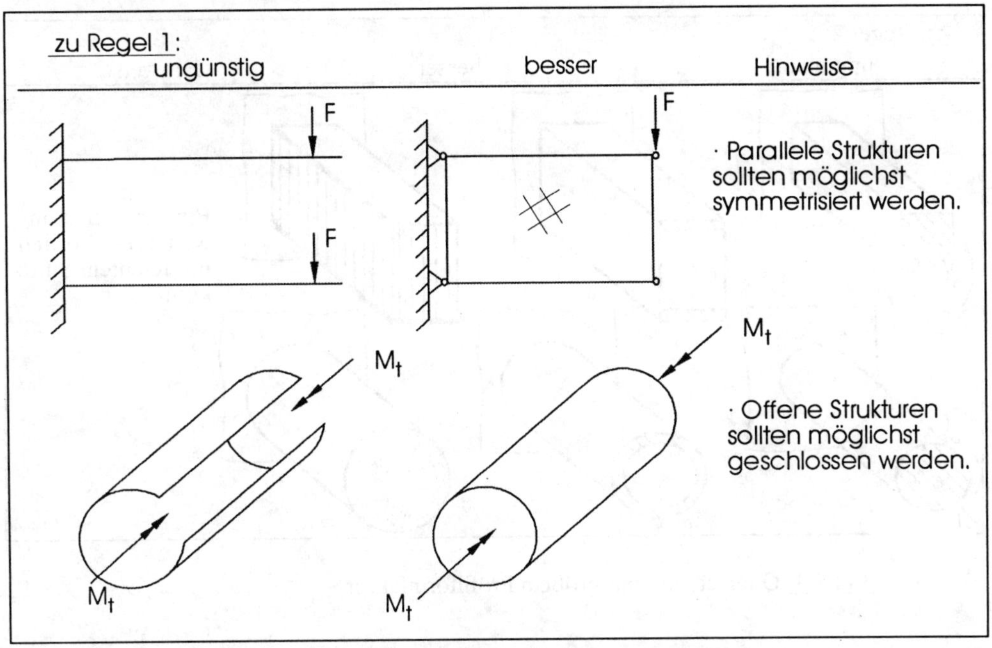

Bild 7.3: Typische Kraftausgleichsprobleme in Tragwerken und Profilen

2. Regel: Realisierung eines möglichst großen Flächenträgheits- bzw. Widerstandsmomentes

Bei biege-, torsions- und knickgefährdeten Bauteilen gilt es, stets große Trägheitsmomente bzw. Widerstände bei möglichst kleiner Fläche zu erzielen, d. h. quantitativ den Profilformfaktor

$$f_P = \frac{J}{A^2} = \frac{i^2}{A} \qquad (7.1)$$

zu maximieren. Dies gelingt, indem viel Material aus der Mitte weggeschoben und in die äußere hochbelastete Zone angeordnet wird. Im Bild 7.4 sind Entwicklungsschritte vom Vollquerschnitt über Hohlquerschnitt bis zur Sandwichbalken dargestellt.

Mit Hohlprofilen können gewöhnlich höhere Flächenträgheitsmomente als mit Vollquerschnitten erzielt werden. Hierbei gilt die Einschränkung, daß sich die Abmessungen regelmäßig vergrößern, aber das Eigengewicht gesenkt wird. Auch lassen sich Sandwiche durch eine entsprechende Kernstruktur gut den herrschenden Belastungsarten anpassen, wobei strukturierte Kerne eine etwa 4fach größere Knicksteifigkeit haben als homogene Kerne.

zu Regel 2:

ungünstig	besser	Hinweise

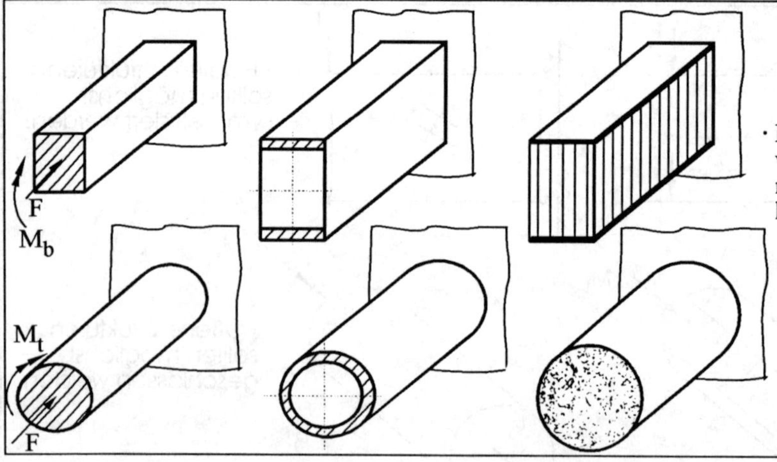

· Einsatz von dünnwandigen Profilen mit leichtem Stützkern

Bild 7.4: Querschnitte mit großem Profilformfaktor

3. Regel: Feingliederung von Strukturen

Durch eine aufgelockerte Bauweise können insbesondere Flächentragwerke bei kleiner Querschnittsfläche merklich versteift werden. Ein verripptes oder mit Untergurten unterstütztes Tragwerk ist dabei einem massiven Tragwerk vielfach überlegen. Exemplarische Beispiel hierzu zeigt Bild 7.5.

zu Regel 3:

ungünstig	besser

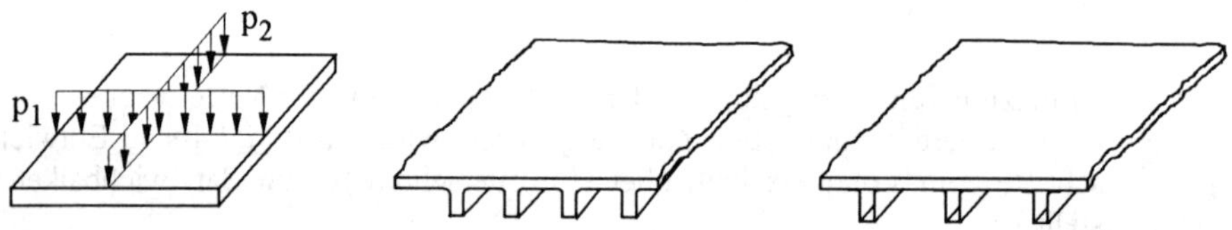

Hinweis:
· anstatt Vollquerschnitte sollten dünnwandige Stützquerschnitte realisiert werden

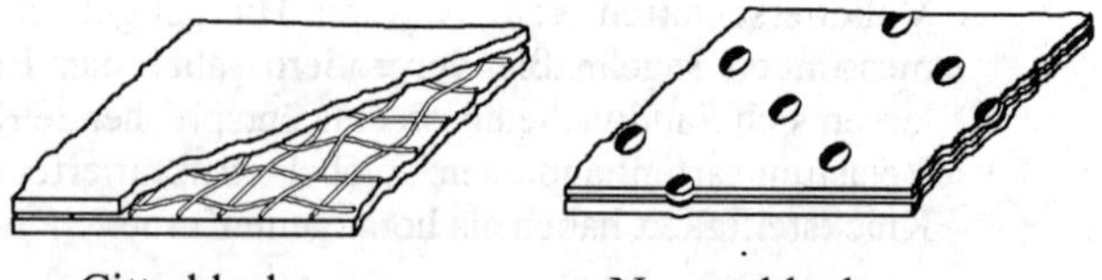

Bild 7.5: Versteifung einer Platte durch Rippen oder Untergurte

4. Regel: Nutzung der natürlichen Stützwirkung durch Krümmung

Die Biege-, Knick- und Beulsteifigkeit von geraden Scheiben und Platten läßt sich durch Vorkrümmung vielfach erhöhen, weil hierdurch das Flächenträgheitsmoment ansteigt und die Neigung zur Instabilität angehoben wird. Prinzipanwendungen dazu zeigt Bild 7.6.

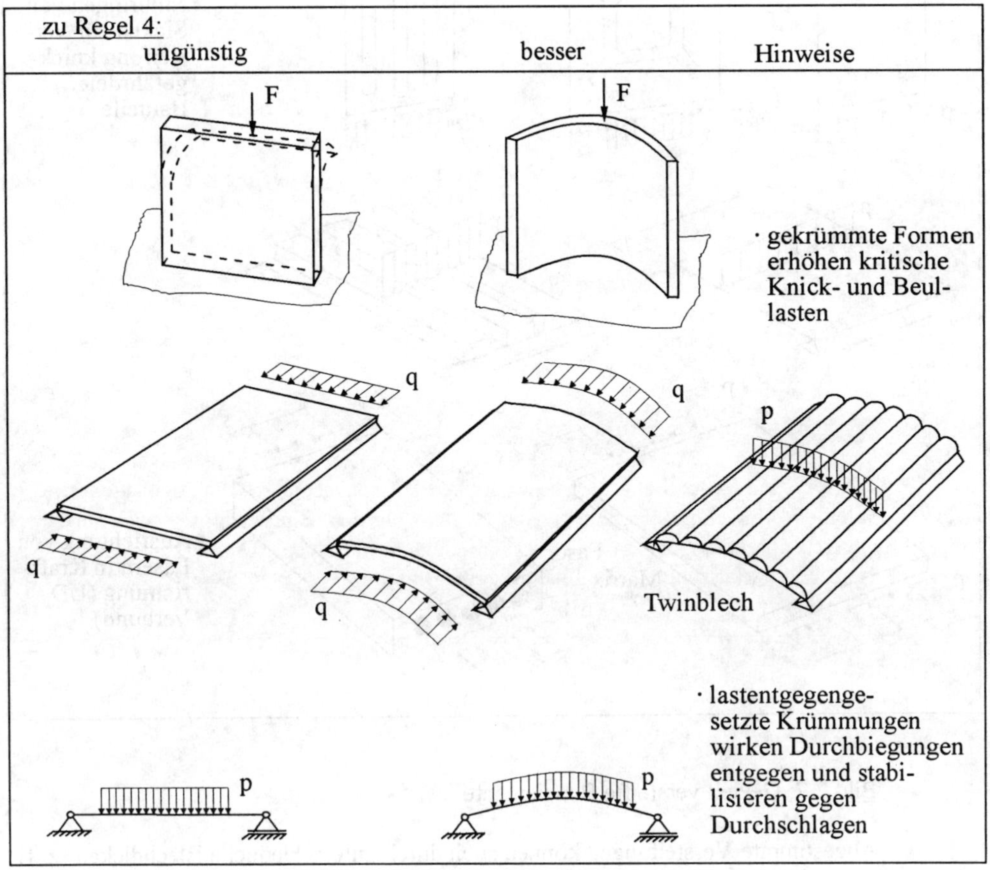

Bild 7.6: Traglasterhöhung durch vorgekrümmte Bauteile

5. Regel: Gezielte Versteifung von Konstruktionen in den Hauptbelastungsrichtungen

Durch die gezielte Einbringung von Ortho- oder Anisotropien kann die Steifigkeit eines Bauteils in bestimmten Richtungen angehoben werden. Möglich ist dabei die Nutzung sogenannter konstruktiver oder werkstoffmechanischer Anisotropien, wodurch die Tragfähigkeit und die Instabilitätsgrenze ansteigt. Beispielhafte Lösungen dazu zeigt Bild 7.7.

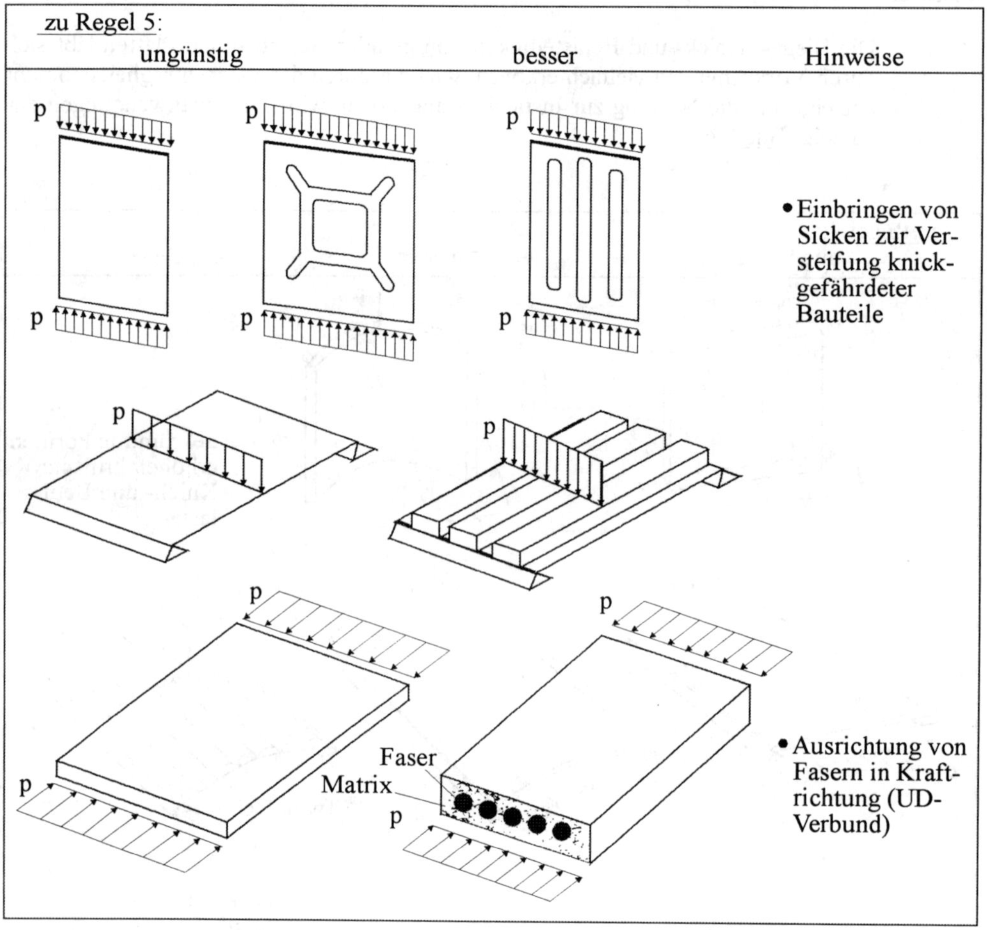

Bild 7.7: Gezielt versteifte Bauelemente

Abgestimmte Versteifungen können auch durch unterschiedliche Blechdicken (z. B. Tailored Blanks bzw. -Tubes) erzeugt werden. Hierbei werden Bleche unterschiedlicher Dicke und Qualität laserverschweißt und gemeinsam verformt. Damit lassen sich Hohlprofile (gegebenenfalls IHU*) oder Pillow-Hydroforming-konturiert) und flächenartige Großbauteile herstellen.

Des weiteren ist es auch möglich, steifigkeitsabgestimmte Werkstoffkombinationen wie beispielsweise St-Al-Profil/Blech-Verbunde (laserwalzplattierte Transition Joints) einzusetzen.

*) Anmerkung: IHU = Innenhochdruck-Umformung mit flüssigen Wirkmedien bei p = 3.000 bar. Geeignet für St- und Al-Legierungen.

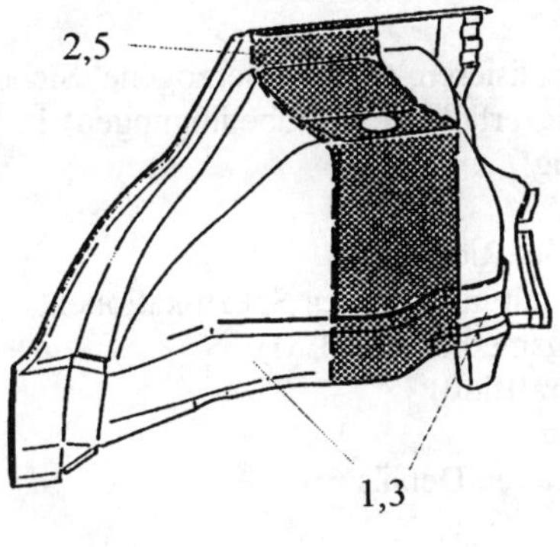

Bild 7.8: Flächenartige Versteifung durch Blechdickenvariation und Geometrieanpassung an einem Pkw-Radgehäuse

6. Regel: Bevorzugen des integrativen Prinzips

Eine Leichtbaukonstruktion sollte unter der Prämisse so wenig Einzelteile wie möglich aufgebaut werden. Das Zusammenbringen von Einzelteilen führt zu zusätzlichem Verbindungsaufwand und zu Montageproblemen. Lösungsansätze hierzu zeigt Bild 7.9.

Der meist höhere Werkzeugaufwand ist gegebenenfalls durch die Werkstoffersparnis, den Sicherheitsgewinn oder die geringere Teilzahl zu rechtfertigen.

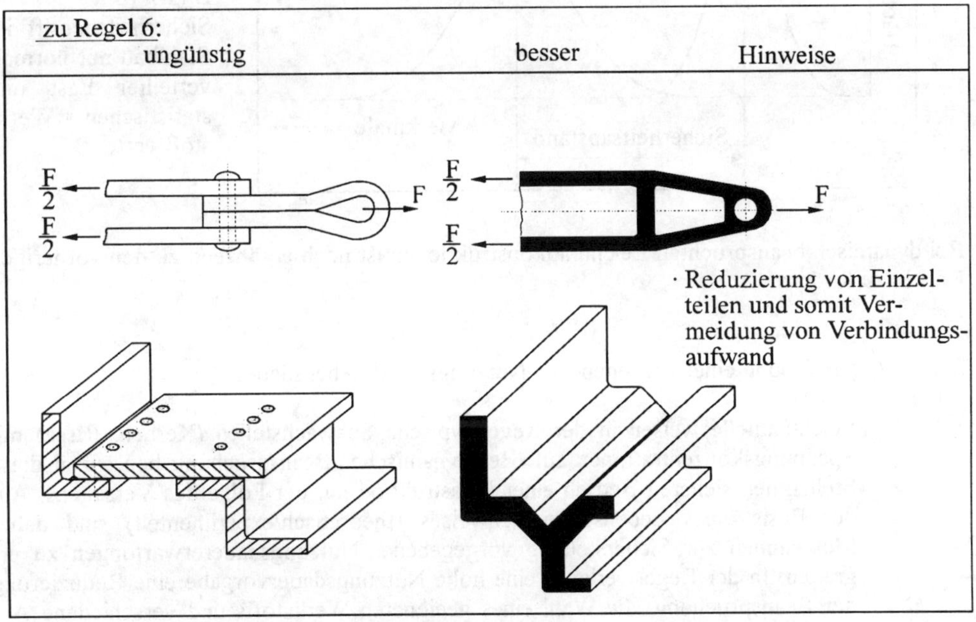

Bild 7.9: Zusammenfassen von Einzelteilen zu einstückigen Bauteilen

7. Regel: Absolute Ausschöpfung einer Konstruktion

Extremer Leichtbau ist nur zu realisieren, wenn überzogene Sicherheitsbegriffe (Angstzuschläge für nicht eindeutig erfaßbare Randbedingungen) in Frage gestellt werden. Dies hat zur Voraussetzung:

- genaue Kenntnis der Kräfte (Größe, Richtung),
- Einsatz hochwertiger Werkstoffe mit garantierten Spezifikationen,
- Verwendung genauer Berechnungsmethoden (FEM),
- optimierte Geometrie (Kerben, Kraftfluß)

und gegebenenfalls zur Absicherung

- gezielte Vorversuche an konstruktiven Details.

Die Sicherheitsproblematik ist besonders im Stahlbau von Bedeutung, wo große Konstruktionen im Freien stehen und beim Versagen Menschenleben gefährdet werden können.

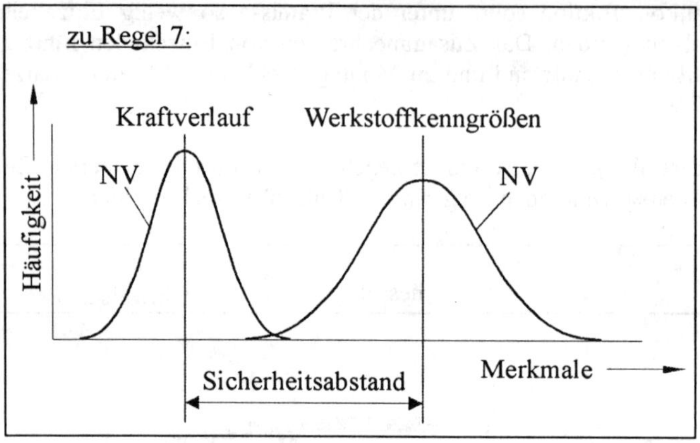

Bild 7.10: Sicherheitsbegriff im Stahlbau mit normalverteilter Last und statistischen Werkstoffwerten

Bei dynamisch beanspruchten Leichtbaukonstruktionen ist noch ergänzend zu den vorherigen Regeln zu fordern:

8. Regel: Erreichung einer vorgegebenen Nutzungs- und Lebensdauer

Leichtbauteile weisen in der Regel typische Schwachstellen (Kerben, Risse) mit Spannungskonzentrationen auf. Bei dynamischer Beanspruchung begrenzen diese Stellen den sicheren Betrieb einer Konstruktion mit der Folge des Versagens. Auf der Basis eines Lebensdauernachweises (theoretisch/experimentell) sind daher Maßnahmen zur Sicherstellung vorgegebener Nutzungsdauererwartungen zu ergreifen. In der Regel verlangt eine hohe Nutzungsdauervorgabe eine Reduzierung der Beanspruchung, die Wahl eines geeigneten Werkstoffs und verschiedene Anpassungen bei der Form und der Geometrie eines Bauteils/Struktur.

Es zeigt sich in der Praxis immer wieder, daß gegen die vorstehenden Regeln verstoßen wird. Als Folge dessen erhält man Konstruktionen, die vom Standpunkt des Leichtbaus ungünstig sind.

8 Elastizitätstheoretische Grundlagen

Im folgenden Kapitel sollen im Sinne einer Formelsammlung die wesentlichen elastomechanischen Grundlagen zum Verständnis der Leichtbautheorie aufbereitet werden.

8.1 Bauelemente

Ein reales Tragwerk ist im allgemeinen eine aus verschiedenen einzelnen Bauelementen zusammengesetzte Konstruktion unter einer äußeren Belastung und mit bestimmter Stützung. Derartige Konstruktionen sind der Berechnung meist nicht geschlossen zugänglich, sondern müssen idealisiert werden. Elemente zur Idealisierung sind Stäbe, Balken, Scheiben, Platten und Schalen, deren elastizitätstheoretisches Verhalten gut beschreibbar ist. Nachgebaut wird hiermit ein Tragwerksmodell. Die Lösung ist also immer die Lösung des Modells, die um so besser ist, je exakter die reale Geometrie, die Lagerung und die Belastung approximiert wurden. Da Modelle die Realität aber nur näherungsweise erfassen können, muß man sich über die möglichen Abweichungen der Lösung bewußt sein.

Bei den Strukturmodellen wird zwischen drei Grundtypen unterschieden, und zwar in stabartige Tragwerke, Flächentragwerke und Raumtragwerke.

- Ein stabartiges Bauelement (Bild 8.1) ist dadurch gekennzeichnet, daß seine Länge L stets groß gegen seine Querschnittsabmessungen ist. Demgemäß spricht man vom *Stab*, wenn eine Belastung ausschließlich in Richtung der Längsachse erfolgt und vom *Balken*, wenn auch Kräfte und Momente quer zur Längsachse wirken.

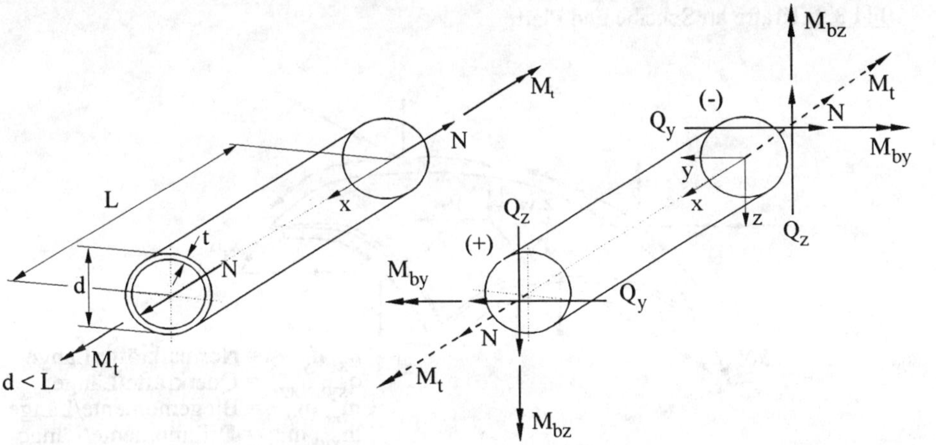

Bild 8.1: Kräfte am reinen Stab und Balken

Im Leichtbau verwendet man vorwiegend dünnwandige offene und geschlossene Profile. Das Merkmal für Dünnwandigkeit ist dabei die relative Kleinheit der Wanddicke t gegenüber den anderen Querschnittsabmessungen:

$$t \ll d \ll L \quad \text{bzw.} \quad t \leq (0{,}05 - 0{,}07) \cdot d \,.$$

- Ein Flächentragwerk (Bild 8.2) wird aus Bauelementen gebildet, bei dem die Dicke t klein gegen die anderen Abmessungen ist. Ist die Mittelfläche eben und wirken alle Kräfte in dieser Mittelfläche, so wird das Element mit *Scheibe* bezeichnet. Treten dagegen Kräfte senkrecht zur Mittelfläche auf oder wird das Element am Rand durch Momente belastet, so liegt eine *Platte* vor.

- Wird ein Flächentragwerk durch einfach oder doppeltgekrümmte Bauelemente (Bild 8.3) gebildet, so liegt eine *Schale* vor. Eine Schale kann sowohl mit Kräften in der Mittelebene als auch senkrecht dazu beaufschlagt werden.

  Bezüglich der Schnittkräfte ergeben sich die Schalenkräfte aus der Überlagerung von Scheibe und Platte.

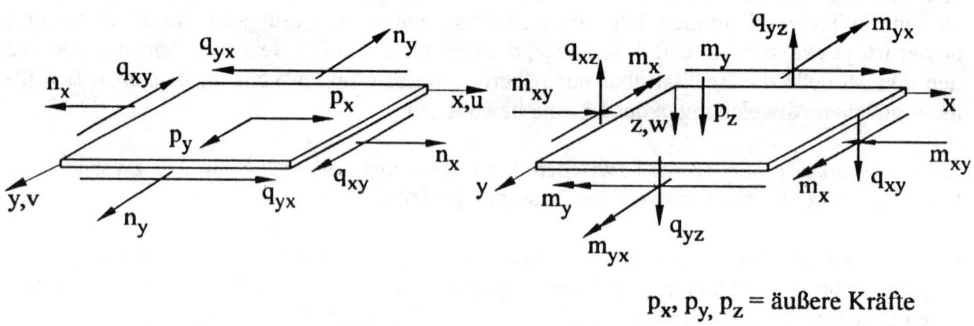

Bild 8.2: Kräfte an Scheibe und Platte

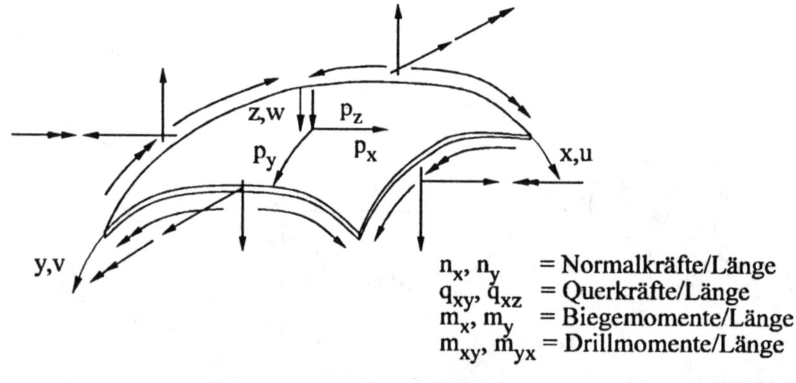

Bild 8.3: Kräfte an der Schale (Scheibe und Platte)

- Unter einem Raumtragwerk versteht man dagegen eine aus verschiedenen mechanischen Grundelementen zusammengesetzte Konstruktion, die in allen drei Raumrichtungen Abmessungen gleicher Größenordnung aufweist.

8.2 Geometrische Beschreibungsgrößen

Um die vorstehenden Bauelemente hinsichtlich ihrer Belastungseigenschaften quantifizieren zu können, müssen im weiteren die geometrischen Merkmale erfaßt werden. Hierzu sind die Flächen, Flächenträgheitsmomente und Widerstandsmomente zu ermitteln.

8.2.1 Flächenträgheitsmomente

Als ein Flächenmoment gilt der Ausdruck Abstand mal Flächenteilchen zur Bezugsachse. Somit ist ein Flächenmoment immer mit der Angabe der Bezugsachse zu kennzeichnen (Bild 8.4).

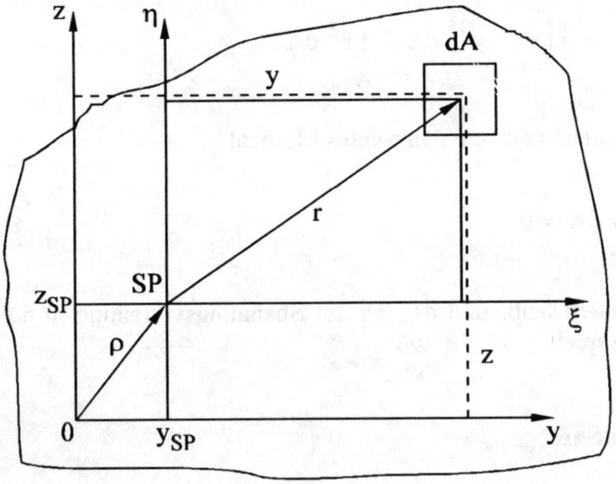

Bild 8.4: Zur Ableitung der Flächenmomente

Die *Flächenmomente 1. Ordnung*

$$S_y = \int_A z \, dA, \qquad S_z = \int_A y \, dA \tag{8.1}$$

bezeichnen die statischen Momente. Aus ihrer Definition leitet sich die Lage des Schwerpunktes

$$y_{SP} = \frac{1}{A} \cdot \int_A y \, dA, \quad z_{SP} = \frac{1}{A} \int_A z \, dA \; . \tag{8.2}$$

ab. Fallen Bezugspunkt und Schwerpunkt der Flächen zusammen, d. h. wird $y_{SP} = z_{SP} = 0$, so gilt:

$$\int_A \xi \, dA = 0, \quad \int_A \eta \, dA = 0 \,, \tag{8.3}$$

d. h. die statischen Momente sind bezogen auf die Achsen durch den Schwerpunkt einer Fläche gleich Null.

Die *Flächenmomente 2. Ordnung*

$$J_y = \int_A z^2 \, dA, \quad J_z = \int_A y^2 \, dA \tag{8.4}$$

werden als axiale Flächenträgheitsmomente bezeichnet. Beim Kreisquerschnitt erhält man aus ihrer Addition das *polare Flächenträgheitsmoment*

$$J_p = J_y + J_z = \int_A \left(z^2 + y^2\right) dA = \int_A r^2 \, dA \,. \tag{8.5}$$

Darüber hinaus existiert noch ein gemischtes Moment

$$J_{yz} = -\int_A y \cdot z \, dA \; \overset{<}{\underset{>}{=}} 0 \,, \tag{8.6}$$

das *Deviationsmoment* heißt und das bei der Spannungsverteilung in dünnwandigen offenen Profilen eine Rolle spielt.

8.2.2 Steinerscher Satz

Der Satz von *Steiner* wird zur praktischen Berechnung von beliebig zusammengesetzten Flächen benutzt. Danach wird von einem um

$$y = y_{SP} + \xi \tag{8.7}$$

und/oder

$$z = z_{SP} + \eta$$

verschobenen Koordinatensystem ausgegangen. Nach Einsetzen von Gl. (8.7) in (8.4) folgt

$$J_y = \int_A \left(z_{SP} + \eta\right)^2 dA = z_{SP}^2 \int_A dA + 2 \, z_{SP} \underbrace{\int_A \eta \, dA}_{= 0 \text{ für SP-Systeme}} + \int_A \eta^2 \, dA \tag{8.8}$$

$$J_y = J_\xi + z_{SP}^2 \cdot A \quad \text{bzw.} \quad J_z = J_\eta + y_{SP}^2 \cdot A \tag{8.9}$$

sowie

$$J_{yz} = J_{\xi\eta} - y_{SP} \cdot z_{SP} \cdot A \tag{8.10}$$

für das gemischte Flächenträgheitsmoment.

8.2.3 Flächenträgheitsmomente zusammengesetzter Profile

Viele Großquerschnitte sind oft filigran aus vielen Einzelprofilen aufgebaut. Für das im Bild 8.5 dargestellte Profil ergibt sich folgender Ansatz:

$$J_{ges} = 2\left\{\frac{t_1 \cdot h^3}{12} + \frac{b \cdot t_2{}^3}{12} + b \cdot t_2\left(\frac{h}{2}\right)^2 + \sum J_{p_i} + \sum\left[A_{p_i} \cdot \left(\frac{h_i}{2}\right)^2\right]\right\} \tag{8.11}$$

mit A_p, J_p als Summe der Eckprofile und der Gurte. Bei großen Abmaßen und dünnen Blechen ist meist der Steinersche Anteil dominierend, so daß in der Regel die Eigenträgheitsmomente der Versteifungen und des äußeren Blechs vernachlässigt werden können.

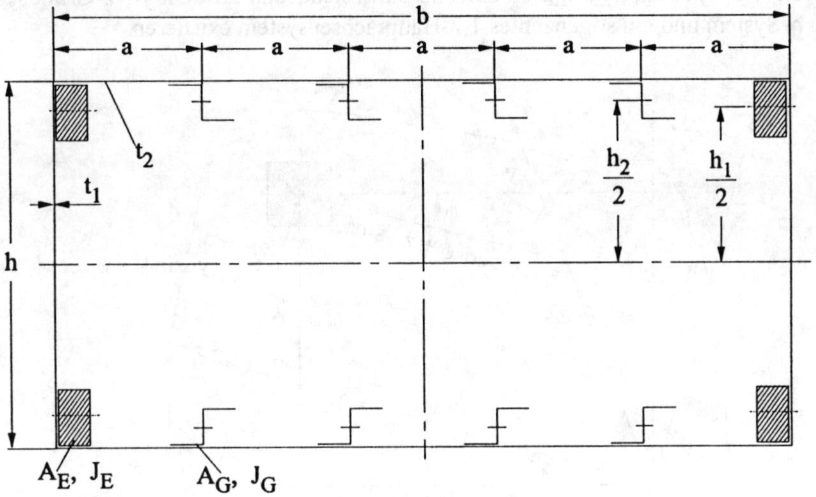

Bild 8.5: Ausgesteifter Kastenträger im Querschnitt

Eine andere Möglichkeit, das Trägheitsmoment zu erfassen, besteht im Verschmieren, d. h., alle Versteifungen werden zu einem neuen homogenen Querschnitt zusammengefaßt. Für gleiches Trägheitsmoment gilt dann die Beziehung

$$A_{Bl_2} \cdot \left(\frac{h}{2}\right)^2 + \sum A_{P_i} \cdot \left(\frac{h_i}{2}\right)^2 = \overline{A}_{Bl_2} \cdot \left(\frac{h}{2}\right)^2 ,$$

oder (8.12)

$$\overline{A}_{Bl_2} = \bar{t}_2 \cdot b = A_{Bl_2} + \left(\sum A_{P_i}\right) \cdot \frac{h_i^2}{h^2} ,$$

worin jetzt $\bar{t}_2$ die Ersatzblechdicke bezeichnet. Für das Gesamtflächenträgheitsmoment ergibt sich so wieder

$$J_{ges} \approx 2 \frac{t_1 \cdot h^3}{12} + 2\, \overline{A}_{Bl_2} \cdot \left(\frac{h}{2}\right)^2 . \qquad (8.13)$$

8.2.4 Transformierte Flächenträgheitsmomente

Oftmals tritt der Fall auf, daß alle Flächenträgheitsmomente eines Bezugssystems bekannt sind, jedoch aus Belastungsgründen die Beschreibungsgrößen für ein anderes Koordinatensystem relevant sind. Im Bild 8.6 ist der Fall dargestellt, daß zu dem y-, z-Grundsystem ein neues ξ-η-System und ein sogenanntes 1,2-Hauptachsensystem existieren.

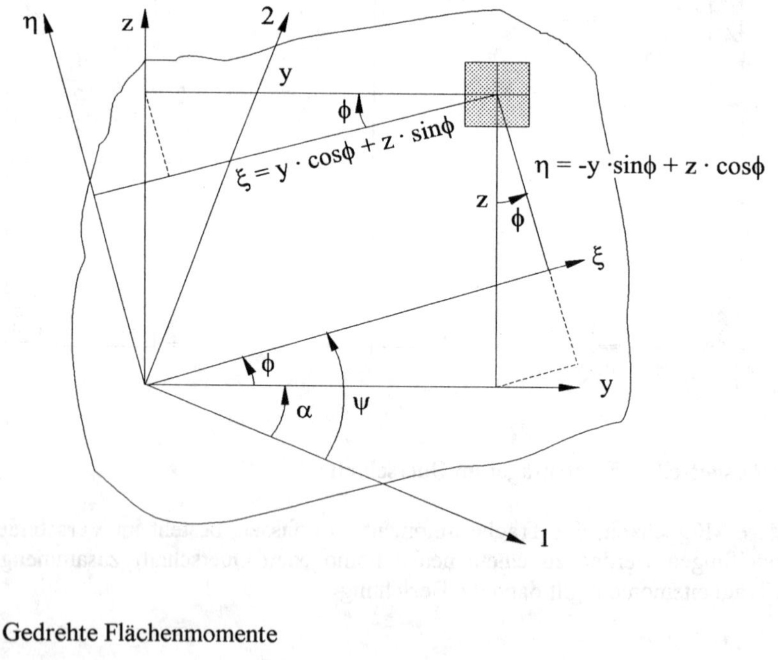

Bild 8.6: Gedrehte Flächenmomente

Mit den Transformationsbeziehungen folgt dann

$$
\begin{aligned}
J_\xi &= \int \eta^2 \, dA = \int y^2 \cdot \sin^2\phi \, dA + \int z^2 \cdot \cos^2\phi \, dA - 2\int yz \cdot \sin\phi \cos\phi \, dA, \\
J_\eta &= \int \xi^2 \, dA = \int y^2 \cdot \cos^2\phi \, dA + \int z^2 \cdot \sin^2\phi \, dA - 2\int yz \cdot \sin\phi \cos\phi \, dA, \\
J_{\xi\eta} &= -\int \xi\eta \, dA = \int y^2 \cdot \sin\phi \cos\phi \, dA - \int z^2 \cdot \sin\phi \cos\phi \, dA - \int yz \cdot \cos^2\phi \, dA, \\
&\qquad + \int yz \cdot \sin^2\phi \, dA \, .
\end{aligned}
\tag{8.14}
$$

Werden die Integrationen ausgeführt, so werden

$$
\begin{aligned}
J_\xi &= J_y \cdot \cos^2\phi + J_z \cdot \sin^2\phi + J_{yz} \cdot 2\sin\phi\cos\phi, \\
J_\eta &= J_y \cdot \sin^2\phi + J_z \cdot \cos^2\phi - J_{yz} \cdot 2\sin\phi\cos\phi, \\
J_{\xi\eta} &= \left(J_z - J_y\right)\sin\phi\cos\phi + J_{yz}\left(\cos^2\phi - \sin^2\phi\right).
\end{aligned}
\tag{8.15}
$$

Mit Hilfe der bekannten Beziehungen

$$
\cos^2\phi = \frac{1}{2}(1 + \cos 2\phi), \quad \sin^2\phi = \frac{1}{2}(1 - \cos 2\phi), \quad 2\sin\phi \cdot \cos\phi = \sin 2\phi
$$

kommt man zu den umgeformten Gleichungen

$$
\begin{aligned}
J_\xi &= \frac{J_y + J_z}{2} + \frac{J_y - J_z}{2}\cos 2\phi + J_{yz}\sin 2\phi, \\
J_\eta &= \frac{J_y + J_z}{2} - \frac{J_y - J_z}{2}\cos 2\phi - J_{yz}\sin 2\phi, \\
J_{\xi\eta} &= \qquad\qquad - \frac{J_y - J_z}{2}\sin 2\phi + J_{yz}\cos 2\phi,
\end{aligned}
\tag{8.16}
$$

die zweckmäßiger anzuwenden sind.

8.2.5 Hauptflächenträgheitsmomente

Insbesondere bei Profilen (z. B. Bild 8.7) interessieren oft die Extremwerte der Flächenträgheitsmomente. Aus der vorstehenden Hauptachsenbedingung kann sofort die Winkellage der Hauptachsen zueinander mit

$$
\tan 2\phi = \frac{2\,J_{yz}}{J_y - J_z}
\tag{8.17}
$$

bestimmt werden. Unter Einhaltung folgender Orientierung $J_y > J_z$ und zufolge der Beziehung

$$
\tan 2\phi = \tan\,(2\phi - 180°) \equiv \tan 2\,(\phi + 90°)
$$

gibt es zwei aufeinander senkrecht stehende Achsen mit

$$\phi_1 = -\alpha, \quad \phi_2 = -\alpha + \frac{\pi}{2}, \tag{8.18}$$

die als Hauptachsen die Extremwerte

$$J_{1,2} = \frac{J_y + J_z}{2} \pm \frac{1}{2}\sqrt{\left(J_y - J_z\right)^2 + 4\,J_{yz}{}^2}$$

aufweisen.

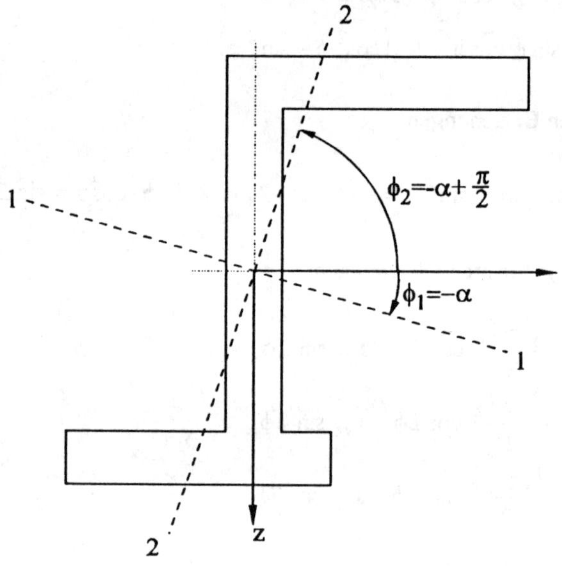

Bild 8.7:
Unsymmetrischer Profilquerschnitt

8.3 Elastizitätsgleichungen

Unter der Einwirkung äußerer Kräfte verformt sich jeder elastische Körper. Verformungen sind demgemäß mit Verzerrungen und diese wiederum mit Spannungen /8.1/ verbunden. Zum Zweck einer Dimensionierung müssen die bestehenden Zusammenhänge bekannt sein.

8.3.1 Verschiebungen und Verzerrungen

Mit dem Vorhandensein von Kräften und Momenten treten stets Verschiebungen auf, die als Abstandsänderungen definiert sind. Die Verschiebungskomponenten in x, y, z-Richtung sollen mit u, v, w bezeichnet werden. In der linearen Theorie wird angenommen, daß diese Verschiebungen klein gegenüber dem Abstand selbst sind.

Als Maß für die Verformung dienen die Verzerrungen, die durch Vergleich von Abständen und Winkeln vor und nach der Verformung ermittelt werden. Auf diese Weise erhält man für den dreidimensionalen Fall die Verzerrungskomponenten

$$\begin{aligned}
\varepsilon_{xx} &= \frac{\partial u}{\partial x}, \\
\varepsilon_{yy} &= \frac{\partial v}{\partial y}, \qquad \text{(Dehnungen)} \\
\varepsilon_{zz} &= \frac{\partial w}{\partial z}, \\
\gamma_{xy} &= \frac{\partial u}{\partial y} + \frac{\partial v}{\partial x}, \\
\gamma_{yz} &= \frac{\partial v}{\partial z} + \frac{\partial w}{\partial y}, \qquad \text{(Schiebungen)} \\
\gamma_{zx} &= \frac{\partial w}{\partial x} + \frac{\partial u}{\partial z}.
\end{aligned} \tag{8.19}$$

Im Fall der dünnen Scheibe können die Verzerrungen anhand von Bild 8.8 veranschaulicht werden, indem die Verschiebung der Punkte A, B, C nach A', B', C' betrachtet wird. Für die Dehnungen folgt daraus

$$\begin{aligned}
\varepsilon_{xx} &= \frac{\overline{A'B'} - \overline{AB}}{\overline{AB}} = \frac{\left(dx + \frac{\partial u}{\partial x}dx\right) - dx}{dx} = \frac{\partial u}{\partial x}, \\
\varepsilon_{yy} &= \frac{\overline{A'C'} - \overline{AC}}{\overline{AC}} = \frac{\left(dy + \frac{\partial v}{\partial y}dy\right) - dy}{dy} = \frac{\partial v}{\partial y}
\end{aligned} \tag{8.20}$$

und für die Schiebung

$$\gamma_{xy} = \frac{\pi}{2} - \sphericalangle(A'B'C') = \frac{\pi}{2} - \left(\frac{\pi}{2} - \frac{\frac{\partial v}{\partial x}dx}{dx} - \frac{\frac{\partial u}{\partial y}dy}{dy}\right) = \frac{\partial v}{\partial x} + \frac{\partial u}{\partial y} \tag{8.21}$$

Aus den drei Verschiebungen (u, v, w) können also über die kinematischen Gleichungen sechs Verzerrungen bestimmt werden. Somit ist zu folgern, daß zwischen den Verzerrungen auch Beziehungen bestehen müssen. Dies führt zu der Kompatibilitätsbedingung, die physikalisch aussagt, daß unter Verformungen der stetige Materialzusammenhalt gewahrt bleiben muß

$$\frac{\partial^2 \varepsilon_x}{\partial y^2} + \frac{\partial^2 \varepsilon_y}{\partial x^2} = \frac{\partial^2 \gamma_{xy}}{\partial x \partial y}.$$

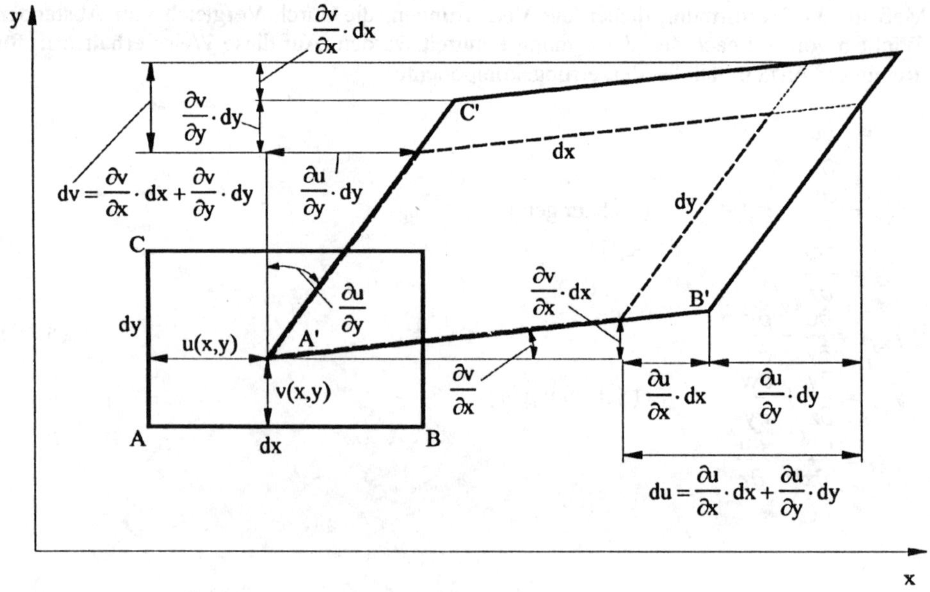

Bild 8.8: Ebene Verzerrung eines Elementes

8.3.2 Verzerrungen und Spannungen

Die zuvor definierten Verzerrungen rufen in einem elastischen Körper Spannungen hervor. Über das Stoffgesetz sind diese Verzerrungen mit den Spannungen verknüpft. Im allgemeinsten Fall ist Richtungsabhängigkeit gegeben, es kann somit angesetzt werden:

$$\begin{aligned}
\sigma_{xx} &= \frac{1}{\alpha}\left[\left(1-\nu_y\cdot\nu_z\right)E_x\cdot\varepsilon_{xx}+\left(\nu_y+\nu_y\cdot\nu_z\right)E_y\cdot\varepsilon_{yy}+\left(\nu_z+\nu_y\cdot\nu_z\right)E_z\cdot\varepsilon_{zz}\right],\\
\sigma_{yy} &= \frac{1}{\alpha}\left[\left(\nu_x+\nu_x\cdot\nu_z\right)E_x\cdot\varepsilon_{xx}+\left(1-\nu_x\cdot\nu_z\right)E_y\cdot\varepsilon_{yy}+\left(\nu_z+\nu_x\cdot\nu_z\right)E_z\cdot\varepsilon_{zz}\right],\\
\sigma_{zz} &= \frac{1}{\alpha}\left[\left(\nu_x+\nu_x\cdot\nu_y\right)E_x\cdot\varepsilon_{xx}+\left(\nu_y+\nu_x\cdot\nu_y\right)E_y\cdot\varepsilon_{yy}+\left(1-\nu_x\cdot\nu_y\right)E_z\cdot\varepsilon_{zz}\right],
\end{aligned} \tag{8.22}$$

und damit $\alpha = \left(1-\nu_x\cdot\nu_y-\nu_x\cdot\nu_z-\nu_y\cdot\nu_z-2\nu_x\cdot\nu_y\cdot\nu_z\right)$ und

$$\begin{aligned}
\tau_{xy} &= G_{xy}\cdot\gamma_{xy},\\
\tau_{yz} &= G_{yz}\cdot\gamma_{yz},\\
\tau_{zx} &= G_{zx}\cdot\gamma_{zx}.
\end{aligned} \tag{8.23}$$

Dieser Spannungsansatz ist geeignet, *anisotropes* Materialverhalten (z. B. Faserverbund-Werkstoffe) zu beschreiben. Der Regelfall wird aber *isotropes* Materialverhalten mit $\nu = \nu_x = \nu_y = \nu_z = \text{konst.}$ und $E = E_x = E_y = E_z = \text{konst.}$ sein. Hierfür kann dann beispielsweise folgender Grenzübergang gemacht werden:

$$\sigma_{xx} = \frac{E}{(1+\nu)(1-2\nu)(1+\nu)}\left[(1-\nu)(1+\nu)\,\varepsilon_{xx} + \nu\,(1+\nu)\,\varepsilon_{yy} + \nu\,(1+\nu)\varepsilon_{zz}\right]$$

aus dem die bekannten Hookeschen Gleichungen folgen

$$\sigma_{xx} = \frac{E}{(1+\nu)(1-2\nu)}\left[(1-\nu)\,\varepsilon_{xx} + \nu\left(\varepsilon_{yy} + \varepsilon_{zz}\right)\right],$$

$$\sigma_{yy} = \frac{E}{(1+\nu)(1-2\nu)}\left[(1-\nu)\,\varepsilon_{yy} + \nu\left(\varepsilon_{xx} + \varepsilon_{zz}\right)\right], \qquad (8.24)$$

$$\sigma_{zz} = \frac{E}{(1+\nu)(1-2\nu)}\left[(1-\nu)\,\varepsilon_{zz} + \nu\left(\varepsilon_{xx} + \varepsilon_{yy}\right)\right],$$

$$\tau_{xy} = \frac{E}{2\,(1+\nu)}\gamma_{xy},$$

$$\tau_{yz} = \frac{E}{2\,(1+\nu)}\gamma_{yz}, \qquad (8.25)$$

$$\tau_{zx} = \frac{E}{2\,(1+\nu)}\gamma_{zx}.$$

Wegen der vorausgesetzten Isotropie läßt sich insbesondere der Gleitmodul durch den Elastizitätsmodul ersetzen.

8.3.3 Gleichgewicht

Zur Bewertung der Beanspruchung infolge von Belastungen ist stets Gleichgewicht herzustellen. Im Bild 8.9 ist dazu ein Volumenelement unter volumenhaften Lasten dargestellt.

Gleichgewicht ist gegeben, wenn sich in den drei Koordinatenrichtungen die Kräfte aufheben, z. B.

$$\sum K_x = 0{:}-\sigma_{xx}\cdot dy\cdot dz + \left(\sigma_{xx} + \frac{\partial\sigma_{xx}}{\partial x}dx\right)dy\cdot dz - \tau_{yx}\cdot dx\cdot dz + \left(\tau_{yx} + \frac{\partial\tau_{yx}}{\partial y}dy\right)$$

$$dx\cdot dz - \tau_{zx}\cdot dx\cdot dy + \left(\tau_{zx} + \frac{\partial\tau_{zx}}{\partial z}dz\right)dx\cdot dy + p_x\cdot dx\cdot dy\cdot dz = 0; \qquad (8.26)$$

aus den drei Richtungsgleichungen folgen somit die Gleichgewichtsgleichungen

*) Anmerkung: Für Metalle kann gesetzt werden

$$G = \frac{E}{2(1+\nu)}$$

$$\frac{\partial \sigma_{xx}}{\partial x} + \frac{\partial \tau_{yx}}{\partial y} + \frac{\partial \tau_{zx}}{\partial z} + p_x = 0,$$
$$\frac{\partial \tau_{xy}}{\partial x} + \frac{\partial \sigma_{yy}}{\partial y} + \frac{\partial \tau_{zy}}{\partial z} + p_y = 0, \qquad (8.27)$$
$$\frac{\partial \tau_{xz}}{\partial x} + \frac{\partial \tau_{yz}}{\partial y} + \frac{\partial \sigma_{zz}}{\partial z} + p_z = 0.$$

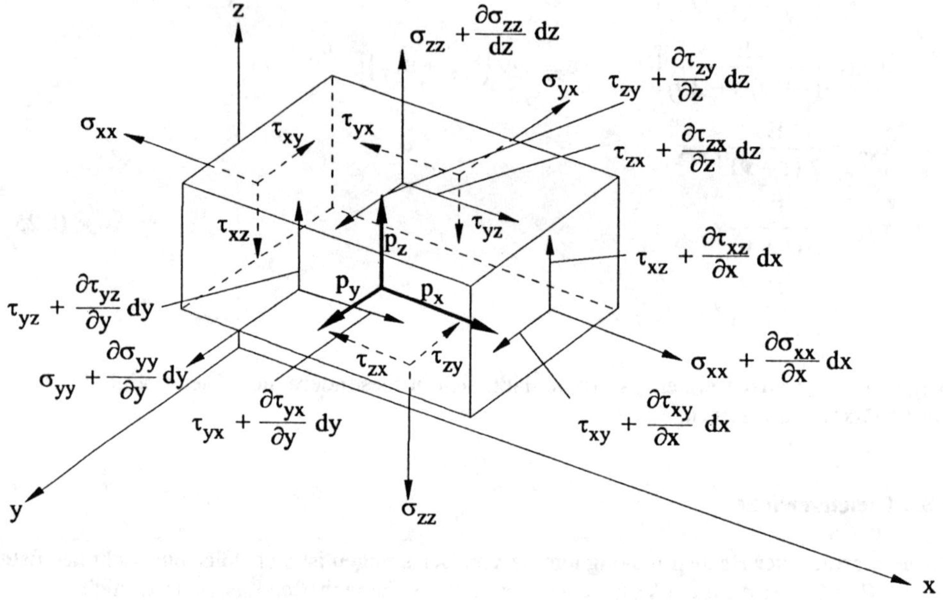

Bild 8.9: Spannungen am Volumenelement

Des weiteren kann aus dem Momentengleichgewicht noch der Zusammenhang

$$\tau_{xy} = \tau_{yx},$$
$$\tau_{yz} = \tau_{zy}, \qquad (8.28)$$
$$\tau_{zx} = \tau_{xz}$$

hergeleitet werden, welcher belegt, daß Schubspannungen paarweise gleich sind.

8.3.4 Ebene Elastizitätsgleichungen

Die Grundgleichungen der ebenen Elastizität können aus denen des dreidimensionalen Kontinuums abgeleitet werden, wenn die Komponenten in z-Richtung ignoriert werden. Alle Gleichungen hängen demnach nur noch von x und y ab:

- es treten somit nur die Verschiebungen u und v auf,
- hierauf folgt für die Verzerrungen

$$\begin{aligned}
\varepsilon_{xx} &= \frac{\partial u}{\partial x} \equiv \frac{1}{E}\left(\sigma_{xx} - \nu \cdot \sigma_{yy}\right), \\
\varepsilon_{yy} &= \frac{\partial v}{\partial y} \equiv \frac{1}{E}\left(\sigma_{yy} - \nu \cdot \sigma_{xx}\right), \\
\gamma_{xy} &= \frac{\partial u}{\partial y} + \frac{\partial v}{\partial x} \equiv \frac{1}{G}\tau_{xy},
\end{aligned} \tag{8.29}$$

- entsprechend ergeben sich für die Spannungen

$$\begin{aligned}
\sigma_{xx} &= \frac{E}{(1+\nu)(1-2\nu)}\left[(1-\nu)\,\varepsilon_{xx} + \nu \cdot \varepsilon_{yy}\right], \\
\sigma_{yy} &= \frac{E}{(1+\nu)(1-2\nu)}\left[(1-\nu)\,\varepsilon_{yy} + \nu \cdot \varepsilon_{xx}\right], \\
\tau_{xy} &= G \cdot \gamma_{xy}.
\end{aligned} \tag{8.30}$$

Diese Gleichungen können im weiteren noch spezialisiert werden zu einem ebenen Spannungszustand (ESZ) und einem ebenen Verzerrungszustand (EVZ).

8.3.4.1 Ebener Spannungszustand

Der ebene Spannungszustand tritt näherungsweise in dünnen Scheiben auf. Die Spannungen σ_{xx}, σ_{yy} werden hierbei als Mittelwerte über die Dicke angenommen:

- Es soll somit gelten: $\sigma_{zz} = 0,\ \tau_{xz} = 0,\ \tau_{yz} = 0.$
- Für die Verzerrungen soll aber $\varepsilon_{zz} \neq 0$ vorausgesetzt werden, diese bestimmt sich dann aus Gl. (8.24) zu

$$\varepsilon_{zz} = -\frac{\nu}{E}\left(\sigma_{xx} + \sigma_{yy}\right). \tag{8.31}$$

- Die Spannungen ergeben sich so zu

$$\sigma_{xx} = \frac{E}{1-\nu^2}\left(\varepsilon_{xx} + \nu \cdot \varepsilon_{yy}\right),$$
$$\sigma_{yy} = \frac{E}{1-\nu^2}\left(\varepsilon_{yy} + \nu \cdot \varepsilon_{xx}\right), \tag{8.32}$$
$$\tau_{xy} = G \cdot \gamma_{xy},$$

- oder aus Einsetzen in Gl. (8.31) folgt weiter

$$\varepsilon_{zz} = -\frac{\nu}{1-\nu}\left(\varepsilon_{xx} + \varepsilon_{yy}\right). \tag{8.33}$$

8.3.4.2 Ebener Verzerrungszustand

In langen dickwandigen Bauteilen tritt dagegen ein ebener Verzerrungszustand auf, der wie folgt gekennzeichnet ist:

- Es soll hier gelten: w = konst., weshalb

$$\varepsilon_{zz} = 0, \quad \gamma_{yz} = 0, \quad \gamma_{zx} = 0$$

wird.

- Für die Spannungen soll aber $\underline{\sigma_{zz} \neq 0}$ vorausgesetzt werden.

- Die Verzerrungen ergeben sich somit zu

$$\varepsilon_{xx} = \frac{1-\nu^2}{E}\left(\sigma_{xx} - \frac{\nu}{1-\nu}\sigma_{yy}\right),$$
$$\varepsilon_{yy} = \frac{1-\nu^2}{E}\left(\sigma_{yy} - \frac{\nu}{1-\nu}\sigma_{xx}\right), \tag{8.34}$$
$$\gamma_{xy} = \frac{1}{G}\tau_{xy}.$$

- Für den Spannungszustand folgt dann

$$\sigma_{xx} = \frac{E}{(1+\nu)(1-2\nu)}\left[(1-\nu)\,\varepsilon_{xx} + \nu \cdot \varepsilon_{yy}\right],$$
$$\sigma_{yy} = \frac{E}{(1+\nu)(1-2\nu)}\left[(1-\nu)\,\varepsilon_{yy} + \nu \cdot \varepsilon_{xx}\right], \tag{8.35}$$
$$\tau_{xy} = G \cdot \gamma_{xy}.$$

- Aus Einsetzen erhält man weiter

$$\sigma_{zz} = \nu\left(\sigma_{xx} + \sigma_{yy}\right) = \frac{\nu \cdot E}{(1+\nu)(1-2\nu)}\left(\varepsilon_{xx} + \varepsilon_{yy}\right). \tag{8.36}$$

8.4 Formänderungsenergie

In einigen nachfolgenden Kapiteln muß die Gleichgewichtsbedingung ersetzt werden durch ein Arbeitsprinzip. Gleichgewicht herrscht demnach, wenn die *äußere Arbeit gleich ist der inneren Formänderungsenergie*. Im allgemeinen Fall eines dreidimensionalen Spannungszustandes kann die Formänderungsenergie definiert werden zu

$$\pi_i = \frac{1}{2}\int_V \left(\sigma_{xx} \cdot \varepsilon_{xx} + \sigma_{yy} \cdot \varepsilon_{yy} + \sigma_{zz} \cdot \varepsilon_{zz} + \tau_{xy} \cdot \gamma_{xy} + \tau_{yz} \cdot \gamma_{yz} + \tau_{zx} \cdot \gamma_{zx}\right) dV. \tag{8.37}$$

Diese Größe entspricht der im Spannungs-Dehnungs-Diagramm von Bild 8.10 umrahmten Fläche. Für die spätere Anwendung ist in diesem Zusammenhang noch der *Satz von Castigliano* wichtig, der besagt: Wenn die Formänderungsenergie nach der Kraft abgeleitet wird, daß man dann die zu dieser Kraft gehörige Verschiebung erhält.

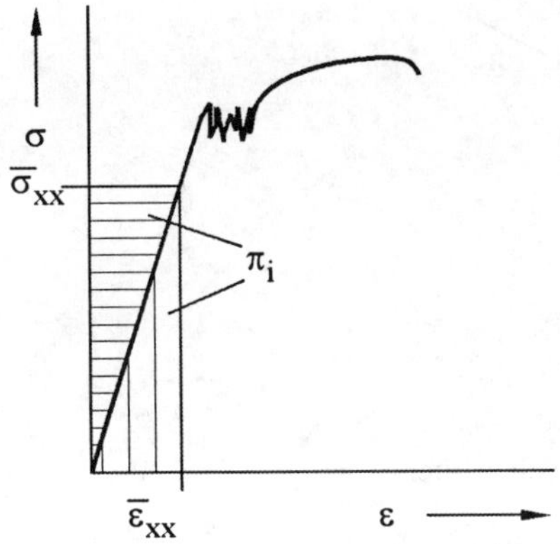

Wenn man einmal einen eindimensionalen Spannungszustand annimmt, so ergäbe sich beispielsweise die Formänderungsenergie zu

$$\pi_i = \frac{1}{2}\int_V \sigma_{xx} \cdot \varepsilon_{xx}\, dV \tag{8.38}$$

Bild 8.10:
Definition der Formänderungsenergie bei linear-elastischem Verhalten

oder bei Berücksichtigung des linearen Hooke'schen Gesetzes

$$\pi_i = \frac{1}{2}\int_V E \cdot \varepsilon_{xx}^{\,2}\, dV \tag{8.39}$$

bzw.

$$\pi_i = \frac{1}{2}\int_V \frac{\sigma_{xx}^2}{E}\, dV. \tag{8.40}$$

Mit den auftretenden Spannungen und Dehnungen können dann jeweils die Beanspruchungsfälle eingearbeitet werden.

8.5 Elastizitätsgesetz der stabartigen Elemente

Im Bild 8.11 ist ein stabartiges Element unter den äußeren linienhaften Kräften p_x, p_y, p_z und dem Drillmoment m_x dargestellt.

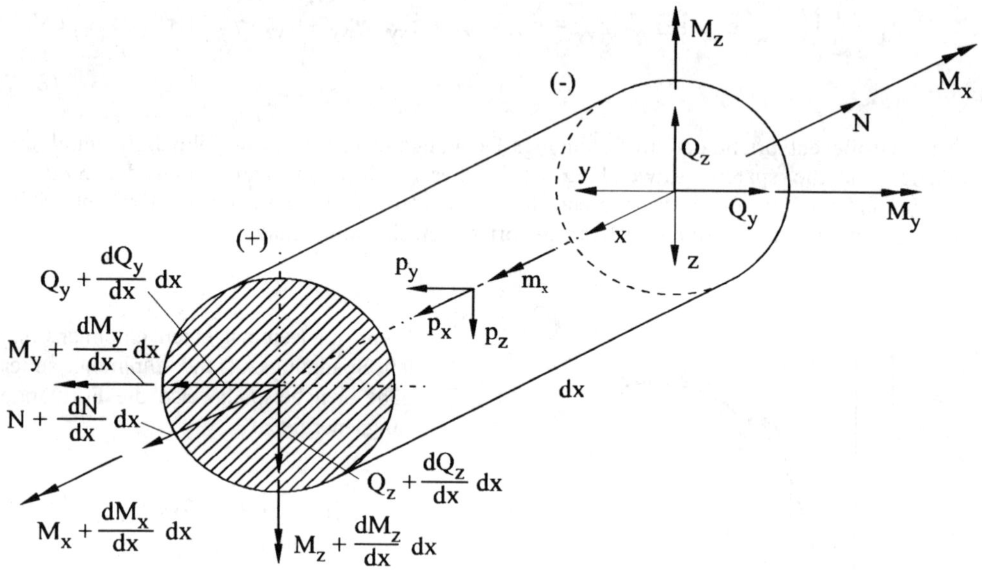

Bild 8.11: Gleichgewicht an einem Profilelement
(-) negatives Schnittufer, (+) positives Schnittufer

Zur Bestimmung der Beanspruchung gilt es, den Zusammenhang zwischen den äußeren Lasten und den Schnittgrößen herzustellen. Diesen erhält man gewöhnlich aus dem Kräfte- und Momentengleichgewicht. Es soll zunächst gebildet werden zu

$$\begin{aligned}
&\sum K_x = 0\colon N + \frac{dN}{dx}dx + p_x \cdot dx - N = 0,\\
&\sum K_y = 0\colon Q_y + \frac{dQ_y}{dx}dx + p_y \cdot dx - Q_y = 0,\\
&\sum K_z = 0\colon Q_z + \frac{dQ_z}{dx}dx + p_z \cdot dx - Q_z = 0,
\end{aligned} \tag{8.41}$$

hieraus folgt

$$N' = -p_x \tag{8.42}$$

und

$$Q_y' = -p_y, \quad Q_z' = -p_z. \tag{8.43}$$

Entsprechend erhält man aus dem Momentengleichgewicht

$$\begin{aligned}
&\sum M_x = 0: M_x + \frac{dM_x}{dx}dx - M_x + m_x \cdot dx = 0,\\
&\sum M_y = 0: M_y + \frac{dM_y}{dx}dx - M_y - Q_z \cdot dx = 0,\\
&\sum M_z = 0: M_z + \frac{dM_z}{dx}dx - M_z + Q_y \cdot dx = 0,
\end{aligned} \tag{8.44}$$

hieraus folgt weiter

$$M_x' = -m_x, \tag{8.45}$$

und

$$M_y' = Q_z, \quad M_z' = -Q_y. \tag{8.46}$$

Bei den Biegemomenten besteht über Gl. (8.43) noch ein Zusammenhang zu den äußeren Lasten, sie können deshalb auch angegeben werden zu

$$M_y'' = Q_z' = -p_z, \quad M_z'' = -Q_y' = p_y. \tag{8.47}$$

Hieraus wird ersichtlich: Für die Längskraft N und das Drillmoment M_x gilt jeweils eine DGL erster Ordnung, während für die beiden Biegemomente M_y, M_z jeweils eine DGL zweiter Ordnung maßgebend ist. Die Schnittkräfte erhält man somit aus der Integration zu

$$N = -\int_L p_x \cdot dx, \tag{8.48}$$

$$M_x = -\int_L m_x \cdot dx, \tag{8.49}$$

und

$$M_y = -\int_L p_z \cdot x\, dx \quad \text{bzw.} \quad M_z = \int_L p_y \cdot x\, dx. \tag{8.50}$$

Für einen einfachen Stab muß man dagegen bei der Belastung die Annahme $p_y = 0$, $p_z = 0$ treffen, so daß hier grundsätzlich nur Normalkräfte und ein Torsionsmoment auftreten können.

8.6 Elastizitätsgesetze der Flächenelemente

Als Grundbauelemente des Leichtbaus können Flächenelemente angesehen werden, die als Blechfelder in ausgesteiften Konstruktionen, als Wände in Stabprofilen oder Mehrschichtenverbände sowie als Häute vorkommen. Nachfolgend sollen deshalb einige Grundgleichungen für isotropes Materialverhalten zusammengestellt werden. Weitere Effekte wie Instabilität sollen dabei zunächst ausgeklammert bleiben.

8.6.1 Scheibenelement

Das Scheibenelement ist zuvor als Bauelement charakterisiert worden, welches dünnwandig ist und in dem äußere Kräfte nur in der Mittelebene auftreten sollen. Demgemäß tritt in dem Element ein ebener Spannungszustand auf, für den die Elastizitätsgleichungen von Kapitel 8.3.4.1 als gültig angesetzt werden können. Im Bild 8.12 ist noch einmal ein derartiges Scheibenelement dargestellt.

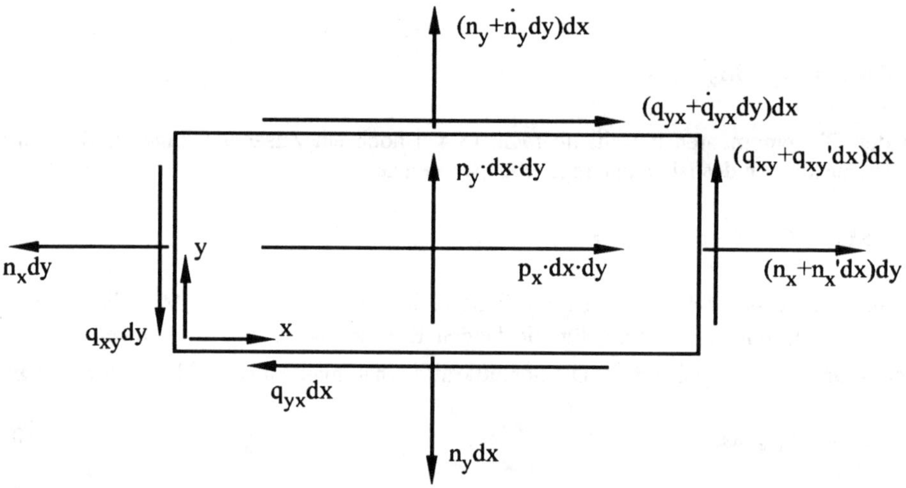

Bild 8.12: Belastungs- und Beanspruchungszustand am Scheibenelement

Von Interesse sind hier vor allem die Schnittgrößen, die aus dem Kräftegleichgewicht in den beiden Richtungen folgen zu

$$\sum K_x = 0\!: \left(n_x + n_x{}'\, dx\right) dy - n_x\, dy + \left(q_{yx} + \dot{q}_{yx}\, dy\right) dx - q_{yx}\, dx + p_x\, dx\, dy = 0$$

$$n_x{}' + \dot{q}_{yx} + p_x = 0, \qquad (8.51)$$

$$\sum K_y = 0: \left(n_y + \dot{n}_y\, dy\right) dx - n_y\, dx + \left(q_{xy} + q_{xy}'\, dx\right) dy - q_{xy}\, dy + p_y\, dx\, dy = 0$$

$$\dot{n}_y + q_{xy}' + p_y = 0. \tag{8.52}$$

Ergänzend weist die Momentengleichung aus, daß $q_{xy} = q_{yx}$ ist. Die gefundenen Beziehungen belegen also, daß in beiden Koordinatenrichtungen unabhängig voneinander Normalkräfte auftreten können, über die die Schubkräfte gekoppelt sind. Weiter wird ersichtlich, daß die hergeleiteten zwei Gleichungen nicht ausreichen, die drei unbekannten Schnittgrößen n_x, n_y und q_{xy} zu bestimmen.

Um dieses Problem angehen zu können, muß die *Scheibengleichung* aufgestellt werden. Ausgangsbeziehung hierfür ist die Kompatibilitätsbeziehung des ebenen Spannungszustandes, die aus zweimaliger Differentiation der Normaldehnungen und deren Einsetzung in die abgeleitete Gleichung zu finden ist zu

$$\frac{\partial^2 \varepsilon_{xx}}{\partial y^2} + \frac{\partial^2 \varepsilon_{yy}}{\partial x^2} - \frac{\partial^2 \gamma_{xy}}{\partial x \cdot \partial y} = 0. \tag{8.53}$$

Für die Spannungen führt man nun eine sogenannte Spannungsfunktion (*Airysche Spannungsfunktion*) F(x,y) ein, die insbesondere die Gleichgewichtsgleichungen zu befriedigen hat:

$$\begin{aligned} \sigma_{xx} &= \ddot{F} = \frac{\partial^2 F}{\partial y^2}, \\ \sigma_{yy} &= F'' = \frac{\partial^2 F}{\partial x^2}, \\ \tau_{xy} &= -\dot{F}' - p_x \cdot y - p_y \cdot x. \end{aligned} \tag{8.54}$$

Für das Stoffgesetz findet sich weiter der Zusammenhang zu Gl. (8.53), es gilt nämlich

$$\begin{aligned} \varepsilon_{xx} &= \frac{1}{E}\left(\sigma_{xx} - \nu \cdot \sigma_{yy}\right) = \frac{1}{E}\left(\frac{\partial^2 F}{\partial y^2} - \nu \cdot \frac{\partial^2 F}{\partial x^2}\right), \\ \varepsilon_{yy} &= \frac{1}{E}\left(\sigma_{yy} - \nu \cdot \sigma_{xx}\right) = \frac{1}{E}\left(\frac{\partial^2 F}{\partial x^2} - \nu \cdot \frac{\partial^2 F}{\partial y^2}\right), \\ \gamma_{xy} &= \frac{1}{G}\tau_{xy} = -\frac{1}{G}\left(\frac{\partial^2 F}{\partial x\, \partial y} + p_x \cdot y + p_y \cdot x\right). \end{aligned} \tag{8.55}$$

Werden jetzt diese Verzerrungsausdrücke in der Spannungsfunktionsformulierung in die Kompatibilitätsgleichung eingesetzt, so erhält man

$$\frac{1}{E}\frac{\partial^2}{\partial y^2}\left(\frac{\partial^2 F}{\partial y^2}-\nu\frac{\partial^2 F}{\partial x^2}\right)+\frac{1}{E}\frac{\partial^2}{\partial x^2}\left(\frac{\partial^2 F}{\partial x^2}-\nu\frac{\partial^2 F}{\partial y^2}\right)+$$
$$+\frac{1}{G}\frac{\partial^2}{\partial x\,\partial y}\left(\frac{\partial^2 F}{\partial x\,\partial y}+p_x\cdot y+p_y\cdot x\right)=0. \tag{8.56}$$

Die Endgleichung läßt sich zweckmäßiger formulieren, wenn man ausmultipliziert und in bekannter Weise noch den Gleitmodul durch den Elastizitätsmodul ersetzt:

$$\frac{1}{E}\frac{\partial^4 F}{\partial y^4}-\frac{\nu}{E}\frac{\partial^4 F}{\partial x^2\,\partial y^2}+\frac{1}{E}\frac{\partial^4 F}{\partial x^4}-\frac{\nu}{E}\frac{\partial^4 F}{\partial x^2\,\partial y^2}+\frac{2(1+\nu)}{E}\cdot\frac{\partial^4 F}{\partial x^2\,\partial y^2}$$
$$+\frac{2(1+\nu)}{E}\frac{\partial^2}{\partial x\,\partial y}\left(p_x\cdot y+p_y\cdot x\right)=0.$$

Somit lautet die *Scheibengleichung*

$$\frac{\partial^4 F}{\partial x^4}+2\frac{\partial^4 F}{\partial x^2\cdot\partial y^2}+\frac{\partial^4 F}{\partial y^4}=0 \tag{8.57}$$

bzw.

$$F'''' + 2\,F''^{\cdot\cdot} + F^{\cdot\cdot\cdot\cdot} = 0.$$

Diese partielle DGL vierter Ordnung (Bipotentialgleichung) läßt sich unter Ansatz spezieller Lösungsfunktionen nun für die verschiedensten Scheibenprobleme unter Berücksichtigung ihrer Randbedingungen näherungsweise lösen. Gewöhnlich erfüllen einfache Funktionen wie

$$F \equiv \begin{pmatrix} x,\ x^2,\ x^3,\ xy,\ x^2y,\ x^3y,\ldots, \\ y,\ y^2,\ y^3,\quad y^2x,\ y^3x,\cdots \end{pmatrix}$$

die Bipotentialgleichung. Aus dem Zusammenhang der Gl. (8.54) sind dann weiter die Spannungen bestimmt und über

$$\begin{aligned} n_x &= \sigma_{xx}\cdot t, \\ n_y &= \sigma_{yy}\cdot t, \\ q_{xy} &= \tau_{xy}\cdot t \end{aligned} \tag{8.58}$$

auch die Schnittgrößen an den Rändern.

Bei den eingesetzten dünnwandigen Profilen trifft man beispielsweise scheibenartige Bauteile bzw. ebene Beanspruchungszustände immer wieder an. Beispiele hierfür weist Bild 8.13 aus.

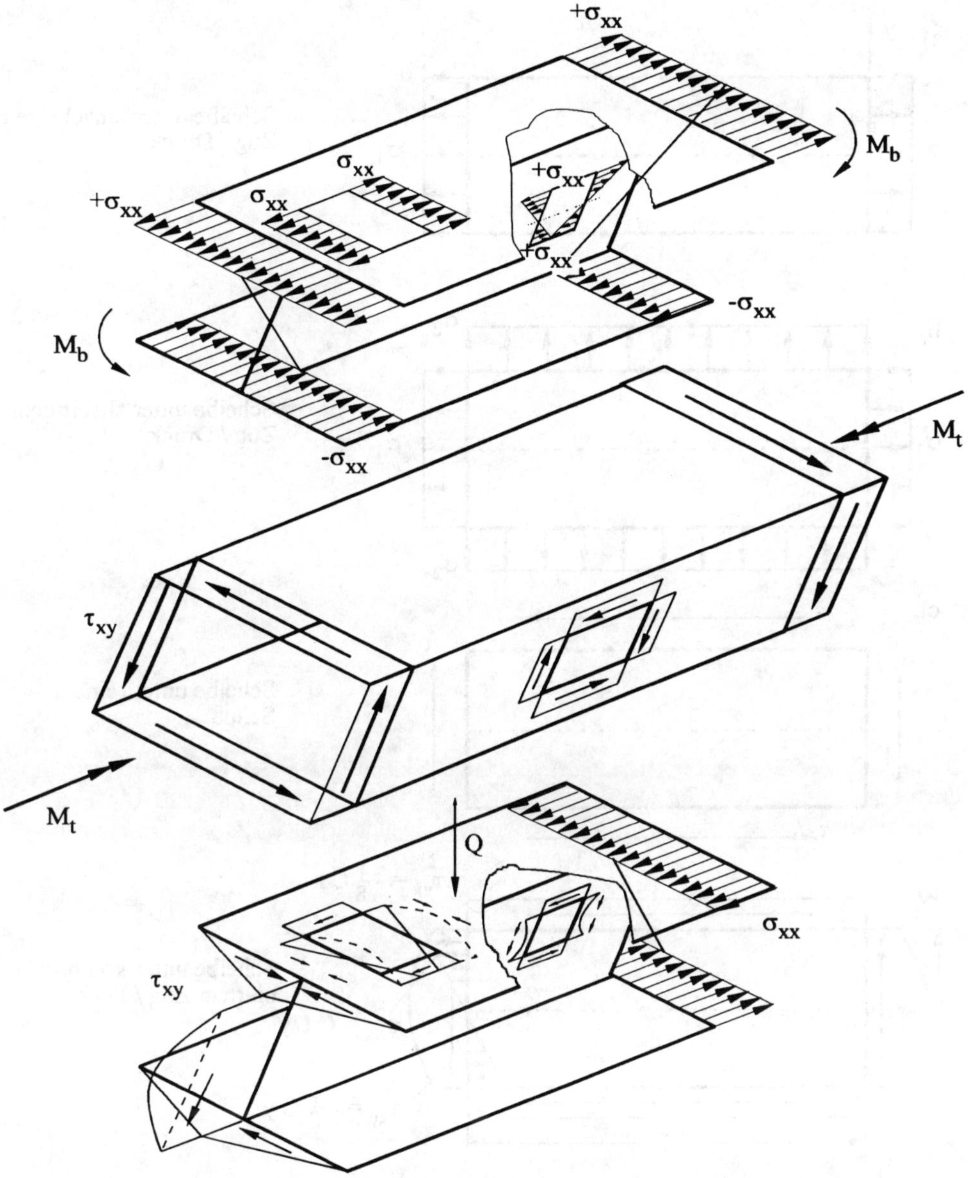

Bild 8.13: Beanspruchungszustände an Profilelementen nach /8.2/

Die hierin hervorgehobenen Grundfälle sind noch einmal im Bild 8.14 dargestellt.

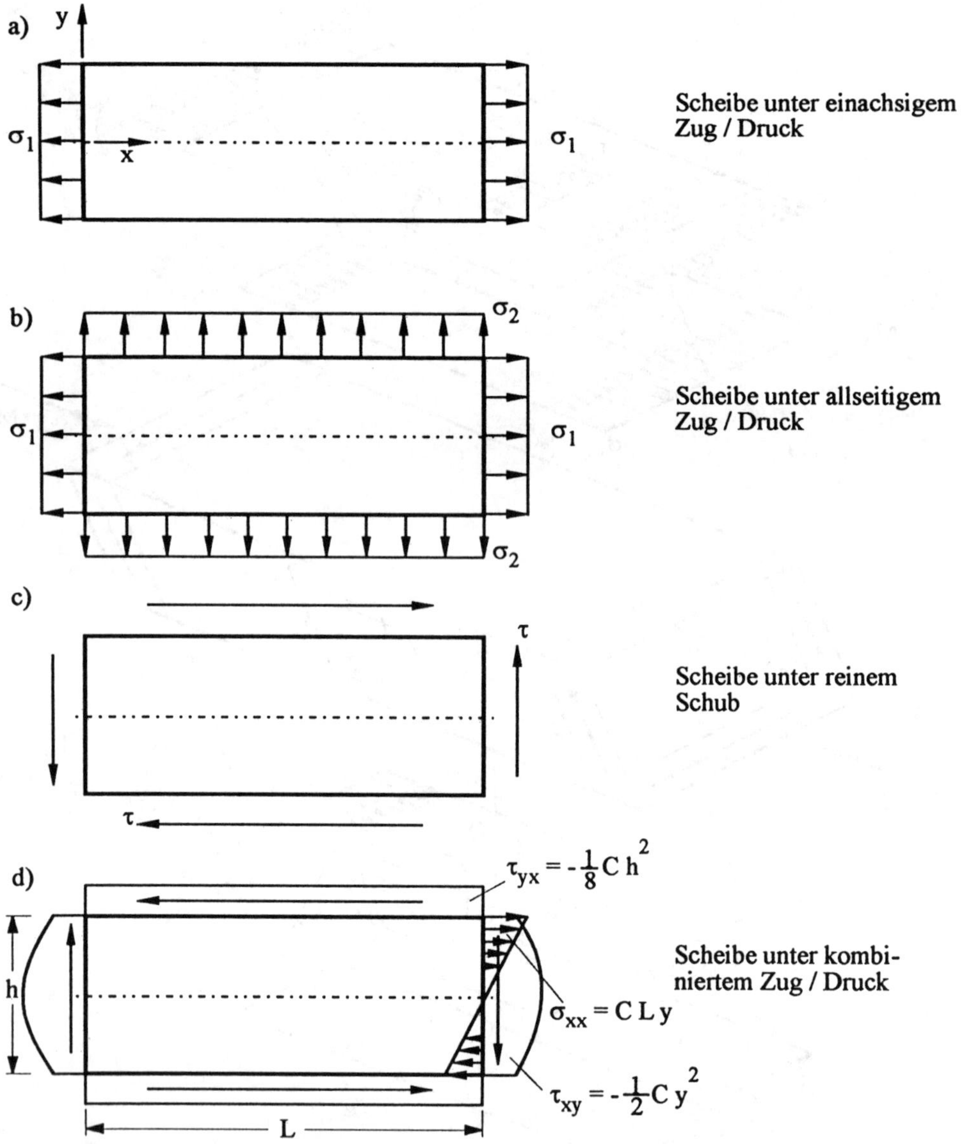

Bild 8.14: Grundbeanspruchungsfälle am Scheibenelement

Für die durchnumerierten trivialen Beanspruchungsfälle können dann die nachfolgende Lösungsfunktionen angesetzt werden:

Fall a: $F = \frac{1}{2}\sigma_1 \cdot y^2$ mit σ_1 = konst.,
$\Delta\Delta F = 0$ ist dann erfüllt,
die Spannungen ergeben sich zu

$$\sigma_{xx} = \frac{\partial^2 F}{\partial y^2} = \sigma_1, \sigma_{yy} = \frac{\partial^2 F}{\partial x^2} = 0 \text{ und } \tau_{xy} = -\frac{\partial^2 F}{\partial x\, \partial y} = 0.$$

Fall b: $F = \frac{1}{2}\left(\sigma_1 \cdot y^2 + \sigma_2 \cdot x^2\right)$ mit σ_1, σ_2 = konst.,
$\Delta\Delta F = 0$ ist dann erfüllt,
die Spannungen ergeben sich zu

$$\sigma_{xx} = \sigma_1, \sigma_{yy} = \sigma_2 \text{ und } \tau_{xy} = 0.$$

Fall c: $F = -\tau \cdot xy$ mit τ = konst.,
$\Delta\Delta F = 0$ ist dann erfüllt,
die Spannungen ergeben sich zu

$$\sigma_{xx} = 0, \sigma_{yy} = 0 \text{ und } \tau_{xy} = \tau.$$

Fall d: $F = \frac{1}{6} C\, xy^3$,
$\Delta\Delta F = 0$ ist dann erfüllt,
die Spannungen ergeben sich zu

$$\sigma_{xx} = C\, xy, \sigma_{yy} = 0 \text{ und } \tau_{xy} = \frac{1}{2} C \cdot y^2,$$

d. h., die Normalspannungen sind mit der Höhe linear, die Schubspannungen dagegen quadratisch veränderlich.

8.6.2 Plattenelement

Platten treten vielfach als Hautelemente bei Profilen oder Hautfelder (z. B. Flügelbeplankung) auf. Im Gegensatz zur Scheibe wirken hierbei nur Kräfte senkrecht zur Mittelebene. Die Verknüpfung zwischen der Belastung und der Beanspruchung folgt wieder aus dem Gleichgewicht gemäß Bild 8.15. Angenommen ist dabei die Kirchhoffsche Plattentheorie, die im wesentlichen von kleinen Verformungen und dem Ebenbleiben der Querschnitte ausgeht.

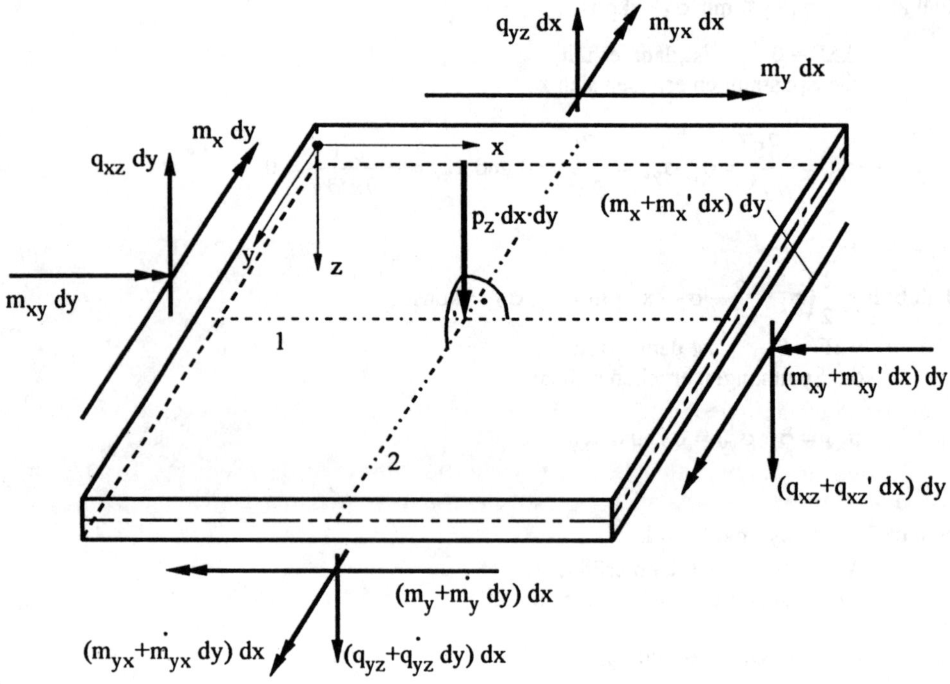

Bild 8.15: Gleichgewicht am Plattenelement

Aus den Kraftwirkungsbetrachtungen findet man

- in z-Richtung

$$\left(q_{xz} + q_{xz}' \, dx\right) dy - q_{xz} \, dy + \left(q_{yz} + \dot{q}_{yz} \, dy\right) dx - q_{yz} \, dx + p_z \, dx \, dy = 0$$

$$q_{xz}' + \dot{q}_{yz} + p_z = 0, \tag{8.59}$$

- um die zur x-Achse parallele Schwerpunktachse 1

$$\left(m_y + \dot{m}_y \, dy\right) dx - m_y \, dx + \left(m_{xy} + m_{xy}' \, dx\right) dy - m_{xy} \, dy$$

$$-q_{yz} \, dx \, \frac{dy}{2} - \left(q_{yz} + \dot{q}_{yz} \, dy\right) dx \cdot \frac{dy}{2} = 0$$

$$\dot{m}_y + m_{xy}' - q_{yz} = 0, \tag{8.60}$$

- um die zur y-Achse parallele Schwerpunktachse 2

$$\left(m_x + m_x{}' \, dx\right) dy - m_x \, dy + \left(m_{yx} + \dot{m}_{yx} \, dy\right) dx - m_{yx} \, dx$$

$$-q_{xz} \cdot dy \, \frac{dx}{2} - \left(q_{xz} + \dot{q}_{yz} \, dy\right) dy \, \frac{dx}{2} = 0$$

$$m_x{}' + \dot{m}_{yx} - q_{xz} = 0. \qquad (8.61)$$

Werden jetzt die Gleichungen (8.60) und (8.61) in Gleichung (8.59) eingesetzt, so entsteht eine Gleichung für die drei Momente

$$m_x{}'' + 2 \, m_{xy}{}^{\cdot\prime} + m_y{}^{\cdot\cdot} = -p_z. \qquad (8.62)$$

Bevor nun die auftretenden Schnittgrößen berechnet werden können, muß das Verzerrungsgesetz der Platte diskutiert werden. Hierzu kann das Balkenmodell in zwei Ebenen herangezogen werden, das zu plattengleichen Verhältnissen führt. Wie dann aus Bild 8.16 hervorgeht, ist der Verformungszustand eines Plattenelementes durch die Durchbiegung w(x,y) der Mittelebene gegeben.

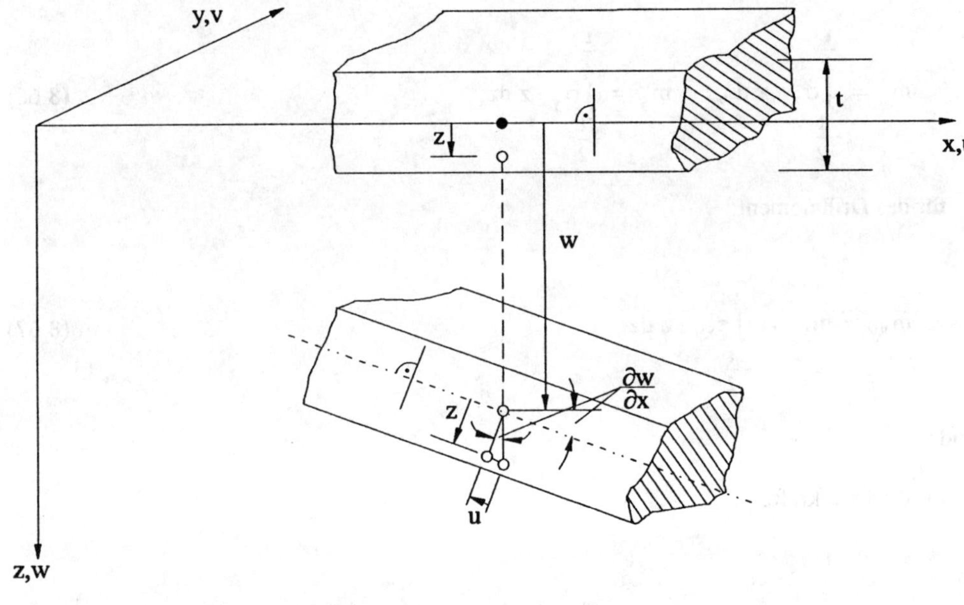

Bild 8.16: Verzerrungsgesetz an der Platte

Die zugehörigen Verschiebungen erhält man somit zu

$$u = -z \cdot w' \quad \text{und} \quad v = -z \cdot w^{\cdot}. \qquad (8.63)$$

Entsprechend folgen für die Verzerrungen

$$\begin{aligned} \varepsilon_x &= -z \cdot w'', \quad \varepsilon_y = -z \cdot w^{\cdot\cdot}, \\ \gamma_{xy} &= -2\, z \cdot w^{\cdot\prime}. \end{aligned} \tag{8.64}$$

Demgemäß ergeben sich dann die Spannungen zu

$$\sigma_x = -\frac{z \cdot E}{1-\nu^2}\left(w'' + \nu \cdot w^{\cdot\cdot}\right),$$

$$\sigma_y = -\frac{z \cdot E}{1-\nu^2}\left(w^{\cdot\cdot} + \nu \cdot w''\right)$$

und (8.65)

$$\tau_{xy} = -\frac{z \cdot E}{1+\nu} \cdot w^{\cdot\prime}.$$

Der Zusammenhang zu den Schnittgrößen - die pro Längeneinheit definiert sind - ist im weiteren durch Integration über die Spannungsresultierenden gegeben. Hieraus folgt:

- für die Biegemomente:

$$m_x = \int_{-\frac{t}{2}}^{\frac{t}{2}} \sigma_x \cdot z\, dz, \qquad m_y = \int_{-\frac{t}{2}}^{\frac{t}{2}} \sigma_y \cdot z\, dz, \tag{8.66}$$

- für das Drillmoment:

$$m_{xy} = m_{yx} = \int_{-\frac{t}{2}}^{\frac{t}{2}} \tau_{xy} \cdot z\, dz \tag{8.67}$$

und

- für die Querkräfte:

$$q_{xz} = \int_{-\frac{t}{2}}^{\frac{t}{2}} \tau_{xz}\, dz, \quad q_{yz} = \int_{-\frac{t}{2}}^{\frac{t}{2}} \tau_{yz}\, dz. \tag{8.68}$$

Aus der Durchführung der Integration erhält man die Abhängigkeit der Schnittgrößen von der Durchbiegung, z. B. für

$$m_x = -2\frac{E\left(w'' + \nu \cdot w^{\cdot\cdot}\right)}{\left(1-\nu^2\right)}\int_0^{t/2} z^2\, dz = -\frac{E \cdot t^3}{12\left(1-\nu^2\right)}\left(w'' + \nu \cdot w^{\cdot\cdot}\right). \tag{8.69}$$

Führt man dies nun durch, so findet man für die Momente

$$\begin{aligned} m_x &= -B\left(w'' + \nu \cdot w^{\cdot\cdot}\right), \\ m_y &= -B\left(w^{\cdot\cdot} + \nu \cdot w''\right), \\ m_{xy} &= -B(1-\nu)w^{\cdot\prime} \end{aligned} \tag{8.70}$$

Hierin ist mit

$$B = \frac{E \cdot t^3}{12\left(1-\nu^2\right)} \tag{8.71}$$

die Plattenbiegesteifigkeit eingeführt. Werden jetzt diese Größen in die Momenten-DGL (8.62) eingesetzt, so ergibt sich die *Plattengleichung* (inhomogene DGL 4. Ordnung)

$$w'''' + 2\, w''^{\cdot\cdot} + w^{\cdot\cdot\cdot\cdot} = \frac{p_z}{B}. \tag{8.72}$$

In den einfachen Standardfällen kann diese Differentialgleichung nach dem Navierschen oder Lévyschen Verfahren gelöst werden. Bei dem Lösungsverfahren nach Navier werden Reihenansätze für die Durchbiegung und die Kraftverteilung angesetzt, und zwar

$$w(x,y) = \sum_{m=1}^{\infty}\sum_{n=1}^{\infty} C_{mn} \cdot \sin\frac{m \cdot \pi \cdot x}{a} \cdot \sin\frac{n \cdot \pi \cdot y}{b}\ . \tag{8.73}$$

und

$$p(x,y) = \sum_{m=1}^{\infty}\sum_{n=1}^{\infty} P_{mn} \cdot \sin\frac{m \cdot \pi \cdot x}{a} \cdot \sin\frac{n \cdot \pi \cdot y}{b}\ , \quad (m, n = 1, 2, 3..) \tag{8.74}$$

Dieser Lösungsansatz gilt für eine beliebige Konstante C_{mn} sowie für den Fourierkoeffizienten

$$P_{mn} = \frac{4}{a \cdot b}\int_{x=o}^{a}\int_{y=o}^{b} p(x,y) \cdot \sin\frac{m \cdot \pi \cdot x}{a} \cdot \sin\frac{n \cdot \pi \cdot y}{b}\, dx\, dy \tag{8.75}$$

und erfüllt die gewöhnlichen Randbedingungen *freiaufliegender Rand**). Des weiteren können mittels des Fourierkoeffizienten die auftretenden Kräfte erfaßt werden.

---

*) Anm.: Lösungsansatz für eingespannter Rand: $w(x) = C_m \cdot \sin\frac{m \cdot \pi \cdot x}{a}$

Für die freiaufliegende Platte unter einer gleichmäßigen Streckenlast $p(x,y) = \overline{p}$ erhält man beispielsweise mit dem Fourierkoeffizienten

$$P_{mn} = \frac{16 \cdot \overline{p}}{m \cdot n \cdot \pi^2} \qquad (m, n = 1, 3, 5...) \tag{8.76}$$

für die Durchbiegung

$$w(x,y) = \frac{16 \cdot \overline{p}}{\pi^6 \cdot B} \sum_{m=1}^{\infty} \sum_{n=1}^{\infty} \frac{\sin \frac{m \cdot \pi \cdot x}{a} \cdot \sin \frac{n \cdot \pi \cdot y}{b}}{m \cdot n \left(\frac{m^2}{a^2} + \frac{n^2}{b^2} \right)^2} . \tag{8.77}$$

Für eine *quadratische Stahlplatte* (mit $\nu = 0{,}3$) findet sich somit die größte Durchbiegung in der Mitte zu

$$w_{max} = 0{,}0443 \frac{\overline{p} \cdot a^4}{E \cdot t^3} .$$

Das Biegemoment in Plattenmitte beträgt dann

$$m_x = m_y = 0{,}0479 \, \overline{p} \cdot a^2 ,$$

und die größte Biegespannung an der Oberseite der Platte wird

$$\sigma_{max} = 0{,}287 \, \overline{p} \left(\frac{a}{t} \right)^2 .$$

Wird statt dessen eine Einzellast F im Punkt (x_o, y_o) eingeleitet, so ergibt sich mit dem entsprechenden Fourierkoeffizienten

$$P_{mn} = \frac{4\,F}{a \cdot b} \cdot \sin \frac{m \cdot \pi \cdot x_o}{a} \cdot \sin \frac{n \cdot \pi \cdot y_o}{b} \tag{8.78}$$

für die Durchbiegung

$$w(x,y) = \frac{4\,F}{\pi^4 \cdot a \cdot b \cdot B} \sum_{m=1}^{\infty} \sum_{n=1}^{\infty} \frac{\sin \frac{m \cdot \pi \cdot x_o}{a} \cdot \sin \frac{n \cdot \pi \cdot y_o}{b} \cdot \sin \frac{m \cdot \pi \cdot x}{a} \cdot \sin \frac{n \cdot \pi \cdot y}{b}}{\left(\frac{m^2}{a^2} + \frac{n^2}{b^2} \right)^2} \tag{8.79}$$

Einige exemplarische Auswertungen zur Plattenproblematik zeigt im weiteren Bild 8.17. Die Berechnung ist dabei für die Durchsenkung in Plattenmitte und für die Spannungen in der Mitte und am Rand erfolgt. Aus der Diskussion der Verhältnisse wird klar, daß für kleine

Seitenverhältnisse b/a < 0,3 ein Plattenstreifen vorliegt, für den faktisch die Balkenbiegetheorie angesetzt werden kann.

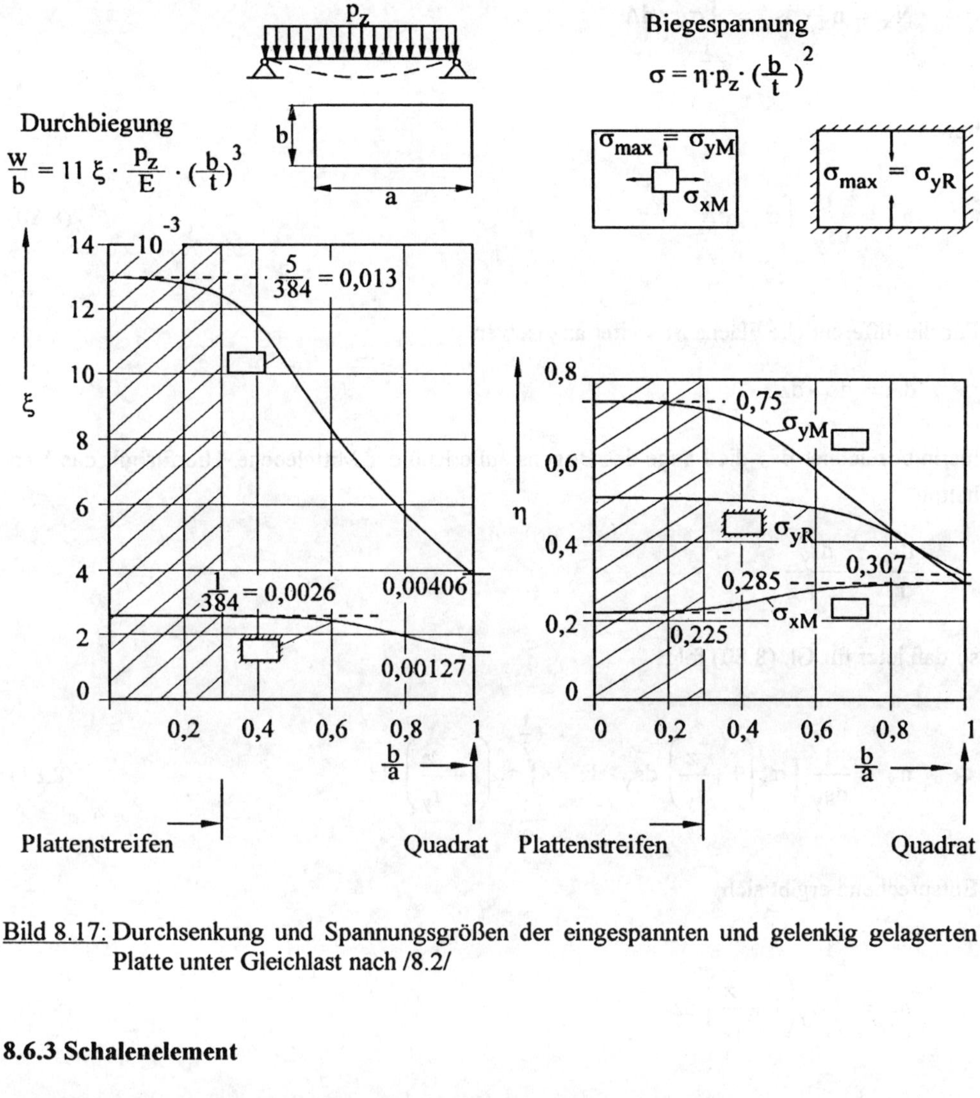

Bild 8.17: Durchsenkung und Spannungsgrößen der eingespannten und gelenkig gelagerten Platte unter Gleichlast nach /8.2/

8.6.3 Schalenelement

Bei allen gekrümmten Hautfeldern (z. B. dünne Behälterwände, Kuppeln, Karosserien etc.) kommen Schalen vor. Eine Schale kann in ihrer Mittelebene Kräfte in allen drei Raumrichtungen aufnehmen. Es treten dann die im umseitigen Bild 8.18 dargestellten Schnittkräfte am Schalenelement auf.

Die Schnittgrößen erhält man aus der Überlegung

$$N_x = n_x \cdot ds_y = \int_{-\frac{t}{2}}^{+\frac{t}{2}} \sigma_x \cdot dA$$

bzw.

$$n_x = \frac{1}{ds_y} \int_{-\frac{t}{2}}^{+\frac{t}{2}} \sigma_x \cdot dA \,. \qquad (8.80)$$

Für die differentielle Fläche ist weiter anzusetzen

$$dA = d\bar{s}_y \cdot dz,$$

hierin bezeichnet $d\bar{s}_y$ die Länge des Bogens außerhalb der Mittelebene. Hierfür gilt das Verhältnis

$$\frac{ds_y}{r_y} = \frac{d\bar{s}_y}{r_y + z},$$

so daß jetzt für Gl. (8.80) folgt

$$n_x = \frac{1}{ds_y} \int \sigma_x \left(1 + \frac{z}{r_y}\right) ds_y \cdot dz = \int_{-\frac{t}{2}}^{+\frac{t}{2}} \sigma_x \left(1 + \frac{z}{r_y}\right) dz \,. \qquad (8.81)$$

Entsprechend ergibt sich

$$n_y = \int_{-\frac{t}{2}}^{+\frac{t}{2}} \sigma_y \left(1 + \frac{z}{r_x}\right) dz \qquad (8.82)$$

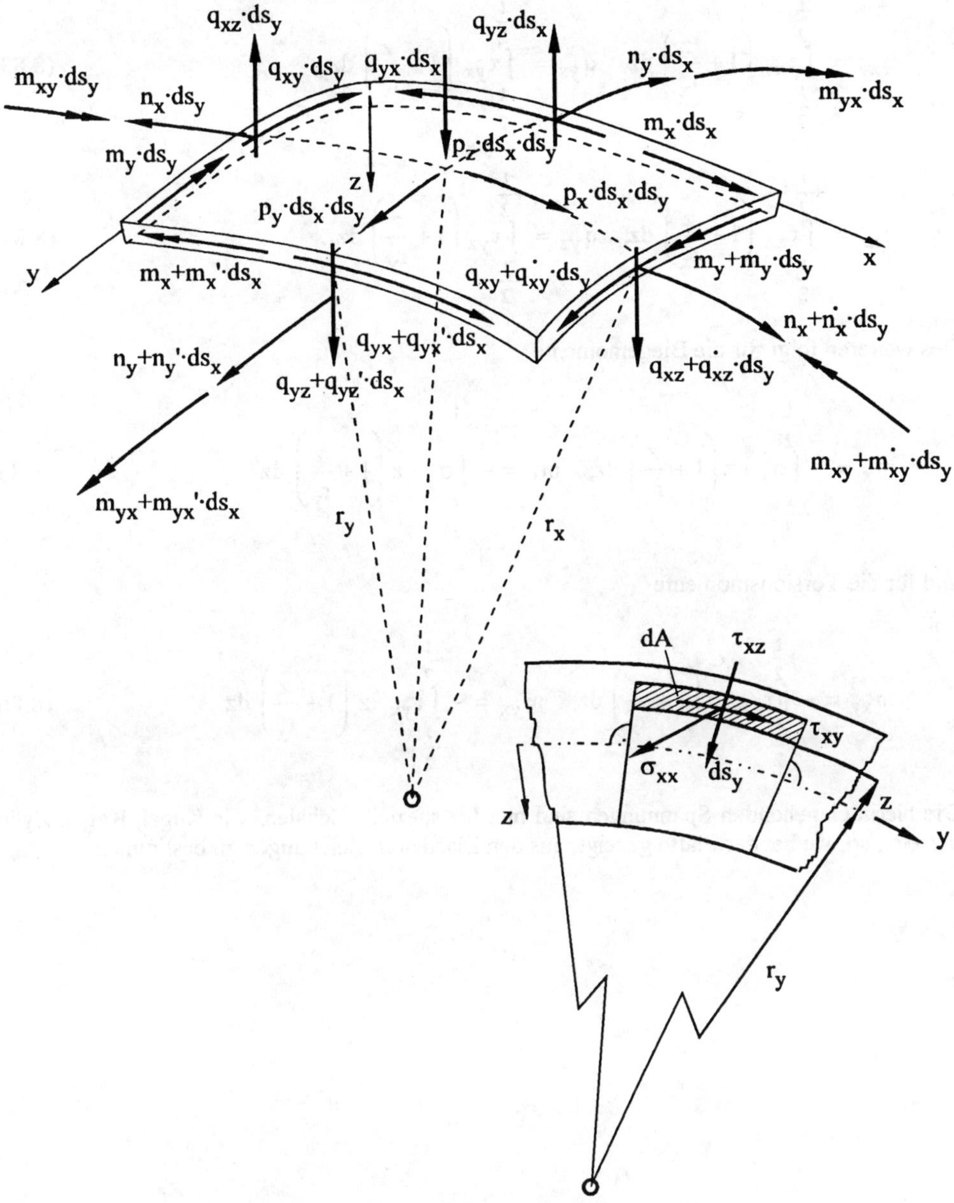

Bild 8.18: Gleichgewicht am Schalenelement

und weiter

$$q_{xy} = \int_{-\frac{t}{2}}^{+\frac{t}{2}} \tau_{xy} \left(1 + \frac{z}{r_x}\right) dz, \quad q_{yx} = \int_{-\frac{t}{2}}^{+\frac{t}{2}} \tau_{yx} \left(1 + \frac{z}{r_y}\right) dz\,, \tag{8.83}$$

$$q_{xz} = \int_{-\frac{t}{2}}^{+\frac{t}{2}} \tau_{xz} \left(1 + \frac{z}{r_x}\right) dz, \quad q_{yz} = \int_{-\frac{t}{2}}^{+\frac{t}{2}} \tau_{yz} \left(1 + \frac{z}{r_y}\right) dz\,. \tag{8.84}$$

Des weiteren folgt für die Biegemomente

$$m_x = -\int_{-\frac{t}{2}}^{+\frac{t}{2}} \sigma_x \cdot z \left(1 + \frac{z}{r_x}\right) dz, \quad m_y = -\int_{-\frac{t}{2}}^{+\frac{t}{2}} \sigma_y \cdot z \left(1 + \frac{z}{r_y}\right) dz \tag{8.85}$$

und für die Torsionsmomente

$$m_{xy} = -\int_{-\frac{t}{2}}^{+\frac{t}{2}} \tau_{xy} \cdot z \left(1 + \frac{z}{r_x}\right) dz, \quad m_{yx} = -\int_{-\frac{t}{2}}^{+\frac{t}{2}} \tau_{yx} \cdot z \left(1 + \frac{z}{r_y}\right) dz\,. \tag{8.86}$$

Die hierin eingehenden Spannungen sind nun für spezielle Schalen, wie Kugel, Kegel, Zylinder etc., so wie bei der Platte gezeigt, aus den Elastizitätsgleichungen zu bestimmen.

9 Dünnwandige Profilstäbe

Nachdem vorstehend allgemeine elastizitätstheoretische Grundlagen entwickelt worden sind, soll jetzt etwas spezieller auf typische Leichtbauelemente eingegangen werden. Ein verbreitetes Element ist dabei der dünnwandige Profilstab, der sehr viel in Rahmenkonstruktionen eingesetzt wird. Von Dünnwandigkeit kann man hierbei sprechen, wenn das Verhältnis Wanddicke zu Profilhöhe ($t/h \leq 1/10$) relativ klein ist. Im weiteren sollen die wesentlichen Grundbeziehungen für den dünnwandigen offenen Profilstab aufgestellt werden.

9.1 Kraftflüsse

Es soll ein offener Profilstab nach Bild 9.1 vorausgesetzt werden. Dieser soll durch eine Kräftegruppe (bezogene Kräfte) aus Längskraft p_x, zwei Querkräften p_y, p_z und einem Torsionsmoment m_x belastet werden, so daß mehrere Beanspruchungen auftreten.

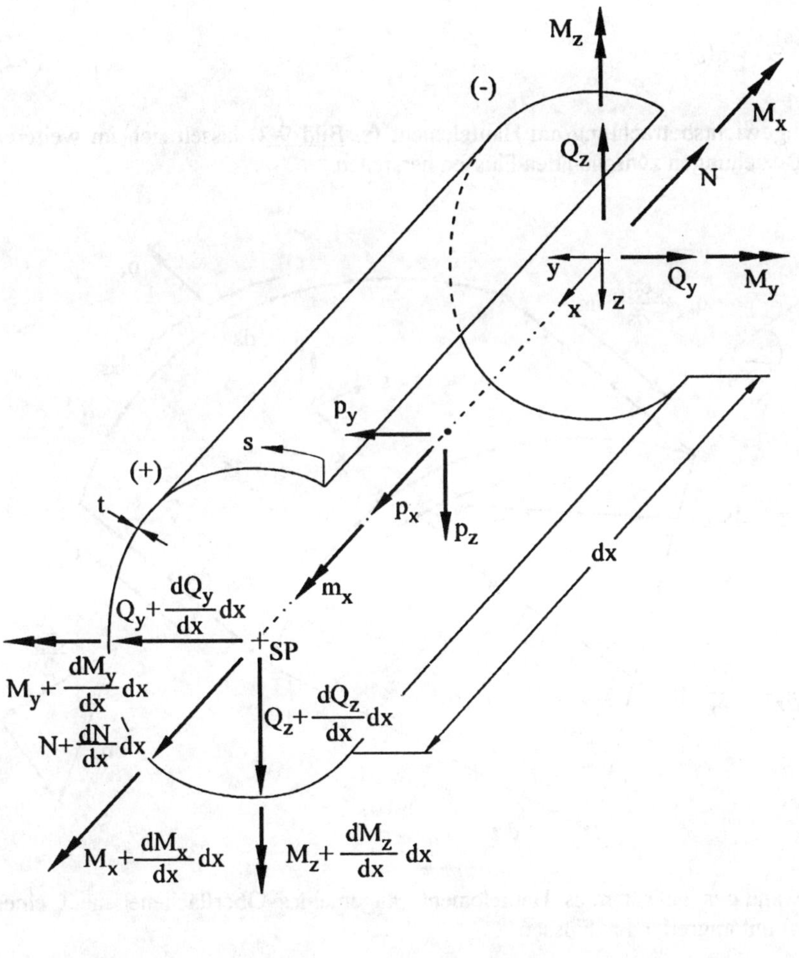

Bild 9.1: Angriff der fiktiven Schnittkräfte am offenen Profilstab

Wie bereits im Kapitel 8.5 bewiesen, bestehen dann zwischen den Belastungen und den Schnittgrößen die Beziehungen

$$N' = -p_x,$$
$$M_x' = -m_x,$$
$$M_y'' = Q_z' = -p_z, \quad M_z'' = -Q_y' = p_y$$

Die Beanspruchung in den Profilen läßt sich aber richtigerweise durch Kraftflüsse /9.1/ darstellen, welche über die Profilabwicklung verlaufen. Es gelten dann folgende Zusammenhänge zwischen

- der Normalspannung und dem sogenannten *Normalkraftfluß*

$$\sigma_x = \frac{N}{s \cdot t} \rightarrow n_x(s) = \sigma_x \cdot t, \tag{9.1}$$

- der Schubspannung und dem sogenannten *Schubfluß*

$$\tau = \frac{Q \cdot S(s)}{J \cdot t} \rightarrow q(s) = \tau \cdot t. \tag{9.2}$$

Aus einer Gleichgewichtsbetrachtung am Hautelement (s. Bild 9.2) lassen sich im weiteren einige wichtige Beziehungen zwischen den Flüssen herstellen.

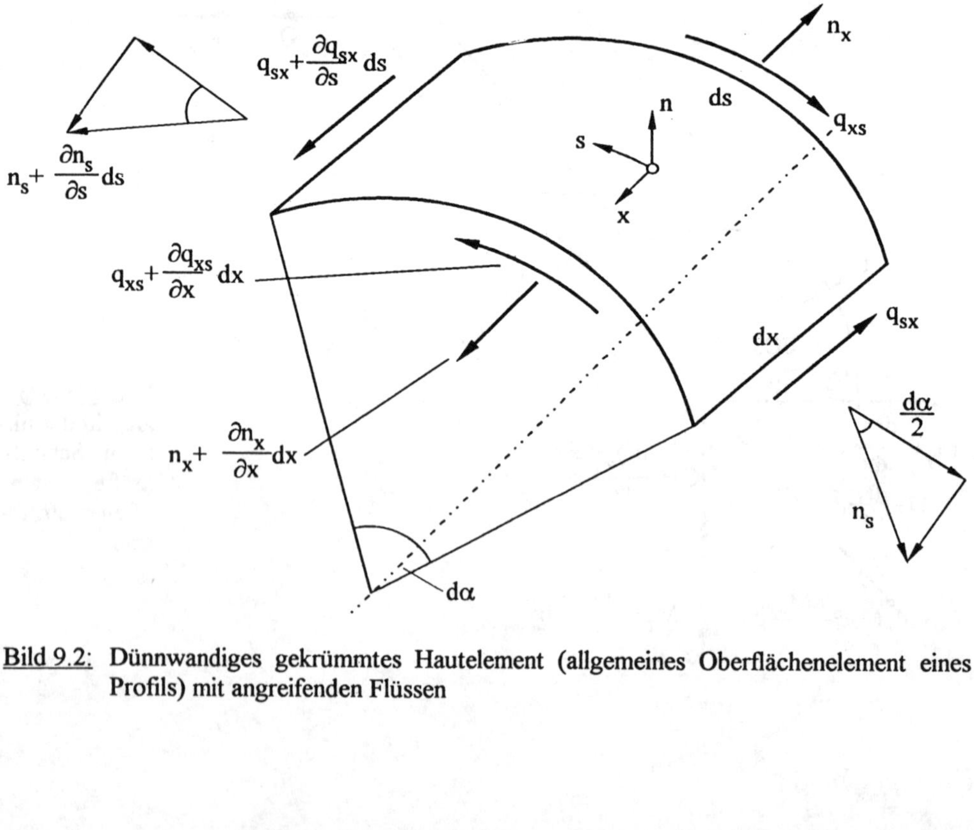

Bild 9.2: Dünnwandiges gekrümmtes Hautelement (allgemeines Oberflächenelement eines Profils) mit angreifenden Flüssen

Aus den drei Gleichgewichtsbedingungen erhält man somit

$$\sum K_x = 0: \left(n_x + \frac{\partial n_x}{\partial x} dx - n_x \right) ds + \left(q_{sx} + \frac{\partial q_{sx}}{\partial s} ds - q_{sx} \right) dx = 0,$$

$$\sum K_s = 0: \left(n_s + \frac{\partial n_s}{\partial s} ds - n_s \right) dx + \left(q_{xs} + \frac{\partial q_{xs}}{\partial x} dx - q_{xs} \right) ds = 0,$$

$$\sum K_n = 0: \left(n_s + \frac{\partial n_s}{\partial s} ds + n_s \right) dx \sin \frac{d\alpha}{2} = 0.$$

Aus der Normalengleichung ergibt sich sofort

$$\left(2n_s + \frac{\partial n_s}{\partial s} ds \right) = 0$$

oder weil die Längenmaße nicht Null werden können

$$n_s = 0. \tag{9.3}$$

Aus den beiden anderen Gleichungen folgt dagegen

$$\frac{\partial n_x}{\partial x} + \frac{\partial q_{sx}}{\partial s} = 0 \tag{9.4}$$

und

$$\frac{\partial n_s}{\partial s} + \frac{\partial q_{xs}}{\partial x} = 0\,. \tag{9.5}$$

Insbesondere folgt noch aus Gl. (9.5)

$$\frac{\partial q_{xs}}{\partial x} = 0. \tag{9.6}$$

Hieraus können als wichtige Aussagen abgeleitet werden:

- An einem gekrümmten Hautelement tritt kein Normalkraftfluß n_s in Umfangsrichtung auf.
- An beliebigen Schnitten x = konst. existieren auf der Längsachse gleiche Schubfluß-Beanspruchungszustände, d. h. q_{xs} = konst.

und
- Der Schubfluß q_{sx} ist in Umfangsrichtung s so veränderlich, daß seiner Zunahme gerade einer Abnahme des Normalkraftflusses n_x entspricht. Diesbezüglich stellt die Gl. (9.4) die maßgebliche Beziehung für die Beanspruchung dar.

Im Fall von ebenen Hautelementen liegen die Verhältnisse dagegen etwas anders. Die dritte Gleichung tritt nicht auf, da keine Flußmomente senkrecht zur Ebene existieren. Am Hautelement wird nach Bild 9.3 also $n_s \neq 0$.

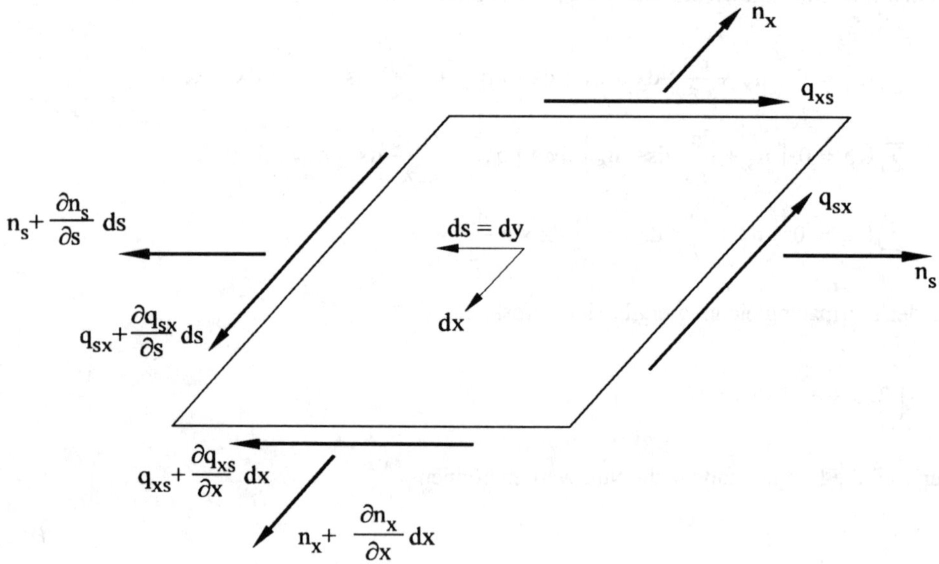

Bild 9.3: Ebenes Hautelement

Aus dem Gleichgewicht folgt:

$$q_{xs} = q_{sx} = q$$

und (9.7)

$$\frac{\partial n_x}{\partial x} + \frac{\partial q}{\partial s} = 0,$$

$$\frac{\partial n_s}{\partial s} + \frac{\partial q}{\partial x} = 0.$$

Während also die Hautgleichungen im gekrümmten Fall auflösbar sind, treten beim ebenen Fall drei unbekannte Flüsse in zwei Gleichungen auf. Somit kann der Spannungszustand alleine aus Gleichgewichtsüberlegungen nicht bestimmt werden. Wie schon beim Scheibenelement diskutiert, müssen dann noch andere Bedingungen herangezogen werden.

9.2 Kraftflüsse und Schnittgrößen

Bisher wurden die Schnittgrößen als resultierende Kräfte und Momente aus der Integration der Spannungen über dem Querschnitt gefunden. Da sich aber auch die Kraftflüsse durch die Spannungen ausdrücken lassen, muß es einen Zusammenhang zwischen den Kraftflüssen und den Schnittgrößen geben. Den Schluß von den belastenden Flüssen zu den Schnittgrößen in der fiktiven Wirkungslinie zeigt Bild 9.4.

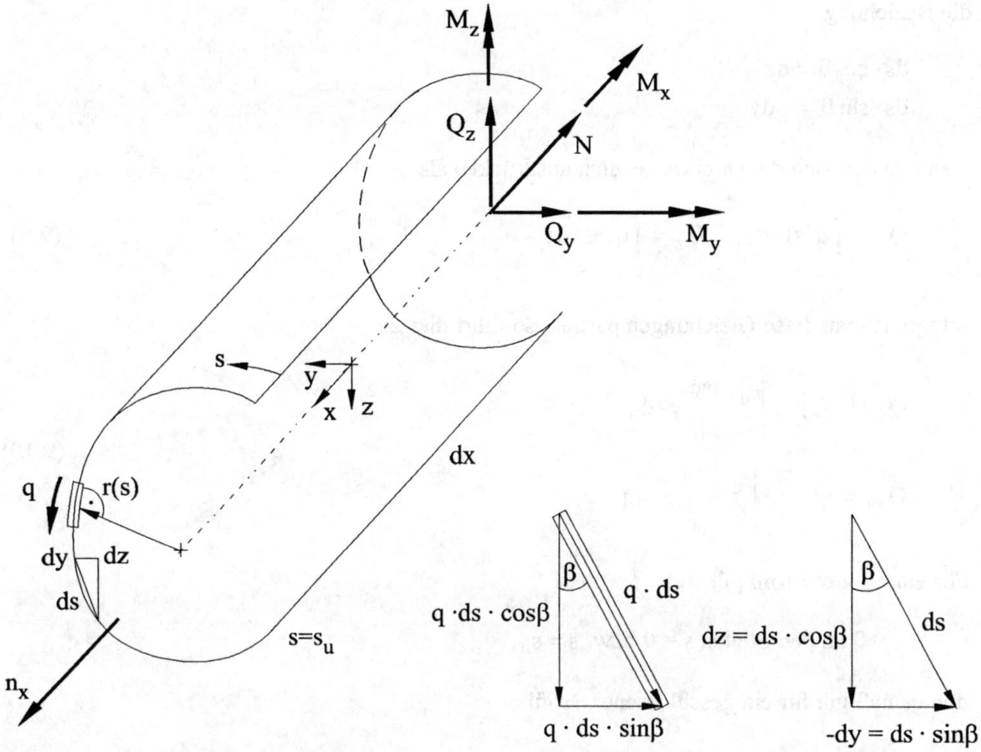

Bild 9.4: Wirkung der Schnittgrößen bzw. Flüsse am Querschnitt

Hiermit lassen sich dann die Kräftegleichgewichte wir folgt aufstellen:

$$
\begin{aligned}
&\int_s n_x(s) \cdot ds - N &&= 0\\
-&\int_s q(s) \cdot \sin ß \, ds - Q_y &&= 0,\\
&\int_s q(s) \cdot \cos ß \, ds - Q_z &&= 0,\\
&\int_s q(s) \cdot r \cdot ds - M_x &&= 0,\\
&\int_s n_x(s) \cdot z \, ds - M_y &&= 0,\\
-&\int_s n_x(s) \cdot y \, ds - M_z &&= 0
\end{aligned}
\tag{9.8}
$$

Zwischen dem benutzten y,z-Koordinatensystem und der Umfangskoordinate s besteht noch die Beziehung

$$ds \cdot \cos ß = dz$$
$$ds \cdot \sin ß = -dy.$$

Damit lassen sich die Querkräfte auch ausdrücken als

$$Q_y = \int_s q(s) \cdot dy, \quad Q_z = \int_s q(s) \cdot dz \tag{9.9}$$

Integriert man diese Gleichungen partiell, so führt dies zu

$$\begin{aligned} Q_y &= q(s) \cdot y \Big|_0^{s_u} - \int_0^{s_u} y \cdot dq, \\ Q_{zy} &= q(s) \cdot z \Big|_0^{s_u} - \int_0^{s_u} z \cdot dq. \end{aligned} \tag{9.10}$$

Für ein offenes Profil gilt stets

$q = 0$ an den Stellen $s = 0$ bzw. $s = s_u$,

demgemäß gilt für ein geschlossenes Profil

$$q(0) = q(s_u) = q = \text{konst.};$$

in Gl. (9.10) verschwinden so die ausintegrierten Terme, so daß unter Berücksichtigung von Gl. (9.4) angegeben werden kann

$$\begin{aligned} Q_y &= -\int_s y \cdot dq = \int_s y \cdot n_x' \cdot ds, \\ Q_z &= -\int_s z \cdot dq = \int_s z \cdot n_x' \cdot ds. \end{aligned} \tag{9.11}$$

Alle Schnittgrößen können so auf den Normalkraftfluß bzw. dessen erste Ableitung zurückgeführt werden.

9.3 Querkraftbiegung

9.3.1 Schubmittelpunkt

Es ist vielfach bekannt, daß gerade offene Profile sehr drillweich sind, insofern ist bei jeder Art von Konstruktionen eine drillfreie Biegung anzustreben. Für die Krafteinleitung bedeutet dies, den Kraftangriffspunkt so zu legen, daß die Momente der Querkräfte im Gleichgewicht mit dem Moment des Schubflusses stehen. Im Bild 9.5 ist die erforderliche Gleichgewichtsüberlegung dargestellt.

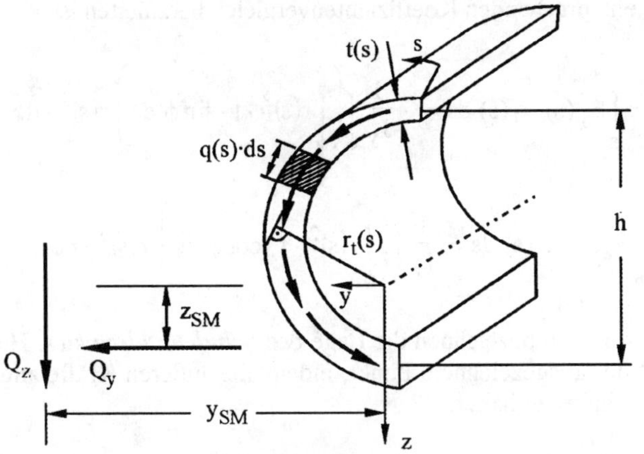

Bild 9.5: Gleichgewicht an einem Profilquerschnitt zufolge innerer und äußerer Kräfte

Bezogen auf eine Bezugsachse kann angesetzt werden:

$$\int_s q(s) \cdot r_t(s)\, ds = Q_z \cdot y_{SM} - Q_y \cdot z_{SM}. \tag{9.12}$$

Die Größe des Querkraftschubflusses ist bereits in Gl. (9.2) angegeben worden. Bei einer Belastung in zwei Ebenen ist dieser dann im Hauptachsensystem unter Berücksichtigung des Gleichgewichts anzusetzen mit

$$q(s) = -\frac{Q_z \cdot S_y(s)}{J_y} - \frac{Q_y \cdot S_z(s)}{J_z} + q_0. \tag{9.13}$$

Mit q_0 ist eine zusätzliche Konstante eingeführt worden, die als Anfangsschubfluß interpretiert werden kann. Die weiter noch eingehenden statischen Momente

$$S_y(s) = \int_0^s z \cdot t(s)\, ds,$$
$$S_z(s) = \int_0^s y \cdot t(s)\, ds \tag{9.14}$$

sind jeweils unvollständig bis zur betrachteten Stelle s zu bilden.

9.3.2 Offene Konstruktionsprofile

Beim offenen Profil ist $q_0 = 0$. Aus dem Einsetzen von Gl. (9.13) folgt sodann aus Gl. (9.12)

$$-\frac{Q_z}{J_y}\int_s S_y(s) \cdot r_t(s)\, ds - \frac{Q_y}{J_z}\int_s S_z(s) \cdot r_t(s)\, ds = Q_z \cdot y_{SM} - Q_y \cdot z_{SM},$$

so daß aus einem entsprechenden Koeffizientenvergleich herzuleiten ist

$$y_{SM} = -\frac{1}{J_y}\int_s S_y(s)\cdot r_t(s)\,ds = -\frac{1}{J_y}\int_\phi \left(\int_\phi r(s)^2\cdot t\cdot \sin\phi\,d\phi\right) r(s)^2\cdot d\phi$$

und (9.15)

$$z_{SM} = \frac{1}{J_z}\int_s S_z(s)\cdot r_t(s)\,ds = \frac{1}{J_z}\int_\phi \left(\int_\phi r(s)^2\cdot t\cdot \cos\phi\,d\phi\right) r(s)^2\cdot d\phi\,.$$

Diese beiden Koordinaten bezeichnen die Lage des *Schubmittelpunktes*. Hiernach ist also der Schubmittelpunkt der ausgezeichnete Punkt, indem alle äußeren Kräfte angreifen müssen, um ein offenes Profil drillfrei zu halten.

Die vorstehenden Herleitungen sind von grundsätzlicher Natur und in diesem Sinne auch übertragbar auf die vielfach eingesetzten rechtwinkeligen Konstruktionsprofile. Hierzu zeigt das umseitige Bild 9.6 einige Beispiele.

Elementar ist dabei das schmale Rechteckprofil unter Querkraftbiegung, wo die Flüsse qualitativ und quantitativ bekannt sind. Der Normalkraftfluß ist von der Größe

$$n_x = \sigma_x\cdot t = 6\frac{Q_z\cdot(L-x)}{t\cdot h^2}\cdot t = \frac{6\cdot Q_z\cdot(L-x)}{h^2}$$

bzw. der Schubfluß von der Größe

$$q_{max} = \frac{3}{2}\cdot\frac{Q_z}{h}.$$

Etwas verwickelter sind hiergegen die Verhältnisse bei den gezeigten rechtwinkeligen Blechprofilen. Hier muß beanspruchungsmäßig in Flansche und Stege abgegrenzt und hierfür die Flüsse bestimmt werden. Für den Normalkraftfluß ergibt sich somit recht einfach

$$n_x(s) = \sigma_x(s)\cdot t_{F,S}$$

oder für den Größtwert im Flansch bei vernachlässigtem Steg

$$n_{xF} = \sigma_x\cdot t_F = \frac{M_{by}}{J_{yF}}\cdot\frac{h}{2}\cdot t_F = \frac{M_{by}}{A_F\cdot\left(\frac{h}{2}\right)^2}\cdot\frac{h}{2}\cdot t_F = \frac{2\,M_{by}}{b\cdot h}. \qquad (9.16)$$

Entsprechend ist der Schubfluß zu ermitteln. Hierzu gehe man vom freien Rand über die Flanschlänge los und erhält so für Gleichgewicht

$$q(s_F) = -\frac{Q_z}{J_y}\cdot S_{yF}(s_F) = \frac{Q_z\cdot\frac{h}{2}\cdot t_F\cdot s_F}{J_y}\quad. \qquad (9.17)$$

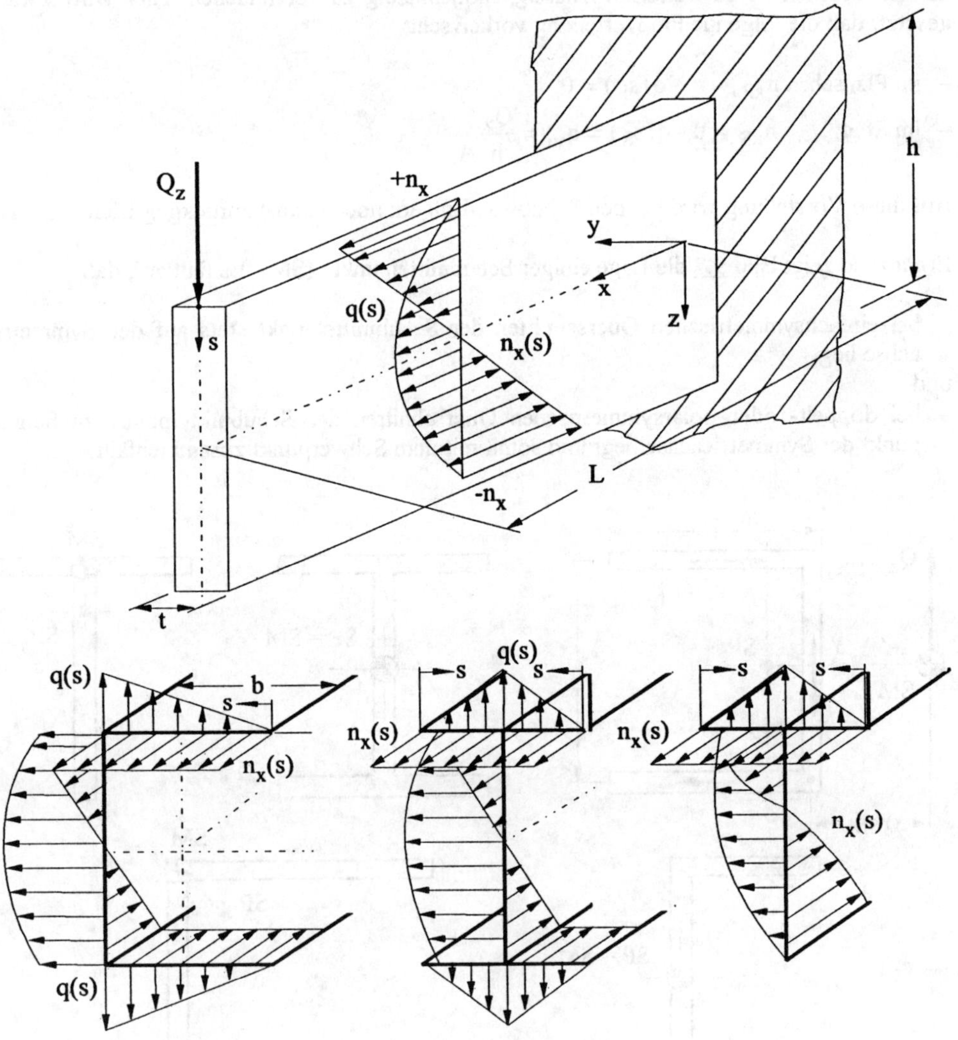

Bild 9.6: Flüsse in dünnwandigen, offenen Profilen

Im Steg läßt man dann eine weitere Koordinate $s_S = (h/2) - z$ laufen und addiere auf zu

$$q(s_S) = \frac{Q_z}{J_y}\left(\frac{h \cdot t_F \cdot b}{2} + t_S \int_z^{h/2} z \cdot dz\right) = \frac{Q_z}{2 \cdot J_y}\left[h \cdot t_F \cdot b + t_S\left(\frac{h^2}{4} - z^2\right)\right]. \tag{9.18}$$

Am Verlauf der Flüsse über die gezeigten Profilquerschnitte wird jetzt auch die Wirkung von Gl. (9.4) transparent, die die Abhängigkeit der Flüsse voneinander beschreibt. Weil am freien Rand $q = 0$ ist, muß dort jeweils $n_x \neq 0$ sein, d. h. aber wiederum, daß aus Gleichgewichtsgründen der Schubfluß bis zur Größe des Normalkraftflusses aufgebaut werden muß. Bei sehr dünnen Profilen ist es weiterhin zulässig, modellmäßig zu vereinfachen. Hier wird vorausgesetzt, daß die folgende Flußverteilung vorherrscht:

- im Flansch: n_{xF}, $q(s_F) = 0$,
- im Steg: $n_{xS} = 0$, $q(s_S) = q_m = \dfrac{Q_z}{h}$

Auf diese Vorstellung wird bei den Schubwandträgern noch einmal zurückgegriffen.

Ergänzend zeigt Bild 9.7 die Lage einiger Schubmittelpunkte (SM). Es fällt auf, daß

- bei einfachsymmetrischen Querschnitten der Schubmittelpunkt stets auf der Symmetrieachse liegt

und

- bei doppelt- oder polarsymmetrischen Querschnitten der Schubmittelpunkt im Schnittpunkt der Symmetrieachse liegt und somit mit dem Schwerpunkt zusammenfällt.

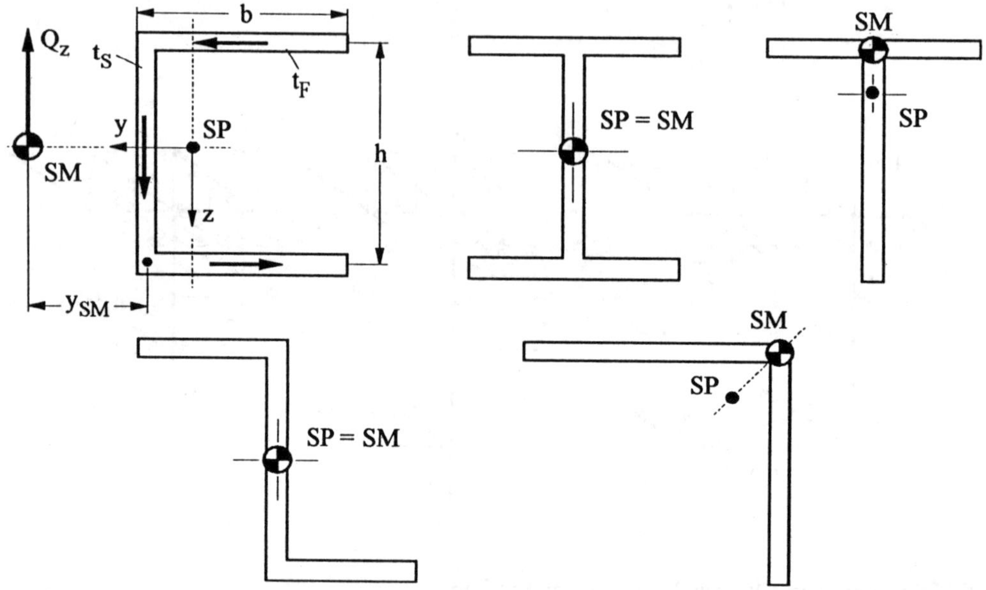

Bild 9.7: Lage des Schubmittelpunktes einiger Blechprofile

In Anwendung der Gl. (9.15) ergibt sich für das U-Profil

$$z_{SM} = 0$$

bzw.

$$y_{SM} = -\frac{1}{J_y}\int\left(\int_s z \cdot t(s)\, ds\right) r \cdot ds = -\frac{1}{J_y}\left(-\frac{h}{2} \cdot t_F \cdot b\right) h \cdot b = \frac{1}{J_y} \cdot \frac{h^2}{2} \cdot t_F \cdot b^2$$

und mit

$$J_y \approx \frac{t_S \cdot h^3}{12} + 2 \cdot t_F \cdot b \cdot \frac{h^2}{4}$$

dann

$$y_{SM} \approx \frac{b}{1 + \frac{1}{6} \cdot \frac{t_S \cdot h}{t_F \cdot b}}$$

als Abstand von der Stegmitte.

9.3.3 Geschlossene symmetrische Konstruktionsprofile

Des öfteren werden auch dünnwandige Kastenquerschnitte als Konstruktionsprofile herangezogen. Die beiden geläufigsten Ausführungsformen zeigt Bild 9.8. Läßt man nun die Umlaufkoordinate s auf der Symmetrieachse beginnen, so ist dies gleichzeitig die Stelle, bei der der Schubfluß von Null an aufgebaut wird. Diesbezüglich zerfällt das Kastenprofil bei der Beanspruchungsanalyse unter Querkraft in zwei U-Profile. Aus dem Vergleich mit Bild 9.6 ist weiter noch festzustellen, daß über die Flansche dann hinsichtlich des Schubflußverlaufs spiegelbildlich gleiche Verhältnisse vorliegen. Berücksichtigt man ferner, daß die Querkraft Q_Z hälftig auf die beiden Profilseiten aufgeteilt werden kann, so ergibt sich der Schubfluß entsprechend zu Gl. (9.18) zu

$$q(s) = \frac{Q_Z}{4\, J_y}\left[h \cdot t_F \cdot b + t_S\left(\frac{h^2}{4} - z^2\right)\right]. \tag{9.19}$$

Dieser Fluß muß wieder der äußeren Querkraft das Gleichgewicht halten.

Läßt man weiter die Seitenwände zu dünnen Blechstegen entarten, so kann wie zuvor schon bei den Schubwandträgerprofilen in diesen Seitenwänden der Normalkraftfluß zu Null vorausgesetzt werden. Der Schubfluß ist somit zu

$$q_m = \frac{Q_Z}{2\, h} = \text{konst.}$$

anzusetzen. Ähnliche Verhältnisse wie beim dünnwandigen Kastenprofil liegen bei einem Rohrquerschnitt vor.

a)

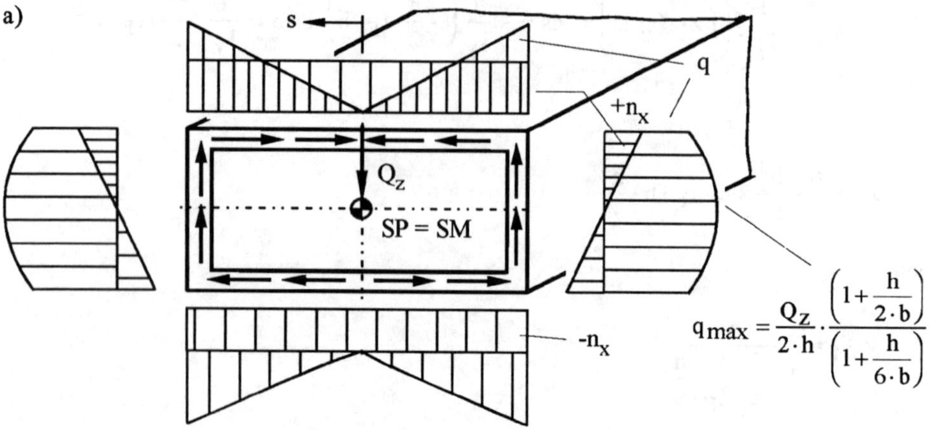

b)

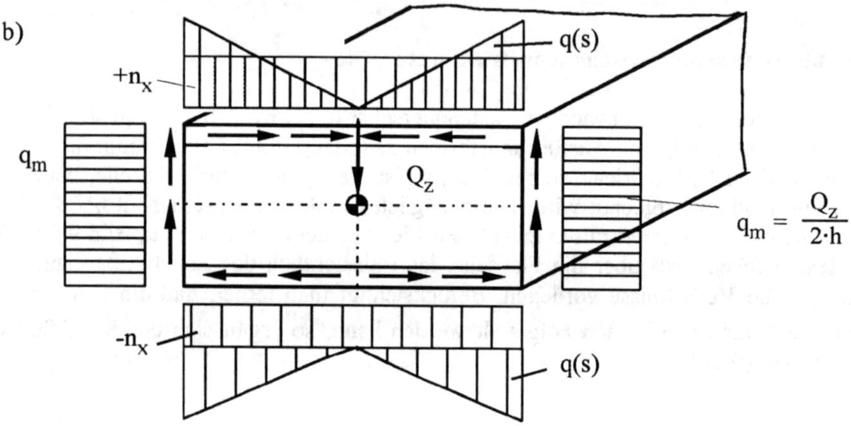

c)

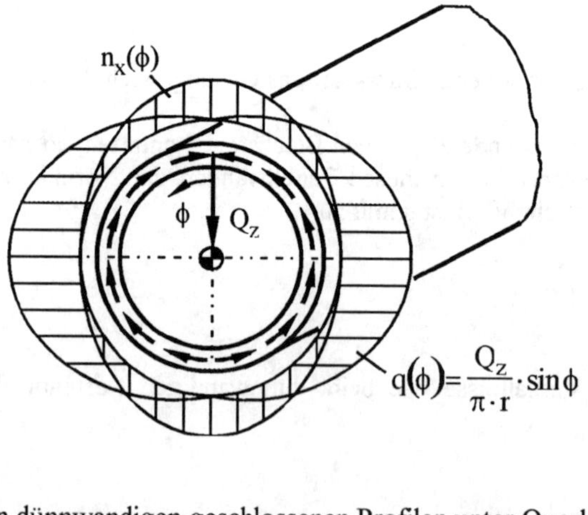

Bild 9.8: Flüsse in dünnwandigen geschlossenen Profilen unter Querkraftbiegung nach /9.2/
a) Rechteckrohr, b) Rechteckrohr mit sehr dünner Seitenwand, c) Rundrohr

Mit dem für ein Halbrohr geltenden unvollständigen statischen Moment

$$S_y(\phi) = \int_{(A)} z \cdot dA = -r^2 \cdot t \int_0^{\phi} \cos\phi \, d\phi = -r^2 \cdot t \cdot \sin\phi$$

bzw. dem zugehörigen Flächenträgheitsmoment (s. auch Gl. (10.9))

$$J_y = \int z^2 \cdot dA = \oint_s (r \cdot \sin\phi)^2 \; t \cdot ds = \frac{\pi}{2} \cdot r^3 \cdot t$$

folgt für den Schubflußverlauf über der Rohrwandung unter Berücksichtigung der Richtungskonvention bei halbierter Querkraft

$$q(\phi) = \frac{2 \cdot Q_z \cdot r^2 \cdot t \cdot \sin\phi}{2\,\pi \cdot r^3 \cdot t} = \frac{Q_z}{\pi \cdot r} \cdot \sin\phi \tag{9.20}$$

bzw. aus dem Zusammenhang von Gl. (9.4) der Normalkraftfluß zu

$$n_x(\phi) = \int -\frac{dq}{d\phi} \cdot \frac{d\phi}{ds} dx = -\int \frac{dq}{d\phi} \cdot \frac{1}{r} dx = -\frac{Q_z}{\pi \cdot r^2} \cos\phi \int dx \,. \tag{9.21}$$

Der aufgetragene Verlauf läßt wieder die typische Verteilung des Biegeproblems erkennen.

Wird nun wie zuvor der Grenzübergang bei der Wandstärke vorgenommen, so kommt man zu dem im Bild gezeigten segmentierten Rohr (Schubwandträgerprofil), das aus zwei Blechstegen und zwei Gurten besteht. Vom Kraftverlauf wird hierdurch ein aufgeteiltes Tragbild erreicht, in dem die massiven Gurte den Normalkraftfluß und die Bleche den Schubfluß abtragen. Des weiteren gilt der Hinweis, daß bei symmetrischen geschlossenen Profilen der Schubmittelpunkt stets auf der Symmetrieachse liegt.

9.3.4 Geschlossene unsymmetrische Profile

Im Gegensatz zu den vorstehend behandelten offenen und geschlossenen Profilen stößt man bei den geschlossenen unsymmetrischen Profilen auf die Schwierigkeit, daß der Schubfluß allein aus Gleichgewichtsüberlegungen heraus nicht bestimmbar ist. Insofern müssen wir zunächst von dem allgemeinen Zusammenhang

$$dq = -\frac{dn_x}{dx} \cdot ds = -\sigma_x' \cdot t(s) \cdot ds \tag{9.22}$$

ausgehen. Für reine zweiachsige Querkraftbiegung kann die hervorgerufene Normalspannung dann angenommen werden mit

$$\sigma_x = \frac{Q_z \cdot x}{J_y} \cdot z + \frac{Q_y \cdot x}{J_z} \cdot y \,.$$

Wird diese Gleichung abgeleitet, so folgt daraus

$$\sigma_x{}' = \frac{Q_z}{J_y} \cdot z + \frac{Q_y}{J_z} \cdot y,$$

oder eingesetzt in Gl. (9.22) erhält man den Schubfluß zu

$$q(s) = -\int_s \sigma_x{}' \cdot t(s) \cdot ds = -\frac{Q_z}{J_y} \int_s z \cdot t(s)\, ds - \frac{Q_y}{J_z} \int_s y \cdot t(s)\, ds,$$

hierin können wieder die beiden statischen Momente abgespalten werden, so daß für den Schubfluß endgültig folgt

$$q(s) = -\frac{Q_y}{J_z} \cdot S_z(s) - \frac{Q_z}{J_y} \cdot S_y(s) + q_o. \qquad (9.23)$$

Die Integrationskonstante q_o bezeichnet den Anfangsschubfluß. In den bisher betrachteten Fällen konnte dieser immer sofort bestimmt werden:

– an einem freien Profilrand offener Profile war immer $q_o = 0$

und

– auf der Symmetrieachse von geschlossenen Profilen war ebenfalls $q_o = 0$.

Bei einem beliebigen geschlossenen unsymmetrischen Profil ist die Position der Umlaufkonstante s frei, so daß keine Vorinformation über die Größe des Anfangsschubflusses vorliegt. Um diesen im weiteren bestimmen zu können, muß auf Verformungsbedingungen zurückgegriffen werden. Zu diesem Zweck wird das Profil der Länge nach aufgeschnitten. Gemäß Bild 9.9 liegt damit ein offenes Profil mit ungleichmäßigem Schubflußverlauf vor.

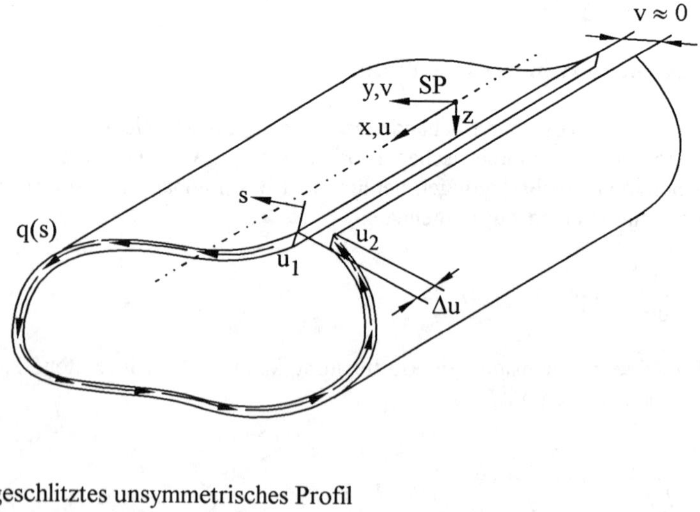

Bild 9.9: Aufgeschlitztes unsymmetrisches Profil

Durch die Wirkung dieses Schubflusses verschieben sich die beiden Ränder der Röhre relativ gegeneinander. Wird hierbei angenommen, daß über die unverschobene Fläche betrachtet genauso viele Flächenanteile aus der Fläche heraus- wie zurücktreten, so kann angesetzt werden:

$$\Delta u = u_1 - u_2 = \oint \frac{\partial u}{\partial s}\, ds. \tag{9.24}$$

Die hierin auftretende Schubverzerrung wurde früher (Gl. (9.19)) schon definiert zu

$$\frac{\partial u}{\partial s} = \gamma - \frac{\partial v}{\partial x}, \tag{9.25}$$

so daß für Gl. (9.24) auch geschrieben werden kann

$$\Delta u = \oint \gamma \cdot ds - \oint \frac{\partial v}{\partial x}\, ds. \tag{9.26}$$

Wird hierin noch die Gleitung ersetzt durch

$$\gamma = \frac{q}{G \cdot t},$$

so kann abschließend angeben werden:

$$\Delta u = \frac{1}{G} \oint \frac{q(s)}{t(s)}\, ds - \oint \frac{\partial v}{\partial x}\, ds. \tag{9.27}$$

Da die Schnittufer sich möglichst nicht voneinander entfernen sollen, muß natürlich das zweite Integral verschwinden. Ein Verschwinden auch des ersten Integrals würde weiter $\Delta u = 0$ voraussetzen, wie es tatsächlich auch an dem geschlossenen Profilstab Bedingung ist. Dies kann aber nur eintreten, wenn dem *angesetzten Schubfluß q(s)* ein weiterer *rückdrehender Schubfluß* q_o so überlagert wird, daß die Relativverschiebung der Schnittufer auch zurückgeht. Zufolge dieser Überlegung muß gelten:

$$\Delta u = \frac{1}{G} \oint \frac{q(s) - q_o}{t(s)}\, ds = 0, \tag{9.28}$$

hieraus folgt für den als konstant anzusehenden Anfangsschubfluß

$$q_o = \frac{\oint \frac{q(s)}{t(s)}\, ds}{\oint \frac{ds}{t(s)}}. \tag{9.29}$$

Für den wirkenden resultierenden Schubfluß erhält man so

$$q(s)_{ges} = q(s) - q_o = q(s) - \frac{\oint \frac{q(s)}{t(s)} ds}{\oint \frac{ds}{t(s)}} . \tag{9.30}$$

Wird hierin jetzt der Schubfluß des offenen Profils eingesetzt, so ergibt sich

$$q(s)_{ges} = -\frac{Q_y}{J_z}\left[S_z(s) - \frac{\oint \frac{S_z(s)}{t(s)} ds}{\oint \frac{ds}{t(s)}} \right] - \frac{Q_z}{J_y}\left[S_y(s) - \frac{\oint \frac{S_y(s)}{t(s)} ds}{\oint \frac{ds}{t(s)}} \right] . \tag{9.31}$$

Aus dem entwickelten Gedankengang läßt sich erahnen, daß es auch bei geschlossenen unsymmetrischen Profilen einen Punkt gibt, indem die äußeren Kräfte angreifen müssen, so daß das Profil drillfrei bleibt. Insofern existiert auch hier ein Schubmittelpunkt.

Im Bild 9.10 sind noch einmal die Verhältnisse an einem beliebigen Querschnitt verdeutlicht.

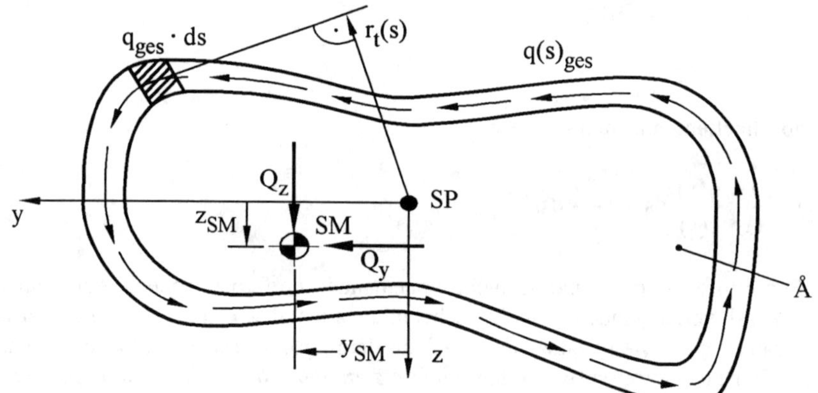

Bild 9.10: Lage des Schubmittelpunktes als ausgezeichneter Kraftangriffspunkt bei geschlossenen unsymmetrischen Profilen

Drillfreiheit verlangt also wieder Gleichgewicht zwischen den Momenten der inneren und äußeren Kräfte:

$$-Q_y \cdot z_{SM} + Q_z \cdot y_{SM} = \oint \left[q(s) - q_o \right] r_t(s)\, ds = \oint q(s) \cdot r_t(s)\, ds - q_o \oint r_t(s)\, ds. \tag{9.32}$$

Auf der rechten Seite tritt dabei das Umlaufintegral Abstand mal Bogen auf. Über die Profilmittellinie betrachtet ist dieses genau zweimal die umschriebene Fläche $\mathring{A}$, also

$$\oint r_t(s) \cdot ds = 2\, \mathring{A}. \tag{9.33}$$

Wird dies berücksichtigt sowie für q und q_o die bekannten Ausdrücke eingesetzt, so folgt aus Gl. (9.32)

$$-Q_y \cdot z_{SM} + Q_z \cdot y_{SM} = -\frac{Q_y}{J_z}\oint S_z(s)\cdot r_t(s)\,ds - \frac{Q_z}{J_y}\oint S_y(s)\cdot r_t(s)\,ds + \frac{2\,\dot{A}}{\oint \frac{ds}{t(s)}}\left[\frac{Q_y}{J_z}\oint \frac{S_z(s)}{t(s)}\,ds + \frac{Q_z}{J_y}\oint \frac{S_y(s)}{t(s)}\,ds\right] . \tag{9.34}$$

Hieraus erhält man die Abstände zum Schubmittelpunkt

$$y_{SM} = \frac{1}{J_z}\left[-\oint S_y(s)\cdot r_t(s)\,ds + \frac{2\,\dot{A}}{\oint \frac{ds}{t(s)}}\oint \frac{S_y(s)}{t(s)}\,ds\right]$$

und (9.35)

$$z_{SM} = -\frac{1}{J_y}\left[-\oint S_z(s)\cdot r_t(s)\,ds + \frac{2\,\dot{A}}{\oint \frac{ds}{t(s)}}\oint \frac{S_z(s)}{t(s)}\,ds\right]$$

wieder durch einfachen Koeffizientenvergleich. Damit ist belegt, daß auch in geschlossenen unsymmetrischen Profilen irgendwo im Querschnittsinneren ein Schubmittelpunkt vorkommt, in den die Krafteinleitung erfolgen sollte.

10 Torsion von Profilstäben

Zuvor ist schon mehrfach hervorgehoben worden, daß alle dünnwandigen Profile drillweich sind. Insofern bedarf die Torsionsbelastung einer besonderen Betrachtung, um Steifigkeiten konstruktiv richtig nutzen zu können.

10.1 Allgemeine Grundbeziehungen

Nach der elementaren Torsionstheorie wird bei kreisförmigen Querschnitten angenommen, daß das Torsionsmoment in der Stabachse wirkt und unter dieser Belastung die Querschnitte eben bleiben, keine Verwölbung erfahren und sich als Ganzes gegeneinander verdrehen können. In diesem Fall tritt alleine Schubbeanspruchung auf.

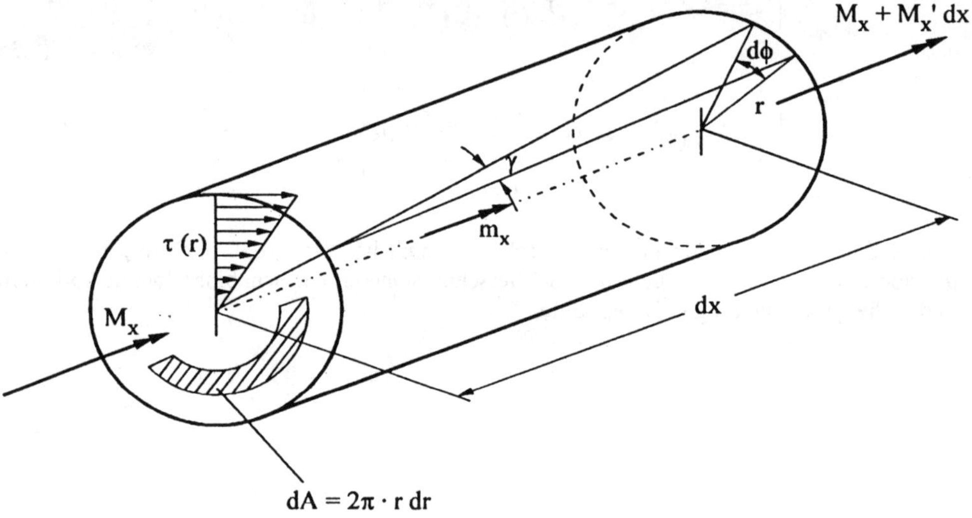

Bild 10.1: Drillung eines Profilstabelementes

Die Verhältnisse an einem Stabelement zeigt Bild 10.1. Bei vorausgesetzter kleiner Verformung bleibt so auch unter Drillung D die Mantellinie gerade. Gemäß den geometrischen Verhältnissen gilt so

$$\gamma \cdot dx = r \cdot d\phi \cdot \qquad (10.1)$$

oder

$$D = \phi' = \frac{\gamma}{r},$$

wobei ϕ' als Verwindung bezeichnet wird und der Drillung D entspricht. Hiermit kann das Elastizitätsgesetz angegeben werden zu

$$\tau(r) = G \cdot \gamma = G \cdot D \cdot r \tag{10.2}$$

Dieses Gesetz beschreibt eine über den Querschnitt lineare Spannungsverteilung. Mit dieser Spannungsverteilung muß die äußere Belastung im Gleichgewicht stehen, d. h.

$$m_x \equiv \int_0^r \tau(r) \cdot dA \cdot r = G \cdot \phi' \int_0^r r^2 \cdot dA = G \cdot J_p \cdot \phi' \tag{10.3}$$

sein. Hierin beschreibt J_p das sogenannte polare Flächenträgheitsmoment.

Die vorstehenden Ausführungen charakterisieren die Verhältnisse der zwangsfreien Drillung kreisförmiger Querschnitte. Bei allen nichtkreisförmigen Querschnitten tritt an Stelle von J_p eine vom Querschnitt abhängige geometrische Größe J_t $(J_t \neq J_p)$. Zusammen mit dem Gleitmodul bezeichnet das Produkt $G \cdot J_t$ die Torsionssteifigkeit eines Querschnitts.

Für beliebige Querschnitte muß des weiteren die Voraussetzung des Ebenbleibens aufgegeben werden, so daß hier Verwölbung auftreten kann. Wird insbesondere diese Verwölbung behindert, so tritt neben einer Torsions- noch eine Normalkraftbelastung auf. Diesbezüglich spricht man von einer Wölbkraftdrillung.

Im weiteren gilt es, die Spannungsverteilung, die polare geometrische Beschreibungsgröße und die aus der Verwölbung resultierenden Effekte zu diskutieren.

10.2 Voll- und Rohrquerschnitte

Als erstes sollen die im Bild 10.2 dargestellten einfachen Voll- und Rohrquerschnitte hinsichtlich ihrer Torsionsbeanspruchbarkeit betrachtet werden. Die Grundannahme ist dabei, daß der Spannungsverlauf dem linearen Gesetz von Gl. (10.2) gehorcht.

Im einzelnen liegen dann folgende Verhältnisse vor:

- Beim Vollkreis tritt die maximale Schubspannung

$$\tau_{max} = G \cdot r_a \cdot \phi' = \frac{M_x \cdot r_a}{J_t} \tag{10.4}$$

in der äußeren Randfaser auf; die geometrische Beschreibungsgröße ist demnach

$$J_t \equiv J_p = \int_0^r r^2 \, dA = 2\,\pi \int_0^r r^3 \, dr = \frac{r_a^{\,4} \cdot \pi}{2} \, . \tag{10.5}$$

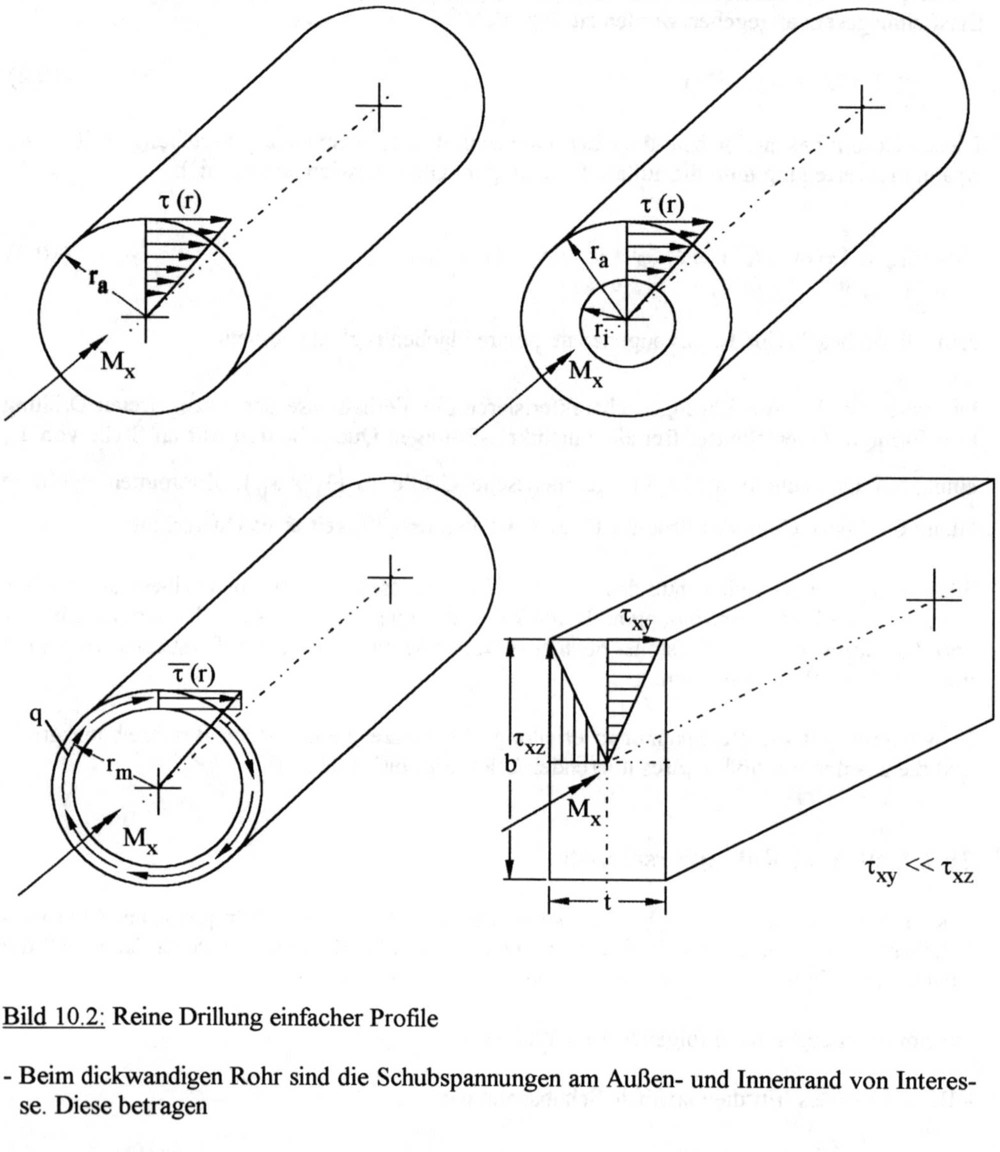

Bild 10.2: Reine Drillung einfacher Profile

- Beim dickwandigen Rohr sind die Schubspannungen am Außen- und Innenrand von Interesse. Diese betragen

$$\tau_{max} = \frac{M_x \cdot r_a}{J_t}, \qquad \tau_{min} = \frac{M_x \cdot r_i}{J_t}, \tag{10.6}$$

entsprechend ist für die geometrische Beschreibungsgröße

$$J_t \equiv J_p = \frac{\pi}{2}\left(r_a{}^4 - r_i{}^4\right) \tag{10.7}$$

anzusetzen.

- Beim dünnwandigen Rohr kann dagegen von einer mittleren Schubspannung ausgegangen werden. Somit ist der Schubfluß anzusetzen als

$$q = \overline{\tau} \cdot t \approx G \cdot r_m \cdot \phi' \cdot t = \frac{M_x}{2\,\pi \cdot r_m^{\,2}}. \tag{10.8}$$

Setzt man weiter

$$r_a = r_m + \frac{t}{2}, \quad r_i = r_m - \frac{t}{2}$$

an, so ist

$$J_t \equiv J_p = 2\,\pi \cdot r_m^{\,3} \cdot t \left[1 + \left(\frac{t}{2\,r_m} \right)^2 \right] \approx 2\,\pi \cdot r_m^{\,3} \cdot t, \tag{10.9}$$

d. h., für dünnwandige Profile kann praktisch der zweite Term vernachlässigt werden.

Hervorgehoben werden soll noch einmal, daß bei Kreisprofilen stets die geometrische Beschreibungsgröße identisch ist mit dem polaren Flächenträgheitsmoment.

- Wie im Bild 10.3 skizziert ist, kann bei nichtkreisförmigen Querschnitten unter Torsion Verwölbung auftreten. Im Fall unbehinderter Verwölbung kann aber dennoch die Theorie von St. Vénant zugrunde gelegt werden. Für den gezeigten Rechteckquerschnitt errechnet sich hier die geometrische Beschreibungsgröße zu

$$J_t = \frac{1}{3} t^3 \cdot b \left\{ 1 - \frac{192}{\pi^5} \cdot \frac{t}{b} \left[\tanh\left(\frac{\pi \cdot b}{2\,t} \right) + \frac{1}{243} \tanh\left(\frac{3\pi \cdot b}{2\,t} \right) \right] \right\} \approx \frac{1}{3} \zeta_1 \cdot t^3 \cdot b \tag{10.10}$$

mit

b/t	1	1,5	2	3	4	5	6	8	10	∞
ζ_1	0,424	0,588	0,687	0,789	0,843	0,875	0,897	0,920	0,938	1
ζ_2	0,625	0,664	0,737	0,801	0,845	0,873	0,894	0,919	0,936	1

Entsprechend findet sich

$$W_t \approx \frac{1}{3} \zeta_2 \cdot t^2 \cdot b.$$

Mit den bisher angegebenen Gleichungen können in der Praxis fast alle Querschnittsformen behandelt werden. Insbesondere auf die Analyse zusammengesetzter Querschnitte wird später noch eingegangen.

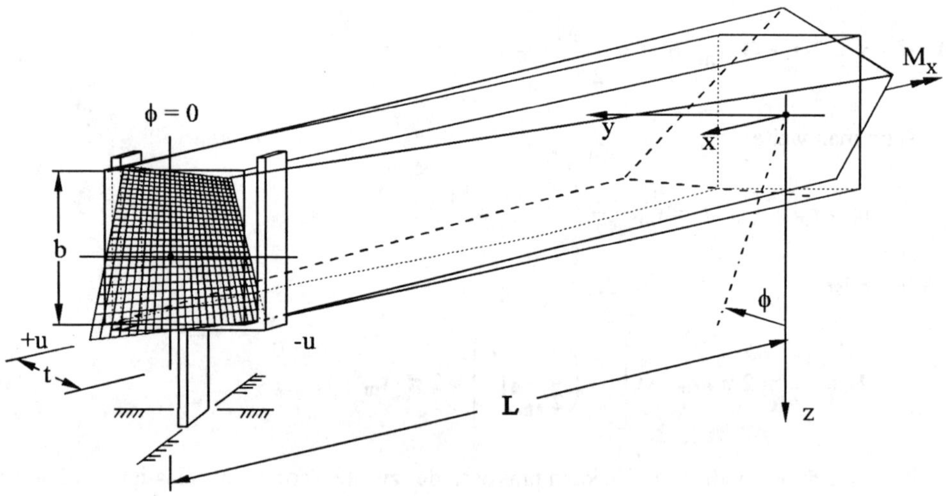

Bild 10.3: Verwölbung am Rechteckquerschnitt nach /10.1/

10.3 Geschlossene dünnwandige Querschnitte

Im Bild 10.4 ist ein beliebiger dünnwandiger Hohlquerschnitt dargestellt, der einer zwangsfreien Drillung unterworfen sei. Zuvor wurde hergeleitet (Gl. (9.4)), daß es für die Änderung der belastungsmäßig möglichen Flüsse einen festen Zusammenhang gibt, und zwar

$$\frac{\partial n_x}{\partial x} + \frac{\partial q}{\partial s} = 0$$

Wenn jetzt *unbehinderte* Verwölbung möglich ist, so kann kein Längskraftfluß aufgebaut werden. Mit $n_x = 0$ folgt so q = konst.. D. h. in Hohlquerschnitten selbst mit *veränderlicher* Wandstärke ist der umlaufende Schubfluß konstant. Hieraus folgt, daß wegen

$$\tau(s) = \frac{q}{t(s)}$$

die größte Schubspannung

$$\tau_{max} = \frac{q}{t_{min}}$$

an der dünnsten Stelle des Querschnitts auftritt.

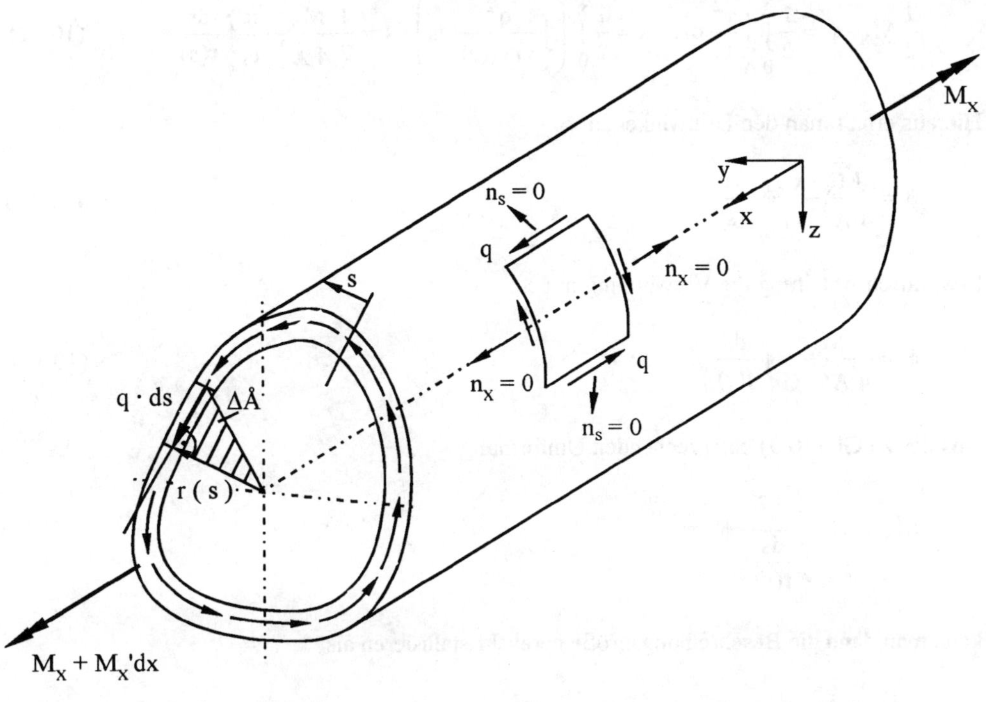

Bild 10.4: Drillung eines beliebigen geschlossenen dünnwandigen Profils

Weil Gleichgewicht (inneres Moment gleich äußeres Moment) verlangt wird, kann

$$M_x = q\oint_0^s r \, ds = q \cdot 2\,\mathring{A}$$

angesetzt werden, oder der Schubfluß wird bestimmt zu

$$q = \frac{M_x}{2\,\mathring{A}} \,. \tag{10.11}$$

Dieser Zusammenhang ist allgemein als *1. BREDTsche Formel* bekannt. Hierin ist $\mathring{A}$ die unter der Profilmittellinie beschriebene Querschnittsfläche (s. auch Gl. (9.33)).

Zur Bewertung eines Profils muß des weiteren noch der Drillwinkel und die geometrische Beschreibungsgröße bestimmt werden. Diesbezüglich bietet sich an, zunächst aus dem Arbeitssatz den Drillwinkel abzuleiten. Infolge des äußeren Momentes M_x tritt eine Verdrehung der Endquerschnitte um ϕ ein, dem steht die Arbeit des Schubflusses entgegen. Die Gleichheit dieser Arbeiten verlangt

$$\frac{1}{2} M_X \cdot \phi = \frac{1}{2} \int_0^x \int_A \frac{\tau^2}{G} dA\, dx = \frac{1}{2} \int_0^x \left(\oint_s \frac{q^2}{G \cdot t(s)} ds \right) dx = \frac{1}{2} \frac{M_X{}^2 \cdot x}{4\, \dot{A}^2 \cdot G} \oint_s \frac{ds}{t(s)} . \tag{10.12}$$

Hieraus erhält man den Drillwinkel zu

$$\phi = \frac{M_X \cdot x}{4\, \dot{A}^2 \cdot G} \oint \frac{ds}{t(s)} \tag{10.13}$$

bzw. durch Ableitung die Verwindung mit

$$\phi' = \frac{M_X}{4\, \dot{A}^2 \cdot G} \oint \frac{ds}{t(s)} . \tag{10.14}$$

Aus der zu Gl. (10.3) entsprechenden Umformung

$$M_X = G \cdot \frac{4\, \dot{A}^2}{\oint \frac{ds}{t(s)}} \cdot \phi'$$

kann man dann die Beschreibungsgröße herauskristallisieren als

$$J_t = \frac{4\, \dot{A}^2}{\oint \frac{ds}{t(s)}} . \tag{10.15}$$

Diese Gleichung wird als *2. BREDTsche Formel* bezeichnet.

Es sei noch einmal ausdrücklich betont, daß die Bredtschen Formeln nur bei *dünnwandigen geschlossenen Querschnitten* anwendbar sind.

Aus dem Ansatz

$$\tau = \frac{q}{t} = \frac{M_X}{2\, \dot{A} \cdot t} = \frac{M_X}{W_t}$$

findet sich weiter noch das Drillwiderstandsmoment W_t.

10.4 Offene dünnwandige Querschnitte

Bei offenen dünnwandigen Querschnitten tritt unter Torsion ein besonderer Effekt auf. Der Schubfluß bzw. die Schubspannungen verlaufen in geschlossenen Stromfäden über den Querschnitt. Die gegenläufigen Schubspannungen resultieren dabei aus einem über dem Querschnitt hebelnden Kräftepaar. Insofern ist die geometrische Form des Querschnitts eigentlich nicht entscheidend für die Beanspruchung, sondern alleine die Dickenverteilung des Querschnitts. Im Bild 10.5 ist diese Analogie an einem Profil hergestellt. Die Analyse von Profilstäben läßt sich somit auf die Analyse von zusammengesetzten Rechteckprofilen zurückführen.

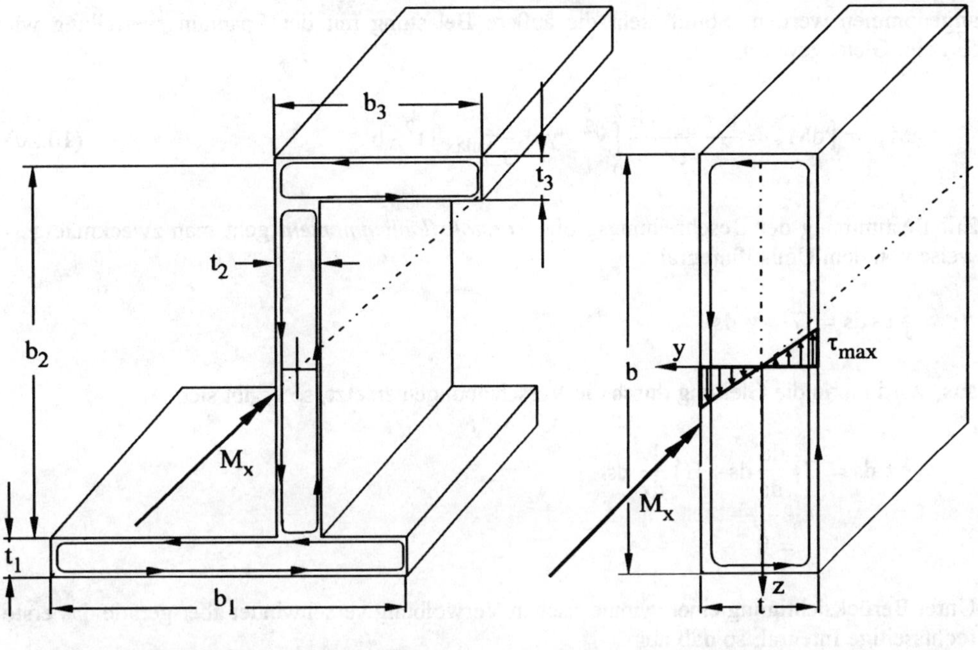

Bild 10.5: Drillung eines beliebigen offenen Querschnitts und Vergleich mit einem Rechteckquerschnitt

Für die Beanspruchung gilt zunächst, daß die Spannung an den schmalen Seiten extremal ist, also $\tau_{xz} >> \tau_{xy}$. Bei dünnen Querschnitten $t << b$ kann weiter eine lineare Spannungsverteilung

$$\tau(y) = \tau_{max} \cdot \frac{y}{\frac{t}{2}} \tag{10.16}$$

angenommen werden. Für den Schubfluß gilt sodann auch

$$dq = \tau(y) \cdot dy = \frac{2\,\tau_{max}}{t}\, y \cdot dy \tag{10.17}$$

bzw. für das Torsionsmoment (*1. BREDTsche Formel*)

$$dM_x = 2 \cdot \Delta \dot{A} \cdot dq \tag{10.18}$$

Wegen der vorausgesetzten Schmalheit des Rechteckquerschnitts kann in guter Näherung die umschlossene Teilfläche mit

$$\Delta \dot{A} = 2\, y \cdot b \tag{10.19}$$

angenommen werden. Somit steht die äußere Belastung mit der Spannungsverteilung wie folgt im Gleichgewicht:

$$M_x = \int dM_x = \frac{8\, \tau_{max} \cdot b}{t} \int_0^{\frac{t}{2}} y^2\, dy = \frac{1}{3} \tau_{max} \cdot t^2 \cdot b\,. \tag{10.20}$$

Zur Bestimmung der Beschreibungsgröße *Torsionsflächenmoment* geht man zweckmäßigerweise von dem Umlaufintegral

$$\oint \tau \cdot ds = G \cdot \oint \gamma\, ds$$

aus. Wird hierin die Gleitung durch die Verschiebungen ersetzt, so ergibt sich

$$\oint \tau\, ds = \underbrace{G \oint \frac{du}{ds} ds}_{=0} + G \oint \frac{dv}{dx}\, ds.$$

Unter Berücksichtigung einer symmetrischen Verwölbung verschwindet aber gerade das erste rechtsseitige Integral, so daß nur

$$\oint \tau\, ds = G \oint \frac{dv}{dx} ds \tag{10.21}$$

übrig bleibt. Für die Verschiebung v über den Querschnitt gilt ferner

$$dv = \frac{b}{2} \cdot d\phi \quad \text{bzw.} \quad \frac{dv}{dx} = \frac{b}{2} \cdot \frac{d\phi}{dx}, \tag{10.22}$$

womit dann für Gl. (10.21)

$$\oint \tau\, ds = G \cdot \phi' \oint \frac{b}{2} ds = 2\, G \cdot \phi' \cdot \dot{A} \tag{10.23}$$

anzusetzen ist. Wiederum zufolge der Schmalheit vereinfacht sich das Umlaufintegral zu

$$\oint \tau\, ds = \tau_{max}(2b + 2t) = \tau_{max} \cdot 2\, b \left(1 + \frac{2\, t}{2\, b}\right) \approx \tau_{max} \cdot 2\, b\,.$$

Aus Gl. (10.23) erhält man dann letztlich

$$\tau_{max} \cdot 2\, b \approx 2\, G \cdot \phi' \cdot t \cdot b$$

bzw.

$$\phi' \approx \frac{\tau_{max}}{G \cdot t} . \tag{10.24}$$

In Gl. (10.3) ist aber ermittelt worden, daß gleichfalls

$$\phi' = \frac{M_x}{G \cdot J_t}$$

gilt. Damit kann die Beziehung

$$\frac{\tau_{max}}{G \cdot t} \equiv \frac{M_x}{G \cdot J_t}$$

aufgestellt werden. Setzt man jetzt hier noch Gl. (10.20) ein, so wird

$$\frac{\tau_{max}}{t} \equiv \frac{\tau_{max} \cdot t^2 \cdot b}{3 \cdot J_t}$$

oder man erhält

$$J_t \approx \frac{1}{3} \cdot t^3 \cdot b . \tag{10.25}$$

Unter Benutzung dieses Zusammenhangs bzw. einer gegebenenfalls erforderlichen Angleichung an Gl. (10.10) können dann beliebige offene oder verzweigte Walzprofile aus Einzelrechtecken zusammengebaut werden. Näherungsweise gilt so

$$J_t \approx \sum_i^n \frac{1}{3} \zeta_{1_i} \cdot t_i^3 \cdot b_i \tag{10.26}$$

für das gesamte Torsionsflächenmoment bzw.

$$W_t \approx \sum_i^n \frac{1}{3} \zeta_{2_i} \cdot t_i^2 \cdot b_i$$

für das gesamte Torsionswiderstandsmoment.

10.5 Hohlquerschnitte mit Stege

Aus Gründen der Erhöhung der Steifigkeit werden Hohlquerschnitte meist mit Zwischenstege versehen. Zur Auslegung dieser Steifen (z. B. gegen Instabilität) muß die Größe des jeweils beanspruchenden Schubflusses bekannt sein.

Um übersichtlich bleiben zu können, soll nachfolgend nur ein einfaches dreizelliges Profil gemäß Bild 10.6 betrachtet werden. Bei den hiervon abweichenden Profilen ist der Lösungsweg geeignet zu modifizieren.

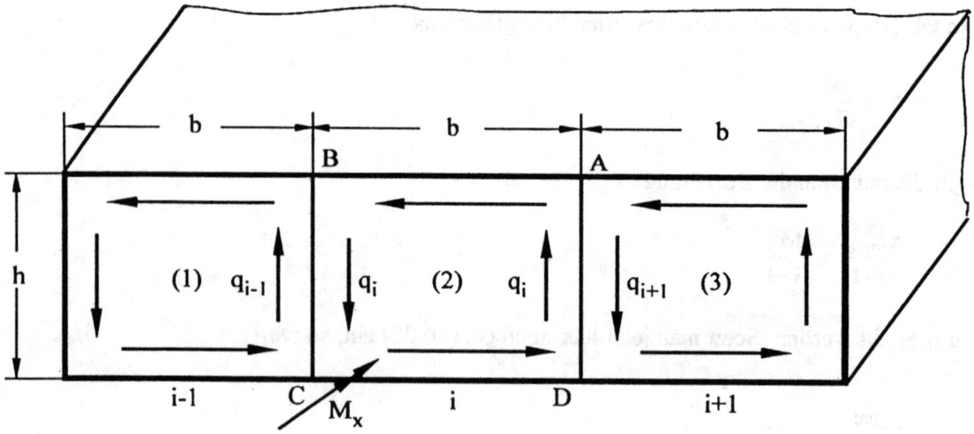

Bild 10.6: Durch Zwischenstege versteiftes Hohlprofil

Unter der Voraussetzung

- zwangsfreie Torsion,
- Erhalt der Querschnittsgestalt,
- konstanter Schubfluß q_i in jeder Zelle,
- kleine Verformungen

kann angenommen werden, daß alle Zellen anteilig an der Momentenübertragung beteiligt sind, somit ist anzusetzen:

$$M_x = \sum_{i=1}^{3} M_{xi} = \sum_{i=1}^{3} q_i \cdot 2\,\dot{A}_i \,. \tag{10.27}$$

Diese Gleichung ist aber nicht ausreichend, um die drei Schubflüsse zu berechnen; es müssen deshalb noch Verformungsbedingungen herangezogen werden. Diesbezüglich soll weiter angenommen werden, daß alle Zellen der gleichen Verwindung

$$\phi_1' = \phi_2' = \phi_3' = \phi'$$

unterliegen. Insofern kann für jede Zelle

$$M_{xi} = G \cdot J_{t_i} \cdot \phi' = G \frac{4\,\dot{A}_i^2}{\left(\oint \frac{ds}{t(s)}\right)_i} \phi' = q_i \cdot 2\,\dot{A}_i$$

angesetzt werden. Es hat sich als zweckmäßig erwiesen, die vorstehende Gleichung wie folgt umzuformen:

$$q_i \cdot \left(\oint \frac{ds}{t(s)} \right)_i = 2\,\dot{A}_i \cdot G \cdot \phi' . \qquad (10.28)$$

Bezeichnet man beispielsweise die mittlere der drei Zellen mit i, so ist Gl. (10.28) folgendermaßen zu entwickeln:

$$q_i \int_A^B \frac{ds}{t} + (q_i - q_{i-1}) \int_B^C \frac{ds}{t} + q_i \int_C^D \frac{ds}{t} + (q_i - q_{i+1}) \int_D^A \frac{ds}{t} = 2\,\dot{A}_i \cdot G \cdot \phi' .$$

Im weiteren sollen die Terme geeignet zusammengefaßt werden zu

$$-\frac{q_{i-1}}{G \cdot \phi'} \int_B^C \frac{ds}{t} + \frac{q_i}{G \cdot \phi'} \left(\oint \frac{ds}{t} \right)_i - \frac{q_{i+1}}{G \cdot \phi'} \int_D^A \frac{ds}{t} = 2\,\dot{A}_i . \qquad (10.29)$$

Es ist weiter sinnvoll, noch folgende Abkürzungen einzuführen:

$$u_i = \frac{q_i}{G \cdot \phi'} \qquad (10.30)$$

und

$$a_{i,L} = \int_B^C \frac{ds}{t} \qquad \text{für den linken Steg,}$$

$$a_{i,Z} = \left(\oint \frac{ds}{t} \right)_i \qquad \text{für die gesamte Zelle,}$$

$$a_{i,R} = \int_D^A \frac{ds}{t} \qquad \text{für den rechten Steg .}$$

Aus Elastizitätsüberlegungen heraus läßt sich belegen, daß die Koeffizienten bei symmetrischem Querschnitt auch symmetrisch sind, d. h. es gilt

$$a_{i,L} = a_{i-1,R} \quad \text{bzw.} \quad a_{i,R} = a_{i+1,L} .$$

Damit läßt sich Gl. (10.29) ganz allgemein formulieren als

$$-a_{i,L} \cdot u_{i-1} + a_{i,Z} \cdot u_i - a_{i,R} \cdot u_{i+1} = 2\,\dot{A}_i \qquad (i = 1,2,3) \qquad (10.31)$$

Für das dreizellige Profil kann so das Gleichungssystem

$$
\begin{aligned}
a_{1,Z} \cdot u_1 - a_{1,R} \cdot u_2 \qquad\qquad &= 2\,\dot{A}_1 \\
-a_{2,L} \cdot u_1 + a_{2,Z} \cdot u_2 - a_{2,R} \cdot u_3 &= 2\,\dot{A}_2 \\
- a_{3,L} \cdot u_2 + a_{3,Z} \cdot u_3 &= 2\,\dot{A}_3
\end{aligned}
\tag{10.32}
$$

aufgestellt werden. Hieraus lassen sich sodann die unbekannten u_1, u_2, u_3 bestimmen. Aus der Rückrechnung mittels Gl. (10.30) erhält man so die Schubflüsse q_i $(i = 1, 2, 3)$ zu

$$
q_i = (G \cdot \phi') \cdot u_i . \tag{10.33}
$$

Die hierin noch eingehende Verwindung ϕ' kann für den Gesamtquerschnitt aus Gl. (10.14) bestimmt werden.

10.6 Verwölbung von Querschnitten

Es ist schon darauf eingegangen worden, daß die Drillung nichtkreisförmiger Querschnitte mit Verwölbung verbunden ist. Unter *Verwölbung* ist dabei die *Verwerfung des ganzen Querschnitts* zu verstehen. In diesem Sinne setzt Verwölbung voraus, daß sich mindestens vier Punkte eines ursprünglich ebenen Querschnitts so gegeneinander verschieben, daß keine längsachsenparallele Ebene mehr aufgespannt werden kann. Dies bedeutet für alle rechtwinkeligen Profile, daß drei Teilflächen vorhanden sein müssen. Hiernach gibt es also auch Profile, an denen keine Verwölbung definiert werden kann. Diese Beispiele zeigt Bild 10.7. In diesem Sinne kann man als wölbfrei ansehen:

- die zweiflächigen Walzprofile T, L und die sternförmigen Strangpreßprofile,
- Dreieckprofile mit ungleichen Wanddicken,
- Kreistangentenpolygone mit konstanter Wandstärke,

und

- Rechteckprofile mit dem Wandstärkenverhältnis $t_2 = \frac{h}{b} \cdot t_1$

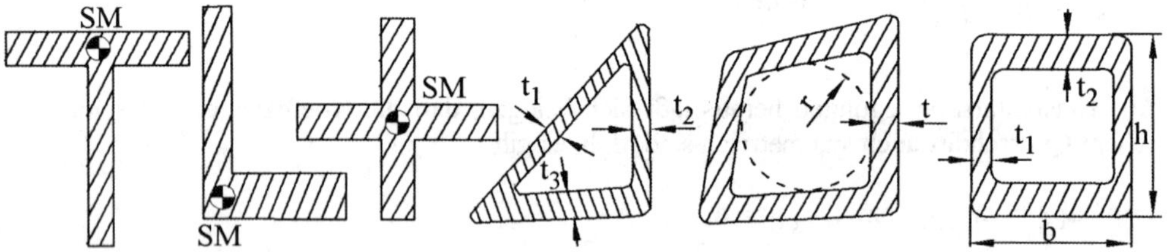

Bild 10.7: Wölbfreie offene und geschlossene Konstruktionsprofile nach /10.2/

Tritt nun Verwölbung auf und wird diese durch eine Einspannung behindert, so werden zusätzliche Normalspannungen hervorgerufen. Um diese erfassen zu können, muß ein Ansatz in Form einer Normalspannung formuliert werden. Dieser ist:

$$\sigma_{xW} = \frac{\overline{M}_W}{\int \omega^{*2} \cdot t\,ds} \cdot \omega^* \quad \left(\frac{\text{Moment x Abstand}}{\text{Flächenträgheitsmoment}} \right) . \tag{10.34}$$

Die hierin auftretende Größe $\overline{M}_W$ ist eine Schnittgröße, die als *Längsbimoment* bezeichnet wird. Des weiteren bezeichnet ω^* die sogenannte *Wölbfunktion*. In Äquivalenz hierzu wird mit

$$\int \omega^{*2} \cdot t\,ds = C_W \tag{10.35}$$

der auf den Schubmittelpunkt bezogene *Wölbwiderstand* eingeführt.

Tordiert nun weiter ein verwölbbarer Profilstab, so kann das übertragene Torsionsmoment zerlegt werden, und zwar

– in einen Anteil M_{xt} aus der St. Venantschen Torsion
und
– in einen Anteil M_{xT} aus dem Wölbschubfluß.

Somit ist

$$M_x = M_{xt} + M_{xT} .$$

Das Wölbdrillmoment ist hierbei definiert zu

$$M_{xT} = \int n_x' \cdot \omega^* \, ds. \tag{10.36}$$

Mithin kann die durch eine Verwölbung hervorgerufene Spannung (s. Gl. (10.34)) angegeben werden als

$$\sigma_{xW} = \frac{\overline{M}_W}{C_W} \omega^* \tag{10.37}$$

und der daraus resultierende Normalkraftschubfluß zu

$$n_x' = \sigma_{xW}' \cdot t = \frac{\overline{M}_W'}{C_W} \omega^* \cdot t \tag{10.38}$$

bestimmt werden. Wird nun dieser Zusammenhang berücksichtigt, so folgt letztlich unter Berücksichtigung von Gl. (10.35) für das Wölbdrillmoment

$$M_{xT} = \frac{\overline{M}_W'}{C_W} \int \omega^{*2} \cdot t\,ds \equiv \overline{M}_W' , \tag{10.39}$$

d. h., das Wölbdrillmoment ist gleich der Ableitung des Längsbimomentes.

Um damit die Grundgleichung der Wölbkrafttorsion bestimmen zu können, müssen Verformungsbedingungen definiert werden. Hierzu ist im Bild 10.8 ein verworfenes Hautteilchen eines U-Profils dargestellt.

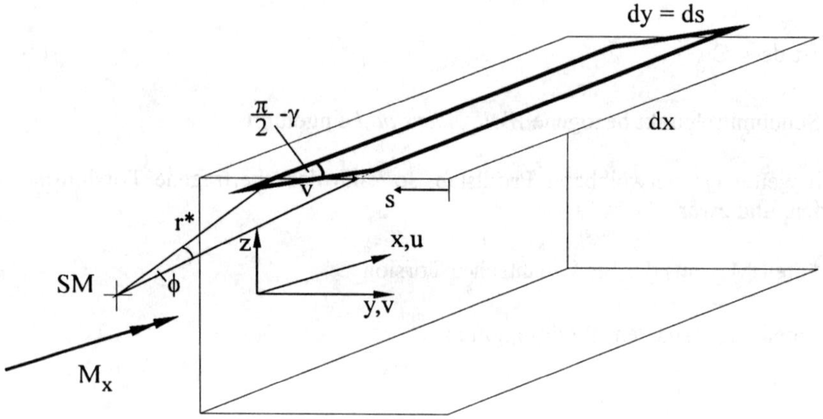

Bild 10.8: Profilverwölbung

Die Verwölbung läßt sich als das Heraustreten aus der Querschnittsebene angeben. Demnach kann von der Verzerrungsbeziehung

$$\gamma = \frac{du}{ds} + \frac{dv}{dx}$$

ausgegangen werden. Hieraus folgt für die aus der Ebene weisende Verschiebung

$$u = \int_s \gamma \; ds - v' \cdot y \quad \text{mit} \quad ds \equiv dy. \tag{10.40}$$

Für die in der Ebene liegende Verschiebung v läßt sich noch bezogen auf den Schubmittelpunkt

$$v = r^* \cdot \phi$$

angeben. Damit kann nun die durch Verwölbung hervorgerufene Spannung auch angegeben werden als

$$\sigma_{xW} = E \cdot u' = E \left(\int_s \gamma' \; ds - v'' \cdot y \right) \equiv \frac{\overline{M}_W}{C_W} r^* \cdot y \; , \tag{10.41}$$

wobei mit

$$r^* \cdot y = \omega^*$$

die Wölbfunktion berücksichtigt ist. Aus der Auflösung von Gl. (10.41) erhält man so für das Längsbimoment

$$\overline{M}_W = \frac{E \cdot C_W}{r^* \cdot y} \left(\underbrace{\int_s \gamma' \, ds}_{=0} - r^* \cdot \phi'' \cdot y \right) .$$

Gewöhnlich kann der aus der Schubverformung resultierende Anteil vernachlässigt werden, womit sich vereinfacht ergibt

$$\overline{M}_W = -E \cdot C_W \cdot \phi'' . \tag{10.42}$$

Unter Berücksichtigung von Gl. (10.39) kann jetzt definiert werden:

$$M_{xT} \equiv \overline{M}_W' = -E \cdot C_W \cdot \phi''' , \tag{10.43}$$

woraus die Proportionalität zur dritten Ableitung des Drillwinkels ersichtlich wird.

Die Wölbkrafttorsion kann somit unter Beachtung von Gl. (10.3) durch die folgende inhomogene DGL erfaßt werden:

$$E \cdot C_W \cdot \phi''' - G \cdot J_t \cdot \phi' = -M_x$$

Für einen derartigen Gleichungstyp (s. S. 411) kann sowohl die homogene (ϕ_h) wie auch die praktikuläre Lösung (ϕ_p) leicht konstruiert werden, womit dann auch der Verdrehwinkel und die Momentenanteile bekannt sind.

10.7 Wölbwiderstand einfacher Profile

Zuvor wurde herausgestellt, daß sich zweiflanschige Profile verwölben können, weshalb deren Einsatz besonderer Beachtung bedarf. Zu diesen Profilen gehören die häufig verwandten Konstruktionsprofile

- doppel-T-Profil,
- U-Profil

und

- Z-Profil.

Für diese Querschnittsformen soll nun die Größe des Wölbwiderstandes beispielhaft bestimmt werden.

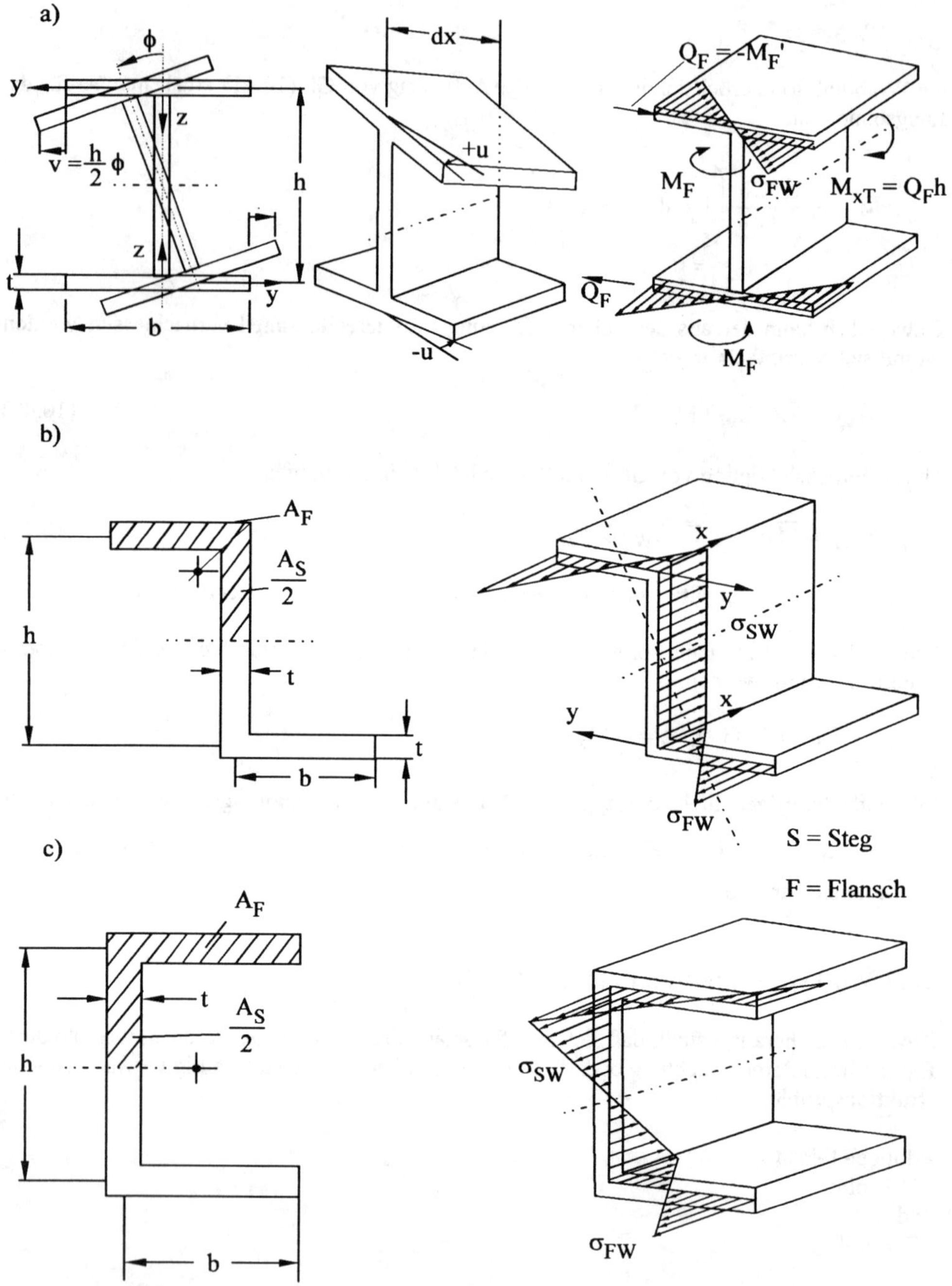

Bild 10.9: Verwölbung an Profilen nach /10.3/
a) am doppeltsymmetrischen I-Profil, b) am punktsymmetrischen Z-Profil
c) am einfachsymmetrischen U-Profil

- Im Bild 10.9a sind zunächst die Verhältnisse am I-Profil dargestellt. Aus der Drillung folgt eine gesamte Querschnittsdrehung um ϕ. Dadurch verschieben sich die Flansche um

$$v = \frac{h}{2}\phi \,. \tag{10.44}$$

Wird nun unterstellt, daß unbehinderte Verwölbung vorliegt, so tritt gemäß Gl. (10.40) die axiale Wölbverschiebung

$$u \approx -v' \cdot y \tag{10.45}$$

auf, wobei Schubverformung vernachlässigt ist.

Aus der Verwölbung, die hier aus der alleinigen Verdrehung der Flansche resultiert, kann weiter das äquivalente Flanschmoment

$$M_F = -\frac{\sigma_{FW} \cdot J_F}{y} \tag{10.46}$$

abgeleitet werden. Die Wölbspannung im Flansch ist dabei von der Größe

$$\sigma_{FW} = E \cdot u' \approx -E \cdot v'' \cdot y, \tag{10.47}$$

somit folgt für das Flanschmoment

$$M_F \approx E \cdot J_F \cdot v'' = E \cdot J_F \cdot \frac{h}{2} \cdot \phi'' \,. \tag{10.48}$$

Diese um die z-Achse biegenden Momente sind in beiden Flanschen gleich groß aber gegensinnig. Über den Abstand der Flansche bauen sie ein Längsbimoment

$$\overline{M}_W = -M_F \cdot h \tag{10.49}$$

auf. Eine Änderung dieses Bimomentes kann nur über Querkräfte erfolgen. Demgemäß ist anzusetzen:

$$\overline{M}_W' = -M_F' \cdot h = Q_F \cdot h \equiv M_{xT} = -E \cdot C_W \cdot \phi''' \,. \tag{10.50}$$

Wird dies nun in Relation zu Gl. (10.48) gesehen, so findet sich

$$-E \cdot J_F \cdot \frac{h}{2} \cdot \phi''' \cdot h = -E \cdot C_W \cdot \phi''', \tag{10.51}$$

woraus für den Wölbwiderstand folgt

$$C_W = J_F \cdot \frac{h^2}{2} = \frac{1}{24} t_F \cdot h^2 \cdot b^3 = \frac{1}{24} A_F \cdot h^2 \cdot b^2 \tag{10.52}$$

hierin ist

$$J_F = \frac{t_F \cdot b^3}{12} \tag{10.53}$$

als Flächenträgheitsmoment des Flansches um die Beanspruchungsachse eingesetzt worden.

- Liegt des weiteren noch der Sonderfall eines I-Profils mit ungleichen Flanschen vor, d. h. auch ungleichen Flächenträgheitsmomenten, so erhält man für den Wölbwiderstand

$$C_W = \frac{J_{F1} \cdot J_{F2}}{\left(J_{F1} + J_{F2}\right)} \cdot h^2 \tag{10.54}$$

- Weiterhin zeigt Bild 10.9b ein Z-Profil. Im Gegensatz zum I-Profil pflanzt sich hier die Beanspruchung aus Verwölbung bis in den Steg hinein fort. Ohne Ableitung ergibt sich dann für den Wölbwiderstand

$$C_W = A_F \cdot h^2 \cdot b^2 \left(\frac{1}{6} - \frac{A_F}{8\,A_o}\right) \tag{10.55}$$

mit

$$A_o = A_F + \frac{A_S}{2}\,.$$

- Im Bild 10.9c sind die Verhältnisse am U-Profil gezeigt, wobei das wesentliche Merkmal die antimetrische Spannungsverteilung ist. Ohne Ableitung erhält man hier für den Wölbwiderstand

$$C_W = A_F \cdot h^2 \cdot b^2 \left[\frac{1}{6} - \frac{1}{8\left(1 + \frac{A_S}{6\,A_F}\right)}\right]. \tag{10.56}$$

Falls bei den zuvor betrachteten Profilen die Stegfläche klein gegenüber den Flanschflächen ist, so kann bei allen dreiflächigen Profilformen mit guter Näherung für den Wölbwiderstand

$$C_W \approx \frac{1}{24}\, t_F \cdot h^2 \cdot b^3 \tag{10.57}$$

angesetzt werden.

Wertet man abschließend noch die Wölbwiderstände der drei Profilformen untereinander aus, so läßt sich unter der Bedingung $2\,A_F = A_S$ relativieren:

	I	Z	U
C_W	$\frac{1}{24} A_F \cdot h^2 \cdot b^2$	$\frac{5}{48} A_F \cdot h^2 \cdot b^2$	$\frac{7}{96} A_F \cdot h^2 \cdot b^2$

d. h., das I-Profil hat relativ den geringsten Wölbwiderstand, hingegen ist das U-Profil um den Faktor 1,75fach besser und letztlich das Z-Profil um den Faktor 2,5fach besser.

Von weiterem Interesse ist für eine möglichst steife Dimensionierung, wie das Verhältnis h/b für ein Optimum des Wölbwiderstandes anzusetzen ist. Um diese Betrachtung durchführen zu können, soll vereinfacht unterstellt werden, daß der Steg keinen Anteil zum Wölbwiderstand beisteuert und die Dicke t = konst. sein soll. Auf den Materialaufwand (Abwicklung $a = 2\,b + h$) bezogen und unter Berücksichtigung des dann für eine Profilform geltenden Wölbwiderstandes ergibt sich dann

$$C_W = \frac{1}{c}\, t \cdot h^2 \cdot b^3\, \frac{a^5}{(2\,b + h)^5} \tag{10.58}$$

bzw. finden sich für die Profile die bezogenen Ausdrücke

- I:
$$\frac{C_W}{t \cdot a^5} = \frac{1}{24} \cdot \frac{\left(\frac{h}{b}\right)^2}{\left(2 + \frac{h}{b}\right)^5} \tag{10.59}$$

- Z:
$$\frac{C_W}{t \cdot a^5} = \frac{1}{12} \cdot \frac{\left(\frac{h}{b}\right)^2 \cdot \left(1 + \frac{2\,h}{b}\right)}{\left(2 + \frac{h}{b}\right)^6} \tag{10.60}$$

- U:
$$\frac{C_W}{t \cdot a^5} = \frac{1}{12} \cdot \frac{\left(\frac{h}{b}\right)^2 \cdot \left(3 + \frac{2\,h}{b}\right)}{\left(6 + \frac{h}{b}\right) \cdot \left(2 + \frac{h}{b}\right)^5} \,. \tag{10.61}$$

Die Auftragung dieser bezogenen Wölbwiderstände zeigt Bild 10.10. Aus den Kurvenverläufen sind die entsprechenden optimalen Verhältnisse Flanschbreite zu Profilhöhe abzulesen.

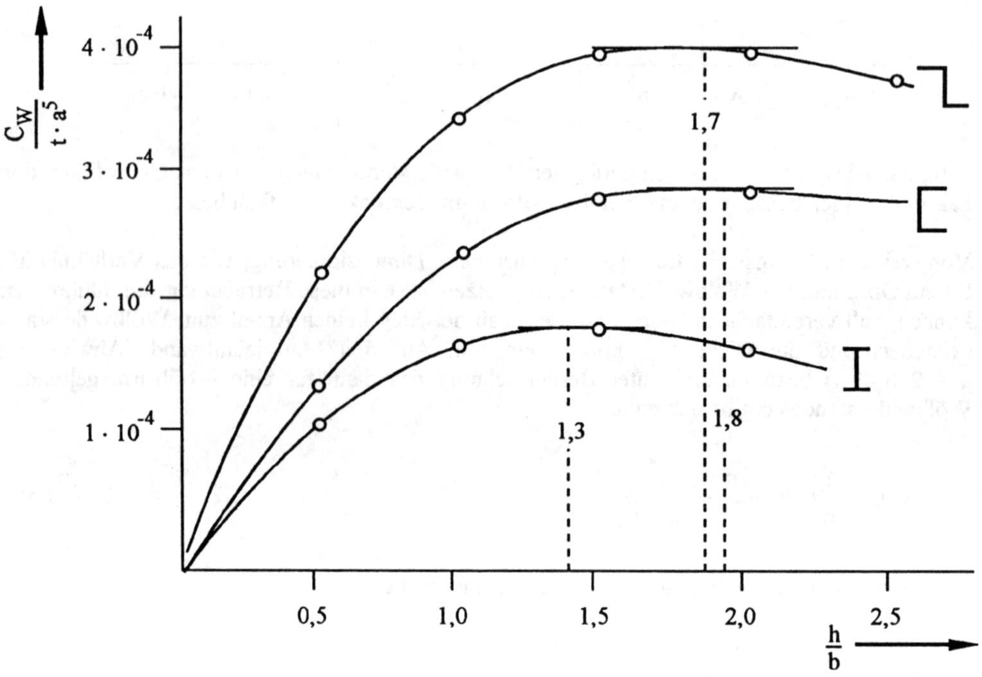

Bild 10.10: Bezogener Wölbwiderstand zweiflanschiger Profile; Optimierung hinsichtlich der Abwicklung nach /10.3/

11 Biegung offener Profilstäbe

Die Voraussetzung, unter welcher eine drillfreie Beanspruchung eines offenen Profils auftritt, ist vorstehend begründet worden. Beim geraden Profilstab müssen diesbezüglich sowohl die äußeren Querkräfte als auch die Lagerkräfte durch den Schubmittelpunkt gehen. In diesem Fall ist es möglich, das Normalspannungsproblem entkoppelt von der Torsion zu betrachten. Dies ist aber nicht der Normalfall, im allgemeinen werden durch die Krafteinleitung Normal- und Schubspannungen überlagert auftreten und ein Profil kompliziert beansprucht.

11.1 Allgemeines Normalspannungsproblem

Im folgenden soll eine Belastung aus einer Längskraft N und einer Querkraftbiegung aus Q_y, Q_z angenommen sein. Jede der Belastungen führt zu einer linearen Beanspruchungsverteilung. Diese ist im Bild 11.1 dargestellt, wobei die angegebenen Verläufe sowohl für die Dehnungen wie auch für die Spannungen gelten.

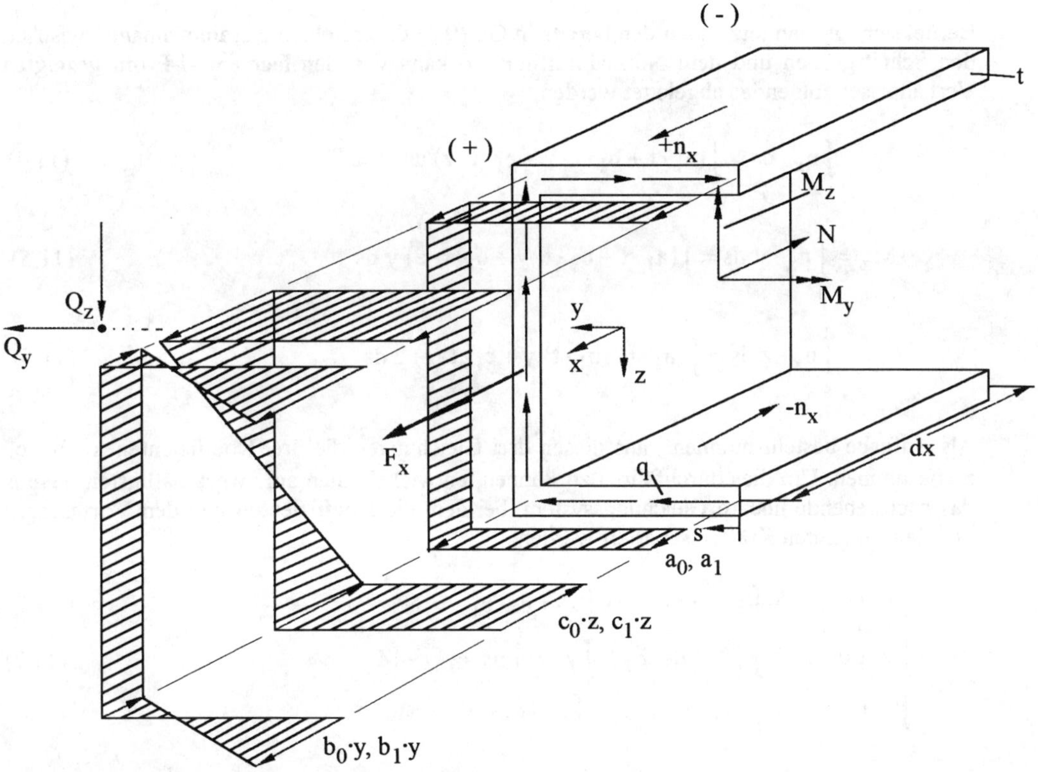

Bild 11.1: Resultierender Normalspannungszustand am offenen Profil bei angenommenem Kraftangriff im Schubmittelpunkt

Für den auftretenden Gesamtdehnungsverlauf kann dann folgender linearer /11.1/ Ansatz gemacht werden:

$$\varepsilon_x = a_o + b_o \cdot y + c_o \cdot z \,. \tag{11.1}$$

Die hierin angenommenen Koeffizienten a_o, b_o, c_o sind dabei nur von der Längskoordinate x abhängig. Wird weiterhin linear-elastisches Materialverhalten angenommen, so kann auch die resultierende Normalspannung allgemein angesetzt werden zu

$$\sigma_x = E \cdot \varepsilon_x = E\left(a_o + b_o \cdot y + c_o \cdot z\right) \equiv a_1 + b_1 \cdot y + c_1 \cdot z \,. \tag{11.2}$$

Die Spannungskoeffizienten a_1, b_1, c_1 sind also proportional zu den vorstehenden Dehnungskoeffizienten.

Mit diesen Betrachtungen kann somit auch der im Profil letztlich wirkende Normalkraftfluß angegeben werden. Per Definition ist dieser ebenfalls linear anzusetzen mit

$$n_x = \sigma_x \cdot t = a_1 \cdot t + b_1 \cdot t \cdot y + c_1 \cdot t \cdot z \,. \tag{11.3}$$

Berücksichtigt man jetzt noch den bereits in Gl. (9.8) dargestellten Zusammenhang zwischen den Schnittgrößen und dem Normalkraftfluß, so kann von den hier am U-Profil gezeigten Verhältnissen folgendes abgeleitet werden:

$$N = \int_s n_x \cdot ds = \int (a_1 \cdot t + b_1 \cdot t \cdot y + c_1 \cdot t \cdot z)\, ds \tag{11.4}$$

$$-M_z = \int_s n_x \cdot y \, ds = \int (a_1 \cdot t + b_1 \cdot t \cdot y + c_1 \cdot t \cdot z)\, y \, ds \tag{11.5}$$

$$M_y = \int_s n_x \cdot z \, ds = \int (a_1 \cdot t + b_1 \cdot t \cdot y + c_1 \cdot t \cdot z)\, z \, ds \,. \tag{11.6}$$

Als Aufgabe besteht nunmehr, aus diesen drei Gleichungen die drei Koeffizienten a_1, b_1, c_1 zu bestimmen. Um dies durchführen zu können, entwickele man am zweckmäßigsten hieraus das nachstehende lineare Gleichungssystem, bei dem die Koeffizienten von den Vorfaktoren und den bekannten Kräften separiert werden:

$$\begin{aligned}
\int t \; ds \cdot a_1 + \int y \cdot t \, ds \cdot b_1 + \int z \cdot t \, ds \cdot c_1 &= N \\
\int y \cdot t \, ds \cdot a_1 + \int y^2 \cdot t \, ds \cdot b_1 + \int y \cdot z \cdot t \, ds \cdot c_1 &= -M_z \\
\int z \cdot t \, ds \cdot a_1 + \int y \cdot z \cdot t \, ds \cdot b_1 + \int z^2 \cdot t \, ds \cdot c_1 &= M_y
\end{aligned} \tag{11.7}$$

Man erkennt nun in diesem Gleichungssystem einige Ausdrücke wieder, die zuvor schon als geometrische Beschreibungsgrößen definiert wurden, und zwar

- die Fläche als $A = \int t \cdot ds,$
- die statischen Momente als $S_y = \int z \cdot t\, ds, \quad S_z = \int y \cdot t\, ds,$
- die Flächenträgheitsmomente als $J_y = \int z^2 \cdot t\, ds, \quad J_z = \int y^2 \cdot t\, ds$

und

- das Deviationsmoment als $-J_{yz} = \int y \cdot z \cdot t\, ds.$

Bei der Erstellung und Auflösung des vorstehenden Gleichungssystems müssen insbesondere die bei der Beschreibung von offenen Profilen vorkommenden Verhältnisse berücksichtigt werden:

Fall 1: Es liegt ein allgemein unsymmetrischer Querschnitt vor. Zur Geometriebeschreibung ist dann ein Koordinatensystem mit beliebiger Lage $\bar{y}$, $\bar{z}$ erforderlich. Für das Gleichungssystem (11.7) kann festgestellt werden, daß die drei Gleichungen gekoppelt sind und nach a_1, b_1, c_1 aufgelöst werden müssen.

Fall 2: Es liegt ein punktsymmetrischer Querschnitt (Z-Profil) vor. Zur Geometriebeschreibung wird das Koordinatensystem in den Schwerpunkt $\bar{y}$, $\bar{z}$ gelegt.

Für den 2. Fall folgt zunächst aus der Definition des Schwerpunktes (Verschwinden der statischen Momente), daß

$$\bar{S}_y = \int \bar{z} \cdot t\, ds = 0$$

und

$$\bar{S}_z = \int \bar{y} \cdot t\, ds = 0$$

wird. Das Gleichungssystem (11.7) reduziert sich demnach auf

$$\begin{aligned} A \cdot a_1 + \quad 0 \quad + \quad 0 \quad &= N \\ 0 \quad + \bar{J}_z \cdot b_1 - \bar{J}_{yz} \cdot c_1 &= -M_z \\ 0 \quad - \bar{J}_{yz} \cdot b_1 + \bar{J}_y \cdot c_1 &= M_y \end{aligned} \tag{11.8}$$

und kann sofort aufgelöst werden. Man erhält für die Koeffizienten

$$a_1 = \frac{N}{A},$$

$$b_1 = \frac{-M_z \cdot \bar{J}_y + M_y \cdot \bar{J}_{yz}}{\bar{J}_y \cdot \bar{J}_z - \bar{J}_{yz}^2}$$

und

$$c_1 = \frac{M_y \cdot \bar{J}_z - M_z \cdot \bar{J}_{yz}}{\bar{J}_y \cdot \bar{J}_z - \bar{J}_{yz}^2}$$

Damit ist nach Gl. (11.2) die auftretende Spannung bestimmt zu

$$\sigma_x = \frac{N}{A} + \frac{-M_z \cdot \bar{J}_y + M_y \cdot \bar{J}_{yz}}{\bar{J}_y \cdot \bar{J}_z - \bar{J}_{yz}^{\,2}} \cdot \bar{y} + \frac{M_y \cdot \bar{J}_z - M_z \cdot \bar{J}_{yz}}{\bar{J}_y \cdot \bar{J}_z - \bar{J}_{yz}^{\,2}} \cdot \bar{z}$$

oder sortiert zu

$$\sigma_x = \frac{N}{A} + M_y \frac{\left(\bar{J}_z \cdot \bar{z} + \bar{J}_{yz} \cdot \bar{y}\right)}{\left(\bar{J}_y \cdot \bar{J}_z - \bar{J}_{yz}^{\,2}\right)} - M_z \frac{\left(\bar{J}_y \cdot \bar{y} + \bar{J}_{yz} \cdot \bar{z}\right)}{\left(\bar{J}_y \cdot \bar{J}_z - \bar{J}_{yz}^{\,2}\right)} . \tag{11.9}$$

Man erkennt aus dieser Gleichung, wie die Spannung anzusetzen ist und das für überlagerte Normalspannungen das Superpositionsprinzip gilt.

Fall 3: Es liegt ein einfach- oder doppeltsymmetrischer Querschnitt (U, I) vor. In diesem Fall fällt das Schwerpunktkoordinatensystem mit den Hauptachsen des Profils zusammen. Es gilt somit $J_y \equiv J_1$ bzw. $J_z \equiv J_2$.

Kennzeichnend für das Hauptachsensystem ist, daß hier das Deviationsmoment verschwindet

$$-J_{yz} = \int y \cdot z \cdot t \, ds = 0 .$$

Somit würde sich Gl. (11.7) weiter vereinfachen zu

$$\begin{aligned} A \cdot a_1 + \quad 0 \quad + \quad 0 \quad &= N \\ 0 \quad + J_z \cdot b_1 + \quad 0 \quad &= -M_z \\ 0 \quad + \quad 0 \quad + J_y \cdot c_1 &= M_y \end{aligned} \tag{11.10}$$

Aus dem Gleichungssystem erkennt man, daß es überhaupt keine Kopplungen mehr untereinander gibt. Mit

$$a_1 = \frac{N}{A}, \quad b_1 = -\frac{M_z}{J_z}, \quad c_1 = \frac{M_y}{J_y}$$

kann die Spannung sofort angegeben werden zu

$$\sigma_x = \frac{N}{A} + \frac{-M_z}{J_z} \cdot y + \frac{M_y}{J_y} \cdot z = \frac{N}{A} + \frac{M_y}{J_y} \cdot z - \frac{M_z}{J_z} \cdot y , \tag{11.11}$$

worin y und z die jeweiligen Randfaserabstände bezeichnen.

Die Voraussetzungen, unter denen diese für die praktische Berechnung wichtigen Gleichungen gelten, sind

- lineare Spannungsverteilung

und

- beliebige offene Querschnittsgeometrien mit über der Länge konstanten Flächen.

Da über Gl. (11.3) auch sofort der Normalkraftfluß n_x bestimmt ist, soll der Vollständigkeit halber jetzt noch kurz der Querkraftverlauf q hergeleitet werden. Dazu nutzen wir den bekannten differentiellen Zusammenhang von Gl. (9.4) und verwendet mit Gl. (11.11) ein in den Symmetrieachsen aufgespanntes kartesisches Koordinatensystem.

Für eine gewöhnlich unveränderliche Normalkraft (N = konst.) gilt es, somit den Spannungsansatz abzuleiten zu

$$\sigma_x' = \frac{n_x'}{t} = \frac{M_y'}{J_y} \cdot z - \frac{M_z'}{J_z} \cdot y. \tag{11.12}$$

Wie im Bild 11.1 eingeführt, sind also die beiden Biegemomente von der Längskoordinate x abhängig. Den Querkraftfluß erhält man so zufolge

$$\dot{q} = -n_x' = \left(\frac{M_z'}{J_z} \cdot y - \frac{M_y'}{J_y} \cdot z \right) t \tag{11.13}$$

bzw. aus der entsprechenden Integration zu

$$q = \int_s \left(\frac{M_z'}{J_z} \cdot y - \frac{M_y'}{J_y} \cdot z \right) t \, ds = \int_s \left(-\frac{Q_y}{J_z} \cdot y - \frac{Q_z}{J_y} \cdot z \right) t \, ds = -\frac{Q_y}{J_z} S_z - \frac{Q_z}{J_y} S_y .$$

Anzumerken bleibt dabei, daß sich die ausgewiesenen Vorzeichen auf die anfängliche Festlegung der Kraftrichtungen beziehen.

11.2 Geometrische Beschreibungsgrößen beliebiger Querschnitte

Als eine unmittelbar mit der Beanspruchungsanalyse von Querschnitten verbundene Fragestellung muß die Ermittlung der geometrischen Beschreibungsgrößen von beliebigen Querschnitten angesehen werden. Das dies erst in diesem Abschnitt erfolgt, hat den Grund, daß in den vorausgegangenen Kapiteln erst einige Voraussetzungen (statische Momente, Schubmittelpunkt) dazu definiert werden mußten.

Am Beispiel des Profilquerschnitts von Bild 11.2 soll jetzt ein möglicher Weg hierzu angegeben werden. Die Grundidee besteht darin, den Querschnitt in Rechteckelemente der Länge Δs_i und der Dicke Δt_i zu segmentieren. Die Lagen dieser Rechteckelemente sind dabei durch die Umlaufkoordinate s_i und die Feldkoordinaten $\tilde{y}_i$, $\tilde{z}_i$ gegeben.

Bei k-Elementen ergibt sich somit für die Fläche des angenäherten Querschnitts

$$A \approx \sum_{i=1}^{k} \Delta s_i \cdot \Delta t_i \,. \qquad (11.14)$$

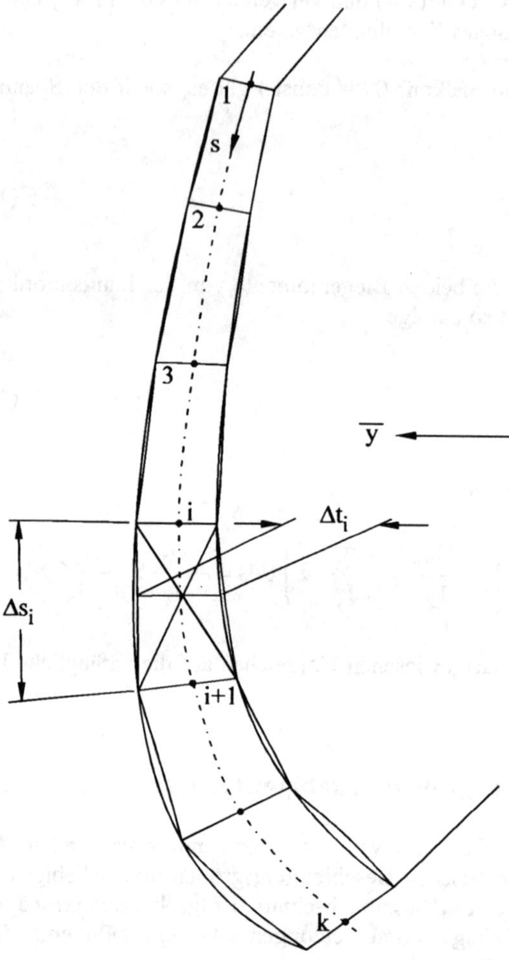

Bild 11.2: Bestimmung der geometrischen Beschreibungsgrößen am Querschnitt

Damit kann zur Bestimmung der Schwerpunktkoordinaten dann der Schwerpunktsatz folgendermaßen angesetzt werden:

$$A \cdot \tilde{y}_{SP} = \sum_{i=1}^{k} \Delta s_i \cdot \Delta t_i \cdot \frac{\left(\tilde{y}_i + \tilde{y}_{i+1}\right)}{2}.$$

und (11.15)

$$A \cdot \tilde{z}_{SP} = \sum_{i=1}^{k} \Delta s_i \cdot \Delta t_i \cdot \frac{\left(\tilde{z}_i + \tilde{z}_{i+1}\right)}{2}$$

Des weiteren gilt es, die Flächenträgheitsmomente zu bestimmen. Für die hier entwickelte Vorgehensweise bedarf es zunächst einer Vorbetrachtung. Hierfür soll von zwei allgemeinen Funktionen f(s), g(s) ausgegangen werden, die im Integrationsbereich $s = s_i$ bis $s = s_i + \Delta s_i$ linear sind. Zur wertmäßigen Darstellung der Funktion soll folgende Konvention vereinbart werden:

$$f(s_i) \equiv f_i, \quad f(s_i + \Delta s_i) = f_{i+1},$$
$$g(s_i) \equiv g_i, \quad g(s_i + \Delta s_i) = g_{i+1}, \tag{11.16}$$

damit kann innerhalb der Grenzen wie folgt linear approximiert werden:

$$f(s) = f_i + \frac{f_{i+1} - f_i}{\Delta s_i}(s - s_i)$$
$$g(s) = g_i + \frac{g_{i+1} - g_i}{\Delta s_i}(s - s_i). \tag{11.17}$$

Bei der später notwendig werdenden Integration zu den Flächenträgheitsmomenten treten unter Benutzung vorstehender Funktionen noch die Integrale

$$\int_{s_i}^{s_i + \Delta s_i} f(s)^2 \, ds = \frac{\Delta s_i}{3}\left(f_i^2 + f_i \cdot f_{i+1} + f_{i+1}^2\right) = \frac{\Delta s_i}{3} \hat{f}_i(s)^2$$

bzw.

$$\int_{s_i}^{s_i + \Delta s_i} f(s) \cdot g(s) \, ds = \frac{\Delta s_i}{6}\left(2 f_i \cdot g_i + f_i \cdot g_{i+1} + f_{i+1} \cdot g_i + 2 f_{i+1} \cdot g_{i+1}\right)$$
$$= \frac{\Delta s_i}{6} \hat{f}_i(s) \cdot \hat{g}_i(s) \tag{11.18}$$

auf. Nach diesen Überlegungen können so die Flächenträgheitsmomente der Rechteckelemente angegeben werden zu

$$J_{z_i} = \int_{s_i}^{s_i + \Delta s_i} \bar{y}(s)^2 \cdot \Delta t_i \, ds = \frac{\Delta s_i \cdot \Delta t_i}{3}\left(\bar{y}_i^2 + \bar{y}_i \cdot \bar{y}_{i+1} + \bar{y}_{i+1}^2\right) = \frac{\Delta s_i \cdot \Delta t_i}{3} \bar{y}_i(s)^2$$

(11.19)

und entsprechend

$$J_{y_i} = \frac{\Delta s_i \cdot \Delta t_i}{3} \bar{z}_i(s)^2$$

$$-J_{yz_i} = \frac{\Delta s_i \cdot \Delta t_i}{6} \bar{y}_i(s) \cdot \bar{z}_i(s).$$

Aus der Summation bildet man dann die Gesamtträgheitsmomente

$$\begin{aligned} J_y &= \frac{1}{3}\sum_{i=1}^{k} \Delta s_i \cdot \Delta t_i \cdot \bar{z}_i(s)^2, \\ J_z &= \frac{1}{3}\sum_{i=1}^{k} \Delta s_i \cdot \Delta t_i \cdot \bar{y}_i(s)^2, \\ -J_{yz} &= \frac{1}{6}\sum_{i=1}^{k} \Delta s_i \cdot \Delta t_i \cdot \bar{y}_i(s) \cdot \bar{z}_i(s). \end{aligned} \tag{11.20}$$

Mit der gleichen Systematik lassen sich auch die statischen Momente ermitteln zu

$$\begin{aligned} S_y &= \sum_{i=1}^{k} \frac{\Delta s_i \cdot \Delta t_i}{2} \left(\bar{z}_i(s) + \bar{z}_{i+1}(s)\right), \\ S_z &= \sum_{i=1}^{k} \frac{\Delta s_i \cdot \Delta t_i}{2} \left(\bar{y}_i(s) + \bar{y}_{i+1}(s)\right), \end{aligned} \tag{11.21}$$

womit ferner die Lage des Schubmittelpunktes

$$\begin{aligned} y_{SM} &= \frac{1}{\bar{J}_y} \sum_{i=1}^{k} S_y \sqrt{\bar{y}_i(s)^2 + \bar{z}_i(s)^2} \cdot \Delta s_i, \\ z_{SM} &= \frac{1}{\bar{J}_z} \sum_{i=1}^{k} S_z \sqrt{\bar{y}_i(s)^2 + \bar{z}_i(s)^2} \cdot \Delta s_i \end{aligned} \tag{11.22}$$

bestimmt ist.

Die vorstehende Vorgehensweise läßt sich auch leicht programmieren, womit dann ein Algorithmus vorliegt, mit dem beliebige Profilgeometrien ausgewertet werden können.

12 Schubwandträger-Profile

Der Trend im Stahlbau weist dahin, daß im Sinne einer größeren Variabilität und Gewichtseinsparung zunehmend von gewalzten oder stranggepreßten Profilen abgegangen wird und geschweißte Blechträger eine breitere Anwendung finden. Diese sind oft besser an konstruktive Gegebenheiten anpaßbar und einfach herzustellen. Der Querschnittsaufbau wird hierbei so gewählt, daß für eine kontrollierte Kraftleitung die Profile massive Flansche und dünnwandige Stege erhalten. Als Fachbegriff für derartige Profilformen hat sich der Begriff *Schubwandträger* durchgesetzt.

12.1 Beanspruchungsmodell

Zur Erläuterung des Schubwandträger-Prinzips ist im Bild 12.1 der Übergang von einem relativ massiven Profil zu einem zusammengesetzten Schubwandträger gezeigt, der aus zwei Flansche und einem Stegblech besteht. Bei gleicher Tragkraft ist dieser oftmals bedeutend leichter.

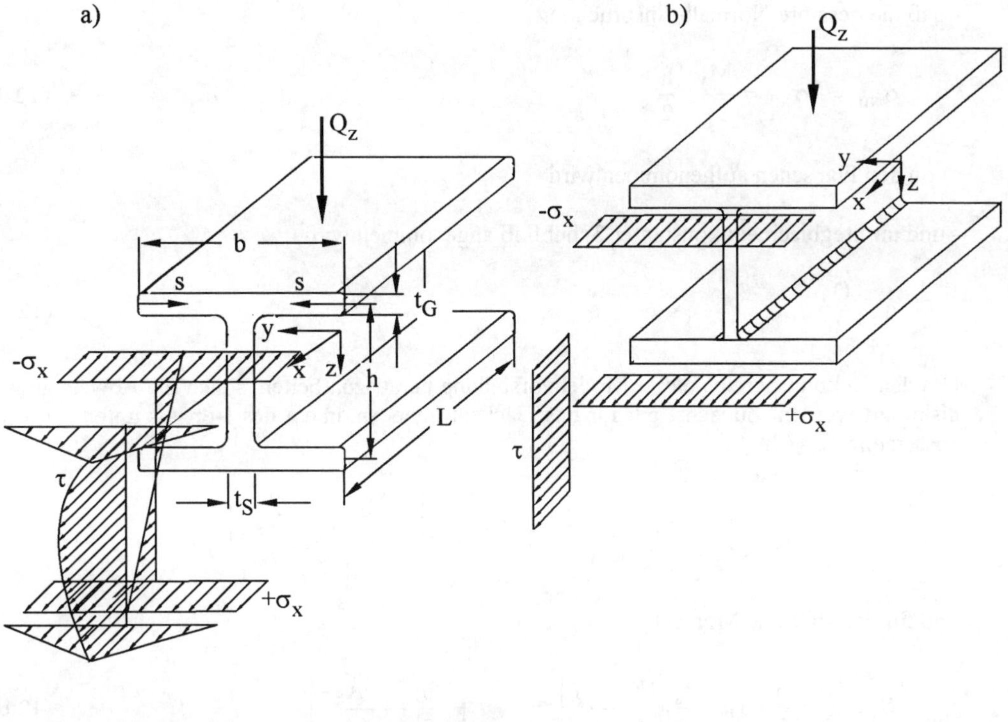

Bild 12.1: Kraftangriff und Spannungsverteilung
a) Strangpreß- bzw. Walzprofil
b) geschweißter Schubwandträger

Unter der angegebenen Belastung - einachsige Querkraft (Q_z) und Biegemoment (M_y) - werden in dem I-Profil Normal- und Schubspannungen hervorgerufen. Der Größtwert der Normalspannung in der Mittelebene des Flansches beträgt

$$\sigma_{max} \approx \frac{M_y}{J_y} \cdot \frac{h}{2}, \tag{12.1}$$

und der Größtwert der Schubspannung bzw. des Schubflusses in der Profilmitte beträgt

$$q_{max} = \frac{Q_z}{J_y} \cdot S_{y\,max} \tag{12.2}$$

$$\tau_{max} = \frac{q_{max}}{t_S}.$$

Im Vergleich dazu soll beim Schubwandträger eine Aufteilung dieser Beanspruchung vorgenommen werden, und zwar in der Weise,

- daß die gesamte Normalbeanspruchung

$$\sigma_{xu} = -\sigma_{xo} = \frac{M_y}{J_F} \cdot \frac{h}{2} \tag{12.3}$$

von den Flanschen aufgenommen wird

- und im Stegblech ein konstanter Schubfluß angenommen wird

$$q = \frac{Q_z}{h}. \tag{12.4}$$

Um den Geltungsbereich dieser Modellvorstellung herauszuarbeiten, sollen die Abweichungen diskutiert werden. Zunächst gilt für das Flächenträgheitsmoment des I-Profils unter der Voraussetzung $t_F \ll h$

$$J_y \approx 2b \cdot t_F \cdot \left(\frac{h}{2}\right)^2 \cdot \left[1 + \frac{t_S \cdot h}{6 \cdot t_F \cdot b}\right] = 2\,A_F \cdot \left(\frac{h}{2}\right)^2 \cdot \left[1 + \frac{A_S}{6\,A_F}\right] \tag{12.5}$$

und für das statische Moment

$$S_{y\,max} = \frac{h}{2} \cdot A_F + \frac{t_S}{2}\left[\frac{h^2}{4} - z^2\right]_{z=0} \approx A_F \cdot \frac{h}{2}\left[1 + \frac{A_S}{4A_F}\right]. \tag{12.6}$$

Wird nun verlangt, daß die angesetzten Spannungen in beiden Modellen näherungsweise gleich groß sein sollen, so müssen für die Flächenträgheitsmomente gelten

$$J_y = 2\ A_F \cdot \left(\frac{h}{2}\right)^2 \cdot \left[1 + \frac{A_S}{6\ A_F}\right] \equiv J_F = 2\ A_F \cdot \left(\frac{h}{2}\right)^2 , \tag{12.7}$$

was bedeutet, daß

$$\frac{A_S}{6A_F} \to 0$$

ist. Des weiteren soll für das statische Moment gelten, daß der Anteil des Steges sehr klein ist, so daß ebenfalls

$$\frac{A_S}{4\ A_F} << 1$$

ist. Damit läßt sich jetzt die Größe der Spannungen im Schubwandträger unter den Voraussetzungen t_F / h << 1 und A_S / A_F < 4 angeben, und zwar

- in den Flanschen mit

$$\sigma_{Fx} = \pm \frac{2\ M_y}{A_F \cdot h} \tag{12.8}$$

und

- im Steg mit

$$\tau_S = \frac{q}{t_S} = \frac{Q_z}{A_S} . \tag{12.9}$$

Im weiteren ist insbesondere die Wirkung des Schubflusses von Interesse.

12.2 Kräfte und Momente zufolge des Schubflusses

Im umseitigen Bild 12.2 ist ein gerades und gebogenes Schubwandträger-Profil /12.1/ gegenübergestellt. Wie zuvor angesetzt, folgt aus der Kraftaufteilung, daß im Stegblech ein konstanter Schubfluß wirkt. Damit ist die Abgrenzung zu den dünnwandigen offenen Profilen charakterisiert, in denen ja ein ungleichmäßiger Schubflußverlauf auftritt.

In dem einfachen Fall des geraden Profils verläuft der Schubfluß q = Q_z / h mittig in der Verbindungslinie der Randgurte und stellt das Gleichgewicht zur Querkraft her. Es ist zu vermuten, daß die Verhältnisse beim Kreisprofil anders sind. Würde man demgemäß mit Flußkomponenten operieren, so würde sich herausstellen, daß sich alle Flußkomponenten in y-Richtung aufheben, jedoch in z-Richtung eine Resultierende bilden, und zwar

$$\int_{-r}^{r} q \cdot dz = q \cdot 2r \equiv Q_z \ , \tag{12.10}$$

d. h., die Kraftresultierende eines symmetrisch gekrümmten Profils fällt ebenfalls in Richtung der Verbindungslinie der beiden Gurte und hat dieselbe Größe wie beim geraden Profil. Es ist aber noch ein weiterer Effekt sichtbar. Über einen Umfangsabschnitt des offenen Schubwandträgers ergibt sich ein Kraftinkrement von

$$dQ = q \cdot ds$$

mit dem Hebelarm r, wodurch ein inneres Torsionsmoment der Größe

$$M_{x_I} = \int_0^s r \cdot dQ = q \cdot r \int_0^s ds = q \cdot r^2 \int_0^\pi d\alpha = q \cdot r^2 \cdot \pi \equiv q \cdot 2\,\dot{A} \tag{12.11}$$

aufgebaut wird. Im gezeigten Fall kann somit nur Gleichgewicht herrschen, wenn

$$Q_z \cdot y - M_{x_I} = 0 \tag{12.12}$$

ist. Dies führt zu dem weiteren Problem der richtigen Krafteinleitung.

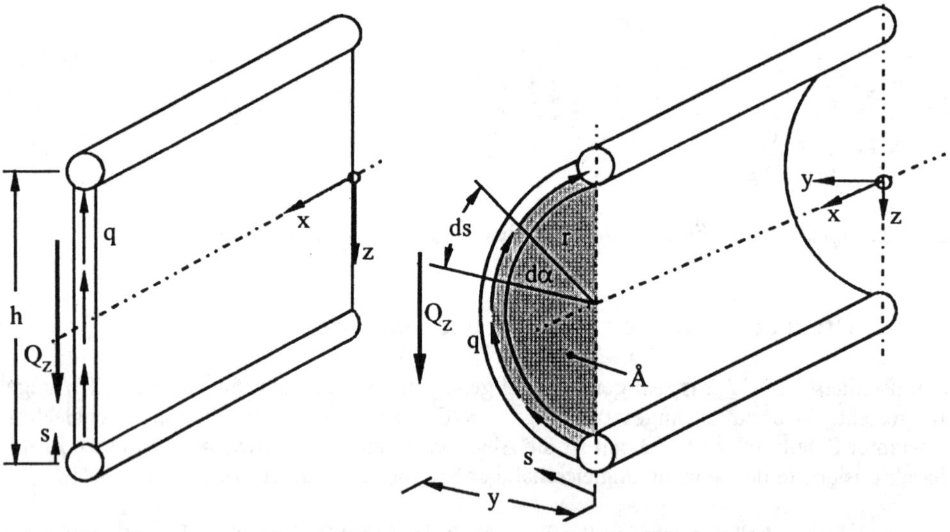

Bild 12.2: Wirkung des Schubflusses im geraden und gebogenen Schubwandträger

12.3 Schubmittelpunkt von Schubwandträger-Profilen

Wie bei den offenen Profilen des Kapitels 9.3 sollte es auch bei Schubwandträgern Prämisse sein, die Querschnitte möglichst frei von Drillung zu halten. Insofern gilt es auch hier, den Schubmittelpunkt als bevorzugten Krafteinleitungspunkt zu bestimmen.

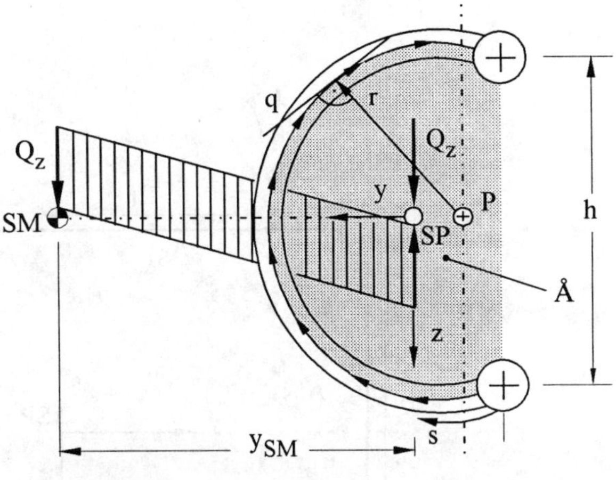

Bild 12.3: Lage des Schubmittelpunktes bei einem Schubwandträger

Für den im Bild 12.3 gezeigten Schubwandträger unter der angesetzten Belastung $(Q_z,\ Q_y = 0)$ erhält man den Schubmittelpunkt aus dem Gleichgewicht der äußeren Kräfte mit dem Moment des Schubflusses

$$Q_z \cdot y_{SM} = q \cdot 2\,\dot{A} = \frac{Q_z}{h} \cdot 2\,\dot{A}$$

zu

$$y_{SM} = \frac{2\,\dot{A}}{h} . \qquad (12.13)$$

Der Bezugspunkt für die Schubmittelpunkt-Koordinate y_{SM} wird hierbei zweckmäßigerweise vom Schwerpunkt aus gewählt.

Stellt man nun den Vergleich zwischen Gl. (12.13) und Gl. (9.14) an, so ist ersichtlich, um wieviel einfacher die Berechnung der Schubmittelpunkt-Koordinaten bei den Schubwandträgern ist. Es sei deshalb noch einmal darauf hingewiesen, unter welchem vereinfachten Belastungsmodell Gl. (12.13) hergeleitet worden ist.

12.4 Zusammengesetzte Schubwandträger-Profile

Komplizierte Profilgeometrien (z. B. Querschnitt eines Kofferaufbaus von Nutzfahrzeugen, s. auch Bild 8.5) lassen sich oft hinsichtlich ihrer Beanspruchungsverteilung nicht geschlossen behandeln. Hier bietet sich dann die Idealisierung in ein Schubwandträger-Profil /12.2/ an. Im Bild 12.4 ist eine beispielhafte Profilkonstruktion gezeigt, für die die Querschnittsflüsse und der Schubmittelpunkt zu bestimmen sind.

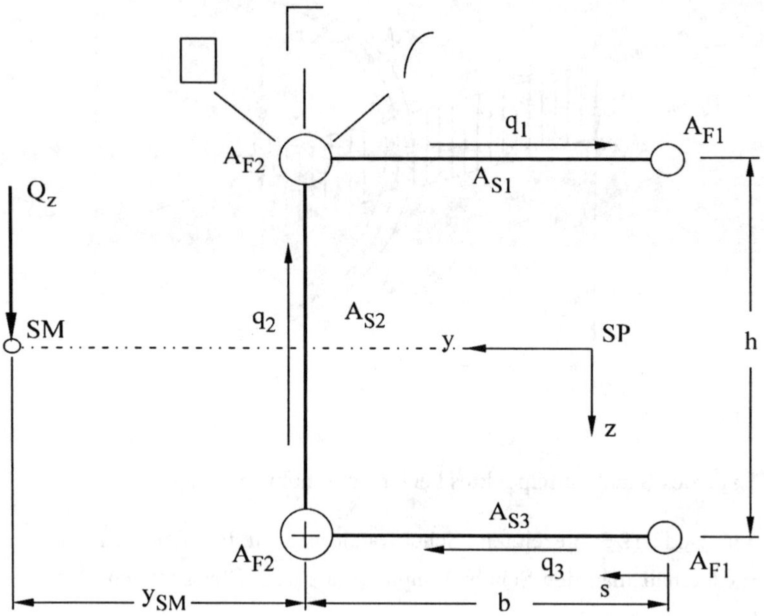

Bild 12.4: Aus mehreren Einzelfeldern zusammengesetztes Schubwandträger-Profil

Der Aufbau des Profils macht hierbei eine sektionsweise Ermittlung des Schubflusses erforderlich. Dieser ist in jedem Feld konstant und von der Größe

$$q_i = \frac{Q_z \cdot S_{yi}}{J_y} . \tag{12.14}$$

Es soll im weiteren davon ausgegangen werden, daß die Querschnittsabmessungen groß sind. In diesem Fall ist es sinnvoll, das statische Moment und das Flächenträgheitsmoment vereinfacht anzusetzen. Zweckmäßigerweise werden auch die Bleche auf die Eckprofile verschmiert, so daß hier Ersatzflächen

$$A_{F1}' = A_{F1} + \frac{1}{2} A_{S1}, \quad A_{F2}' = A_{F2} + \frac{1}{2} A_{S1} + \frac{1}{2} A_{S2}$$

zu bilden sind. Danach lauten die Beschreibungsgrößen

$$S_{y1} = A_{F1}' \cdot \frac{h}{2}, \quad S_{y2} = \left(A_{F1}' + A_{F2}'\right) \cdot \frac{h}{2},$$
$$S_{y3} = S_{y1}$$

und

$$J_y = 2 \sum_{i=1}^{2} A_{Fi}' \cdot \left(\frac{h}{2}\right)^2 .$$

Für die Schubflüsse ergibt sich so

$$q_1 = \frac{Q_z \cdot S_{y1}}{J_y}, \quad q_3 = q_1 \tag{12.15}$$

bzw.

$$q_2 = \frac{Q_z \cdot S_{y2}}{J_y}.$$

Entsprechend findet sich aus dem Momentengleichgewicht wieder der Schubmittelpunkt. Wählt man hierfür als Drehpunkt die linke untere Ecke, so haben q_2 und q_3 keinen Anteil. Es gilt somit

$$Q_z \cdot y_{SM} = q_1 \cdot b \cdot h = \frac{Q_z \cdot S_{y1}}{J_y} (b \cdot h) .$$

Werden hierin jetzt die Beziehungen für S_{y1} und J_y eingesetzt, so erhält man für die Schubmittelpunkt-Koordinate

$$y_{SM} = \frac{S_{y1}}{J_y}(b \cdot h) = \frac{A_{F1}' \cdot h \, (b \cdot h)}{2 \cdot 2 \left(A_{F1}' + A_{F2}'\right) \cdot \frac{h^2}{4}} = \frac{A_{F1}' \cdot b}{\left(A_{F1}' + A_{F2}'\right)} . \tag{12.16}$$

Ist es seitens des Profilaufbaus jedoch angebracht die Bleche gesondert zu berücksichtigen, so muß der zuvor beschriebene Lösungsweg etwas abgewandelt werden.

13 Schubfeld-Konstruktionen

Als ein weiteres Konstruktionselement des Leichtbaus sind Schubfelder /13.1/ anzusehen. Vom Aufbau her werden dabei umlaufend Rahmenprofile durch Blechfelder ausgefacht. Diese Technik findet man heute noch im Nutzfahrzeugbau, wenn ein stützendes Gitterwerk als kraftaufnehmende Struktur verwandt wird. Die Kraftaufteilung erfolgt dabei wieder so, daß die Gurte bzw. Pfosten die Längskräfte und das Blech die Schubkräfte aufnehmen.

13.1 Schubfeld

Das Bauprinzip des einfachen Rechteck-Schubfeldes zeigt Bild 13.1. Wesentlich ist hierbei, daß das Blech über die ganze Länge kraftschlüssig mit dehnelastischen, aber biegestarren Stäben verbunden ist. Die Stäbe selbst sollen dagegen untereinander gelenkig verbunden sein. Mit der Anbringung der seitlichen Pendelstützen (Lagerung) sei angedeutet, daß das Feld meist fortgesetzt wird.

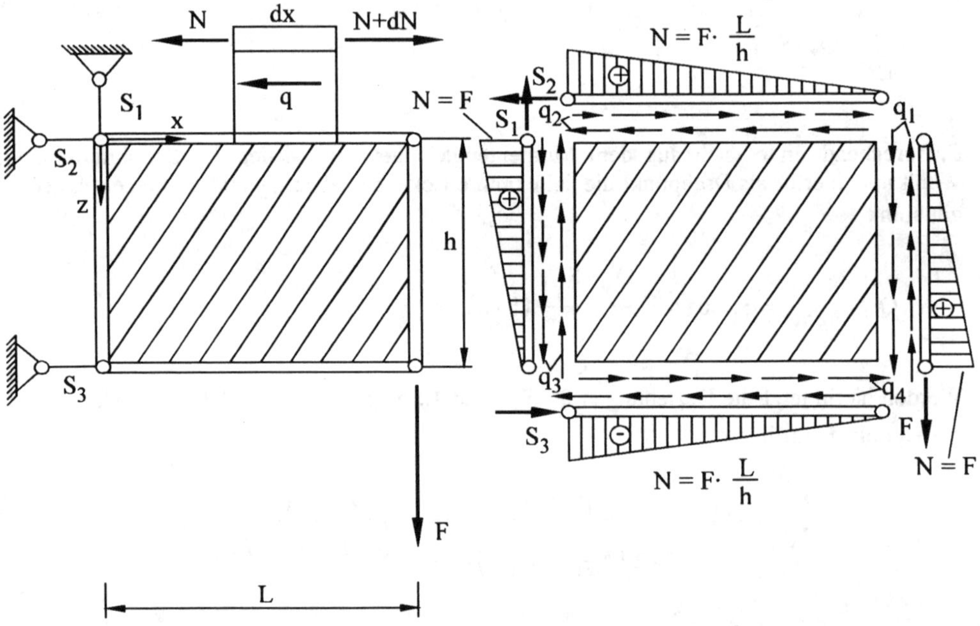

Bild 13.1: Rechteckiges Schubfeld als Beispiel eines Seitenverkleidungsstückes aus einem Nutzfahrzeug

Als Belastung sei eine Einzelkraft F an einem Knoten angenommen. Trennt man nun das Blech aus dem Rahmen heraus, so kann für die Kraftangriffsstelle sofort der Schubfluß mit

$$q_1 = \frac{F}{h} \tag{13.1}$$

angegeben werden, d. h., der Schubfluß resultiert aus der Abtragung von F. Aus dem Gleichgewicht am Blech folgt weiter

$$\sum K_x = 0: \quad q_2 \cdot L = \quad q_4 \cdot L \rightarrow q_2 = q_4$$
$$\sum K_z = 0: \quad q_3 \cdot h = \quad q_1 \cdot h \rightarrow q_3 = q_1$$
$$\sum M_y = 0: q_1 \cdot h \cdot L = q_2 \cdot L \cdot h \rightarrow q_2 = q_1$$

und somit

$$q_1 = q_2 = q_3 = q_4 = q = \text{konst.}, \tag{13.2}$$

d. h., im Rechteckfeld ist der Schubfluß an allen Seiten gleich groß. Den Zusammenhang zwischen dem Schubfluß und den Stabkräften erhält man wieder aus dem Gleichgewicht an einem Stabelement. Hieraus folgt

$$-N - q \cdot dx + N + dN = 0$$
$$dN = q \cdot dx$$

bzw. aus der Integration

$$N = \int_L q \cdot dx + C\,. \tag{13.3}$$

Damit ist ausgewiesen, daß die Normalkräfte in den Stäben linear verlaufen. Die auftretende Integrationskonstante ergibt sich für jeden Stab zu C = 0.

13.2 Ideales Zugfeld

Zuvor ist vorausgesetzt worden, daß das Blech unter der wirkenden Schubbeanspruchung nicht ausbeult. Es ist aber auch möglich, daß die Schubbeanspruchung bis oberhalb der kritischen Beulspannung $\tau_{xz} \rangle \tau_{B_{krit}}$ anwächst. Unter kritisch ist dabei die Grenzspannung zu verstehen, bei der das ursprünglich ebene Blech in einen neuen Gleichgewichtszustand (Stabilitätsgrenze) übergeht, der mit einer Kraftumlagerung verbunden ist. Im Blech entsteht dadurch ein besonderer Spannungszustand, der als ideales Zugfeld charakterisiert wird. Um den auftretenden Effekt zu begründen, soll zunächst eine Zwischenbetrachtung an einer dünnen Scheibe angestellt werden. Wenn an den Rändern einer dünnen rechteckigen Scheibe die Spannungen σ_x, σ_z und τ_{xz} wirken, so können bekanntlich die Hauptspannungen als größte Beanspruchung wie folgt berechnet werden:

$$\sigma_{1,2} = \frac{\sigma_x + \sigma_z}{2} \pm \frac{1}{2}\sqrt{(\sigma_x - \sigma_z)^2 + 4\,\tau_{xz}{}^2}\,.$$

Übertragen auf das Schubblech - mit der Grundannahme $\sigma_x = 0, \sigma_z = 0, \tau_{xz} = \tau$ - bestimmen sich somit die Hauptspannungen zu

$$\sigma_1 = +\tau \quad \text{und} \quad \sigma_2 = -\tau\,. \tag{13.4}$$

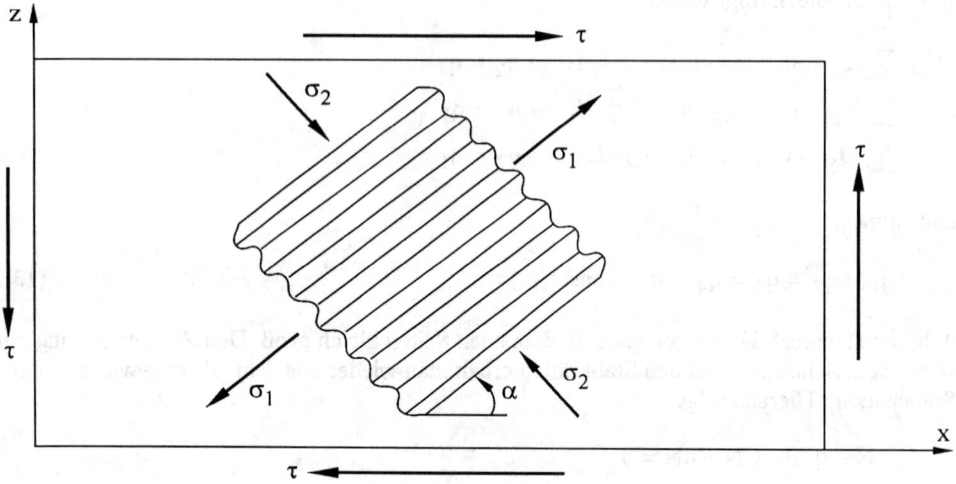

Bild 13.2: Hauptspannungsrichtungen im idealen Zugfeld

Wird nun im Blech die Beulspannung überschritten, so tritt herrührend aus der Druckspannung ein Falten des Blechs ein. Dadurch kommt es zu einer Spannungsumlagerung: Die Zugspannung σ_1 (in Richtung der Falten) wächst nämlich für ansteigende Schubspannung wesentlich stärker an als die Druckspannung σ_2 (senkrecht zu den Falten). Als Grenzfall ist anzusetzen, daß sich das biegeweiche Blech durch stetige Vertiefungen der Falten jeglicher weiteren Kraftaufnahme senkrecht zur Faltenrichtung entzieht. Für das ideale Zugfeld setzt man daher $\sigma_2 = 0$ voraus.

Unter diesem Wirkzusammenhang ist somit von Interesse festzustellen, wie letztlich die Hauptspannung im Blech σ_1 von der äußeren Belastung $\tau(q)$ abhängt. Um dies zu klären, soll gemäß dem umseitigen Bild 13.3 ein Blech in Richtung der Hauptspannungen geschnitten werden.

Aus dem Gleichgewicht am linken Schnittelement erhält man so

$$\sum K_x = 0: (\sigma_1 \cdot A) \cos\alpha - \tau\,(A \cdot \sin\alpha) - \sigma_x\,(A \cdot \cos\alpha) = 0, \tag{13.5}$$

also eine Gleichung mit zwei Unbekannten. Somit ist eine weitere Gleichung erforderlich, die aus dem rechten Schnittelement abzuleiten ist mit

$$\sum K_x = 0: \sigma_x\,(A \cdot \sin\alpha) = \tau\,(A \cdot \cos\alpha). \tag{13.6}$$

Multipliziert man jetzt Gl. (13.5) mit $\sin\alpha$ und setzt hierin Gl. (13.6) ein, so folgt

$$\sigma_1 \cdot A \cdot \sin\alpha \cdot \cos\alpha = \tau \cdot A \cdot \sin^2\alpha + \tau \cdot A \cdot \cos^2\alpha \equiv \tau \cdot A$$

bzw.

$$\sigma_1 = \frac{2\,\tau}{\sin 2\alpha} = \frac{2\,q}{t \cdot \sin 2\alpha}\ . \tag{13.7}$$

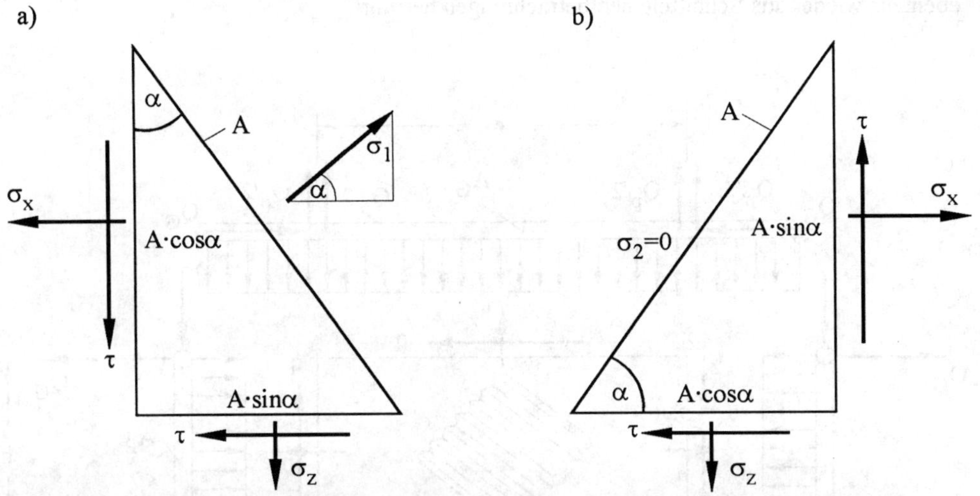

Bild 13.3: Hauptschnittrichtungen im idealen Schubfeld

Offen ist bisher noch die Größe des *Faltungswinkels α*, der jetzt an einem beliebigen, mittigen Schubfeld bestimmt werden soll.

Im Bild 13.4 ist der Grenzzustand der Faltung beanspruchungsmäßig sichtbar gemacht worden. Wie vorstehend hergeleitet, entstehen jetzt durch die Überlagerung weiterer Felder noch Normalkraftflüsse n_x, n_z im Blech. Somit kann die Beanspruchung der umrahmenden Pfosten und Gurte wie folgt ermittelt werden:

- Die Größe der Kraft im Pfosten ist auch durch das *angrenzende* Schubfeld gegeben zu

$$Q_P = 2\left(\frac{1}{2}\,n_z \cdot a\right) = q \cdot a \cdot \tan\alpha \tag{13.8}$$

wobei über die Betrachtung am Schnittelement noch der Zusammenhang

$$n_z = q \cdot \tan\alpha$$

hergestellt werden kann.

- Die Größe der Kraft im Gurt ist durch *ein* Schubfeld bestimmt zu

$$Q_G = \frac{1}{2}\,n_x \cdot h = \frac{1}{2}\,\frac{q}{\tan\alpha} \cdot h, \tag{13.9}$$

wobei der Zusammenhang

$$n_x = \frac{q}{\tan\alpha}$$

ebenfalls wieder aus Schnittelementbetrachtungen herrührt.

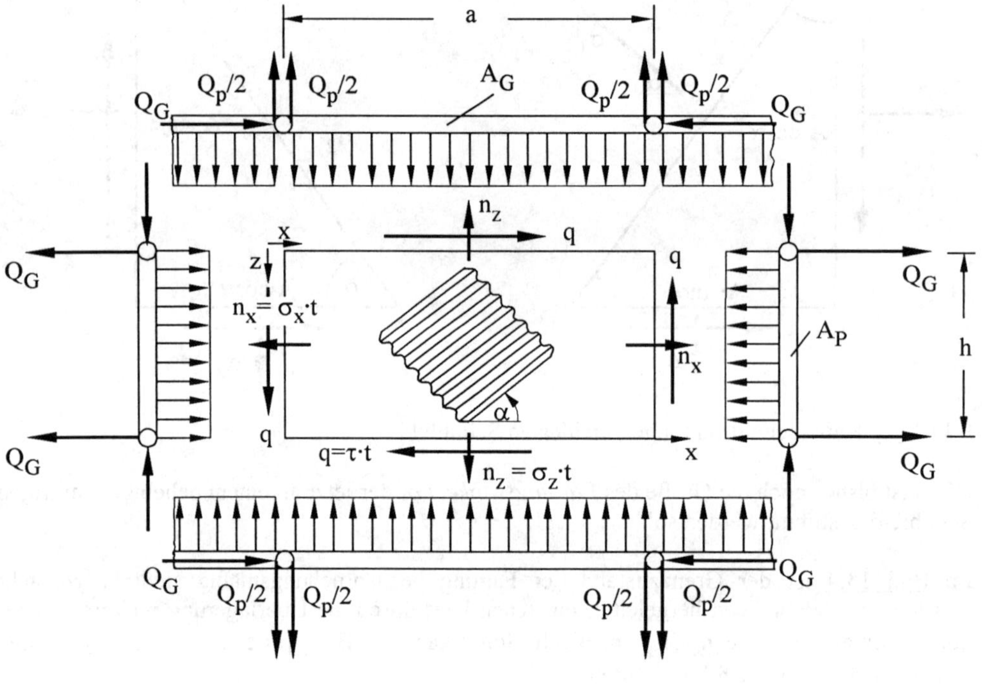

Bild 13.4: Wirkrichtung der Kräfte im Schubfeld, wobei allseitig weitere Felder anschließen sollen

Damit sind wir in der Lage, die Formänderungsenergie eines Feldes aufzustellen und aus deren Ableitung und Nullsetzung letztlich den Faltenwinkel eliminieren zu können. Die Komponenten der Formänderungsenergie (s. auch Kapitel 8.4) ergeben sich somit

- aus den *beiden* Pfosten

$$\pi_{i_p} = \frac{1}{2}\int_o^h \frac{{Q_p}^2}{E \cdot A_p} dz = \frac{1}{2}\int_o^h \frac{(q \cdot a \cdot \tan\alpha)^2}{E \cdot A_p} dz = \frac{1}{2}\frac{q^2 \cdot a^2 \cdot \tan^2\alpha \cdot h}{E \cdot A_p}, \tag{13.10}$$

- aus den Gurten

$$\pi_{i_G} = \frac{1}{2} \cdot 2 \int_o^a \frac{Q_G{}^2}{E \cdot A_G} dx = \int_o^a \frac{\left(\frac{1}{2} \frac{q \cdot h}{\tan\alpha}\right)^2}{E \cdot A_G} dx = \frac{1}{4} \frac{q^2 \cdot h^2 \cdot a}{E \cdot A_G} \cdot \frac{1}{\tan^2 \alpha}, \tag{13.11}$$

- aus dem Blech

$$\pi_{i_B} = \frac{1}{2} \int \frac{\sigma_1{}^2}{E} t \, dA = \frac{1}{2} \frac{q^2}{E \cdot t} \cdot \frac{a \cdot h}{(\sin\alpha \cdot \cos\alpha)^2} . \tag{13.12}$$

Diese Anteile müssen nun zur gesamten Formänderungsenergie zusammengefaßt werden. Hierzu ist es aber noch zweckmäßig, die beiden folgenden Abkürzungen

$$\lambda = \frac{a \cdot t}{A_p}, \quad \mu = \frac{h \cdot t}{2 A_G} \tag{13.13}$$

einzuführen und den zuvor entstandenen trigonometrischen Ausdruck

$$\sin\alpha \cdot \cos\alpha = \frac{\tan\alpha}{1 + \tan^2 \alpha}$$

noch geeignet umzuformen. Für die Gesamtenergie findet sich so

$$\pi_i = \pi_{i_P} + \pi_{i_G} + \pi_{i_B} = \frac{1}{2} \cdot \frac{q^2 \cdot a \cdot h}{E \cdot t} \left[\lambda \cdot \tan^2 \alpha + \mu \frac{1}{\tan^2 \alpha} + \frac{\left(1 + \tan^2 \alpha\right)^2}{\tan^2 \alpha} \right] \tag{13.14}$$

$$\pi_i = \frac{1}{2} \cdot \frac{q^2 \cdot a \cdot h}{E \cdot t} \left[(1 + \lambda) \tan^2 \alpha + \frac{1 + \mu}{\tan^2 \alpha} + 2 \right]$$

Im Gleichgewichtszustand nimmt diese Formänderungsenergie gerade ein Minimum ein, d. h.

$$\frac{\partial \pi_i}{\partial \alpha} = \frac{1}{2} \frac{q^2 \cdot a \cdot h}{E \cdot t} \left[(1 + \lambda) \frac{2 \tan\alpha}{\cos^2 \alpha} - \frac{2 (1 + \mu)}{\tan^3 \alpha \cdot \cos^2 \alpha} \right] = 0. \tag{13.15}$$

Da hierin aber nur der Klammerausdruck verschwinden kann, bleibt als Bedingung

$$2 (1 + \lambda) \tan\alpha = \frac{2 (1 + \mu)}{\tan^3 \alpha}$$

bestehen bzw.

$$\tan^4 \alpha = \frac{1+\mu}{1+\lambda} \approx 1 \,. \tag{13.16}$$

Da bei dünnen Blechen $\lambda < 1$, $\mu < 1$ sind, wird in erster Näherung $\tan\alpha \approx 1$ und somit der Faltenwinkel $\alpha \approx 45°$.

Will man die tatsächliche Abweichung des Faltenwinkels von 45° erfassen, so kann man einen Fehleransatz derart machen, in dem die Abweichung eingesetzt wird

$$\alpha = \frac{\pi}{4} + \Delta\alpha, \tag{13.17}$$

hierbei ist $\Delta\alpha$ ein sehr kleiner Winkel. Damit soll dann sein

$$\tan\alpha \equiv \tan\left(\frac{\pi}{4} + \Delta\alpha\right) = \frac{\tan\frac{\pi}{4} + \tan\Delta\alpha}{1 - \tan\frac{\pi}{4} \cdot \tan\Delta\alpha} \,.$$

Unter Berücksichtigung von

$$\tan\frac{\pi}{4} = 1 \text{ und } \tan\Delta\alpha \approx \Delta\alpha$$

wird so

$$\tan\alpha \approx \frac{1+\Delta\alpha}{1-\Delta\alpha}$$

und in Analogie zu Gl. (13.16)

$$\tan^4 \alpha = \frac{1+4\,\Delta\alpha + 6\,\Delta\alpha^2 + 4\,\Delta\alpha^3 + \Delta\alpha^4}{1-4\,\Delta\alpha + 6\,\Delta\alpha^2 - 4\,\Delta\alpha^3 + \Delta\alpha^4} \approx \frac{1+4\,\Delta\alpha}{1-4\,\Delta\alpha} \,.$$

Wird jetzt wieder die Identität

$$\frac{1+4\,\Delta\alpha}{1-4\,\Delta\alpha} := \frac{1+\mu}{1+\lambda} \tag{13.18}$$

hergestellt, so folgt für

$$\Delta\alpha = \frac{\mu - \lambda}{4\,(2 + \mu + \lambda)} \,. \tag{13.19}$$

Der Abweichungswinkel ist dabei im wesentlichen eine Funktion der Dimension des Bleches und der Auslegung der Stäbe, also der Steifigkeit des Schubfeldes.

14 Ausgesteifte Kastenprofile

Als Anwendung einiger der vorstehenden Betrachtungen können die Kastenprofile angesehen werden. Typische Einsatzgebiete hierfür sind konventionelle Flügelkästen, Nutzfahrzeugaufbauten, Waggons-, Kran- und Manipulatorenausleger etc. Die häufigste Belastung ist dabei Biegetorsion aus exzentrischen Querkräften oder reine Torsion. Meist kann als Abschluß eines Kastens eine feste Einspannung eines Endquerschnitts angenommen werden, die beispielsweise aus dem Übergang Ladeaufbau zum Motorwagen oder Anschluß eines Flügels am Flugzeugrumpf (s. /14.1/) resultiert.

14.1 Viergurtmodell

Im Unterschied zu den üblichen dünnwandigen Profilträgern sind tragende Kastenprofile oft mehrfach ausgesteift. Üblich ist hierbei eine Versteifung der Deckbleche durch Längsrippen bzw. eine weitere Gesamtaussteifung durch Schubwände oder Querrippen. Um diese Ausführungsform der Analyse möglichst einfach zugänglich zu machen, ist eine Idealisierung in eine Schubwandträger-Konstruktion (s. umseitiges Bild 14.1) zweckmäßig. Man kann dann wieder ideal annehmen, daß die Gurte alle auftretenden Längskräfte abtragen und die Bleche den Schub leiten.

Das Viergurtmodell stellt somit das äquivalente Ersatzmodell /14.2/ dar, und zwar indem jetzt die Längsrippen mit den Deckblechen zu einer Ersatzwandstärke *verschmiert* werden und den Eckgurten die notwendige Steifigkeit gegeben wird. Im vorliegenden Fall führt das Verschmieren zu den neuen Blechdicken

$$t_1 = t_{B1} + \frac{A_S}{a}, \quad t_2 = t_{B2}\,. \tag{14.1}$$

Die Biegesteifigkeit des Kastens soll des weiteren voll auf die Eckprofile umgelegt werden. Für die zu berücksichtigende Zusatzfläche erhält man so,

- und zwar bei Biegung um die y-Achse

$$4\,A_{\text{äquivalent}} \cdot \frac{h^2}{4} \approx 2\,t_1 \cdot b \cdot \frac{h^2}{4} + 2\,\frac{t_2 \cdot h^3}{12}$$

oder

$$A_{\text{äquivalent}} \approx \frac{t_1 \cdot b}{2} + \frac{t_2 \cdot h}{6}, \tag{14.2}$$

- bei Biegung um die z-Achse ist entsprechend vorzugehen.

Damit kann für ein Eckprofil als Ersatzfläche

$$A = A_{\text{eigen}} + A_{\text{äquivalent}} \tag{14.3}$$

angesetzt werden. Nachfolgend wird diese Fläche für den Steifigkeitsansatz $E \cdot A$ benötigt. Entsprechend ist die Schubsteifigkeit als $G \cdot t_i$ anzusetzen.

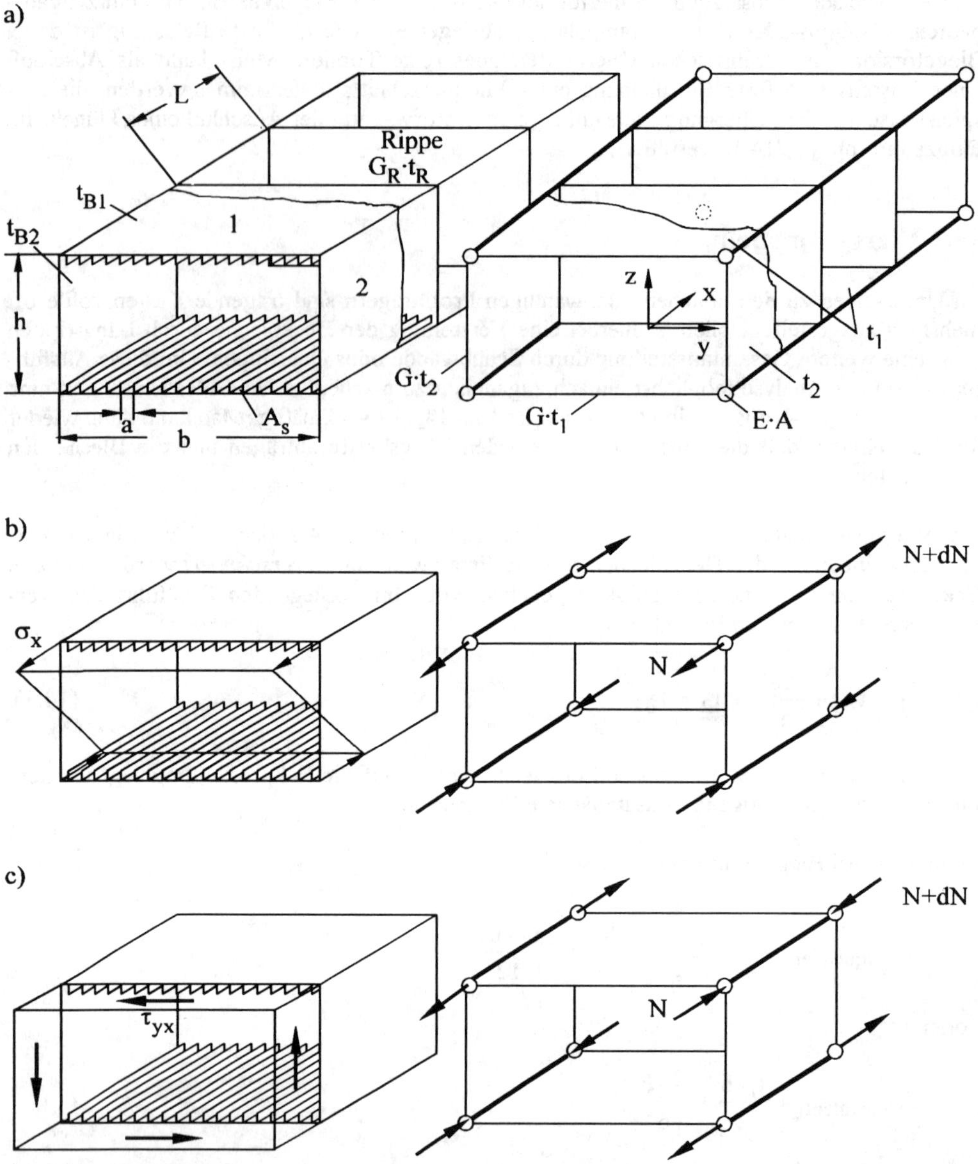

Bild 14.1: Übergang vom Kastenträger zum Viergurtmodell
a) Modellbildung
b) Biegebeanspruchung
c) Torsionsbeanspruchung

14.2 Torsionsbeanspruchung

Eine der häufigsten Problemstellungen am Viergurtmodell ist, daß in dem Kastenträger, respektive in den Zwischenwänden, verschiedene äußere Torsionsmomente M_{xi} eingeleitet werden. Die letzte Zwischenwand soll hierin in ein steiferes System übergehen, so daß man den Kastenträger in erster Näherung als fest eingespannt betrachten kann. Ein entsprechendes Belastungsmodell zeigt Bild 14.2. Von Interesse ist hierbei festzustellen, wie der Beanspruchungsverlauf über die Länge abgetragen wird.

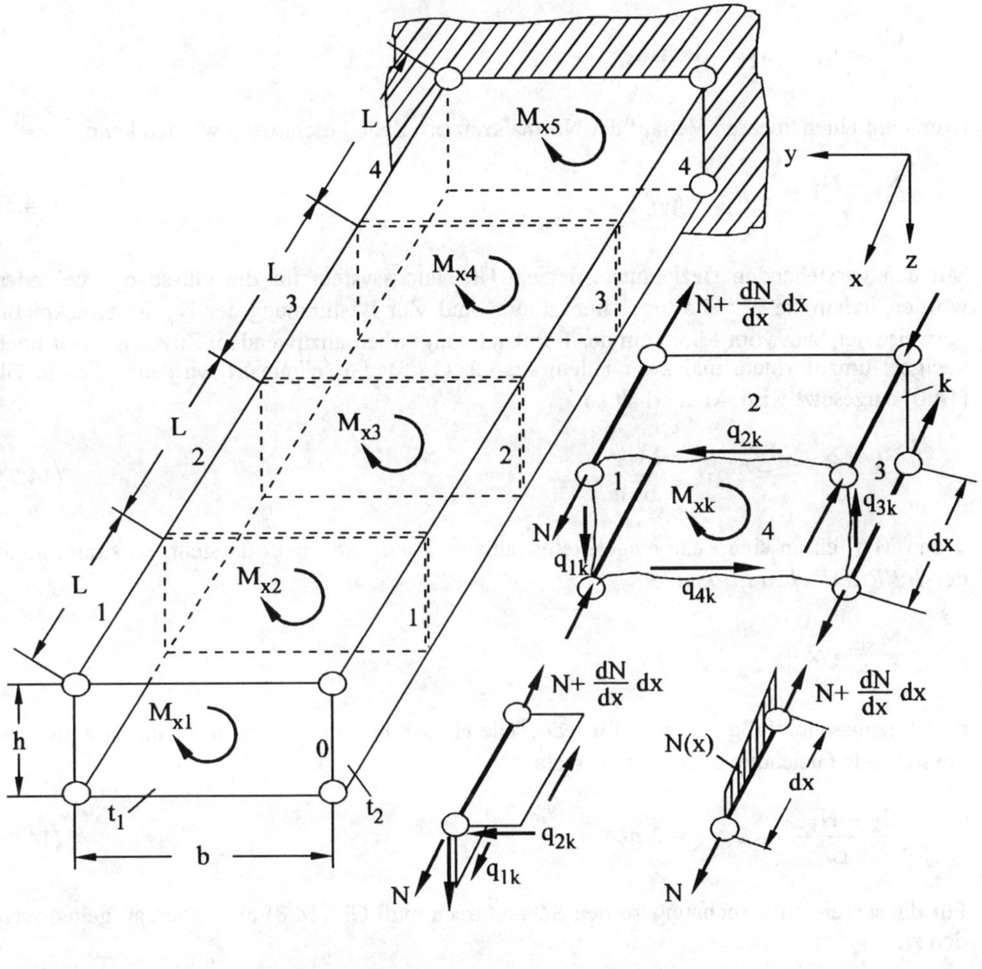

Bild 14.2: Belastungsmodell eines Kastenträgers

Zunächst gilt, daß der innere Beanspruchungszustand einer Zelle den angreifenden Torsionsmomenten äquivalent sein muß. Aus dem erweiterten Gleichgewicht folgt zwingend, daß neben Schubflüssen auch Normalkräfte in den Gurten vorkommen werden. Für die Schubflüsse kann gemäß den vorausgegangenen Herleitungen sofort angesetzt werden

$$q_{1k} = q_{3k} = \text{konst.} \quad \text{bzw.} \quad q_{2k} = q_{4k} = \text{konst.} \quad \text{aber } q_{1k} \neq q_{2k} \tag{14.4}$$

und für einen Drehpunkt in der Querschnittsebene eines Abschnittes

$$q_{1k} \cdot h \cdot b + q_{2k} \cdot b \cdot h = M_{xk}. \tag{14.5}$$

Aus einer Gleichgewichtsbetrachtung an einem Gurt erhält man weiter

$$\frac{dN}{dx} = q_{1k} - q_{2k} = \text{konst.},$$

womit auf einen linearen Verlauf der Normalkraft pro Zelle geschlossen werden kann

$$\frac{N_k - N_{k-1}}{L} = q_{1k} - q_{2k}. \tag{14.6}$$

Mit den vorstehenden Beziehungen ist ein Gleichungssystem für die Flüsse q_{ik} gefunden worden, indem die N_k aber noch unbestimmt sind. Zur Bestimmung der N_k ist zweckmäßigerweise der Satz vom Minimum der Formänderungsarbeit anzuwenden. Zuvor ist aber noch geeignet umzuformen, und zwar indem aus Gl. (14.5) q_{2k} eliminiert wird und dies in Gl. (14.6) eingesetzt wird. Man erhält so

$$\frac{N_k - N_{k-1}}{L} = 2\, q_{1k} - \frac{M_{xk}}{b \cdot h}. \tag{14.7}$$

Wenn M_{xk} ein in eine Zelle eingeleitetes äußeres *Torsionsmoment* darstellt, so kann mittels der *1. BREDTschen Formel*

$$\frac{M_{xk}}{b \cdot h} \equiv 2\, q_k^{\circ}$$

eine Bezugsschubflußgröße q_k° für jede Zelle einfach bestimmt werden. Damit läßt sich die vorstehende Gleichung auch schreiben als

$$\frac{N_k - N_{k-1}}{L} = 2\, q_{1k} - 2\, q_k^{\circ}. \tag{14.8}$$

Für die spätere Rückrechnung zu den Schubflüssen muß Gl. (14.8) aber noch aufgelöst werden zu

$$q_{1k} = \frac{N_k - N_{k-1}}{2\,L} + q_k^{\circ}. \tag{14.9}$$

Weiterhin soll jetzt für die Normalkräfte ein abschnittsweiser linearer Verlauf

$$N(x) = \frac{N_k - N_{k-1}}{L} \cdot x + N_{k-1} \tag{14.10}$$

entwickelt werden. Damit kann die Formänderungsenergie für ein k-tes Feld aufgestellt werden. Diese ergibt

- für die Normalkräfte in den vier Gurten

$$\begin{aligned} \pi_{N_k} &= 4 \cdot \frac{1}{2} \int_L \frac{N(x)^2}{E \cdot A} dx = \frac{2}{E \cdot A} \int_L \left[\frac{N_k - N_{k-1}}{L} \cdot x + N_{k-1} \right]^2 dx \\ &= \frac{2}{3} \cdot \frac{L}{E \cdot A} \left[N_k{}^2 + N_k \cdot N_{k-1} + N_{k-1}{}^2 \right] \end{aligned} \tag{14.11}$$

- für die Schubkräfte in den beiden Seitenblechen

$$\begin{aligned} \pi_{q_{vk}} &= 2 \cdot \frac{1}{2} \int_L \frac{Q_{2k}{}^2}{G \cdot t_2 \cdot h} dx = \frac{q_{2k}{}^2 \cdot h \cdot L}{G \cdot t_2} = \frac{h \cdot L}{G \cdot t_2} \left[\frac{N_k - N_{k-1}}{2L} + q_k{}^{\circ} \right]^2 \\ &= \frac{1}{G \cdot t_2} \left[\frac{(N_k - N_{k-1})^2}{4 \cdot L} \cdot h - q_k{}^{\circ} \cdot h (N_k - N_{k-1}) + q_k{}^{\circ 2} \cdot h \cdot L \right] \end{aligned} \tag{14.12}$$

und

- für die Schubkräfte in den beiden Deckblechen

$$\begin{aligned} \pi_{q_{hk}} &= \frac{q_{1k}{}^2 \cdot b \cdot L}{G \cdot t_1} = \frac{b \cdot L}{G \cdot t_1} \left[\frac{N_k - N_{k-1}}{2L} + q_k{}^{\circ} \right]^2 \\ &= \frac{1}{G \cdot t_1} \left[\frac{(N_k - N_{k-1})^2}{4L} \cdot b - q_k{}^{\circ} \cdot b (N_k - N_{k-1}) + q_k{}^{\circ} \cdot b \cdot L \right] \end{aligned} \tag{14.13}$$

Die gesamte Formänderungsarbeit für eine Zelle (hier linke Zelle) lautet so

$$\begin{aligned} \pi_{Z_{links}} &= \frac{2}{3} \cdot \frac{L}{E \cdot A} \left(N_k{}^2 + N_k \cdot N_{k-1} + N_{k-1}{}^2 \right) \\ &+ \frac{1}{G} \cdot \left(\frac{b}{t_1} + \frac{h}{t_2} \right) \left[\frac{(N_k - N_{k-1})^2}{4L} - q_k{}^{\circ} (N_k - N_{k-1}) + q_k{}^{\circ} \cdot L \right]. \end{aligned} \tag{14.14}$$

Durch Hochzählen des Indexes kann die Formänderungsarbeit auch für eine rechte Zelle angegeben werden. Eine gekoppelte Gleichung in den Kräften erhält man nun durch Addition der beiden Teilarbeiten und entsprechendes Ableiten zu

$$\frac{\partial}{\partial N_k} \left(\pi_{Z_{links}} + \pi_{Z_{rechts}} \right) = 0. \tag{14.15}$$

Die entsprechenden Ableitungen lauten hierbei unter Berücksichtigung der Konstanz von A, L und t_i

$$\frac{\partial \pi_{Z\,\text{links}}}{\partial N_k} = \frac{2}{3} \cdot \frac{L}{E \cdot A}\left(2N_k + N_{k-1}\right) + \frac{1}{G}\left(\frac{b}{t_1} + \frac{h}{t_2}\right) \cdot \left(\frac{N_k}{2L} - \frac{N_{k-1}}{2L} - q_k{}^{\circ}\right) = 0$$

$$\frac{\partial \pi_{Z\,\text{rechts}}}{\partial N_k} = \frac{2}{3} \cdot \frac{L}{E \cdot A}\left(N_{k+1} + 2N_k\right) + \frac{1}{G}\left(\frac{b}{t_1} + \frac{h}{t_2}\right) \cdot \left(-\frac{N_{k+1}}{2L} + \frac{N_k}{2L} + q_{k+1}{}^{\circ}\right) = 0. \tag{14.16}$$

Sortiert führt dies zu den Gleichungen

$$\left[\frac{4}{3} \cdot \frac{L}{E \cdot A} + \frac{1}{2G \cdot L}\left(\frac{b}{t_1} + \frac{h}{t_2}\right)\right] N_k + \left[\frac{2}{3} \cdot \frac{L}{E \cdot A} - \frac{1}{2G \cdot L}\left(\frac{b}{t_1} + \frac{h}{t_2}\right)\right] N_{k-1}$$
$$= \frac{1}{G}\left(\frac{b}{t_1} + \frac{h}{t_2}\right) q_k{}^{\circ}$$

$$\left[\frac{2}{3} \cdot \frac{L}{E \cdot A} - \frac{1}{2G \cdot L}\left(\frac{b}{t_1} + \frac{h}{t_2}\right)\right] N_{k+1} + \left[\frac{4}{3} \cdot \frac{L}{E \cdot A} + \frac{1}{2G \cdot L}\left(\frac{b}{t_1} + \frac{h}{t_2}\right)\right] N_k$$
$$= -\frac{1}{G}\left(\frac{b}{t_1} + \frac{h}{t_2}\right) q_{k+1}{}^{\circ} \tag{14.17}$$

bzw. addiert zu dem Gleichungssystem

$$\alpha_o \cdot N_{k+1} + 2\alpha_{oo} \cdot N_k + \alpha_o \cdot N_{k-1} = \text{ß}_k\left(q_k{}^{\circ} - q_{k+1}{}^{\circ}\right), \tag{14.18}$$

wobei die Koeffizienten α_o, α_{oo} und ß_k aus der vorstehenden Gleichung zuzuordnen sind.

Unterstellt man jetzt *beispielhaft*, daß Gl. (14.18) für einen *Aufbau aus drei Zellen* zu lösen ist, so muß folgende Gleichung entwickelt werden:

$$\begin{array}{lllll}
\alpha_{01} \cdot N_2 & + 2\alpha_{001} \cdot N_1 & + \quad 0 & = \text{ß}\left(q_1{}^{\circ} - q_2{}^{\circ}\right) & \text{für } k = 1, \\
\alpha_{02} \cdot N_3 & + 2\alpha_{002} \cdot N_2 & + \alpha_{02} \cdot N_1 & = \text{ß}\left(q_2{}^{\circ} - q_3{}^{\circ}\right) & \text{für } k = 2, \\
\quad 0 & + 2\alpha_{003} \cdot N_3 & + \alpha_{03} \cdot N_2 & = \text{ß}\; q_3{}^{\circ} & \text{für } k = 3.
\end{array}$$

Die letzte Zelle soll dabei auf eine starre Wand stoßen, für die immer die Form von Gl. (14.19) anzusetzen ist. Als Endgleichung entsteht somit

$$2\,\alpha_{00} \cdot N_k + \alpha_0 \cdot N_{k-1} = \text{ß} \cdot q_k{}^{\circ}, \tag{14.19}$$

wobei das $q_k{}^{\circ}$ in der starren Endwand wirkt.

14.3 Ausschnitte

In der Praxis müssen Kastenträger oft aus Funktionsgründen mit Ausschnitten /14.3/ für Fenster, Türen oder Fahrwerksöffnungen etc. versehen werden. Das Profil wird hierdurch geschwächt (geringere Torsionsfestigkeit), was einerseits zu einer höheren Verdrillung führt und andererseits kommt es dadurch zu einer Beanspruchungsumlagerung. Im Bild 14.3 ist ein Ausschnitt in einer Zelle angedeutet, und zwar vereinfachend so, daß eine Blechwand als fehlend angesehen wird.

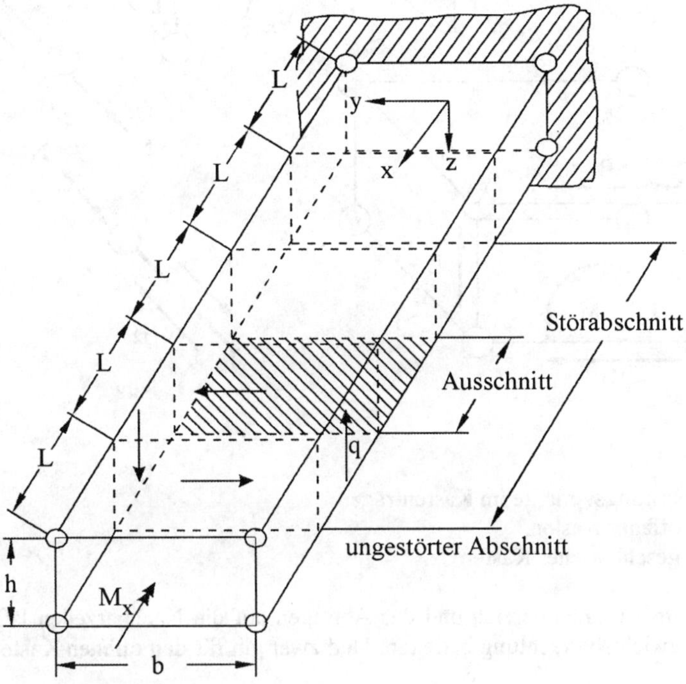

Bild 14.3: Kastenträger mit Ausschnitt

Als Belastung sei Torsion durch das Moment M_x = konst. angenommen und unterstellt, daß diese im Ausschnittsbereich wirkt. Des weiteren soll angenommen werden, daß die auftretende Störung im Kraftflußverlauf begrenzt ist auf den Ausschnittsbereich selbst und die beiden angrenzenden Zellen.

Von grundsätzlichem Interesse ist dann zu untersuchen, wie sich der Beanspruchungsverlauf einstellt und wie die Störung abklingt.

Die tatsächlich auftretende Schubflußverteilung in dem angenommenen Modell zeigt das umseitige Bild 14.4, und zwar in dem Sinne, daß vom offenen Kasten auf den geschlossenen Kasten abgetragen wird.

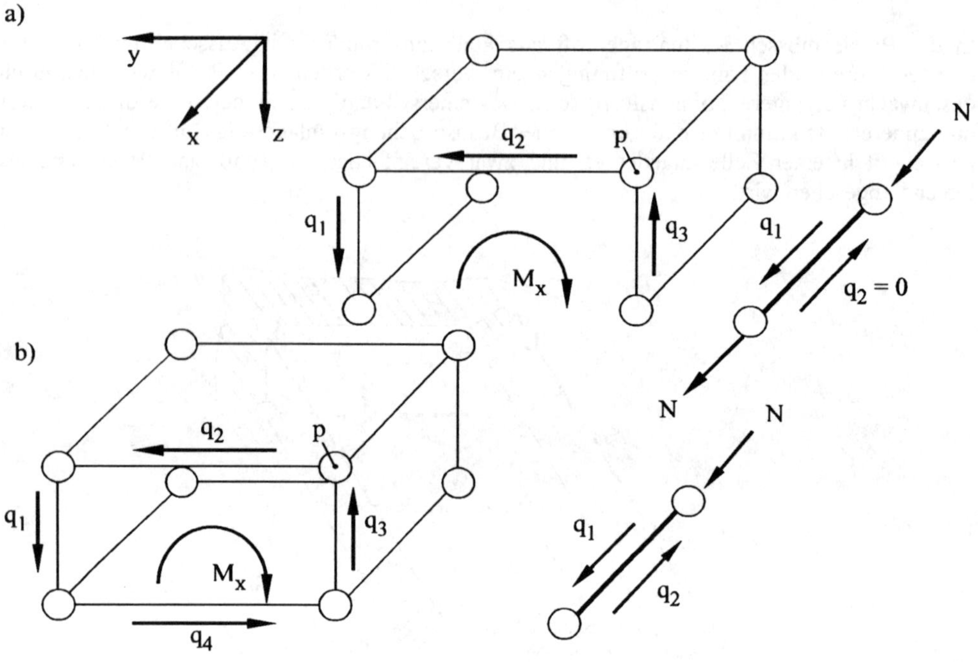

Bild 14.4: Belastungsverläufe im Kastenträger
a) offener Kasten,
b) geschlossener Kasten

Die Störung im Anschlußbereich und das Abtragen auf die Nachbarzellen läßt sich nun aus einer Gleichgewichtsbetrachtung herleiten. Und zwar gilt für den offenen Kasten

$$\begin{aligned} \sum K_y &= 0:\; q_2 \cdot b = 0 && \rightarrow\; q_2 = 0 \\ \sum K_z &= 0:\; q_1 \cdot h = q_3 \cdot h && \rightarrow\; q_1 = q_3 \\ \sum M_p &= 0:\; q_1 \cdot h \cdot b = M_x && \rightarrow\; q_1 = \frac{M_x}{b \cdot h} = 2\,q^\circ . \end{aligned} \tag{14.20}$$

D. h., in dem Ausschnitt des gegenüberliegenden Deckbleches tritt kein Schubfluß auf, während in den Seitenwänden ein Schubfluß von der doppelten Höhe des Bezugsschubflusses auftritt. Die Normalkräfte in den Gurten entstehen demzufolge aus Gleichgewichtsreaktionen mit den Schubflüssen q_1 und q_3. Sie können somit aus dem Stabgleichgewicht

$$2\,N + q_1 \cdot L = 0$$

$$N = -\frac{1}{2} q_1 \cdot L = -q^\circ \cdot L \tag{14.21}$$

bestimmt werden.

Auch zur Betrachtung des Nachbarbereiches ist wieder vom Gleichgewicht auszugehen. Annahme ist aber jetzt, daß in der vor- und nachgeschalteten Zelle die Störung völlig abgebaut wird. Diese Flüsse ergeben sich so zu

$$\sum K_y = 0: \quad q_2 \cdot b = q_4 \cdot b \quad \rightarrow q_2 = q_4 \tag{14.22}$$

$$\sum K_z = 0: \quad q_1 \cdot h = q_3 \cdot h \quad \rightarrow q_1 = q_3 \tag{14.23}$$

$$\sum M_p = 0: \quad q_1 \cdot h \cdot b + q_4 \cdot b \cdot h = M_x \; \rightarrow \; q_1 + q_4 = \frac{M_x}{b \cdot h} = 2\, q^\circ . \tag{14.24}$$

Diese drei Gleichungen reichen aber zur Bestimmung der vier unbekannten Flüsse nicht aus. Eine weitere Gleichung kann noch durch das Gleichgewicht am Stab gewonnen werden zu

$$q_1 \cdot L - q_2 \cdot L + N = 0$$

$$q_1 - q_2 = q^\circ . \tag{14.25}$$

Hierin ist N durch Gl. (14.21) ersetzt worden.

Aus den vier Gleichungen : (14.22), (14.23), (14.24) und (14.25) können durch einfache Elimination die unbekannten Schubflüsse gefunden werden zu

$$q_1 = q_3 = \frac{3}{2} q^\circ$$

bzw.

$$q_2 = q_4 = \frac{1}{2} q^\circ .$$

Als Resümee (s. umseitiges Bild 14.5) ist festzustellen: Im Ausschnittsbereich wächst der Schubfluß auf die doppelte Größe des Bezugsschubflusses des ungestörten Bereiches an. Im Bereich des Bodens fällt der Schubfluß auf Null ab.

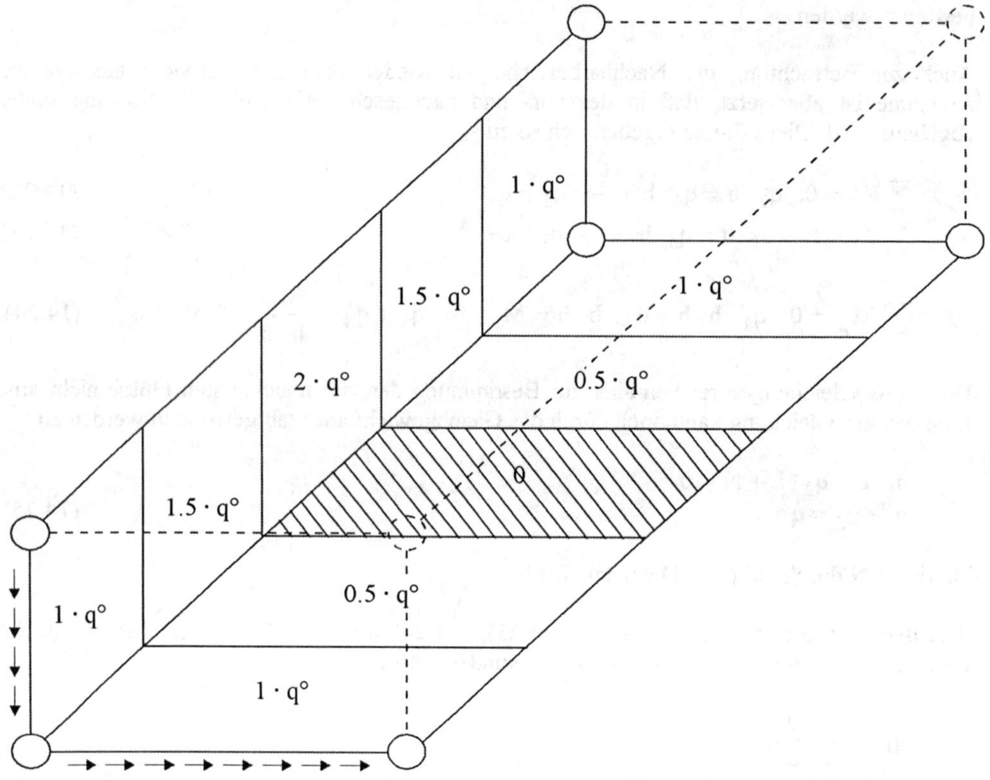

$$q^{\circ} = \frac{M_x}{2b \cdot h}$$

Bild 14.5: Schubflußverteilung im ausgeschnittenen Kasten.

15 Energie- und Arbeitsprinzip

Die Anwendung des Energie- und Arbeitssatzes auf Strukturen erfolgt in der Hauptsache zur Ermittlung der Verformungen und Schnittkräfte /15.1/. Im folgenden sollen die grundlegenden Beziehungen, basierend auf der Vorstellung der virtuellen Arbeit, dargelegt werden.

15.1 Energieprinzip

Wirkt auf eine verformungsfähige Struktur eine äußere Kraft F, so wird in einer kinematisch möglichen Verformungsrichtung eine Verschiebung δu hervorgerufen. Die äußere virtuelle Arbeit ist demgemäß definiert zu

$$\delta\pi_a = F \cdot \delta u \,. \tag{15.1}$$

Die Gesamtarbeit erhält man durch Integration

$$\pi_a = \int \delta\pi_a = \int_{u_1}^{u_2} F \cdot \delta u \,. \tag{15.2}$$

Besteht nun wie beim ideal-elastischen Körper ein linearer Zusammenhang

$$F = c \cdot u$$

zwischen der Kraft und der Verschiebung, so folgt für die gesamte äußere Arbeit

$$\pi_a = \int_u c \cdot u \, \delta u = \frac{c \cdot u^2}{2} = \frac{1}{2} F_{max} \cdot u_{max} \,. \tag{15.3}$$

Bei einem elastischen Körper wird die verrichtete äußere Arbeit als innere Formänderungsenergie gespeichert, weshalb

$$\pi_a = \pi_i \tag{15.4}$$

gilt.

Die Größe der inneren Formänderungsenergie π_i hängt im weiteren davon ab, welcher Spannungszustand im Tragwerk hervorgerufen wird. Allgemein kann diese angegeben (s. Kapitel 8.4) werden zu

$$\pi_i = \frac{1}{2} \int_V (\sigma \cdot \varepsilon + \tau \cdot \gamma) \, dV, \tag{15.5}$$

hierin sind die Spannungen und Verzerrungen spezifisch anzusetzen.

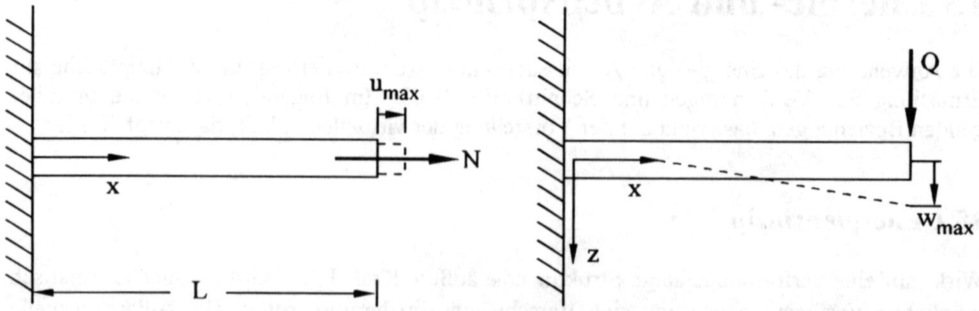

Bild 15.1: Verformungszustände an einfachen Tragstrukturen
a) Zuglastfall
b) Biegelastfall

Die Anwendung von Gl. (15.4) zur Bestimmung von Verformungsgrößen sei beispielhaft an dem Stab und dem Balken im Bild 15.1 gezeigt.

- Unter der Annahme, daß ein elastischer Stab konstanten Querschnitts durch eine Längskraft $F \equiv N$ belastet wird, kann die äußere Arbeit definiert werden zu

$$\pi_a = \frac{1}{2} N \cdot u_{max},$$

entsprechend ist die Formänderungsenergie als

$$\pi_i = \frac{1}{2} \int_L \frac{\sigma_x^2}{E} A \, dx$$

anzusetzen. Berücksichtigt man ferner die Spannung mit

$$\sigma_x = \frac{N}{A}$$

so ist aus dem Energiesatz zu folgern

$$\frac{1}{2} N \cdot u_{max} = \frac{1}{2} \frac{N^2}{E \cdot A} L$$

bzw.

$$u_{max} = \frac{N \cdot L}{E \cdot A}.$$

- Des weiteren sei ein elastischer Kragbalken mit konstantem Querschnitt angenommen. Unter der wirkenden Querkraft $F \equiv Q$ wird hierbei die äußere Arbeit

$$\pi_a = \frac{1}{2} Q \cdot w_{max}$$

verrichtet. Für die Formänderungsenergie ist anzusetzen

$$\pi_i = \frac{1}{2} \int_A \int_L \frac{\sigma_x^2}{E} \, dA \, dx = \frac{1}{2} \int_L \frac{M_y^2}{E \cdot J_y} \, dx \, .$$

Hierin ist die Spannung mit

$$\sigma_x = \frac{M_y}{J_y} z = \frac{Q \cdot x}{J_y} z$$

berücksichtigt. Der Energiesatz liefert damit

$$w_{max} = \frac{1}{3} \frac{Q \cdot L^3}{E \cdot J_y} \, .$$

Für alle Bauelemente und für jede Belastung kann so der Energiesatz aufgestellt und hinsichtlich der maximalen Verformungsgröße ausgewertet werden.

15.2 Arbeitsprinzip

Der *Energiesatz* ermöglicht nur die Ermittlung einer Verschiebung an der Kraftangriffsstelle in Richtung einer äußeren Kraft. Eine größere Bedeutung erhalten die Energieausdrücke aber erst durch die Verallgemeinerung /15.2/, daß sie Verschiebungen an beliebigen Stellen zu bestimmten gestatten. Am einfachen Beispiel eines Balkens auf zwei Stützen (s. umseitiges Bild 15.2) soll des weiteren der *Arbeitssatz* begründet werden.

Zunächst sei der Balken nur durch die Kraft F_1 belastet. Unterhalb des Kraftangriffspunktes (1) tritt dann die Verschiebung w_{11} auf. An der beliebigen Stelle (2) ist noch die Verschiebung w_{21} feststellbar. Wenn zwischen der Kraft und den Verschiebungen ein linearer Zusammenhang vorausgesetzt wird, so läßt sich auch

$$w_{11} = F_1 \cdot \delta_{11}$$

und (15.6)

$$w_{21} = F_1 \cdot \delta_{21}$$

angeben. Hierbei sind mit δ_{ik} (i = Ort, k = Ursache) die sogenannten Verschiebungszahlen oder Nachgiebigkeitszahlen eingeführt worden.

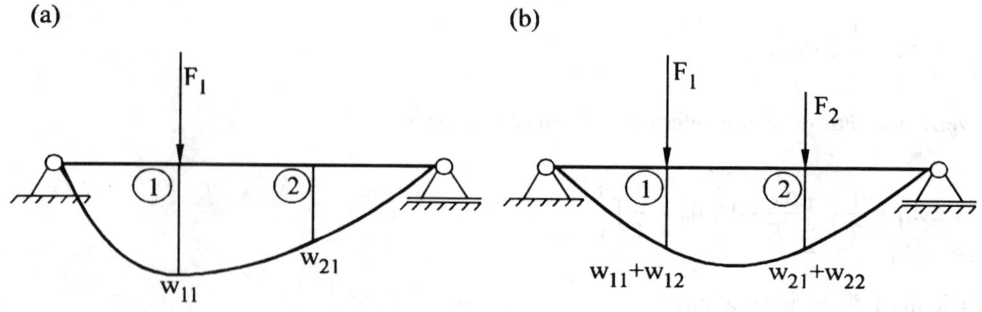

Bild 15.2: Durchbiegung eines Balkens
a) zufolge einer Einzelkraft F_1
b) zufolge der Lasten F_1 und F_2

Infolge der Kraft und den Verschiebungen kann die Arbeit mit

$$\pi_a^{(1)} = \frac{1}{2} F_1 \cdot w_{11} = \frac{1}{2} F_1^2 \cdot \delta_{11} \tag{15.7}$$

angegeben werden. Wird jetzt auf den schon belasteten Balken eine weitere Kraft F_2 an der Stelle (2) aufgebracht, so treten auch weitere Arbeitsanteile auf, und zwar

- die Arbeit der Kraft F_2 mit ihrer eigenen Verschiebung

$$\pi_a^{(2)} = \frac{1}{2} F_2 \cdot w_{22} = \frac{1}{2} F_2^2 \cdot \delta_{22} \tag{15.8}$$

und
- eine zusätzliche Arbeit

$$\pi_a^{(3)} = F_1 \cdot w_{12} = F_1 \cdot F_2 \cdot \delta_{12} \tag{15.9}$$

durch die Kraft F_1 mit der Verschiebung w_{12}, die durch die Kraft F_2 an der Stelle (1) ausgelöst wurde. Der Vorfaktor 1/2 entfällt hier, da F_1 zu Beginn der Verschiebung w_{12} ja schon in voller Größe vorhanden war.

Die Gesamtarbeit ist demgemäß für den Balken

$$\pi_a = \frac{1}{2} F_1^2 \cdot \delta_{11} + F_1 \cdot F_2 \cdot \delta_{12} + \frac{1}{2} F_2^2 \cdot \delta_{22}. \tag{15.10}$$

Werden weiter noch von der Momentenlinie die Kräfte abgespalten, die den Momentenverlauf verursachen, so kann angesetzt werden

$$M_1 = F_1 \cdot \overline{M}_1$$

und (15.11)

$$M_2 = F_2 \cdot \overline{M}_2 \, .$$

In Äquivalenz zu Gl. (15.6) beschreibt das Moment $\overline{M}_i$ die Momentenlinie für die Kraft $F_i = 1$.

Um wieder Verformungen bestimmen zu können, ist von der Gleichgewichtsrelation $\pi_a = \pi_i$ auszugehen. Setzt man nun diese Ausdrücke entsprechend an, so erhält man

$$\frac{1}{2} F_1^{\,2} \cdot \delta_{11} + F_1 \cdot F_2 \cdot \delta_{12} + \frac{1}{2} F_2^{\,2} \cdot \delta_{22} = \frac{1}{2} \int_L \frac{(M_1 + M_2)^2}{E \cdot J} \, dx =$$

$$\frac{1}{2} \int_L F_1^{\,2} \, \frac{\overline{M}_1^{\,2}}{E \cdot J} \, dx + \int_L F_1 \cdot F_2 \, \frac{\overline{M}_1 \cdot \overline{M}_2}{E \cdot J} \, dx + \frac{1}{2} \int_L F_2^{\,2} \, \frac{\overline{M}_2^{\,2}}{E \cdot J} \, dx. \qquad (15.12)$$

Da generell kleine Verschiebungen vorausgesetzt seien, ist die Reihenfolge bei der Aufbringung der Belastung unerheblich. Somit kann das Superpositionsprinzip auch für die Momente angewandt werden. Vergleicht man insbesondere in Gl. (15.12) die rechte mit der linken Seite, so ist der allgemeine Zusammenhang

$$\delta_{ik} = \int_L \frac{\overline{M}_i \cdot \overline{M}_k}{E \cdot J} \, dx \qquad (15.13)$$

zu erkennen. Mit $w_{ik} = F_k \cdot \delta_{ik}$ bzw. Gl. (15.11) folgt so auch

$$\delta_{ik} = \frac{w_{ik}}{F_k} = w_{ik} \cdot \frac{\overline{M}_k}{M_k}$$

und damit

$$w_{ik} = \int_L \overline{M}_i \, \frac{M_k}{E \cdot J} \, dx \, . \qquad (15.14)$$

Diese aus dem Arbeitssatz hergeleitete Vorschrift sagt aus:

> Wird ein Balken an der Stelle k belastet und will man die Verschiebung an der Stelle i ermitteln, so kann man an der Stelle i eine virtuelle Kraftgröße "1" in Richtung der gesuchten Verschiebung anbringen: Bestimmt man nun den wirklichen Momentenverlauf M_k und den Momentenverlauf $\overline{M}_i$ infolge der virtuellen Kraftgröße, so folgt aus der Integration des Produktes die gesuchte Verschiebung w_{ik}.

Für die Anwendung der Beziehung ist immer darauf zu achten, daß das Produkt aus Kraftgröße mal Verschiebung eine Arbeit liefert. Es entsteht somit die Verknüpfung

Kraft x Verschiebung
Biegemoment x Winkel
Torsionsmoment x Drillwinkel.

In der praktischen Handhabung hat es sich als zweckmäßig erwiesen, die Integrale nach Gl. (15.14) für die wichtigsten Lastfälle zu lösen. Im Bild 15.3 sind einige häufige Werte zusammengestellt, die bei der Multiplikation zweier Momentenlinien und anschließender Integration auftreten. Man erhält den gesuchten Wert w_{ik}, indem mit dem Zahlenfaktor c vormultipliziert wird:

$$w_{ik} = c \frac{\overline{M}_i \cdot M_k}{E \cdot J} L. \tag{15.15}$$

Hierin sind $\overline{M}_i$ und M_k die jeweiligen Randwerte der Momentenfläche, L die Länge des Balkens, E · J die konstant vorausgesetzte Biegesteifigkeit.

M_k / $\overline{M}_i$	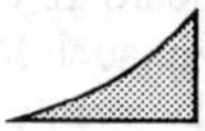	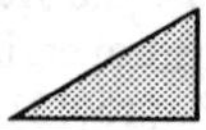	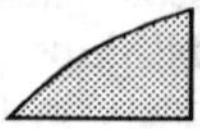	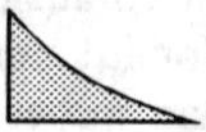	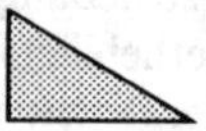	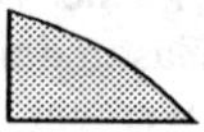	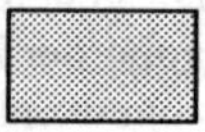
	$\frac{12}{60}$	$\frac{15}{60}$	$\frac{18}{60}$	$\frac{2}{60}$	$\frac{5}{60}$	$\frac{8}{60}$	$\frac{20}{60}$
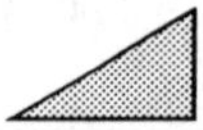	$\frac{15}{60}$	$\frac{20}{60}$	$\frac{25}{60}$	$\frac{5}{60}$	$\frac{10}{60}$	$\frac{15}{60}$	$\frac{30}{60}$
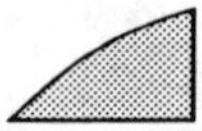	$\frac{18}{60}$	$\frac{25}{60}$	$\frac{32}{60}$	$\frac{8}{60}$	$\frac{15}{60}$	$\frac{22}{60}$	$\frac{40}{60}$
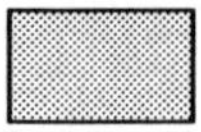	$\frac{20}{60}$	$\frac{30}{60}$	$\frac{40}{60}$	$\frac{20}{60}$	$\frac{30}{60}$	$\frac{40}{60}$	$\frac{60}{60}$

Bild 15.3: Tabelle des Zahlenfaktors c

Die Anwendung der vorstehenden Tabelle sei kurz am Kragbalken von Bild 15.4 gezeigt.

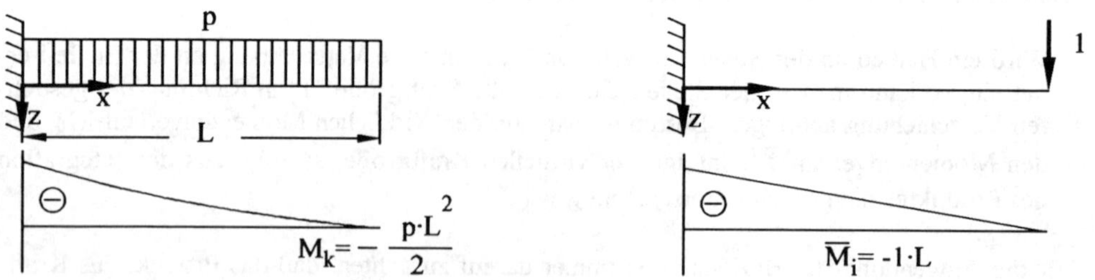

Bild 15.4: Kragbalken unter Streckenlast

Die Enddurchbiegung des Lastfalls ermittelt man gemäß Gl. (15.15) zu

$$w_{max} = \frac{15}{60}(1 \cdot L)\frac{p \cdot L^2}{2\,E \cdot J} \cdot L = \frac{p \cdot L^4}{8\,E \cdot J}, \tag{15.16}$$

worin der Vorfaktor mit c = 15/60 aus der Tabelle abgelesen werden kann. Entsprechend kann auch jede Zwischenstellung w(x) bestimmt werden.

Damit ist ein einfacher Weg gezeigt worden, wie Durchbiegungen von Strukturen bestimmt werden können.

16 Statisch unbestimmte Strukturen

Um das elasto-mechanische Verhalten von Strukturen betrachten zu können, muß grundsätzlich unterschieden werden, ob eine statisch bestimmte oder statisch unbestimmte Struktur gegeben ist. Bekanntlich ist eine Struktur dann statisch bestimmt, wenn sich unter Belastung alle Auflager- und Schnittkräfte allein aus Gleichgewichtsbetrachtungen bestimmen lassen. Sinngemäß ist eine Struktur statisch unbestimmt, wenn sich die Kräfte allein aus Gleichgewichtsbetrachtungen nicht bestimmen lassen, sondern weitere Bedingungen herangezogen werden müssen.

16.1 Äußere Unbestimmtheit

Die freie Bewegung eines Körpers im Raum läßt sich durch sechs Freiheitsgrade beschreiben. In der Ebene verringern sich diese auf drei Freiheitsgrade. Wenn also die Beweglichkeit eines Körpers verhindert werden soll, so müssen zur Fesselung einer räumlichen Struktur sechs und für eine ebene Struktur drei Stützungen eingeführt werden. Für eine ebene Struktur reichen demnach drei Auflagerkräfte aus, deren Wirkungslinien jedoch nicht durch einen Punkt gehen dürfen. Liegen bei einer ebenen Struktur A Auflagerreaktionen vor, so ist der *Grad der statischen Unbestimmtheit*

$$U_a = A - 3 . \tag{16.1}$$

Die nachfolgenden Beispiele im Bild 16.1 zeigen, wie man den Unbestimmtheitsgrad (Anzahl der überzähligen Reaktionen) durch Abzählen leicht feststellen kann. Tritt jedoch in einer Struktur ein *Gelenk* auf, so ist die Bedingung folgendermaßen zu modifizieren:

$$U_a = A - 3 - G \tag{16.2}$$

mit G als Drehfreiheitsgrad des Gelenkes.

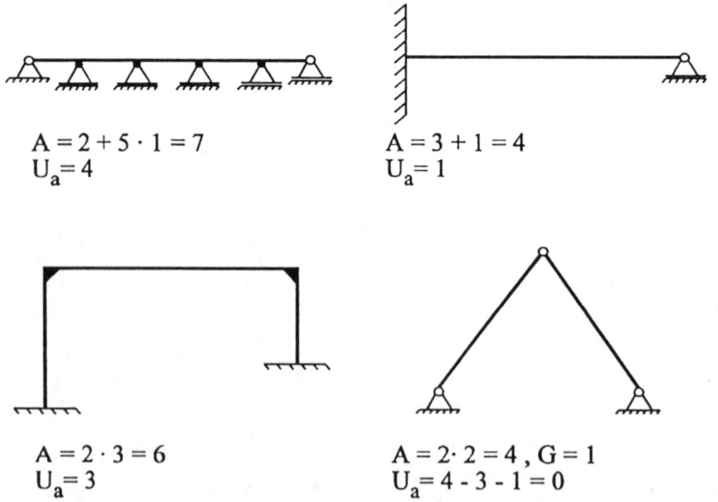

Bild 16.1: Ermittlung der Unbestimmtheit von Strukturen durch Abzählen nach /16.1/

Bei der Berücksichtigung von Gelenken ist besondere Vorsicht geboten. Ein Gelenk ist nämlich in Gl. (16.2) nur zu berücksichtigen, wenn an einem statisch bestimmten System ein weiteres Teilsystem angebunden wird, welches für sich selbst nicht bestimmt sein braucht.

16.2 Innere Unbestimmtheit

16.2.1 Rahmenstrukturen

Im Inneren eines äußerlich statisch bestimmt gelagerten Rahmens ist der Kräfteverlauf aus Gleichgewichtsbedingungen nur dann eindeutig bestimmbar, wenn der Rahmen nicht ein- oder mehrfach geschlossen ist. So können zwar für den Rahmen nach Bild 16.2 die Auflagerkräfte sofort angegeben werden, schneidet man aber den Rahmen an einer beliebigen Stelle durch, so werden drei voneinander unabhängige Schnittkräfte (N_0, Q_0, M_0) frei.

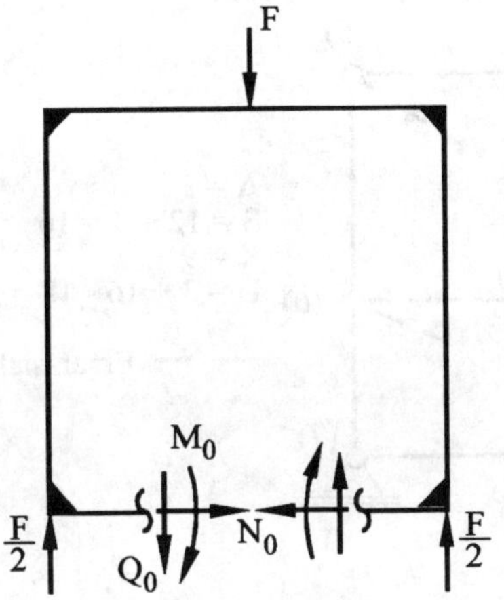

Da die äußere Kraft mit den Lagerreaktionen bereits im Gleichgewicht steht, sind somit keine weiteren statischen Bedingungen zur Ermittlung der Schnittgrößen verfügbar. Der dargestellte Rahmen ist also dreifach innerlich statisch unbestimmt.

Besteht ein Rahmentragwerk im folgenden aus R geschlossenen Rahmen, so ist der Grad der inneren Unbestimmtheit nach /16.2/

$$U_i = 3\,R\,. \tag{16.3}$$

Bild 16.2: Innere Unbekannten im Rahmen

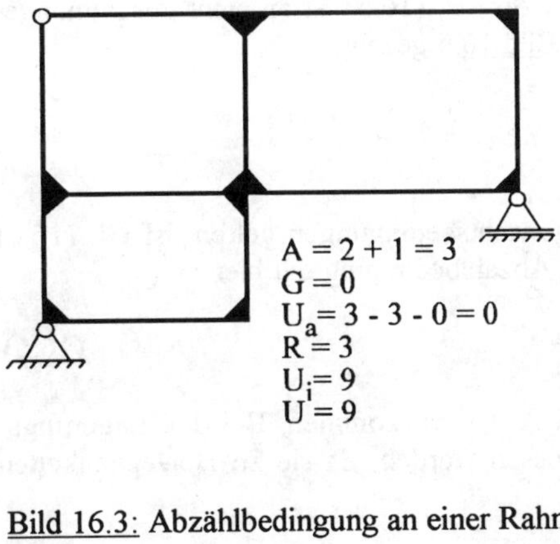

Im Bild 16.3 ist ergänzend eine Rahmenstruktur mit Gelenk gezeigt. Hier liegt aber der Fall vor, daß das Gelenk nicht berücksichtigt werden braucht, da wie vorher dargelegt, kein Teilsystem angebunden wird. Das Rahmentragwerk ist somit äußerlich statisch bestimmt, obwohl insgesamt 9 Reaktionskräfte vorliegen, die nicht sofort bestimmt werden können. In diesem Sinne müßten Gelenke nur berücksichtigt werden, wenn zwei Rahmen über Stäbe zusammengebunden werden.

Bild 16.3: Abzählbedingung an einer Rahmenstruktur mit Gelenken

Den gesamten Grad der statischen Unbestimmtheit eines zusammengesetztes Rahmentragwerkes (s. Bild 16.3) bestimmt man demgemäß zu

$$U = U_a + U_i = A - 3 - G + 3\,R\,. \tag{16.4}$$

Hierin ist der Grad U identisch mit der Anzahl aller Unbekannten einer Struktur.

16.2.2 Ebene Fachwerke

Besteht ein Fachwerk oder eine Schubfelder-Konstruktion aus K Knoten und S Stäben und wird diese Struktur von A Auflagerreaktionen gestützt, so folgt für den Grad der statischen Unbestimmtheit

$$U = A + S - 2\,K\,. \tag{16.5}$$

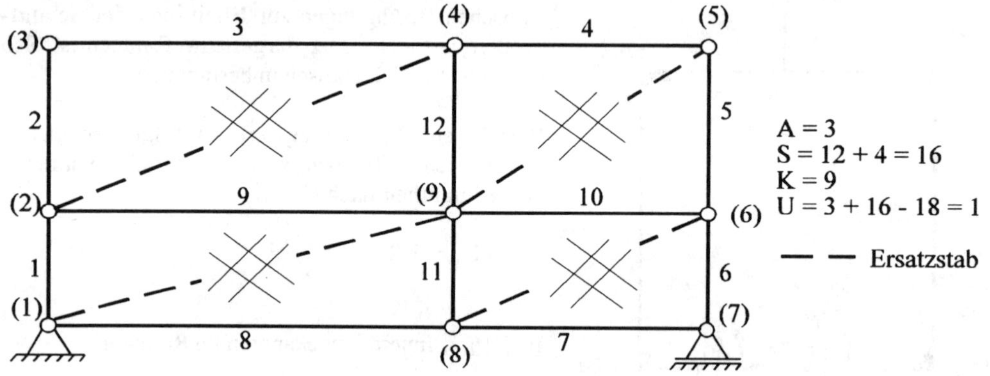

Bild 16.4: Abzählbedingung für Schubfelder-Konstruktion

Da an jedem Knoten zwei Gleichgewichtsbedingungen aufgestellt werden können, müssen auch die Knoten mit 2 K eingehen. Die Anwendung der Gl. (16.5) ist an einer zusammengesetzten Schubfelder-Konstruktion im vorstehenden Bild 16.4 gezeigt.

16.2.3 Raumfachwerke

Weil für räumliche Gelenke (Knoten) drei Gleichgewichtsbedingungen gelten, ist Gl. (16.5) für Raumfachwerke entsprechend zu erweitern. Als Abzählbedingung gilt hier

$$U = A + S - 3\,K\,. \tag{16.6}$$

Die Auflagerreaktionen können hierin mit maximal A = 6 vorkommen. Bei den Lagerungsmöglichkeiten müssen jedoch drei Fälle ausgeschlossen werden, da sie zu Beweglichkeiten führen. Diese sind:

- Keine Wirkungslinie einer Auflagerkraft darf die Wirkungslinie aller anderen Kräfte schneiden.
- Nicht mehr als drei Wirkungslinien dürfen sich in einem Punkt schneiden.

und

- Es dürfen nicht mehr als drei Auflagerkräfte in einer Ebene liegen.

Eine Ausführung eines mit Deckblechen ausgefachten Raumfachwerks zeigt Bild 16.5.

$A = 6$
$S = 12 + 6 = 18$
$K = 8$
$U = 6 + 18 - 24 = 0$

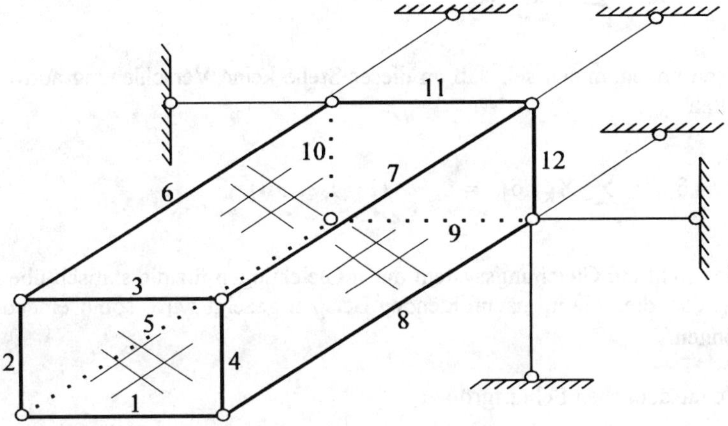

Bild 16.5: Abzählbedingung für Kastenträger

16.3 Elastizitätsgleichungen für statisch unbestimmte Strukturen

Die beanspruchungsmäßige Analyse von *statisch unbestimmten Strukturen* beruht auf dem Grundgedanken, daß man durch *Lösen äußerer Bindungen* (Weglassen von Lagerfreiheitsgraden) oder auch *innerer Bindungen* (Einführung von Gelenken, Durchschneiden von Stäben) ein *statisch* und *kinematisch bestimmtes Grundsystem* erzeugen kann. Hierdurch wird zunächst die Geometrie einer Struktur verletzt. In diesem statisch bestimmten Grundsystem können dann alle Schnittgrößen als sogenannte *Nullkräfte* N_o, Q_o und *Nullmomente* M_o aus Gleichgewichtsbedingungen heraus ermittelt werden.

Von besonderem Interesse sind jetzt die Verschiebungen und Winkeländerungen an den Stellen (i), an denen die Struktur geschnitten wurde. Diese Größen bewirken dort Klaffungen. Weil diese von der angesetzten Nullbelastung herrühren, soll sie mit δ_{io} bezeichnet werden. Die reale Struktur muß aber an den Schnittstellen (i) kontinuierlich verlaufen, bzw. die Verschiebungen müssen an allen Auflagern verschwinden. Man muß daher die Klaffungen δ_{io} wieder rückgängig machen, indem an den Schnittstellen Kraftgrößen X_k (statisch überzählige Kräfte) angebracht werden. Der Kräfteverlauf läßt sich dann wieder aus Gleichgewichtsbedingungen bestimmen und somit können auch die Verschiebungen δ_{ik} zufolge der Kraftgrößen X_k berechnet werden. Hebt man im folgenden mit diesen Verschiebungen die Klaffungen des Nullsystems auf, so ist auch wieder der geometrische Zusammenhang hergestellt.

Für die praktische Vorgehensweise werden die statisch überzähligen Kräfte zunächst als Einheitslasten angesetzt. Eine Kraft $\overline{X}_k = 1$ bewirkt dann entsprechende Schnittgrößen $\overline{N}_k, \overline{Q}_k, \overline{M}_k$ mit Verschiebungen δ_{ik} an der Stelle (i). Die wirkliche Verschiebung ist damit als $X_k \cdot \delta_{ik}$ gegeben.

Statisch überzählige Kräfte von der Anzahl n erzeugen demgemäß an den betrachteten Stellen (i) die tatsächliche Gesamtverschiebung

$$w_{ik} = \sum_{k=1}^{n} X_k \cdot \delta_{ik} . \tag{16.7}$$

Wenn angenommen sei, daß an dieser Stelle keine Verschiebung auftreten darf, so muß hier gelten:

$$\delta_{io} + \sum_{k=1}^{n} X_k \cdot \delta_{ik} = 0, \qquad (i = 1, \ldots, n). \tag{16.8}$$

Dies stellt ein Gleichungssystem mit n Gleichungen für die statisch überzähligen Kraftgrößen X_k dar, die, wie im nachfolgenden Beispiel gezeigt wird, somit eindeutig berechnet werden können.

Die tatsächlichen Schnittgrößen

$$\begin{aligned} N &= N_o + \sum_{k=1}^{n} X_k \cdot \overline{N}_k , \\ Q &= Q_o + \sum_{k=1}^{n} X_k \cdot \overline{Q}_k , \\ M &= M_o + \sum_{k=1}^{n} X_k \cdot \overline{M}_k \end{aligned} \tag{16.9}$$

folgen demnach aus der Überlagerung der Nullkräfte mit den Schnittgrößen aus den statisch Überzähligen.

16.4 Geschlossener Rahmen

Ein in der Praxis vielfach vorkommendes Problem ist die Ermittlung der Schnittgrößen in geschlossenen Rahmen. Eine mögliche Ausführungsform hierzu zeigt das umseitige Bild 16.6.

In jedem Arm des Rahmens können drei Schnittgrößen N, Q und M wirksam sein. Demnach ist der Rahmen dreifach innerlich statisch unbestimmt. Durch das Aufschneiden eines Längsarmes (hier am zweckmäßigsten) entsteht ein statisch bestimmtes Grundsystem. Da in der ursprünglichen Ausführung an dieser Stelle aber keine Verschiebungen auftreten können, sind diese durch das Anbringen von gegenwirkenden Kraftgrößen X_k rückgängig zu machen.

Unter Vernachlässigung der Normal- und Querkräfte sei dies für das Biegemoment M demonstriert.

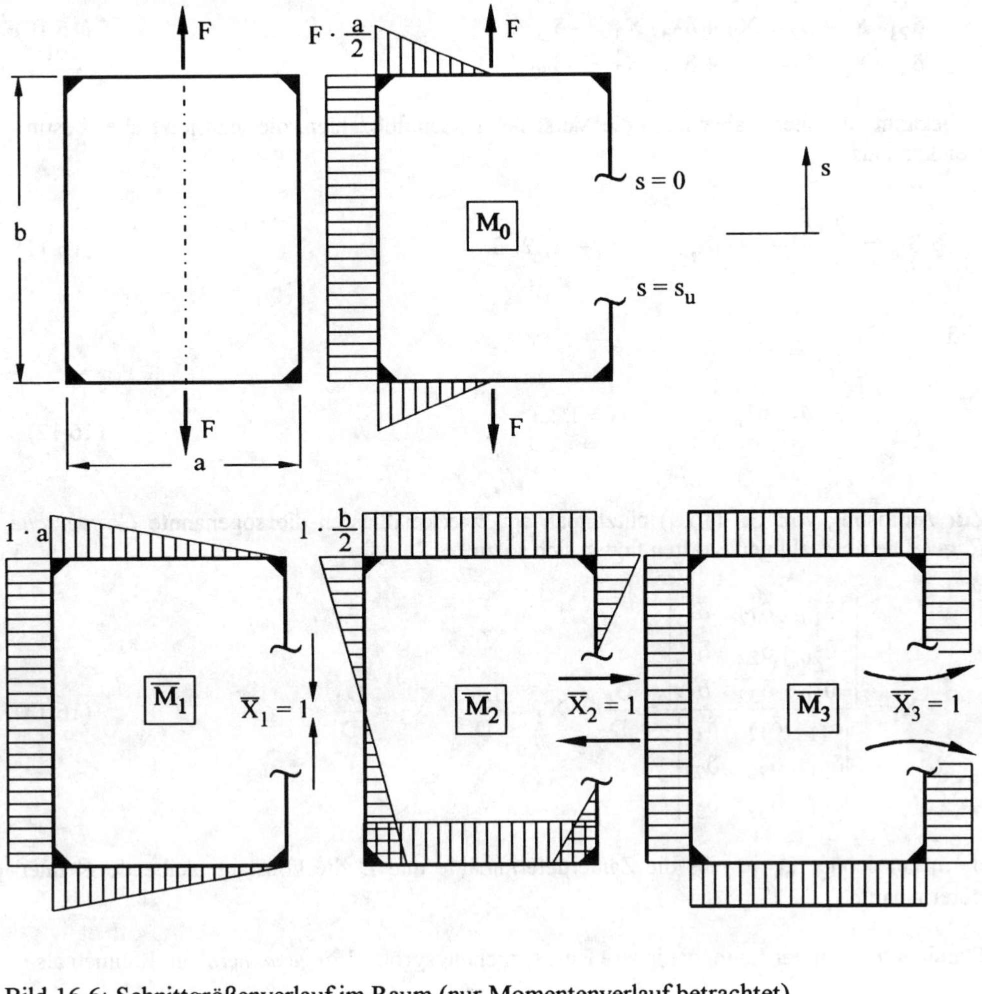

Bild 16.6: Schnittgrößenverlauf im Raum (nur Momentenverlauf betrachtet)

Durch Aufschneiden eines Arms erzeugt man zunächst ein Grundsystem und ermittelt darin den Momentenverlauf M_o. Die dadurch an der Schnittstelle möglichen Deformationen macht man nun wieder rückgängig durch die drei überzähligen Kräfte

$\overline{X}_1 = 1$ (als innere Normalkraft),
$\overline{X}_2 = 1$ (als innere Querkraft)
und
$\overline{X}_3 = 1$ (als inneres Moment).

Die in der tatsächlichen Höhe erforderlichen statisch überzähligen Kräfte können dann unter Ansatz von Gl. (16.8) ermittelt werden, und zwar als

$$\begin{aligned}\delta_{11}\cdot X_1+\delta_{12}\cdot X_2+\delta_{13}\cdot X_3&=-\delta_{10}\\ \delta_{21}\cdot X_1+\delta_{22}\cdot X_2+\delta_{23}\cdot X_3&=-\delta_{20}\\ \delta_{31}\cdot X_1+\delta_{32}\cdot X_2+\delta_{33}\cdot X_3&=-\delta_{30}\end{aligned} \tag{16.10}$$

Unbekannt sind hierin aber noch die Verschiebungseinflußzahlen, die man jetzt aber bestimmen kann als

$$\delta_{io}=\int_o^{s_u}\frac{\overline{M}_i\cdot M_o}{E\cdot J}\,ds,\qquad i=1,2,3 \tag{16.11}$$

und

$$\delta_{ik}=\int_o^{s_u}\frac{\overline{M}_i\cdot \overline{M}_k}{E\cdot J}\,ds,\qquad \begin{matrix}i=1,2,3\\ k=1,2,3\end{matrix}\quad. \tag{16.12}$$

Zur Auflösung von Gl. (16.9) nutzt man am zweckmäßigsten die sogenannte *Cramersche Regel*. Die überzähligen Kräften finden sich so zu

$$X_1=\frac{\begin{vmatrix}-\delta_{10}&\delta_{12}&\delta_{13}\\-\delta_{20}&\delta_{22}&\delta_{23}\\-\delta_{30}&\delta_{32}&\delta_{33}\end{vmatrix}}{\begin{vmatrix}\delta_{11}&\delta_{12}&\delta_{13}\\ \delta_{21}&\delta_{22}&\delta_{23}\\ \delta_{31}&\delta_{32}&\delta_{33}\end{vmatrix}}=\frac{D_1}{D},\quad X_2=\frac{D_2}{D},\quad X_3=\frac{D_3}{D}, \tag{16.13}$$

darin bezeichnet D_i jeweils die Zählerdeterminante und D die konstant bleibende Nennerdeterminante.

Damit ist man in der Lage, die innere Beanspruchungsgröße "*Biegemoment*" im Rahmen als

$$M(s)=M_o+\sum_{i=1}^{3}X_k\cdot\overline{M}_k \tag{16.14}$$

an einer beliebigen Stelle zu berechnen.

---

*) Anmerkung: Bei der Cramerschen Regel werden in D_i jeweils die zu der Unbekannten X_i gehörenden Koeffizienten δ_{ji} durch die rechte Seite δ_{io} ersetzt.

Sind für eine Analyse aber auch noch die Normal- und Querkräfte von Interesse, so ist der vorstehende Ansatz entsprechend zu erweitern. Im allgemeinen Fall sind nämlich für die Verschiebungseinflußzahlen

$$\delta_{io} = \int_{o}^{s_u} \frac{\overline{N}_i \cdot N_o}{E \cdot A} ds + \int_{o}^{s_u} \frac{\overline{Q}_i \cdot Q_o}{G \cdot A} ds + \int_{o}^{s_u} \frac{\overline{M}_i \cdot M_o}{E \cdot J} ds + \left(\frac{\overline{N}_i \cdot N_o}{c_F} + \frac{\overline{M}_i \cdot M_o}{c_M} \right) \qquad (16.15)$$

bzw.

$$\delta_{ik} = \int_{o}^{s_u} \frac{\overline{N}_i \cdot \overline{N}_k}{E \cdot A} ds + \int_{o}^{s_u} \frac{\overline{Q}_i \cdot \overline{Q}_k}{G \cdot A} ds + \int_{o}^{s_u} \frac{\overline{M}_i \cdot \overline{M}_k}{E \cdot J} ds + \left(\frac{\overline{N}_i \cdot \overline{N}_k}{c_F} + \frac{\overline{M}_i \cdot \overline{M}_k}{c_M} \right) \qquad (16.16)$$

anzusetzen. Neben dem Normal- und Querkrafteinfluß können dabei auch noch Anteile aus Federn aufgenommen werden.

17 Sandwichelemente

Jede noch so differenzierte Blechbauweise kann hinsichtlich einer Eigengewichtsoptimierung durch das Verbundprinzip übertroffen werden. Der einfachste Aufbau besteht dabei in einer Kombination von leichten und festen Werkstoffen zu einem Sandwich. Durch die hierdurch mögliche Eigenschaftsvariabilität kann ein breites Spektrum an mechanischen, thermischen oder akustischen Vorgaben abgedeckt werden, weshalb Sandwichelemente im Fahrzeugbau, Bauwesen und in der Klimatechnik breite Anwendung finden.

17.1 Aufbauprinzip

Ein für tragende Aufgaben vorgesehenes Sandwichelement besteht aus drei Schichten: den beiden äußeren *Häuten* und den dazwischen liegenden *Kernschicht*. Um eine gemeinsame Tragwirkung des Verbundes zu erreichen, wird dieser zug- und schubfest miteinander verklebt. Seitens des Aufbaus sind dabei im wesentlichen die im Bild 17.1 dargestellten Prinzipien möglich.

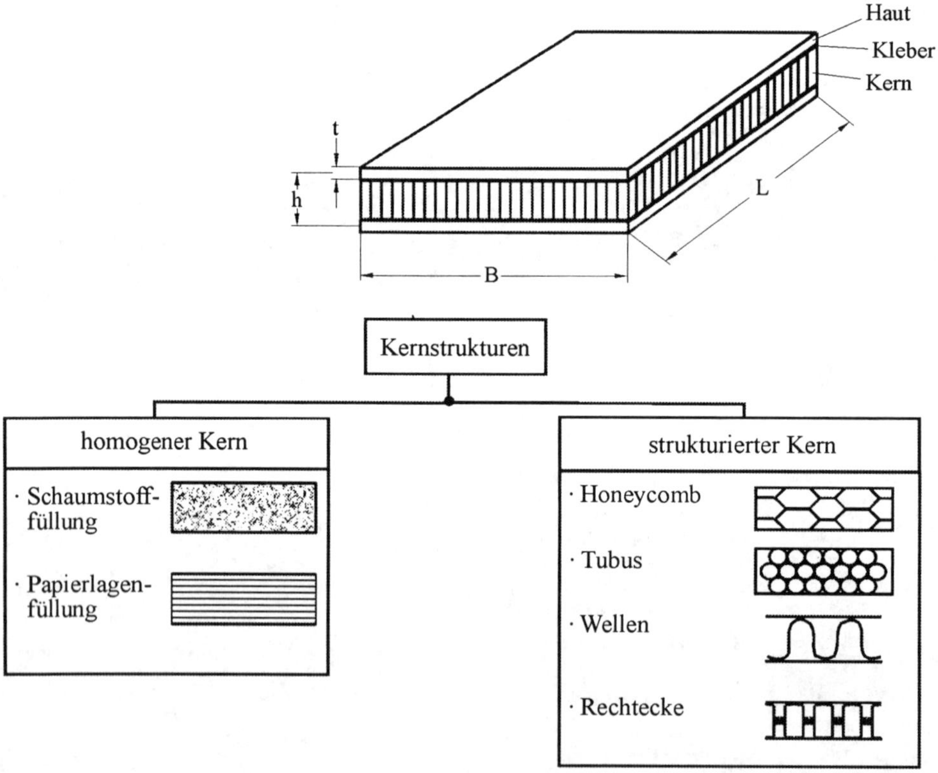

Bild 17.1: Aufbauprinzip von Sandwichelementen

Für die Häute eignen sich Platten aus Stahl, Aluminium oder faserverstärkte Kunststoffe (GFK, CFK, AFK). Für homogene Kerne kann verpreßtes Papier, dichte Schäume wie Polyäthylen bzw. aufgeschäumte Kunststoffe wie Polyurethanhartschaum sowie für strukturierte Kerne getränktes Aramid-Faserpapier (mit Phenolharz) oder Leichtmetalle in waben-, tubus-, steg- oder wellenförmiger Ausführung zum Einsatz kommen.

Von den Werkstoffalternativen her strebt man dabei möglichst dehnsteife Häute und schubweiche Kerne an. Eine hohe Dehnsteifigkeit folgt aus der Verwendung von Hautwerkstoffen mit hohem E-Modul und von Kernwerkstoffen mit geringerem Schubmodul bzw. von durchbrochenen Kernstrukturen mit geringen kraftleitenden Querschnittsflächen /17.1/.

Infolge dieses Aufbauprinzips der Sandwichelemente bedarf deren Einsatz aber auch einiger konstruktiver Vorkehrungen. Diese bestehen hauptsächlich in

- der Krafteinleitung,
- den Eckab- und -anschlüssen

sowie

- der Formgebung (z. B. Winkel, Wölbungen) insgesamt.

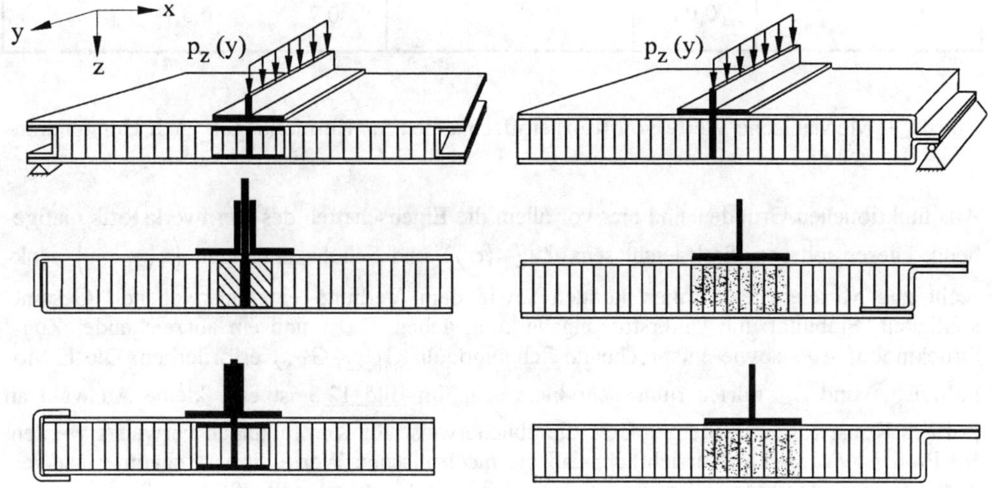

Bild 17.2: Krafteinleitung in Sandwichelementen

Am Beispiel eines homogenen Elementes ist diese Problematik im Bild 17.2 angedeutet.

Wesentlich ist hierbei die Krafteinleitung, die so zu erfolgen hat, daß keine örtlichen Spannungskonzentrationen oder Instabilitäten entstehen und der Kern geschädigt wird. Dies setzt eine möglichst großflächige Verteilung der eingeleiteten Kräfte voraus.

17.2 Werkstoffeigenschaften

Die Werkstoffwahl für Sandwichelemente ist vom Einsatzfall abhängig, d. h. der Höhe der Beanspruchungshöhe sowie einiger ergänzender Forderungen wie Schall- und Wärmedämmung, Wasser- und Dampfsperrung etc.

Kunststoffschäume	ρ [kg/dm^3]	E [MPa]	G [MPa]	σ_{zB} [MPa]	σ_{dB} [MPa]	τ_{sB} [MPa]
Polyurethanschaum, hart	0,1 0,2	9 - 25 15 - 95	5 - 20	0,7 2,0	0,9 3,0	0,5 1,5
PVC - Schaum, hart	0,05 0,08	18 30	5 10	0,8 2,0	0,2 0,5	
Polystyrolschaum	0,02 0,04		4	0,3 0,7	0,1 0,3	0,2

Bild 17.3: Mechanische Werte von Kunststoffschäumen für Kernfüllungen nach Herstellerangaben

Aus funktionellen Gründen sind hier vor allem die Eigenschaften des Kernwerkstoffs maßgebend. Dieser soll spezifisch leicht sein, Zug- (σ_z) und Schubspannungen (τ_{xz}, τ_{yz}) senkrecht zur Mittelebene ertragen können sowie dem Verbund eine ausreichende Gesamtsteifigkeit, Stabilität und Unterstützungswirkung geben. Dazu sind ein ausreichender Zug-/Druckmodul E_{Kz} sowie entsprechende Schubmoduln G_{Kxz}, G_{Kyz} erforderlich. Die E-Moduln E_{Kx} und E_{Ky} dürfen ruhig sehr klein sein. Im Bild 17.3 ist eine kleine Auswahl an porigen Kunststoffen wiedergegeben, die üblicherweise für Kernfüllungen verwandt werden. Im Prinzip wird dadurch ersichtlich, daß die mechanischen Werte dieser Schäume fast vernachlässigbar klein gegenüber denen der häufigsten Hautwerkstoffe Stahl, Aluminium und GFK, CFK, AFK sind. Weiterhin ist im umseitigen Bild 17.4 eine Gegenüberstellung von Kunststoffschäumen und Honigwaben etwa gleicher Dichte gezeigt. Hierdurch wird ersichtlich, daß die Druck- und Schubfestigkeit von Honigwaben bedeutend höher ist als die der Schäume.

Noch offensichtlicher zeigt sich die Überlegenheit der Honigwaben beim Elastizitäts- und Gleitmodul. Mit ansteigender Dichte wird dieses Verhalten immer ausgeprägter. Als Nachteil der Honigwaben ist jedoch die Verbindungsproblematik mit den Häuten anzusehen. Während die Schäume großflächig verklebt werden, ist die Verbindung der Waben an bestimmte Linien gebunden (gegebenenfalls können Kehlnähte herstellt werden). Insgesamt wird sich aber bei der nachfolgenden Gegenüberstellung der Bauprinzipien herausstellen, daß die strukturierten Kerne bezüglich des Verhältnisses Gewicht zu Steifigkeit und bezüglich des Instabilitätswiderstandes den homogenen Kern deutlich überlegen sind.

Werkstoffe	ρ [kg/dm^3]	E [MPa]	G [MPa]		σ_{zB} [MPa]	σ_{dB} [MPa]	τ_{sB} [MPa]	
Kunststoffschäume		(Zug)						
	0,05	5 - 20	3 - 10			0,2 - 1,0	0,1 - 0,5	
	0,10	9 - 30	5 - 20			0,5 - 2,0	0,2 - 1,0	
	0,20	15 - 100	10 - 50			1,0 - 5,0	0,5 - 2,0	
Papierhonigwaben (Nomex)		(Druck)	∥	⊥			∥	⊥
	0,02	200	65	25		0,8	0,5	0,3
	0,04	400	130	50		2,5	1,0	0,6
	0,08	1000	300	150		6,0	2,0	1,5
AL - Honigwaben			∥	⊥			∥	⊥
	0,03	150	90	40		0,6	0,5	0,3
	0,05	500	200	80		2,0	1,3	0,8
	0,10	2500	550	250		6,0	3,5	2,0

Bild 17.4: Mechanische Werte von Kernfüllungen im Vergleich

17.3 Homogener Kern

17.3.1 Grundlastfälle

Als einfachster Aufbau eines Sandwichelementes gilt ein solcher mit homogenem Kern. Für das Verhalten eines derartigen Elementes sollen folgende Voraussetzungen /17.2/ gelten:

- Die Häute verhalten sich linear elastisch.
- Der Kern sei homogen und ebenfalls von linear elastischem Verhalten.
- Die Häute seien eben, zueinander parallel und dünn, so daß ihre Eigenbiegesteifigkeit klein ist, weshalb nur Normalkräfte übertragen werden sollen.

und

- Die Kernschicht sei nicht zusammendrückbar, woraus wegen des geringen Moduls folgt, daß bevorzugt Schubkräfte übertragen werden können.

Seitens der Kraftaufnahme kann deshalb das Schubwandträgermodell (äquivalenter I-Querschnitt) auf das Sandwichelement übertragen werden. Um das mechanische Verhalten dieser Elemente etwas näher kennenzulernen, sollen zunächst die Grundlastfälle an einem schmalen Plattenstreifen entwickelt werden.

- *Zug-/Druckbeanspruchung*: Im Bild 17.5 ist ein Sandwichelement unter reinem Zug durch eine breitenbezogene Last n_x dargestellt. In der Praxis ist ein derartiger Lastfall zwar selten, obwohl druckbeanspruchte Stützen im Flugzeugbau eingesetzt werden. Zufolge der unterschiedlichen Elastizitäten $(E_K << E_H)$ bildet sich dann die gezeigte Dehnungs- und Spannungsverteilung aus.

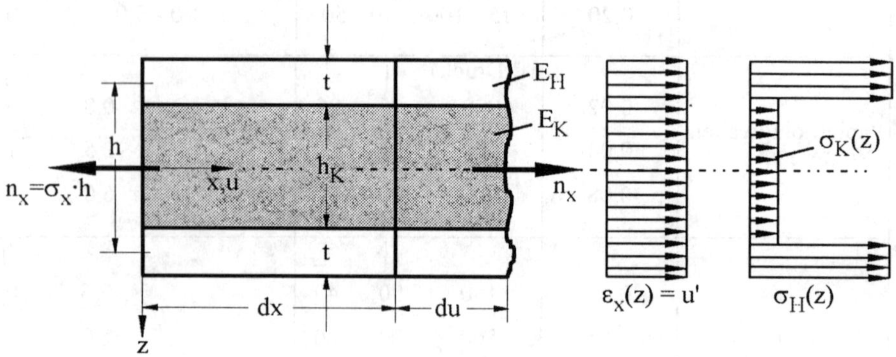

Bild 17.5: Längskraftbeanspruchtes Sandwichelement mit bezogener Breite b = 1

Für die Spannung kann somit lokal angesetzt werden:

- in den Häuten: $\sigma_H = E_H \cdot \varepsilon$
und
- im Kern: $\sigma_K = E_K \cdot \varepsilon$. (17.1)

Des weiteren folgt aus dem Gleichgewicht in x-Richtung

$$n_x = \sigma_x \cdot h = 2\,\sigma_H \cdot t + \sigma_K \cdot h_K \equiv D \cdot \varepsilon\,. \tag{17.2}$$

Mit D ist hierin eine Dehnsteifigkeit eingeführt worden, die das Elementverhalten charakterisiert. Diese läßt sich definieren zu

$$D = 2\,E_H \cdot t + E_K \cdot h_K \approx 2\,E_H \cdot t\,. \tag{17.3}$$

Wegen des geringen Kernelastizitätsmoduls kann näherungsweise der Beitrag des Kerns gänzlich vernachlässigt werden.

- *Biegebeanspruchung*: Weiterhin zeigt Bild 17.6 ein Sandwichelement unter reiner Biegung und die hierbei auftretende Dehnungs- und Spannungsverteilung. Im allgemeinen stellt Biegung den bevorzugten Lastfall dar. Für ein wirkendes breitennormiertes Biegemoment ist dann anzusetzen:

$$m_y = 2 \int_0^{(h+t)/2} \sigma_x \cdot z dz = -E \cdot J_y \cdot w'' \equiv -B_y \cdot w''. \tag{17.4}$$

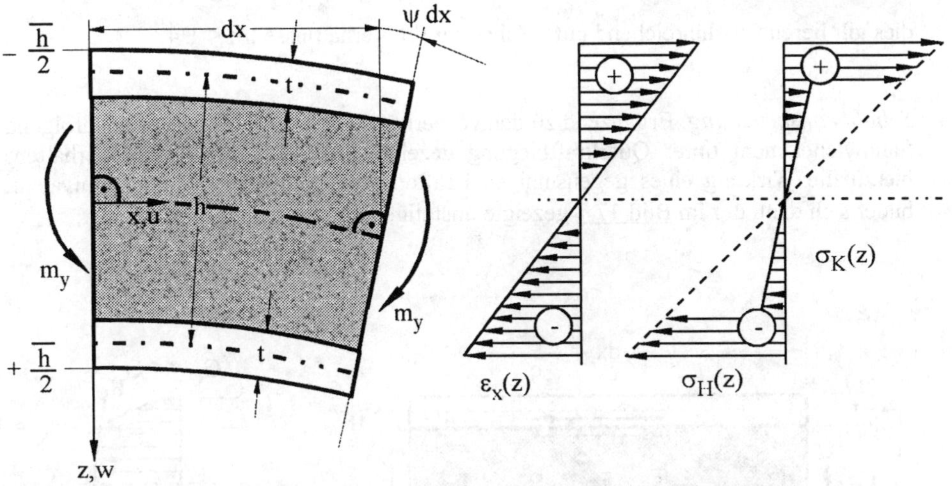

Bild 17.6: Biegebeanspruchtes Sandwichelement mit bezogener Breite b = 1

In diesem Ansatz muß jetzt wieder die unterschiedliche lokale Spannungsverteilung berücksichtigt werden, und zwar

$$\sigma_H = E_H \cdot z \cdot w'' \quad \text{und} \quad \sigma_K = E_K \cdot z \cdot w'' . \tag{17.5}$$

Die Biegesteifigkeit ergibt sich dann zu

$$B_y = 2 \int_0^{(h+t)/2} E \cdot z^2 \, dz = 2 E_H \int_{(h-t)/2}^{(h+t)/2} z^2 \, dz + 2 E_K \int_0^{h_K/2} z^2 \, dz =$$

$$= 2 E_H \left[\frac{z^3}{3}\right]\Bigg|_{(h-t)/2}^{(h+t)/2} + 2 E_K \left[\frac{z^3}{3}\right]\Bigg|_0^{h_K/2} = \frac{E_H}{12}\left[(h+t)^3 - (h-t)^3\right] + \frac{E_K}{12} h_K{}^3$$

was auch übersichtlicher zusammengefaßt werden kann zu

$$B_y = E_H \left(\frac{h^2 \cdot t}{2} + \frac{t^3}{6}\right) + \frac{E_K \cdot h_K{}^3}{12} . \tag{17.6}$$

Mit der Annahme $h \approx h_K$, $E_K << E_H$ und Vernachlässigung der Eigenbiegesteifigkeit der Häute kann für die Biegesteifigkeit aber auch angesetzt werden

$$B_y \approx E_H \frac{h^2 \cdot t}{2}; \tag{17.7}$$

dies gilt bereits als hinreichend gute Näherung für Verhältnisse $t/h < 1/4$.

- *Schubbeanspruchung*: Ergänzend zu den vorherigen Betrachtungsfällen ist nachfolgend ein Sandwichelement unter Querkraftbiegung gezeigt. Bezüglich des Elementverhaltens ist hierzu die Wirkung eines gegensinnigen Kräftepaares n_x in den Häuten äquivalent. Es bildet sich dann der im Bild 17.7 gezeigte unstetige Schubspannungsverlauf aus.

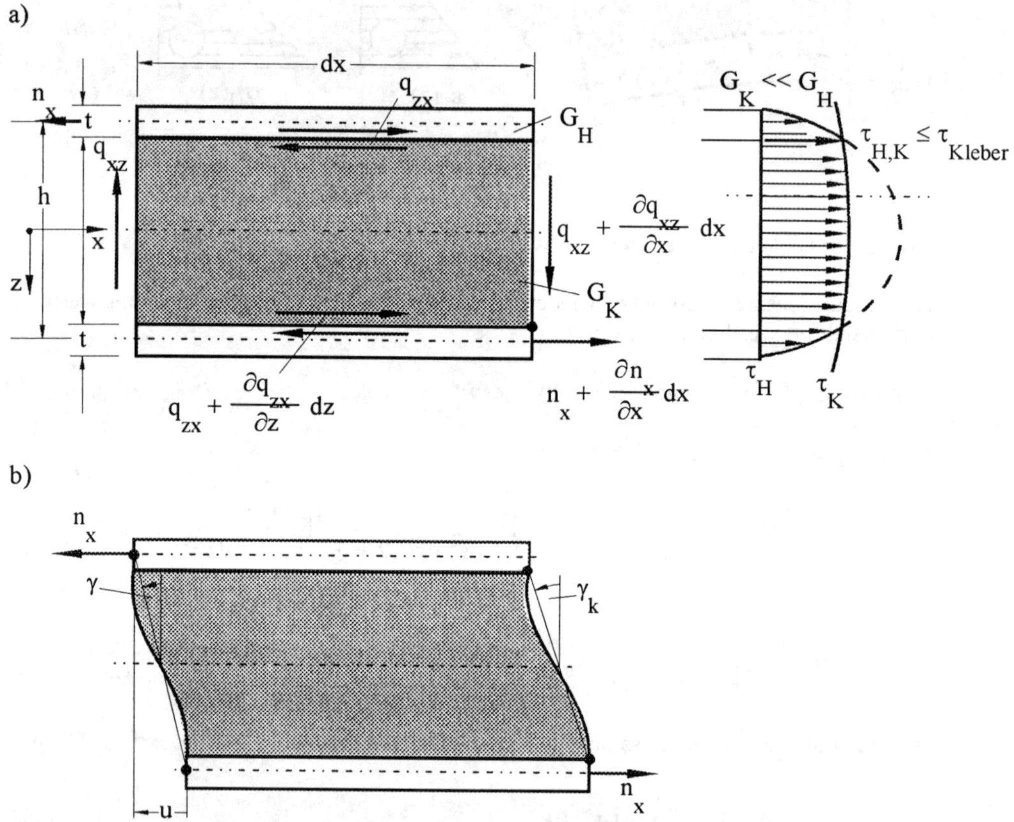

Bild 17.7: Sandwichelement unter kritischem Schub mit bezogener Breite b = 1
a) Belastungs- und Beanspruchungszustand
b) Verzerrungszustand

Zwischen der auftretenden Verschiebung u und der angreifenden Kraft n_x soll dann folgende proportionale Beziehung bestehen:

$$n_x = c \cdot u, \tag{17.8}$$

worin aus der Verformungsgeometrie noch folgt

$$u = h_K \cdot \gamma_K \,. \tag{17.9}$$

Aus dem Momentengleichgewicht am unverformten Kernelement erhält man weiter den Kräftezusammenhang

$$q_{zx} \cdot h_K = q_{xz} \cdot dx \tag{17.10}$$

mit $q_{zx} \equiv n_x$, so daß für die Schubkraftkomponente

$$q_{xz} = \frac{n_x \cdot h_K}{dx} = \frac{c \cdot h_K{}^2}{dx} \gamma_K \equiv S_x \cdot \gamma_K \tag{17.11}$$

gilt. Hierin ist mit S_x die Schubsteifigkeit eingeführt worden. Zur weiteren Bestimmung der Schubsteifigkeit muß noch vom Schubspannungsansatz

$$\tau_{zx} = \frac{Q}{1 \cdot dx} = \frac{q_{zx}}{dx} = \frac{n_x}{dx} \equiv G_K \cdot \gamma_K \tag{17.12}$$

Gebrauch gemacht werden. Wird auch hierin wieder Gl. (17.9) berücksichtigt und nach n_x aufgelöst, so erhält man

$$n_x = \frac{G_K \cdot dx}{h_K} u \tag{17.13}$$

oder

$$c = \frac{G_K \cdot dx}{h_K} \,. \tag{17.14}$$

Setzt man nunmehr diese Proportionalitätskonstante in Gl. (17.11) ein, so findet sich

$$S_x = \frac{c \cdot h_K{}^2}{dx} = \frac{G_K \cdot dx}{h_K} \cdot \frac{h_K{}^2}{dx} = G_K \cdot h_K \,. \tag{17.15}$$

Von weiterem Interesse ist noch die Schubspannungsverteilung. Ausgangsbeziehung hierfür ist das Gleichgewicht in einer scheibenförmigen Kernschicht im Inneren, für die anzusetzen ist:

$$\frac{\partial \sigma_x}{\partial x} + \frac{\partial \tau_{zx}}{\partial z} = 0 \,.$$

Aus der Integration folgt

$$\tau_{zx} = -\int_0^z \frac{\partial \sigma_x}{\partial x} dz + C \ . \tag{17.16}$$

Hierin tritt mit $\partial\sigma_x / \partial x$ ein Normalspannungsgradient auf, der in dieser Form aber unzweckmäßig ist. Für linear-elastisches Materialverhalten kann dieser Spannungsgradient auch wegen der Proportionalität zwischen dem angreifenden Moment und der hervorgerufenen Spannung wie folgt ersetzt werden:

$$\frac{\sigma_x}{m_y} = \frac{\partial \sigma_x}{\partial m_y} , \tag{17.17}$$

d. h., der endliche und der differentielle Quotient Spannung zu Moment steht im gleichen Verhältnis zueinander. Diesbezüglich gilt dann auch

$$\frac{\partial \sigma_x}{\partial x} = \frac{\partial m_y}{\partial x} \cdot \frac{\sigma_x}{m_y} \ . \tag{17.18}$$

Weiterhin soll berücksichtigt werden, daß die Ableitung eines Momentes stets gleich der Querkraft ist, d. h.

$$\frac{\partial m_y}{\partial x} = q_{xz} , \tag{17.19}$$

so daß letztlich für Gl. (17.18) auch folgt

$$\frac{\partial \sigma_x}{\partial x} = \frac{q_{xz}}{m_y} \sigma_x \ . \tag{17.20}$$

Demnach kann der Spannungsverlauf mit Gl. (17.4) bzw. Gl. (17.5) angesetzt werden als

$$\tau_{zx} = -\frac{q_{xz}}{m_y} \int_0^z \sigma_x dz + C = -\frac{q_{xz}}{B_y} E \cdot \int_o^z z dz + C \ . \tag{17.21}$$

Die drei Grundbeanspruchungsfälle am Element mit homogenem Kern sind somit beschrieben, wobei deutlich geworden ist, daß hierbei die Steifigkeiten die wesentlichen Kenngrößen darstellen.

17.3.2 Kritische Beanspruchung

Wie zuvor bereits ausgeführt worden ist, sind Kern und Häute miteinander verklebt, insofern ergibt sich aus der zulässigen Zug-Scherfestigkeit für den Klebstoff die Grenzbeanspruchung für ein Sandwichelement unter Schubkräften. Bei Berücksichtigung des im <u>Bild 17.7</u> gezeigten Spannungsverlaufs und der vorstehenden Gleichung können für die Betrachtung zwei Bereiche über das Element abgegrenzt werden /17.3/, und zwar

1. *Der Hautbereich* in den Integrationsgrenzen $\frac{h-t}{2} \leq z \leq \frac{h+t}{2}$

   Für den Schubspannungsverlauf ist somit nach Gl. (17.21) und unter Berücksichtigung des E-Moduls E_H anzusetzen

$$\tau_{xz}(z)_H = \frac{q_{xz}}{B_y} \cdot E_H \cdot \int_z^{[h+t]/2} z\,dz + C_H = \frac{q_{xz}}{B_y} \cdot E_H \left[\frac{(h+t)^2}{8} - \frac{z^2}{2} \right] + C_H . \quad (17.22)$$

   Aus der Diskussion des Verlaufs ergibt sich, daß an der Stelle $z = (h+t)/2$ (äußerer Rand) die Schubspannung $\tau_{xz_H} = 0$ ist und deshalb auch $C_H = 0$ wird, welches durch Einsetzen bewiesen werden kann.

2. *Der Kernbereich* in den Integrationsgrenzen $0 \leq z \leq \frac{h_K}{2}$

   Für den Schubspannungsverlauf im Kern gilt mit dementsprechend berücksichtigten E-Modul E_K dann

$$\tau_{xz}(z)_K = \frac{q_{xz}}{B_y} \cdot E_K \cdot \int_z^{h_K/2} z\,dz + C_K = \frac{q_{xz}}{B_y} \cdot E_K \cdot \left[\frac{h_K^2}{8} - \frac{z^2}{2} \right] + C_K . \quad (17.23)$$

   Aus dem Übergang Haut-Kern mit $z = h_K / 2$ folgt

$$\tau_{xz}(h_K / 2)_K = C_K \equiv \tau_{xz}((h-t)/2)_H , \quad (17.24)$$

   woraus man für die Integrationskonstante erhält

$$C_K = \frac{q_{xz}}{B_y} \cdot E_H \cdot \frac{h \cdot t}{2} . \quad (17.25)$$

   Berücksichtigt man dies, so kann für Gl. (17.23) auch angegeben werden

$$\tau_{xz}(z)_K = \frac{q_{xz}}{B_y} \left[E_K \left(\frac{h_K^2}{8} - \frac{z^2}{2} \right) + E_H \frac{h \cdot t}{2} \right] \quad (17.26)$$

   bzw. für die Spannung im Klebstoff $(z = h_K / 2)$

$$\tau_{xz\,Kleber} = \frac{q_{xz}}{B_y} \cdot E_H \cdot \frac{h \cdot t}{2} \,. \tag{17.27}$$

Der Schubspannungsverlauf im Kern ist also nicht nur abhängig vom Kernwerkstoff, sondern auch vom Werkstoff der Häute. Am Übergang vom Kern zur Haut ergibt sich im parabolischen Verlauf eine Unstetigkeitsstelle.

Den Maximalwert der Schubspannung findet man auf der Schwerlinie des Elementes an der Stelle $z = 0$ zu

$$\tau_{max} = \frac{q_{xz}}{B_y} \left[E_K \cdot \frac{h_K^{\,2}}{8} + E_H \cdot \frac{h \cdot t}{2} \right] \tag{17.28}$$

oder für dünne Häute und leichte Kerne wieder

$$\tau_{max} \approx \frac{q_{xz}}{2\,B_y} \cdot E_H \cdot h \cdot t \,. \tag{17.29}$$

Aus Vergleich der Gleichungen (17.27) und (17.29) folgt, daß der mittlere Schubspannungsverlauf sehr flach ist.

17.4 Methode der Partialdurchsenkung

Bei der Biegung eines Sandwichelementes stellt man fest, daß sich die Gesamtdurchbiegung w aus zwei Anteilen zusammensetzt, und zwar aus der Biegeverformung $w_b(x)$ und der Schubverformung $w_s(x)$. Bei der Methode der Partialdurchsenkung werden beide Anteile zur Gesamtverformung aufaddiert. Im folgenden soll dieser Ansatz an einem breitennormierten Plattenstreifen (s. Bild 17.8) entwickelt werden. Voraussetzung ist dabei, daß sich die Verhältnisse in y-Richtung nicht ändern.

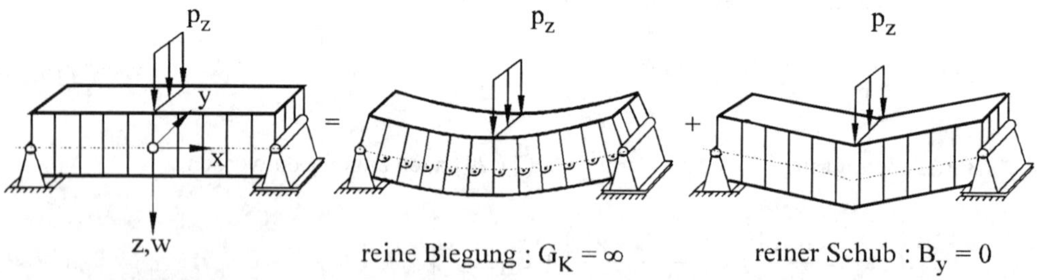

Bild 17.8: Biegedeformation am Plattenstreifen nach /17.4/

Für die resultierende Durchbiegung ist demnach anzusetzen:

$$w(x) = w_b(x) + w_s(x). \tag{17.30}$$

Die einzelnen Anteile folgen dabei aus der Integration der entsprechenden Formänderungsbeziehungen

- Biege-DGL

$$w_b'' = -\frac{m_y}{B_y}$$

$$w_b' = -\frac{1}{B_y}\int_x m_y \cdot dx + C_1$$

$$w_b = -\frac{1}{B_y}\int_x\int_x m_y \cdot dx + \int_x C_1 \cdot dx + C_2 \tag{17.31}$$

und

- Schub-DGL

$$w_s' = \gamma_{xz} = \frac{q_{xz}}{G_{Kx} \cdot h_K}$$

$$w_s = \frac{1}{G_{Kx} \cdot h_K}\int_x q_{xz} \cdot dx + C_1 . \tag{17.32}$$

Die hierin noch enthaltenen Integrationskonstanten findet man aus der Einarbeitung der Randbedingungen des entsprechenden Lagerungsfalls.

Einige beispielhaft gelöste Biegefälle zeigt hierzu Bild 17.9. Man erkennt beim Biegeanteil deutlich die Analogie zur kontinuierlichen Verformungstheorie.

	Beispiel	Biegemoment	Querkraft	Durchbiegung infolge Biegung	Durchbiegung infolge Schub
1.	p[N/mm] 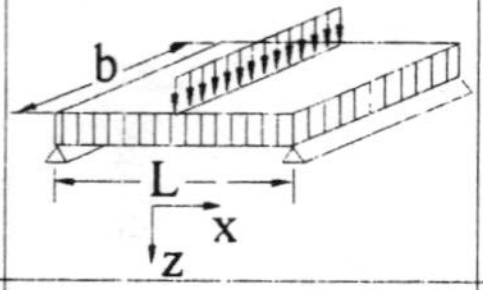	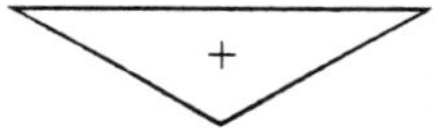 $m_x(x)=\frac{pL}{4}\left(1-\frac{2x}{L}\right)$	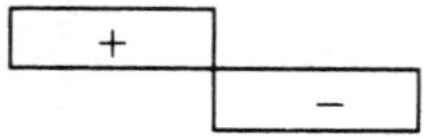 $q_{xz}(x)=-\frac{p}{2}$	$w_b(x)=\frac{pL^2}{48\,B_x}\left[1-\frac{3}{2}\left(\frac{2x}{L}\right)^2+\frac{1}{2}\left(\frac{2x}{L}\right)^3\right]$ $w_{b\,max}=\frac{pL^3}{48\,B_x}$	$w_s(x)=\frac{pL}{4G_{Kx}h}\left(1-\frac{2x}{L}\right)$ $w_{s\,max}=\frac{pL}{4G_{Kx}h}$
2.	p(x,y) 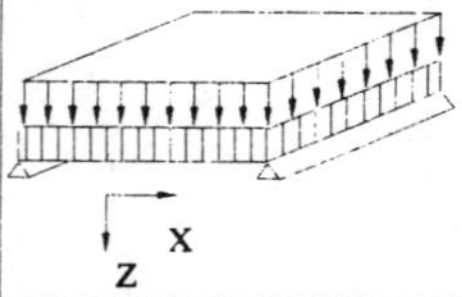	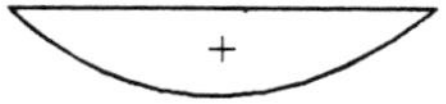 $m_x(x)=\frac{pL^2}{8}\left[1-\left(\frac{2x}{L}\right)^2\right]$	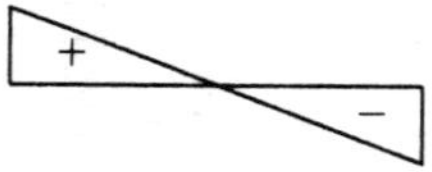 $q_{xz}(x)=-p\cdot x$	$w_b(x)=\frac{pL^4}{384\,B_x}\left[5-6\left(\frac{2x}{L}\right)^2+\left(\frac{2x}{L}\right)^4\right]$ $w_{b\,max}=\frac{5pL^4}{384\,B_x}$	$w_s(x)=\frac{pL^2}{8\,G_{Kx}h}\left[1-\left(\frac{2x}{L}\right)^2\right]$ $w_{s\,max}=\frac{pL^2}{8G_{Kx}h}$
3.	p(x,y) 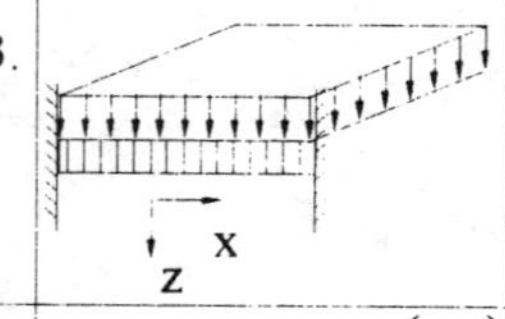	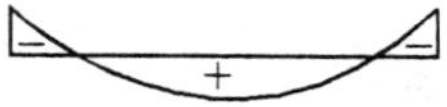 $m_x(x)=\frac{pL^2}{8}\left[\frac{1}{3}-\left(\frac{2x}{L}\right)^2\right]$	 wie 2.	$w_b(x)=\frac{pL^4}{384\,B_x}\left[1-2\left(\frac{2x}{L}\right)^2+\left(\frac{2x}{L}\right)^4\right]$ $w_{b\,max}=\frac{pL^4}{384\,B_x}$	wie 2.
4.	p(x,y) 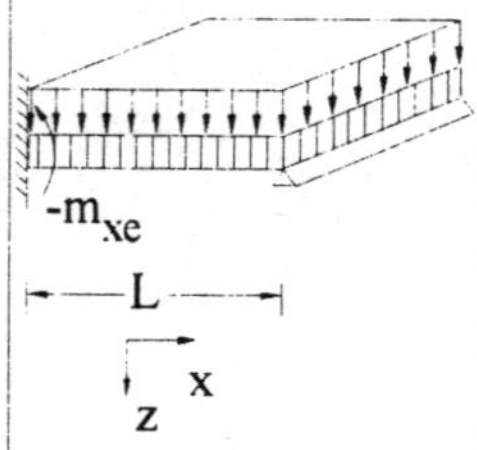	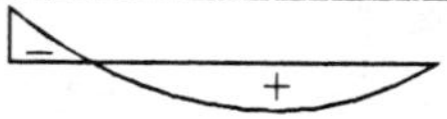 $m_x(x)=\frac{pL^2}{8}\left[\frac{x}{L}-\left(\frac{x}{L}\right)^2\right]+$ $+m_{xe}\left(1-\frac{x}{L}\right)$ mit $m_{xe}=-pl^2\left(8+\frac{24B_x}{G_{Kx}hL^2}\right)$	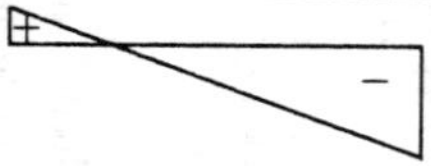 $q_{xz}(x)=p\left(\frac{L}{2}-x\right)-\frac{m_{xe}}{L}$	keine Trennung der Teile möglich (statisch unbestimmte Querkräfte) $w_b=w_s=$ $=\frac{pL^4}{24\,B_x}\left[-2\left(\frac{x}{L}\right)^3+\left(\frac{x}{L}\right)^4+\frac{12B_x}{G_{Kx}hL^2}\left(\left(\frac{x}{L}\right)-\left(\frac{x}{L}\right)^2\right)\right]+$ $+\frac{m_{xe}L^2}{2\,B_x}\left[-\left(\frac{x}{2}\right)^2+\frac{1}{3}\left(\frac{x}{2}\right)^3-\frac{2\,B_x}{G_{Kx}hL^2}\left(\frac{x}{L}\right)\right]$	

Bild 17.9: Durchbiegung eines Sandwichplattenstabes bei unterschiedlicher Lagerung

17.5 Stab-Knicken

Wird ein Sandwichprofil einer Druckbeanspruchung ausgesetzt, so kann der Profilstreifen insgesamt instabil werden. Die Ausgangsbeziehung zur Bestimmung der kritischen Last folgt dabei wieder aus den Formänderungsbeziehungen der Partialdurchsenkung

- für Biegung $w_b''(x) = -\dfrac{m_y(x)}{B_y}$

und

- für Schub $w_s'(x) = \dfrac{q_{xz}(x)}{G_{Kx} \cdot D_K}$.

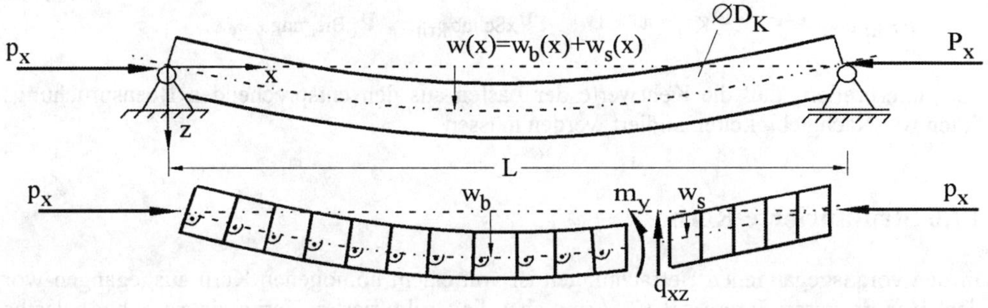

Bild 17.10: Biegeknickung an einer Rohr-Sandwichstütze

Für den im Bild 17.10 gezeigten Sandwichstreifen mit den angesetzten Randbedingungen folgt dabei zunächst für die Schnittgrößen

$$m_y(x) = p_x \cdot w(x) \tag{17.33}$$

und

$$q_{xz}(x) = m_y'(x) . \tag{17.34}$$

Insofern kann mit Gl. (17.30) für Biegeknickung angesetzt werden:

$$w''(x) = w_b''(x) + w_s''(x) = -\frac{m_y(x)}{B_y} + \frac{q_{xz}'(x)}{G_{Kx} \cdot D_K} . \tag{17.35}$$

Dies führt zu der DGL

$$\left(1 - \frac{p_x}{G_{Kx} \cdot D_K}\right) w''(x) + \frac{p_x}{B_y} w(x) = 0 . \tag{17.36}$$

Für diese homogene Gleichung ist mit

$$w(x) = w_{max} \cdot \sin \frac{\pi \cdot x}{L} \tag{17.37}$$

bzw.

$$w''(x) = -\frac{\pi^2}{L^2} \cdot w_{max} \cdot \sin \frac{\pi \cdot x}{L}$$

die Lösung bekannt. Setzt man diese Lösung in Gl. (17.36) ein, so folgt für die erste Eigenform

$$\frac{1}{p_{x\,krit}} = \frac{1}{G_{Kx} \cdot D_K} + \frac{L^2}{\pi^2 \cdot B_y} \equiv \frac{1}{p_{xSchub\,krit}} + \frac{1}{p_{xBiegung\,krit}} \tag{17.38}$$

oder interpretiert, daß die Kehrwerte der Lasten aus den entsprechenden Beanspruchungsfällen wie Nachgiebigkeiten addiert werden müssen.

17.6 Strukturierte Kerne

In den vorausgegangenen Betrachtungen ist von einem homogenen Kern ausgegangen worden. Von größerem Interesse /17.5/ sind aber die strukturierten Kerne, da sie höher belastbar sind. Die mechanischen Eigenschaften sind dabei wieder durch die Dehn-, Biege- und Schubsteifigkeit gegeben. Für die Steifigkeitsbetrachtung und die Verformungsrechnung ist hierbei noch die Schubsteifigkeit und der geometrische Gleitmodul eines strukturierten Kerns erforderlich, den es somit zu bestimmen gilt.

17.6.1 Schubsteifigkeit des Honeycomb-Kerns

Für den Wabenkern soll angenommen werden, daß wegen der Relation $t_W << h_K$ die Biegesteifigkeit der Wände gegenüber der Schubsteifigkeit vernachlässigt werden kann. Bei der Berechnung der Schubverformung geht sodann von der Gesamtverschiebung nur die jeweils zur Belastungsrichtung parallele Komponente ein. Aus der Gestaltung der Waben geht zudem hervor, daß *Orthotropie* vorliegt, weshalb die Schubsteifigkeit in zwei Richtungen zu bestimmen ist.

Fall 1: Schubsteifigkeit S_{Wx} eines Wabenstreifens in Längsrichtung (s. Bild 17.11)

Gemäß des Aufbauprinzips des Honeycomb-Kerns können die Betrachtungen an einem sich wiederholenden *Grundelement* unter der Kraft $n_x = \sigma_x \cdot t$ bzw. $n_{x_i} = n_x \cdot b$ vorgenommen werden.

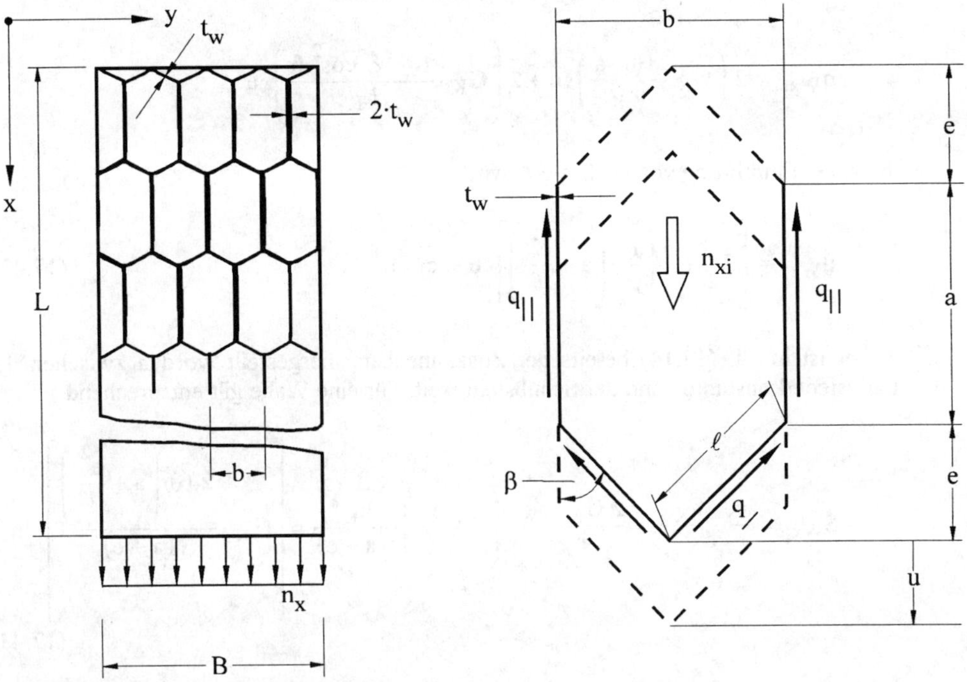

Bild 17.11: Längsschubverformung eines Wabengrundelementes

Als Folge der Schubverformung u in Längsrichtung kann angesetzt werden:

- für die Schubspannung in den parallelen Wabenwänden

$$\tau_{II} = G_K \cdot \gamma_{K_{II}} = G_K \cdot \frac{u}{h_K} \equiv \frac{q_{II}}{t_W \cdot a} \tag{17.39}$$

und

- für die Schubspannung in den geneigten Wabenwänden

$$\tau_/ = G_K \cdot \gamma_{K_/} = G_K \cdot \frac{u \cdot \cos\beta}{h_K} \equiv \frac{q_/}{t_W \cdot \ell} . \tag{17.40}$$

Somit ergibt sich in dem selbsttragenden Stützkern (4 Wabenwände) folgende der äußeren Kraft entgegenwirkende Schubkraft:

$$q_{Wx_i} = 2\, q_{II} + 2\, q_/ \cdot \cos\beta \equiv q_{xz_i} , \tag{17.41}$$

wobei natürlich wieder aus dem Gleichgewicht $q_{xz_i} \equiv n_{x_i}$ folgen muß.

Wird hierin Gl. (17.39) und (17.40) eingesetzt, so folgt

$$q_{Wx_i} = 2\left(G_K \cdot \frac{t_W \cdot a}{h_K}\right) \cdot u + 2\left(G_K \cdot \frac{t_W \cdot \ell \cdot \cos^2 \beta}{h_K}\right) \cdot u$$

bzw. bei Einführung von $\cos\beta = e/\ell$ wird

$$q_{Wx_i} = \left[2\, G_K \cdot \frac{t_W}{h_K} \cdot \left(a + \frac{e^2}{\ell}\right)\right] \cdot u \equiv c_x \cdot u. \tag{17.42}$$

Zuvor ist in Gl. (17.14) bereits der Zusammenhang hergestellt worden zwischen der Längsfederkonstanten und der Schubsteifigkeit. Für eine Wabe gilt entsprechend

$$S_{Wx_i} = \frac{c_x \cdot h_K^2}{dx} = \frac{2\, G_K \cdot t_W}{h_K} \cdot \left(a + \frac{e^2}{\ell}\right) \cdot \frac{h_K^2}{(a+e)} = \left[G_K \cdot \frac{2\, t_W\left(a + \frac{e^2}{\ell}\right)}{(a+e)}\right] \cdot h_K, \tag{17.43}$$

worin mit $dx = a + e$ die Grundlänge einer Wabe eingesetzt worden ist. Auf einen Streifen der Breite B entfallen im weiteren $i = B/b$ Waben, so daß sich folgende Gesamtsteifigkeit ergibt:

$$S_{Wx} = i \cdot S_{Wx_i} = \frac{B}{b}\left[G_K \cdot \frac{2\, t_W\left(a + \frac{e^2}{\ell}\right)}{(a+e)}\right] \cdot h_K = G_{KWx} \cdot \frac{B \cdot h_K}{b}. \tag{17.44}$$

Aus dieser Gleichung kann also mit G_{KWx} der geometrische Gleitmodul einer Wabe bestimmt werden. Damit ist eine Bezugsgröße definiert worden, die beispielsweise ein homogener Kern haben müßte, um die gleiche Schubsteifigkeit wie ein Wabenkern aufzuweisen. Wird noch der Grenzübergang $\beta = 0$, $\ell = e$ und $2\, t_W = b$ gemacht, so strebt G_{KWx} zum Gleitmodul des homogenen Kerns G_K.

Die in den Wabenwänden auftretenden Schubspannungen können jetzt aus Gl. (17.39)/(17.40) mit Gl. (17.11) hergeleitet werden zu

$$\tau_{II} = G_K \cdot \gamma_{K_{II}} = G_K \cdot \frac{Q_{xz}}{S_{Wx}} = \frac{G_K}{G_{KWx}} \cdot \frac{b}{B \cdot h_K} \cdot Q_{xz} \tag{17.45}$$

und

$$\tau_{/} = \tau_{II} \cdot \cos \beta ,$$

worin jetzt mit Q_{xz} die resultierende Querkraft-Schnittgröße am Plattenstreifen eingeführt ist.

Fall 2: Schubsteifigkeit S_{Wy} eines Wabenstreifens in Querrichtung (s. Bild 17.12)

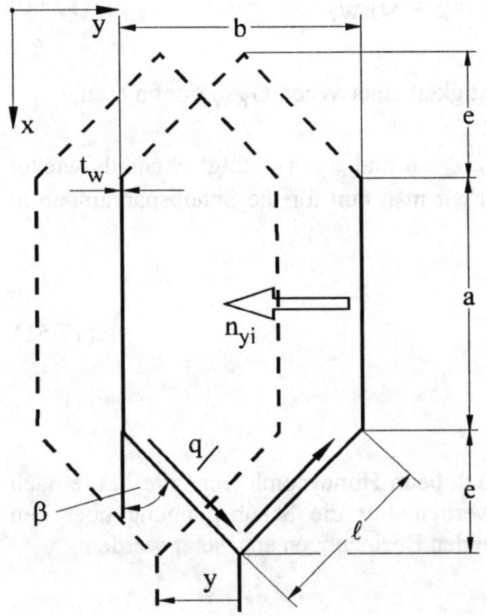

Infolge des Schubverformungsverhaltens in Wabenquerrichtung kann angenommen werden:

- Die Längswände tragen zur Steifigkeit fast nichts bei, deshalb soll $\tau_{\perp} = 0$ und $\gamma_{K\perp} = 0$ angesetzt werden.
- Diesbezüglich leisten die Querwände den ganzen Widerstand.

Bild 17.12:
Querschubverformung eines Wabengrundelementes

Für die Schubspannung in den Querwänden gilt somit

$$\tau_{/} = G_K \cdot \gamma_{K/} = G_K \cdot \frac{v \cdot \sin \beta}{h_K} = \frac{q_{/}}{t_W \cdot \ell} . \tag{17.46}$$

Die übertragene Querkraft ist demnach

$$q_{Wy_i} = 2\, q_{/} \cdot \sin \beta = 2\, \tau_{/} \cdot t_W \cdot \ell \cdot \sin \beta = 2\, G_K \cdot \frac{t_W \cdot \ell}{h_K} \cdot \sin^2 \beta \cdot v \equiv q_{yz_i} \tag{17.47}$$

bzw. wieder mit Einführung von $\sin \beta = b / 2\,\ell$ folgt

$$q_{Wy_i} = \left[G_K \cdot \frac{t_W \cdot b^2}{2 \cdot h_K \cdot \ell} \right] \cdot v = c_y \cdot v . \tag{17.48}$$

Für die Schubsteifigkeit ist demgemäß wieder anzusetzen

$$S_{Wy_i} = \frac{c_y \cdot h_K^2}{dy} = \frac{G_K \cdot t_W \cdot b^2}{2 \cdot h_K \cdot \ell} \cdot \frac{h_K^2}{b} = \left[G_K \cdot \frac{t_W \cdot b}{2\,\ell} \right] \cdot h_K \,, \tag{17.49}$$

worin dy = b gesetzt ist.

Die Gesamtschubsteifigkeit bestimmt sich entsprechend durch Betrachtung eines Streifens mit j = L/(a+e) Stützkernen zu

$$S_{Wy} = j \cdot S_{Wy_i} = \frac{L}{(a+e)} \left[G_K \cdot \frac{t_W \cdot b}{2\,\ell} \right] h_K = G_{KWy} \cdot \frac{L \cdot h_K}{(a+e)} \,. \tag{17.50}$$

Damit läßt sich wieder die geometrische Steifigkeit einer Wabe G_{KWy} definieren.

Aus dem Grenzübergang ß = 90°, a = 0, 2 ℓ = b und e = t_W folgt ebenfalls wieder $G_{KWy} = G_K$. In Analogie zu Gl. (17.46) erhält man nun für die Schubspannungen in den Wabenwänden

$$\tau_{II} = 0$$

und (17.51)

$$\tau_{/} = \frac{G_K}{G_{KW_y}} \cdot \frac{(a+e)}{L \cdot h_K} \cdot Q_{yz} \cdot \sin ß .$$

Genauso wie beim homogenen Kern muß auch beim Honeycomb-Kern die Frage nach der Klebenahtbeanspruchung beantwortet werden. Für die Schubspannung über den Wabenrand kann unter Nutzung der vorstehenden Beziehungen angesetzt werden:

$$\tau_{Wx} = \frac{q_{Wx_i}}{2\, t_W (a + \ell \cdot \cos ß)} \le \tau_{BKl} \tag{17.52}$$

bzw.

$$\tau_{Wy} = \frac{q_{Wy_i}}{2\, t_W \cdot \ell \cdot \sin ß} \le \tau_{BKl} \,. \tag{17.53}$$

17.6.2 Tubuskern

Vom Aufbau her zeigt der Tubuskern nach allen Seiten gleiches (isotropes) Verhalten. Die Anordnung der Tuben stellt Bild 17.13 dar. Hiernach werden jeweils Röhrchenreihen aneinandergesetzt und miteinander verklebt.

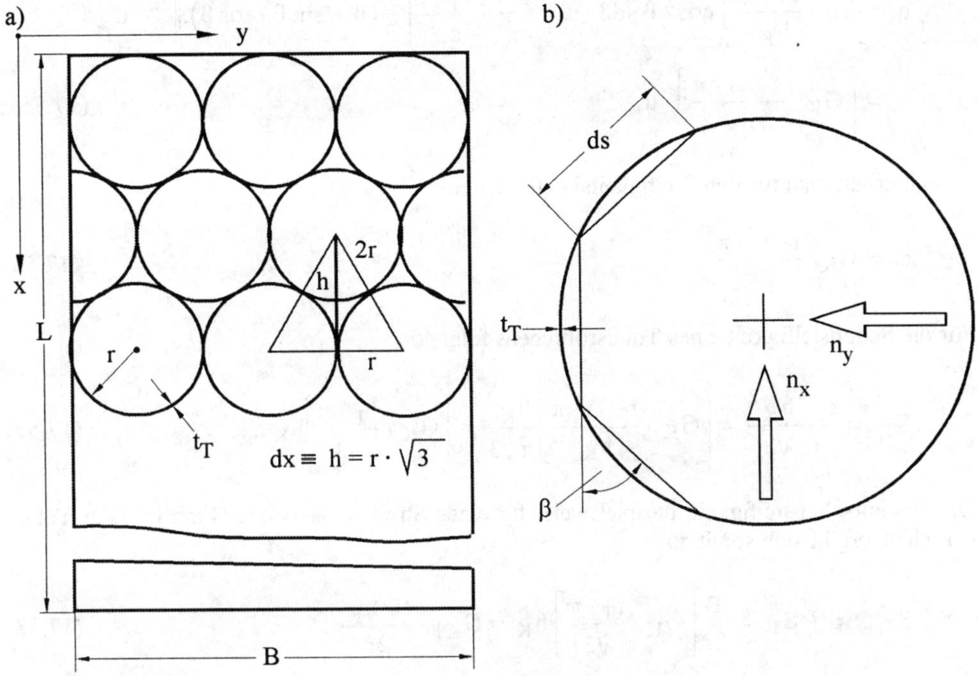

Bild 17.13: Geometrie eines Tubuskerns
a) Verteilung der Tuben
b) n-Eck

Da dieses Stützelement somit Schubsteifigkeiten sowohl in x- wie in y-Richtung aufweist, muß für die Herleitung der Schubsteifigkeit eines Röhrchens von einem verallgemeinerten n-Eck ausgegangen werden, das im Grenzübergang $n \to \infty$ ein Kreis wird.

Für eine schräge Wand gilt zunächst allgemein

- bezüglich der Schubspannungsverteilung

$$\tau = G_K \cdot \gamma_K = G_K \cdot \frac{u \cdot \cos ß}{h_K} \equiv \frac{dq}{t_T \cdot ds \cdot \cos ß}, \tag{17.54}$$

- umgestellt nach der Schubkraft folgt daraus

$$dq = \tau \cdot t_T \cdot ds \cdot \cos ß = \left(G_K \cdot \frac{u \cdot \cos ß}{h_K} \right) \cdot t_T \cdot ds \cdot \cos ß = G_K \cdot \frac{t_T \cdot ds}{h_K} \cos^2 ß \cdot u$$

bzw. mit $ds = r \cdot dß$ folgt

$$q = G_K \cdot \frac{t_T \cdot r}{h_K} \int_0^{2\pi} \cos^2 ß \cdot dß \cdot u = G_K \cdot \frac{t_T \cdot r}{h_K} \left[\frac{1}{2} (ß + \sin ß \cdot \cos ß) \right] \Big|_0^{2\pi} \cdot u$$

$$= \left[G_K \cdot \frac{t_T \cdot r \cdot \pi}{h_K} \right] \cdot u, \tag{17.55}$$

- somit erhält man für den Steifigkeitskoeffizienten

$$c_r = G_K \cdot \frac{t_T \cdot r \cdot \pi}{h_K} . \tag{17.56}$$

Für die Schubsteifigkeit eines Tubusröhrchens folgt so

$$S_{T_i} = \frac{c_r \cdot h_K{}^2}{r \cdot \sqrt{3}} = \left[G_K \cdot \frac{t_T \cdot r \cdot \pi}{h_K} \right] \frac{h_K{}^2}{r\sqrt{3}} = \left[G_K \cdot \frac{t_T \cdot \pi}{\sqrt{3}} \right] h_K . \tag{17.57}$$

Die Gesamtschubsteifigkeit, beispielsweise für einen Streifen der Breite B mit j = B/2r Tubusröhrchen, ergibt sich somit zu

$$S_{Tges} = j \cdot S_{T_i} = \frac{B}{2r} \left[G_K \cdot \frac{t_T \cdot \pi}{\sqrt{3}} \right] h_K = G_{KT} \cdot \frac{B \cdot h_K}{2r} , \tag{17.58}$$

wobei wieder mit G_{KT} eine geometrische Steifigkeit beschrieben werden konnte. Entsprechend gilt für die Klebenaht

$$\tau_T = \frac{q_{xz,yz}}{2\,\pi \cdot r} \le \tau_{BK1} . \tag{17.59}$$

17.7 Instabilitätsformen

Beim Einsatz von Sandwichelementen können aus der Wirkung einer Druckbeanspruchung verschiedene Formen der Instabilität /17.6/ auftreten. Wie im Bild 17.14 dargestellt, kann hierbei unterschieden werden in

- eine sogenannte Gesamtinstabilität, wenn das Element als Ganzes ausknickt

oder

- eine örtliche Instabilität, wenn eine oder beide Häute unter Druckbeanspruchung kurzwellig Beulen bzw. auch bei strukturierten Kernen die Wände unter der Schubspannung instabil werden.

In beiden Fällen werden bestimmte geometrieabhängige Grenzwerte überschritten.

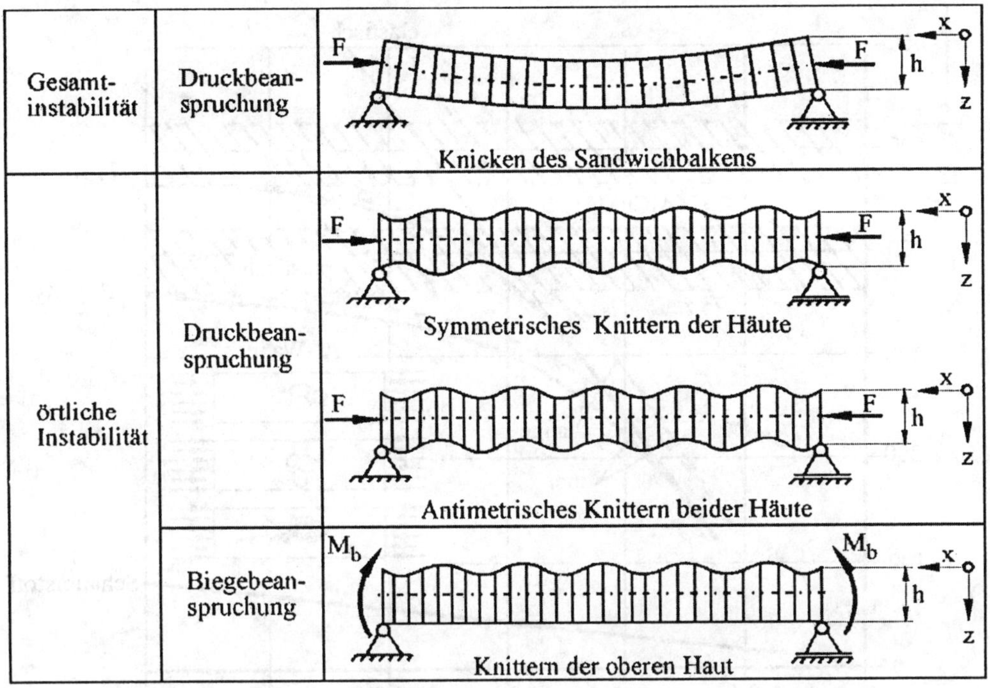

Bild 17.14: Stabilitätsfälle an Sandwichbalken

Die Wellenlänge der Beulung und die kritische Knickspannung der Häute hängen dabei vom Verhältnis der Hautbiegesteifigkeit zur Kernsteifigkeit ab. Unter der Voraussetzung von dünnen Häuten (t << h) und sinusförmigen Beulen kann dann gemäß der Formel

$$a = \frac{\pi}{C_A} \sqrt{E_{Kz} \cdot G_{Kx}} \tag{17.60}$$

die Halbwellenlänge abgeschätzt werden. Mit C_A muß hierin ein Amplitudenfaktor berücksichtigt werden, der etwa proportional zur Belastung ist. In gleicher Weise ist die Knickspannung abzuschätzen. Hierfür gilt die Formel

$$\sigma_{K_{krit}} = C_K \sqrt[3]{E_T \cdot E_{Kz} \cdot G_{Kx}} \leq R_{eH}, \quad \text{mit } C_{K_{theor}} = 0{,}82\,, \quad C_{K_{exp\,r}} \approx 0{,}5\,. \tag{17.61}$$

Hierin bezeichnet wieder E_T den Tangentenmodul des Hautwerkstoffs, E_{Kx} den Elastizitätsmodul und G_{Kx} den Gleitmodul des Kerns.

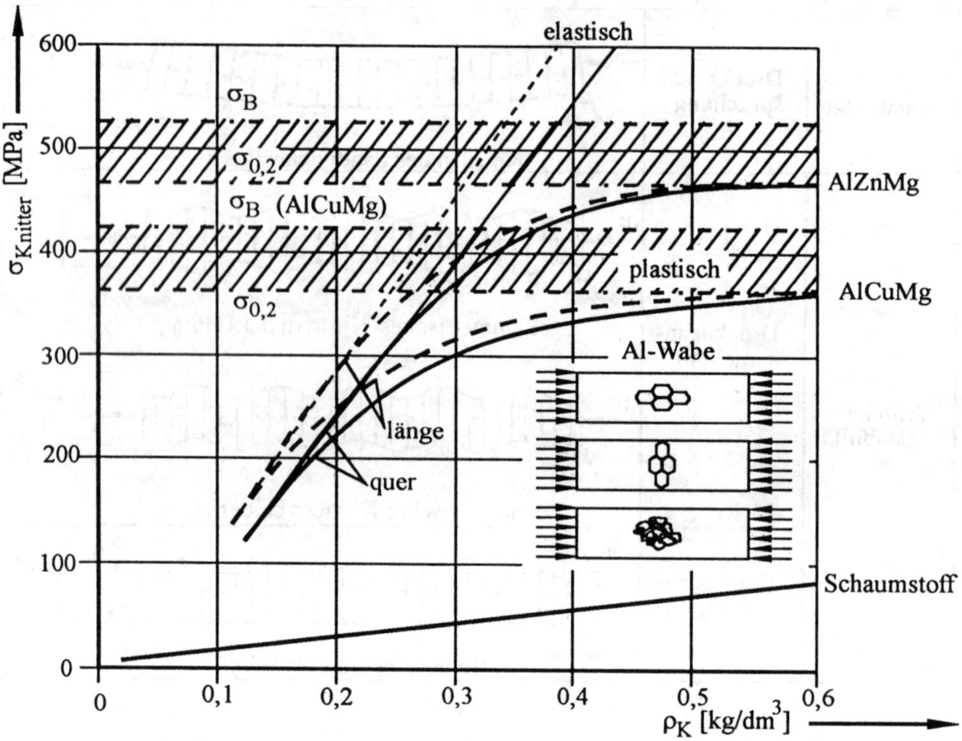

Bild 17.15: Unterstützung des Kerns beim Knittern der Häute nach /17.4/

Eine Auswertung der vorstehenden Gleichung ist noch im Bild 17.15 gezeigt. Es zeigt wiederum, daß der strukturierte Kern dem homogenen Kern vielfach überlegen ist. Der homogene Kern gibt dabei beispielsweise Al-Häuten kaum Unterstützung gegen kurzwelliges Beulen, dagegen unterstützt eine Wabenstruktur mit der Dichte von $\rho_K \approx 0{,}5 - 0{,}6 \text{ kg} / \text{dm}^3$ die Häute fast bis zur Streckgrenze.

Ist jedoch das Verhältnis Hautdicke zu Wabenweite zu klein, so ist es möglich, daß die Haut, ohne den Wabenkern zu verformen, zwischen den Wabenwänden durchbeult. Erst ab Verhältnisse $t / b \geq 0{,}05$ kann kurzwelliges Beulen bis zur Streckgrenzenbelastung ausgeschlossen werden.

18 Stabilität von Stäben und Balken

In vielen Strukturen sind Stäbe und Balken die hauptsächlichen Tragelemente. Das Tragverhalten der Gesamtstruktur ist dann oft durch das Instabilitätsverhalten /18.1/ dieser meist dünnwandigen und schlanken Elemente gegeben. Zu den Instabilitätsfällen zählt im wesentlichen Knicken, Kippen und Beulen, wobei Beulen speziell im nachfolgenden Kapitel behandelt werden soll. Bezüglich des Tragfähigkeitsnachweises in Stahlbaukonstruktionen ist hier die DIN 18 800 maßgebend.

18.1 Grundeffekte

Als typischer instabilitätsgefährdeter Lastfall gilt der schlanke Druckstab, der bei kleiner Kraft nur gestaucht wird und sich einer höheren Kraftaufnahme durch seitliches Ausweichen in eine andere Gleichgewichtslage entziehen kann. Dies zeigt vom Prinzip her Bild 18.1.

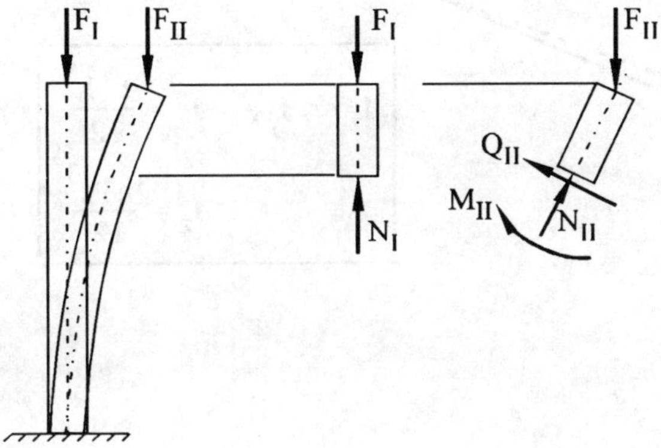

Bild 18.1: Knickung eines Druckstabes

Die Kraft F_I ist noch eine stabile Last, während die Kraft $F_{II} > F_I$ oberhalb der kritischen Last bereits zu dem gezeigten Instabilitätsfall führt. Je nach Profilform kann dabei reines Biegeknicken, gekoppeltes Biegedrillknicken oder Drillknicken auftreten.

Weitere Instabilitätsprobleme sind aber auch im Verzweigen und Durchschlagen von Strukturen vor allem bei elastischen oder nachgiebigen Lagern zu sehen.

Als mit dem Knicken verwandt gilt das Kippen. Wie im Bild 18.2 angedeutet, tritt dies gewöhnlich bei schmalen, hohen Biegeträgern mit dem Merkmal stark unterschiedlicher Flächenträgheitsmomente auf, die dann unter Last biegen und drillen können.

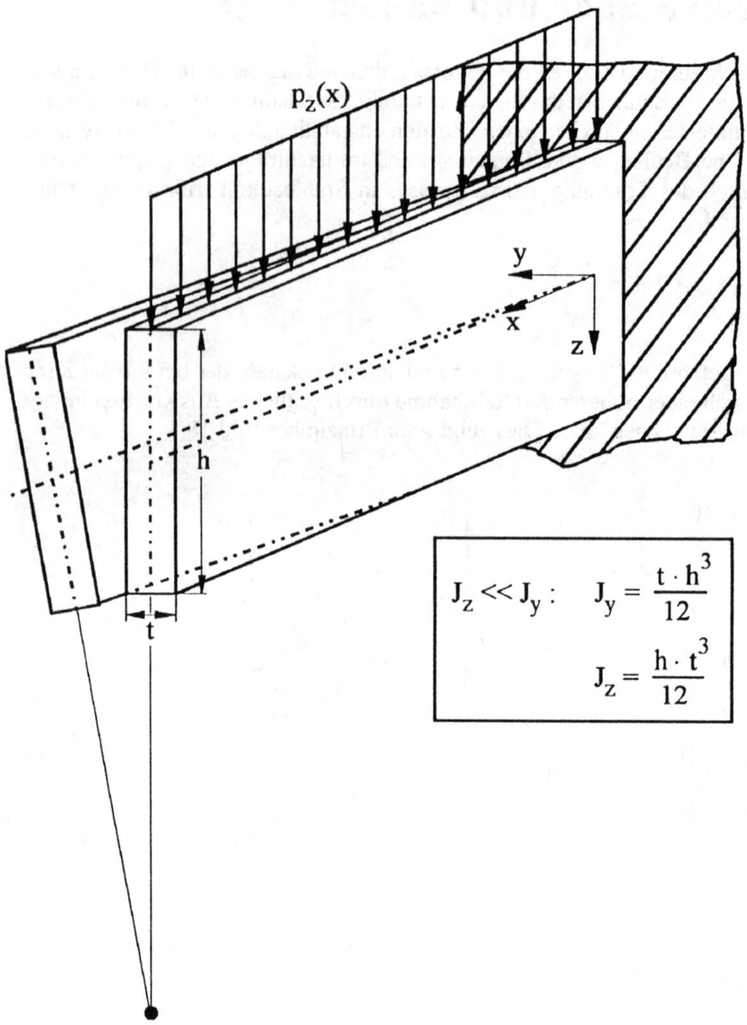

Bild 18.2: Kippen am schmalen Biegeträger

18.2 Knicken von Profilstäben

Wie zuvor schon begründet, knicken Stäbe unter Druck aus. Je nach der Profilform kann hierbei auftreten:

- reine Biegeknickung bei Vollquerschnitten,
- Biegedrillknickung bei allgemein unsymmetrischen Profilen,
- Biegeknickung oder Biegedrillknickung bei einfach-symmetrischen Profilen (wie U und T) sowie

- Biegeknickung oder Drillknickung bei doppelt- oder punkt-symmetrischen Profilen (wie doppelt T und Z).

Diese Formen erklären sich einmal durch die Größen der Flächenträgheitsmomente in unterschiedlichen Achsen oder das Drillknicken durch Kraftmomente, die nicht durch den Schubmittelpunkt gehen und somit eine Drillung hervorrufen.

18.2.1 Eulersche Biegeknickfälle

Reines Biegeknicken tritt nur in dem Idealfall auf, daß der Stab exakt gerade ist, ein Vollquerschnitt vorliegt und die Kraft genau in der Neutralachse wirkt. Die Verhältnisse an einem derartigen Stab unter der Voraussetzung kleiner Verformungen zeigt Bild 18.3.

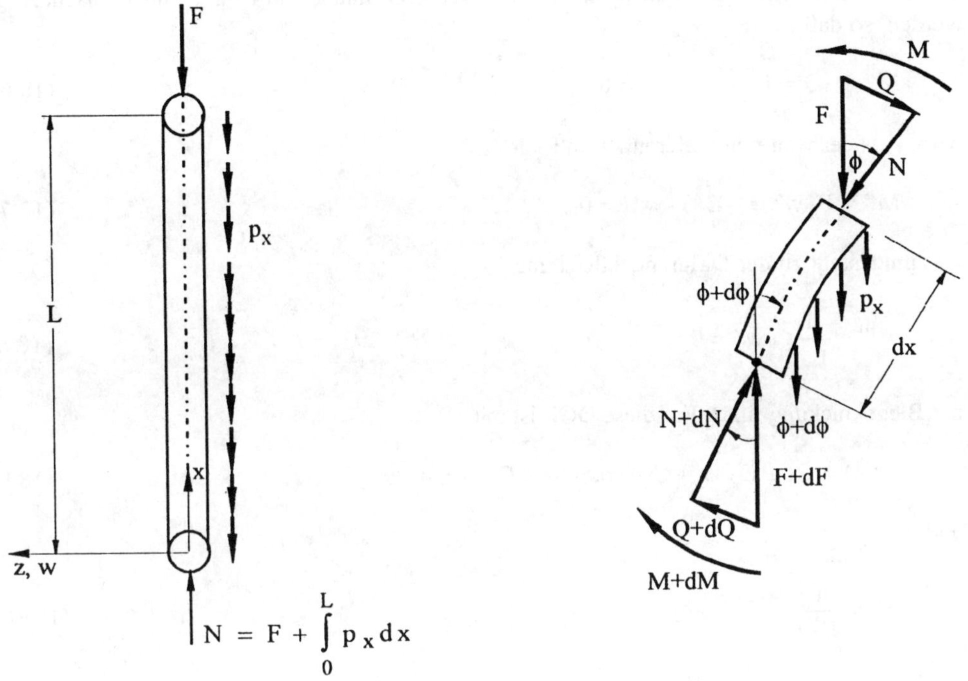

Bild 18.3: Kräfteverhältnisse am unverformten und verformten Stab (p_x = Eigengewicht)

Unter der Annahme der Richtungstreue der äußeren Kraft ist dann folgende Kräftezerlegung möglich:

$$N = F \cdot \cos\phi \tag{18.1}$$

$$Q = -F \cdot \sin\phi \,. \tag{18.2}$$

Das negative Vorzeichen folgt aus der Orientierung des Koordinatensystems in der Skizze.

Da kleine Formänderungen des weiteren mit kleinen Winkeländerungen verbunden sind, gilt näherungsweise

$$N \approx F \tag{18.3}$$

$$Q = -F \cdot \sin\phi \approx -F \cdot \phi \; . \tag{18.4}$$

Weiterhin gilt für das Biegemoment um den markierten Drehpunkt

$$dM + Q \cdot dx + \frac{1}{2} p_x \left(dx \cdot \sin\phi\right)^2 = 0 \; , \tag{18.5}$$

hierin ist der zweite Term von p_x klein von zweiter Ordnung und kann somit vernachlässigt werden, so daß

$$M' = -Q = F \cdot \phi = F \cdot w' = 0 \tag{18.6}$$

wird. Aus der weiteren Differentiation folgt

$$M'' = F \cdot w'' \equiv -E \cdot J \cdot w'''' = 0, \tag{18.7}$$

was umgestellt zu der Differentialgleichung

$$w'''' + \frac{F}{E \cdot J} \cdot w'' = 0 \tag{18.8}$$

der Biegeknickung führt. Für diese DGL ist mit

$$w(x) = C_1 + C_2 \cdot x + C_3 \cdot \cos\mu \cdot x + C_4 \cdot \sin\mu \cdot x \tag{18.9}$$

und

$$\mu^2 = \frac{F}{E \cdot J} \tag{18.10}$$

ein Lösungsansatz bekannt. Zur gleichen Lösung des Biegeknickproblems kommt man aber auch, wenn Gl. (18.8) zweimal integriert wird. Man erhält so

$$w'' + \mu^2 \cdot w = C_5 + C_6 \cdot x \; . \tag{18.11}$$

Die hierin neu auftretenden Konstanten C_5 und C_6 verschwinden üblicherweise beim Vorliegen spezieller Randbedingungen, so daß man auch von der Eulerschen Gleichung

$$w'' + \mu^2 \cdot w = 0 \tag{18.12}$$

ausgehen kann. Der hierfür angepaßte Lösungsansatz ist dann

$$w(x) = C_1 \cdot \cos\mu \cdot x + C_2 \cdot \sin\mu \cdot x \,. \qquad (18.13)$$

Für jeden Knickfall gilt es, so unter Berücksichtigung der speziellen Randbedingungen das entstehende Gleichungssystem zu lösen.

Im Bild 18.4 ist ein typisierter Knickfall, und zwar ein Stab in einem gelenkigen und einem geführten Auflager unter axialer Last gezeigt. Dieses Beispiel dient hier der Diskussion des entstehenden Eigenwertproblems und dessen Auswertung.

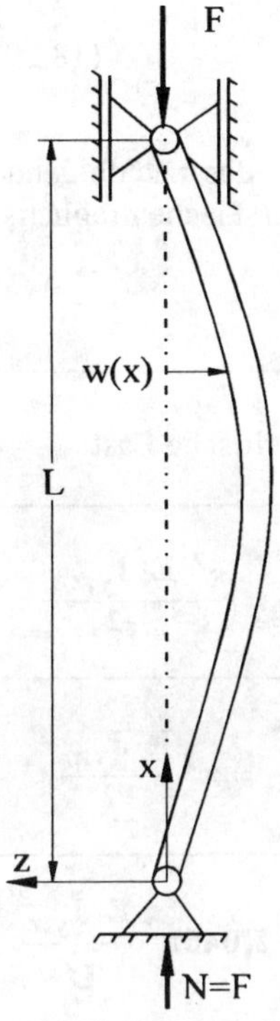

Ausgehend von dem Lösungsansatz der Gl. (18.13)

$$w(x) = C_1 \cdot \cos\mu \cdot x + C_2 \cdot \sin\mu \cdot x$$

gilt es, die Randbedingungen

$$w(0) = 0 \text{ und } w(L) = 0 \qquad (18.14)$$

einzuarbeiten.

Die Randbedingung $w(0) = 0$ liefert sofort $C_1 = 0$, während die Randbedingung $w(L) = 0$ zu der Gleichung

$$C_2 \cdot \sin\mu \cdot L = 0 \qquad (18.15)$$

führt. Offensichtlich muß aber die Konstante $C_2 \neq 0$ sein, da man ansonsten die triviale Lösung $w(x) = 0$ erhielte.

Bild 18.4:
Knickfall mit bestimmten Randbedingungen

Es verbleibt somit das Eigenwertproblem

$$\sin\mu \cdot L = 0 \qquad (18.16)$$

zu betrachten. Bekanntlich kann die vorstehende Gleichung aber nur durch

$$\mu_n \cdot L = n \cdot \pi \quad \text{mit ganzzahligen } n = 1, 2, 3, \ldots \qquad (18.17)$$

befriedigt werden, womit sich als Lösung

$$w(x) = C_2 \cdot \sin\mu_n \cdot x \qquad (18.18)$$

ergibt. Dies ist insofern charakteristisch für Eigenwertprobleme, die hier nur der Form nach bei unbestimmt bleibenden Amplituden bestimmt werden können. Setzt man $n = 1, 2, \ldots$ ein, so können die real auftretenden Eigenwerte (Biegeformen) wie folgt abgeschätzt werden:

$$\mu_n{}^2 = \frac{F}{E \cdot J} = \left(\frac{n \cdot \pi}{L}\right)^2 \tag{18.19}$$

oder

$$F_{krit_n} = \left(\frac{n \cdot \pi}{L}\right)^2 \cdot E \cdot J_{y,z} \,. \tag{18.20}$$

Eine vollständige Auswertung der Eulerschen Knickfälle für $n = 1$ zeigt das nachfolgende Bild 18.5. Der Kleinstwert von F_{krit} wird hierbei immer beim kleinsten Flächenträgheitsmoment J erreicht.

Eulerfall	System	kritische Last
1	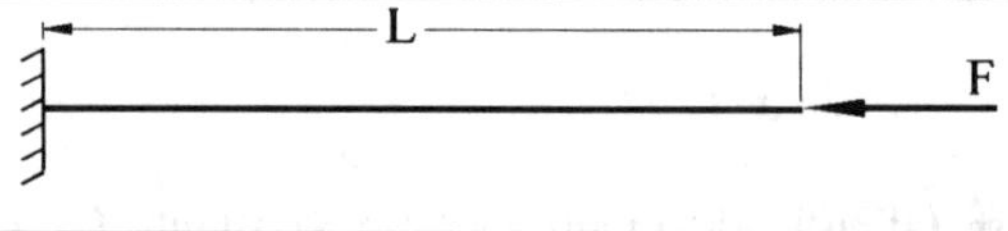	$F_{krit} = \frac{\pi^2}{4} \frac{E \cdot J_{y,z}}{L^2}$
2	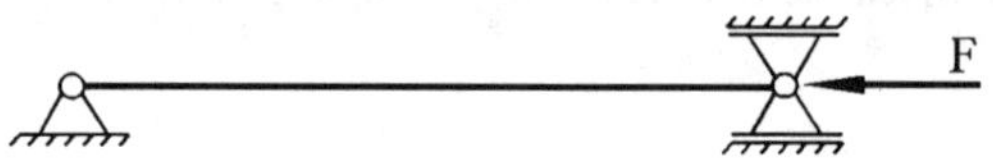	$F_{krit} = \pi^2 \frac{E \cdot J_{y,z}}{L^2}$
3	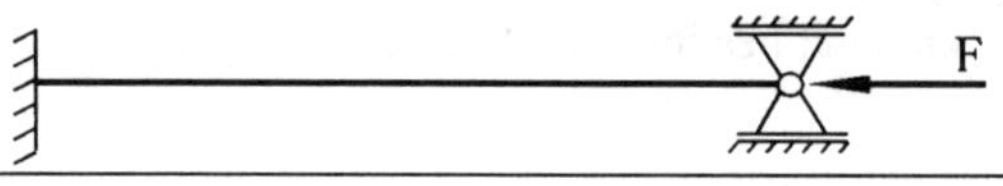	$F_{krit} = 2{,}046\pi^2 \frac{E \cdot J_{y,z}}{L^2}$
4	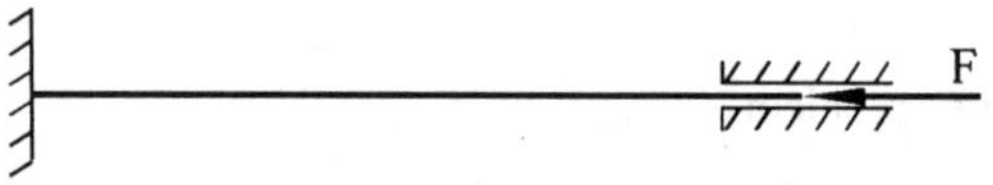	$F_{krit} = 4\pi^2 \frac{E \cdot J_{y,z}}{L^2}$

Bild 18.5: Knicklast von Vollquerschnitten für verschiedene Randbedingungen nach /18.2/

18.2.2 Knickung von doppelt- und punkt-symmetrischen Profilstäben

Für doppelt- und punkt-symmetrische Profile gilt, daß die Mittelachse mit der Schubmittelpunktachse zusammenfällt. In diesem Fall können drei unabhängige Knickformen auftreten, und zwar Biegeknicken um die y- bzw. z-Achse und Drillknicken. Die Knicklasten bestimmen sich so

- um die y-Achse $$F_{krit,y} = \left(\frac{\pi}{L_K}\right)^2 E \cdot J_y \qquad (18.21)$$

und

- um die z-Achse für Biegeknicken $$F_{krit,z} = \left(\frac{\pi}{L_K}\right)^2 E \cdot J_z \qquad (18.22)$$

bzw.

- um die x-Achse für Drillknicken $$F_{krit,t} = \frac{1}{i_P{}^2}\left[\left(\frac{\pi}{L_K}\right)^2 E \cdot C_W + G \cdot J_t\right] \qquad (18.23)$$

worin $i_P{}^2 = J_t / A$ den polaren Trägheitsradius, C_W den Wölbwiderstand und J_t das Flächenträgheitsmoment für Torsion bezeichnet.

Die *niedrigste Last* bestimmt im weiteren die Knickform. Für schlanke Stäbe ist dies stets die zum kleineren Flächenträgheitsmoment gehörende Biegeknicklast. Das Drillknicken tritt nur bei gedrungenen Stäben mit weichen Flanschen auf.

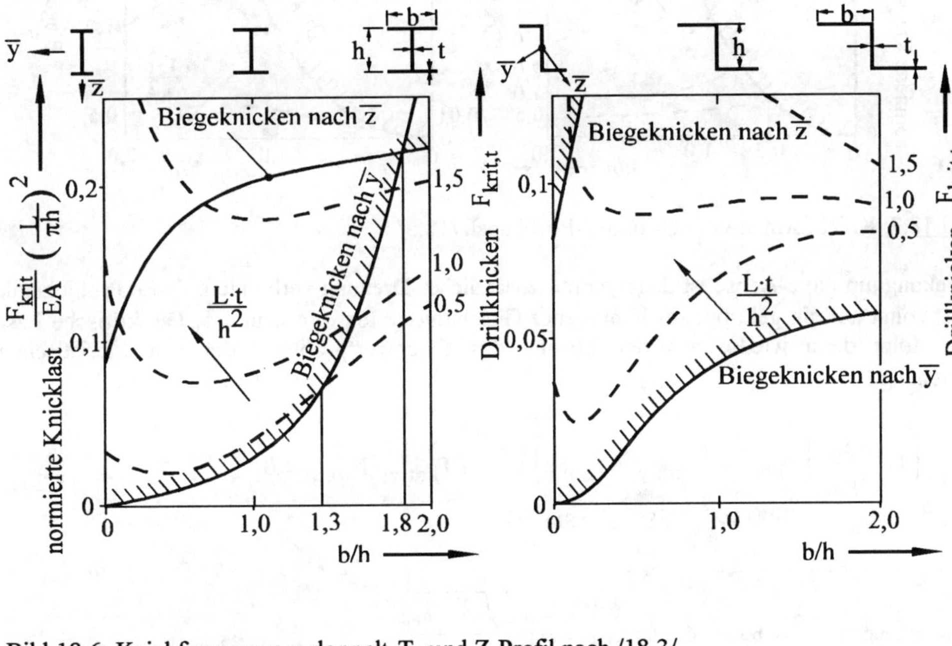

<u>Bild 18.6:</u> Knickformen vom doppelt-T- und Z-Profil nach /18.3/

Im Bild 18.6 ist eine prinzipielle Auswertung der vorstehenden Gleichungen für einen doppelt-T- und einen Z-Träger vorgenommen worden. Beim doppelt-T-Profil sind danach alle drei Knickformen möglich, während beim Z-Profil ausschließlich Biegeknicken um die $\overline{y}$-Hauptachse auftritt. Als Abschätzung für das doppelt-T-Profil kann gelten, daß bei Verhältnissen $b/h \leq 1{,}8$ zuerst Biegeknicken um die $\overline{y}$-Hauptachse, bei $b/h > 1{,}8$ um die $\overline{z}$-Hauptachse sowie bei $b/h \geq 1{,}3$ und $(L \cdot t) / h^2 \geq 0{,}5$ bevorzugt Drillknicken auftritt.

18.2.3 Knickung von einfach-symmetrischen Profilstäben

Im Bild 18.7 sind die beiden vorkommenden einfach-symmetrischen Profile U und einfach T analysiert worden. Knicken tritt bei beiden Profilen bevorzugt um die y-Achse auf.

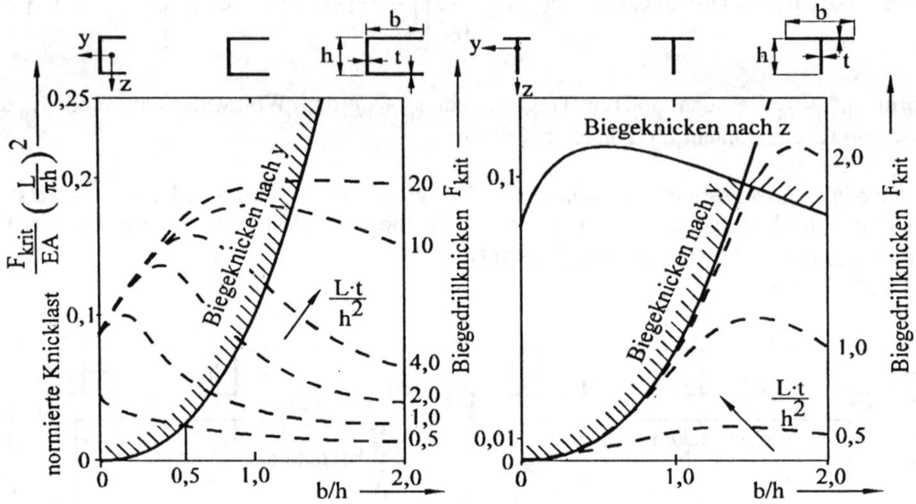

Bild 18.7: Knickformen vom U- und T-Profil nach /18.3/

Knickung um die z-Achse ist dagegen mit zusätzlicher Drehung verbunden. Diese Problematik führt somit auf ein gekoppeltes homogenes Gleichungssystem für w und ϕ. Die kritische Last F_{krit} folgt dann wieder aus der Lösung des Eigenwertproblems der charakteristischen Gleichung*)

$$\left(1 - \frac{y_{SM}}{i_{SM}}\right) F_{krit}^2 - \left(F_{krit,y} + F_{krit,z}\right) F_{krit} + F_{krit,y} \cdot F_{krit,t} = 0 \qquad (18.24)$$

$$\text{mit } i_{SM}^2 = i_{SP}^2 + y_{SM}^2 \ ,$$

*) Anmerkung: $a \cdot x^2 + b \cdot x + c = 0, \ x_{1,2} = \frac{-b \pm \sqrt{b^2 - 4ac}}{2a}$

und zwar als kleinste Wurzel. Die in der Gleichung eingehenden Kräfte $F_{krit,z}$ bzw. $F_{krit,t}$ folgen aus den Grundlastfällen der Gl. (18.11) und (18.13). Im allgemeinen ist F_{krit} kleiner als diese beiden Kräfte.

Bei einem U-Profil ist reines Biegeknicken nur bis b/h ≤ 1,4 möglich, darüber tritt ausschließlich Biegedrillknicken auf. Des weiteren ist aus den Kurvenverläufen zu entnehmen, daß der Hang zum Biegedrillknicken mit kleiner werdender Profilkenngröße $\left(L \cdot t / h^2\right)$ zunimmt, wodurch auch Profile mit schmalen Flanschen drillen können.

Für das T-Profil gilt, daß das Profil für b/h ≤ 1,4 in Flanschrichtung und für b/h > 1,4 in Stegrichtung abknickt. Bei kleinen Verhältnissen $\left(L \cdot t / h^2\right)$ überwiegt hingegen Drillen.

18.2.4 Knickung unsymmetrischer Profile

Auch beim Fall allgemein unsymmetrischer Profile liegt eine Kopplung zwischen Biegung und Drillung vor. Ausgangsbeziehung zur Ermittlung der kritischen Last ist hier dann die Beziehung

$$\left(1-\frac{F_{krit,y}}{F_{krit}}\right)\left(1-\frac{F_{krit,z}}{F_{krit}}\right)\left(1-\frac{F_{krit,t}}{F_{krit}}\right)-\left(1-\frac{F_{krit,z}}{F_{krit}}\right)\left(\frac{y_{SM}}{i_{SM}}\right)^2-\left(1-\frac{F_{krit,y}}{F_{krit}}\right)\left(\frac{z_{SM}}{i_{SM}}\right)^2=0 \tag{18.25}$$

Die Gleichung kann auf folgende Normalform gebracht werden:

$$A \cdot F_{krit}^3 + B \cdot F_{krit}^2 + C \cdot F_{krit} + D = 0 \tag{18.26}$$

mit $A = \left(1 - a^2 - b^2\right)$ und $a = \left(\frac{z_{SM}}{i_{SM}}\right)$, $b = \left(\frac{y_{SM}}{i_{SM}}\right)$

$$B = -\left(F_{krit,t} + F_{krit,y} \cdot \left(1 - a^2\right) + F_{krit,z} \cdot \left(1 - b^2\right)\right)$$
$$C = \left(F_{krit,z} \cdot F_{krit,t} + F_{krit,y} \cdot F_{krit,t} + F_{krit,y} \cdot F_{krit,z}\right)$$

und

$$D = -F_{krit,y} \cdot F_{krit,z} \cdot F_{krit,t} \,.$$

Als kritische Knickkraft erhält man somit

$$F_{krit} = y^* - \frac{B}{3A} \tag{18.27}$$

als kleinste der drei reellen Wurzeln der Gleichung mit

$$y^* = 2 \cdot r \cdot \cos\left(60° - \frac{\phi}{3}\right),$$

$$r = -\sqrt{|p|},$$

$$\cos\phi = \frac{q}{r^3},$$

$$p = \frac{3\,AC - B^2}{9 \cdot A^2}$$

und

$$q = \frac{B^3}{27 \cdot A^3} - \frac{B \cdot C}{6 \cdot A^2} + \frac{D}{2 \cdot A}.$$

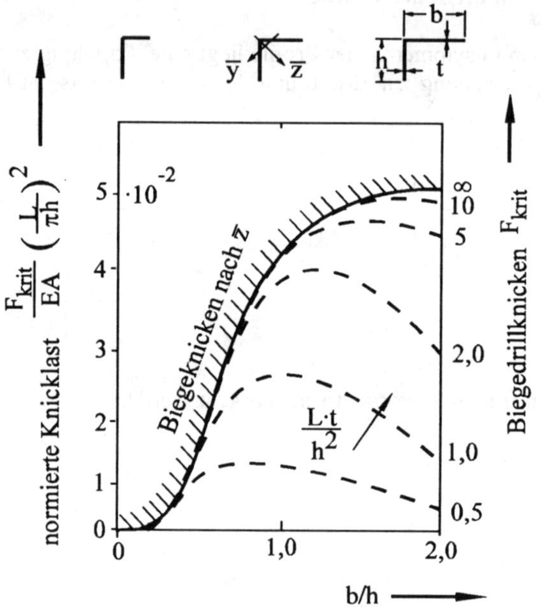

Bild 18.8: Knickformen des L-Profils nach /18.3/

Als beispielhafte Auswertung zeigt Bild 18.8 die Knickformen eines Winkelprofils. Bevorzugte Knickrichtung ist hier die $\bar{z}$-Achse. Für kleine Profilkennwerte $(L \cdot t) / h^2$ überwiegt dabei wieder die Neigung zum Biegedrillknicken.

18.3 Elastisch-plastisches Knicken

Mit der Euler-Gleichung

$$\sigma_{krit} = \frac{F_{krit}}{A} = \frac{\pi^2 \cdot E \cdot J}{A \cdot L^2} = \frac{\pi^2 \cdot E}{\lambda^2} \quad \text{mit} \quad \begin{array}{l} i^2 = \frac{J}{A} \\ \lambda = \frac{L}{i} \end{array} \tag{18.28}$$

wird das ideale elastische Verhalten eines Knickstabes beschrieben. Der Verlauf der Knickspannung in Abhängigkeit vom Schlankheitsgrad zeigt in der Tendenz Bild 18.9. Hiernach ist Gl. (18.26) nur bis zur Proportionalitätsgrenze (bei Stahl $R_p \approx 0{,}8 \cdot R_e$) gültig, da die Euler-Gleichung keine Beschränkung duch Fließen abbildet.

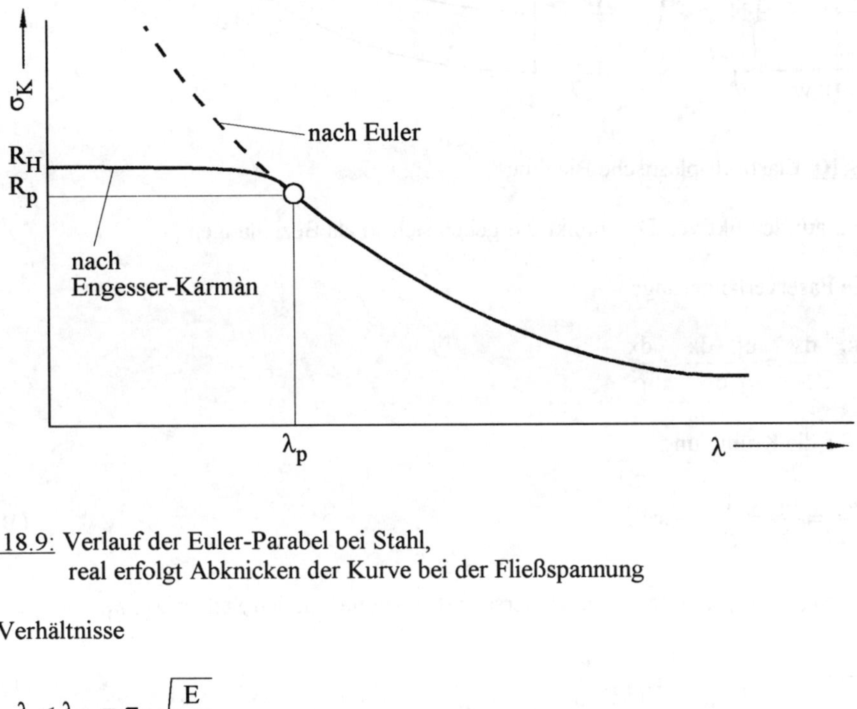

Bild 18.9: Verlauf der Euler-Parabel bei Stahl,
real erfolgt Abknicken der Kurve bei der Fließspannung

Für Verhältnisse

$$\lambda < \lambda_P = \pi \cdot \sqrt{\frac{E}{R_p}}$$

ist das Materialverhalten oberhalb der Proportionalitätsgrenze /18.4/ zu berücksichtigen. Hierfür wird allgemein die Modellvorstellung von *Engesser-Kármàn* zugrunde gelegt. Danach soll ein Stab vorliegen, der *unter Druck den Tangentenmodul* E_T (s. Kapitel 5.3) und *unter Zug den linearen Elastizitätsmodul* E aufweist. Unter Ausbiegung wird sich dann der im Bild 18.10 gezeigte Dehnungs- und Spannungsverlauf einstellen.

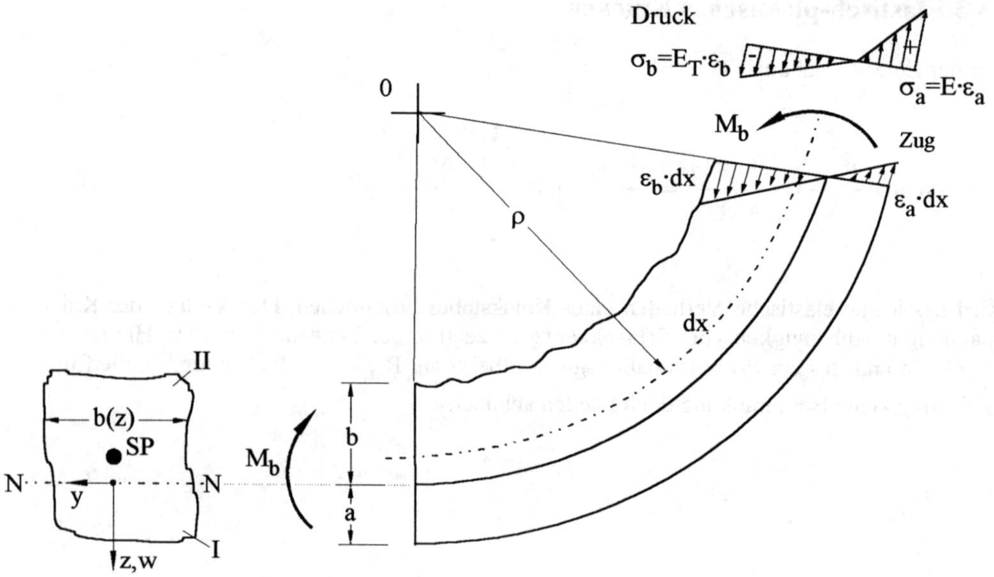

Bild 18.10: Elastisch-plastische Biegung

Bezogen auf den fiktiven Drehpunkt 0 ergeben sich so als Beziehungen

- für die Faserverlängerungen

$$\frac{\varepsilon_a \cdot dx}{a} = \frac{\varepsilon_b \cdot dx}{b} = \frac{dx}{\rho}$$

bzw. für die Krümmung

$$\frac{\varepsilon_a}{a} = \frac{\varepsilon_b}{b} = \frac{1}{\rho} = -w'' , \qquad (18.29)$$

- für die Spannungen in den beiden Querschnittssektionen an den Stellen z_I, z_{II}

$$\sigma_I(z) = \sigma_a \cdot \frac{z_I}{a} = E \cdot z_I \cdot \frac{\varepsilon_a}{a} , \qquad (18.30)$$

$$\sigma_{II}(z) = \sigma_b \cdot \frac{z_{II}}{b} = E_T \cdot z_{II} \cdot \frac{\varepsilon_b}{b} . \qquad (18.31)$$

Das Momentengleichgewicht fordert nun

$$M_b = \int_0^a \sigma_I(z) \cdot z_I \cdot b_I(z) \cdot dz + \int_0^b \sigma_{II}(z) \cdot z_{II} \cdot b_{II}(z) \cdot dz . \qquad (18.32)$$

Wird hierin nun Gl. (18.31) bzw. (18.32) eingesetzt, so folgt

$$M_b = \frac{E \cdot \varepsilon_a}{a} \int_o^a b_I(z) \cdot z_I^2 \cdot dz + \frac{E_T \cdot \varepsilon_b}{b} \int_o^b b_{II}(z) \cdot z_{II}^2 \cdot dz . \tag{18.33}$$

Interpretiert man jetzt die Integrale als Teilflächenmomente, so folgt

$$M_b = -\left(E \cdot J_I + E_T \cdot J_{II}\right) \cdot w'' \equiv -T \cdot J \cdot w'' , \tag{18.34}$$

welches die Biege-DGL darstellt. Für den sogenannten *Knickmodul* kann man also ansetzen

$$T = \frac{E \cdot J_I + E_T \cdot J_{II}}{J} \equiv \frac{1}{J}\left[E\int_o^a z_I^2 \cdot dA_I + E_T \int_o^b z_{II}^2 \cdot dA_{II} \right] . \tag{18.35}$$

Zufolge von Gl. (18.20)

$$M_b = F \cdot w$$

bzw.

$$M_b = -E \cdot T \cdot w''$$

gilt dann wieder für die Knick-DGL

$$w'' + \frac{F}{T \cdot J} w = 0 . \tag{18.36}$$

Insbesondere ergibt die Auswertung von Gl. (18.35) für den Knickmodul

- eines Rechteckquerschnitts

$$T = \frac{4\, E \cdot E_T}{\left(\sqrt{E} + \sqrt{E_T}\right)^2} \tag{18.37}$$

und

- eines I-Querschnitts

$$T = \frac{2\, E \cdot E_T}{\left(E + E_T\right)} . \tag{18.38}$$

Der Knickmodul ist somit in erster Linie abhängig vom eingesetzten Werkstoff und weniger von der Querschnittsgeometrie des Profils. Dies belegt sehr deutlich das folgende Bild 18.11, welches auch nur geringe Unterschiede bei den beiden Geometrien ausweist.

$\frac{E_T}{E}$	$\left(\frac{T}{E}\right)_\square = \frac{4\left(\frac{E_T}{E}\right)}{\left(1+2\sqrt{\frac{E_T}{E}}+\frac{E_T}{E}\right)}$	$\left(\frac{T}{E}\right)_I = \frac{2\left(\frac{E_T}{E}\right)}{\left(1+\frac{E_T}{E}\right)}$
1,0	1,00	1,00
0,8	0,89	0,89
0,6	0,76	0,75
0,4	0,61	0,57
0,2	0,38	0,33
0,1	0,23	0,18

Bild 18.11: Werkstoff- und Geometrieabhängigkeit des Knickmoduls

Wegen der nur geringen Unterschiede wird vielfach nur der Knickmodul des Rechteckquerschnitts (s. auch DIN 4114) den Betrachtungen zugrunde gelegt.

Für die Knickspannung kann somit angesetzt werden

$$\sigma_{krit} = \frac{\pi^2 \cdot T}{\lambda^2} \tag{18.39}$$

bzw. für die kritische Belastung

$$F_{krit} = \frac{\pi^2 \cdot T \cdot J}{L^2} . \tag{18.40}$$

Die Theorie von Engesser-Kármàn kommt in vielen Anwendungsfällen den Leichtbauverhältnissen näher als die Eulersche Theorie.

18.4 Kippen

Wie einleitend schon dargestellt, tritt Kippen bei hohen schmalen Biegeträgern auf und ist mit dem Biegedrillknicken verwandt. Im folgenden soll Kippen an doppelsymmetrischen Profilen betrachtet werden. Als Beispiel hierzu dient der Kragbalken im Bild 18.12 unter einer Einzellast. Bei kleiner Kraft F tritt nur eine Durchbiegung auf. Steigert man die Kraft, so wird ab einer kritischen Kraft der Träger auslenken und die Biegelinie räumlich gekrümmt werden. Es tritt somit eine zusätzliche seitliche Verschiebung v auf und damit verbunden eine weitere Querschnittsdrehung ϕ.

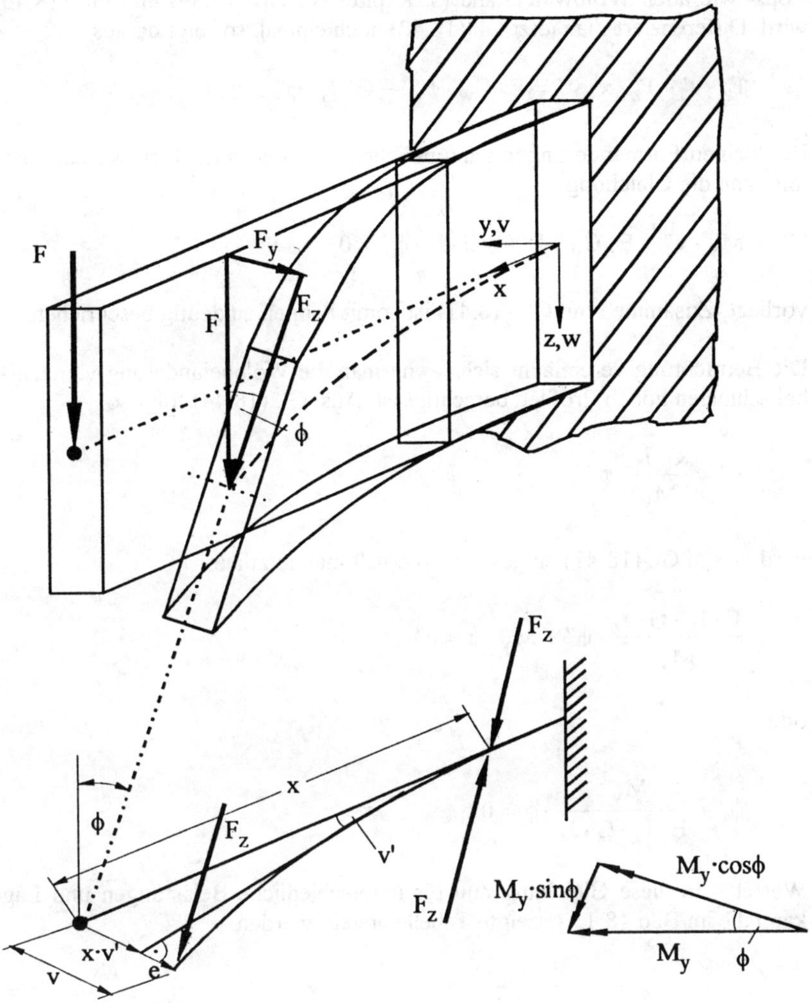

Bild 18.12: Kippen eines Kragbalkens $\left(J_z << J_y\right)$

Zunächst bewirkt die Kraftkomponente F_y die seitliche Ausbiegung. Hierfür besteht der Zusammenhang

$$M_y \cdot \sin\phi \approx M_y \cdot \phi = -E \cdot J_z \cdot v'' \,. \tag{18.41}$$

Die Kraftkomponente F_z bewirkt unter anderem die Verdrehung. Dafür gilt der Zusammenhang

$$F_z \cdot e = F_z(v - x \cdot v') = E \cdot C_w \cdot \phi''' - G \cdot J_t \cdot \phi' \,. \tag{18.42}$$

Mit der rechten Seite dieser Gleichung wird transparent, daß bei dem Profil sowohl der Torsions- wie auch Wölbwiderstand (s. Kapitel 10, Gl. (10.39) und Gl. (18.40)) angesprochen wird. Differenziert man jetzt Gl. (18.42) noch einmal, so folgt daraus

$$\underline{F_z \cdot v'} - F_z \cdot x \cdot v'' = E \cdot C_w \cdot \phi'''' - G \cdot J_t \cdot \phi'' \,. \tag{18.43}$$

Bei kleinen Formänderungen kann üblicherweise der erste Term vernachlässigt werden, womit dann die Gleichung

$$M_y \cdot v'' + E \cdot C_w \cdot \phi'''' - G \cdot J_t \cdot \phi'' = 0 \tag{18.44}$$

vorliegt. Zusammen mit Gl. (18.41) ist somit Kippen eindeutig beschrieben.

Die Betrachtung vereinfacht sich, wenn man die Wölbbehinderung vernachlässigt, was meist bei schmalen hohen Profilen berechtigt ist. Aus. Gl. (18.44) folgt so

$$v'' = \frac{G \cdot J_t}{M_y} \cdot \phi'' \,, \tag{18.45}$$

wird dies in Gl. (18.41) eingesetzt, so erhält man letztlich

$$\frac{E \cdot J_z \cdot G \cdot J_t}{M_y} \cdot \phi'' + M_y \cdot \phi = 0 \tag{18.46}$$

oder

$$\phi'' + \frac{{M_y}^2}{E \cdot J_z \cdot G \cdot J_t} \cdot \phi = 0 \,. \tag{18.47}$$

Wertet man diese Gleichung nun für unterschiedliche Belastungen und Lagerungen aus, so kann die im Bild 18.13 gezeigte Tabelle erstellt werden.

Belastung	M_y	kritische Belastung
1. 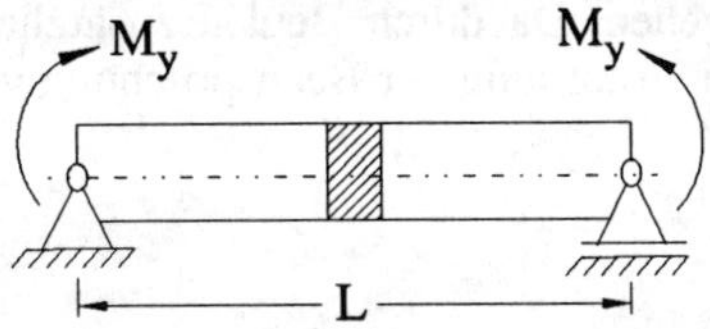	—	$M_{krit} \approx \frac{\pi}{L}\sqrt{E \cdot J_z \cdot G \cdot J_t}$
2. 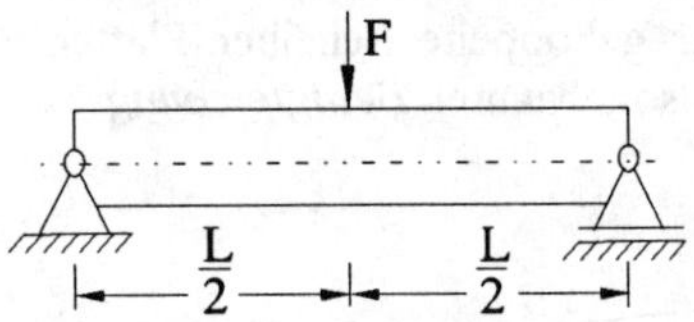	$\frac{F}{2} \cdot \frac{L}{2}$	$F_{krit} \approx \frac{16{,}93}{L^2}\sqrt{E \cdot J_z \cdot G \cdot J_t}$
3. 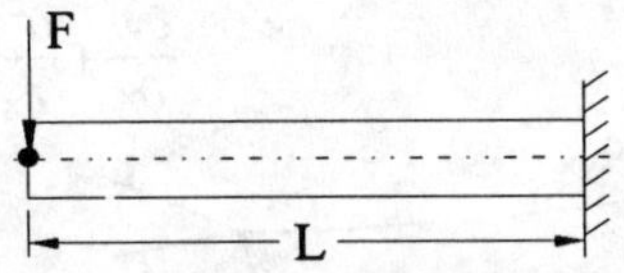	$F \cdot L$	$F_{krit} \approx \frac{4{,}2}{L^2}\sqrt{E \cdot J_z \cdot G \cdot J_t}$
4. 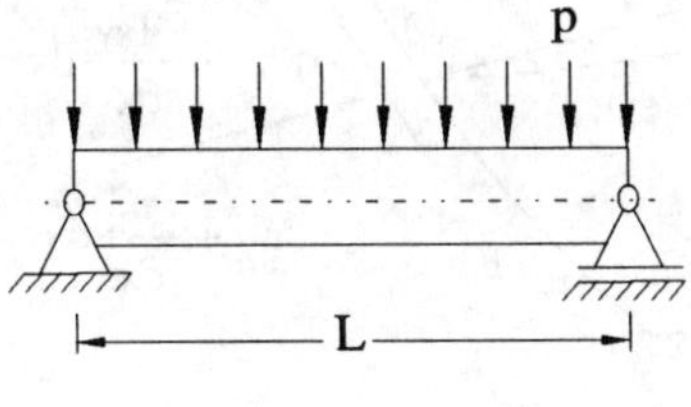	$\frac{1}{8}\, p \cdot L^2$	$p_{krit} \approx \frac{28{,}3}{L^3}\sqrt{E \cdot J_z \cdot G \cdot J_t}$
5. 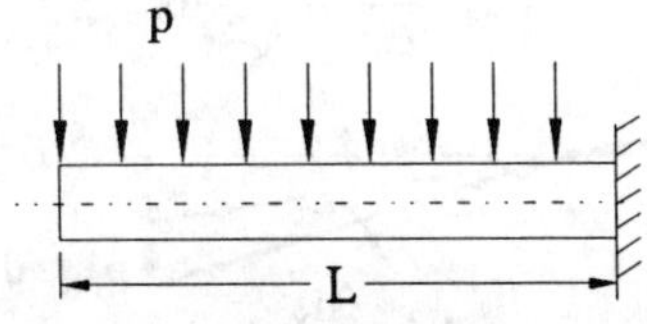	$\frac{p \cdot L^2}{2}$	$p_{krit} \approx \frac{12{,}85}{L^3}\sqrt{E \cdot J_z \cdot G \cdot J_t}$

<u>Bild 18.13:</u> Kritische Kipplasten für Träger mit Rechteckquerschnitt bei unbehinderter Querschnittsverwölbung nach /18.4/

19 Beulen von Blechfeldern und Rohren

Bei scheibenförmigen Tragelementen kann unter Druckbeanspruchung als Instabilität *Beulen* auftreten. Als Folge einer anwachsenden Belastung wölbt dabei die Mittelfläche durch, um wieder in einen stabilen Gleichgewichtszustand überzugehen. Da durch Beulen zusätzliche Querkräfte und Momente hervorgerufen werden, muß zur Ermittlung der Beanspruchung von der Plattentheorie ausgegangen werden.

19.1 Beulgleichung

Im folgenden soll ein dünnwandiges Scheibenelement vorausgesetzt werden, welches durch Druckkräfte (s. Bild 19.1) in seiner Mittelebene belastet sei. Da hier nicht von vornherein mit kleinen Verformungen gerechnet werden kann, muß das gekoppelte Scheiben-Platten-Problem betrachtet werden. Zielsetzung ist die Erstellung der sogenannten *Beulgleichung*.

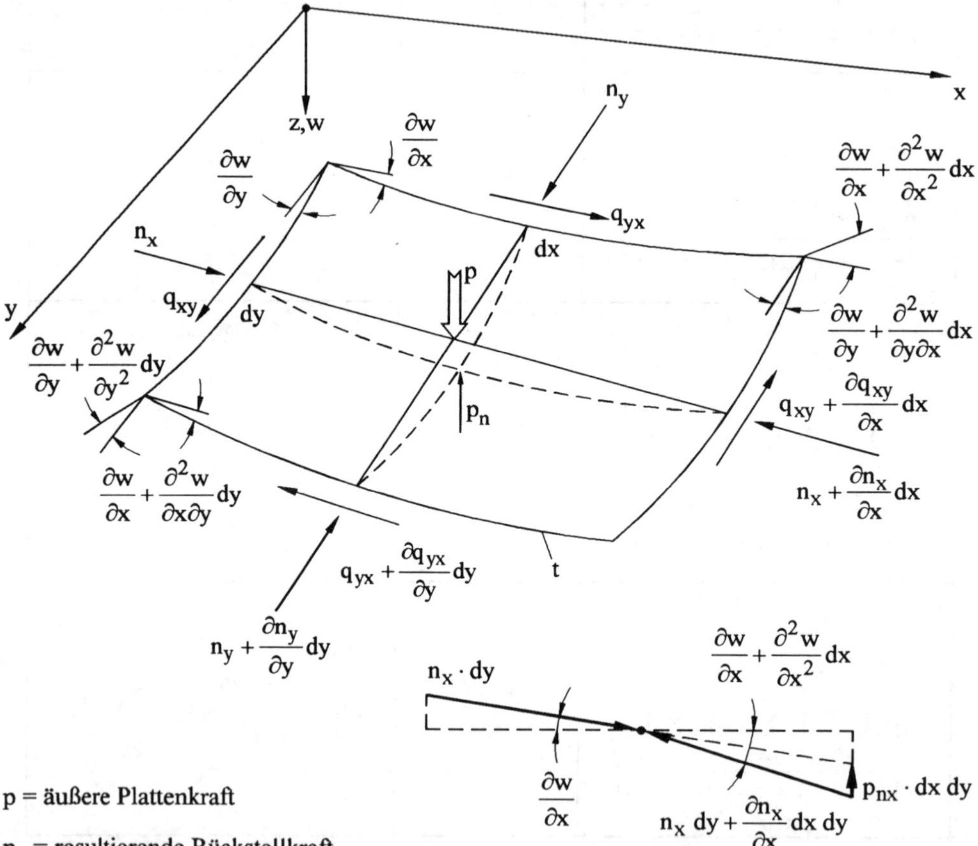

p = äußere Plattenkraft

p_n = resultierende Rückstellkraft

Bild 19.1: Zur Herleitung der Beulgleichung vom verformten Plattenelement

Ausgangsbeziehung sei dazu die *DGL der Plattenbiegung* für anisotropes Materialverhalten, die anzusetzen ist als

$$B_x \frac{\partial^4 w}{\partial x^4} + 2\, B_{xy} \frac{\partial^4 w}{\partial x^2\, \partial y^2} + B_y \frac{\partial^4 w}{\partial y^4} = p(x, y)$$

In Kapitel 8 wurde zuvor diese DGL bereits für isotropes Material (s. Gl. (8.76)) benutzt, und zwar in der Form

$$\frac{\partial^4 w}{\partial x^4} + 2 \frac{\partial^4 w}{\partial x^2\, \partial y^2} + \frac{\partial^4 w}{\partial y^4} = \frac{p}{B}\,. \tag{19.1}$$

Auf der rechten Seite tritt hierin mit p(x,y) die äußere Belastung auf, die senkrecht zur Mittelebene wirkt. Bei einem Beulproblem liegen die Verhältnisse allerdings anders. Von außen sollen die Kräfte n_x und q_{xy} auf die Scheibe wirken. Um die vorstehende DGL benutzen zu können, muß im weiteren $p_n = -p$ als resultierende Rückstellkraft bestimmt werden. Aus der Komponentenaddition folgt somit z. B. für

$$\begin{aligned} p_{n_x} \cdot dx \cdot dy &= \left(n_x \cdot dy + \frac{\partial n_x}{\partial x} dx\, dy\right)\left(\frac{\partial w}{\partial x} + \frac{\partial^2 w}{\partial x^2} dx\right) - n_x \frac{\partial w}{\partial x} dy \\ p_{n_x} &= n_x \cdot \frac{\partial^2 w}{\partial x^2} + \frac{\partial n_x}{\partial x} \cdot \frac{\partial w}{\partial x} + \frac{\partial n_x}{\partial x} \cdot \frac{\partial^2 w}{\partial x^2} dx\,, \end{aligned} \tag{19.2}$$

hierin sind die jeweiligen Sinusse gleich dem Winkel gesetzt worden. Entsprechend finden sich die anderen Komponenten p_{n_y} und $p_{q_{xy}}$, so daß die Resultierende anzusetzen ist zu

$$p_n = p_{n_x} + 2\, p_{q_{xy}} + p_{n_y}\,. \tag{19.3}$$

Werden hierin insbesondere die Glieder 2. Ordnung vernachlässigt, so erhält man

$$p_n = n_x \frac{\partial^2 w}{\partial x^2} + 2\, q_{xy} \frac{\partial^2 w}{\partial x\, \partial y} + n_y \frac{\partial^2 w}{\partial y^2} \equiv \left(\sigma_x \frac{\partial^2 w}{\partial x^2} + 2\, \tau_{xy} \frac{\partial^2 w}{\partial x\, \partial y} + \sigma_y \frac{\partial^2 w}{\partial y^2}\right) t, \tag{19.4}$$

womit sich dann die *Plattenbiegegleichung* schreiben läßt als

$$\frac{\partial^4 w}{\partial x^4} + 2 \frac{\partial^4 w}{\partial x^2\, \partial y^2} + \frac{\partial^4 w}{\partial y^4} = -\frac{t}{B}\left(\sigma_x \frac{\partial^2 w}{\partial x^2} + 2\, \tau_{xy} \frac{\partial^2 w}{\partial x\, \partial y} + \sigma_y \frac{\partial^2 w}{\partial y^2}\right) \tag{19.5}$$

bzw.

Anm.: Biegesteifigkeit der homogenen Platte: $B = \dfrac{E \cdot t^3}{12\left(1 - \nu^2\right)}$

$$\Delta\Delta w = -\frac{t}{B}\left(\sigma_x \frac{\partial^2 w}{\partial x^2} + 2\,\tau_{xy} \frac{\partial^2 w}{\partial x\,\partial y} + \sigma_y \frac{\partial^2 w}{\partial y^2}\right) .$$

Diese DGL muß nun für die verschiedenen Beanspruchungsfälle und Randbedingungen gelöst werden.

19.2 Lösung der Beulgleichung

Für die einfachen Beulfälle kann die vorstehende DGL durch direkte Integration gelöst werden. Diese Vorgehensweise sei nachfolgend an der frei aufliegenden Rechteckscheibe (s. Bild 19.2) unter allseitigem Druck demonstriert. Vereinbarungsgemäß ist in allen Fällen das Koordinatensystem x,y so zu orientieren, daß stets $n_x > n_y$ ist.

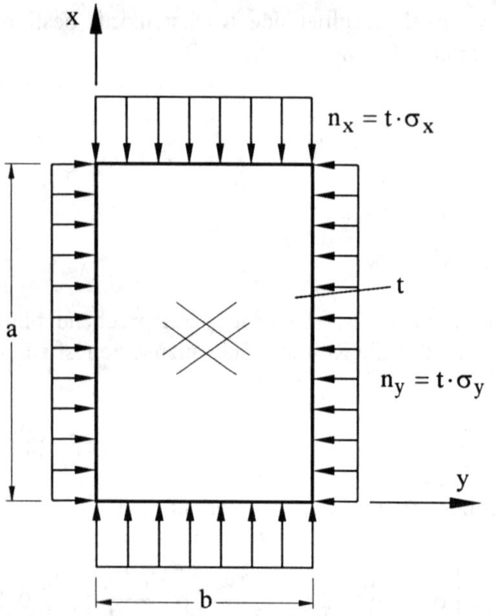

Bild 19.2:
Rechteckscheibe unter allseitigem Druck

Bei der angesetzten äußeren Belastung kann sofort geschlossen werden, daß $\tau_{xy} = 0$ ist, weswegen hier die Beulgleichung angesetzt werden kann zu

$$\frac{\partial^4 w}{\partial x^4} + 2\frac{\partial^4 w}{\partial x^2\,\partial y^2} + \frac{\partial^4 w}{\partial y^4} = -\frac{t}{B}\left(\sigma_x \frac{\partial^2 w}{\partial x^2} + \sigma_y \frac{\partial^2 w}{\partial y^2}\right) \tag{19.6}$$

Zur Vereinfachung soll im weiteren noch die Spannungsproportion $\sigma_y = \kappa \cdot \sigma_x$ benutzt werden, so daß die vorstehende Gleichung auch geschrieben werden kann als

$$\Delta\Delta w = -\frac{\sigma_x \cdot t}{B}\left(\frac{\partial^2 w}{\partial x^2} + \kappa\,\frac{\partial^2 w}{\partial y^2}\right). \tag{19.7}$$

Für die direkte Integration dieses DGL-Typs und bei gelenkiger Lagerung hat sich der Lösungsansatz

$$w(x,y) = C_{mn} \cdot \sin\frac{m \cdot \pi \cdot x}{a} \cdot \sin\frac{n \cdot \pi \cdot y}{b} \tag{19.8}$$

bewährt. Er geht von der Vorstellung aus, daß Ränder nach Sinushalbwellen beulen. Die eingehenden Ordnungszahlen m, n sind somit ganzzahlig

$m = 1, 2, 3, \ldots$
$n = 1, 2, 3, \ldots$

anzusetzen, da sie Anzahl der Halbwellen auf den Scheibenseiten a bzw. b vorgeben. Mit den erforderlichen Ableitungen des Ansatzes

$$\begin{aligned}
\frac{\partial^2 w}{\partial x^2} &= -C_{mn} \cdot \left(\frac{m\,\pi}{a}\right)^2 \cdot \sin\frac{m\,\pi\,x}{a} \cdot \sin\frac{n\,\pi\,y}{b}\\
\frac{\partial^2 w}{\partial y^2} &= -C_{mn} \cdot \left(\frac{n\,\pi}{b}\right)^2 \cdot \sin\frac{m\,\pi\,x}{a} \cdot \sin\frac{n\,\pi\,y}{b}\\
\frac{\partial^4 w}{\partial x^4} &= C_{mn} \cdot \left(\frac{m\,\pi}{a}\right)^4 \cdot \sin\frac{m\,\pi\,x}{a} \cdot \sin\frac{n\,\pi\,y}{b}\\
\frac{\partial^4 w}{\partial y^4} &= C_{mn} \cdot \left(\frac{n\,\pi}{b}\right)^4 \cdot \sin\frac{m\,\pi\,x}{a} \cdot \sin\frac{n\,\pi\,y}{b}\\
\frac{\partial^4 w}{\partial x^2\,\partial y^2} &= C_{mn} \cdot \left(\frac{m\,\pi}{a}\right)^2 \cdot \left(\frac{n\pi}{b}\right)^2 \cdot \sin\frac{m\,\pi\,y}{a} \cdot \sin\frac{n\,\pi\,y}{b}
\end{aligned} \tag{19.9}$$

erhält man dann als Lösung

$$\left(\frac{m\cdot\pi}{a}\right)^4 + 2\cdot\left(\frac{m\cdot\pi}{a}\right)^2 \cdot \left(\frac{n\cdot\pi}{b}\right)^2 + \left(\frac{n\cdot\pi}{b}\right)^4 = \frac{\sigma_x \cdot t}{B}\cdot\left[\left(\frac{m\cdot\pi}{a}\right)^2 + \kappa\cdot\left(\frac{n\cdot\pi}{b}\right)^2\right]$$

bzw.

$$\frac{\pi^2 \cdot B}{t}\cdot\left[\left(\frac{m}{a}\right)^2 + \left(\frac{n}{b}\right)^2\right]^2 = \sigma_x \cdot \left[\left(\frac{m}{a}\right)^2 + \kappa\left(\frac{n}{b}\right)^2\right] \tag{19.10}$$

und durch Umformung

$$\sigma_{x_{krit}} = \frac{\frac{\pi^2 \cdot B}{t} \cdot \left[\left(\frac{m}{a}\right)^2 + \left(\frac{n}{b}\right)^2\right]^2}{\left[\left(\frac{m}{a}\right)^2 + \kappa \cdot \left(\frac{n}{b}\right)^2\right]} ; \tag{19.11}$$

also eine Relation zwischen der Beanspruchung und der Beulform.

Um im weiteren einen Analogieschluß zur Knickung herstellen zu können, soll mit

$$\sigma_E = \frac{\pi^2 \cdot B}{b^2 \cdot t} \equiv \frac{\pi^2 \cdot E \cdot J}{\left(1 - \nu^2\right) b^2 \cdot t} = \frac{\pi^2 \cdot E \cdot t^2}{12\left(1 - \nu^2\right) b^2} \tag{19.12}$$

die sog. Eulersche Knickspannung eines an beiden Enden gelenkig gelagerten Plattenstreifens von der Länge b und der Breite a = 1 eingeführt werden. Wird mit $\alpha = a/b$ noch das Seitenverhältnis definiert, so kann Gl. (19.11) auch ausgedrückt werden als

$$\sigma_{x_{krit}} = \frac{\left(\frac{m^2}{\alpha^2} + n^2\right)^2}{\left(\frac{m^2}{\alpha^2} + \kappa \cdot n^2\right)} \cdot \sigma_E \equiv k \cdot \sigma_E . \tag{19.13}$$

Hierin kann jetzt mit k ein Vielfaches der Eulerspannung angegeben werden. Der kleinste Wert von σ_x ist die gesuchte kritische Beulspannung, die für bestimmte Halbwellenzahlen zu einem Minimum des *Beulwertes k* führt.

19.3 Einfache Beulfälle

Auf die Analyse einiger grundlegender Beulfälle hinsichtlich der ihrer Beanspruchbarkeit soll im folgenden noch beispielhaft eingegangen werden.

Fall 1: Frei aufliegende Rechteckscheibe unter allseitig gleichem Druck, d. h. $\kappa = 1$. Die hierfür angepaßte Gl. (19.13) lautet

$$\sigma_{x_{krit}} = \left[\left(\frac{m}{\alpha}\right)^2 + n^2\right] \cdot \sigma_E . \tag{19.14}$$

Ein Minimum der Beulspannung wird für m = n = 1 eintreten. Damit wird

$$\sigma_{x_{krit}} = \left(1 + \frac{1}{\alpha^2}\right) \cdot \sigma_E \tag{19.15}$$

bzw. der Beulwert

$$k = \left(1 + \frac{1}{\alpha^2}\right) . \tag{19.16}$$

Den Verlauf des Beulwertes in Abhängigkeit vom Seitenverhältnis der Scheibe zeigt Bild 19.3.

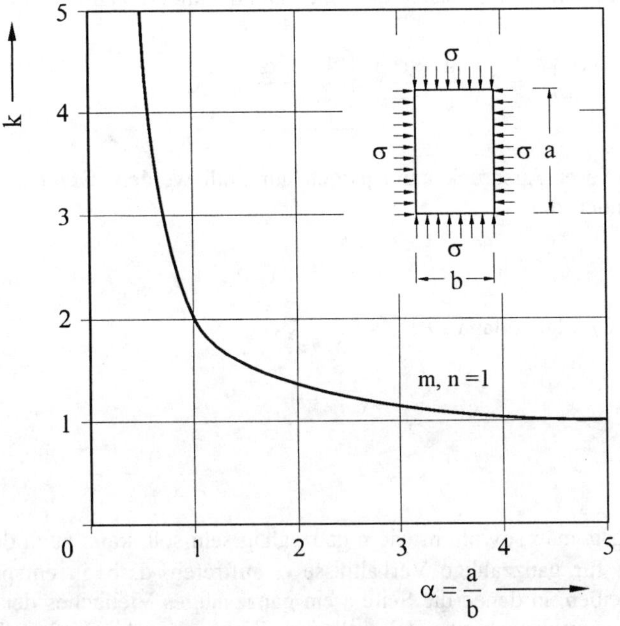

Bild 19.3: Beulwert bei der Rechteckscheibe nach /19.1/

Für eine quadratische Scheibe mit $\alpha = 1$ wird $k = 2$, d. h., es kann die doppelte Eulerspannung wie bei einem Plattenstreifen aufgenommen werden.

Fall 2: Frei aufliegende Rechteckscheibe mit einer unbelasteten und einer auf Druck belasteten Seite.

Entsprechend der vorhergehenden Definition ist hier $\kappa = 0$, so daß für die Beulspannung

$$\sigma_{x_{krit}} = \frac{\left(\frac{m^2}{\alpha^2} + n^2\right)^2}{\frac{m^2}{\alpha^2}} \cdot \sigma_E = \left(\frac{m}{\alpha} + \alpha \cdot \frac{n^2}{m}\right)^2 \cdot \sigma_E \tag{19.17}$$

anzusetzen ist. Für den Beulwert kann man somit

$$k = \left(\frac{m}{\alpha} + \alpha \cdot \frac{n^2}{m} \right)^2 \tag{19.18}$$

bestimmen.

Ein triviales Minimum wird sicherlich eintreten, wenn an einer Seite nur eine Halbwelle (z. B. n = 1) auftritt. Unter dieser Annahme kann die andere Halbwelle zufolge

$$\frac{\partial k}{\partial m} = \frac{\partial}{\partial m}\left(\frac{m}{\alpha} + \frac{\alpha}{m} \right)^2 = 2\left(\frac{m}{\alpha} + \frac{\alpha}{m} \right) \cdot \underline{\left(\frac{1}{\alpha} - \frac{\alpha}{m^2} \right)} = 0 \tag{19.19}$$

ermittelt werden. Dieser Ausdruck kann jedoch nur Null werden, wenn die zweite Klammer verschwindet, d. h.

$$m = \alpha$$

wird. Aus Gl. (19.18) folgt sodann

$$k_{min} = 4$$

und

$$\sigma_{x_{krit}} = 4 \cdot \sigma_E \quad .$$

Weil voraussetzungsgemäß sowohl m wie n ganzzahlig sein soll, kann auch der minimale Beulwert nur für ganzzahlige Verhältnisse α auftreten, d. h. in entsprechend beanspruchten Scheiben, in denen die Seite a ein ganzzahliges Vielfaches der Seite b ist. Die Beulfigur besitzt danach eine Halbwelle in b-Richtung und m Halbwellen in a-Richtung.

Für hiervon abweichende Verhältnisse $\alpha < 1$ oder $m < \alpha < (m + 1)$ ist der Beulwert stets größer als $k = 4$. Insbesondere für $\alpha < 1$ steigt der Beulwert stark an.

Trägt man den Beulwert gemäß Gl. (19.18) für festes n = 1 auf, so entsteht eine typische Girlandenkurve wie Bild 19.4. Als erster kritischer Fall ist hieraus m = n = 1 für die quadratische Scheibe abzulesen. Damit folgt für die Beulspannung

$$\sigma_{x_{krit}} = \left(\frac{1}{\alpha} + \alpha \right)^2 \cdot \sigma_E = \left(\frac{1}{\alpha} + \alpha \right)^2 \frac{\pi^2 \cdot B}{a^2 \cdot t} \quad . \tag{19.20}$$

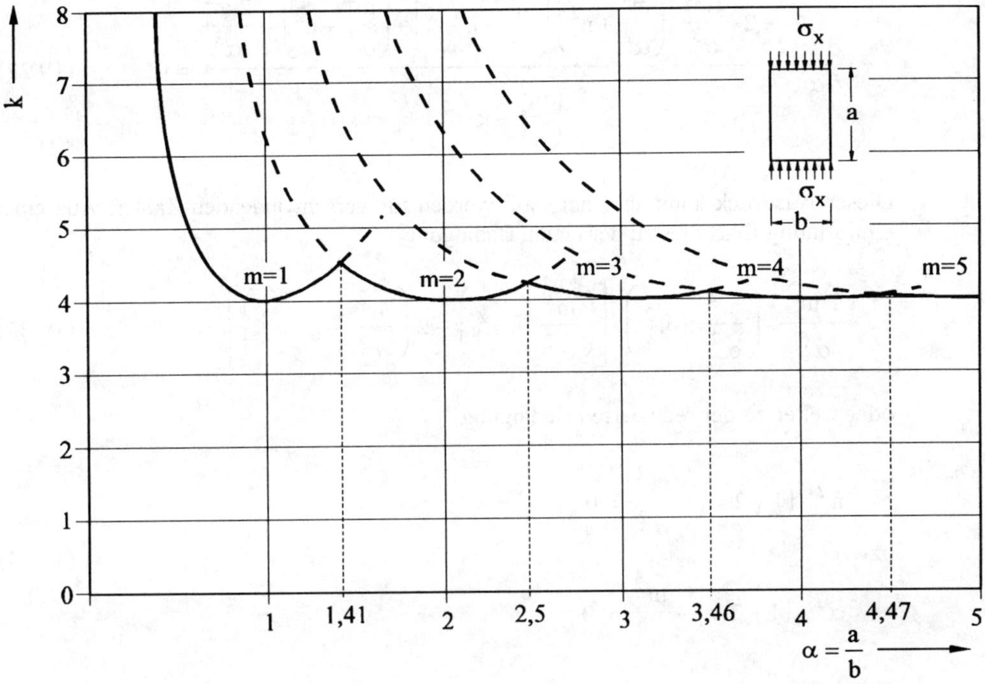

Bild 19.4: Beulwert für Rechteckscheibe unter einseitigem Druck nach /19.1/

Fall 3: Frei aufliegende Rechteckscheibe, wobei die Seiten a auf Zug und die Seiten b auf Druck beansprucht sei. Dieser Fall soll insbesondere die versteifende Wirkung einer Zugbeanspruchung herausstellen.

Gemäß der Beanspruchungseinwirkung gilt $\sigma_y = -\kappa \cdot \sigma_x$ und somit

$$\sigma_{x_{krit}} = \frac{\left[\left(\dfrac{m}{\alpha}\right)^2 + n^2\right]^2}{\left[\left(\dfrac{m}{\alpha}\right)^2 - \kappa \cdot n^2\right]} \cdot \sigma_E = k \cdot \sigma_E \,. \tag{19.21}$$

Da im vorliegenden Fall m und n nicht vorherbestimmbar sind, erhält man den minimalen Beulwert aus der Bedingung

$$\frac{\partial k}{\partial \alpha} = \frac{-2 \cdot \frac{2\,m^2}{\alpha^3} \cdot \left(\frac{m^2}{\alpha^2} + n^2\right)\left(\frac{m^2}{\alpha^2} - \kappa \cdot n^2\right) + \left(\frac{m^2}{\alpha^2} + n^2\right)^2 \cdot \frac{2\,m^2}{\alpha^3}}{\left(\frac{m^2}{\alpha^2} - \kappa \cdot n^2\right)^2} = 0 \tag{19.22}$$

Dieser Ausdruck kann aber nur Null werden für verschwindenden Zähler. Aus einer Umformung führt dies zu der neuen Bedingung

$$\frac{2\,m^2}{\alpha^3} \cdot \left(\frac{m^2}{\alpha^2} + n^2\right) \cdot \left[\left(\frac{m^2}{\alpha^2} + n^2\right) - 2\left(\frac{m^2}{\alpha^2} - \kappa \cdot n^2\right)\right] = 0 \tag{19.23}$$

oder weiter zu der reduzierten Bedingung

$$n^2 \cdot (1 + 2\,\kappa) - \frac{m^2}{\alpha^2} = 0$$

bzw. (19.24)

$$\alpha^2 \cdot (1 + 2\,\kappa) - \frac{m^2}{n^2} = 0\ .$$

Die Auflösung ergibt dann

$$\alpha = \frac{1}{\sqrt{2\,\kappa + 1}} \cdot \frac{m}{n}\ . \tag{19.25}$$

Setzt man nun wieder den α-Wert in die Definition des Beulwertes ein, so folgt für

$$k_{min} = 4\,n^2\,(1 + \kappa)\,, \tag{19.26}$$

d. h., der minimale Beulwert ist jetzt unabhängig von der Halbwellenzahl und wird für $n = 1$ am kleinsten, nämlich

$$k_{min/min} = 4\,(1 + \kappa)\ .$$

Hiermit wird dann auch

$$\alpha = \frac{m}{\sqrt{2\,\kappa + 1}}\ . \tag{19.27}$$

Da in Gl. (19.27) der Wurzelwert stets größer als Eins werden wird, muß auch für $m = 1$ der Wert $\alpha < 1$ sein. Hieraus folgt, daß die Halbwellenlänge in x-Richtung auch kleiner als die Seitenlänge b werden wird. Mit zunehmendem Spannungsverhältnis κ wird die Halbwellenlänge immer kleiner, hingegen wird der Beulwert immer größer.

Der minimale Beulwert stellt sich nur ein, wenn für die längere Seite die Bedingung

$$a = \frac{m \cdot b}{\sqrt{2\,\kappa + 1}}$$

erfüllt ist; für alle anderen Seitenlängen a ist er größer. Insbesondere für Verhältnisse

$$a < \frac{b}{\sqrt{2\,\kappa + 1}}$$

steigt der Beulwert rasch an. Für die umgekehrte Relation mit größeren Seitenlängen sind dagegen die Abweichungen vom minimalen Beulwert geringer. Entwickelt man den Verlauf Beulwert über das Seitenlängenverhältnis, so ergibt sich wieder die typische Girlandenkurve. Speziell für ein Spannungsverhältnis von $\kappa = 4$ zeigt Bild 19.5 den Verlauf.

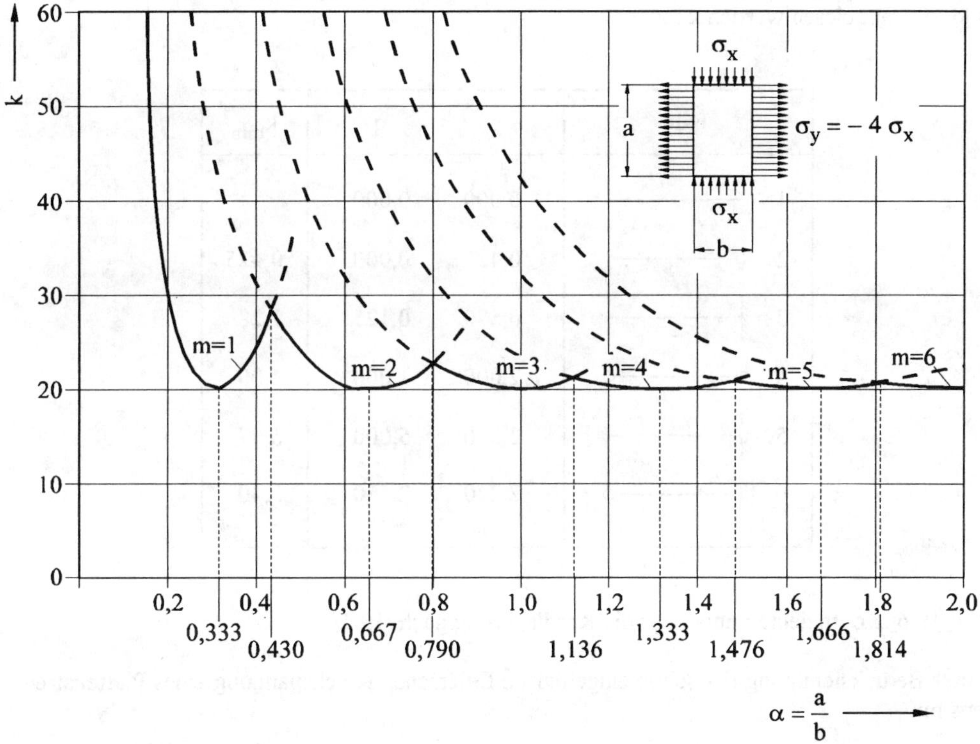

Bild 19.5: Beulwert für Rechteckscheibe unter Druck und Zug für ein Verhältnis $\kappa = 4$ nach /19.1/

Den minimalen Beulwert liest man hierin mit $k_{min} = 20$ ab, er tritt bei $\alpha = m/3$ auf. Entsprechend findet man für eine quadratische Scheibe mit $\alpha = 1$ in x-Richtung $m = 3$, also das Auftreten von drei Halbwellen.

19.4 Zusammenstellung von Beulfällen

Eine Übersicht von praktisch wichtigen Beulfällen zeigt Bild 19.7. Gleichzeitig ist dabei eine Angabe zur kritischen Beanspruchung gemacht. Analysiert man vor allem die Beanspruchungsformeln, so können diese auf einen ähnlichen Gleichungsaufbau zurückgeführt werden, und zwar

$$\sigma_{krit} = \frac{p \cdot \pi^2 \cdot E}{12\left(1-\nu^2\right)} \cdot \left(\frac{t}{b}\right)^2 + \frac{q \cdot \pi^2 \cdot E}{12\left(1-\nu^2\right)} \cdot \left(\frac{t \cdot a}{b^2}\right) \cdot \frac{1}{m^2} + \frac{\pi^2 \cdot E}{12\left(1-\nu^2\right)} \cdot \left(\frac{t}{a}\right)^2 \cdot m^2. \quad (19.28)$$

Hierin sind mit p und q zwei Randbedingungskoeffizienten eingeführt, welche fallweise aus Bild 19.6 abgelesen werden können.

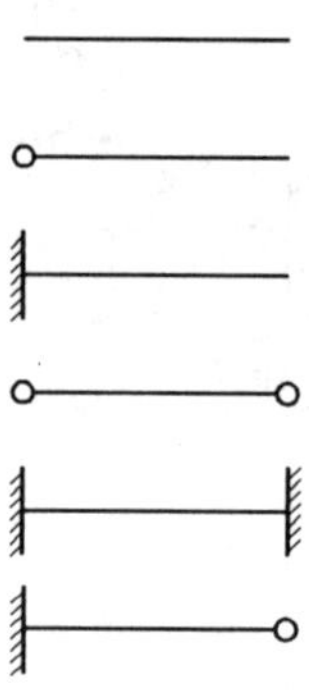

Fall	p	q	k_{min}
1	0,000	0,000	
2	0,425	0,000	0,425
3	0,570	0,125	1,28
4	2,000	1,000	4,00
5	2,500	5,000	6,97
6	2,270	2,450	5,40

Bild 19.6: Koeffiziententabelle für die Randlagerung nach /19.1/

Unter Berücksichtigung der schon eingeführten Eulerschen Knickspannung eines Plattenstreifens mit

$$\sigma_E = \frac{\pi^2 \cdot B}{b^2 \cdot t},$$

worin jetzt

$$B = \frac{E \cdot J}{1 - \nu^2} \quad \text{und} \quad J = \frac{t^3 \cdot 1}{12}$$

ist, wird auch

$$\sigma_E = \frac{\pi^2 \cdot E}{12\left(1 - \nu^2\right)} \cdot \left(\frac{t}{b}\right)^2 ,$$

damit läßt sich Gl. (19.28) verkürzt angeben zu

$$\sigma_{krit} = \frac{\pi^2 \cdot E}{12\left(1 - \nu^2\right)} \cdot \left(\frac{t}{b}\right)^2 \left[p + q\left(\frac{a}{b \cdot m}\right)^2 + \left(\frac{b \cdot m}{a}\right)^2 \right] \tag{19.29}$$

bzw. mit $\alpha = a/b$

$$\sigma_{krit} = \sigma_E \left[p + q\left(\frac{\alpha}{m}\right)^2 + \left(\frac{m}{\alpha}\right)^2 \right] = \sigma_E \cdot k \; . \tag{19.30}$$

Somit kann auch der Beulwert allgemein definiert werden. Den Wert α, zu dem die Beulspannung minimal wird, erhält man demgemäß zu

$$\frac{\partial k}{\partial \alpha} = 2 \cdot q \cdot \frac{\alpha}{m^2} - 2\,\frac{m^2}{\alpha^3} = 0 \tag{19.31}$$

oder zu

$$\alpha^2 = m^2 \cdot \sqrt{\frac{1}{q}} \; . \tag{19.32}$$

Eingesetzt in Gl. (19.30) folgt so für den minimalen Beulwert

$$k_{min} = p + 2\,\sqrt{q} \; . \tag{19.33}$$

Für die möglichen Randbedingungsfälle ist der k_{min}-Wert ebenfalls in der vorstehenden Tabelle angegeben.

Beulfälle	Formeln
a) 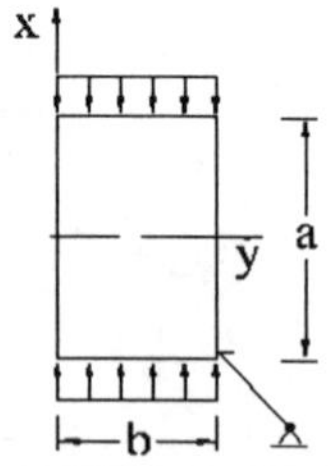	Scheibe am Rand ⓐ gelenkig gelagert, an ⓑ vollständig frei: $\sigma_{krit} = \frac{0{,}425 \cdot \pi^2 \cdot E}{12(1-\nu^2)} \cdot \left(\frac{t}{b}\right)^2 + \frac{(m \cdot \pi)^2 \cdot E}{12(1-\nu^2)} \cdot \left(\frac{t}{a}\right)^2$ Die Ausbeulung dieser Scheibe erfolgt stets in einer Halbwelle (m = 1); $k_{min} = 0{,}425$.
b) 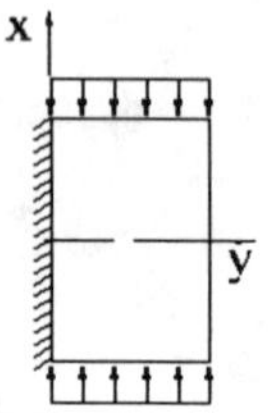	Scheibe am Rand ⓐ fest eingespannt, an ⓑ vollständig frei: $\sigma_{krit} = \frac{0{,}57 \cdot \pi^2 \cdot E}{12(1-\nu^2)} \cdot \left(\frac{t}{b}\right)^2 + \frac{0{,}125 \cdot \pi^2 \cdot E}{12(1-\nu^2)} \cdot \left(\frac{t \cdot a}{b^2}\right) \cdot \frac{1}{m^2}$ $+ \frac{(m \cdot \pi)^2 \cdot E}{12(1-\nu^2)} \cdot \left(\frac{t}{a}\right)^2; \; k_{min} = 1{,}28$
c) 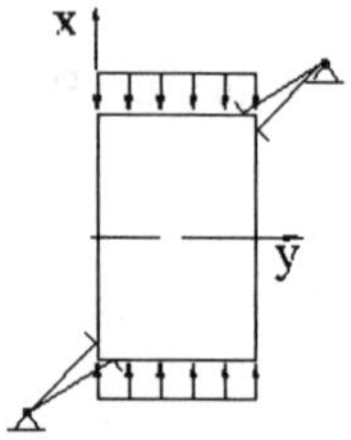	Scheibe an den Rändern ⓐ, ⓑ beidseitig gelenkig gelagert: $\sigma_{krit} = \frac{2 \cdot \pi^2 \cdot E}{12(1-\nu^2)} \cdot \left(\frac{t}{b}\right)^2 + \frac{\pi^2 \cdot E}{12(1-\nu^2)} \cdot \left(\frac{t \cdot a}{b^2}\right) \cdot \frac{1}{m^2}$ $+ \frac{(m \cdot \pi)^2 \cdot E}{12(1-\nu^2)} \cdot \left(\frac{t}{a}\right)^2; \; k_{min} = 4{,}0$
d) 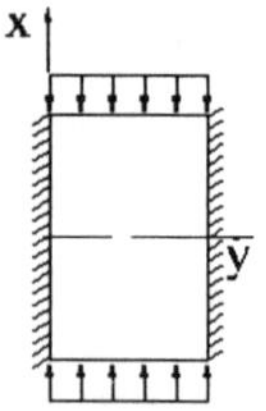	Scheibe am Rand ⓐ fest eingespannt: $\sigma_{krit} = \frac{2{,}5 \cdot \pi^2 \cdot E}{12(1-\nu^2)} \cdot \left(\frac{t}{b}\right)^2 + \frac{5 \cdot \pi^2 \cdot E}{12(1-\nu^2)} \cdot \left(\frac{t \cdot a}{b^2}\right) \cdot \frac{1}{m^2}$ $+ \frac{(m \cdot \pi)^2 \cdot E}{12(1-\nu^2)} \cdot \left(\frac{t}{a}\right)^2; \; k_{min} = 6{,}97$
e) 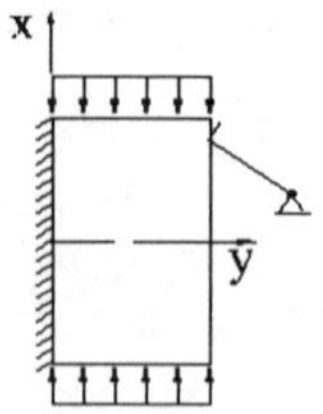	Scheibe am Rand ⓐ fest eingespannt bzw. gelenkig gelagert: $\sigma_{krit} = \frac{2{,}27 \cdot \pi^2 \cdot E}{12(1-\nu^2)} \cdot \left(\frac{t}{b}\right)^2 + \frac{2{,}45 \cdot \pi^2 \cdot E}{12(1-\nu^2)} \cdot \left(\frac{t \cdot a}{b^2}\right) \cdot \frac{1}{m^2}$ $+ \frac{(m \cdot \pi)^2 \cdot E}{12(1-\nu^2)} \cdot \left(\frac{t}{a}\right)^2; \; k_{min} = 5{,}4$

Bild 19.7: Übersicht über einige praktische Beulfälle

19.5 Rohrbeulen

Ein anderes wichtiges Beulproblem besteht im Instabilwerden von Rohren /19.2/. Im Bild 19.8 ist ein derartiger Beulfall dargestellt. Vom Prinzip her handelt es sich hierbei um eine Kreiszylinderschale, die durch Axialdruck belastet wird.

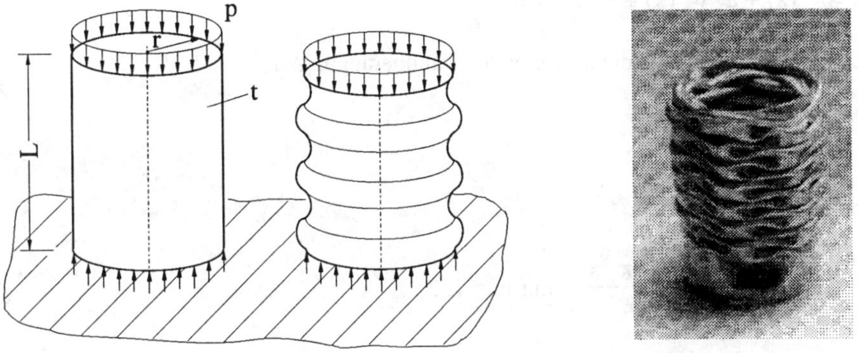

Bild 19.8: Rotationssymmetrisches Beulen einer Zylinderschale

Bei der Analyse des Problems könnte man zunächst auf den Gedanken kommen, hier Knickung eines an den Enden gelenkig gelagerten Stabes (Eulerfall 2) mit

$$F_x = 2r \cdot \pi \cdot p = \left(\frac{\pi}{L}\right)^2 E \cdot J_p \approx \left(\frac{\pi}{L}\right)^2 E\left(r^3 \cdot \pi \cdot t\right) \approx \pi^3 \cdot E\frac{r^3 \cdot t}{L^2} \tag{19.34}$$

bzw. dem kritischen Druck

$$p_{krit} \approx \frac{\pi^2 \cdot E \cdot r^2 \cdot t}{2\,L^2} \tag{19.35}$$

anzunehmen. Die Erfahrung zeigt jedoch, daß diese Lösung nur für lange, dünne Rohre (L >> r) näherungsweise anwendbar ist. Völlig anders sind jedoch die Verhältnisse, wenn die Länge L und der Durchmesser 2 r etwa von derselben Größenordnung sind. Unter Belastung wirft dann die Schalenwand gleichmäßige Wellen, was als Rohr- oder Faltenbeulung anzusehen ist. Dieses Verhalten kann aus der Biegetheorie der Kreiszylinderschalen abgeleitet werden. Ohne Herleitung kann hierfür die homogene DGL

$$\frac{\partial^4 w}{\partial x^4} + \frac{12\left(1-\nu^2\right)\cdot p}{E \cdot t^3} \cdot \frac{\partial^2 w}{\partial x^2} + \frac{12\left(1-\nu^2\right)}{r^2 \cdot t^2} \cdot w = 0 \tag{19.36}$$

angesetzt werden. Mit den Abkürzungen

$$a = \frac{12\left(1-\nu^2\right)\cdot p}{E\cdot t^3} \quad \text{und} \quad b = \frac{12\left(1-\nu^2\right)}{r^2\cdot t^2}$$

kann die DGL auch geschrieben werden als

$$w''''(x) + a\cdot w''(x) + b\cdot w(x) = 0$$

Dieser Gleichungstyp und die auftretenden Randbedingungen

$w(0) = 0,\quad w''(0) = 0,$
$w(L) = 0,\quad w''(L) = 0,$

können mit dem Ansatz

$$w(x) = C_m\cdot\sin\frac{m\cdot\pi\cdot x}{L} \quad \text{mit } m = 1, 2, \ldots \tag{19.37}$$

befriedigt werden. Bildet man die entsprechenden Ableitungen und setzt diese in Gl. (19.36) ein, so erhält man

$$\left(\frac{m\cdot\pi}{L}\right)^4 - a\cdot\left(\frac{m\cdot\pi}{L}\right)^2 + b = 0\,. \tag{19.38}$$

Wird jetzt die Rücksubstitution für die Konstante a wieder vorgenommen, so kann die vorstehende Gleichung nach dem kritischen Axialdruck aufgelöst werden:

$$p_{krit} = \frac{E\cdot t^3}{12\left(1-\nu^2\right)}\cdot\left[\frac{\left(\frac{m\cdot\pi}{L}\right)^4 + b}{\left(\frac{m\cdot\pi}{L}\right)^2}\right]. \tag{19.39}$$

Das Minimum für p_{krit} erhält man für die kleinste Halbwellenlänge m, wozu Gl. (19.39) abzuleiten ist

$$\frac{\partial p}{\partial m} = \frac{E\cdot t^3}{12\left(1-\nu^2\right)}\left[2\,m\frac{\pi^2}{L^2} - 2\,m^{-3}\frac{b\cdot L^2}{\pi^2}\right] = 0\,. \tag{19.40}$$

Für m findet sich so

$$m = \frac{L}{\pi}\sqrt[4]{b} = \frac{L}{\pi}\sqrt[4]{\frac{12\left(1-\nu^2\right)}{r^2\cdot t^2}}. \tag{19.41}$$

Es wäre sicherlich Zufall, wenn m wie vorstehend vereinbart genau ganzzahlig wäre. Ist dem nicht so, so muß mathematisch auf $\hat{m}$ gerundet werden. Damit gilt

$$p_{Beul} \equiv p_{krit} = \frac{E \cdot t^3}{12\left(1-\nu^2\right)} \left[\frac{\left(\frac{\hat{m} \cdot \pi}{L}\right)^4 + b}{\left(\frac{\hat{m} \cdot \pi}{L}\right)^2} \right]. \tag{19.42}$$

Die vorstehende Gleichung gilt natürlich nur für rein elastisches Verhalten und für langsame Lastaufbringung. Ein Vergleich von Gl. (19.35) mit Gl. (19.39) zeigt, daß ein Rohr für

- $\frac{r^3}{t \cdot L^2} < \frac{2}{\pi^2 \sqrt{3\left(1-\nu^2\right)}}$ wie ein Stab ausknickt

bzw. für (19.43)

- $\frac{r^3}{t \cdot L^2} > \frac{2}{\pi^2 \sqrt{3\left(1-\nu^2\right)}}$ tatsächlich beult.

Ein heute geläufiger Anwendungsfall für Rohrbeulen sind Crashboxen, die bei Pkw's Kollisionen bis 15 km/h ohne Strukturschädigung kompensieren können. Als Geometrien werden dazu bevorzugt Kreis- und Rechteckrohre genutzt.

19.6 Versteifte Scheibe

Um Beulen von Scheiben zu behindern, geht man in der Praxis oft dazu über, durch Untergurte gezielt zu versteifen. Hierzu werden entweder ein, zwei oder drei Gurte gewählt, die in Kraftwirkungsrichtung angeordnet werden. Die Auflistung (zwei am Rand, einer in der Mitte) richtet sich gewöhnlich nach der Größe der Scheibe. Für die Wirksamkeit einer derartigen Versteifung ist es wichtig zu wissen, welche Steifigkeit ein Gurt haben muß, um entsprechend wirken zu können.

Da diese Problemstellung mathematisch nicht einfach zu lösen ist, soll eine exemplarische Betrachtung für *eine Scheibe mit Mittelgurt* angestellt werden. Aus Vereinfachungsgründen sollen hierbei die folgenden Annahmen gemacht werden:

- Scheibe und Versteifung sind aus dem gleichen Werkstoff.
- Die Schwerachse aus Versteifung und Scheibe fällt etwa in die Scheibenmittelebene.

sowie

- Die Torsionssteifigkeit des Gurtes soll vernachlässigt werden.

Im Bild 19.9 ist eine derartige Situation exemplarisch dargestellt.

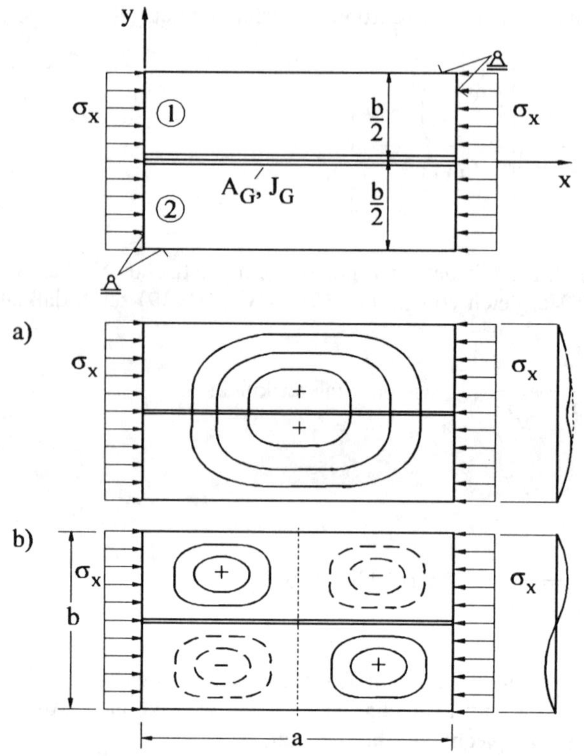

Bild 19.9: Versteifte Scheibe nach /19.1/
a) mögliche symmetrische
und
b) antimetrische Beulform

Je nach der Steifigkeit des Untergurtes können dabei zwei Fälle auftreten:

- Die Scheibe beult zusammen mit dem Gurt symmetrisch, d. h. der Gurt ist zu schwach.
oder
- Die Scheibe beult antimetrisch, wobei der Gurt insgesamt gerade bleibt, also zu steif ist.

Für den antimetrischen Fall kann die kritische Beulspannung (s. Fall 2 im Kapitel 19.3) sofort bestimmt werden, sie entspricht nämlich einer Scheibe mit halber Breite. Somit folgt aus Gl. (19.17) und mit $\overline{\alpha} = 2\,\alpha$

$$\sigma_{x_{krit}} = \left(\frac{m}{2\,\overline{\alpha}} + \frac{2\,\overline{\alpha}}{m}\right)^2 \cdot \frac{\pi^2 \cdot E \cdot t^2}{12\left(1-\nu^2\right)\left(b/2\right)^2} = 4\left(\frac{m}{2\,\overline{\alpha}} + \frac{2\,\overline{\alpha}}{m}\right)^2 \cdot \frac{\pi^2 \cdot E}{12\left(1-\nu^2\right)} \cdot \left(\frac{t}{b}\right)^2 . \tag{19.44}$$

Die minimale Wellenzahl wird sich für $m = 2\,\overline{\alpha}$ einstellen. Ist der Stab biegesteif genug, so daß dieser Fall überhaupt möglich ist, so kann auch mit einer weiteren Steifigkeitserhöhung die kritische Beulspannung nicht gesteigert werden.

Im Fall der symmetrischen Beulung wird eine nur geringe Biegesteifigkeit des Gurtes vorliegen. Die Beulform kann somit aus der Gleichung

$$B \cdot \Delta\Delta w = -p_x \cdot \frac{\partial^2 w}{\partial x^2} \tag{19.45}$$

bestimmt werden. Die geläufigen Randbedingungen sind einerseits gelenkige Lagerung und andererseits Bettung auf elastischer Unterlage (Biegung von Platte und Gurt sind gleich). Letztlich führt dieses Problem auf die Eigenwertgleichung

$$\left(\frac{1}{\lambda \cdot b}\tan\frac{\lambda \cdot b}{2} - \frac{1}{\omega \cdot b}\tan\frac{\omega \cdot b}{2}\right) \cdot \left(\gamma \cdot \frac{m^2}{\alpha^2} - \delta \cdot k\right)\frac{m^2 \cdot \pi^2}{\alpha^2} - \frac{4\,m \cdot \sqrt{k}}{\alpha} = 0\,. \tag{19.46}$$

In diese Gleichung sind folgende Abkürzungen

$$\lambda^2 = \frac{m^2 \cdot \pi^2}{a^2} + \frac{m \cdot \pi^2}{a \cdot b}\sqrt{k}\ , \quad \omega^2 = -\frac{m^2 \cdot \pi^2}{a^2} + \frac{m \cdot \pi^2}{a \cdot b}\sqrt{k} \tag{19.47}$$

bzw. Koeffizienten

$$\begin{aligned} \delta &= \frac{A_G}{t \cdot b} \quad \text{(Flächenverhältnis)} \\ \gamma &= \frac{E \cdot J_G}{B \cdot b} \quad \text{(bezogene Biegesteifigkeit)} \end{aligned} \tag{19.48}$$

eingeführt worden. Danach treten in Gl. (19.46) noch vier Unbekannte auf, weshalb Sie nur durch Probieren zu lösen ist. Im allgemeinen geht man so vor, daß für δ Werte vorgegeben werden und dann k als Verlauf der Steifigkeit γ aufgetragen sind. Dies zeigt beispielsweise Bild 19.10.

Die Mindeststeifigkeit des Gurtes für Beulbehinderung ist der Grenzfall der Antimetrie. Wird jetzt von Gl. (19.44) der Beulwert

$$k = 4\left(\frac{m}{2\,\overline{\alpha}} + \frac{2\,\overline{\alpha}}{m}\right)^2$$

abgespalten und in Gl. (19.47) eingesetzt, so kann aus der Auflösung von Gl. (19.46) der Koeffizient γ bestimmt werden, aus dem wiederum die Gurtabmessungen folgen.

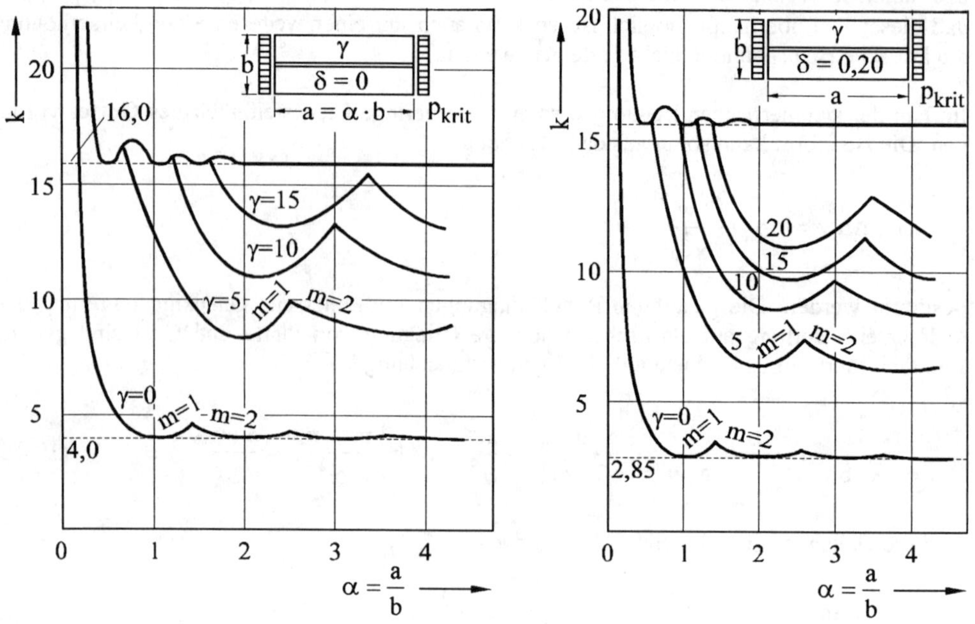

Bild 19.10: Beulwerte der versteiften Scheibe nach /19.1/

Führt man dies durch und berücksichtigt, daß

- für $\alpha > 2$ sich der Beulwert nur noch unwesentlich ändert und
- $k_{grenz} \approx 16$ ist, weil auf b/2 bezogen wird,

so ergeben sich die folgenden vereinfachten Gleichungen

$$\lambda \cdot b \approx 2\,\pi \sqrt{\left(\frac{m}{4\,\alpha} + 1\right)\frac{m}{\alpha}}\;, \qquad \omega \cdot b \approx 2\,\pi \sqrt{\left(\frac{m}{4\,\alpha} - 1\right)\frac{m}{\alpha}} \tag{19.49}$$

bzw. als Mindeststeifigkeit

$$\gamma \approx 16\,\delta \left(\frac{\alpha}{m}\right)^2 + \frac{16\,(\alpha / m)^3}{\pi^2 \left(\frac{1}{\lambda \cdot b}\tanh\frac{\lambda \cdot b}{2} - \frac{1}{\omega \cdot b}\tan\frac{\omega \cdot b}{2}\right)}\;. \tag{19.50}$$

Zu festgelegten geometrischen Verhältnissen (δ, α, λ, ω) kann nun unter Vorgabe der Wellenzahl m eine minimal erforderliche Biegesteifigkeit für den Gurt abgeschätzt werden.

Die Auftragung dieses Lösungsweges führt zu einer umgekehrten Girlandenkurve (s. Bild 19.11), die in Abhängigkeit von der Geometrie den Verlauf der Mindeststeifigkeit des Gurtes ausweist.

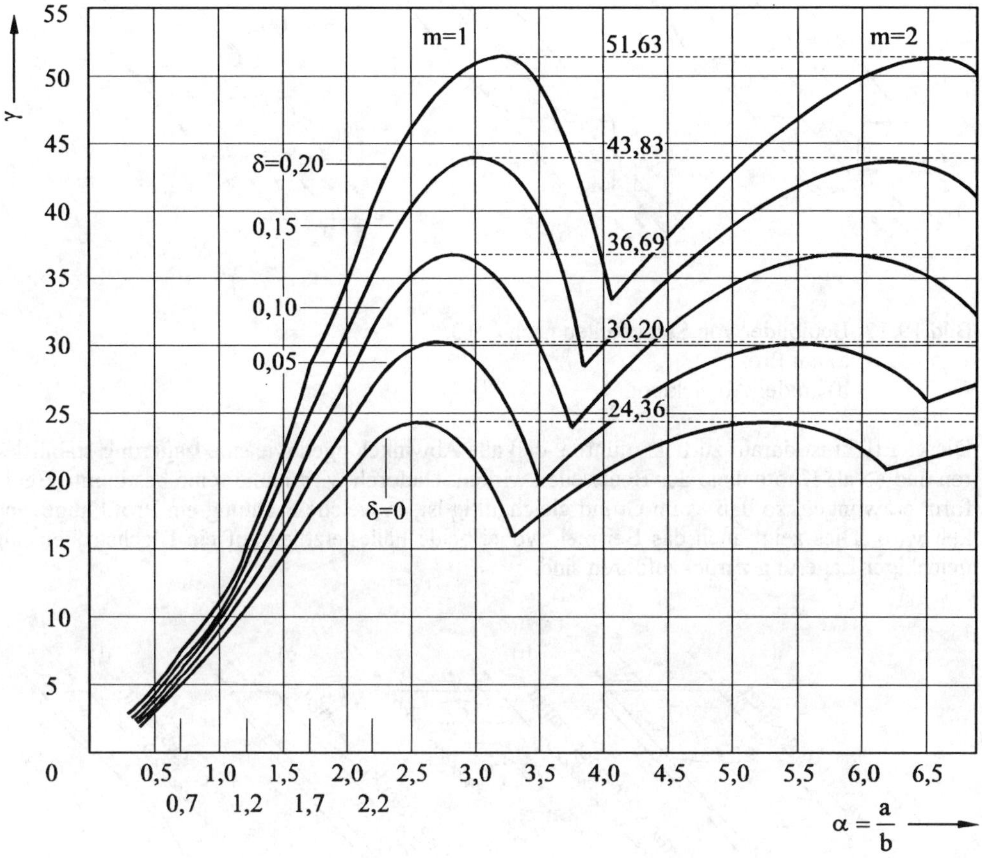

Bild 19.11: Mindeststeifigkeitsverlauf für einen Gurt, der Beulen verhindert nach /19.1/

19.7 Beulung von Profilen

Wie Flächentragwerke neigen auch die Wände von Profilstäben zum Beulen. Man spricht hier speziell vom örtlichen Beulen und kennzeichnet dadurch eine kurzwellige Beulform. Während beim Knicken von Profilstäben die Querschnittsform erhalten bleibt und die Stabachse ausweicht, bleiben beim Profilbeulen die Anschlußkanten der Profilwände gerade und nur die Wände beulen aus. Die auftretenden Beulbilder sind im Bild 19.12 skizziert.

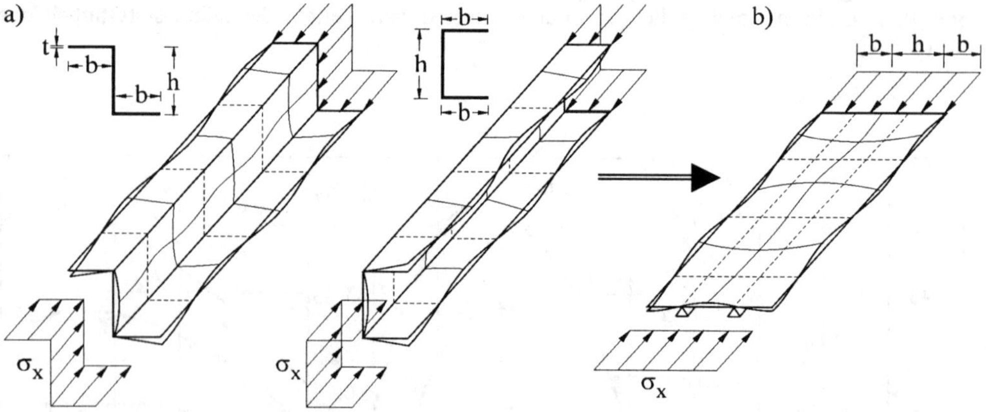

Bild 19.12: Beulbilder von Stabprofilen nach /19.3/
a) am Profil
b) an der Abwicklung

Dieser Effekt ist darauf zurückzuführen, daß alle Abwinkelungen wie eine Lagerung stabilisieren und so als Knotenlinie der Beulwellen wirken. Dadurch wird immer eine bestimmte Beulform erzwungen, so daß es im Grund gleichgültig ist, in welche Richtung ein Profil abgewinkelt wird. Dies zeigt auch das Beispiel, wobei beide Fälle letztlich auf ein Blechstreifen mit gelenkiger Lagerung zurückzuführen sind.

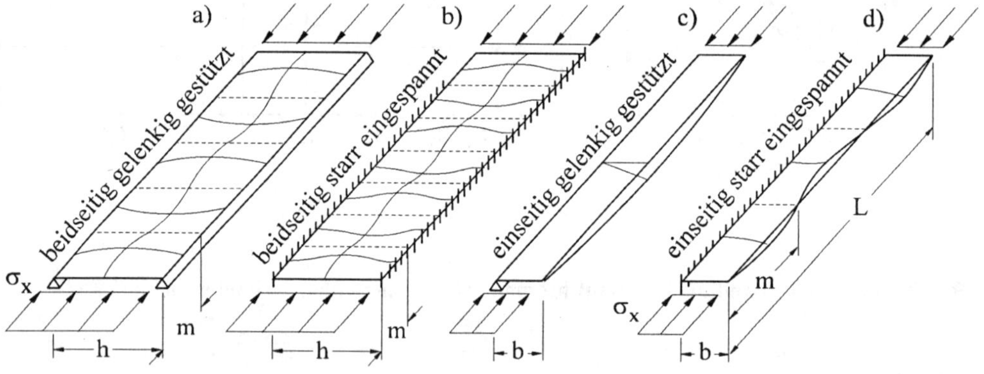

$$\sigma_{krit} = 3{,}6 \cdot E\left(\frac{t}{h}\right)^2 \quad \sigma_{krit} = 6{,}3 \cdot E\left(\frac{t}{h}\right)^2 \quad \sigma_{krit} = 0{,}38 \cdot E\left(\frac{t}{b}\right)^2 \quad \sigma_{krit} = 1{,}15 \cdot E\left(\frac{t}{b}\right)^2$$

Bild 19.13: Beulformen und Beulwerte von Profilstreifen nach /19.3/

Für diese Grundformen gelten dann die folgenden Grundgleichungen:

Fall a): Blechstreifen mit beidseitig gelenkiger Stützung
Die Wellenlänge der Beulung ist m = h und die beulkritische Spannung

$$\sigma_{x_{krit}} \approx 3{,}6\ E \cdot \left(\frac{t}{h}\right)^2 . \tag{19.51}$$

Fall b): Blechstreifen, der beidseitig starr gefaßt ist
Die Wellenlänge der Beulung wird so m < h und die beulkritische Spannung

$$\sigma_{x_{krit}} \approx 6{,}3\ E \cdot \left(\frac{t}{h}\right)^2 . \tag{19.52}$$

Fall c): Blechstreifen mit einseitig gelenkiger Stützung und freiem Rand
Die Wellenlänge der Beulung stellt sich ein zu m = L, die beulkritische Spannung wird

$$\sigma_{x_{krit}} \approx 0{,}38\ E \cdot \left(\frac{t}{b}\right)^2 . \tag{19.53}$$

und

Fall d): Blechstreifen mit einseitig starrer Stützung und freiem Rand
Die Wellenlänge der Beulung ist etwa b < m < L und die beulkritische Spannung

$$\sigma_{x_{krit}} \approx 1{,}15\ E \cdot \left(\frac{t}{b}\right)^2 . \tag{19.54}$$

Die angeführten Gleichungen können unmittelbar aus dem Bild 19.7 abgeleitet werden.

Profile können nun aus diesen Einzelstreifen synthetisch aufgebaut werden. Da dann die Einzelstreifen an den Rändern zusammengebunden werden, müssen dort auch die Randwinkel und Halbwellenlängen übereinstimmen. Dieser Zwang bewirkt, daß die Beulspannung eines Profils in jedem Fall größer ist, als die Summe der Beulspannungen der unstabilisierten Einzelstreifen. Die Obergrenze der Stützwirkung liegt sicherlich immer bei der festen Einspannung.

Soll nun die Beulspannung von Profilstäben abgeschätzt werden, so bietet sich als einfacher Weg das Kräftegleichgewicht /19.4/ im Profil an.

Für das im Bild 19.14 gezeigte Winkelprofil kann so der Ansatz gemacht werden

$$\sigma_{x_{krit}} \approx \frac{\sigma_{x_{1\,krit}} \cdot t_1 \cdot b_1 + \sigma_{x_{2\,krit}} \cdot t_2 \cdot b_2}{\left(t_1 \cdot b_1 + t_2 \cdot b_2\right)} . \tag{19.55}$$

Gemäß seiner Geometrie zerfällt es in zwei Blechstreifen, die über eine steife Kante zusammengebunden sind. Deshalb ist anzusetzen

$$\sigma_{x_1\,krit} \approx 0{,}38\,E \cdot \left(\frac{t}{b}\right)^2 \quad \text{, Fall c)} \tag{19.56}$$

und

$$\sigma_{x_2\,krit} \approx 0{,}38\,E \cdot \left(\frac{t}{b}\right)^2 \quad \text{, Fall c)}\ . \tag{19.57}$$

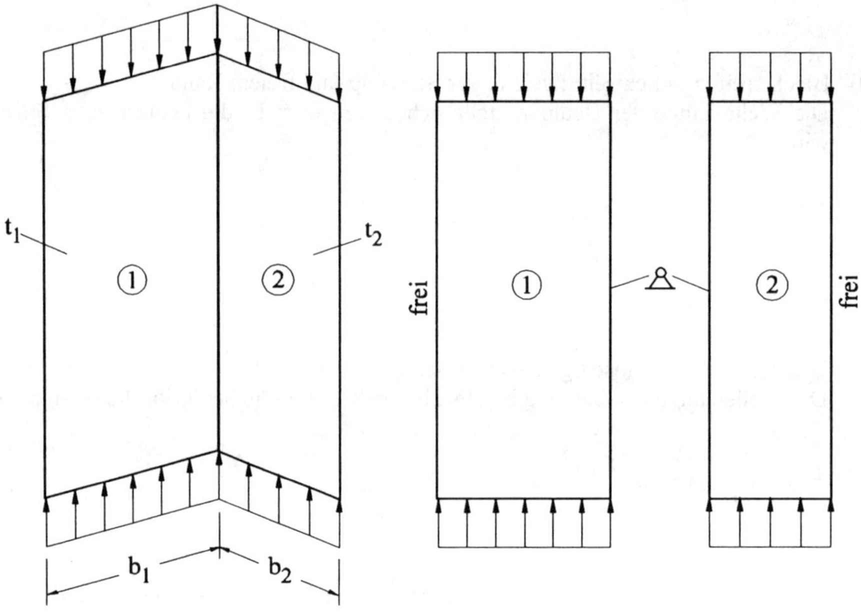

Bild 19.14: Einfaches Winkelprofil

Der vorstehende Ansatz läßt sich nun beliebig verallgemeinern zu

$$\sigma_{x_{krit}} \approx \frac{\sum_{i=1}^{n} \sigma_{x_i\,krit} \cdot t_i \cdot b_i}{\sum_{i=1}^{n} t_i \cdot b_i}\ . \tag{19.58}$$

Eine abschließende Auswertung zu Gl. (19.58) soll das Z-Profil im Bild 19.15 sein. Wie der geometrische Aufbau zeigt, kann das Profil in drei Blechstreifen zerlegt werden. Danach liegt zweimal ein Streifen mit freiem Rand vor, für den anzusetzen ist

$$\sigma_{x1\,krit} \approx 0{,}38\,E \cdot \left(\frac{t_1}{b_1}\right)^2, \quad \sigma_{x3\,krit} \approx 0{,}38 \cdot \left(\frac{t_3}{b_3}\right)^2, \text{ Fall c)} . \tag{19.59}$$

Der Mittelstreifen ist beidseitig an einer steifen Kante angebunden, weshalb für diesen

$$\sigma_{x2\,krit} \approx 3{,}6\,E \cdot \left(\frac{t_2}{b_2}\right)^2, \quad \text{Fall a),} \tag{19.60}$$

anzusetzen ist.

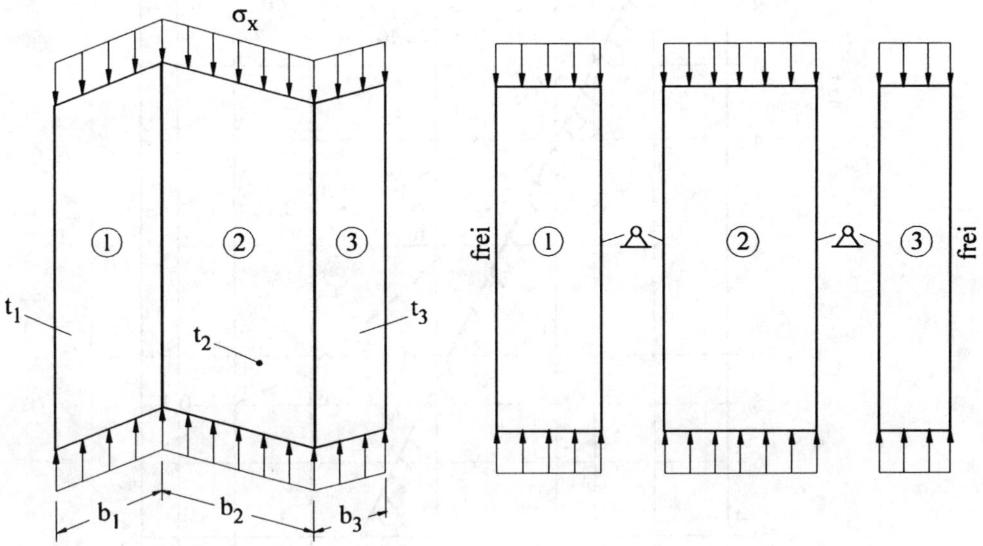

Bild 19.15: Z-förmig abgesetztes Profil

Der gezeigte einfache Weg über die Überlagerung von Grundlastfällen berücksichtigt das mechanische Verhalten der Profile und stellt eine ausreichend genaue Abschätzung dar.

19.8 Bördelung

Unter Belastung wird man feststellen, daß die Tragfähigkeit von Profilstäben durch das Beulen der freien Ränder begrenzt wird. Wenn demgemäß die Tragfähigkeit erhöht werden soll, so müssen die Ränder durch Umbördeln stabilisiert werden. Ein breiter freier Rand wird dadurch zum beidseitig gestützten Rand und nur der kurze Überstand ist wieder als freier Rand anzusehen. Im Bild 19.16 ist der Stabilisierungseffekt zwischen den beiden Grenzfällen freier Rand und beidseitig gestützter Rand abgeschätzt worden.

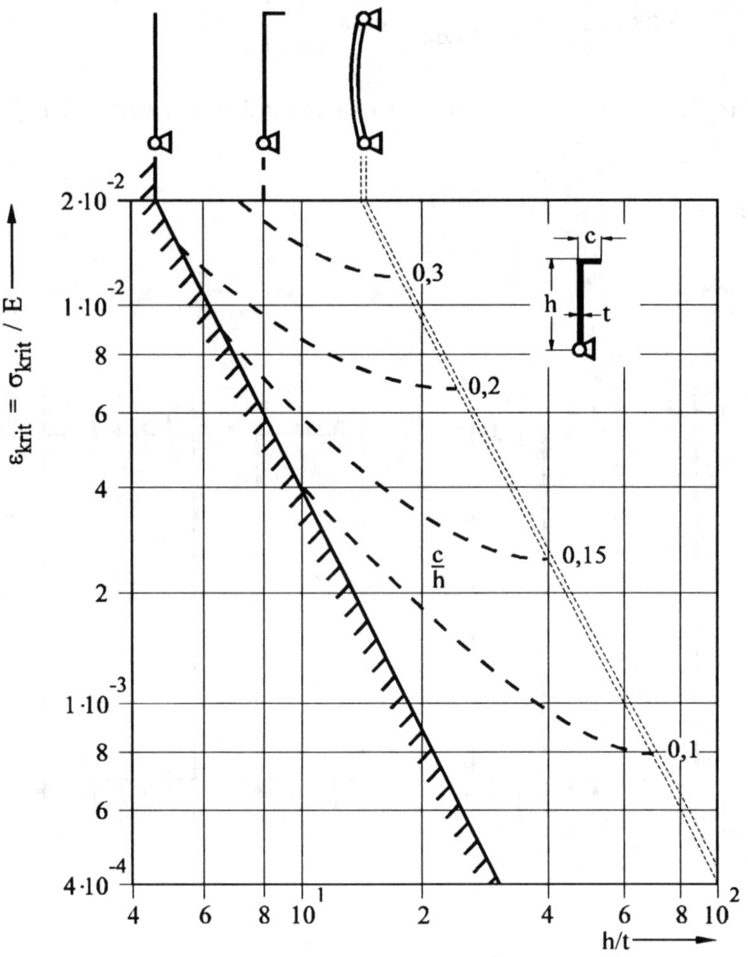

Bild 19.16: Einfluß der relevanten Bördelhöhe auf die Tragfähigkeit nach /19.5/

Die durch eine Bördelung zu erzielende Stützwirkung ist vom Verhältnis Steghöhe zu Dicke des zu unterstützenden Profilstreifens abhängig und setzt eine bestimmte Mindestbördelhöhe gemäß Bild 19.17 voraus.

Eine relative Bördelhöhe c/h = 0,25 reicht hiernach aus, um bei einem Verhältnis t/h < 1/20 die Anschlußkante zu stützen. Wird die Bördelhöhe c größer gemacht, als die Abbildung ausweist, so neigt der Rand seinerseits wieder zur Instabilität und drückt den Beulwert wieder herunter.

Der Einfluß der Bördelhöhe bei verschiedenen zweiflanschigen Profilträgern zeigt insbesondere Bild 19.18. Hierin ist ersichtlich, daß zunächst bei Profilverhältnissen b/h = 0,5-1,0 und c/b = 0,2 der Druckbeulwert fast vervierfacht werden kann. Weiterhin ist dargestellt, daß bei größeren Verhältnissen c/b = 0,4-1,0 der Beulwert wegen Instabilität wieder deutlich abfällt.

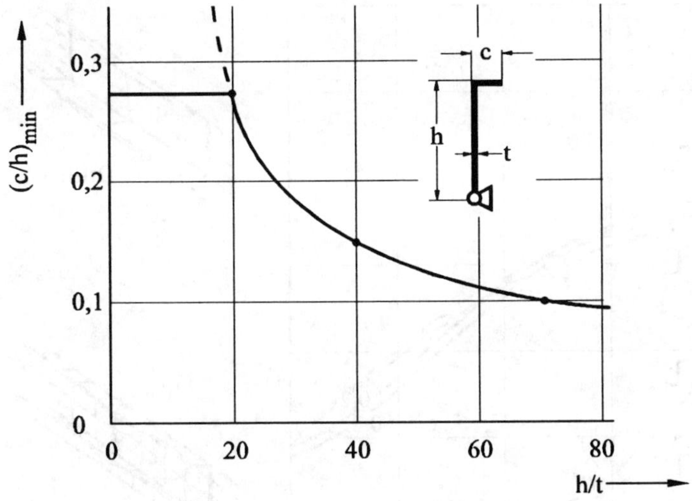

Bild 19.17:
Mindestbördelhöhe
für Profilränder

Ergänzend hierzu sind im Bild 19.19 verschiedene Profilformen mit und ohne Bördelung bzw. unterschiedlichen Bördelverhältnissen bezüglich ihrer versteifenden Wirkung gegenüberstellt. Der Vergleich belegt, daß das doppelseitig abgewinkelte Z-Profil hierbei das günstigste Druckbeulverhalten zeigt.

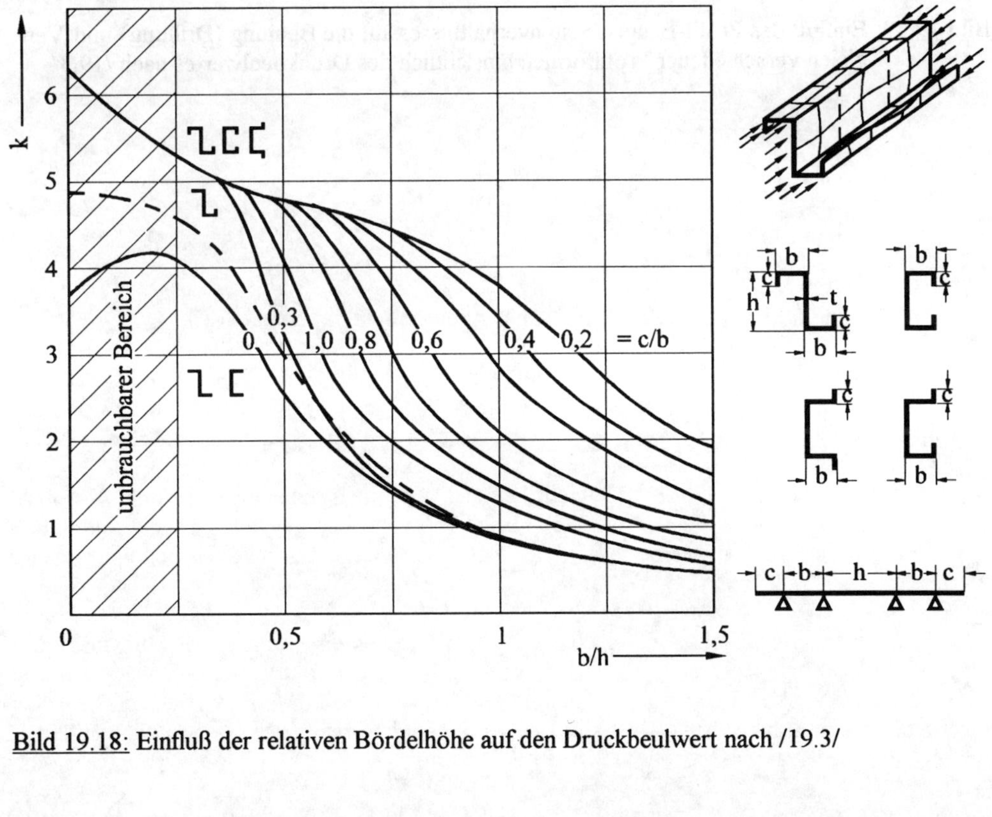

Bild 19.18: Einfluß der relativen Bördelhöhe auf den Druckbeulwert nach /19.3/

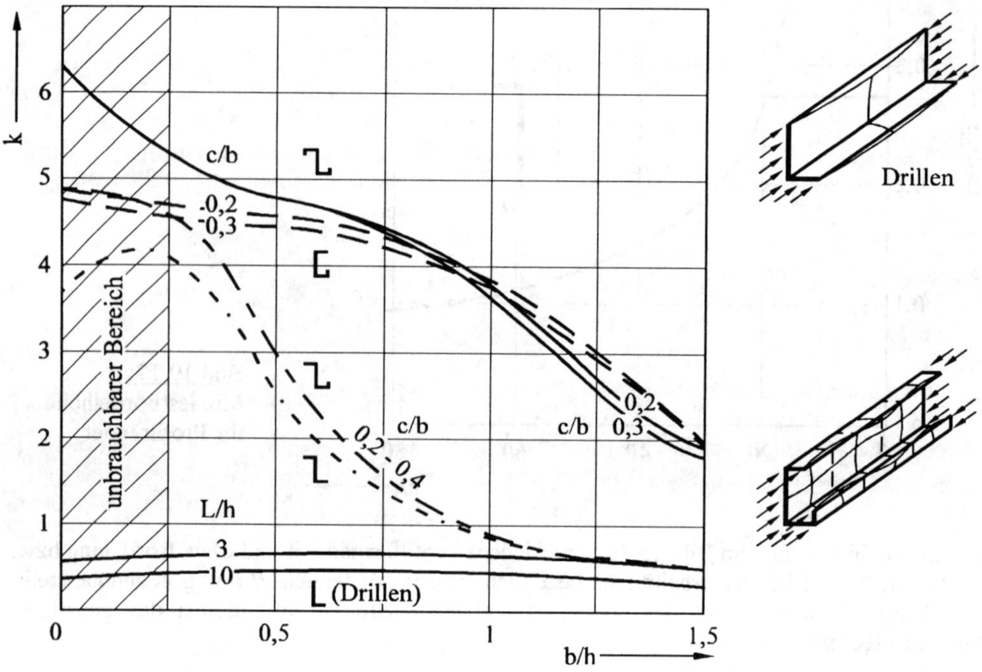

Bild 19.19: Einfluß des Profil-Längen/Seitenverhältnisses auf die Beulung (Drillung) und Vergleich verschiedener Profilformen hinsichtlich des Druckbeulwertes nach /19.3/

20 Konstruktive Versteifungen

Unter konstruktive Versteifungen sollen gezielt eingebrachte geometrische Anisotropien verstanden werden, die helfen, die Steifigkeit einer Leichtbaukonstruktion zu erhöhen. Wenn möglich soll die Versteifung ohne zusätzlichen Materialaufwand erfolgen, so daß bei konstantem Eigengewicht gleichzeitig eine Steigerung der Tragfähigkeit eintritt. Am günstigsten ist daher, wenn die Versteifung im gleichen Arbeitsgang wie das Bauteil hergestellt wird. Nach der geometrischen Form und dem Einbringverfahren unterscheidet man so:

- Versteifung durch schalenförmige Gestaltung,
- Ausbildung von Sicken,
- Anformung von Rippen

sowie

- Formung von Randversteifungen, Durchzüge und Falze.

Bevorzugte Anwendungsfelder hierfür stellt der Blechbau da, weil dünne Bleche bekanntlich aufgezwungenen Verformungen oder Instabilitäten nur einen geringen Widerstand entgegensetzen können. Auf einige grundsätzliche Aspekte von Versteifungen soll im folgenden etwas näher eingegangen werden.

20.1 Schalenförmige Formgebung

Schalenartige Versteifungen können durch einfach gebogene oder doppelt gekrümmte Teile sowie gewölbte Profile (s. Bild 20.1) realisiert werden. Die Herstellung erfolgt zweckmäßigerweise durch Formdrücken, welches ein Biegeumformverfahren zwischen einem Ober- und Unterstempel ist. Die Blechdicke bleibt hierbei annähernd erhalten, da nur ein geringer Werkstoffluß stattfinden braucht.

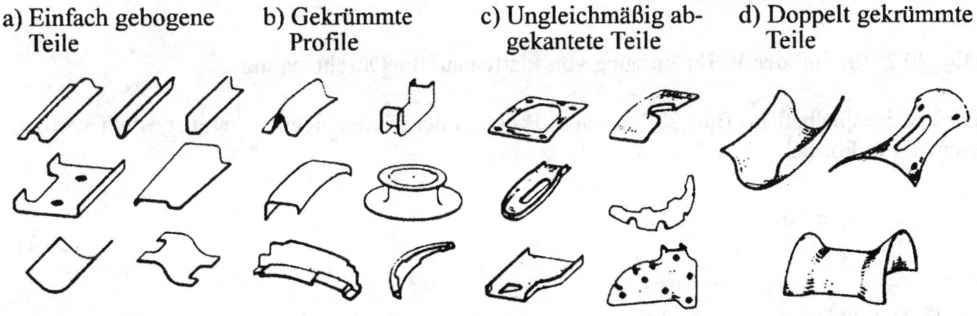

Bild 20.1: Beispiele für schalenartige Formgestaltung

In der Praxis wird immer wieder die Frage gestellt, wie Wölbungen hinsichtlich ihrer versteifenden Wirkung zu bewerten sind. Letztlich kann dies aber nur in jedem Einzelfall beantwortet werden, weil hier die Richtung und Stärke der Verkrümmung sowie die Randbedingungen maßgebend sind.

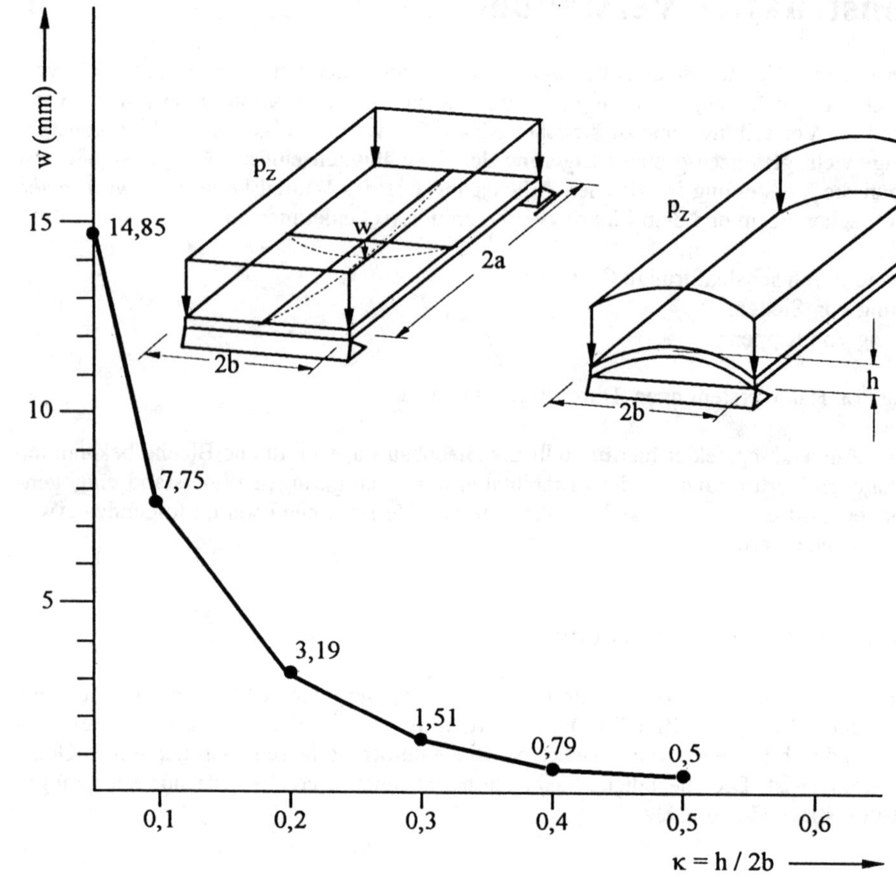

Bild 20.2: Einfluß der Vorkrümmung von Platten auf die Durchbiegung

Dies ist beispielhaft im Bild 20.2 an dem Problem der Plattenbiegung herausgestellt worden. Gemäß der Formel

$$w = \frac{c_1(a / b)}{c_2(\kappa)} \cdot \frac{p_z \cdot b^4}{E \cdot t^3} \qquad (20.1)$$

ist die Durchbiegung eine Funktion des Längen/Breiten-Verhältnisses, der Lagerung, welches unter anderem durch die Randbedingungskonstante c_1 ausgedrückt sei, und des Krümmungsfaktors c_2.

Inbesondere bei Vorkrümmung liegt eine Schale vor, deren Durchbiegung als Funktion des Krümmungsparameters κ numerisch ermittelt worden ist. Wie zu erwarten war, nimmt die Durchbiegung mit zunehmender Krümmung ab. Insofern ist bewiesen, daß durch Krümmung flächige Konstruktionen erheblich versteift werden können.

20.2 Sicken

20.2.1 Versteifungswirkung

Sicken sind rinnenartig eingebrachte Versteifungen in Blechfelder, wobei die Tiefenprägung meist klein gegenüber der Längenprägung ist. Im allgemeinen werden Sicken nach der Querschnittsform und Anordnung unterschieden. Einige häufige benutzte Formen zeigt Bild 20.3.

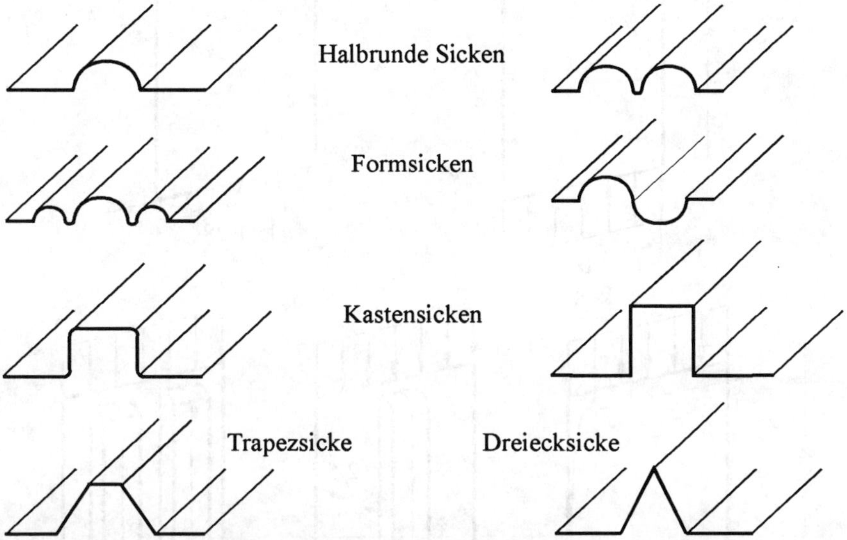

Bild 20.3: Verschiedene Sickenformen nach /20.1/

Die Versteifungswirkung in eine bestimmte Belastungsrichtung ist hierbei im wesentlichen von der Ausprägungstiefe abhängig, wodurch die folgenden Effekte auftreten:

- Die Schwerlinie verschiebt sich aus der Mittelebene des Bleches

und

- wegen des dann dominierenden *Steinerschen Anteils* nimmt das Flächenträgheitsmoment überproportional zu.

Bei vielen praktischen Anwendungsfällen kann dies sehr vorteilhaft genutzt werden.

Ein wichtiger Fall ist die Versteifung von Blechwänden gegen *Instabilität*, welches bekanntlich sehr wirksam durch Sicken erfolgen kann. In Kapitel 19.4 ist schon die Beulung von Blechen diskutiert worden. Der Beulwiderstand kann hierbei durch die kritische Spannung der ersten Eigenform mit

$$\sigma_{B_{krit}} = k \frac{\pi^2 \cdot E \cdot J}{\left(1 - \nu^2\right) b^2 \cdot t} \tag{20.2}$$

ausgedrückt werden. Man sieht sofort, daß neben anderen Einflüssen die Größe des Flächenträgheitsmomentes entscheidend ist. Sehr einsichtig wird dies an dem Blechstreifen im Bild 20.4, der unversteift und versteift gegenübergestellt wird.

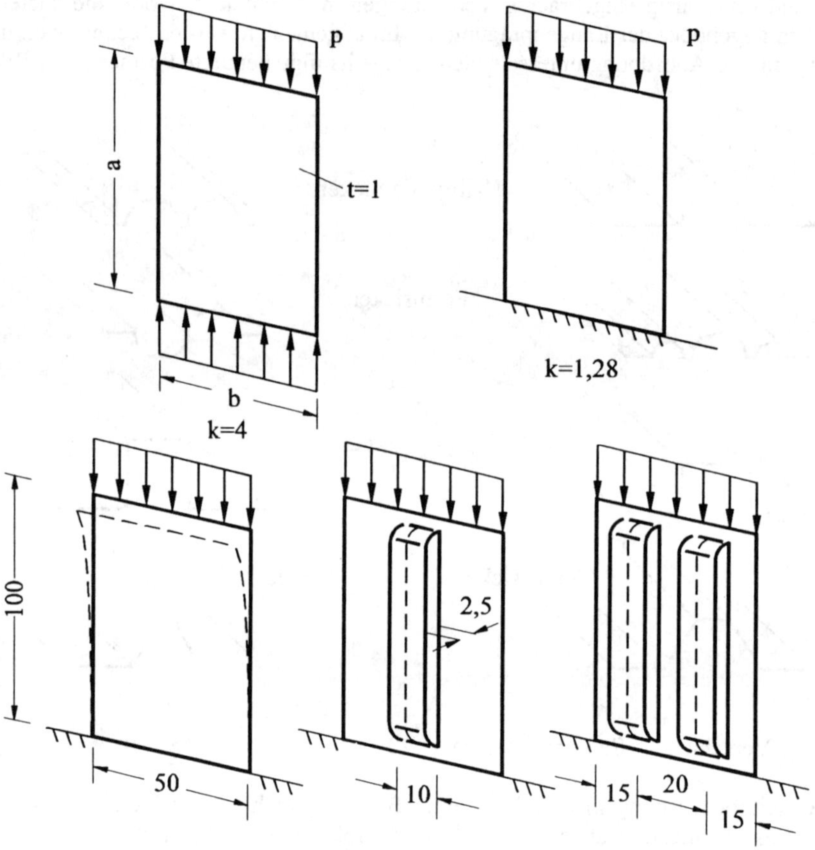

theo.	$\hat{\sigma}_{B_{krit}}$	$\bar{\sigma}_{B_{krit}} = 5{,}25 \cdot \hat{\sigma}_{B_{krit}}$	$\bar{\bar{\sigma}}_{B_{krit}} = 7{,}98 \cdot \hat{\sigma}_{B_{krit}}$
prakt.	-	$\bar{\sigma}_{B_{krit}} \approx 2{,}89 \cdot \hat{\sigma}_{B_{krit}}$	$\bar{\bar{\sigma}}_{B_{krit}} \approx 3{,}86 \cdot \hat{\sigma}_{B_{krit}}$

Bild 20.4: Wirkung von Sicken in einem Blechstreifen

Gemäß der vorstehenden Gl. (20.2) kann die kritische Beulbeanspruchung durch *eine* oder durch *zwei Sicken* erheblich angehoben werden. Dies kann theoretisch wie auch experimentell quantifiziert werden. Im untersuchten Fall zeigen sich jedoch erhebliche Abweichungen zwischen Theorie und Praxis. Dies ist darauf zurückzuführen, daß bei der theoretischen Abschätzung weder die partielle Verdünnung der Blechstärke noch der seitliche Einzug des

Blechstreifens berücksichtigt wurde. Insofern signalisiert das Ergebnis, daß man die Wirkung von Sicken gegen Instabilität nicht überschätzen sollte.

Ein anderer Fall ist die Versteifung von biegebeanspruchten Blechen durch Sicken. Im Bild 20.5 ist dazu ein weiteres Experiment der Theorie gegenübergestellt.

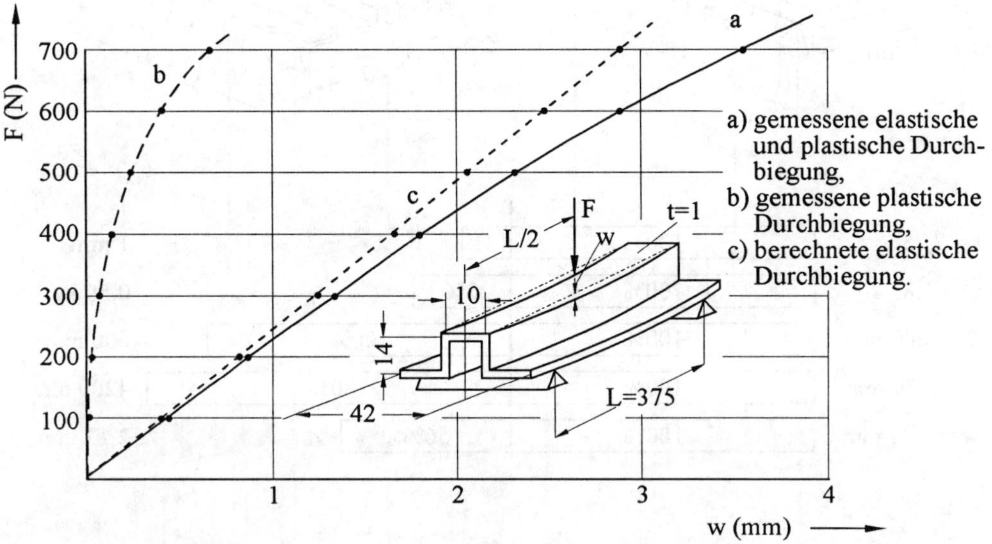

Bild 20.5: Durchbiegung eines sickenversteiften Blechstreifens unter Einzellast nach /20.2/

Schmale Blechstreifen lassen sich in erster Näherung als Balken betrachten, demgemäß kann für die Durchbiegung

$$w = c \frac{F \cdot L^3}{E \cdot J} \qquad (20.3)$$

angesetzt werden.

Wie die Auswertung zeigt, ergeben sich auch hier Abweichungen zwischen der Messung und der Rechnung von ca. 10 %. Die Ursache ich wohl darin zu sehen, daß die Querschnittsgeometrie kleine bleibende Verformungen (Setzen in den Ecken) zuläßt, die durch einen elementaren Rechenansatz nicht erfaßt werden können.

Viele Anwendungen zeigen jedoch, daß gesickte Tafelbleche der Massivbauweise hinsichtlich Gewicht und Steifigkeit überlegen sind. Diesbezüglich ist im Bild 20.6 noch ein Vergleich von Aluminium-Bodenelementen für den Fahrzeugbau dargestellt, der einige Vorteile deutlich unterstreicht.

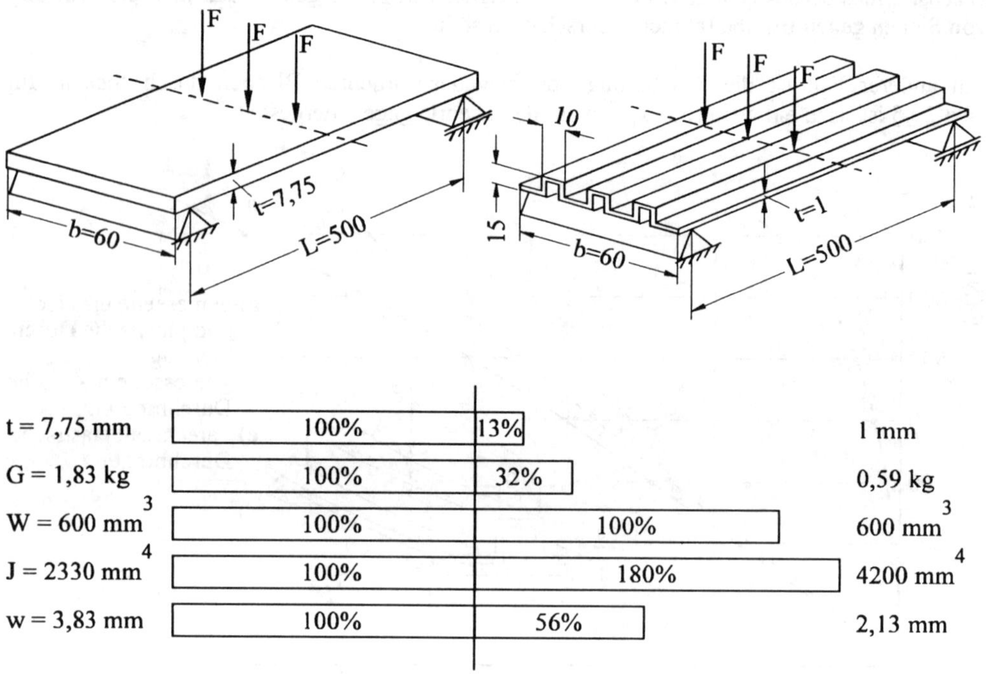

Bild 20.6: Vergleich eines Massivelementes mit einem gesickten Blechen gleichen Widerstandes nach /20.2/

Ein wesentlicher Anwendungsaspekt ist im Material- und gegebenenfalls niedrigeren Energieeinsatz für eine Aufgabenstellung zu sehen, der den höheren Fertigungs- und Werkzeugaufwand kompensieren muß. In der Montage können auch Handlingsaspekte maßgebend sein, weshalb dann eine Leichtbauplatte immer einer kompakten Platte vorzuziehen ist.

Die Möglichkeiten, eine hohe Steifigkeit durch Gestaltung zu erreichen, sind sehr vielfältig, wobei Sicken nur ein Weg sind. Ziel muß es daher sein, durch eine bestimmte Formgestaltung einer Sicke ein möglichst großes Flächenträgheitsmoment mitzugeben. Dies erreicht man durch weitestgehend scharfkantiges Ausprägen.

Aus Bild 20.7 ist hierzu zu entnehmen, daß man mit der scharf ausgeprägten R-Form schneller ein hohes Flächenträgheitsmoment erreicht als mit den beiden H-Formen. Dies ist bezüglich der Biegung ein Effekt des Steinerschen Anteils.

Werden Sicken zu tief eingeprägt, so neigen die Wände selbst wieder zur Instabilität. Erfahrungsgemäß liegt der Grenzwert etwa bei $h/t \leq 5\text{-}6$, welches gedrungene Sicken voraussetzt.

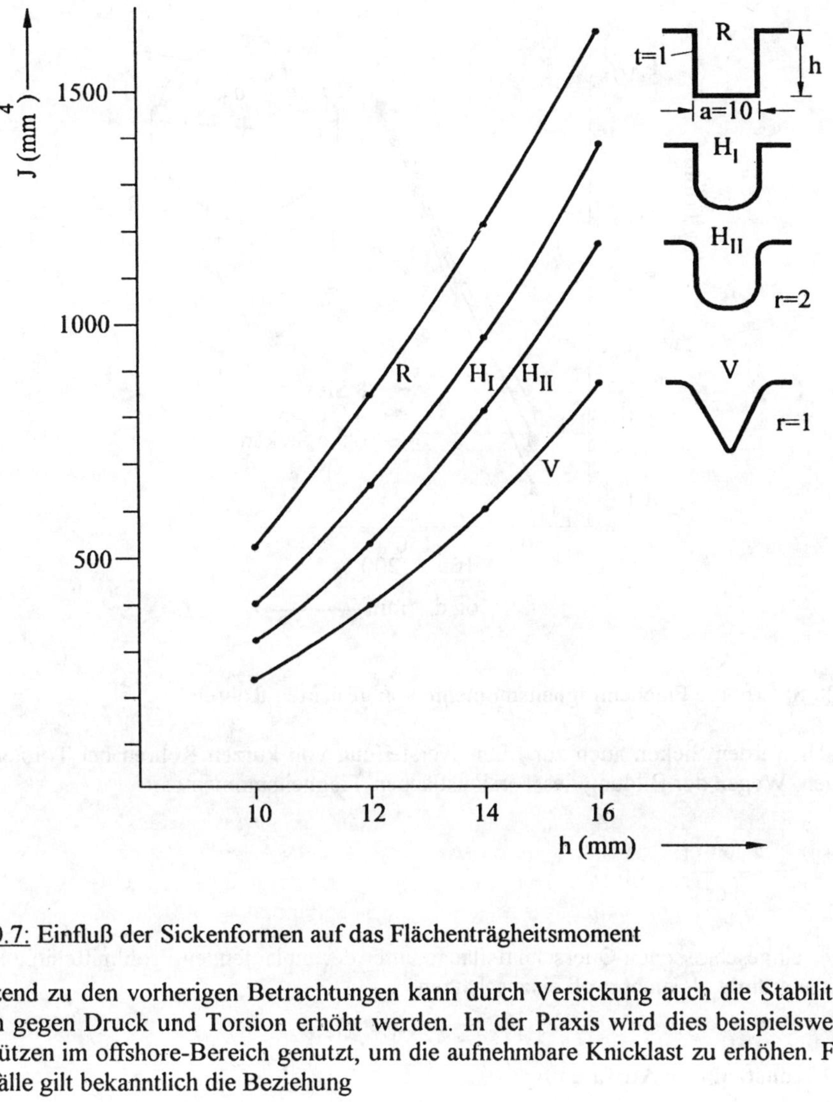

Bild 20.7: Einfluß der Sickenformen auf das Flächenträgheitsmoment

Ergänzend zu den vorherigen Betrachtungen kann durch Versickung auch die Stabilität von Rohren gegen Druck und Torsion erhöht werden. In der Praxis wird dies beispielsweise bei Rohrstützen im offshore-Bereich genutzt, um die aufnehmbare Knicklast zu erhöhen. Für alle Knickfälle gilt bekanntlich die Beziehung

$$F_{krit} = c \frac{\pi^2 \cdot E \cdot J_y}{L^2}, \tag{20.4}$$

in der wieder über die Variation des Flächenträgheitsmomentes die Knicklast angehoben werden kann. Eine Auswertung dazu zeigt Bild 20.8, wobei die Dimensionalität einer Sicke bei 4- und 8facher Verprägung als konstant angenommen wurde.

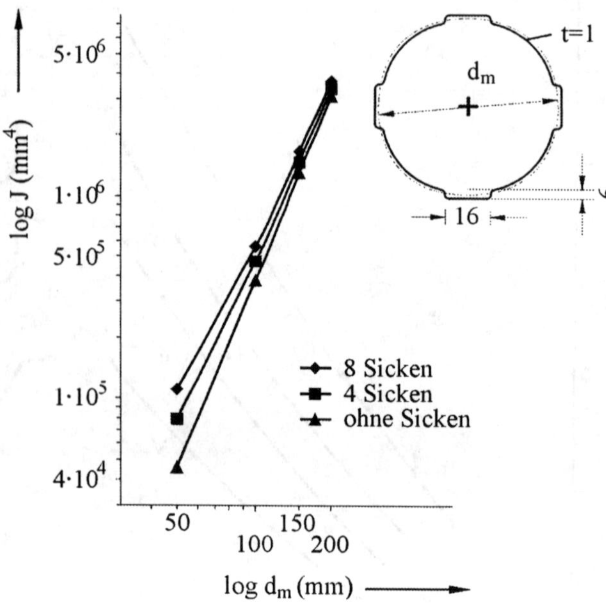

Bild 20.8: Erhöhte Flächenträgheitsmomente von gesickten Rohren

Vielfach werden Sicken auch zur Mantelversteifung von kurzen Rohren bei Torsion herangezogen. Wegen der Bildung des Torsionsflächen-Trägheitsmomentes

$$J_t = \frac{4\,\dot{A}^2 \cdot t}{\oint ds}$$

aus der eingeschlossenen Querschnittsfläche unter der umlaufenden Profilmittellinie ist dieser Effekt allerdings als nicht groß einzuschätzen.

20.2.2 Konstruktive Ausführung

Die Einbringung von Sicken in Blechen erfolgt in der Regel durch Biegeumformung in entsprechenden Werkzeugen. Hierbei gilt es, besonders das Verhältnis von Materialdicke zur Sickengeometrie abzustimmen, um die Steifigkeit nicht durch Wanddickenverringerung zu beeinträchtigen.

Um Sicken in ihrer Wirkung richtig ausnutzen zu können, sollten die folgenden Hinweise bezüglich ihrer Proportionierung und Anordnung berücksichtigt werden. Hierzu sind im Bild 20.9 die wichtigsten konstruktiven Kriterien kurz zusammengestellt worden.

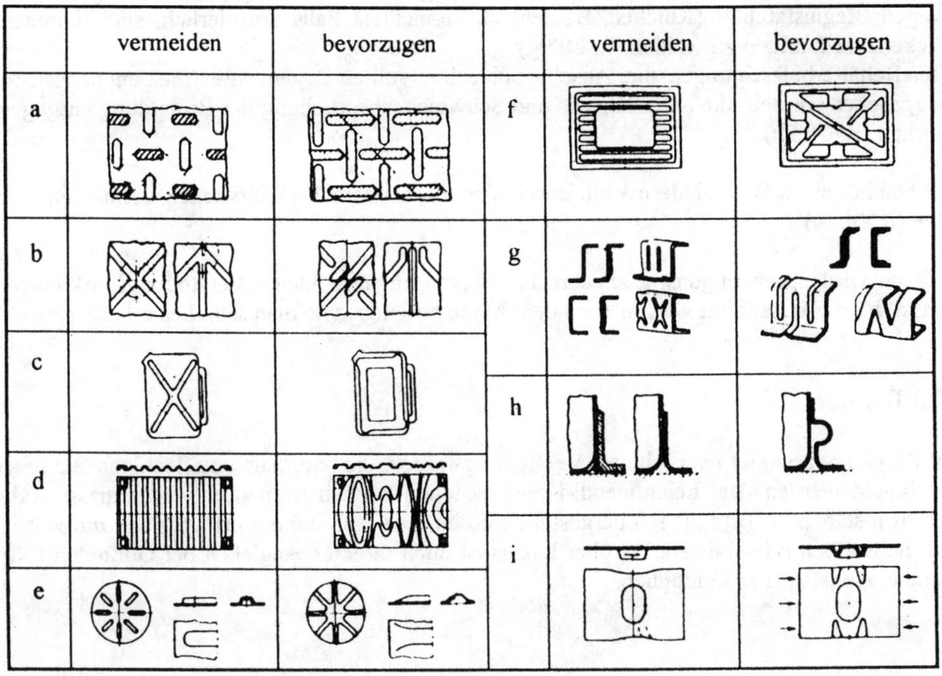

Bild 20.9: Gestaltungsrichtlinien für Sicken

Danach sollte gegen drei Hauptkriterien nicht verstoßen werden:

- Bei felderartigen Versteifungen von Blechen sind möglichst keine trägheitsbevorzugten Achsen zu schaffen (R. 20.9a).
- Unversteifte Randbereiche sind grundsätzlich zu vermeiden.

und

- Bei flächigen Sicken sollten Knotenpunkte von sich kreuzenden Sicken möglichst vermieden werden (R. 20.9b).

Darüber hinaus gibt es noch einige Erfahrungsregeln, und zwar

- Lange Diagonalversteifungen in dünnen Blechen sollen nach Möglichkeit vermieden werden, zu bevorzugen sind umlaufende flächige Sicken mit kurzen dornartigen Ausläufen (R. 20.9c).
- Bei großen Tafelblechen sind für optimale Versteifung unregelmäßige Sickenformen mit krummlinigen Begrenzungen zu bevorzugen (R. 20.9d).
- Linienförmige Sicken sollten wenn immer möglich am Blechrand auslaufen, scharfkantige Absetzungen sind hingegen zu vermeiden (R. 20.9e).
- Bei dynamischer Beanspruchung des Blechteils ist eine aufgelöste Sickenstruktur zu wählen, da ansonsten konzentrierte Ermüdungsbrüche an den Sickenrändern auftreten (R. 20.9f).

- In Z- und U-förmigen Profilstegen ist das Einbringen von linienartigen und flächigen Sicken wegen Steginstabilität (Knicken, Beulen) zu vermeiden. Falls erforderlich, sind räumliche Sickenanordnungen zu wählen (R. 20.9g).
- Bei Behälterbefestigungen mit Anschweißblechen sollten sogenannte Entspannungssicken vorgesehen werden, die unter Kriech- und Schwingbeanspruchung der Rißbildung entgegenwirken (R. 20.9h).

und
- Faltenbildung in Blechfeldern kann durch sinnvoll angebrachte Hilfssicken vermieden werden (R. 20.9i).

Vielfach wird durch ungünstig angebrachte Sicken nur eine kleine Versteifungswirkung erzielt, d. h., die Instabilität wird nicht in dem Maße beseitigt, wie man sich dies erhofft hatte.

20.3 Rippen

Mit Rippen bezeichnet man schmale Versteifungsleisten, die unterhalb von flächigen Bauteilen angebracht werden. Bei Leichtmetall-Konstruktionen können Rippen entweder massiv oder aus Profilstäben (s. Bild 20.10) hergestellt werden. Die Anbringung erfolgt dann durch Kleben, Schweißen oder Nieten. Darüber hinaus ist auch direktes Angießen bei Gußteilen (NE-Metalle, Kunststoff etc.) möglich.

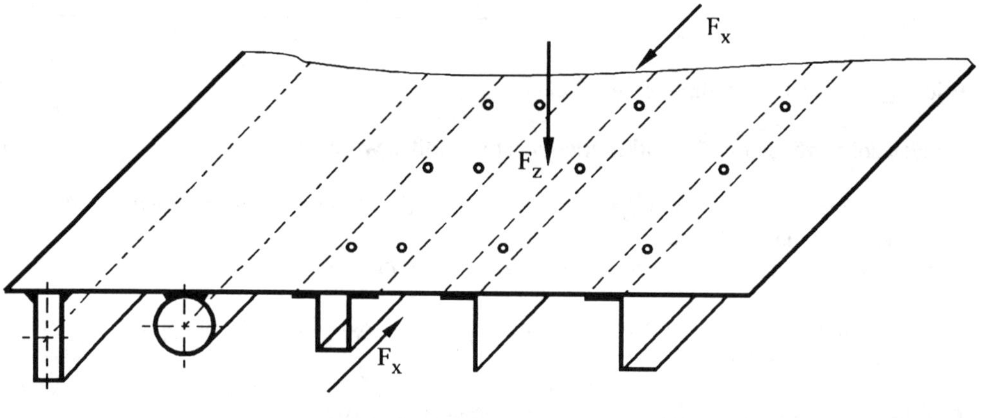

Bild 20.10: Konstruktive Ausführung von Rippen (Untergurte)

In der Regel erfordern Rippen einen höheren Fertigungs- und meist auch Materialaufwand als Sicken. Der Vorteil gegenüber Sicken ist aber hinsichtlich der Steifigkeit gering.

Wie im Bild 20.11 prinziphaft angedeutet ist, gibt es vielfältige Möglichkeiten, Rippen unterhalb von Platten anzuordnen. Durch Rippen soll die Durchbiegung verringert oder die Tragfähigkeit erhöht werden.

Verrippungsart	Gleichungskoeffizienten
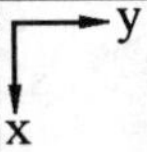 A 	$\nu_y = 0$ $2\,B_{xy} = B_y \cdot \nu_x + 4\,C$
B 	$\nu_x = \nu_y = 0$ $2\,B_{xy} = 4\,C$
C 	$\nu_x = \nu_y = 0$ $2\,B_{xy} = 4\,C$
D 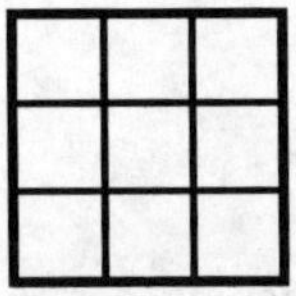	$\nu_x = \nu_y = 0$ $2\,B_{xy} = 4\,C$
E 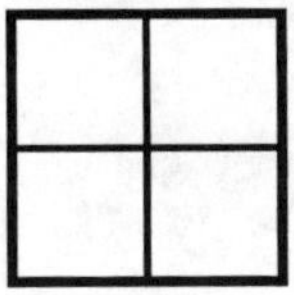	$\nu_x = \nu_y = 0$ $2\,B_{xy} = 4\,C$

Bild 20.11: Verschiedene Verrippungen von Platten nach /20.3/

Eine verrippte Platte ist orthotrop, weshalb hier die Plattengleichung (s. Kapitel 8.6.2) mit richtungsabhängigen Steifigkeiten angesetzt werden muß als

$$B_x \frac{\partial^4 w}{\partial x^4} + 2\,B_{xy} \frac{\partial^4 w}{\partial x^2\,\partial y^2} + B_y \frac{\partial^4 w}{\partial y^4} = p_z\,(x,y)\,. \tag{20.5}$$

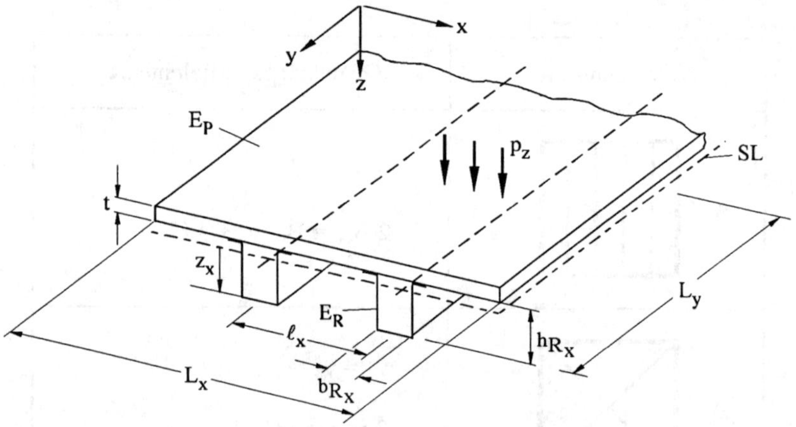

Bild 20.12: Maßgrößen an einer verrippten Platte

Gemäß Bild 20.12 bestimmen sich die Steifigkeiten aus den geometrischen Verhältnissen zu

$$B_x = \frac{E_P \cdot t^3}{12\left(1-\nu_x{}^2\right)} + \frac{E_R}{L_x}\left[\sum J_{R_{x_i}} + z_x{}^2\left(\sum b_{R_{x_i}} \cdot t_i\right)\right], \tag{20.6}$$

$$B_y = \frac{E_P \cdot t^3}{12\left(1-\nu_y{}^2\right)} + \frac{E_R}{L_y}\left[\sum J_{R_{y_i}} + z_y{}^2\left(\sum b_{R_{y_i}} \cdot t_i\right)\right]. \tag{20.7}$$

Weiter ist die Diagonalsteifigkeit bestimmt als die Überlagerung der Biege- und Torsionssteifigkeit zu

$$2\,B_{xy} = B_x \cdot \nu_y + B_y \cdot \nu_x + 4\,C\,, \tag{20.8}$$

hierin ist

$$C = C_P + \frac{C_R}{2}\,. \tag{20.9}$$

Für die Torsionssteifigkeit der Platte kann

$$C_P = \frac{G \cdot t^3}{12} \tag{20.10}$$

angesetzt werden. Entsprechend ist für die Rippen anzusetzen

$$C_R = \Sigma \frac{G \cdot J_{t_i}}{L_i} = \Sigma \frac{1}{3} \cdot \frac{b_{R_i}{}^3 \cdot h_{R_i} \cdot E_R}{2\left(1+\nu_{xy}\right) \cdot L_i} \tag{20.11}$$

In Analogie zu Kapitel 8 kann die Durchbiegung der freiaufliegenden Platte unter gleichmäßiger Streckenlast angesetzt werden zu

$$w(x,y) = \frac{16 \cdot p_z}{\pi^6} \sum_{m=1}^{\infty} \sum_{n=1}^{\infty} \frac{\sin \frac{m \cdot \pi \cdot x}{a} \cdot \sin \frac{n \cdot \pi \cdot y}{b}}{m \cdot n \left(B_x \frac{m^4}{a^4} + 2B_{xy} \frac{m^2 \cdot n^2}{a^2 \cdot b^2} + B_y \frac{n^4}{b^4} \right)} . \qquad (20.12)$$

$$(m, n = 1,2,3...)$$

Andere Fälle sind entsprechend der Literatur /20.3/ zu entnehmen.

20.4 Randversteifungen

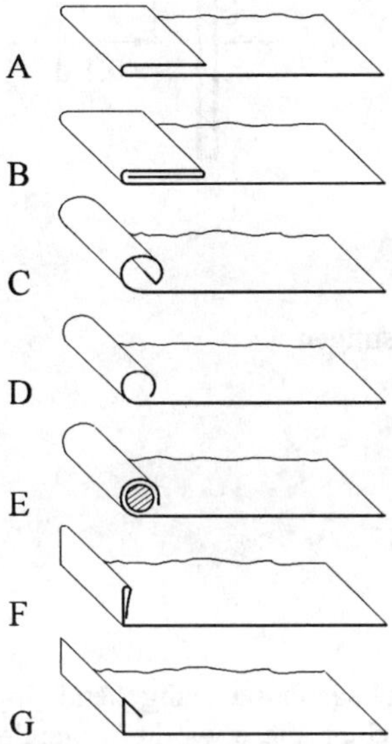

Um freie Blechränder zu stabilisieren, werden in der Praxis vielfach Falzungen als Randversteifungen vorgenommen. Einige Ausführungsformen, die als Abschlußkanten bevorzugt werden, zeigt Bild 20.13.

Wie im Kapitel 19.8 schon bei der Bördelung dargelegt worden ist, kann eine Randversteifung näherungsweise als Lagerung (frei aufliegend) angesehen werden. Hierdurch wird der Beulwert k eines Bleches angehoben. Ebenfalls ist im Kapitel 19.7 gezeigt worden, daß dieser Effekt recht einfach quantifiziert werden kann. Je nach Ausführungsform der Falzung wird die Bördelung in ihrer Steifigkeit deutlich überschritten, man nähert sich in der Qualität schon Gutversteifungen.

Bild 20.13:
Versteifung von freien Blechkanten

20.5 Durchzüge

Stege in Profilträgern erhalten aus Leichtbaugründen oft große Löcher. Um hierdurch keine Steifigkeitseinbuße zu haben, sollten diese Löcher als *Durchzüge* ausgeführt werden. Als einfache Regel hat hier zu gelten: *Eine Wand mit Durchzug sollte ein höheres Flächenträgheitsmoment haben als eine ungelochte Wand.*

Im Bild 20.14 sind einige Formen von Durchzügen gezeigt, so wie sie in Trägern des Flugzeugbaus eingesetzt werden. Für die Bildung eines Durchzuges sind entsprechende Werkzeuge notwendig.

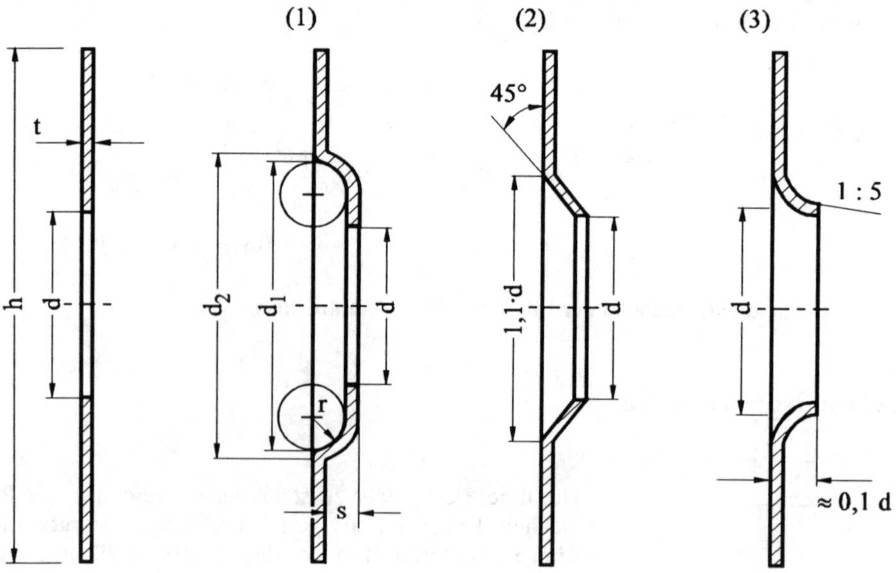

Bild 20.14: Formen von Durchzügen in Stegen

Erfahrungsgemäß haben sich für Durchzüge die folgenden Abmessungen

- Durchmesser zu Steghöhe etwa 0,4 - 0,6
- Durchmesser zu Lochabstand etwa 0,5

und

- Durchzugstiefe zu Durchmesser etwa 0,1

bewährt.

Für die Beanspruchbarkeit eines Steges ist die übertragbare Schubspannung maßgebend. Im Bild 20.15 sind einige Versuchsergebnisse an Trägern wiedergegeben, die etwa die folgende Tendenz zeigt: Mit höheren Stegen und größeren Löchern fällt hier die auftretende Schubspannung ab, weshalb Durchzüge tatsächlich geeignet sind, Träger erheblich zu erleichtern.

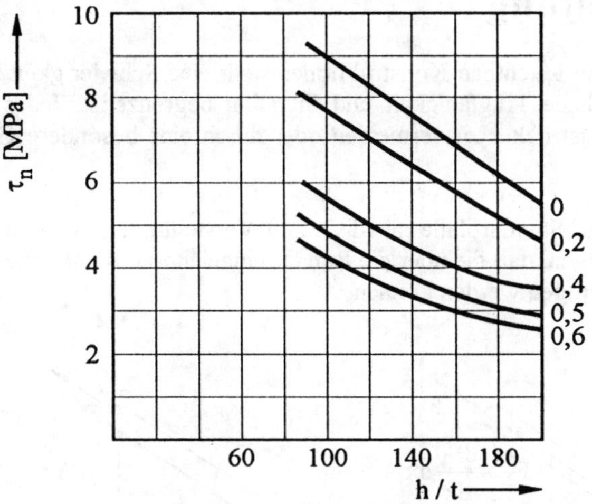

Bild 20.15: Verlauf der Nennspannung bei gelochten Stegen (Form 3) in Aluminium, Steg lag zwischen zwei Flansche.

21 Krafteinleitung

Die Dünnwandigkeit von Leichtbau-Konstruktionen stellt eine Schwierigkeit bei der Krafteinleitung dar, da die örtliche Tragfähigkeit und Stabilität begrenzt ist. Jedes Einbringen von konzentrierten Kräften ist daher zu vermeiden oder durch eine besondere Gestaltung zu ermöglichen.

Im Bild 21.1 sind einige Standardfälle mit diskreten Versteifungen prinziphaft skizziert. Als Ziel ist hierbei zu verfolgen, daß die über die Ränder eingeleiteten Kräfte über einen endlichen Weg in das Blech abgetragen werden können.

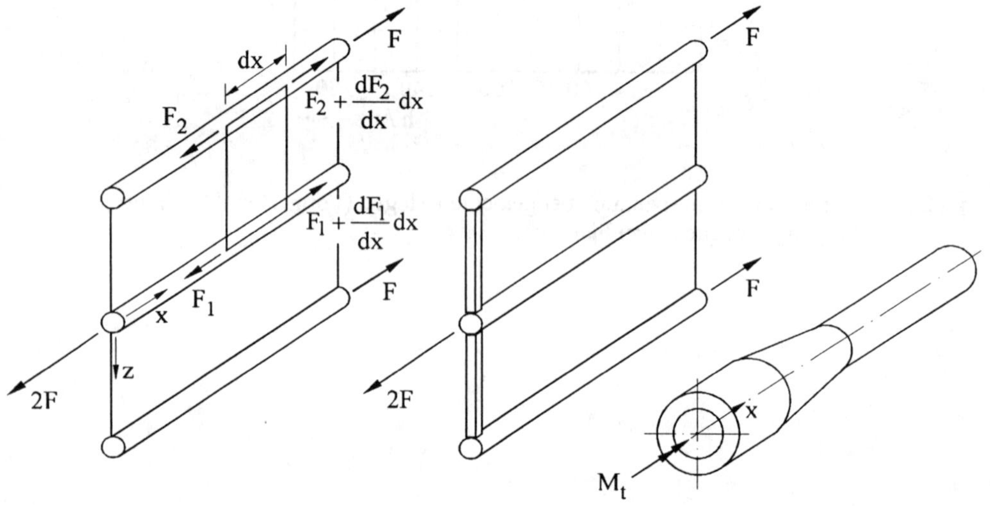

Bild 21.1: Verschiedene Krafteinleitungs- und Kraftübertragungslösungen nach /21.1/

Vom konstruktiven Prinzip werden dazu gewöhnlich Gurte benutzt. In der Praxis interessiert somit, wie die Gurte auszulegen sind und über welchen Weg die eingeleiteten Kräfte zu einer gleichmäßigen Streckenlast abgebaut werden.

21.1 Versteifte Scheibe

Im folgenden soll als Beispiel eine einfache Scheibe mit drei Gurten analysiert werden. Das mechanische Modell hierzu zeigt Bild 21.2, welches gleichzeitig einen Ausschnitt aus dem obigen Segment repräsentiert. Vorstellung ist dabei, daß die konzentrierten Gurtkräfte über Schub in das Blech abgetragen werden. Insofern interessiert das Zusammenwirken der unterschiedlichen Steifigkeiten über die Baulänge der Konstruktion.

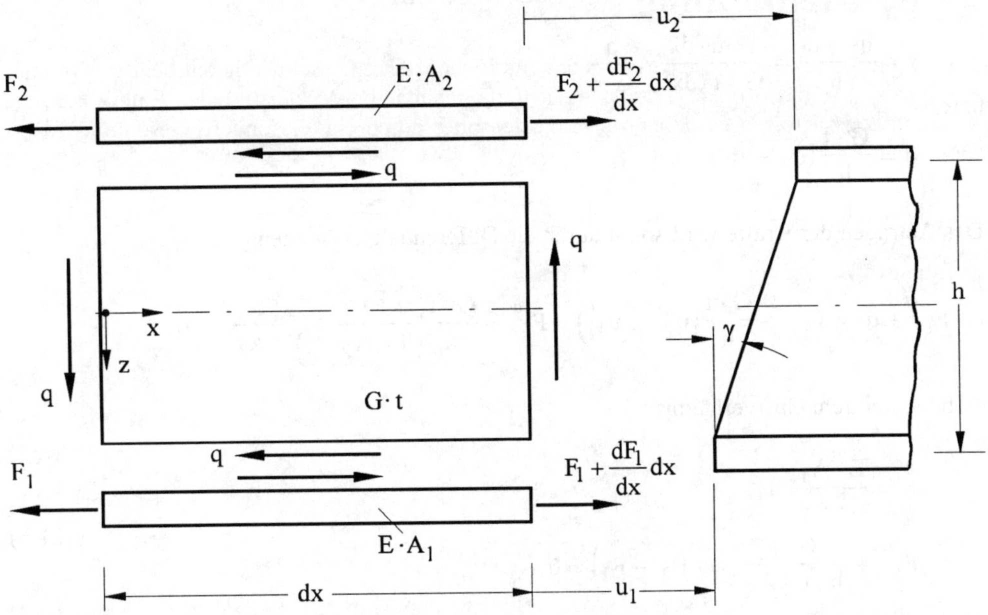

Bild 21.2: Kräftegleichgewicht und Verformungsverhalten am lokalen Zweigurtausschnitt

Den notwendigen Zusammenhang findet man dann über das Gleichgewicht an den Gurten, und zwar

- für den unteren Gurt

$$F_1 + \frac{dF_1}{dx}dx - F_1 + q \cdot dx = 0$$
$$F_1' + q = 0 \tag{21.1}$$

und

- für den oberen Gurt

$$F_2' - q = 0 \,. \tag{21.2}$$

Weiterhin gelten noch die folgenden linearen Elastizitätsbeziehungen an den Gurten

$$\varepsilon_{x_1} = u_1' = \frac{F_1}{E \cdot A_1} \rightarrow F_1 = E \cdot A_1 \cdot u_1' \,, \tag{21.3}$$

$$\varepsilon_{x_2} = u_2' = \frac{F_2}{E \cdot A_2} \rightarrow F_2 = E \cdot A_2 \cdot u_2' \,. \tag{21.4}$$

Für das Schubfeld gilt weiter die Verzerrungsbedingung

$$\gamma = \frac{u_2 - u_1}{h} = \frac{1}{G} \cdot \frac{q \cdot dx}{t \cdot dx} = \frac{q}{G \cdot t}$$

bzw. (21.5)

$$q = \frac{G \cdot t}{h} \left(u_2 - u_1 \right) \; .$$

Das Abtragen der Kräfte wird somit durch die Differentialgleichungen

- $$F_1'' + q' = F_1'' + \frac{G \cdot t}{h} \left(u_2' - u_1' \right) = F_1'' + \frac{G \cdot t}{h} \left(\frac{F_2}{E \cdot A_2} - \frac{F_1}{E \cdot A_1} \right) = 0$$

  bzw. mit dem Gurtverhältnis

$$\psi = \frac{E \cdot A_1}{E \cdot A_2},$$

$$F_1'' + \frac{G \cdot t}{h \cdot E \cdot A_1} \left(\psi \cdot F_2 - F_1 \right) = 0 \qquad (21.6)$$

und durch

- $$F_2'' - \frac{G \cdot t}{h \cdot E \cdot A_1} \left(\psi \cdot F_2 - F_1 \right) = 0 \qquad (21.7)$$

beschrieben. Die Schubbeanspruchung läßt sich weiter durch

- $$q'' - \frac{G \cdot t}{h} \left(u_2'' - u_1'' \right) = q'' - \frac{G \cdot t}{h} \left(\frac{F_2'}{E \cdot A_2} - \frac{F_1'}{E \cdot A_1} \right) = 0$$

$$q'' - \frac{G \cdot t}{h \cdot E \cdot A_1} \left(\psi + 1 \right) q = 0 \; . \qquad (21.8)$$

angegeben.

Für den homogenen DGL-Gleichungstyp (21.8)

$$q'' - \alpha^2 \cdot q = 0 \qquad (21.9)$$

ist mit

$$q = e^{\alpha \cdot x} = e^{\rho \cdot \frac{x}{h}} \qquad (21.10)$$

der Lösungsansatz bekannt. Hierbei findet man über die charakteristische Gleichung

$$\rho = \pm\sqrt{\alpha^2 \cdot h^2} = \pm\sqrt{\frac{G \cdot t \cdot h}{E \cdot A_1}(1+\psi)} \ . \tag{21.11}$$

Gemäß des Fundamentalsatzes für die Erfüllung von Differentialgleichungen ist somit auch

$$q(x) = \frac{\rho}{h}\left(C_1 \cdot e^{\rho \cdot \frac{x}{h}} - C_2 \cdot e^{-\rho \cdot \frac{x}{h}}\right) \tag{21.12}$$

eine Lösung für den Verlauf des Längsquerschubes im Blech.

Gemäß Gl. (21.1) und Gl. (21.2) findet man durch Integration die weiteren Lösungen, wie zum Beispiel

$$F_2 = \int_x q(x)\,dx = \frac{\rho}{h} C_1 \int_x e^{\rho \cdot \frac{x}{h}} \cdot dx - \frac{\rho}{h} C_2 \int_x e^{-\rho \cdot \frac{x}{h}} \cdot dx = C_o + C_1 \cdot e^{\rho \cdot \frac{x}{h}} + C_2 \cdot e^{-\rho \cdot \frac{x}{h}} \tag{21.13}$$

oder

$$F_1 = C_o \cdot \psi - C_1 \cdot e^{\rho \cdot \frac{x}{h}} - C_2 \cdot e^{-\rho \cdot \frac{x}{h}} \ . \tag{21.14}$$

Die vorstehenden Lösungen /21.2/ lassen sich aber nur eindeutig bestimmen, wenn Randbedingungen gegeben sind, zum Beispiel

- unendlich langer Scheibenstreifen

$$x = \infty: \quad q = 0 \quad \rightarrow \quad C_1 = 0 \ ,$$

$$x = 0: \quad \begin{matrix} F_2 = 0 \\ F_1 = F \end{matrix} \quad \rightarrow \quad \begin{matrix} C_2 = -C_o \ , \\ C_o = \dfrac{F}{1+\psi} , \end{matrix}$$

damit folgt für die Kraftverläufe

$$F_1 = \frac{F}{(1+\psi)}\left(\psi + e^{-\rho \cdot \frac{x}{h}}\right) , \tag{21.15}$$

$$F_2 = \frac{F}{(1+\psi)}\left(1 - e^{-\rho \cdot \frac{x}{h}}\right) , \tag{21.16}$$

*) Anmerkung: $\int e^{ax}\, dx = \frac{1}{a} e^{ax}$

und

$$q = \frac{\rho \cdot F}{h(1+\psi)} \cdot e^{-\rho \cdot \frac{x}{h}} \tag{21.17}$$

oder

- einseitig eingespannter bzw. symmetrischer Scheibenstreifen mit ensprechender mittiger Randbedingung

$$x = 0: \qquad q = 0,$$

$$x = \pm\frac{L}{2}: \qquad F_2 = 0, \quad F_1 = F,$$

durch Diskussion der Gleichungen finden sich dann hier auch die entsprechenden Kraftverläufe zu

$$F_1 = \frac{F}{(1+\psi)}\left(\psi + \frac{\cosh\left(\frac{\kappa \cdot x}{L}\right)}{\cosh\frac{\kappa}{2}}\right),$$

$$F_2 = \frac{F}{(1+\psi)}\left(1 - \frac{\cosh\left(\frac{\kappa \cdot x}{L}\right)}{\cosh\frac{\kappa}{2}}\right)$$

und

$$q = -\frac{\kappa \cdot F}{(1+\psi) \cdot L} \cdot \frac{\sinh\left(\frac{\kappa \cdot x}{L}\right)}{\cosh\frac{\kappa}{2}}$$

mit der bezogenen Steifigkeitsgröße

$$\kappa = \frac{\rho \cdot L}{h} = \frac{L}{h}\sqrt{\frac{G \cdot t \cdot h}{E \cdot A_1}(1+\psi)} \ .$$

Im Bild 21.3 ist das Abtragen der Kräfte an den beiden vorherigen Beispielen prinzipiell dargestellt worden.

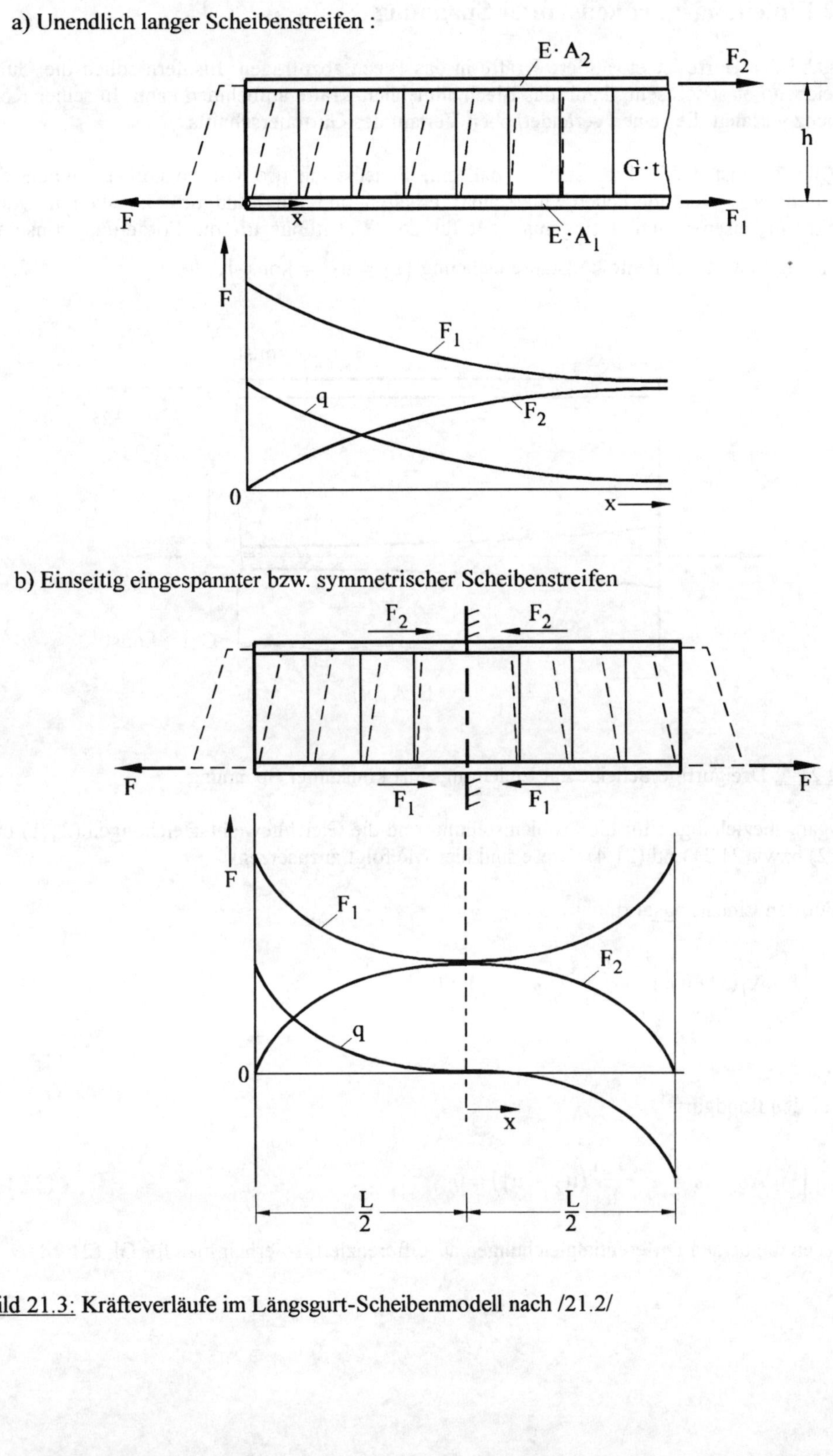

Bild 21.3: Kräfteverläufe im Längsgurt-Scheibenmodell nach /21.2/

21.2 Einleitungsgurt konstanter Spannung

Aufgabe der Gurte ist es, äußere Kräfte in das Blech abzutragen. Insofern sollen die Gurte hinreichend elastisch sein, damit das Blech allmählich Kräfte aufnehmen kann. In seiner Konsequenz verlangt dies einen veränderlichen Verlauf des Gurtquerschnitts.

Im Bild 21.4 ist der Fall konstruiert, daß eine Scheibe mit drei Gurten vorliegt, wobei der Einleitungsgurt veränderlichen Querschnitt erhalten und die Randgurte konstanten Querschnitt aufweisen sollen. Demgemäß gilt für den Einleitungsgurt die Forderung konstante Spannung bzw. äquivalente konstante Dehnung $\left(\varepsilon_1 = u_1{}' = \text{konst.}\right)$.

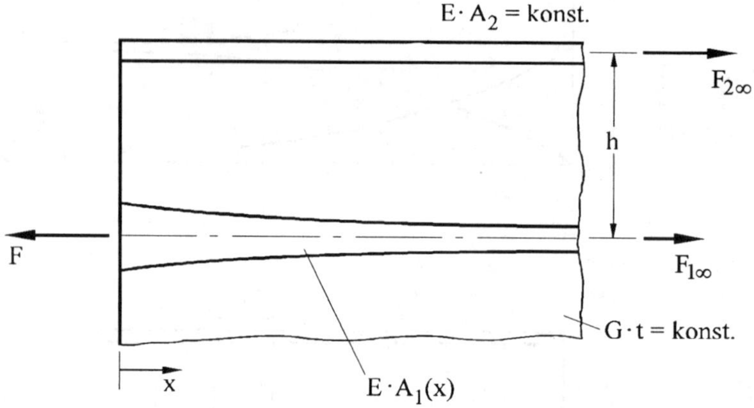

Bild 21.4: Dreigurtige Scheibe mit Einleitungsgurt konstanter Spannung

Ausgangsbeziehungen für die Problemstellung sind die Gleichgewichtsgleichungen (21.1) und (21.2) bzw. (21.3) und (21.4). Diese sind hier wie folgt anzusetzen:

- Für den Einleitungsgurt

$$\left[E \cdot A_1(x) \cdot u_1{}'\right]' + \frac{G \cdot t}{h}\left(u_2 - u_1\right) = 0 \tag{21.18}$$

bzw.

- für den Randgurt

$$\left[E \cdot A_2 \cdot u_2{}'\right]' - \frac{G \cdot t}{h}\left(u_2 - u_1\right) = 0\ . \tag{21.19}$$

Werden die beiden Differentialgleichungen ausdifferenziert, so erhält man für Gl. (21.18)

$$E \cdot A_1(x)' \cdot u_1' + E \cdot A_1 \cdot \underline{u_1''} + \frac{G \cdot t}{h}(u_2 - u_1) = 0 \ . \tag{21.20}$$

Die Annahme war aber für den Einleitungsgurt $u_1' =$ konst., so daß wegen $u_1'' = 0$ auch gilt

$$E \cdot A_1(x)' \cdot u_1' + \frac{G \cdot t}{h}(u_2 - u_1) = 0 \ . \tag{21.21}$$

Die Annahme für den Randgurt war $E \cdot A_2 =$ konst., weswegen für Gl. (21.19) auch

$$E \cdot A_2 \cdot u_2'' - \frac{G \cdot t}{h}(u_2 - u_1) = 0 \tag{21.22}$$

geschrieben werden kann.

Die Randbedingungen für diesen Fall sind im besonderen Verformungsbedingungen (die Analogie zu den vorherigen Bedingungen ist aber leicht herzustellen):

- $x = \infty$: $\gamma = 0$,
- $x = 0$: $u_2' = 0$,
  $u_1' =$ konst.

Diese werden ohne expliziten Beweis erfüllt durch die Ansätze (s. /21.2/)

$$u_1 = u_o + \varepsilon_1 \left(x + \frac{h}{\rho} \cdot e^{-\rho \cdot \frac{x}{h}} \right), \tag{21.23}$$

und

$$A_1(x) = A_{1\infty} + A_2 \cdot e^{-\rho \cdot \frac{x}{h}} \text{*)}. \tag{21.24}$$

Somit kann auch der Kräfteverlauf in den Gurten eindeutig quantifiziert werden zu

$$\begin{aligned} F_1(x) = E \cdot A_1(x) \cdot u_1' &= E\left(A_{1\infty} + A_2 \cdot e^{-\rho \cdot \frac{x}{h}} \right) \cdot \frac{F_1(o)}{E \cdot A_1(o)} \\ &= \frac{F_1(o)}{A_1(o)} \left(A_{1\infty} + A_2 \cdot e^{-\rho \cdot \frac{x}{h}} \right), \end{aligned} \tag{21.25}$$

*) Anmerkung: Der Endquerschnitt $A_{1\infty}$ muß konstruktionsbedingt festgelegt werden, während der Anfangsquerschnitt $A_1(0)$ frei gewählt werden kann.

$$F_2(x) = E \cdot A_2 \cdot u_2{}' = E \cdot A_2 \cdot \varepsilon_1 \left(1 - e^{-\rho \cdot \frac{x}{h}}\right) = \frac{F_1(o) \cdot A_2}{A_1(o)} \left(1 - e^{-\rho \cdot \frac{x}{h}}\right). \quad (21.26)$$

Der Randquerkraftverlauf, der in das Blech abgetragen wird, findet sich weiter aus der Gleichgewichtsgleichung (s. Gl. (21.2)) am Gurt, und zwar zu

$$q(x) = F_2{}' = \frac{F_1(o) \cdot A_2}{A_1(o)} \cdot \frac{\rho}{h} e^{-\rho \cdot \frac{x}{h}}. \quad (21.27)$$

Die drei Kraftverläufe sind prinzipiell im Bild 21.5 dargestellt.

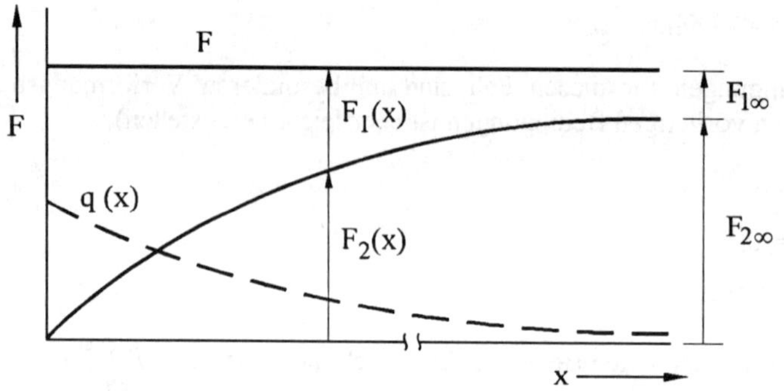

Bild 21.5: Kräfteverlauf in versteifter Scheibe mit angepaßtem Einleitungsgurt

Durch die Auftragung wird sichtbar, daß eine Umlagerung der Kraft auf die Randgurte stattfindet, wodurch das Blech entlastet wird. Die Krafteinleitung im mittleren Gurt ist hiervon unberührt, weshalb sie für Gleichgewichtsbetrachtungen herangezogen werden kann.

22 Verbindungstechnik

Die Verbindungstechnologien sind im Leichtbau von großer Wichtigkeit, da zur Herstellung leichter Konstruktionen oftmals aufgelöste Bauweisen aus teils unterschiedlichen Konstruktionselementen und Werkstoffen erforderlich sind. In diesem Sinne interessieren bei Verbindungen die mechanischen Festigkeiten, die Parametergrenzwerte und das Langzeitverhalten. Meist sind jedoch die möglichen Verbindungstechniken durch die gewählte Leichtbauweise vorbestimmt.

22.1 Einsatzbreite

In der Tabelle von Bild 22.1 ist zunächst eine kurze Übersicht über die Einsatzwertigkeiten der verschiedenen Verbindungstechnologien gegeben.

Kriterien	Nieten	Durchsetz-fügen	Schweißen	(Laser-) löten	Kleben
• Fügbarkeit					
Metalle	ja	ja	ja	ja	ja
Metallkombinationen	ja	ja	nein	ja	meist
Kunststoffe	ja	nein	viele	nein	ja
Faserverbundwerkstoffe	ja	nein	nein	nein	ja
• Festigkeit					
stat. Grundfestigkeit	hoch	mittel	hoch	mittel	gering
Schwingfestigkeit	mittel	gering	hoch	gering	gering
Warmfestigkeit	hoch	gering	hoch	mittel	gering
Langzeitbeständigkeit	gegeben	gegeben	gegeben	gegeben	Alterung
• Eigenschaften					
Verzug	kleiner	klein	stark	mittel	kleiner
Schwingungsdämpfung	mittel	mittel	geringer	geringer	hoch
Sicherheit	hoch	hoch	unsicher	unsicher	unsicher
• Fertigung und Prüfung					
Bauteilvorbereitung	einfach	einfach	mittel	aufwendig	aufwendig
Prozeßzeit	sehr klein	klein	mittel	höher	sehr hoch
Prüfbarkeit	gut	gut	aufwendig	aufwendig	aufwendig
• Herstellkosten	mittel	niedrig	niedrig	mittel	hoch

Bild 22.1: Stärken und Schwächen verschiedener Verbindungsverfahren

Die Anwendungen in der Praxis konzentrieren sich dabei im wesentlichen auf Nieten (insbesondere Stanznieten), Durchsetzfügen/Clinchen, Laserschweißen und –hartlöten, Kleben und Punktschweißkleben. Als Prämisse des Einsatzes hat zu gelten, daß

- durch die gewählte Verbindung möglichst nur ein geringes Zusatzgewicht entsteht,
- um kritische Spannungskonzentrationen zu vermeiden, soll möglichst nur eine geringe Kerbwirkung hervorgerufen werden,
- auch soll durch die Verbindung nach Möglichkeit keine Werkstoffveränderung entstehen und
- manchmal besteht noch als Forderung, das Lösbarkeit wegen einer begrenzten Reparaturmöglichkeit oder des Recyclings vorhanden sein soll.

Generell gilt, daß die Fragenkomplexe der Verbindungstechnik theoretisch gut abgesichert und dokumentiert sind. Im besonderen kann dabei auf das Schrifttum verwiesen werden. Insofern soll nachfolgend nur auf einige Aspekte des Nietens, Punktschweißens und Klebens eingegangen werden.

22.2 Nietung

Nietungen erzeugen bedingt lösbare Verbindungen, die im Leichtbau immer dann zu bevorzugen sind, wenn dünne Bleche verzugsarm oder aus unterschiedlichen Materialien zu verbinden sind. Gemeinhin wird der Nietung auch eine hohe Prozeßsicherheit zugeschrieben, da ihre Funktionsfähigkeit durch Abzählen oder Nietbild leichter feststellbar ist als bei einer Schweiß- oder Klebeverbindung, der man ihre Fehlerfreiheit äußerlich meist nicht ansehen kann.

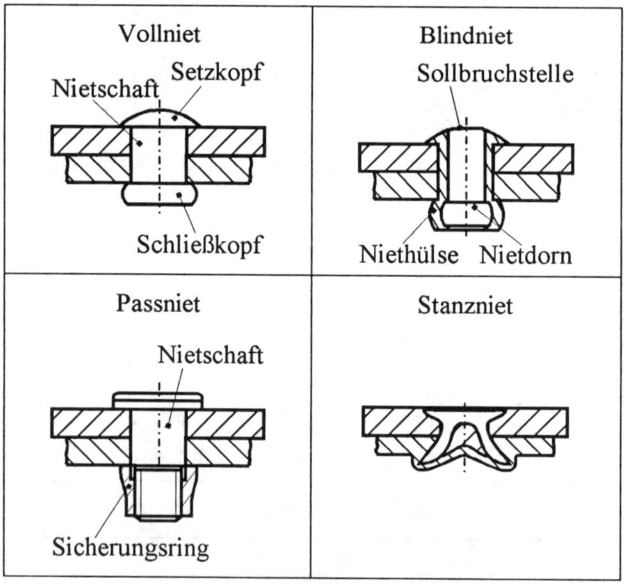

Bild 22.2: Nietarten

Arttypische Unterschiede ergeben sich bei der Nietung aus der Anforderung als Heft-, Funktions- oder Dichtverbindung. Im folgenden sollen jedoch nur kraftführende Verbindungen analysiert werden.

22.2.1 Nietverbindungen mit überstehenden Köpfen

Bei den erforderlichen Tragfähigkeitsnachweisen ist die Schnittigkeit der Überlappung entscheidend. Die einfachste Überlappung ist die im Bild 22.3 gezeigte *einschnittige Verbindung.*

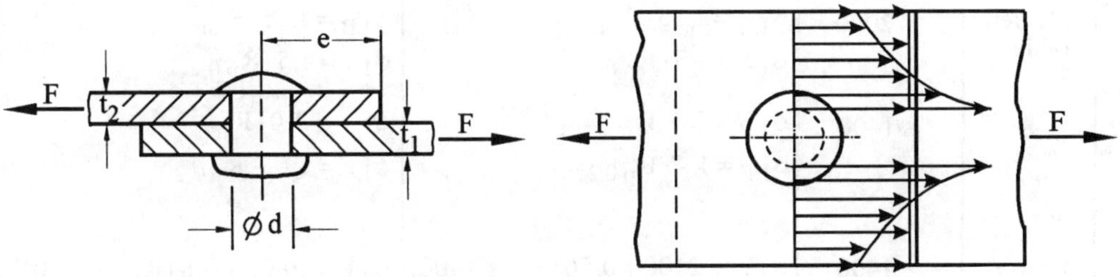

Bild 22.3: Beanspruchung einer einschnittigen Nietverbindung

Im allgemeinen wird vereinfachend ein konstanter Spannungsverlauf über eine Nietreihe mit pro Niet gleichen Traganteilen angenommen. Bei mehr als 3 Nieten sind die Traganteile jedoch ungleichmäßig verteilt. Zum Tragfähigkeitsnachweis gehört gewöhnlich der Abscher- und Lochleibungsnachweis. Die Bleche werden nach den Gesetzen der Festigkeitslehre bestimmt.

Insofern bleibt für die Niete der Nachweis auf Scherbruch und Lochleibung zu erbringen:

$$F \leq \begin{array}{l} F_{SB} = \dfrac{{d_R}^2 \cdot \pi}{4} \cdot \tau_B \quad \text{mit}\, d_R = d + 0{,}05 \cdot d\ . \\ F_{LF} = d_R \cdot t_{min} \cdot \sigma_{LF} \end{array} \tag{22.1}$$

Wie hervorgehoben, ist in der Rechnung stets der Nietlochdurchmesser d_R und die minimale Blechdicke t_{min} zu berücksichtigen.

Die für die Abschätzung erforderlichen Werkstoffwerte können als Anhalt den folgenden Tabellen Bild 22.4 und Bild 22.5 entnommen werden. Falls darüber hinaus keine spezifizierten Angaben zur Scherfestigkeit vorliegen, kann für Voll- und Paßniete als Näherungswert etwa

$$\begin{array}{l} \tau_B = 0{,}6 \cdot R_m \\ \text{bzw.} \\ \tau_B = 0{,}9 \cdot R_{p0,2} \end{array} \tag{22.2}$$

angesetzt werden.

Werkstoff	gültig für R_m [MPa]	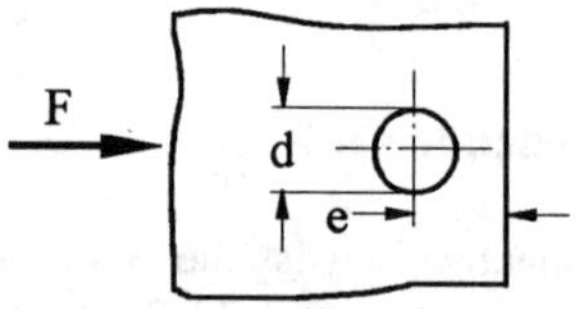 Lochleibungsfestigkeit e/d = 1,5	Lochleibungsfestigkeit e/d = 2,0
unlegierte Stähle	≤ 2000	$\sigma_{LB} = 1{,}35 \cdot R_m$ $\sigma_{LF} = 1{,}3 \cdot R_{p\,0,2}$	$\sigma_{LB} = 1{,}65 \cdot R_m$ $\sigma_{LF} = 1{,}5 \cdot R_{p\,0,2}$
	≤ 1400	$\sigma_{LB} = 1{,}5 \cdot R_m$ $\sigma_{LF} = 1{,}4 \cdot R_{p\,0,2}$	$\sigma_{LB} = 2{,}0 \cdot R_m$ $\sigma_{LF} = 1{,}65 \cdot R_{p\,0,2}$
legierte Stähle	> 1400	$\sigma_{LB} = 2100 + 0{,}56\,(R_m - 1400)$ $\sigma_{LF} = 1960 + 0{,}8\,(R_{p\,0,2} - 1400)$	$\sigma_{LB} = 2800 + 0{,}8\,(R_m - 1400)$ $\sigma_{LF} = 2310 + 0{,}6\,(R_{p\,0,2} - 1400)$
Titan-Legierungen	≤ 1200	$\sigma_{LB} = 1{,}4 \cdot R_m$ $\sigma_{LF} = 1{,}35 \cdot R_{p\,0,2}$	$\sigma_{LB} = 1{,}7 \cdot R_m$ $\sigma_{LF} = 1{,}5 \cdot R_{p\,0,2}$

Anm.: σ_{LB} Lochleibungs-Bruchfestigkeit
σ_{LF} Lochleibungs-Dehngrenze

Bild 22.4: Zulässige Lochleibungsfestigkeit von Stahl- und Titanblechen nach /22.1/

Im Automobilbereich findet die Stanznietung immer größere Verbreitung, da der harte Niet das Loch selbst stanzt und danach seinen Schließkopf bildet. Insofern muß der Niet von der Geometrie so ausgebildet sein, daß er wie ein Stanzwerkzeug wirkt, jedoch gleichzeitig noch das Material elasto-plastisch verformen kann. Als Regel gilt beim Stanznieten:

weich in hart und dünn in dick,

bezogen auf die zu verbindenden Bleche. Die Nachrechnung von Stanznietverbindungen erfolgt gewöhnlich mit hochkarätiger FEM-Rechnung; Handrechnungsverfahren sind bisher noch nicht bekannt.

Werkstoff	Lochleibungsfestigkeit σ_{LF} [MPa]
AlZn4,5Mg1 F35	240 - 270
AlSi1MgMn F31/F32	210 - 240
AlSi1MgMn F28	160 - 180
AlMgSi F22	145 - 165
AlMg4,5 Mn G31	190 - 215
AlMg4,5 Mn F27/W28	115 - 130
AlMg4,5Mn0,7 F27	125 - 140
AlMg2Mn0,8 F24/F25	145 - 165
AlMg3 F24/F25/G24	90 - 100
AlMg2Mn0,8 F20	
AlMg3 F18	80 - 90
AlMg2Mn0,8 W18/W,F19	
AlMg3 W18/W19/F19	

Bild 22.5: Zulässige Lochleibungsfestigkeit von Aluminiumblechen (DIN EN 573-3) nach /22.1/

22.2.2 Nietverbindungen mit Senkkopfniete

Generell gestaltet sich der Tragfähigkeitsnachweis von Senkkopfniete analog zur Vorgehensweise bei Niete mit überstehenden Köpfen. Für den zylindrischen Teil kann von gleichen Annahmen ausgegangen werden, während im konischen Teil von einer abgeminderten Lochleibungsfestigkeit auszugehen ist. Die Verhältnisse an einem Senkkopfniet zeigt Bild 22.6.

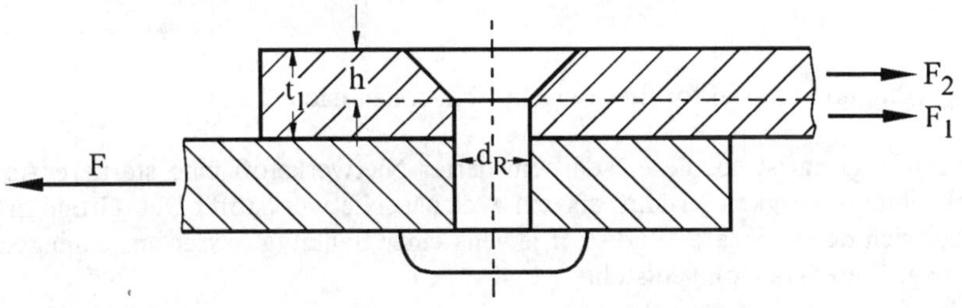

Bild 22.6: Einschnittige Senkkopfnietung

Insbesondere ist für die Abschätzung auf zulässige Lochleibung anzusetzen

$$F \leq F_{LF_1} + F_{LF_2} \qquad (22.3)$$

mit den Grenzwerten

$$F_{LF_1} = d_R \cdot (t_1 - h) \cdot \sigma_{LB} \qquad (22.4)$$

$$F_{LF_2} = d_R \cdot (\alpha \cdot h) \cdot \sigma_{LB} \; . \qquad (22.5)$$

Der hierin eingehende *Abminderungsfaktor* α kann aus Nietfestigkeitstabellen ermittelt werden und ergibt sich in Relation zum geschlagenen Kopf.

Im Bild 22.7 ist der Verlauf des Abminderungsfaktors als Funktion des Nietwerkstoffs dargestellt.

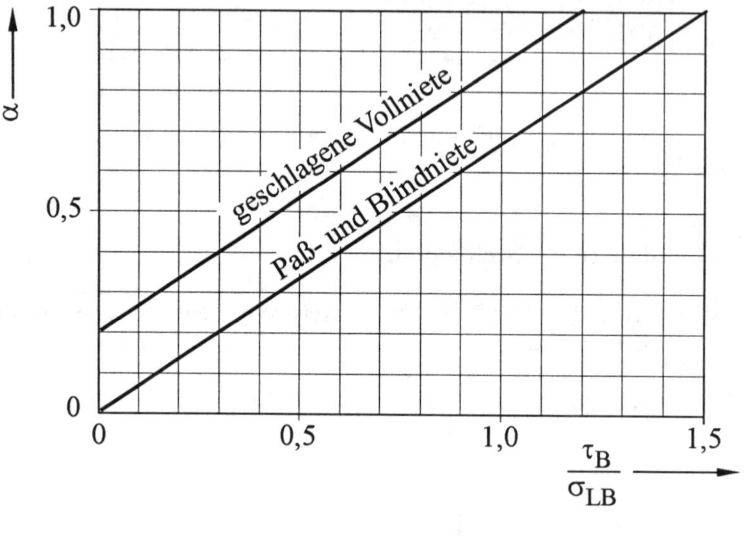

Bild 22.7: Abminderungsfaktor für konische Tragzonen nach /22.1/

Aus der Auftragung ist abzulesen, daß ein harter Nietwerkstoff eine stärkere Abminderung der Lochleibungsfestigkeit erfährt als ein weicher Nietwerkstoff. Der Grund ist darin zu sehen, daß sich der weichere Werkstoff jeweils einer Senkung besser anschmiegen kann und damit eine größere Tragzone entsteht.

22.2.3 Überlagerte Scher- und Zugbeanspruchung auf Nietverbindungen

In der Praxis läßt sich manchmal nicht vermeiden, daß Verbindungen auch kombinierten Beanspruchungen aus Scherung und Zug unterliegen. Als vereinfachter Tragfähigkeitsnachweis hat sich hierfür die Ausweisung eines resultierenden Reservefaktors R_F eingebürgert. Hiernach werden zunächst gebildet:

- der Schubreservefaktor

$$R_S = \frac{F_S}{F_{SB}}, \tag{22.6}$$

als Verhältnis der wirkenden Schubkraft zur ertragbaren Scher- bzw. Lochleibungs-Bruchkraft des Niets, wobei $F_{ZB} = 0$ ist

und

- der Zugreservefaktor

$$R_Z = \frac{F_Z}{k \cdot F_{ZB}}, \tag{22.7}$$

als Verhältnis der wirkenden Zugkraft zur ertragbaren Zugbruchkraft. Hierbei ist k ein tabellierter Abminderungsfaktor.

Unter Heranziehung einer Versagenshypothese lassen sich somit für die Verbindung Grenzkurven erstellen, aus denen die tatsächliche Reserve (Sicherheit) gegenüber der Beanspruchung abzulesen ist. Den unterschiedlichen Nietarten und Lastfällen ist hierbei gemäß Bild 22.8 noch eine Hypothese zuzuordnen.

Verbindung	Kurve		k	
	dicke Bauteile	dünne Bauteile	normale Lastfälle	Crash-Fälle
Stahl- und Titan-Paßniete und -Stifte	A	C	1,0	1,0
Aluminium-Paßniete und -Schrauben	B	C	1,0	1,0
gequetschte Paßniete	D	D	0,8	1,0
Vollniete	D	D	0,5	1,0
Blindniete	D	D	0,2	1,0

Bild 22.8: Zuordnung einer Verbindung zu einer Versagensgrenzkurve nach /22.1/

Die den Kurven zugrunde liegenden Versagenshypothesen sind wie folgt gebildet worden:

- A: $R_Z + R_S^{10} = 1,$
- B: $R_Z + R_S^5 = 1,$ (22.8)
- C: $R_Z^2 + R_S^2 = 1,$
- D: $R_Z + R_S = 1.$

Nach entsprechender Kurvenwahl kann dann aus Bild 22.9 der Reservefaktor gebildet werden.

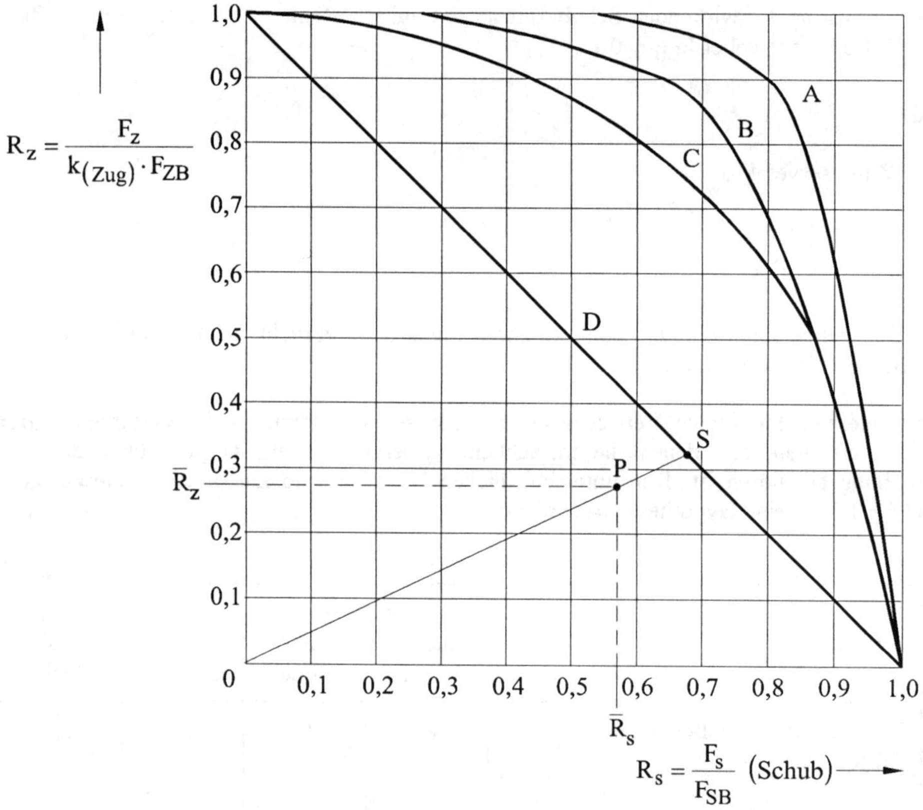

Bild 22.9: Verlauf der Verbindungsgrenzkurven

Für bestimmte Faktoren $\bar{R}_Z$, $\bar{R}_S$ bestimmt sich somit R_F grafisch als Streckenverhältnis zu

$$R_F = \frac{\overline{OS}}{\overline{OP}} . \tag{22.9}$$

Verbindungssicherheit ist gegeben, wenn der resultierende Reservefaktor $R_F > 1$ ist.

22.3 Schweißung

Die Schweißtechnologie hat in den letzten Jahrzehnten den integrativen Leichtbau entscheidend gefördert. Maßgebend hierfür ist natürlich, daß Stahl, Aluminium, Magnesium und Titan schweißbar sind. Neben dem konventionellen Gasschmelzschweißen, Lichtbogenschweißen (MIG und WIG), Widerstandspunktschweißen entwickelt sich mit der Tendenz zu Dünnblechen zunehmend das Laserschweißen. Die Tailored-Blank- und Tailored-Tube-Technologie hätten ohne das Laserstrahlschweißen keine großserienmäßige Anwendung im Fahrzeugkarosseriebau gefunden. Im Bild 22.10 ist beispielsweise eine gelaserte Stumpfnaht an einem Al-Tailored-Blank dargestellt.

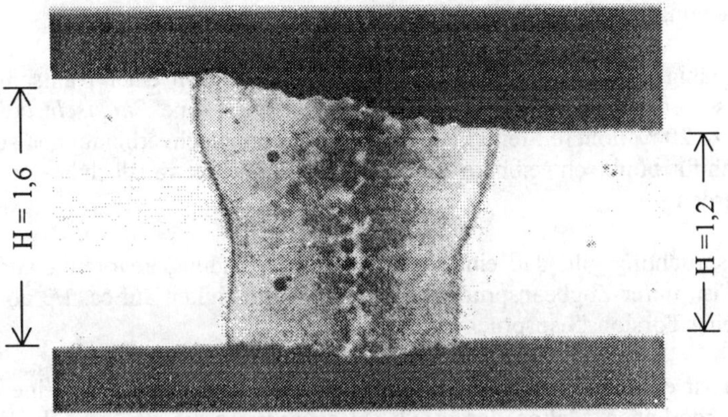

Bild 22.10: Schliffbild einer Laserschweißnaht an einem Tailored-Blank

Hier soll unterstellt werden, daß die Berechnung von Schweißnähten gemäß den technischen Regelwerken (siehe unter anderem DIN 4132) bekannt ist. Aus Versuchen ist weiter bekannt, daß Lasernähte eine *10 % höhere Verbindungsfestigkeit* als Schmelz- und Lichtbogennähte aufweisen.

Weitere Vorteile sind: Laserschweißen kann wegen des besseren Tiefschweißeffektes mit höherer Geschwindigkeit und bei geringerer Wärmeeinwirkung durchgeführt werden. Hierdurch entsteht bei Dünnblechen nur ein äußerst geringer Verzug. Durch Laserschweißen wird die Oxidschicht des Aluminiums nicht angegriffen, so daß kein zusätzliches Korrosionsproblem entsteht.

Im allgemeinen werden bis 2 mm Blechdicke CO_2-Laser eingesetzt, die eine sehr gute Nahtqualität erzeugen. Bei dickeren Blechen im Bereich größer 3-4 mm benötigt man eine höhere Strahlenergie, welches Nd : YAG-Laser leisten. Diese haben vor allem Anwendung zur Verbindung von Space-Frame-Strukturen (Knet- mit Gußwerkstoffen) gefunden, da hier Durchschweißen gefordert wird.

Neben der Lasertechnologie spielt im Karosseriebau aber weiterhin das Punktschweißen und das Punktschweißkleben eine große Rolle.

22.3.1 Punktschweißen

Beim Punktschweißen werden in der Hauptsache Bleche ohne Zusatzmaterial unter Druck durch Anschmelzen (Widerstandsschweißen) einer linsenförmigen Zone verschweißt. Das Verfahren ist im Leichtbau insofern von Bedeutung, da alle wichtigen Stähle mit C-Gehalt ≤ 0,1 % punktschweißbar sind. An darüber hinausgehenden Vorteilen besteht noch:

- der eintretende geringe Verzug,
- das geringe Verbindungsgewicht,
- die hohe örtliche Versteifungswirkung,
- nur geringe Kerbwirkung

sowie

- keine Schwächung des Grundwerkstoffs.

Von der Tragfähigkeit her ist eine Punktschweißung zwischen einer Nahtschweißung bzw. Nietung anzusetzen. In der Kombination mit Kleben weist eine *Punktschweißklebe-Verbindung* eine bis zu 20 % höhere Steifigkeit auf, was für Dünnblechverbindungen sehr interessant ist. Als Bereich für punktschweißbare Verbindungen können etwa Blechdicken von 0,5-2 mm angesehen werden.

Für die Beanspruchung gilt, daß eine Punktschweißverbindung bevorzugt auf Scherung zu beanspruchen ist, unter Zugbeanspruchung fällt die Tragfähigkeit auf ca. 1/3 ab. Als noch ungünstiger ist eine Torsionsbeanspruchung anzusehen.

Im Bild 22.11 ist eine einschnittige Punktschweißverbindung mit den für eine Festigkeitsbetrachtung erforderlichen Maßen dargestellt. Nachzuweisen ist gewöhnlich die Scher- und Lochleibungssicherheit. Unter Scherung ist dann die Festigkeitsbedingung

$$\tau_{SchwP} = \left(\frac{1}{k}\right) \cdot \frac{F}{n \cdot m \cdot A \cdot (v \cdot w)} \le \tau_{Schw\,zul} \qquad (22.10)$$

zu erfüllen. Hierin bezeichnet n die Anzahl der Schweißpunkte und m die Schnittigkeit der Verbindung, bzw. *1/k berücksichtigt den Traganteil einer zusätzlichen Verklebung* und deren Lastumleitung. Mit

$$A = \frac{d^2 \cdot \pi}{4}$$

wird der rechnerische Schweißpunktquerschnitt erfaßt, wobei für den Durchmesser der Schweißlinse ungefähr

$$d \le 5\sqrt{t_{min}} \qquad (22.11)$$

anzusetzen ist.

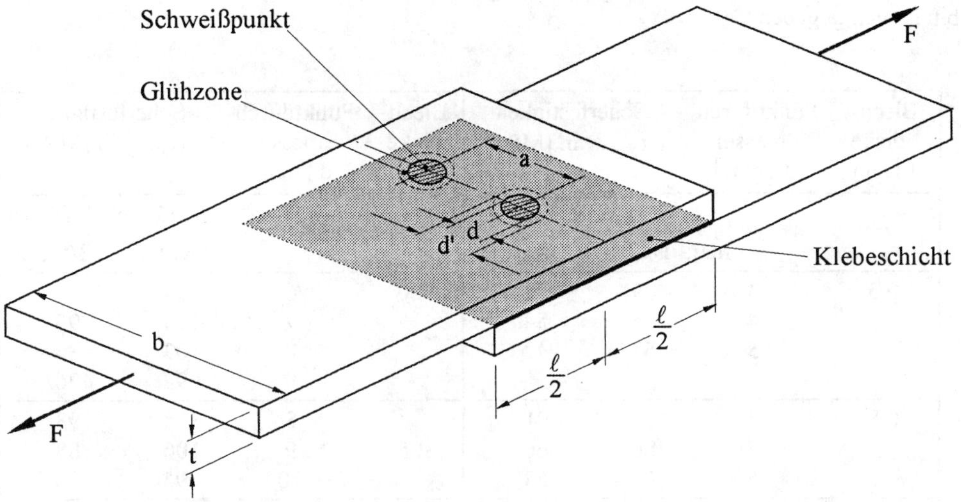

Bild 22.11: Einschnittige Punktschweißverbindung bzw. alternativ als Punktschweißklebung ausgeführt

Des weiteren können fallweise noch Faktoren berücksichtigt werden, und zwar

- v als Faktor für die Güte der Schweißung

und

- w als Verfahrensfaktor für die Zuverlässigkeit der Schweißung.

Wenn die Verbindung als zusätzliche Punktschweißklebe-Verbindung ausgeführt wird, so kann über k ≈ 0,83*) noch ein Erhöhungsfaktor für die Schweißpunkte in Ansatz gebracht werden. In der nachfolgenden Tabelle (s. Bild 22.12) sind zu diesen Faktoren einige Anhaltswerte gegeben worden.

Wert	vorgenommene Prüfung
v = 1,0 ; 0,75 ; 0,5	Einstellversuch
v = 1,0 ; 0,75	Stichproben der Parameter während der Herstellung
v = 1,0	laufende Überwachung der Schweißparameter
	Herstellart
w = 1,0	zweiseitiges Schweißen mit Maschine
w = 0,9	zweiseitiges Schweißen mit Hängezange
w = 0,8	einseitiges Schweißen
w = 0,8	Drei- oder Vierblechverbindungen

Bild 22.12: Schweißfaktoren

*) Anm: Bei Punktschweißklebe-Verbindungen wurden um 12-23 % höhere Traganteile gegenüber Punktschweißen gemessen.

Ergänzend sind im Bild 22.13 noch zulässige Scherfestigkeiten für Blech-Punktschweißverbindungen gegeben.

Blechdicke t [mm]	Punktdurchmesser d [mm]	Scherfestigkeit τ_{Schw} in [MPa]		Blechdicke t [mm]	Punktdurchmesser d [mm]	Scherfestigkeit τ_{Schw} in [MPa]	
		St 12;	St 13/St 14			St 12;	St 13/St 14
	neu:	DC01;	DC03/DC04			DC01;	DC03/DC04
0,5	3	89	73	2,0	6	134	111
	4	65	54		7	115	95
	5	51	42		8	102	85
					9	92	76
0,8	4	110	91		8	118	98
	5	80	66	2,5	9	106	88
	6	64	53		10	95	78
1,0	4	115	95		8	133	110
	5	89	74	3,0	9	120	99
	6	73	60		10	109	90
	7	60	50		11	99	82
1,5	5	121	101				
	6	100	81				
	7	82	68				

Bild 22.13: Zulässige Scherfestigkeiten von Punktschweißverbindungen nach DIN 18 801

Ein häufiger Schadensfall bei Punktschweißungen ist das Herausreißen der Schweißlinse aus dem Blech. Als Ursache hierfür wird allgemein die Überschreitung des zulässigen Lochleibungsdruckes angesehen. Für den Lochleibungsdruck ist demgemäß zu fordern

$$\sigma_{PL} = \left(\frac{1}{k}\right) \cdot \frac{F}{n \cdot d \cdot t_{min}} \le \sigma_{SchwL_{zul}} . \qquad (22.12)$$

Die zulässige Lochleibungsfestigkeit nach der DIN 18 801, Teil 1, ist wie folgt anzusetzen:

- bei einschnittigen Verbindungen $\sigma_{SchwL_{zul}} \le 1{,}8 \cdot \sigma_{Blech_{zul}}$

bzw.

- bei zweischnittigen Verbindungen $\sigma_{SchwL_{zul}} \le 2{,}5 \cdot \sigma_{Blech_{zul}}$.

Für dynamische Belastungen sind weiter noch die Merkblätter DVS 2902, 2923 und 2906 maßgebend. In der Luft- und Raumfahrt ist darüber hinaus die DIN 29 878 zu berücksichtigen.

Grundsätzlich sei hierzu noch angemerkt, daß die Schwingfestigkeit von Punktschweißverbindungen nicht sehr hoch ist. In Versuchen haben dynamisch belastete Proben teils nur 30-40 % der Werte unter statischer Belastung erbracht.

22.4 Kleben

Gegenüber den zuvor dargestellten Verbindungstechniken hat Kleben manigfaltige Vorteile. Ein Vorteil ist, daß zum Metallkleben nur geringe Temperaturen notwendig sind, weshalb dünne Bleche verzugsfrei und fest verbunden werden können. Eine Veränderung des Gefüges wie beim Schweißen oder Löten tritt somit nicht auf. Bei einer Klebeverbindung ist zudem die Beanspruchung auf die gesamte Verbindungsfläche verteilt, wodurch eine relativ hohe statische und dynamische Belastbarkeit vorliegt. Auch tritt durch Kleben keine Kerbwirkung auf, wodurch günstiger dimensioniert werden kann.

Als weiteren Vorteil ist herauszustellen, daß nicht nur unterschiedliche Metalle, sondern auch Metalle mit fast allen andersartigen Werkstoffen dauerhaft verbunden werden können. Hierbei erweist sich der Kleber als Isolier- und Dämpfstoff, der beispielsweise Kontaktkorrosion verhindert. Die Problematik von Klebeverbindungen ist jedoch, daß eine Vielzahl von Einflußfaktoren die Güte bestimmen, weshalb jeweils die spezifischen Verbindungsverhältnisse sorgfältig analysiert werden müssen.

22.4.1 Klebstoffe

Die verwendeten technischen Kleber sind Kunstharze auf der Basis hochpolymerer synthetischer Stoffe, die auf Metalloberflächen fest haften und hohe Adhäsions- wie Kohäsionskräfte aufbauen können. Ihre Aushärtung ist mit einer chemischen Reaktion verbunden, die zu einer Vernetzung des Klebstoffes führt, so daß letztlich die Klebeschicht die mechanischen Eigenschaften eines Duroplasten aufweist.

Man unterscheidet des weiteren warm- und kaltabbindende Kleber. Das Härten der Warmkleber geschieht nach Zugabe eines Reaktionsmittels unter Wärme und Preßdruck (Polykondensation). Für eine bestimmte zu erreichende Festigkeit ist dann jeweils eine abgestimmte Aushärtetemperatur, -zeit und -druck erforderlich. Bei üblichen Warmklebern beträgt die Härtetemperatur etwa 120-180°C und die Härtezeit 20 min. bis zu 16 h. Meist genügt dabei Kontaktdruck bzw. ein definierter Preßdruck von 1-2 in MPa.

Die Kaltkleber härten dagegen bei Raumtemperatur aus, nachdem sie vorher mit besonderen Härtern (Zweikomponentenkleber) vermischt wurden. Auch hier genügt in den meisten Fällen nur Kontaktdruck. Verbindungen mit kaltabbindenden Klebern erreichen meist erst nach einigen Tagen ihre volle Festigkeit. Der Vorteil liegt aber darin, daß der Herstellungsaufwand für die Kalthärtung deutlich geringer ist. Ein Sonderfall stellen die anaeroben Klebstoffe (Schnellklebstoffe) dar, die als Einkomponenten-Kleber ebenfalls kalt abbinden und heute sehr oft als Metallkleber verwandt werden.

Kleber	ν_{Kl}	E_{Kl} [MPa]	G_{Kl} [MPa]	τ_{zB} [MPa]
warmabbindende Klebstoffe	0,38 - 0,40	3.000 - 4.200	900 - 1.520	20 - 35
kaltabbindende Klebstoffe	0,38 - 0,44	1.500 - 2.500	1.500 - 2.500	18 - 25

Bild 22.14: Durchschnittliche Festigkeitswerte der charakteristischen Klebstoffgruppen

Im vorstehenden Bild 22.14 sind einige Richtwerte zu den mechanischen Eigenschaften von Klebern angegeben. Von der Größenordnung her erreichen sie typische Kunststoffwerte; sie sind insofern also eine Zehnerpotenz niedriger als Metalle.

In der Praxis werden eine Vielzahl von Klebern auf Basis von Epoxid, Phenol, Polyester, Polyurethan, Cyanacryl- und Dimethyl-Säureester eingesetzt, die von verschiedenen Herstellern angeboten werden. Hierzu gibt das folgende Bild 22.15 noch einige Anhaltswerte, die aus Scherversuchen stammen.

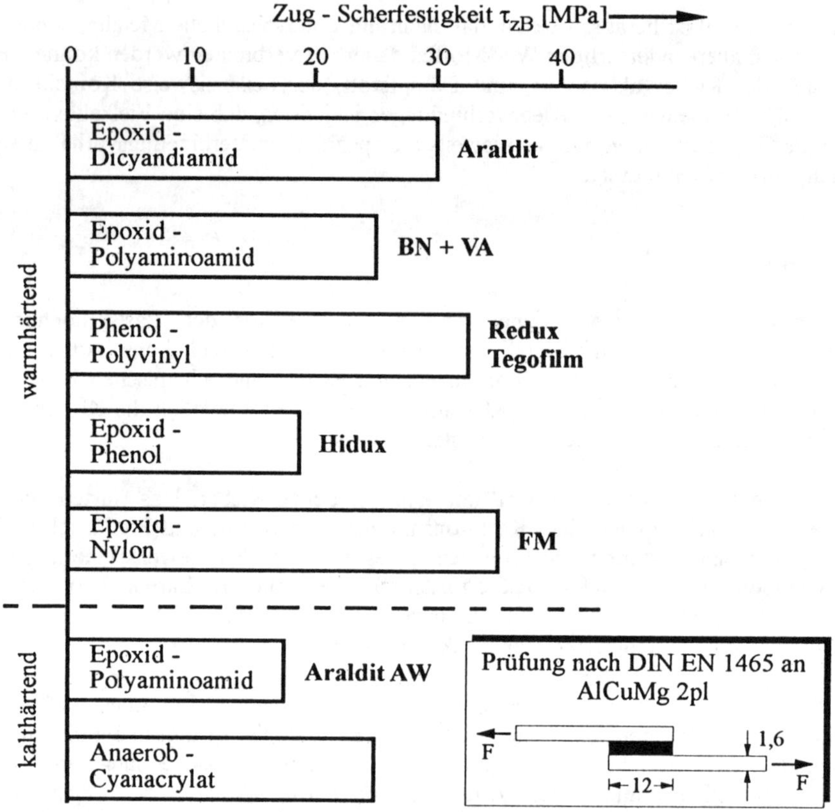

Bild 22.15: Zug-Scherfestigkeiten verschiedener Kleber im Überlappungsversuch nach /22.2/

Die Versuchsführung zur Ermittlung von maßgebenden Festigkeitswerten ist weitestgehend genormt, und zwar

- Zugscherversuch nach DIN EN 1465 für einschnittig überlappende Verbindungen,
- Zugfestigkeit von anaeroben Klebstoffen (Metallkleber) nach DIN EN 26 922

und

- Druckscherfestigkeit nach DIN 54 452 (insbesondere von Wellen/Naben-Verbindungen).

Trotz dieser eindeutigen Kriterien ist es dennoch in der Praxis schwierig, übertragbare Festigkeitswerte zu finden, mit denen sicher dimensioniert werden kann.

22.4.2 Grundwerkstoffe

Durch Kleben lassen sich alle bekannten Werkstoffe verbinden. Eine Klebung wirkt durch die Haftung des Klebers an der Oberfläche der zu verbindenden Werkstoffe (Adhäsion) und die Eigenfestigkeit der Kleberschicht (Kohäsion). Beide Eigenschaften müssen für jede Werkstoff-Kleber-Paarung abgestimmt werden.

Voraussetzung für einen innigen Kontakt zwischen Kleber und Grundwerkstoffen ist die Benetzbarkeit der Oberflächen der Grundwerkstoffe. Dazu müssen die Oberflächen vorbehandelt werden. Durch eine Vorbehandlung soll der Haftgrund gesäubert, entfettet und die Oberflächen aktiviert werden. Die Festigkeit einer Verbindung ergibt sich aus der Kombination Grundwerkstoff mit Kleber und ist weiterhin stark von der Fügegeometrie abhängig. Im Bild 22.16 sind einige Versuchsergebnisse wiedergegeben, die an einschnittig überlappten Verbindungen gleicher Dimensionalität ermittelt wurden.

Werkstoffpaarung	τ_{zB}[MPa]	Kleberbasis
• Stahl/Kupfer	44 28	Epoxid Phenol
• Stahl/Stahl	60 43	Epoxid Phenol
• Titan/Titan	50 40	Epoxid Phenol
• Al/Al	29 24	Epoxid Phenol

Bild 22.16: Experimentell ermittelte Verbindungsfestigkeiten an dünnen Blechen bei unterschiedlichen Werkstoffpaarungen

Die Tendenz ist etwa die, daß zu einer hohen Festigkeit der Grundwerkstoffe auch eine angepaßte höhere Verbindungsfestigkeit erwünscht ist, welches durch Abstimmung: *Kleber*, *Überlappungslänge*, *Schichtdicke* und *Elastizität* der *Fügeteile* erreicht werden kann. Des weiteren haben Epoxidkleber meist höhere Schubfestigkeiten als Phenolkleber. Durch Alterung und Kriechen kann eine Festigkeitsminderung auf 60 % - 80 % der Anfangsfestigkeit eintreten.

22.4.3 Belastungsmodelle

Innerhalb realer Anwendungen werden Klebeverbindungen in unterschiedlichen konstruktiven Situationen zum Einsatz kommen. Um dafür gesicherte Auslegungskriterien verfügbar zu haben, müssen die Grundbelastungsfälle hinreichend genau analysiert werden. Im folgenden Bild 22.17 ist die am häufigsten vorkommende ein- und zweischnittige Klebeverbindung dargestellt.

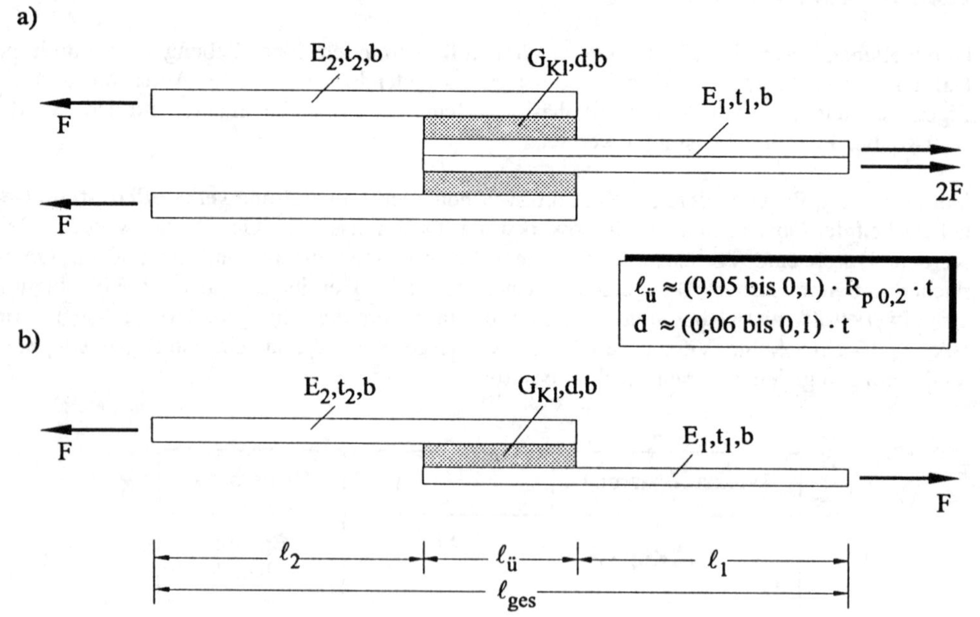

Bild 22.17: Modell einer ein- und zweischnittigen Klebeverbindung

Wie allgemein bekannt ist, sollen Klebeverbindungen bevorzugt auf Scherung belastet werden. Insofern ist die zweischnittige Verbindung ideal, da hier tatsächlich nur Schubbeanspruchung auftritt. Bei der einschnittigen Verbindung tritt hingegen Schub und Biegung auf, die sich entsprechend überlagern. In der Abbildung wurde des weiteren angedeutet, daß unter vereinfachenden Gesichtspunkten die einschnittige von der zweischnittigen Verbindung abgespalten werden kann und somit ein Standardfall entsteht.

22.4.4 Spannungsverteilung in schubbeanspruchten Klebeverbindungen

Früher hat man die Beanspruchbarkeit einer Verklebung (Bindefestigkeit) zufolge der einfachen Festigkeitsbedingung

$$\tau_m = \frac{F}{\ell_ü \cdot b} \leq \tau_{zB} \tag{22.13}$$

kontrolliert, d. h., die Forderung war, daß die mittlere Schubspannung im Kleber kleiner als die Zug-Scherbruchfestigkeit sein soll.

Aus einer theoretischen Festigkeitsanalyse ist aber beweisbar, daß dieser Ansatz zu einfach bzw. falsch ist, weil der Schubspannungsverlauf über der Überlappungslänge teils große Spitzen zeigt.

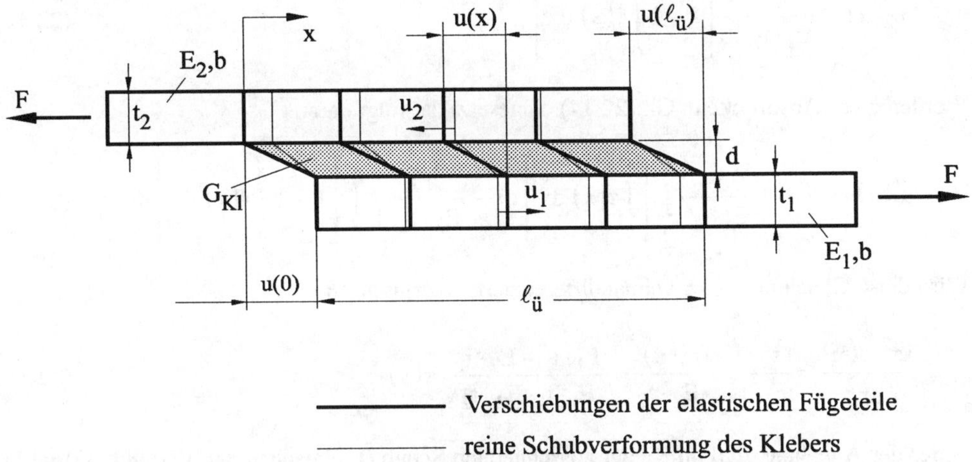

Bild 22.18: Einschnittige Klebeverbindung mit beliebiger Werkstoffkombination

Für die folgenden Betrachtungen soll die im Bild 22.18 dargestellte einschnittige Klebeverbindung angenommen werden. Eine ausreichend exakte Analyse ist selbst dann gegeben, wenn vereinfachend die folgenden Voraussetzungen definiert werden:

- Alle Querschnitte längs der Fügung bleiben konstant.
- Alle Fügeteile einschließlich Kleber verhalten sich linear-elastisch.

und

- Es tritt kein Biegemoment in der Fügung auf.

Mit dieser Aufgabenstellung hat sich 1938 bereits Volkersen /22.3/ auseinandergesetzt; zu seiner Ableitung gibt es mehrere Abwandlungen (z. B. /22.4/, /22.5/). Nachfolgend wird eine sinnvoll überarbeitete Lösung des Problems gezeigt.

Ansatzpunkt der Ableitung ist die folgende Beziehung zwischen der Verschiebung der Klebstoffrandschicht und den Dehnungen in den beiden Fügeteilen. Für die Verschiebung im Inneren der Verbindung an einer beliebigen Stelle gilt

$$u(x) = u(o) + u_1 - u_2 = u(o) + \int_o^x \varepsilon_1(x)\,dx - \int_o^x \varepsilon_2(x)\,dx\ . \tag{22.14}$$

Die Dehnungen in den Fügeteilen sind anzusetzen als

$$\varepsilon_1(x) = \frac{1}{E_1 \cdot t_1} \int_o^x \tau(x)\,dx \tag{22.15}$$

und

$$\varepsilon_2(x) = \frac{1}{E_2 \cdot t_2 \cdot b}\left[F - b\int\limits_o^x \tau(x)\,dx\right]. \tag{22.16}$$

Werden diese Ausdrücke in Gl. (22.14) eingesetzt, so folgt daraus

$$u(x) = u(o) + \frac{1}{E_1 \cdot t_1} \cdot \int\limits_o^x \left[\int\limits_o^x \tau(x)\,dx\right] dx - \frac{1}{E_2 \cdot t_2 \cdot b}\int\limits_o^x \left[F - b\int\limits_o^x \tau(x)\,dx\right] dx. \tag{22.17}$$

Wird diese Gleichung nun zweimal differenziert, so ergibt sich

$$\frac{d^2\,u(x)}{dx^2} = \frac{\tau(x)}{E_1 \cdot t_1} + \frac{\tau(x)}{E_2 \cdot t_2} = \frac{E_1 \cdot t_1 + E_2 \cdot t_2}{E_1 \cdot t_1 \cdot E_2 \cdot t_2} \cdot \tau(x)\,. \tag{22.18}$$

Unter der Annahme, daß im Kleber ausschließlich Schub (Freimachen der Verbindung) wirkt, gilt

$$\tau_{Kl} = G_{Kl} \cdot \gamma\,. \tag{22.19}$$

Aus der Geometrie der Schubverformung folgt weiter

$$\gamma(x) = \frac{u(x)}{d} \tag{22.20}$$

bzw. kann hiermit für die Schubspannung angesetzt werden

$$\tau(x) = G_{Kl} \cdot \frac{u(x)}{d}\,. \tag{22.21}$$

Berücksichtigt man dies in der DGL (22.18), so kann diese angegeben werden als

$$\frac{d^2u(x)}{dx^2} = \lambda^2 \cdot u(x) \tag{22.22}$$

mit

$$\lambda^2 = \frac{E_1 \cdot t_1 + E_2 \cdot t_2}{E_1 \cdot t_1 \cdot E_2 \cdot t_2} \cdot \frac{G_{Kl}}{d}\,. \tag{22.23}$$

Für diese homogene DGL 2. Ordnung ist die Lösung

$$u(x) = A \cdot \cosh(\lambda \cdot x) + B \cdot \sinh(\lambda \cdot x) \tag{22.24}$$

bekannt. Hierzu existieren die beiden Verschiebungsrandbedingungen

$$u(x = o) = u(o) \tag{22.25}$$

und

$$u(x = \ell_{ü}) = u(\ell_{ü}) . \tag{22.26}$$

Die Annahme, daß die beiden Verschiebungen am linken und rechten Rand gleich sind, träfe nur bei gleichen Werkstoffen zu. Für den allgemeinen Fall kann hingegen nur folgender Zusammenhang

$$u(\ell_{ü}) = u(o) + \Delta \tag{22.27}$$

angegeben werden. Mit diesen Vorbetrachtungen ist das Problem mathematisch eindeutig lösbar. Für Gl. (22.22) findet sich jetzt ohne vollständige Beweisführung für die Verschiebung

$$u(x) = \frac{u(o)}{\sinh(\lambda \cdot \ell_{ü})} \left\{ \sinh(\lambda(\ell_{ü} - x)) + (ß + 1) \cdot \sinh(\lambda \cdot x) \right\} . \tag{22.28}$$

Hierin ist mit ß eine weitere Konstante eingeführt worden, die definiert ist zu

$$ß = \frac{(E_2 \cdot t_2 - E_1 \cdot t_1)\, G_{Kl} \cdot \ell_{ü}^2}{E_1 \cdot t_1 (G_{Kl} \cdot \ell_{ü}^2 + E_2 \cdot t_2 \cdot d)} . \tag{22.29}$$

Gesucht ist im weiteren aber nicht die Verschiebung, sondern die Spannung. Diese findet sich im weiteren aus der linearen Proportion

$$\frac{u(x)}{u_m} = \frac{\tau(x)}{\tau_m} \tag{22.30}$$

bzw.

$$\tau(x) = \tau_m \cdot \frac{u(x)}{u_m} , \tag{22.31}$$

die über die gemittelte Verschiebung bzw. mittlere Spannung gebildet wird.

Für die mittlere Verschiebung ist demgemäß anzusetzen

$$u_m = \frac{1}{\ell_{ü}} \int_o^{\ell_{ü}} u(x)\, dx = \frac{u(o) \cdot (ß + 2) \cdot (\cosh(\lambda \cdot \ell_{ü}) - 1)}{\lambda \cdot \ell_{ü} \cdot \sinh(\lambda \cdot \ell_{ü})} , \tag{22.32}$$

womit sich für Gl. (22.30) findet

$$\frac{u(x)}{u_m} = \frac{u(o)[\sinh(\lambda(\ell_{ü} - x)) + (ß + 1) \sinh(\lambda \cdot x)]}{\sinh(\lambda \cdot \ell_{ü})} \cdot \frac{\lambda \cdot \ell_{ü} \cdot \sinh(\lambda \cdot \ell_{ü})}{u(o) \cdot (ß + 2)(\cosh(\lambda \cdot \ell_{ü}) - 1)} . \tag{22.33}$$

Wird hingegen jetzt mit

$$\omega = \lambda \cdot \ell_{ü} = \sqrt{\frac{G_{Kl}\left(E_1 \cdot t_1 + E_2 \cdot t_2\right)\ell_{ü}^2}{E_1 \cdot t_1 \cdot E_2 \cdot t_2 \cdot d}} \tag{22.34}$$

eine weitere Kenngröße eingeführt, so kann für Gl. (22.33) auch

$$\frac{u(x)}{u_m} = \frac{\omega}{(ß+2)\cdot(\cosh\omega - 1)}\left[\sinh\left(\omega\left(1-\frac{x}{\ell_{ü}}\right)\right) + (ß+1)\sinh\left(\omega\,\frac{x}{\ell_{ü}}\right)\right] \tag{22.35}$$

geschrieben werden. Damit ergibt sich für die Spannungsverteilung über die Länge einer Klebeverbindung

$$\tau(x) = \frac{\omega\cdot\tau_m}{(ß+2)\cdot(\cosh\omega - 1)}\left[\sinh\left(\omega\left(1-\frac{x}{\ell_{ü}}\right)\right) + (ß+1)\sinh\left(\omega\,\frac{x}{\ell_{ü}}\right)\right]. \tag{22.36}$$

Diese Gleichung hat ein Extremum, welches je nach Werkstoffkombination am linken oder am rechten Rand liegt, und zwar entweder bei

$x = 0$ zu: $$\tau_{max} = \frac{\omega\cdot\tau_m\cdot\sinh\omega}{(ß+2)(\cosh\omega - 1)} \equiv k_\tau{}' \cdot \tau_m \tag{22.37}$$

oder bei

$x = \ell_{ü}$ zu: $$\tau_{max} = \frac{\omega\cdot\tau_m\cdot(ß+1)\sinh\omega}{(ß+2)(\cosh\omega - 1)} \equiv k_\tau{}'' \cdot \tau_m\,. \tag{22.38}$$

Für eine Diskussion der Beanspruchung kann die Schubspannungsspitze auch mittels eines *Überhöhungsfaktors* k_τ definiert werden zu

$$\tau_{max} = k_\tau \cdot \tau_m, \tag{22.39}$$

wobei der Überhöhungsfaktor entsprechend der vorstehenden Randbedingungsabgrenzung am linken oder rechten Nahtende anzusetzen ist.

Im Bild 22.19 ist für unterschiedliche Fälle der Verlauf der Schubspannung nach Gl. (22.36) sichtbar gemacht worden. Um reale Unterschiede erkennen zu können, wurden drei verschiedene Steifigkeitsverhältnisse gewählt.

---

*) Anmerkung: Für Taschenrechnerfunktionalität ist es zweckmäßiger, in Gl. (22.37/22.38) anstatt der Hyperbelfunktionen die entsprechenden Exponentialfunktionen auszuwerten:

$$\sinh\omega = \frac{e^{\omega} - e^{-\omega}}{2}, \quad \cosh\omega = \frac{e^{\omega} + e^{-\omega}}{2}\,.$$

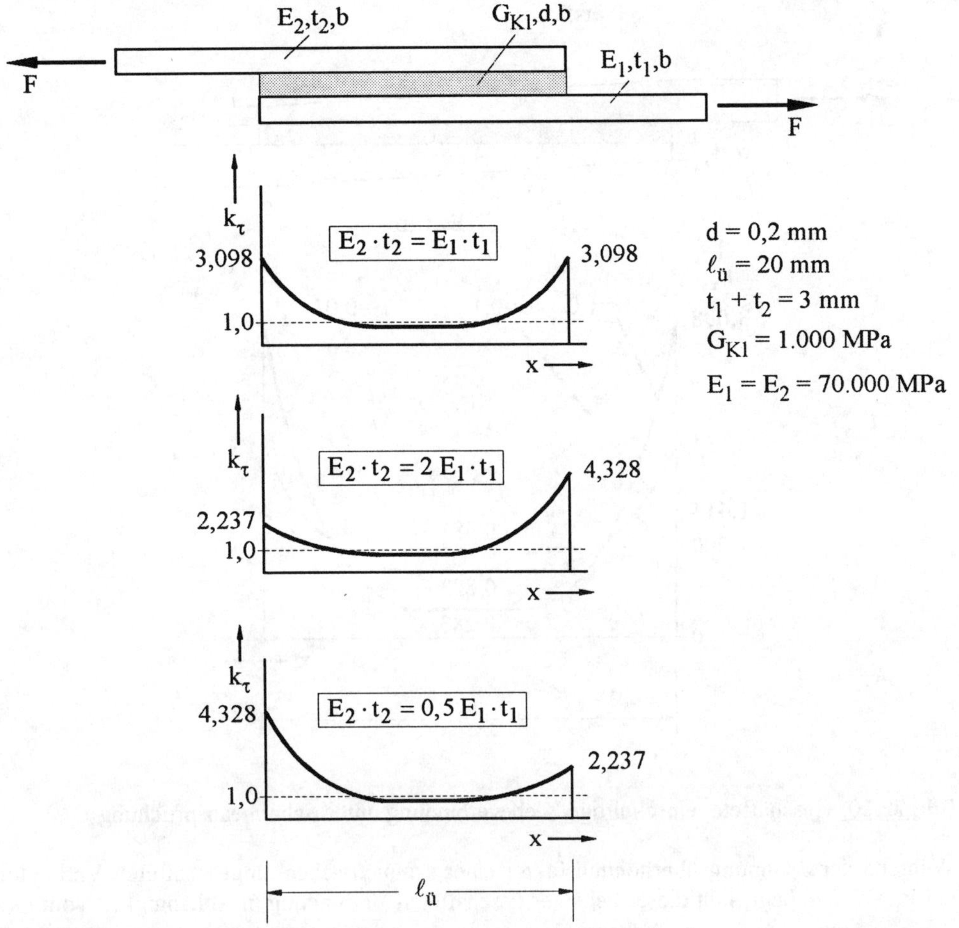

Bild 22.19: Prinzipieller Verlauf des Spannungsüberhöhungsfaktors k_τ bei unterschiedlichen Werkstoffkombinationen

Aus der Auftragung erkennt man, daß

- sich bei gleicher Werkstoffpaarung eine symmetrische Schubspannungsverteilung einstellt und gleiche Maxima am Rand auftreten,
- bei ungleicher Werkstoffpaarung tritt hingegen ein unsymmetrischer Schubspannungsverlauf auf, das Maximum liegt stets am Rand der Überlappung, und zwar an der steiferen Verbindungsstelle, d. h. im dickeren Blech.

Einen gleichmäßigeren und deutlich niedrigeren Spannungsverlauf kann man theoretisch erzielen, wenn die Enden der Klebeverbindung geschäftet werden. Hierdurch paßt sich die Elastizität der Scheiben der des Klebewerkstoffes besser an, wodurch Spannungsspitzen abgebaut werden. Dies zeigt Bild 22.20 im Vergleich zum vorherigen Ergebnis.

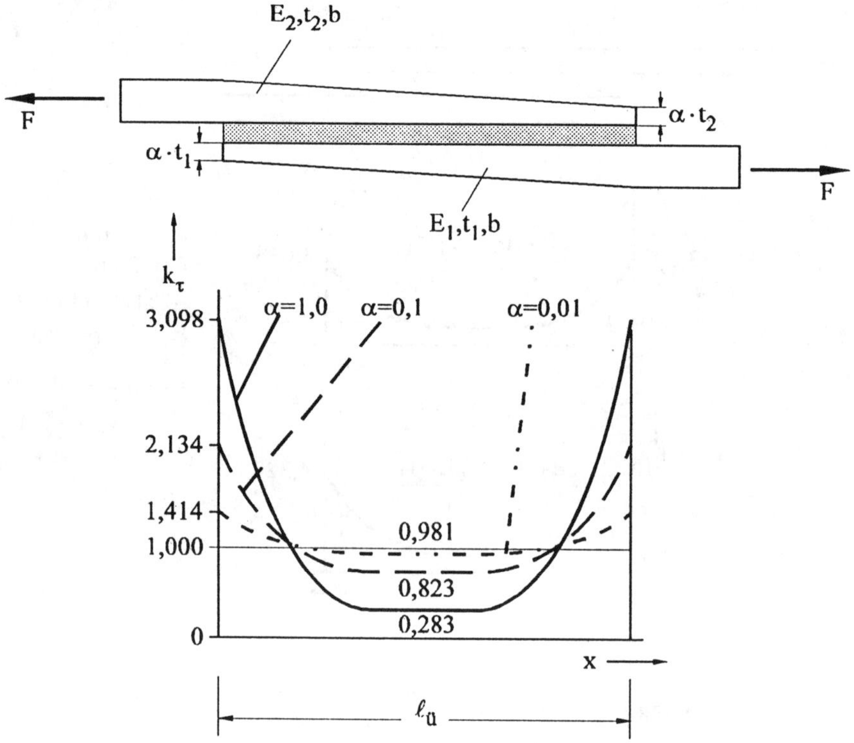

Bild 22.20: Geschäftete, einschnittige Klebeverbindung unter Schubbeanspruchung

Während der Spannungsüberhöhungsfaktor einer symmetrischen, ungeschäfteten Verbindung bei $k_\tau = 3{,}098$ liegt, fällt dieser bei einer geschäfteten Verbindung in Abhängigkeit vom Grad der Anschäftung α auf $k_\tau = 2{,}134$ bzw. $k_\tau = 1{,}414$ ab. Im Umkehrschluß kann man also unter rein linearen Verhältnissen eine geschäftete Verbindung deutlich höher (zwischen 1,45-2,19fach) beanspruchen. Insofern ist Schäftung immer ein Mittel, eine Verbindung besser ausnutzbar zu machen.

22.4.5 Gegenüberstellung verschiedener Lösungsansätze

Wie zuvor schon erwähnt, geht der Ursprung der Bestimmung der Schubspannungsverteilung auf *Volkersen* zurück. Volkersen gibt für eine einfach überlappte Verbindung die Lösung an

$$\tau(x) = \frac{\tau_m \sqrt{\frac{\phi}{\omega}}}{\sinh\left(\sqrt{\omega \cdot \phi}\right)} \left\{ (\omega - 1) \cdot \cosh \sqrt{\omega \cdot \phi} \cdot \frac{x}{\ell_{ü}} + \cosh\left(\sqrt{\omega \cdot \phi} \left(1 - \frac{x}{\ell_{ü}} \right) \right) \right\} \tag{22.40}$$

mit

$$\phi = \frac{G_{Kl} \cdot \ell_{ü}^{2}}{E_2 \cdot t_2 \cdot d}$$

und

$$\omega = \frac{E_1 \cdot t_1 + E_2 \cdot t_2}{E_1 \cdot t_1} .$$

Zu der vorstehenden Lösung von Gl. (22.45) gibt es eine quantitative Diskrepanz, die vermutlich darin liegt, daß bei der Herleitung der Volkersen-Gleichung von *symmetrischen Randbedingungen* $\left(u(o) = u\left(\ell_{ü}\right)\right)$ ausgegangen worden ist.

Im Fall gleicher zu verklebender Werkstoffe (dann treffen erst symmetrische Randbedingungen zu) gibt es dagegen eine recht gute Übereinstimmung zwischen Gl. (22.45) und Gl. (22.48), die unter 0,3 % liegt.

Die bisherigen Betrachtungen berücksichtigen nicht, daß durch den außermittigen Kraftangriff bei einfach überlappten Verbindungen auch Biegung auftritt, wodurch zusätzlich noch Normalspannungen überlagert werden. Für dieses Problem haben *Goland* und *Reissner* /22.6/ einen pragmatischen Ansatz

$$\tau(x) = \frac{\tau_m \cdot t}{4 \cdot \ell_{ü}} \left\{ \frac{\delta \cdot \ell_{ü}}{2 \cdot t}(1 + 3 \cdot k) \frac{\cosh \frac{\delta}{t} \cdot \left(x - \frac{\ell_{ü}}{2}\right)}{\sinh \frac{\delta \cdot \ell_{ü}}{2 \cdot t}} + 3(1 - k) \right\} \tag{22.41}$$

gemacht mit

$$\delta = \frac{G_{Kl} \cdot t}{E \cdot d}$$

und

$$\frac{1}{k} = 1 + 2\sqrt{2} \cdot \tanh\left[\frac{\ell_{ü}}{2 \cdot t}\sqrt{\frac{3 \cdot \sigma}{2 \cdot E}}\left(1 - \nu^2\right)\right] .$$

Die Vereinfachungen in dieser Lösung sind: Gleiche zu verklebende Werkstoffe mit gleicher Blechdicke, symmetrische Randbedingungen und die Bleche sind so elastisch, daß sich die Verbindung in der Kraftwirkungslinie ausrichten kann, so daß keine Kraftexzentrizität mehr vorliegt.

Im Bild 22.21 sind zum Zweck des Vergleichs die drei zuvor besprochenen Ansätze an einer Blechverbindung ausgewertet worden, und zwar einmal analytisch und einmal mit FEM.

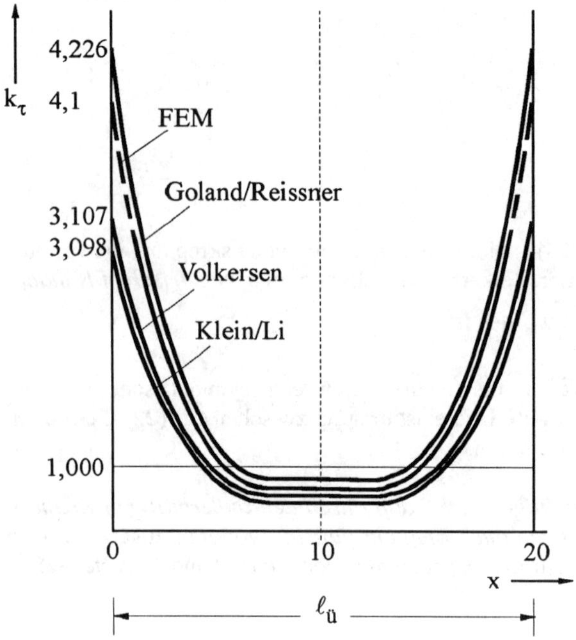

d = 0,2 mm
$\ell_ü$ = 20 mm
$t_1 = t_2$ = 1,5 mm
G_{Kl} = 1.000 MPa
ν_{Kl} = 0,4
$E_1 = E_2$ = 70.000 MPa

Bild 22.21:
Auftragung der Schubspannungsverläufe nach Klein/Li, Volkersen und Goland/Reissner und linearer FEM-Rechnung

Die Diskussion zeigt, daß wegen des tatsächlich vorhandenen Biegeeffekts die Abweichungen zu Goland/Reissner schon gravierend sind, aber in die richtige Richtung weisen.

22.4.6 Abschätzung des Normalspannungseinflusses

Wie vorstehend schon erwähnt, treten in allgemeinen Verbindungsfällen neben Schub- auch Normalspannungen auf. Die Höhe der Normalspannungen soll im folgenden an einer einschnittigen Klebeverbindung abgeschätzt werden. Hierzu gilt es, die beiden Normalspannungen σ_{xx} und σ_{zz} zu ermitteln. Die Entstehung der Normalspannung σ_{zz} wird sofort am Bild 22.22 sichtbar, bei dem die obere Scheibe abgetrennt worden ist und Gleichgewicht hergestellt wurde.

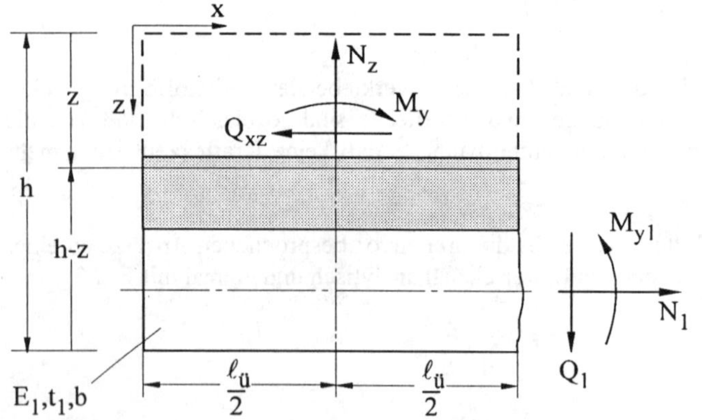

Bild 22.22:
Gleichgewicht in der Klebenaht in z-Richtung

Für die Schnittkräfte erhält man somit

$$N_z = Q_1$$
$$Q_{xz} = N_1$$
$$M_y(z) = M_{y1} + N_1 \left(h - z - 0{,}5 \cdot t_1\right) - Q_1 \cdot 0{,}5 \cdot \ell_ü$$

Demgemäß findet sich die größte Normalspannung zu

$$\sigma_{zz\max} = \frac{N_z}{\ell_ü \cdot b} + \frac{6\, M_y}{b \cdot \ell_ü^{\,2}}. \tag{22.42}$$

Durch Umformung kann man weiter den Zusammenhang

$$\sigma_{zz\max} = \tau_m \left(\frac{N_z}{N_1} + \frac{6\, M_y}{\ell_ü \cdot N_1}\right) = k_{\sigma_z} \cdot \tau_m \tag{22.43}$$

herstellen.

Wie des weiteren aus dem Bild 22.23 ersichtlich wird, tritt auch noch die Normalspannung σ_{xx} auf. Diese wird an dem gezeigten Schnittelement ermittelt.

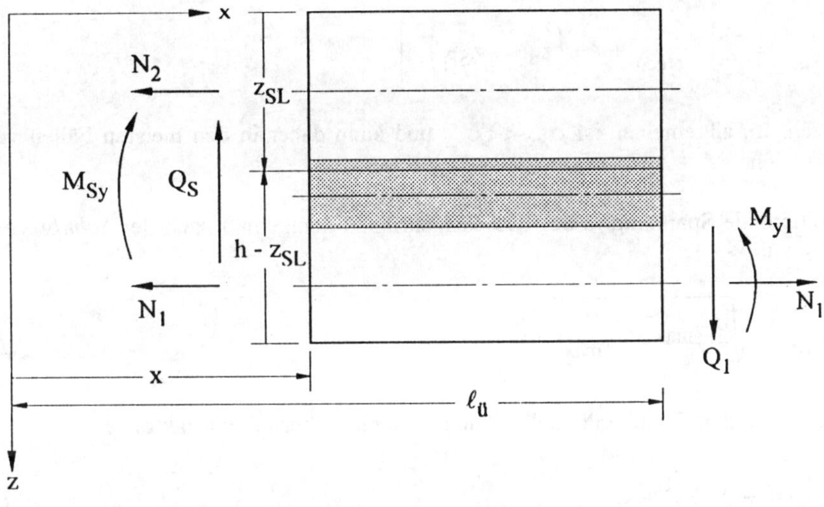

Bild 22.23: Gleichgewicht in der Klebenaht an einem Schnitt in x-Richtung

Für die Höhe der Beanspruchung ist zunächst die Lage der Schwerlinie maßgebend. Unter Berücksichtigung, daß die Scheiben aus verschiedenen Materialien bestehen können, findet sich die entsprechende Koordinate zu

$$z_{SL} = \frac{\sum_{i=1}^{3}\left(\rho_i \cdot A_i \cdot z_{SP_i}\right)}{\sum_{i=1}^{3}\left(\rho_i \cdot A_i\right)} . \tag{22.44}$$

Damit kann dann das Biegemoment angesetzt werden als

$$M_{S_y}(x,z) = M_{y1} + N_1\left(h - z_{SL} - 0{,}5 \cdot t_1\right) - Q_1\left(\ell_{ü} - x\right)$$

bzw. die Spannung bestimmt werden zu

$$\sigma_{xx} = \frac{M_{S_y}}{J_{y_{ges}}} \cdot z_R . \tag{22.45}$$

Der Randfaserabstand ergibt sich fallweise zu

$$z_R = \begin{matrix} \left(h - z_{SL}\right) - \left(t_1 + d\right) \\ z_{SL} - \left(t_2 + d\right) \end{matrix} .$$

Entsprechend ist das resultierende Flächenträgheitsmoment

$$J_{y_{ges}} = \sum_{i=1}^{3}\left[J_{i_{eigen}} + A_i\left(z_{SL} - z_{SP_i}\right)^2\right]$$

anzusetzen. Im allgemeinen ist $\sigma_{xx} << \sigma_{zz}$ und kann daher in den meisten Fällen *vernachlässigt* werden.

Die resultierende Spannung in der Klebeschicht kann demgemäß nach der *Schubspannungshypothese* zu

$$\tau_{Kl_{res}} = \sqrt{\frac{\sigma_{zz_{max}}^2}{4} + \tau_{max}^2} \tag{22.46}$$

abgeschätzt werden. Damit gilt auch für den Spannungsüberhöhungsfaktor

$$k_{\tau_{res}} = \frac{1}{2}\sqrt{4\, k_\tau^2 + k_\sigma^2} , \tag{22.47}$$

welches belegt, daß der Biegeeinfluß etwa mit einem Zuschlag von 25 % auf die Verbindungsspannung zu berücksichtigen ist. FEM-Berechnungen zeigen, daß der Zuschlag eher bei 30 - 35 % liegt.

22.4.7 Gestaltungsregeln für Klebeverbindungen

Als Wirkmechanismus von Klebe- und Dichtverbindungen wurde zuvor das Zusammenwirken der Adhäsion an den Oberflächen und der Kohäsion im Inneren der Stoffe dargelegt. Eine gezielte Einflußnahme auf eine Klebeverbindung ist demnach möglich durch

- eine Schaffung funktionsgerechter Fügeteile,
- eine beanspruchungsgerechte Krafteinleitung

und

- eine anforderungsgerechte Auswahl des Klebers.

Demzufolge können einige Voraussetzungen definiert werden, die bei der Ausführung und Gestaltung unbedingt zu berücksichtigen sind. Wichtig ist somit, daß

- nur gereinigte, fremdschichtfreie, metallisch-blanke und benetzbare Oberflächen eine Chance bieten, erfolgreich verklebt zu werden,
- nur scher- und/oder druckbeanspruchte Verklebungen aufgrund ihres arteigenen Verhaltens auch langzeithaltbar sind. Dies gilt weniger für zugbeanspruchte bzw. schälbeanspruchte Verbindungen

und

- nur die Berücksichtigung des oft stark unterschiedlichen Werkstoffverhaltens (Mischpaarungen) die Gewähr für sichere und dauerfeste Verbindungen bietet.

Hiernach ist klar, daß man nicht einfach die Gestaltungsprinzipien des Maschinenbaus - insbesondere aus der Schweißtechnik - übernehmen kann, sondern jede mechanische Situation klebegerecht ausgestalten muß. Dies soll in den beiden folgenden Abbildungen vom Ansatz her diskutiert werden.

Zunächst zeigt das umseitige Bild 22.24 einige Grundausführungen von Klebeverbindungen. Das Prinzip ist dabei, stets Überlappungen herzustellen, um bevorzugt Schubkräfte aufnehmen zu können. Falls dies nicht immer möglich ist, z. B. bei richtungswechselnden Kräften, sind Vorkehrungen gegen Schälen der Verbindung zu treffen. Dies kann durch Vergrößerung der Klebefläche, Verklammerung oder einen Endniet erreicht werden.

Um Spannungsspitzen an Überlappungen zu glätten, sollten, wenn immer möglich, Platten, Rohre oder Naben angeschäftet werden. Hierdurch läßt sich die Belastbarkeit einer Verbindung deutlich anheben.

Wenn Kleben innerhalb schalenartiger Bauweisen angewandt wird, so muß nicht nur auf ausreichende Profilsteifigkeit geachtet, sondern auch dem lokalen Beulen durch Steifigkeitssprünge entgegengewirkt werden. Dies ist dadurch möglich, daß die zu verklebenden Profilschenkel hinreichend biegeweich gehalten werden, damit sie der globalen Verformung der Schale folgen können.

Weiterhin zeigt das fortsetzende Bild 22.25 einige ergänzende Gestaltungsfälle, bei denen auch das Schubübertragungsprinzip im Vordergrund steht. Beispielsweise kann dem Wunsch nach großen Klebeflächen durch eine nut- oder keilförmige Verbindung entsprochen werden. Dies gilt auch für die Befestigung von runden Teilen auf Wellen. Konische Sitze haben zudem den Vorteil, daß sie sich selbst zentrieren.

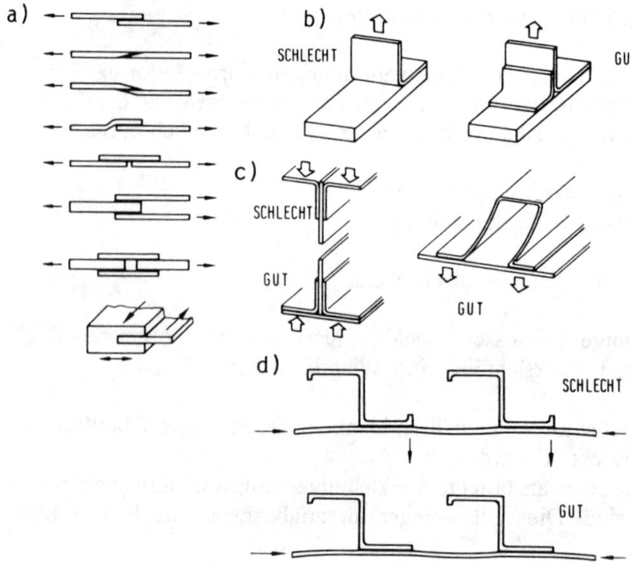

Bild 22.24: Klebegerechte Verbindungsgestaltung von Grundfällen nach /22.2/
a) Überlappungsklebungen
b) Verhinderung von Abschälen
c) Profilversteifung
d) angepaßte Steifigkeit

Werden insbesondere Naben verklebt, so ist nicht nur für eine ausreichende Klebefläche, sondern auch für die erforderliche Elastizität durch verjüngte Nabengestaltung zu sorgen. Dies hat den gleichen elastomechanischen Effekt wie die Schäftung.

Rohrübergänge, Rohrstöße oder Gabelköpfe müssen ebenfalls überlappend verklebt werden. Falls möglich sollte eine leichte konische Verbindungsausführung gewählt werden, da diese zentrierend und kraftausgleichend wirkt.

Mit besonderer Sorgfalt sind zudem Eckverbindungen im Blechbau zu gestalten, da hier meist Kräfte senkrecht zur Klebeschicht oder Biegemomente auftreten. Dies muß durch eine sinnvolle Lage der Klebung und entsprechend große Klebeflächen kompensiert werden. Wegen des dabei zu treibenden hohen Aufwandes sollte geprüft werden, ob hier nicht auch Schweißen möglich ist, da das Verbindungszusatzgewicht dabei meist geringer ist.

Anzumerken bleibt noch der Kostenaspekt: Als Prozeßlösung bei Leichtmetall-Verbindungen ist Kleben viel kostengünstiger als Schweißen, Nieten oder Schrauben. Nur bei Stahlverbindungen ist Punktschweißen noch günstiger.

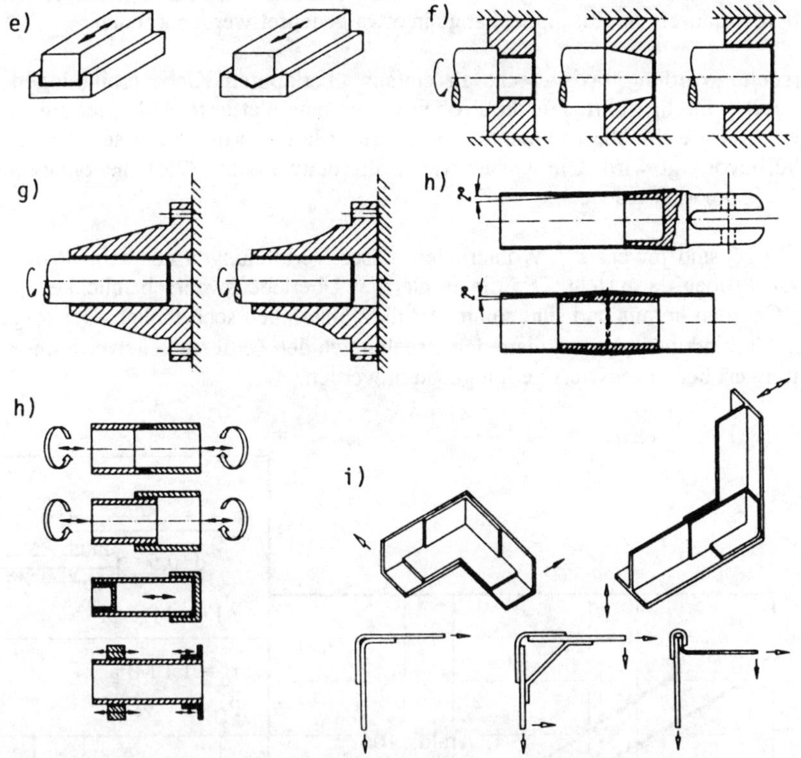

Bild 22.25: Klebegerechte Verbindungsgestaltung von Sonderfällen nach /22.2/
e) Nut- und Keilverbindungen
f) Aufsetzen von Rundteilen
g) Wellen-Naben-Verklebungen
h) Rohrverklebungen
i) Eckverklebungen

22.4.8 Schwingfestigkeit von Klebeverbindungen

Da Leichtbaukonstruktionen nicht nur statisch, sondern viel häufiger dynamisch beansprucht werden, interessiert gerade auch die Schwingfestigkeit von Klebeverbindungen im Technoklima. Ein Beispiel hierfür stellt der Flugzeugbau dar, der Kleben vor allem bei kompakten Kurzstrecken-Flugzeugen anwendet. Derartige Flugzeuge absolvieren in ihrem Leben ca. 50.000 Einsätze, wobei etwa 10^{10} LW aus Boen- und Triebwerksschwingungen resultieren. Zusätzlich wirkt noch eine Temperaturdifferenz von +100 °C/-20 °C, wodurch neben der Schwingfestigkeit auch der Alterung große Bedeutung zukommt.

Sicherheit wird man bei derart extremen Beanspruchungen nur durch entsprechende dynamische Experimente (Wöhlerversuche), Schadensakkumulationsrechnungen und Zuverlässigkeitssimulationen erzielen. Im folgenden sollen daher einige Versuchsergebnisse wiedergegeben werden, wodurch die Zusammenhänge in etwa gedeutet werden können.

Die Versuche wurden praxisgerecht an einfach überlappten Klebeverbindungen im Zugschwellbereich durchgeführt. Für die Proben wurde eine plattierte Al-Legierung ausgewählt, die wegen ihrer gleichmäßigen Qualität vor allem für hochwertige Karosserie- und Flugzeugrumpfteile bevorzugt wird. Die Kleber waren alternativ Redux 775 (Phenolharzkleber) und Aralid 106 (Epoxidharzkleber).

Im Bild 22.26 sind jeweils die Wöhlerlinien dieser Verbindungen aus zehn Prüfniveaus mit jeweils 7-8 Proben dargestellt. Die Linien gleicher Überlebenswahrscheinlichkeit prägen sich dabei als Geraden heraus und sind somit Metall-Wöhlerlinien sehr ähnlich. Bei sorgfältig ausgeführten Verbindungen kann zudem der Streubereich der Zeitfestigkeitswerte mit ± 15-20 % vom Mittelwert bemerkenswert gering gehalten werden.

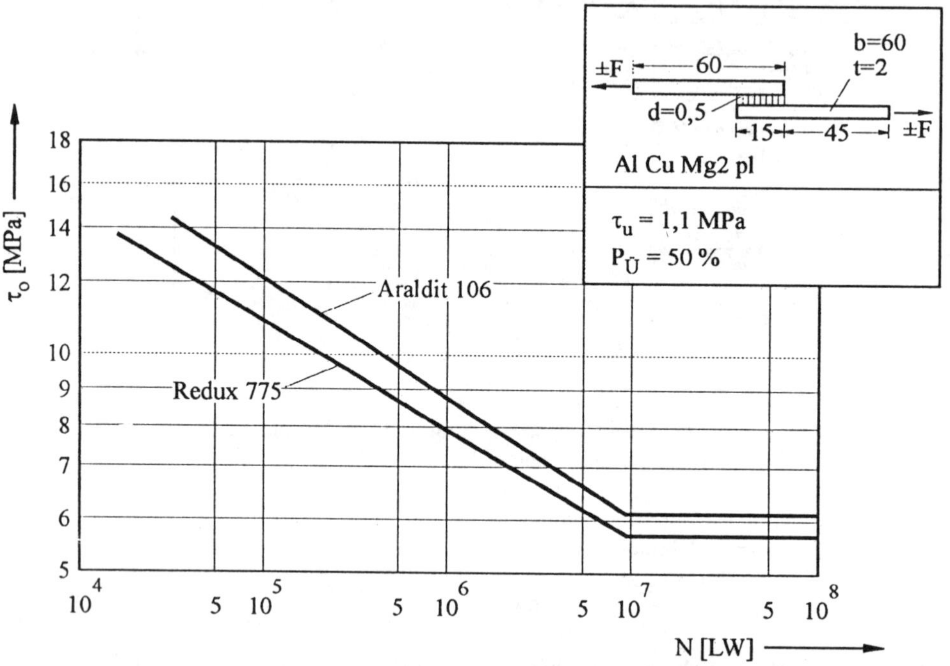

Bild 22.26: Wöhlerlinien geklebter Leichtmetall-Verbindungen nach /22.7/

Nach unterschiedlichen Versuchen kann für Klebeverbindungen eine Grenzlastspielzahl von etwa $N_A \approx 10^7$ LW angegeben werden; hierbei pendelt sich die Dauerfestigkeit τ_A auf etwa 15 % der statischen Zug-Scherfestigkeit ein. Diese Relation kann selbst bei noch tragfähigeren Klebern festgestellt werden.

Einen markanten Effekt auf die Beanspruchbarkeit und die Streuung der Verbindung hat die Ausführung der Klebeenden gemäß Bild 22.27.

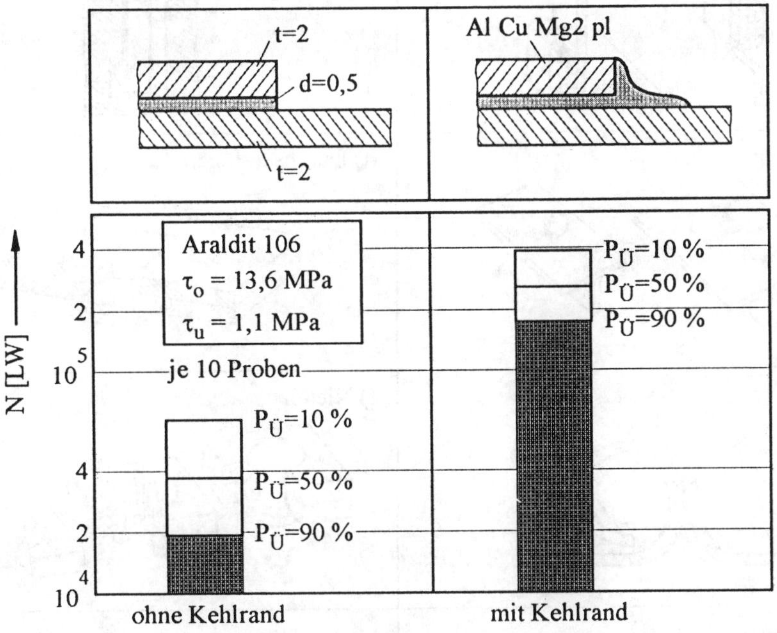

Bild 22.27: Ausführung von Überlappungsenden von Klebeverbindungen auf die Lastwechselzahl nach /22.7/

Wie Versuchsprogramme zeigten, ertragen Klebeverbindungen mit Kehlrand eine bestimmte Schwingbeanspruchung etwa um den Faktor zehn länger, als eine Ausführung mit sauber bearbeitetem Abschluß. Der Streubereich der Lastspielzahlen ist jedoch bei der Kehlrand-Verbindung größer. Die Ursache, warum bei glatten Endabschlüssen die Lastspielzahl geringer ist, dürfte in der dort auftretenden hohen Spannungsspitze (Quasi-Kerbwirkung) begründet sein.

22.5 Sonderverbindungsverfahren

Das obersten Gebot einer leichtbaugerechten Verbindungstechnik ist es, den Zusatzaufwand an gewichtsträchtigen Elementen möglichst gering zu halten. Deshalb wird Schweißen und Kleben öfter angewandt als Nieten und Schrauben. Neben diesen Standardverfahren gibt es aber noch eine Vielzahl von Sonderverfahren, die situations- und belastungsgemäß einige Vorteile haben können. Einige dieser Verfahren sollen nachfolgend kurz gestreift werden.

Im umseitigen Bild 22.28 ist eine Übersicht über die wohl wichtigsten Sonderverbindungsverfahren für den Blechleichtbau gegeben. Das Interessante ist dabei, daß für die Verbindung keine oder von der Masse her nur geringe Zusatzelemente herangezogen werden, also die Verbindung möglichst durch Klammerung oder Umformung hergestellt wird.

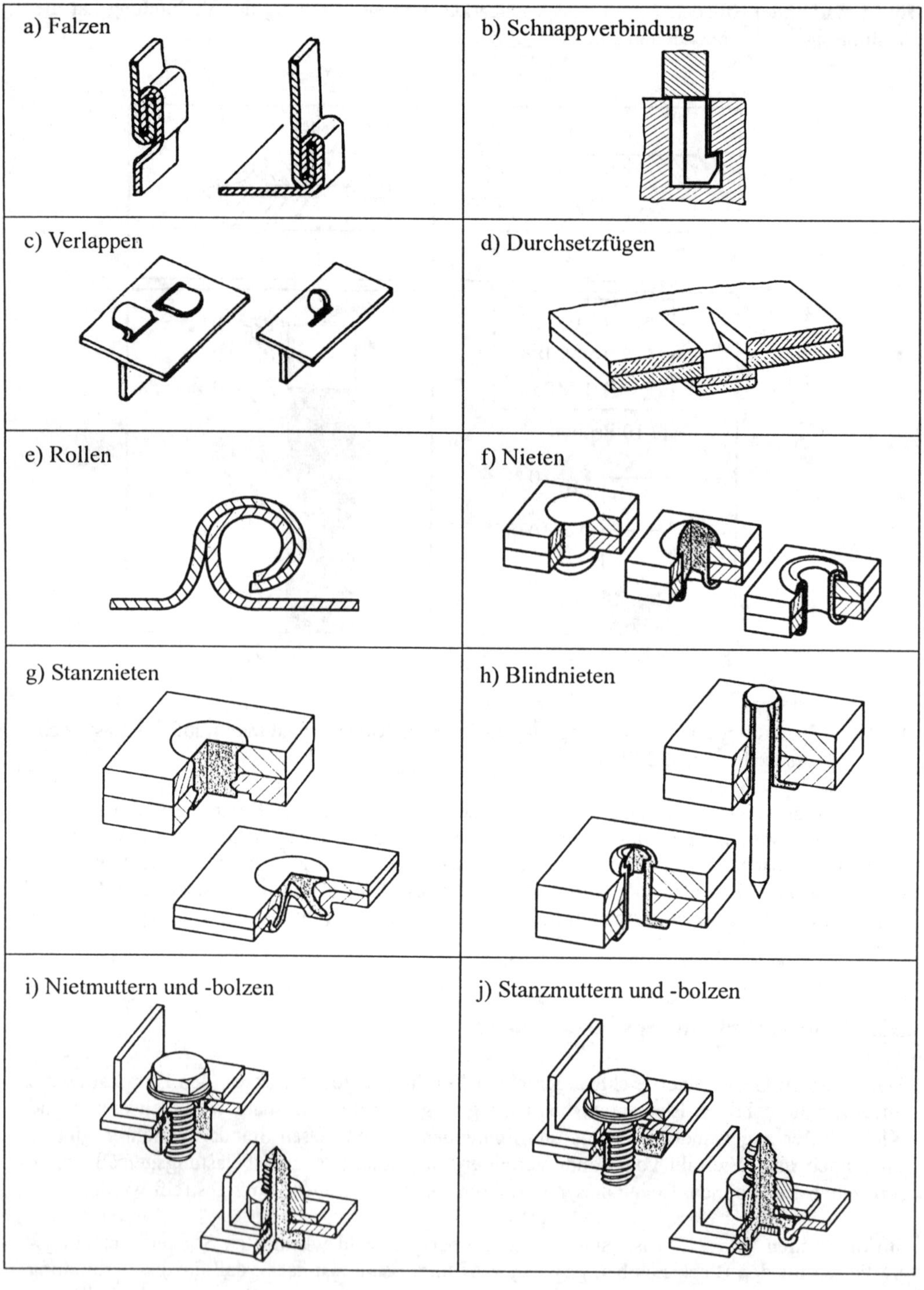

Bild 22.28: Blech-Verbindungstechniken

Die Merkmal der aufgelisteten Verfahren sind im wesentlichen:

- Falzen (Bild 22.28 a) ist eine recht einfache Technik, welche ohne teurere Werkzeuge hergestellt werden kann. Anwendungsbereiche sind die Verbindung von dünnen, weichen und halbharten Blechen aus Stahl oder NE-Metallen. Vom Prinzip her lassen sich damit auch Bleche aus unterschiedlichen Materialien verbinden. Die Verbindung kann kontrolliert belastet werden und versagt durch allmähliches Öffnen der Falznaht.

- Schnappverbindungen (Bild 22.28 b) erfordern federnd ausgelegte Verbindungsstellen, deshalb werden hier Paarungen aus Federstahl oder Kunststoffen bevorzugt. Es können somit unterschiedliche Materialien lösbar verbunden werden. Bei richtiger Auslegung können hiermit auch Kräfte übertragen werden, wobei gegebenenfalls aber der Auslösemechanismus in Gang gesetzt wird.

- Verlappen (Bild 22.28 c) ermöglicht die Eckverbindung von dünnen Blechen in einfachen Anwendungsfällen. Die übertragbaren Kräfte sind dabei aber klein.

- Durchsetzfügen (Bild 22.28 d) bezeichnet ein örtliches Trennen und Umformen. Die Anwendung ist auf gleichartige Bleche beschränkt, wobei die Kraftübertragung auf ein Verhaken zurückzuführen ist.

- Rollen (Bild 22.28 e) bedeutet das Einrollen von Blechenden, wodurch großflächige Teile verbunden werden und auch Profilquerschnitte aufgebaut werden können.

- Nieten (Bild 22.28 f) bezeichnet eine jahrhundertealte Verbindungstechnik im Maschinenbau. Alle drei unterschiedlichen Nietarten Voll-, Halbhohl- und Hohlnieten werden zweiseitig mit Vorlochen verarbeitet.

- Stanznieten (Bild 22.28 g) kann zwei verschieden starke Bleche unterschiedlichen Materials miteinander verbinden. Es handelt sich um einen zweiseitigen Arbeitsprozeß ohne Vorlochen.

- Blindnieten (Bild 22.28 h) bestehen aus einer Hülse, die mit einem unverlierbaren Dorn ausgestattet ist. Diese Nieten lassen sich blind, d.h. einseitig setzen.

- Nietmuttern und -bolzen (Bild 22.28 i) sind Gewindeträger, die die Funktion eines Blindniets und einer Mutter bzw. eines Gewindebolzens erfüllen.

- Stanzmuttern und -bolzen (Bild 22.28 j) als selbststanzende Funktionsteile benötigen kein Vorlochen der Verbindungsstelle und ersparen somit einen Verarbeitungsschritt.

Die vorstehende Auflistung ist nur als eine Auswahl unter der Vielzahl der bekannten Verfahren zu verstehen. Weitere Informationen sind gegebenenfalls der verbindungstechnischen Literatur zu entnehmen.

23 Strukturoptimierung

Erweiterte Aufgabenstellung der Leichtbau-Optimierung ist es, das Gewicht einer vorgegebenen Konstruktion zu senken, ohne hierbei die Forderung nach einer sicheren und zuverlässigen Aufgabenerfüllung zu verletzen. Das Problem der Gewichtsminimierung kann auch als inverses Spannungsmaximierungsproblem aufgefaßt werden, da sich das Gewicht reziprok zur Spannung verhält

$$G \sim \frac{1}{\sigma} . \qquad (23.1)$$

Im allgemeinen ist das Gewicht einer Konstruktion von der Bauweise, vom Werkstoff, von den Dimensionen und vom Verbindungsaufwand abhängig.

Ein Optimierungsproblem wird im folgenden durch die Begriffe

Zielfunktion - dies ist der mathematische Ausdruck, der ein Extremum einnehmen soll,
Variablen - sind die frei wählbaren Parameter
und
Restriktionen - sind Bedingungen, die Parameter eingrenzen,

beschrieben. Überwiegend hat man es dabei mit nichtlinearen Zusammenhängen zu tun. Bei hochparametrigen Problemen kann daher eine Optimierung nur sinnvoll numerisch durchgeführt werden. Im folgenden werden beispielhaft einige manuelle Vorgehensweisen gezeigt, die jedoch nur bei zwei oder drei Parametern zu einem Ergebnis führen.

23.1 Mathematischer Optimierungsansatz

Das Wesen der mathematischen Optimierung ist, daß ein Problem als eine geschlossene Zielfunktion mit Restriktionen dargestellt werden muß und über Ableitungen eine Lösung zu finden ist. In der Praxis stellt dies oft eine erhebliche Hürde dar.

Da eine tiefergehende Darlegung in die Optimierungstheorie über die Intention dieser Einführung hinausgehen würde, soll im folgenden nur die niedrigparametrige Extremwertbestimmung kurz dargestellt werden. Aufgabe hierbei ist es, stets eine Funktion $f(x_i)$, i = 1, n, extremal zu machen. Für die Parameter existieren jedoch verschiedene Restriktionen $r_j(x_i) \leq 0$, j = 1, m.

Derartige Probleme können recht einfach mit der *Lagrange'schen Multiplikatoren-Methode* gelöst werden. Hierzu addiert man zur Zielfunktion die Restriktionen und bildet mit einem Gewichtsfaktor eine neue Hilfsfunktion

$$Z(x_i) = f(x_i) + \sum_{j=1}^{m} \lambda_j \cdot r_j(x_i) \rightarrow \text{MIN.!} \qquad (23.2)$$

Bildet man die ersten Ableitungen dieser Funktion, so erhält man das folgende Gleichungssystem

$$\frac{\partial Z}{\partial x_i} = \frac{\partial f(x_i)}{\partial x_i} + \sum_{j=1}^{m} \lambda_j \frac{\partial r_j}{\partial x_i} = 0, \quad i = 1, n$$
$$r_j(x_i) = 0, \quad j = 1, m \tag{23.3}$$

zur Bestimmung der Parameter x_i, bei der die Hilfsfunktion extremal (minimal) wird.

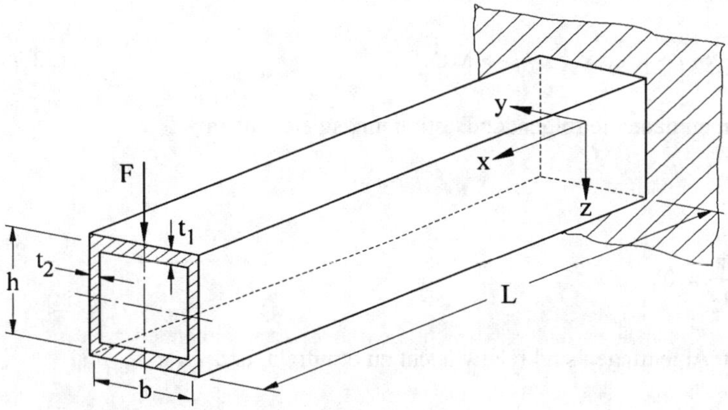

Bild 23.1: Querschnittsoptimierung eines Biegebalkens

Anhand einer einfachen Problemstellung soll diese Vorgehensweise verdeutlicht werden. Es geht dabei um die Gewichtsminimierung $(G = \rho \cdot g \cdot A \cdot L)$ des im Bild 23.1 dargestellten Kragträgers unter Biegebelastung. Bei diesem Problem ist aber nur noch die Querschnittsfläche variabel. Vereinfacht kann diese ausgedrückt werden als

$$A = 2\, b \cdot t_1 + 2\, h \cdot t_2 .$$

Parameter im engeren Sinne sollen jetzt die Breite $b \equiv x_1$ und die Höhe $h \equiv x_2$ sein, damit kann die Fläche auch angegeben werden als

$$A(x_1, x_2) = 2(x_1 \cdot t_1 + x_2 \cdot t_2) . \tag{23.4}$$

Weiterhin wird noch das Widerstandsmoment

$$W_{by} = 2\left(\frac{t_2 \cdot h^2}{6} + \frac{t_1 \cdot b \cdot h}{2}\right)$$

bzw.

$$W_{by}(x_1, x_2) = \frac{1}{3} t_2 \cdot x_2{}^2 + x_1 \cdot x_2 \cdot t_1 \tag{23.5}$$

benötigt.

Als Nebenbedingung ist zu berücksichtigen, daß der Querschnitt nur soweit verkleinert werden darf, daß die zulässige Spannung im Balken nicht überschritten wird. Demzufolge ist die Restriktion wie folgt anzusetzen:

$$r(x_1, x_2) = \frac{M_y}{\frac{1}{3} t_2 \cdot x_2^2 + x_1 \cdot x_2 \cdot t_1} - \sigma_{zul} = 0 \,. \tag{23.6}$$

Entsprechend der Multiplikatorenmethode ist somit zu verlangen

$$Z(x_1, x_2) = A(x_1, x_2) + \lambda \cdot r(x_1, x_2) \to \text{MIN.!} \tag{23.7}$$

Für die Parameter erhält man dann die folgenden Bestimmungsgleichungen:

$$\begin{aligned} \frac{\partial Z}{\partial x_1} &= \frac{\partial A}{\partial x_1} + \lambda \frac{\partial r}{\partial x_1} = 0 \\ \frac{\partial Z}{\partial x_2} &= \frac{\partial A}{\partial x_2} + \lambda \frac{\partial r}{\partial x_2} = 0 \,. \end{aligned} \tag{23.8}$$

Die hierin vorkommenden Ableitungen sind relativ leicht zu ermitteln, und zwar zu

$$\begin{aligned} \frac{\partial A}{\partial x_1} &= 2\, t_1, & \frac{\partial r}{\partial x_1} &= -x_2 \cdot t_1 \cdot \sigma_{zul}, \\ \frac{\partial A}{\partial x_2} &= 2\, t_2, & \frac{\partial r}{\partial x_2} &= -\left(\frac{2}{3} x_2 \cdot t_2 + x_1 \cdot t_1\right) \sigma_{zul} \,. \end{aligned} \tag{23.9}$$

Aus den vorstehenden Ableitungen und unter Berücksichtigung von Gl. (23.7) können dann die beiden Gleichungen

$$2\, t_1 = \lambda \cdot x_2 \cdot t_1 \cdot \sigma_{zul} \,, \tag{23.10}$$

$$2\, t_2 = \lambda \left(\frac{2}{3} x_2 \cdot t_2 + x_1 \cdot t_1\right) \sigma_{zul} \tag{23.11}$$

erstellt werden. Wird weiter Gl. (23.10) durch Gl. (23.11) dividiert, so folgt

$$\frac{t_1}{t_2} = \frac{x_2 \cdot t_1}{\frac{2}{3} x_2 \cdot t_2 + x_1 \cdot t_1}$$

oder

$$x_2 = \frac{3 \cdot t_1}{t_2} x_1 \,. \tag{23.12}$$

Aus der Nebenbedingung Gl. (23.6)

$$\frac{1}{3} x_2^{\,2} \cdot t_2 + x_1 \cdot x_2 \cdot t_1 = \frac{M_y}{\sigma_{zul}}$$

findet sich weiter

$$\frac{1}{3}\left(\frac{3 \cdot t_1}{t_2} x_1\right)^2 t_2 + x_1 \left(\frac{3 \cdot t_1}{t_2} x_1\right) t_1 = \frac{M_y}{\sigma_{zul}}$$

bzw.

$$\frac{6\, t_1^{\,2}}{t_2} x_1^{\,2} = \frac{M_y}{\sigma_{zul}}$$

$$x_1^{\,*} = \sqrt{\frac{M_y}{\sigma_{zul}} \cdot \frac{t_2}{6 \cdot t_1^{\,2}}} \tag{23.13}$$

sowie

$$x_2^{\,*} = \frac{3\, t_1}{t_2} x_1^{\,*} \tag{23.14}$$

als optimale Parameter. Der gezeigte Lösungsweg funktioniert relativ gut bis zu dreiparametrigen Aufgaben. Darüber hinaus muß das Problem nummerisch mittels Gradienten- oder Suchmethoden gelöst werden.

23.2 Elementares Optimalitätsverfahren

Ein für einfache Aufgaben brauchbares Optimalitätsverfahren nutzt einen *Strukturkennwert* S /23.1/ und Grenzbedingungen, die bauweisenspezifisch zu definieren sind. Und zwar läßt sich demonstrieren, daß Steifigkeits- und Festigkeitsprobleme so umformuliert werden können, daß ein direkter Bezug zwischen dem Gewicht und der Steifigkeit bzw. der Tragfähigkeit hergestellt werden kann.

Bei reinen Steifigkeitsproblemen kann dann eine *Gewichtsfunktion* angesetzt werden zu

$$f_G = \frac{G}{\rho \cdot g \cdot L^3} = \psi \cdot \left(\frac{S}{E}\right)^n \tag{23.15}$$

bzw. bei reinen Tragfähigkeitsproblemen zu

$$f_G = \frac{G}{\rho \cdot g \cdot L^3} = \psi \cdot \left(\frac{S}{R_e}\right)^n . \tag{23.16}$$

Die Festlegung des hierzu erforderlichen Strukturkennwertes ist im Bild 23.2 an einigen typischen Fällen gezeigt.

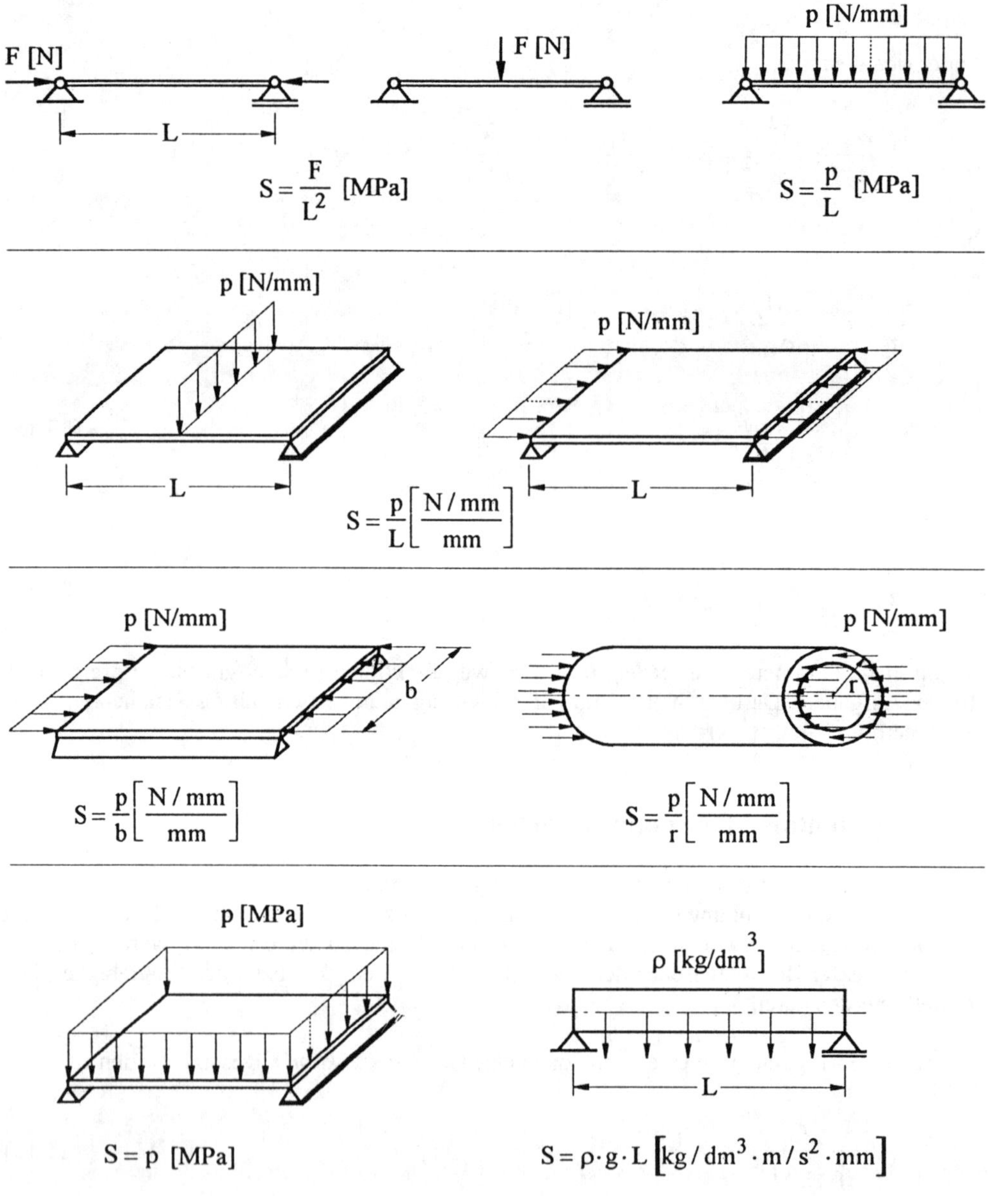

Bild 23.2: Definition des Strukturkennwertes an einigen Tragwerken unter verschiedenen Belastungen nach /23.2/

Es kann nachgewiesen werden, daß Tragwerke mit gleichem Strukturkennwert und gleichen Materialkenngrößen geometrisch ähnlich sind. Diese Ähnlichkeit betrifft die gesamte Bauweise.

Bei kleinen Strukturkennwerten ist eine Konstruktion gewöhnlich dünnwandig und schlank. Demgemäß ist die ertragbare Knick- oder Beulspannung niedrig. Ein großer Strukturkennwert kennzeichnet demgemäß eine gedrungene und dickwandige Konstruktion, die leicht zu beherrschen ist. Insofern können auch aus dem Strukturkennwert qualitative Trends abgeleitet werden.

23.3 Einfache Minimalauslegungen

23.3.1 Gewichtsminimaler Biegebalken

Ein häufig vorkommendes Problem ist die gewichtsminimale Auslegung von Biegebalken unter Steifigkeits- und Festigkeitsrestriktionen. Im Bild 23.3 ist ein derartiger Fall dargestellt, wobei es sich vereinfachend um ein Quadratprofil handeln soll.

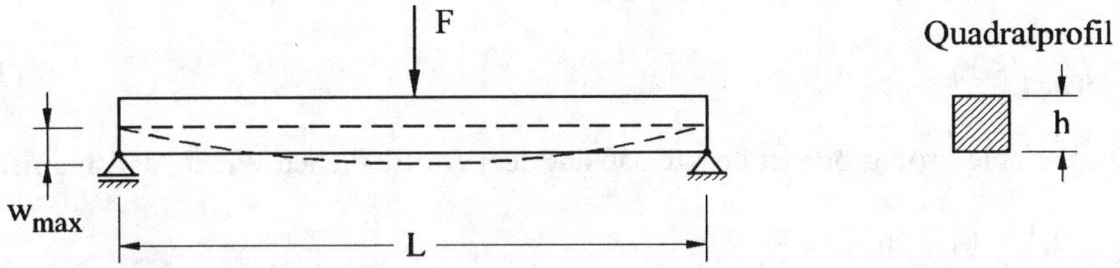

Vorgegebene Größen	$F,\ L,\ E,\ R_e,\ \rho,\ w_{zul}$
Variable Größe	h
Strukturkennwert	$S = F / L^2$

Bild 23.3: Biegebalken mit quadratischem Vollquerschnitt nach /23.2/

Bei einer Steifigkeitsoptimierung muß die zulässige Durchbiegung

$$w_{max} = \frac{F \cdot L^3}{48\, E \cdot J} \leq w_{zul} \tag{23.17}$$

als Verformungsbedingung berücksichtigt werden. Die variable Profilgröße bestimmt sich weiter aus dem erforderlichen Flächenträgheitsmoment

$$J = \frac{h^4}{12} = \frac{F \cdot L^2}{48\, E} \cdot \left(\frac{L}{w_{max}}\right). \tag{23.18}$$

Die Steifigkeitsrestriktion ist demgemäß anzusetzen als

$$\left(\frac{h}{L}\right)_{erf} \geq \left(\frac{1}{4}\frac{S}{E}\cdot\frac{L}{w_{zul}}\right)^{\frac{1}{4}} . \tag{23.19}$$

Für das Gewicht des Balkens gilt weiter

$$G = \rho\cdot g\cdot h^2\cdot L = \rho\cdot g\cdot L^3\cdot\left(\frac{h}{L}\right)^2 , \tag{23.20}$$

womit die folgende Gewichtsfunktion formuliert werden kann

$$f_G = \left(\frac{G_{min}}{\rho\cdot g\cdot L^3}\right) = \left(\frac{h}{L}\right)^2 = \frac{1}{2}\left(\frac{L}{w_{zul}}\right)^{\frac{1}{2}}\cdot\left(\frac{S}{E}\right)^{\frac{1}{2}} . \tag{23.21}$$

Bei einer Festigkeitsoptimierung wird die Bedingung

$$\sigma_{xxRand} \leq R_e \tag{23.22}$$

aktiv. Die variable Profilgröße ist demgemäß aus dem erforderlichen Widerstandsmoment

$$W = \frac{h^3}{6} = \frac{M}{R_e} = \frac{F\cdot L}{4\,R_e} \tag{23.23}$$

zu bestimmen, und zwar zu

$$\left(\frac{h}{L}\right)_{erf} \geq \left(\frac{3}{2}\frac{F}{R_e\cdot L^2}\right)^{\frac{1}{3}} = \left(\frac{3}{2}\frac{S}{R_e}\right)^{\frac{1}{3}} . \tag{23.24}$$

Damit ergibt sich jetzt für die Gewichtsfunktion

$$f_G = \left(\frac{G_{min}}{\rho\cdot g\cdot L^3}\right) = \left(\frac{h}{L}\right)^2 = \left(\frac{3}{2}\frac{S}{R_e}\right)^{\frac{2}{3}} . \tag{23.25}$$

Um die Restriktionen (Gl. (23.19), (23.24)) als Grenzen der Zielfunktion f_G verwenden zu können ist es zweckmäßig, diese mittels des Strukturkennwertes und der Bezugsgröße

$$ß = \frac{w_{zul}}{L}\cdot\frac{E}{R_e} \tag{23.26}$$

zu normieren. Damit ergeben sich die folgenden Grenzen für eine Minimalauslegung

- *Steifigkeitsproblem*

$$f_{G_{min}} = \frac{1}{2}\left(\frac{S}{R_e}\right)^{\frac{1}{2}} \cdot \left(\frac{L \cdot R_e}{w_{zul} \cdot E}\right)^{\frac{1}{2}} = \frac{1}{2}\left(\frac{S}{R_e}\right)^{\frac{1}{2}} \cdot \left(\frac{1}{ß}\right)^{\frac{1}{2}} \tag{23.27}$$

- *Tragfähigkeitsproblem*

$$f_{G_{min}} = \left(\frac{3}{2}\right)^{\frac{2}{3}} \cdot \left(\frac{S}{R_e}\right)^{\frac{2}{3}} . \tag{23.28}$$

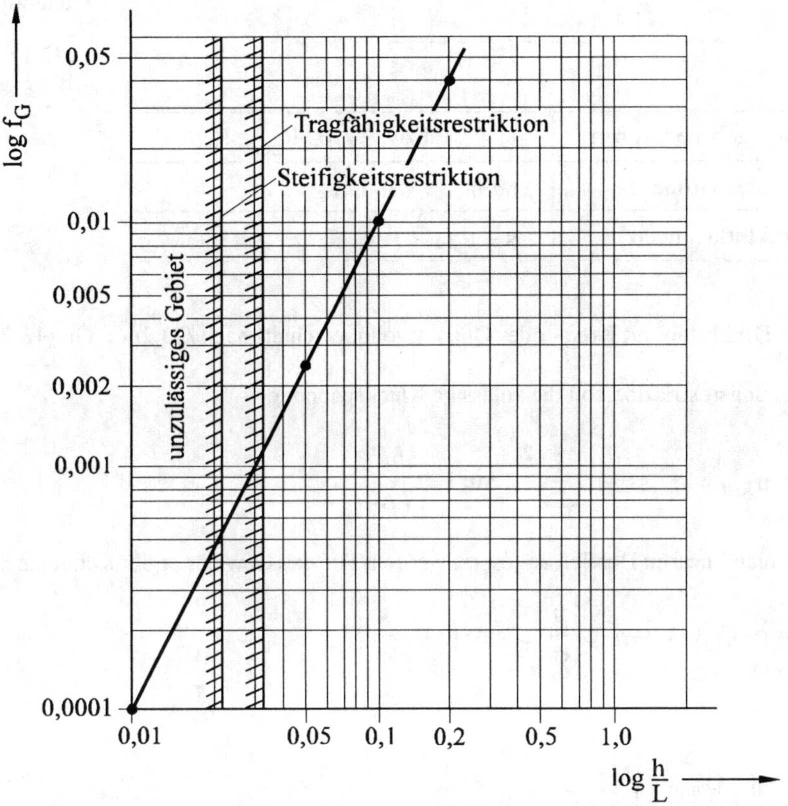

Bild 23.4: Zielfunktion mit Auslegungsgrenzen

Den Verlauf der Zielfunktion f_G in Abhängigkeit von der Variablen h zeigt Bild 23.4, wobei eine logarithmische Auftragung gewählt wurde, weil man es wegen der Bezugsetzung mit kleinen Größen zu tun hat. Die beiden Restriktionen grenzen hierbei ein unzulässiges Gebiet ab, das man aus Steifigkeits- und Festigkeitsgründen meiden muß, da ansonsten gegen die Vorgaben verstoßen wird.

23.3.2 Gewichtsminimaler Knickstab

Knickstäbe werden im Stahlbau vielfach zur zusätzlichen Aussteifung von Konstruktionen herangezogen und sollten daher ebenfalls gewichtsminimal ausgelegt werden. Es kann als bekannt vorausgesetzt werden, daß die Form des Querschnitts Einfluß auf die Belastbarkeit hat, weshalb hier exemplarisch die Alternativen Rund- und Quadratvollquerschnitt betrachtet werden sollen. Die angenommenen Verhältnisse hierzu zeigt Bild 23.5.

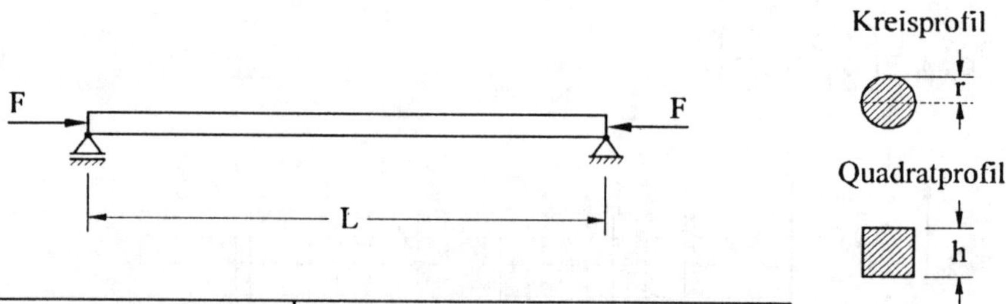

Vorgegebene Größen	F, L, E bzw. E_T, ρ, $R_{p0,2}$, R_m
Variable Größe	r ; h
Strukturkennwert	$S = F / L^2$

Bild 23.5: Druckstab mit Kreis- oder Quadratvollquerschnitt nach /23.2/ (s. Gl. (18.28))

Als Auslegungsrestriktion soll die zulässige Knickspannung

$$\sigma \leq \sigma_{krit} = \pi^2 \cdot E_T \cdot \left(\frac{i}{L}\right)^2, \quad \text{mit } i = \sqrt{\frac{J}{A}} \tag{23.29}$$

bis in den nichtlinearen Bereich angesetzt werden. Für das Gewicht ergibt sich dann weiter

$$G = \rho \cdot g \cdot A \cdot L = \rho \cdot g \cdot \frac{F}{\sigma} \cdot L = \rho \cdot g \cdot L^3 \cdot \frac{S}{\sigma}$$

bzw.

$$f_G = \left(\frac{G_{min}}{\rho \cdot g \cdot L^3}\right) = \frac{S}{\sigma_{max}} \,. \tag{23.30}$$

An dieser Gleichung sieht man, daß die Maximierung der Spannung äquivalent zur Minimierung des Gewichtes ist.

Für die beiden Querschnittsformen kann die Spannung nun wie folgt angesetzt werden

$$\sigma_{DK} = \frac{F}{r^2 \cdot \pi} = \frac{1}{\pi} \cdot S \cdot \left(\frac{L}{r}\right)^2 \quad (23.31) \qquad \sigma_{DQ} = \frac{F}{h^2} = S \cdot \left(\frac{L}{h}\right)^2 . \quad (23.32)$$

Unter Berücksichtigung der Restriktion folgt für die zu optimierenden Variablen

$$\frac{F}{r^2 \cdot \pi} = \frac{\pi^2}{4} \cdot E_T \cdot \left(\frac{r}{L}\right)^2 \qquad \frac{F}{h^2} = \frac{\pi^2}{12} \cdot E_T \cdot \left(\frac{h}{L}\right)^2$$

oder

$$r_{opt}{}^4 = \frac{4}{\pi^3} \cdot \frac{F}{E_T} \cdot L^2 \quad (23.33) \qquad h_{opt}{}^4 = \frac{12}{\pi^2} \cdot \frac{F}{E_T} \cdot L^2 \quad (23.34)$$

Die jeweilige Variable kann auch als dimensionsloses Verhältnis mittels des Strukturkennwertes angegeben werden zu

$$\left(\frac{r_{opt}}{L}\right)^4 = \frac{4}{\pi^3} \cdot \frac{S}{E_T} \quad (23.35) \qquad \left(\frac{h_{opt}}{L}\right)^4 = \frac{12}{\pi^2} \cdot \frac{S}{E_T} . \quad (23.36)$$

Wird nun die optimierte Variable in die entsprechende Spannungsbeziehung Gl. (23.31)/ (23.32) eingesetzt, so ergibt sich

$$\sigma_{DK_{max}} = \frac{1}{\pi} \cdot S \cdot \left(\frac{\pi^3}{4} \cdot \frac{E_T}{S}\right)^{\frac{1}{2}} = \frac{\pi^{\frac{1}{2}}}{2} \cdot E_T{}^{\frac{1}{2}} \cdot S^{\frac{1}{2}} = 0{,}89 \cdot E_T{}^{\frac{1}{2}} \cdot S^{\frac{1}{2}} . \quad (23.37)$$

$$\sigma_{DQ_{max}} = S \cdot \left(\frac{\pi^2}{12} \cdot \frac{E_T}{S}\right)^{\frac{1}{2}} = \frac{\pi}{\sqrt{12}} \cdot E_T{}^{\frac{1}{2}} \cdot S^{\frac{1}{2}} = 0{,}91 \cdot E_T{}^{\frac{1}{2}} \cdot S^{\frac{1}{2}} . \quad (23.38)$$

Das quadratische Profil erweist sich somit gegen Druckbeanspruchung als geringfügig besser, da mehr Material im Außenbereich angeordnet ist, und zwar

$$\sigma_{DQ_{max}} \approx 1{,}022 \cdot \sigma_{DK_{max}} .$$

Ergänzend zu den vorstehenden Betrachtungen soll im weiteren noch die Auslegung der artgleichen Hohlquerschnitte gezeigt werden. Unter den möglichen Bezügen soll jetzt angenommen werden, daß das Verhältnis (r/t) bzw. (h/t) vorgegeben und jeweils das Verhältnis (r/L) bzw. (h/t) zu optimieren ist. Diesbezüglich kann wieder für die beiden Querschnittsformen die Spannung angesetzt werden zu

$$\sigma_{DKR} = \frac{F}{2\pi \cdot r \cdot t} = \frac{1}{2\pi} \cdot \left(\frac{L}{r}\right)^2 \cdot \left(\frac{r}{t}\right) \cdot S \quad (23.39) \qquad \Bigg| \qquad \sigma_{DQR} = \frac{F}{4 \cdot h \cdot t} = \frac{1}{4} \cdot \left(\frac{L}{h}\right)^2 \cdot \left(\frac{h}{t}\right) \cdot S \quad (23.40)$$

Über die Grenzbedingung mit der kritischen Spannung

$$\frac{1}{2\pi} \cdot \left(\frac{L}{r}\right)^2 \cdot \left(\frac{r}{t}\right) \cdot S = \frac{\pi^2}{2} \cdot E_T \cdot \left(\frac{r}{L}\right)^2 \quad (23.41) \qquad \Bigg| \qquad \frac{1}{4} \cdot \left(\frac{L}{h}\right)^2 \cdot \left(\frac{h}{t}\right) \cdot S = \frac{\pi^2}{6} \cdot E_T \cdot \left(\frac{h}{L}\right)^2 \quad (23.42)$$

erhält man wieder die optimalen Verhältnisse

$$\left(\frac{r}{L}\right)_{opt} = \left[\frac{1}{\pi^3} \cdot \left(\frac{r}{t}\right) \cdot \left(\frac{S}{E_T}\right)\right]^{\frac{1}{4}} \quad (23.43) \qquad \Bigg| \qquad \left(\frac{h}{L}\right)_{opt} = \left[\frac{3}{2\pi^2} \cdot \left(\frac{h}{t}\right) \cdot \left(\frac{S}{E_T}\right)\right]^{\frac{1}{4}} \quad (23.44)$$

Werden auch dieser wieder in die zugehörige Spannungsbeziehung Gl. (23.29)/(23.40) eingesetzt, so folgt daraus

$$\sigma_{DKR_{max}} = \frac{1}{2\pi}\left(\frac{r}{t}\right) \cdot S \cdot \left[\frac{1}{\pi^3}\left(\frac{r}{t}\right)\left(\frac{S}{E_T}\right)\right]^{-\frac{1}{2}} = \left(\frac{\pi}{4}\frac{r}{t}\right)^{\frac{1}{2}} \cdot E_T^{\frac{1}{2}} \cdot S^{\frac{1}{2}} = 0{,}89 \cdot \left(\frac{r}{t}\right)^{\frac{1}{2}} \cdot E_T^{\frac{1}{2}} \cdot S^{\frac{1}{2}} \quad (23.45)$$

$$\sigma_{DQR_{max}} = \frac{1}{4}\left(\frac{h}{t}\right) \cdot S \cdot \left[\frac{3}{2\pi^2}\left(\frac{h}{t}\right)\left(\frac{S}{E_T}\right)\right]^{-\frac{1}{2}} = \left(\frac{\pi^2}{24}\frac{h}{t}\right)^{\frac{1}{2}} \cdot E_T^{\frac{1}{2}} \cdot S^{\frac{1}{2}} = 0{,}64 \cdot \left(\frac{h}{t}\right)^{\frac{1}{2}} \cdot E_T^{\frac{1}{2}} \cdot S^{\frac{1}{2}} \quad (23.46)$$

Im Fall, daß h = 2 r ist, ergibt sich vergleichsweise

$$\sigma_{DQR_{max}} \approx 1{,}017 \cdot \sigma_{DKR_{max}},$$

d. h., auch hier zeigt sich das dünnwandige Quadratrohr wieder dem Kreisrohr als geringfügig überlegen. Im Bild 23.6 sind für diese Profile die Verläufe σ über S dargestellt.

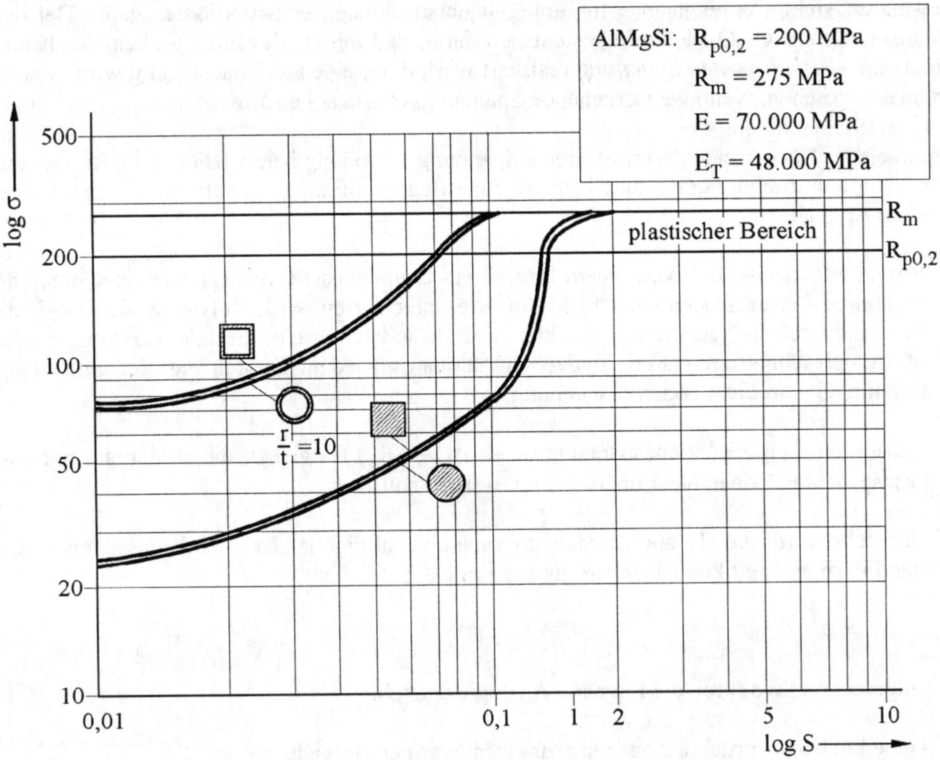

Bild 23.6: Nutzungsbereiche von Knickstäben als Voll- und Rohrquerschnitte

23.4 Vereinfachtes numerisches Optimierungsverfahren

In der Mathematik gibt es eine ganze Reihe von sogenannten Parameteroptimierungsverfahren (wie Monte Carlo, Gradienten, Hooke-Jeeves, Box etc.), die mittels einer bestimmten Strategie eine Funktion inklusive Restriktionen zu minimieren gestatten. Die Schwierigkeit dieser Vorgehensweise ist, daß eine problemspezifische Zielfunktion in den unabhängigen Parametern formuliert werden muß. In der Mehrzahl der Fälle ist diese Funktion stark nichtlinear und verfügt noch über Nebenminima. Diese Nebenminima täuschen einer Optimierungsstrategie ein Extremum vor, obwohl das echte Minimum noch nicht erreicht ist. Insofern liegt im Vergleich zum Startdesign nur eine verbesserte Lösung vor. Bis heute ist es zudem so, daß man sich mehr mit der Verbesserung der Lösungsstrategien als mit der Optimierung des Problems beschäftigt. Dies ist natürlich für die Praxis kein empfehlenswerter Ansatz.

Ein pragmatischer Ansatz, der tatsächlich die beschriebenen Anwendungsprobleme weitestgehend behebt, ist die CAO-Methode (Computer Aided Optimization /23.3/), die das biologische Wachstum von Bäumen und Knochen als computersimulierte Strategie benutzt. An einer Vielzahl von Anwendungen konnte mittlerweile verifiziert werden, daß somit tatsächlich eine technologische Optimierung möglich ist. Wegen der Einfachheit des Algorithmus und seine Abbildbarkeit in der FE-Methode erweist sich der Leichtbau als ein gut geeignetes

Anwendungsfeld, da es hier stets um gewichtsminimale Konstruktionen geht. Der Zusammenhang zur CAO-Methode besteht nun darin, daß mittels des biologischen Wachstums das *Axiom der konstanten Spannung* realisiert wird, d. h., eine Bauteilauslegung wird dann als optimal angesehen, wenn weitestgehende Spannungskonstanz herrscht.

Um in einem Körper eine derartige ideale Spannungsverteilung herzustellen, wird im weiteren eine Temperaturdehnungsanalogie benutzt. Eine Bauteiloptimierung läuft dann in den folgenden Schritten ab:

1. Voraussetzung ist, daß von einem Bauteil ein Grundentwurf vorliegt, der jetzt unter den bekannten Betriebslasten einer FEM-Analyse unterworfen wird. Notwendig ist dabei, daß eine randparallele Netzstruktur gebildet wird, da so leichter eine Gestaltanpassung möglich ist. Als Ergebnis der ersten Analyse erhält man an jedem Knoten die Verschiebungen, Dehnungen und die Vergleichsspannung.

2. Danach wird eine Referenzspannung (z. B. $\sigma_{ref} = R_e$) festgelegt, die an den am höchsten beanspruchten Zonen nicht überschritten werden soll.

3. Nunmehr wird die Temperaturdehnungsanalogie aktiviert; der Vergleichsspannungszustand wird in eine fiktive Temperaturverteilung

   $$\Delta T \equiv \sigma - \sigma_{ref}$$

   umgerechnet, wodurch die folgende Analogie entsteht:

   - eine hochbeanspruchte Zone wird zu einem warmen Bereich
   und
   - eine niedrigbeanspruchte Zone wird zu einem kalten Bereich.

   Idee ist es nun, die warmen Bereiche auszudehnen und die kalten Bereiche schrumpfen zu lassen. Letztlich muß hierdurch Material verschoben werden.

   Die Gestaltanpassung erfolgt ausschließlich in der Randzone und wird dadurch begünstigt, daß der E-Modul der Randelemente auf ca. E/500 herabgesetzt wird.

4. Im nächsten Schritt werden jetzt die mechanischen Belastungen ausgeschaltet und die Dehnungen der thermischen Differenzbelastung

   $$\varepsilon = \alpha \cdot \Delta T$$

   als äußere Belastung aufgegeben.

   Die kontrollierte Gestaltänderung als Wachstumsprozeß (Verschiebungen u, v, w) wird nunmehr dadurch initiiert, daß in der Randzone der Wärmeausdehnungskoeffizient mit α und im Kern mit $\alpha = 0$ angenommen wird. Dadurch paßt sich die weiche Randzone dem Dehnungsverlauf gut an.

5. Dieser Gestaltungsoptimierungsprozeß läuft nun iterativ ab, da meist große Randzonenanpassungen erforderlich sind. Deshalb wird die gesamte notwendige Verformung in mehreren Schritten zerlegt, dadurch werden auch Netzverzerrungen weitestgehend vermieden.

Wie diese Vorgehensweise in eine Computerstrategie umzusetzen ist, zeigt noch einmal Bild 23.7. Realisiert wurde dieser Ablauf in dem Programmsystem KONTOPT nach /23.4/.

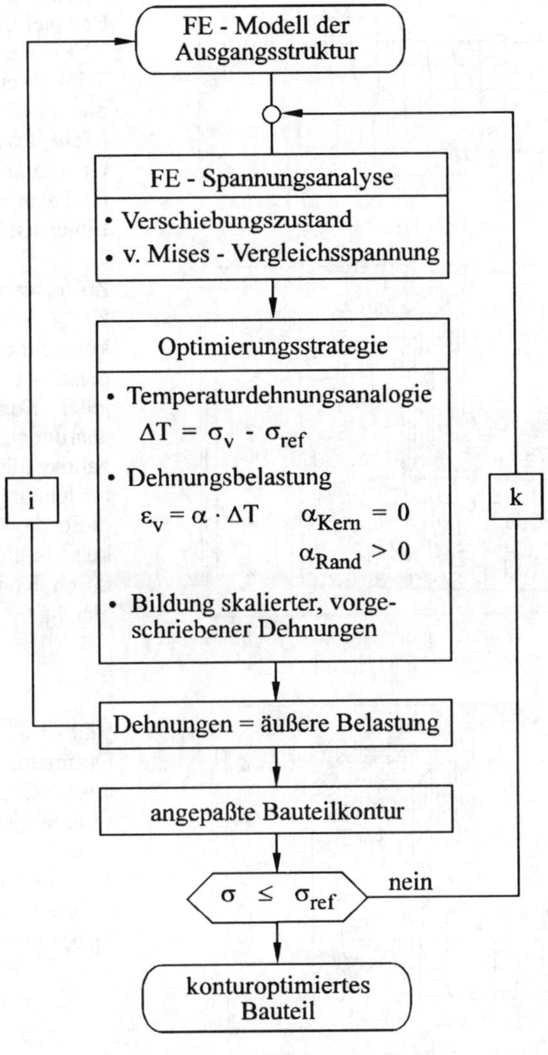

Bild 23.7: Prinzipieller Ablauf des CAO-Verfahrens

a) b) c)

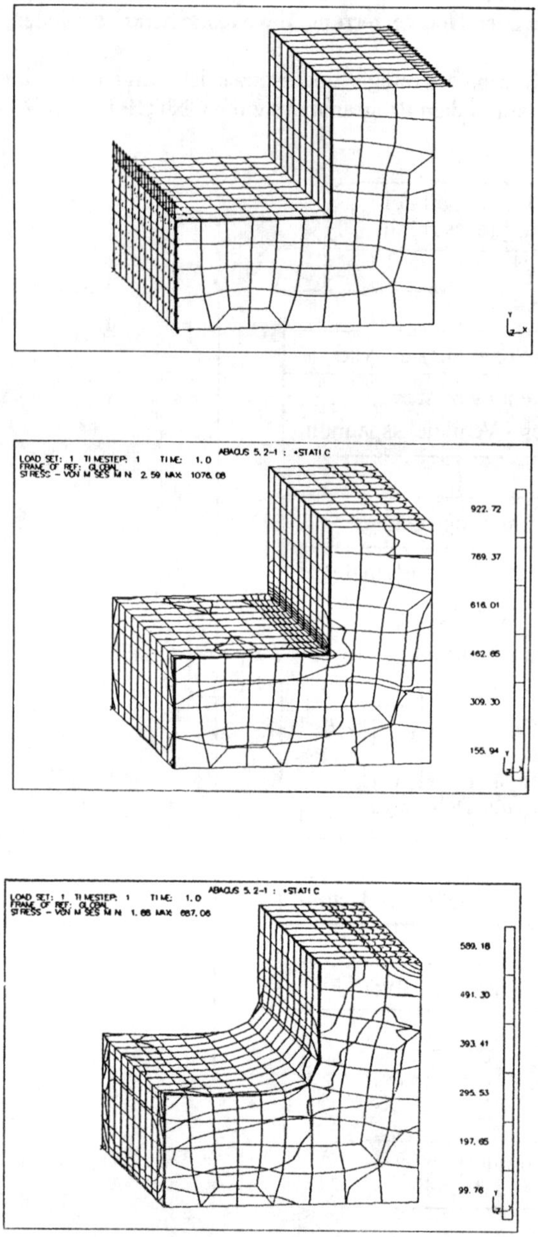

An einer Vielzahl von Anwendungsfällen, wo zwei- und dreidimensionale Bauteile optimiert worden sind, konnte mittlerweile die Praktikabilität dieses Verfahrens nachgewiesen werden. Ein fiktives Beispiel dazu mag der im Bild 23.8 gezeigte volumenhafte Winkel sein. Als Testbauteil sei dieser an der kurzen Stirnfläche festgehalten und an der Oberkante der langen Stirnfläche mit einer gleichmäßigen Linienlast belastet.

Zu erwarten ist, daß in der Kerbe eine hohe Spannungskonzentration entsteht. Um diese zu beherrschen, würde jeder Konstrukteur die Ecke ausrunden. Genau diese Maßnahme folgt aus der Temperaturdehnungsstrategie, wenn diese die Oberfläche des Winkels an den Spannungsverlauf durch Konturverschiebung angleicht.

Bild 23.8:
Optimierungsbeispiel "Winkel" aus 46 Cr 2
a) idealisierte Ausgangsstruktur
b) beanspruchungsmäßig analysierte Struktur
c) optimierter Konturverlauf

Im Leichtbau wären zur Entschärfung von Spannungsspitzen aber noch andere Maßnahmen denkbar, wie die konkurrierende Ausbildung von Rippen. Dies zeigt vergleichsweise Bild 23.9.

a) b)

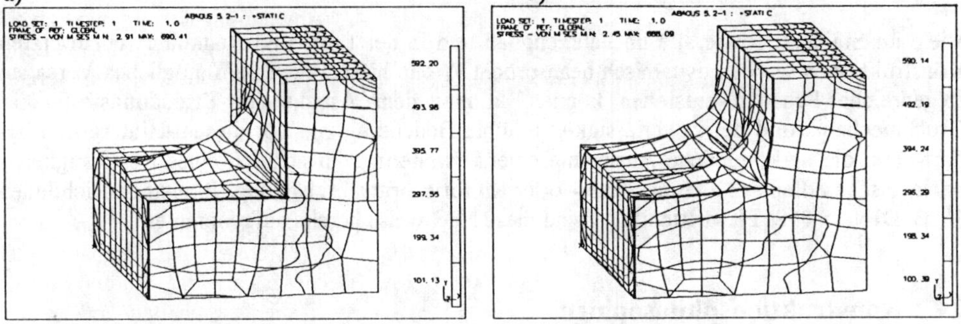

Bild 23.9: Spannungsgesteuerte Ausbildung von Rippen als Alternative zur Ausrundung
a) Spannungsabbau durch eine Rippe
b) Spannungsabbau durch zwei gleiche Rippen

Den Ort des Rippenwachstums kann dabei der Konstrukteur bestimmen; die Dimensionalität ergibt sich dann durch die Richtung und Größe der Hauptspannungstrajektorien. Damit ist ein leicht handhabbares und robustes Verfahren verfügbar, das breit anwendbar ist.

24 Schwingbeanspruchte Strukturen

Viele im Stahlbau sowie alle im Fahrzeugbau und in der Luft- und Raumfahrt eingesetzten Konstruktionen werden dynamisch beansprucht. Wenn hierbei durch ein mögliches Versagen folgenreiche Schäden entstehen können, kommt dem Aspekt der Ermüdungsfestigkeit, Bruchmechanik und der Zuverlässigkeit erhöhte Bedeutung zu. Vor diesem Hintergrund bedarf dann die herkömmliche Auslegung einer Erweiterung hinsichtlich eines Restfestigkeitsnachweises und einer Nutzungsdauer- oder Rißfortschrittsabschätzung. In einigen Richtlinien (z. B. DIN 15 018, FKM-Richtlinie) sind diese Nachweise bereits aufgenommen.

24.1 Konstruktionsphilosophien

Im einführenden Kapitel 3.1 ist schon dargelegt worden, daß eine Bauweisenentwicklung gewöhnlich in den Stufen Konstruktion, Bau und Erprobung abläuft. Ein Optimum bezüglich aller Forderungen ist oft nur in mehreren Interaktionsschleifen zu erreichen. Weil dies zeit- und kostenintensiv ist, strebt man verstärkt *Modellsimulationen* an, um später teure Prototypen zu verringern und den Erprobungszeitraum zu verkürzen.

Eine häufige Forderung im Leichtbau ist, daß eine Struktur eine bestimmte *Nutzungszeit* oder *Lebensdauer* erreichen soll. Dies beinhaltet die Vorstellung einer ermüdungsfesten und ausfallsicheren Konstruktion. Zielsetzung der Simulation ist es sodann, bereits im Stadium des Entwurfs die konstruktiven Gegebenheiten so auszurichten, daß alle Vorgaben durch Variation der Beanspruchung, Geometrie, Bearbeitung und des Werkstoffs erfüllt werden können.

In der Umsetzung bedarf diese Konstruktionsphilosophie besondere Vorkehrungen:

- Die Realisierung einer ermüdungsfesten Struktur setzt im wesentlichen voraus, daß alle Beanspruchungsamplituden unterhalb der Dauerfestigkeit liegen und die Oberfläche nicht vorgeschädigt ist.

- Die Erreichung einer bestimmter Lebensdauer ist dagegen ein Abstimmungsproblem zwischen der Beanspruchungshöhe, der Bauteilgeometrie und -beschaffenheit sowie den Werkstoffparametern.

- Eine ausfallsichere Struktur erfordert darüber hinaus Vorkehrungen bezüglich jeglichen Versagens während der Gesamtnutzungsdauer. Damit diese Ausfallsicherheit garantiert werden kann, müssen gegebenenfalls redundante Kräftepfade geschaffen werden.

Die mit diesen Nachweisarten verbundenen Fragestellungen führen zu der Notwendigkeit, eine Konzeption zur Lebensdauerabschätzung zu entwickeln. Wie später noch dargelegt wird, können die erforderlichen Betrachtungen zweistufig (Urzustand-Anriß-Bruch) oder einstufig (Mikroanriß-Bruch) vorgenommen werden. Weiter wird auch gezeigt, in welcher Weise die Form der Beanspruchungsfunktion und die *Natürlichkeit* des Werkstoffs maßgebend ist. Damit sei angedeutet, daß die Aussagen nur mit einer bestimmten Wahrscheinlichkeit relevant sind, weil die Lastdaten und die Werkstoffkenngrößen zufallsartigen Charakter haben.

24.2 Problematik des rechnerischen Nachweises

Oftmals sind Leichtbaukonstruktionen Einzelanfertigungen oder absolute Neuentwicklungen. Dies bedeutet dann auch, daß für eine schadenskritische Analyse auf keine Erfahrungswerte zurückgegriffen werden kann bzw. zu einer Absicherung auch keine Versuche möglich sind. Der Entwurf muß daher stark auf die Simulation abgestützt werden.

Als generelle Problematik der Aussagesicherheit sind hier dann einige Unwägbarkeiten von Bedeutung, die zurückzuführen sind auf

- den vielfach nur statistisch auswertbaren Beanspruchungsverlauf,
- die komplexen Einflüsse aus den Strukturmerkmalen Größe, Form, Oberfläche und gegebenenfalls Eigenspannungen

sowie

- die oft nur statistisch abgesicherten Werkstoffkennwerte.

Ein hierauf abgestimmtes Berechnungsmodell hat daher ebenfalls Wahrscheinlichkeitscharakter, d. h., die Aussagen können nicht absolut gewertet werden, sondern unterliegen einer gewissen Vertrauenswahrscheinlichkeit. Der große Nutzen einer schadenskritischen Analyse ist daher in der Quantifizierbarkeit von konstruktiven Varianten oder Modifikationen zu sehen.

24.3 Auswertung des Beanspruchungsverlaufs

Genauso vielfältig wie die Einsatzgebiete von Leichtbaustrukturen sind auch die vorkommenden Beanspruchungsverläufe, für die es auszulegen gilt. Eine ordnende Übersicht zeigt das nachfolgende Bild 24.1.

In Abhängigkeit davon, ob die beschreibenden Kennwerte (Mittelwert, Streuung) eines Verlaufs konstant oder mit der Zeit veränderlich sind, liegt entweder ein stationärer oder instationärer Vorgang vor. Charakteristisch für die skizzierten Verläufe ist

- beim periodischen (deterministischen) Verlauf die zeitliche Wiederkehr der gleichen Beanspruchung, so daß zu jedem Zeitpunkt eine eindeutige Reproduzierbarkeit des Beanspruchungsfalls möglich ist,
- beim stationären (stochastischen) Verlauf die nur statistische Bewertbarkeit der Beanspruchung, die eine generelle Reproduzierbarkeit des Beanspruchungsfalls ausschließt,
- beim stoßartigen Verlauf der Einschwingvorgang mit großer Anfangsbeanspruchung und dem Abklingvorgang

und

- beim instationären Verlauf die zeitliche Veränderlichkeit von Mittelspannung und Amplitude.

Am einfachsten ist hierunter der *periodische Verlauf* (Sinusfunktion bzw. idealisierter Sinus) zu bewerten. Normalerweise kann dies mit der Festigkeitsbedingung (s. VDI 2226)

$$\sigma_o = \alpha_K \cdot \sigma_m + \beta_K \cdot \sigma_a \leq \sigma_{o\,zul} = \frac{\sigma_A}{S_D} \tag{24.1}$$

erfolgen. Diese setzt also die Oberspannung als größte auftretende Spannung in Relation zu einer zulässigen Oberspannung. Überschreitet die Oberspannung die Dauerfestigkeit, so liegt ein Zeitfestigkeits- oder Lebensdauerproblem vor. In dieser Hinsicht ist der periodische Verlauf als ein Einstufenkollektiv aufzufassen, welches nur endlich ertragen werden kann.

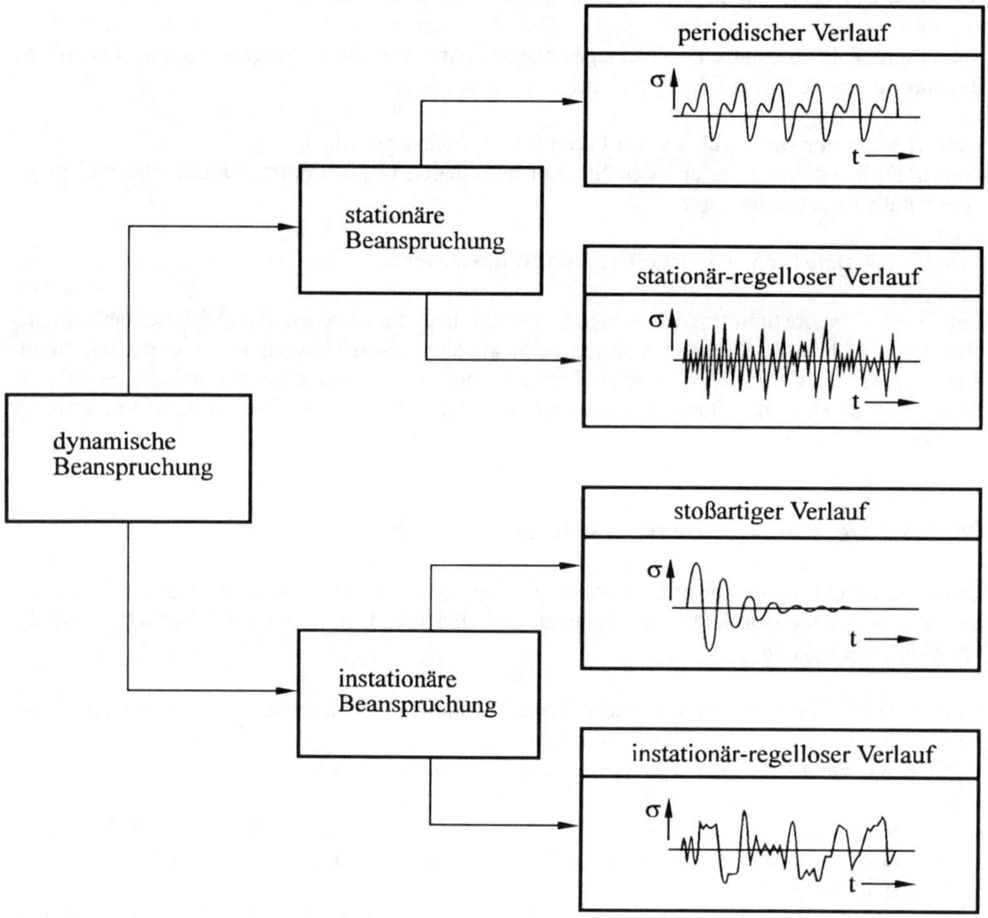

Bild 24.1: Typisierte Beanspruchungsverläufe nach /24.1/

Viel häufiger kommen aber im Betrieb *regellose Verläufe* vor, deren Schwierigkeit im Erfassen der Ablauffolge besteht. Dies korrespondiert auch mit dem Schädigungsverhalten von Schwachstellen, für dessen Versagen meist nicht ein einmaliger Spitzenwert maßgebend ist, sondern die Häufigkeit von Beanspruchungsfolgen. Insofern gilt es, für eine Bewertung die kennzeichnenden Merkmale einer Beanspruchungsfunktion zu erfassen, was zu einer statistischen Aussage führt. Als Möglichkeit bietet sich hierzu eine Zähltechnik an, in dem

- eine Zählung von Umkehrpunkten (Maxima/Minima),
- eine Zählung von Bereichen (absteigende, aufsteigende Flanken)

oder

- eine Zählung von Wertüberschreitungen in einem Raster

vorgenommen wird. Als Ergebnis erhält man eine Kennfunktion (Kollektiv) in der Auftragung sortierte Beanspruchungen über die Häufigkeit. In der Anwendung haben sich vor allem die sogenannten *Klassengrenzen-Überschreitungs-* und die *Bereichspaarzählung* durchgesetzt. Beispielhaft zeigt hierzu Bild 24.2 die Ermittlung eines *Kollektivs* entsprechend der Klassengrenzen-Überschreitungszählung an einer als kritisch vermuteten Stelle in einer Struktur.

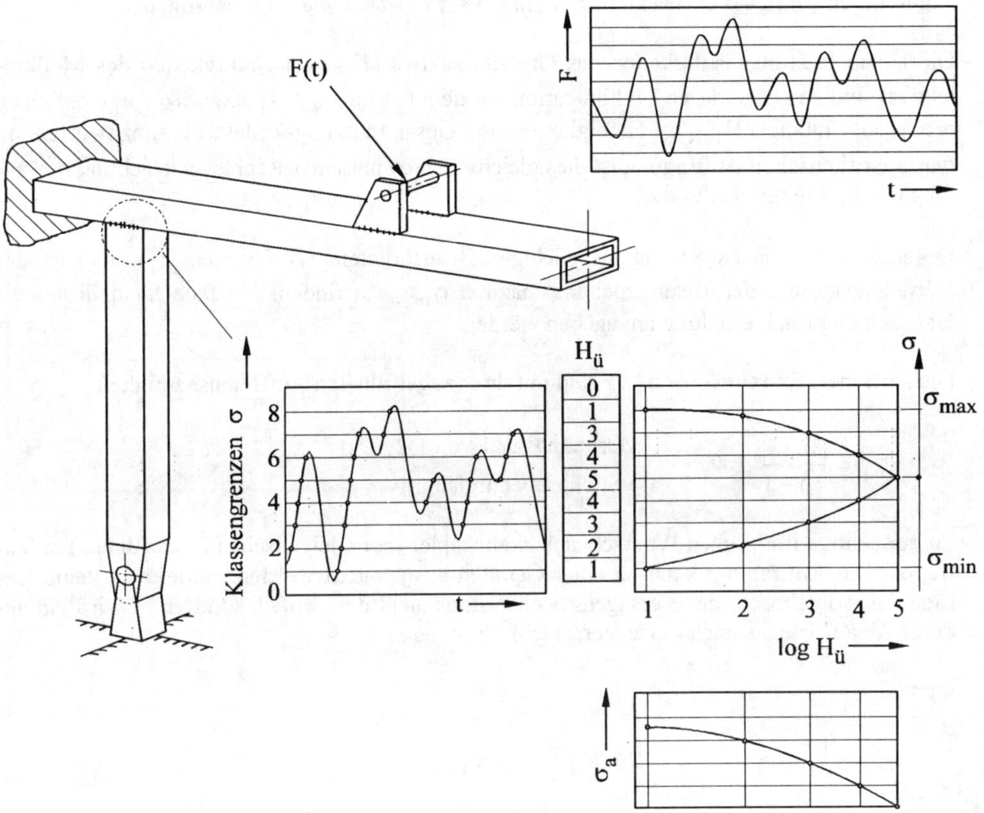

Bild 24.2: Umwandlung eines Beanspruchungsverlaufs in ein Kollektiv

Dazu wird über den Beanspruchungsverlauf ein äquidistantes Netz (Klassen, s. auch DIN 45 667) gelegt. Empfohlen seien 8-10 Klassen, wobei die erste Klasse unterhalb der Minimalbeanspruchung liegen soll. Mit der Zählung wird das Durchschreiten der positiven (oder negativen) Flanken durch die Klassen erfaßt.

Für die weitere Auswertung ist aber das *Amplitudenkollektiv* $\sigma_a(t)$ maßgebend. Dies erhält man durch Ausmittlung der beiden Zweige gemäß

$$\sigma_a = \frac{1}{2}\left(\sigma_{max} - \sigma_{min}\right) = \frac{1}{2}\left[\left(\sigma_m + \sigma_a\right) - \left(\sigma_m - \sigma_a\right)\right]. \tag{24.2}$$

Wie daraus ersichtlich wird, reduziert sich das Kollektiv auf nur einen Zweig. Durch die dargestellte Technik der Kollektivbildung gehen jedoch vom ursprünglichen Beanspruchungsverlauf die zeitliche Aufeinanderfolge der Amplituden und die Frequenzen*) verloren.

Das somit erstellte Amplitudenkollektiv (*Meßkollektiv*) repräsentiert meist nur einen kurzen Beanspruchungsabschnitt innerhalb der Gesamtdauer der einwirkenden Beanspruchung. Insofern ist es notwendig, die Auswertung auf die erwünschte Gesamtbeanspruchung auszudehnen. Hierzu bietet sich eine *Extrapolation* über die Höchstwertverteilung an, deren Konzept im umseitigen Bild 24.3 entwickelt ist. Vom Ablauf ist dabei wie folgt vorzugehen:

- Die Überschreitungshäufigkeiten des Grundkollektivs ($H_{ü,M}$ = Häufigkeiten des Meßkollektivs) sind zunächst durch Multiplikation mit dem Faktor t_N / t_M bzw. n_N / n_M auf einen größeren Umfang ($H_{ü,N}$ = Häufigkeiten des Gesamtnutzungskollektivs) umzuwerten. In der logarithmischen Auftragung ist dies gleichzusetzen mit einer Rechtsverschiebung des anfänglich ermittelten Kollektivs.

- Durch Stichprobenauswertung in beliebigen Beanspruchungsabschnitten $\left(t_i \equiv t_E\right)$ ist das Verteilungsgesetz der Beanspruchungsmaxima σ_{max} zu finden. Vielfach kann dieses als Gaußsche Normalverteilung angegeben werden.

- Die sortierten Extremwerte σ_{max} sind mit ihrer zugeordneten Auftretenshäufigkeit

  $$H_{ü_i} = \frac{3i-1}{3n+1} \cdot 100, \qquad \begin{array}{l} i = \text{Ordnungszahl von } 1,2,\ldots,n \\ n = \text{Stichprobenumfang} \end{array}$$

  im doppellogarithmischen Wahrscheinlichkeitspapier (zum dekadischen Logarithmus) aufzutragen. Die Auftragung kann zu einer Geraden ausgemittelt werden. Bildet sich keine Gerade aus, so gehorcht der Versagensmechanismus nicht dem Zufall, sondern es wird ein anderer Ablauf wie beispielsweise Verschleiß**) vorliegen.

- Gemäß

  $$H_ü = \frac{1}{2a} \cdot 100 \quad \text{mit} \quad a = \frac{t_M}{t_E}, \quad t_E = t_1 = t_2 = \ldots = t_n \tag{24.3}$$

  ist der Zusammenhang zwischen der Überschreitungswahrscheinlichkeit und dem *Belastungsabschnitt* a herzustellen.

---

*) Anmerkung: Will man diese Informationen behalten, so muß zu einer mehrdimensionalen Zählung (z. B. Rainflow) übergegangen werden.

**) Anmerkung: Bei Verschleißproblemen ist dementsprechend auf die Weibull-Verteilung zurückzugreifen.

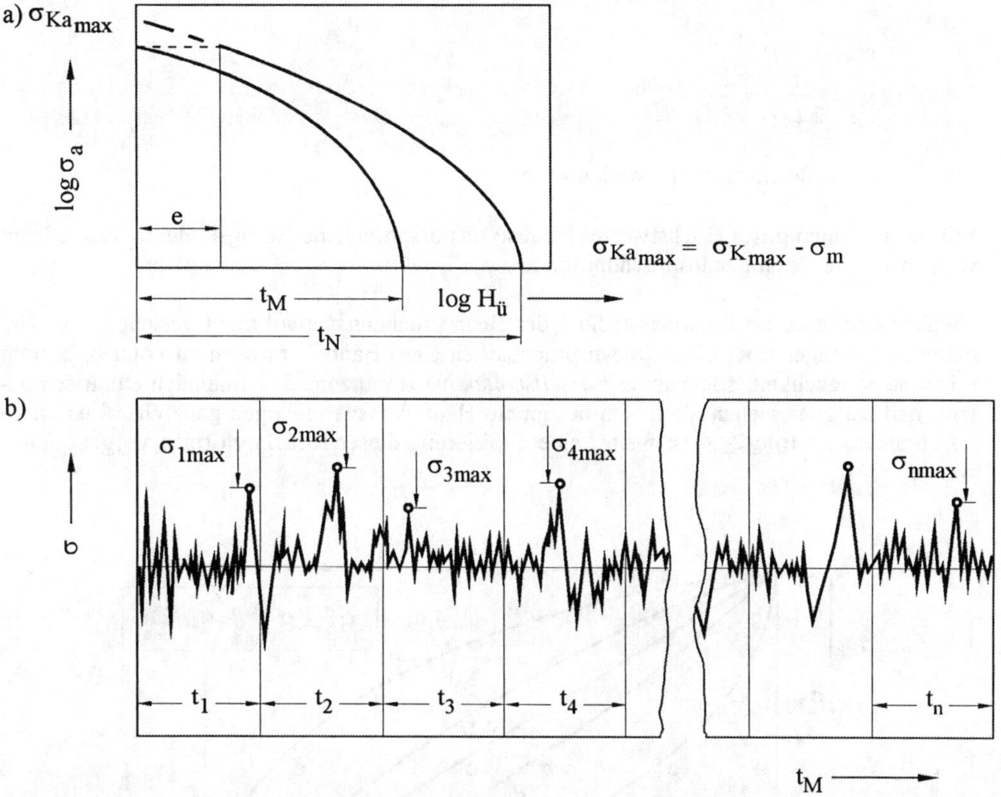

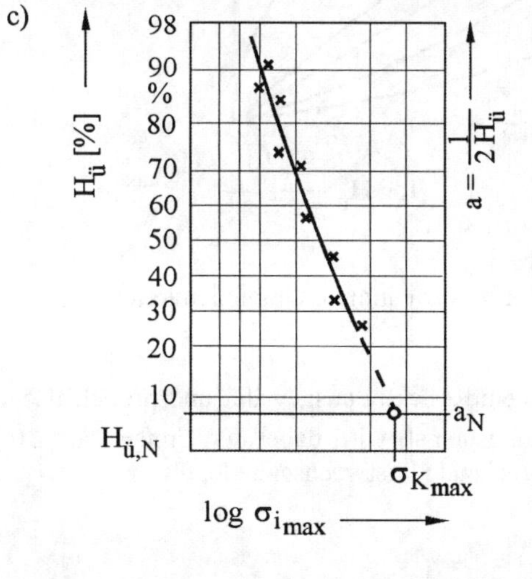

σ_{max}	umsortiert (max → min) $\sigma_{1max} > \sigma_{2max} > \sigma_{3max} > .... > \sigma_{nmax}$
i	1 2 3 n
$H_{ü}$	$\frac{3i-1}{3n+1} \cdot 100$

Bild 24.3: Extrapolation
a) vom Grund- zum Gesamtkollektiv
b) Höchstwertverteilung innerhalb der Belastungsabschnitte
c) Ermittlung des Kollektivhöchstwertes

- Den Kollektivhöchstwert $\sigma_{K\,max}$ erhält man somit zu der Überschreitungswahrscheinlichkeit

$$H_{ü,N} = \frac{1}{2\,a_N} = \frac{1}{2} \cdot \frac{t_E}{t_N},$$

wobei die Größe extrapoliert werden kann.

Mit der Eintragung des Höchstwertes kann so das ursprüngliche Bezugskollektiv ausgedehnt werden auf die Gesamtbeanspruchungsdauer.

Vielfach liegt aber im Entwurfsstadium der Beanspruchungsverlauf nicht gesichert vor. Um dennoch Aussagen über die Zeitbeanspruchbarkeit eines Bauteils machen zu können, besteht noch die Möglichkeit, sogenannte *Einheitskollektive* zu nutzen. Es ist nämlich empirisch belegt, daß bei gemessenen Verläufen bestimmte Häufigkeitsverteilungen ganz charakteristisch vorkommen. Im Bild 24.4 ist weiter eine Typisierung dieser Kollektivformen vorgenommen worden.

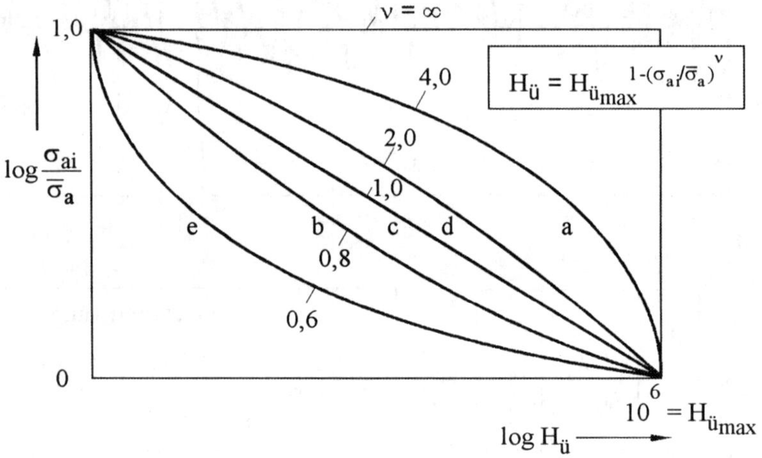

Bild 24.4: Kollektivformen
a Lambdakollektiv, b logarithmische Normalverteilung, c Gradlinienverteilung, d Normalverteilung, e Deltakollektiv

Für vergleichende Parameterstudien kann hieraus ein Kollektiv ausgewählt und probalistische Nutzungsdauern abgeschätzt werden. Vereinbarungsgemäß wird dabei der Umfang auf 10^6 Überschreitungshäufigkeiten begrenzt, was entsprechende Lastwechsel bedeutet.

24.4 Versagensverhalten

Für das Phänomen der Ermüdung der Werkstoffe gibt es bis heute nur hypothetische Vorstellungen. Verbreitetes Modell ist, daß zufolge wiederholter Verformungen Versprödung eintritt und hiervon ausgehend sich Mikrorisse ausbreiten. Demnach unterscheidet man das *Wechsel-*

verformungsverhalten (von der ersten Beanspruchungsschwankung bis zum technischen Anriß) und das *Bruchverhalten* (Rißausbreitung bis zum Bruch).

Als klassisches Experiment zur Bestimmung des Dauerfestigkeitsverhaltens eines Werkstoffs bzw. einer Bauteilprobe ist der *Wöhlerversuch* bekannt. Entsprechende Wöhlerlinien (Auftragung nach Basquin) werden in abgestimmten Schwingfestigkeitsversuchen jeweils bis zur Grenznutzungsdauer ermittelt. Diese ist gewöhnlich bei Proben der Bruch und bei hinreichend großen Bauteilen ein ausgeprägter Anriß.

Im Bild 24.5 ist eine Proben-Wöhlerlinie mit den notwendigen Identifikationsgrößen (Spannungsverhältnis $R = \sigma_u / \sigma_o$ oder Mittelspannungslage σ_m, Formzahl α_K) skizziert.

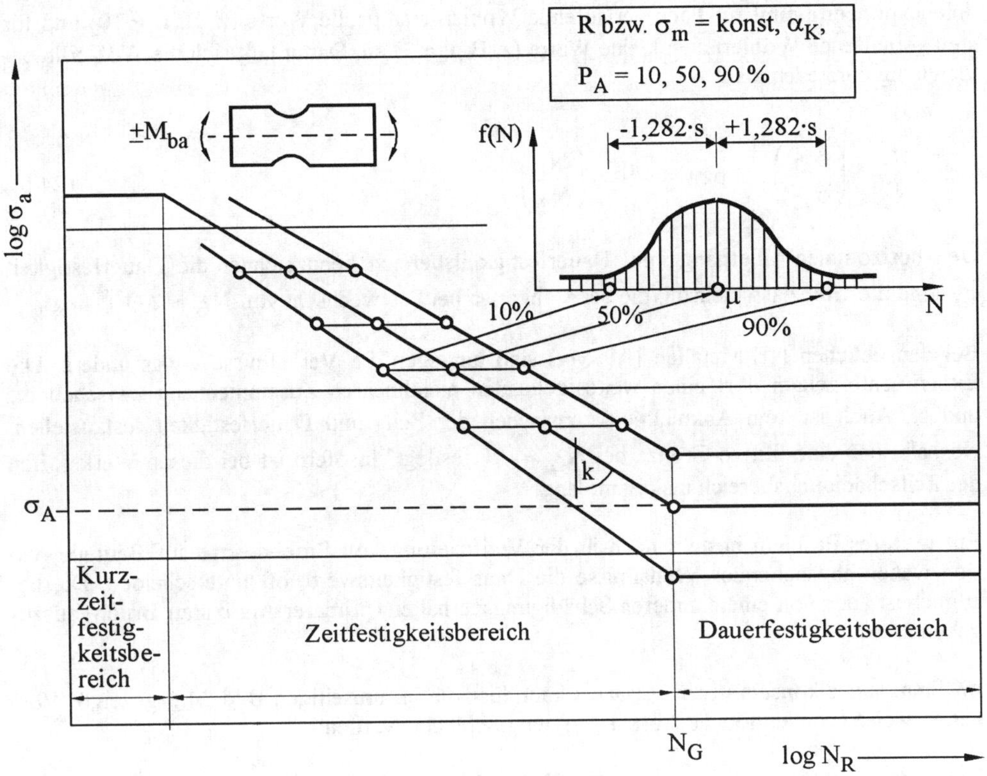

Bild 24.5: Verlauf einer Proben-Wöhlerlinie und deren statistische Auswertung

Für eine Übertragbarkeit der Aussagen auf entsprechende Bauteile ist eine weitestgehende Ähnlichkeit zur Probe zwingend. Angleichungen sind jedoch möglich bei Formzahl, Beanspruchungsart (Axialbeanspruchung in Biegung oder Drillung, Biegung in Drillung) und beim Mittelspannungsniveau, wofür es spezielle Umwichtungsfaktoren gibt.

Wie aus dem Kurvenverlauf zu erkennen ist, gibt es unter Schwingbeanspruchung eine Ähnlichkeit zwischen der Beanspruchungshöhe (σ_{ai}) und den ertragbaren Schwingspielen (N_i). Die Schwingspielzahl ist hierbei ein statistischer Wert aus 8-10 Probenwerten je Niveau, wobei die Auftragung die zeit- und dauerfest ertragbaren Spannungsausschläge abgrenzt. Des weiteren erfolgt auch noch eine Charakterisierung mittels der Ausfallwahrscheinlichkeit. Bis zur $P_A = 10$ %-Linie sind 10 % der Proben bzw. bis zur $P_A = 50$ %-Linie 50 % der Proben ausgefallen. Der Zeitfestigkeitsbereich wird darüber hinaus noch durch die Neigung

$$k = -\frac{\Delta(\log N)}{\Delta(\log \sigma_a)} = -\frac{\log N_1 - \log N_2}{\log \sigma_{a1} - \log \sigma_{a2}} = -\frac{\log(N_1 / N_2)}{\log(\sigma_{a1} / \sigma_{a2})} \tag{24.4}$$

des Zeitfestigkeitsastes zwischen zwei Punkten (1,2) beschrieben. Dieser sogenannte Wöhlerlinienexponent nimmt für flach verlaufende Wöhlerlinien große Werte (z. B. $k \approx 10$) und für steil verlaufende Wöhlerlinien kleine Werte (z. B. $k \approx 3$) an. Damit läßt sich die Wöhlerliniengleichung darstellen als

$$\frac{N_1}{N_2} = \left(\frac{\sigma_{a1}}{\sigma_{a2}}\right)^{-k} \quad \text{bzw.} \quad \frac{\sigma_{a1}}{\sigma_{a2}} = \left(\frac{N_1}{N_2}\right)^{-\frac{1}{k}} . \tag{24.5}$$

Den horizontalen Übergang zum Dauerfestigkeitsbereich kennzeichnet die Dauerfestigkeit σ_A und die Grenzlastspielzahl, die bei Stahl etwa bei Lastwechseln von $N_G \approx 2 \cdot 10^6$ liegt.

Bei den üblichen NE-Metallen (Al, Mg) sind hingegen die Verhältnisse etwas anders. Die Experimente zeigen dort einen weitestgehenden nichtlinearen Zusammenhang zwischen σ_a und N. Auch ist kein Abknickpunkt zwischen der Zeit- und Dauerfestigkeit festzustellen, weshalb man eine fiktive Grenze bei $N_G \approx 10^7$ festlegt. Insofern ist bei diesen Werkstoffen der Zeitschädigungsbereich insgesamt länger.

Ein weiteres Problem besteht noch in der Verifizierung von Probenwerte auf Bauteile, wo sich wegen abweichender Verhältnisse die Dauerfestigkeitswerte oft unterscheiden. Diesbezüglich ist auch von einem anderen Schädigungsverhalten (primärer Anriß statt Bruch) auszugehen.

Im Sinne eines konservativen Ansatzes kann hier die im umseitigen <u>Bild 24.6</u> gezeigte Vorgehensweise (konventionelle Absenkung) eingeschlagen werden.

Das Prinzip besteht darin, die Proben-Wöhlerlinie im Verhältnis zum Größenunterschied (veränderte Kerbwirkung), zu den technologiebedingten Einflüssen und zum geänderten Bearbeitungsverfahren auf die Bauteil-Wöhlerlinie abzusenken. Der hierzu erforderliche Ansatz

$$\sigma_{a2} = F \cdot \sigma_{a1} \tag{24.6}$$

umfaßt sowohl den Zeit- wie den Dauerfestigkeitsbereich. Voraussetzung ist jeweils eine abgesicherte Proben-Wöhlerlinie. Liegt diese jedoch nicht vor, so bietet sich das Konzept der synthetischen Wöhlerlinien an, auf das hier jedoch nicht eingegangen werden soll.

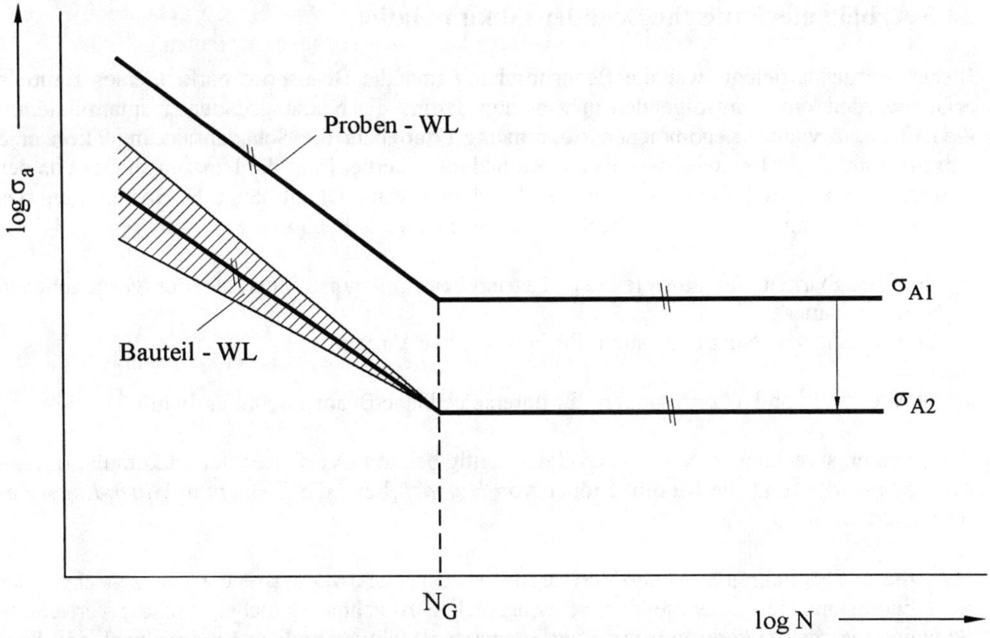

$$\sigma_{A2} = F \cdot \sigma_{A1} = F_{G1,2} \cdot F_{OT1,2} \cdot \sigma_{A1}$$

Größeneinfluß: $F_{G1,2} = \frac{\beta_{k1}}{\beta_{k2}} = \frac{\alpha_{k1}}{\alpha_{k2}} \cdot \frac{n_2}{n_1}$

Technologieeinfluß: $F_T = 1$; geschmiedet $F_{T1,2} = \frac{2195 - R_{m_1}}{2195 - R_{m_2}}$

Oberflächeneinfluß: $F_O = 1 - 0{,}22(\log R_z)^{0,64} \cdot \log R_m + 0{,}45(\log R_z)^{0,45}$

$$F_{O1,2} = \frac{F_{O_2}}{F_{O_1}}$$

res. Faktor: $F_{OT1,2} = 1 - \sqrt{\left(\left(1 - F_{O1,2}\right)^2 + \left(1 + F_{T1,2}\right)^2\right)}$

Bild 24.6: Absenkung einer Proben-Wöhlerlinie zu einer Bauteil-Wöhlerlinie (Werkstoff: Stahl)

24.5 Arbeitsmechanische Schadensakkumulation

Bisher wurde dargelegt, wie die Beanspruchung und die Beanspruchbarkeit eines Bauteils erfaßt werden kann. Im folgenden geht es nun darum, die Nutzungsdauer zu quantifizieren. Gemäß der zuvor vorgenommenen Abgrenzung ermöglicht die Schadensakkumulation eine Abschätzung (Zeit, Lastwechsel) bis zur Rißbildung. Hierbei folgt die Nutzungsdauer aus der Arbeit, die ein Bauteil bis zur Schädigung absorbieren kann. Damit hängt die Bestimmung des Belastungsumfangs zusammen. Abgeleitete Fragestellungen beinhalten:

- die Ertragbarkeit der auftretenden Betriebsbeanspruchung innerhalb der vorgegebenen Nutzungsdauer,
- die Wertung von Nutzungsdauern für konstruktive Varianten

oder

- die Wertung von Nutzungsdauern für unterschiedliche Beanspruchungsabläufe.

Für einen entsprechenden Nachweis soll das häufig benutzte Verfahren der Akkumulation von *Palmgren-Miner* und die Modifikationen von *Haibach* bzw. die *Elementar-Miner-Regel* demonstriert werden.

Hypothese des Palmgren-Miner-Verfahrens ist der lineare Zusammenhang zwischen der Schädigung und den einwirkenden Schwingspielen. Annahme ist dabei, daß die verrichtete Schädigungsarbeit etwa proportional zur Spannungsamplitude und zur Lastspielzahl*) ist. Dies kann an dem folgenden Gedankenmodell verifiziert werden:

- Führt man ein Lebensdauerexperiment mit Proben durch, so kann etwa die folgende Abhängigkeit gefunden werden:

$$\sigma_{a1} \cdot N_1 \approx \pi_1 \text{ (= Bruch)}$$

$$\vdots$$

$$\sigma_{ai} \cdot N_i \approx \pi_i, \qquad \text{wobei} \quad \sigma_{a1} > \sigma_{ai} > \sigma_{ar} \quad \text{mit} \quad N_1 < N_i < N_r$$

$$\vdots$$

$$\sigma_{ar} \cdot N_r \approx \pi_r,$$

d. h. für alle Niveaus ist die Schädigungsarbeit $\pi_1 = \pi_i = \pi_r = \pi$ gleich. Vorausgesetzt ist jeweils eine Einstufenbeanspruchung.

- Nun sei ein äquivalentes Kollektiv angenommen. Um dieses vergleichbar zu machen, muß es in den Stufen 1 bis r getreppt werden. Je Niveau treten dabei Lastspiele $n_i < N_i$ auf. Diesbezüglich werden also nur *Schädigungsteilarbeiten* $\overline{\pi}_i$ verrichtet. Als Abhängigkeit soll somit wieder gelten

*) Anmerkung: Versuche zeigen, daß die Annahme der linearen Proportion nicht bestätigt wird, sondern daß sich ein nichtlinearer Zusammenhang einstellt.

$\sigma_{a1} \cdot n_1 \approx \overline{\pi}_1$ (= anteilige Schädigung),

$\vdots$

$\sigma_{ai} \cdot n_i \approx \overline{\pi}_i$,

$\vdots$

$\sigma_{ar} \cdot n_r \approx \overline{\pi}_r$.

Unter der weiteren Annahme, daß auch das aufgebrachte Kollektiv zum Bruch führt, muß also sein

$$\overline{\pi}_1 + \ldots + \overline{\pi}_i + \ldots + \overline{\pi}_r = \pi . \tag{24.7}$$

- Zufolge dieser Überlegungen wird die *lineare Proportionalität*

$$\frac{\overline{\pi}_i}{\pi_i} = \frac{n_i}{N_i} \quad \text{bzw.} \quad \overline{\pi}_i = \frac{n_i}{N_i} \pi_i$$

unterstellt. Wird diese Beziehung in Gl. (24.7) eingesetzt, so folgt

$$\frac{n_1}{N_1} \pi_1 + \ldots + \frac{n_i}{N_i} \pi_i + \ldots + \frac{n_r}{N_r} \pi_r = \pi$$

oder

$$\sum_{i=1}^{r} \frac{n_i}{N_i} = 1 . \tag{24.8}$$

Die Summe über die Lastspielquotienten gleich Eins stellt demnach die *Palmgren-Miner-Hypothese* dar. Allgemein kann diese für ein beliebiges Kollektiv angegeben werden als

$$D_K = \sum_{i=1}^{\ell} \frac{n_i}{N_i}, \qquad \text{mit } r = \ell . \tag{24.9}$$

Per Definition soll für $D_K = 1$ bei der Probe Bruch und beim größeren Bauteil Anriß vorliegen. Vielfach wird aber bei hochgradigen Sicherheitsteilen die Grenze auf $D_K \approx 0{,}3 - 0{,}5$ abgesenkt werden müssen, da die Experimente einen Streubereich*) um das Versagenskriterium aufweisen.

Der praktische Ablauf des Palmgren-Miner-Verfahrens ist im Bild 24.7 als grafisches und rechnerisches Konzept gezeigt. Die Auswertung besteht demnach in einer Spiegelung des Kollektivs an der Wöhlerlinie und dessen Bewertung.

---

*) Anmerkung: Miner hat in seinen Probenversuchen Schadenssummen zwischen $D_{K_{min}} = 0{,}79$ und $D_{K_{max}} = 1{,}49$ festgestellt. Durchschnitt über seine Versuchsreihen war jedoch $D_K \approx 1{,}05$.

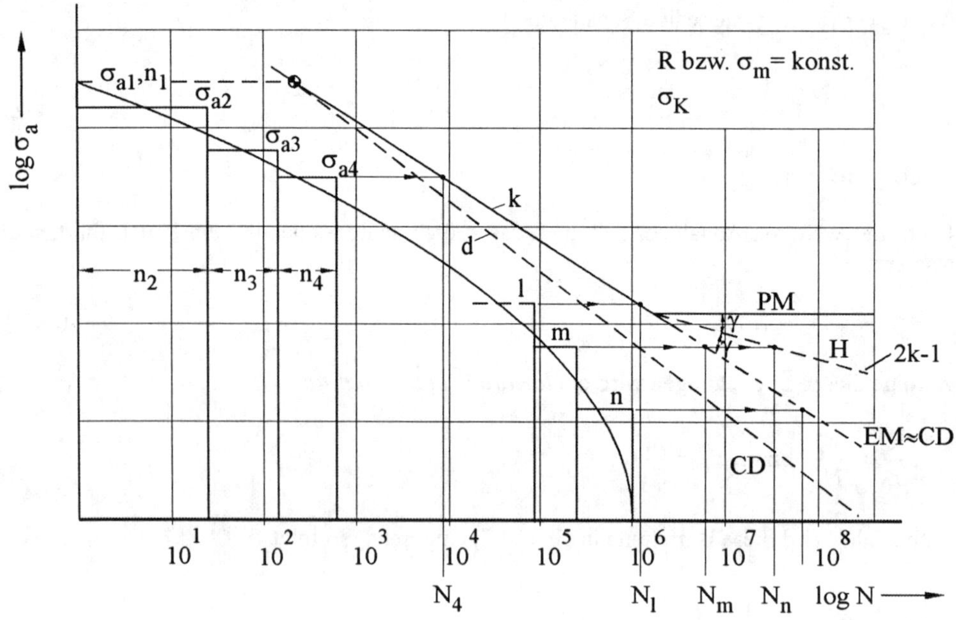

Stufe i	Überschreitungshäufigkeit $H_ü$	Stufenlastspiele n_i	Spannung σ_{ai}	$\frac{\sigma_A}{\sigma_{ai}}$	$\left(\frac{\sigma_A}{\sigma_{ai}}\right)^k$	$\left(\frac{\sigma_A}{\sigma_{ai}}\right)^{2k-1}$	$N_i = N_G\left(\frac{\sigma_A}{\sigma_{ai}}\right)^{k^*}$	$D_K = \sum \frac{n_i}{N_i}$
1								
⋮								⋮
n								
								$D_K =$

aus dem Kollektiv entnehmen — zur Berechnung von N_i oder aus dem Wöhlerdiagramm abzulesen

$(k^* = k \text{ bzw. } 2k-1,\ N_G = 2 \cdot 10^6)$

Bild 24.7: Schadensakkumulation nach Palmgren-Miner, Haibach bzw. Elementar-Miner-Regel/Corten-Dolan

Für die Diskretisierung des Kollektivs sollten mindestens 8 Stufen gebildet werden, die es entsprechend zu wichten gilt.

- Als Bedingung wurde von Miner formuliert, daß alle Beanspruchungsamplituden des Kollektivs oberhalb der Dauerfestigkeit liegen sollen. Bei der Anwendung des Verfahrens bleibt dies meist aber unberücksichtigt. Das Kollektiv kann demgemäß nur bis zur Stufe ℓ gespiegelt werden, d. h. die Stufen m und n werden dabei nicht erfaßt. Die Nutzungsdauer bestimmt sich somit zu

$$N_R = \frac{\sum_{i=1}^{\ell} n_i}{\sum_{i=1}^{\ell} \frac{n_i}{N_i}}, \tag{24.10}$$

oder mit Bezug auf den Eckwerten (σ_A, N_G) der doppellogarithmischen Wöhlerlinie als

$$N_R = \frac{\sum_{i=1}^{\ell} n_i}{\sum_{i=1}^{\ell} \frac{n_i}{N_G}\left(\frac{\sigma_{ai}}{\sigma_A}\right)^k}. \tag{24.11}$$

- Bestätigt durch die Erkenntnis, daß auch Beanspruchungsamplituden unterhalb der Dauerfestigkeit mit zur Werkstoffschädigung beitragen, wenn vorher im Zeitfestigkeitsbereich geschädigt wurde, hat man Modifikationen des Miner-Verfahrens entwickelt. Praktische Bedeutung haben hierunter das Verfahren nach *Haibach* und die Elementar-Miner-Regel gefunden. In den USA wird dagegen das *Corten-Dolan*-Verfahren bevorzugt, das prinzipiell für viele Werkstoffe wie die *Elementar-Miner-Regel* durchzuführen ist. Vom exakten Ansatz wird hier mit einer modifizierten Steigung des Zeitfestigkeitsastes $d = w \cdot k \approx k$ gearbeitet.

Nach der Elementar-Miner-Regel wird der Zeitfestigkeitsast mit der gleichen Steigung in den Dauerfestigkeitsbereich hinein verlängert. Dies ermöglicht dann die Spiegelung aller Kollektivstufen. Für die Schädigung erhält man so

$$D_K^{EM} = \sum_{i=1}^{r} \frac{n_i}{N_i}, \qquad (r = \text{höchste Stufe}) \tag{24.12}$$

und für die Nutzungsdauer

$$N_R^{EM} = \frac{\sum_{i=1}^{r} n_i}{\sum_{i=1}^{r} \frac{n_i}{N_i}} = \frac{\sum_{i=1}^{r} n_i}{\sum_{i=1}^{r} \frac{n_i}{N_G}\left(\frac{\sigma_{ai}}{\sigma_A}\right)^k}. \tag{24.13}$$

Nach der Modifikation von Haibach wird dagegen der Zeitfestigkeitsast bei doppellogarithmischer Auftragung nur mit halber Steigung in den Dauerfestigkeitsbereich verlängert. Es ergeben sich somit unterschiedliche Teilschädigungssummen, und zwar

$$D_K{}^H = \sum_{i=1}^{m} \frac{n_i}{N_i} + \sum_{i=m+1}^{r} \frac{n_i}{N_i{}^*} \tag{24.14}$$

mit

$$N_i = N_G \left(\frac{\sigma_A}{\sigma_{ai}} \right)^k \quad \text{bzw.} \quad N_i{}^* = N_G \left(\frac{\sigma_A}{\sigma_{ai}} \right)^{k*} \tag{24.15}$$

und

$$k^* = 2\,k - 1\,. \tag{24.16}$$

Die Nutzungsdauer findet sich so wieder zu

$$N_R{}^H = \frac{\sum\limits_{i=1}^{r} n_i}{\sum\limits_{i=1}^{m} \frac{n_i}{N_G} \left(\frac{\sigma_{ai}}{\sigma_A} \right)^k + \sum\limits_{i=m+1}^{r} \frac{n_i}{N_G} \left(\frac{\sigma_{ai}}{\sigma_A} \right)^{2k-1}}\,. \tag{24.17}$$

Vergleiche an Proben haben gezeigt, daß sich eine Abschätzung nach Palmgren-Miner meist als zu gut bzw. eine nach der Elementar-Miner-Regel als zu schlecht erweist. Im Sinne dieser Tendenz, scheint daher eine Abschätzung nach Haibach einen akzeptablen Mittelwert darzustellen.

Damit wird das Grundproblem dieser Hypothesen deutlich, in denen der Belastungsverlauf und die Werkstoffwerte (N_G, σ_A, k) statistisch eingehen sowie die Werkstoffstruktur als ideal angenommen wird. Vorkommende Abweichungen zwischen Theorie und Experiment haben weiterhin ihre Ursache in den nicht eindeutig erfaßbaren werkstoffmechanischen Fehlern, was auch im nachfolgenden Bild 24.8 verdeutlicht wird.

Wird beispielsweise das in der Abbildung dargestellte Bauteil dynamisch beansprucht, so ist letztlich für die Nutzungsdauer der größte werkstoffmechanisch vorhandene Fehler a_{max} maßgebend. Werden dagegen aus dem Bauteil n Proben hergestellt, so ergibt sich meist eine recht gleichmäßige Verteilung der Proben-Lebensdauern, wobei Ausreißer - wie bei Probe 12 - möglich sind. Diesbezüglich sei noch einmal darauf hingewiesen, daß die zuvor ermittelten Nutzungsdauern nicht in jedem Fall als absolut zu verstehen sind. Der Nutzen liegt in der Praxis in Lebensdauerabschätzungen von Grenzen oder im Variantenvergleich.

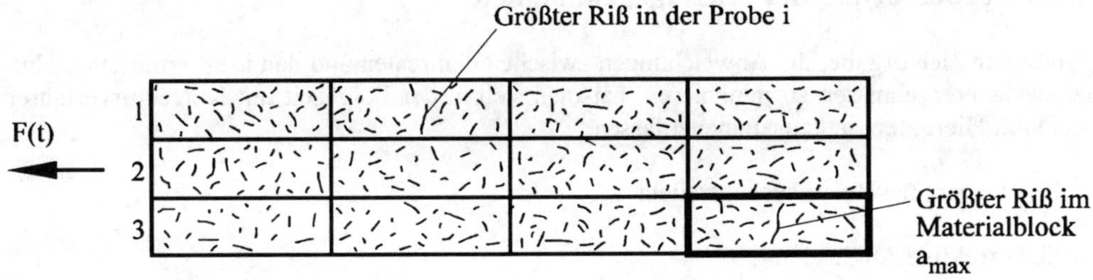

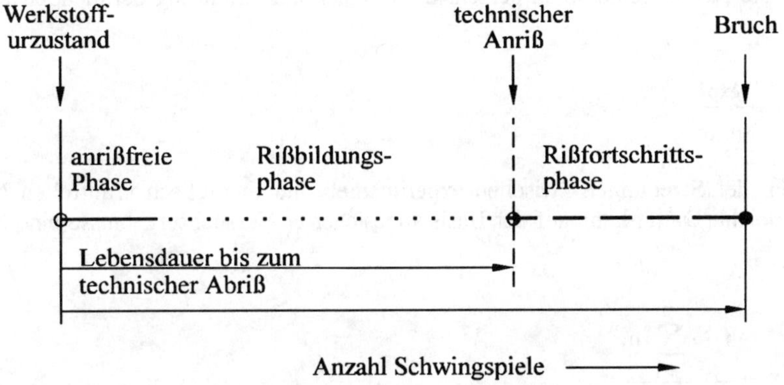

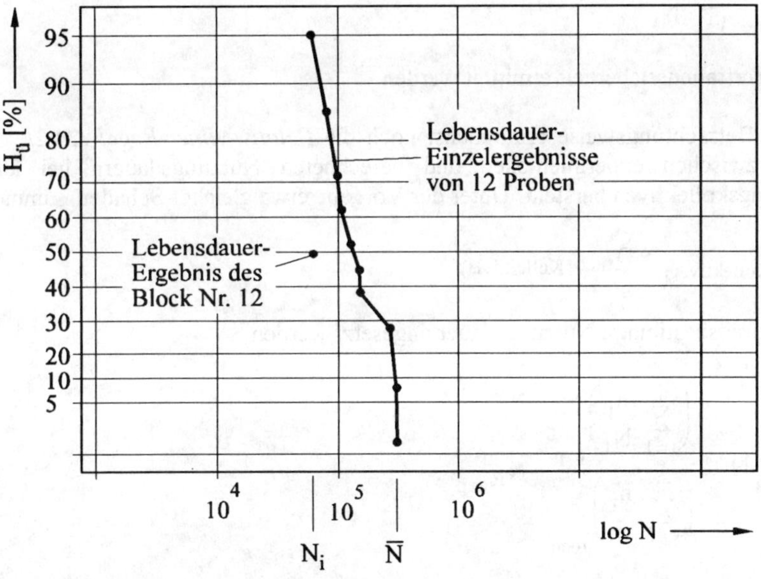

Bild 24.8: Statistische Verteilung von Proben-Lebensdauern

24.6 Verbesserung der Aussagegenauigkeit

Unter der Zielvorgabe, die Abweichungen zwischen den realen und den ideal ermittelten Nutzungsdauerergebnissen zu minimieren, hat man sich in der Folgezeit um Korrekturverfahren bemüht. Hierunter sind zusammenzufassen

- die sogenannten Relativierungsregeln

und

- die korrektive Angleichung.

Die einfachste Art zu relativieren besteht darin, einen auf Erfahrung beruhenden Korrekturfaktor

$$f_N = \frac{N_{exp}}{N_{theo}} \tag{24.18}$$

einzuführen, der Streuungen zwischen experimentell und theoretisch ermittelten Nutzungsdauern abgleicht. Damit kann auf der Basis abgesicherter Versuchsergebnisse eine Nutzungsdauer

$$N_R{}^M = \frac{f_N \cdot \sum_{i=1}^{m} n_i}{\sum_{i=1}^{m} \frac{n_i}{N_i}} \tag{24.19}$$

mit höherer Vertrauenssicherheit ermittelt werden.

Eine weitere Betrachtungsweise ermöglichst noch die *Relativ-Miner-Regel* /24.2/, die eine Verbindung zwischen experimentellen und berechneten Nutzungsdauern bei ähnlichen Beanspruchungskollektiven herstellt. Unter der Vorgabe etwa gleicher Schadenssummen

$$D_{exp(KollektivA)} \approx D_{theo(KollektivB)}$$

kann so als vorausbestimmte Nutzungsdauer angesetzt werden

$$N_{R_{theo}}{}^M = \frac{\left(\sum_{i=1}^{m} \frac{n_i}{N_i}\right)_{exp}}{\left(\sum_{i=1}^{m} \frac{n_i}{N_i}\right)_{theo}} \cdot N_{R_{exp}} \; . \tag{24.20}$$

Der Ansatzpunkt der korrektiven Angleichung ist im weiteren darin gegeben, daß die im vorstehenden Kapitel errechneten Nutzungsdauern sich hauptsächlich an der 50 %-Wöhlerlinie abstützen. Demnach liegt seitens des Werkstoffs eine erhebliche Unsicherheit vor. Aufgrund von statistischen Aufbereitungen der logarithmisch normal verteilten Einflüsse existieren zur Korrektur die im umseitigen Bild 24.9 gezeigten Diagramme. Hiernach ist es möglich, sogenannte 50 %-Nutzungsdauern zu geringeren Ausfallwahrscheinlichkeiten zu korrigieren, und zwar mit dem Ansatz

$$N_{R(P_A = x\,\%)} = \frac{N_{R(P_A = 50\,\%)}}{i_L \cdot (j)} . \qquad (24.21)$$

Hierin ist i_L eine Sicherheitszahl.

Ist darüber hinaus die Wöhlerlinie selbst nicht statistisch abgesichert, sondern nur aus einer geringen Anzahl von n Einzelversuchen konstruiert, so muß weiter noch durch den Risikofaktor j dividiert werden. Parameter beider Diagramme ist dabei die Streuspanne T der Bauteilnutzungsdauern.

Diese ist definiert zu

$$T = \frac{N_{R(P_A = 10\,\%)}}{N_{R(P_A = 90\,\%)}} , \qquad (24.22)$$

wobei unterstellt ist, daß diese aus Versuchen bekannt sind. Die Größenordnung bewegt sich beispielsweise

- bei Proben mit geometrischen Kerben zwischen

$$T = \frac{1}{1{,}2} \div \frac{1}{2{,}0}$$

oder

- bei Schweißproben zwischen

$$T = \frac{1}{1{,}19} \div \frac{1}{3{,}1} .$$

Sofern keine Angaben über die Streuung vorhanden sind, hat es sich für eine Abschätzung als praktikabel erwiesen, die Streuspanne mit

$$T \le \frac{1}{5}$$

anzusetzen.

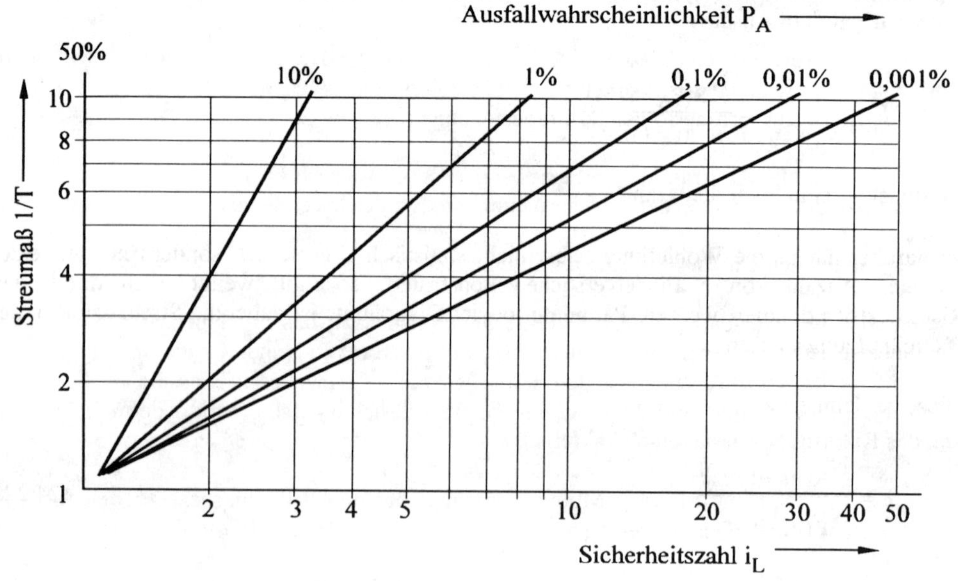

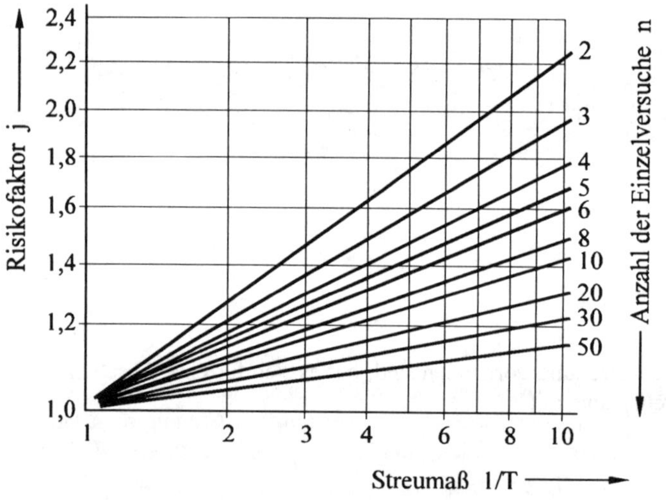

Bild 24.9: Diagramme zur Korrektur der 50 %-Lebensdauerwerte nach /24.3/
a) für höhere Ausfallwahrscheinlichkeit
b) für besser abgesicherte Wöhlerlinien

24.7 Restfestigkeitsproblem

Ist nach dem Auftreten eines Risses mit dem Versagen der Struktur zu rechnen, so wird heute unter Sicherheitsaspekten ein weiterer Schadenstoleranznachweis gefordert. Dieser Nachweis verlangt die Beantwortung folgender Fragestellungen:

- Wie groß ist die Resttragfähigkeit eines angerissenen Bauteils?
- Kann durch Rücknahme der Beanspruchung die Standzeit verlängert werden?

und

- Wie breitet sich ein Anriß in einem Bauteil aus?

Seitens der Berechenbarkeit dieser Effekte bietet sich dazu das bruchmechanische Konzept der linear-elastischen Spannungsintensität (*K-Konzept*) an. In seiner Grundformulierung beschreibt dieses Konzept zunächst den statischen Fall. Zur weiteren Klassifizierung müssen noch die im umseitigen Bild 24.10 gezeigten Beanspruchungsfälle (Modi) definiert werden, die das Rißöffnungsverhalten charakterisieren.

Als am kritischsten wird hierbei Modus I erkannt, der den Riß senkrecht zu den Rißufern (Trennbruch) öffnet. Der Spannungsverlauf kann dann gemäß der *Williams-Irwin-Gleichung* angesetzt werden zu

$$\begin{aligned} \sigma_x &= \frac{\sigma_\infty \sqrt{\pi \cdot a}}{\sqrt{2\,\pi \cdot r}} \cos\frac{\phi}{2}\left(1 - \sin\frac{\phi}{2} \cdot \sin\frac{3}{2}\phi\right), \\ \sigma_y &= \frac{\sigma_\infty \sqrt{\pi \cdot a}}{\sqrt{2\,\pi \cdot r}} \cos\frac{\phi}{2}\left(1 + \sin\frac{\phi}{2} \cdot \sin\frac{3}{2}\phi\right), \\ \tau_{xy} &= \frac{\sigma_\infty \sqrt{\pi \cdot a}}{\sqrt{2\,\pi \cdot r}} \cos\frac{\phi}{2} \cdot \sin\frac{\phi}{2} \cdot \cos\frac{3}{2}\phi. \end{aligned} \tag{24.23}$$

Weitestgehend unabhängig davon, ob ein Innen- oder Außenriß vorliegt, treten immer zu Gl. (24.23) ähnliche Funktionen auf, so daß die vorstehende Gleichung als universell gültig anzusetzen ist. Streng genommen ist aber die Gültigkeit auf Risse in der unendlichen Scheibe aus sprödem Material begrenzt.

Bei gegebener äußerer Beanspruchung σ_∞ und vorliegendem Anriß a ist somit der Zähler in Gl. (24.23) eine konstante Größe, der nur den durch den Nenner bestimmten Spannungsverlauf maßstäblich vergrößert. Da auf diese Weise die Intensität des Spannungszustandes um die Rißspitze gesteuert wird, bezeichnet man den Zähler als sogenannten *Spannungsintensitätsfaktor*

$$K_I = \sigma_\infty \sqrt{\pi \cdot a}\ . \tag{24.24}$$

Für reale Bauteile mit verschiedenen Rißkonfigurationen gilt es noch, die für die unendliche Scheibe gültige Beziehung durch eine *Korrekturfunktion* anzupassen

$$K_I = \sigma_\infty \sqrt{\pi \cdot a}\ Y(a)\ . \tag{24.25}$$

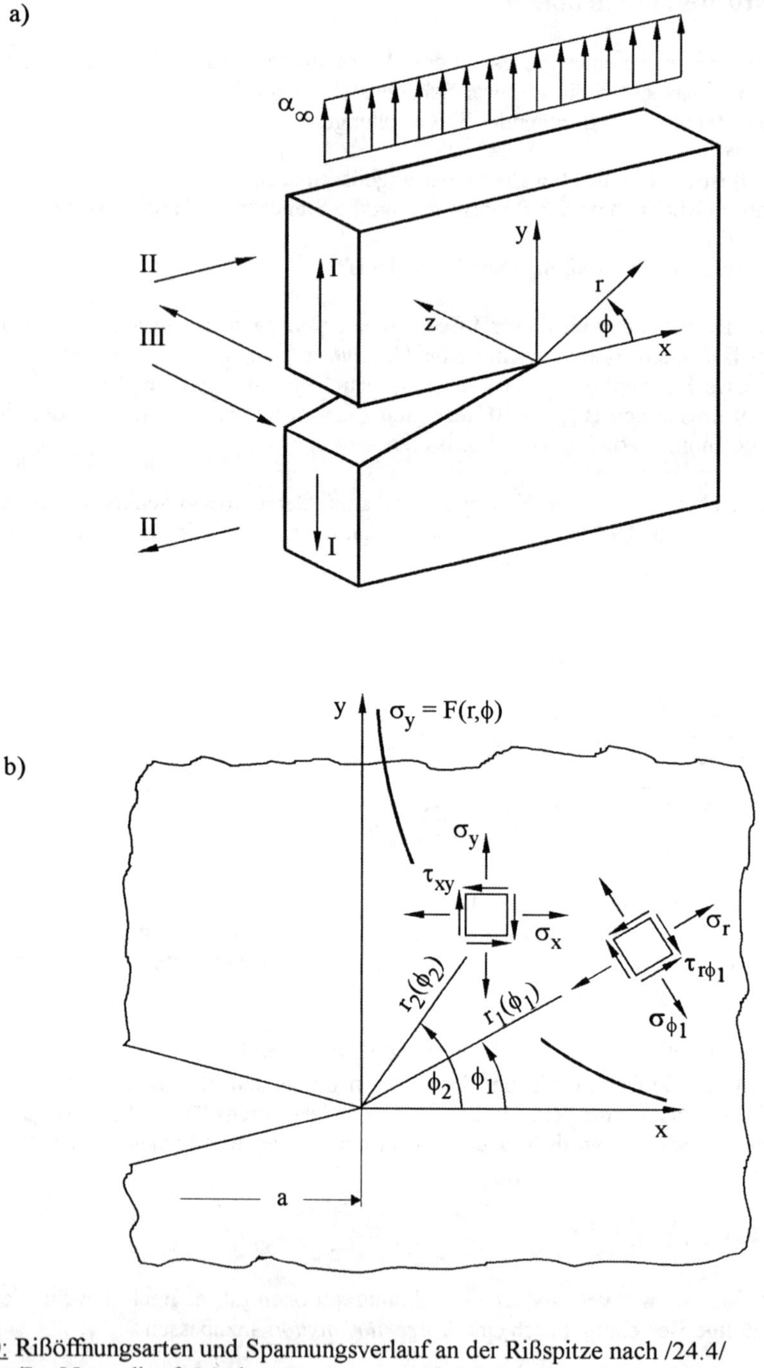

Bild 24.10: Rißöffnungsarten und Spannungsverlauf an der Rißspitze nach /24.4/
(I = Normalkraft-Modus, II = Längsschub-Modus, III = Querschub-Modus)

Diese Korrekturfunktionen Y(a) (s. auch umseitiges Bild 24.11) sind für die meisten Risse tabelliert. Auftretende Fehlerarten sind so immer diesen Rißgeometrien zuzuordnen. Diesbezüglich läßt sich folgende Aussage herleiten: Liegen bei verschiedenen Bauteilen gleiche Werte für die Spannungsintensität (bzw. deren Schwingweite) vor, so ist mit gleichem Restfestigkeits- und Rißfortschrittsverhalten zu rechnen. Somit lassen sich die an Proben experimentell ermittelten Verhaltensmuster direkt auf Bauteile übertragen.

Als sogenanntes *statisches Bruchkriterium* wird nun der Beginn der instabilen Rißausbreitung eines zunächst ruhenden Risses (Rißeinleitung) beim Erreichen eines kritischen Wertes des Spannungsintensitätsfaktors angesehen

$$K_I = \begin{cases} K_{Ic} \text{ bei Vorliegen des EVZ} \\ K_c \text{ bei Vorliegen des ESZ.} \end{cases} \tag{24.26}$$

Dieser kritische Wert wird mit *Rißbruchzähigkeit* bezeichnet. Beim Ansetzen dieses Kriteriums muß jedoch unterschieden werden zwischen dickwandigen $(\text{EVZ} \rightarrow K_{Ic})$ und dünnwandigen Bauteilen $(\text{ESZ} \rightarrow K_c)$. Die gegebenenfalls heranzuziehende Rißzähigkeit K_{Ic} ist hierin eine Werkstoffkonstante (ermittelt mit CT-Proben) und kann gewöhnlich aus Tabellen entnommen werden.

Als Anhalt /24.5/ kann in etwa angegeben werden:

- Baustähle: $K_{Ic} \approx 2000 - 4000 \text{ Nmm}^{-3/2}$,
- Vergütungsstähle: $K_{Ic} \approx 700 - 2500 \text{ Nmm}^{-3/2}$,
- Einsatzstähle: $K_{Ic} \approx 2000 - 5000 \text{ Nmm}^{-3/2}$,
- Aluminiumlegierung: $K_{Ic} \approx 800 - 1500 \text{ Nmm}^{-3/2}$,
- Magnesiumlegierung: $K_{Ic} \approx 1000 \text{ Nmm}^{-3/2}$,
- Titanlegierung: $K_{Ic} \approx 2200 - 4500 \text{ Nmm}^{-3/2}$.

Dagegen ist die Rißbruchzähigkeit K_c eine variable Größe, die im wesentlichen von der Dicke eines Bauteils und dem Werkstoff abhängig ist. Die angegebenen K_{Ic}-Werte sind somit untere Grenzen der Rißbruchzähigkeit.

Das Restfestigkeitsproblem besteht nun in der Abschätzung von

$$\sigma_\infty \le \sigma_c ,$$

als Gleichgewichtsbedingung, wobei σ_c die auf den Bruttoquerschnitt bezogene kritische Versagensspannung darstellt.

Rißgeometrie		Korrekturfunktion $Y\left(\frac{a}{W}\right)$ bzw. $Y\left(\frac{a}{r}\right)$
1. 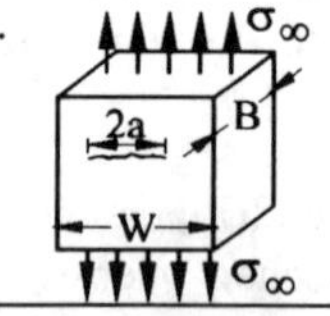	Mittenriß	$Y=\sqrt{\dfrac{1}{\cos\dfrac{\pi\cdot a}{2\cdot W}}}$
2. 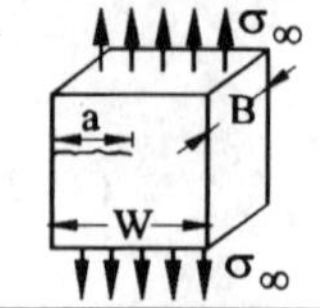	Eckanriß	$Y=1.12-0.23\,\frac{a}{W}+10.55\left(\frac{a}{W}\right)^2-21.72\left(\frac{a}{W}\right)^3+30.39\left(\frac{a}{W}\right)^4$
3. 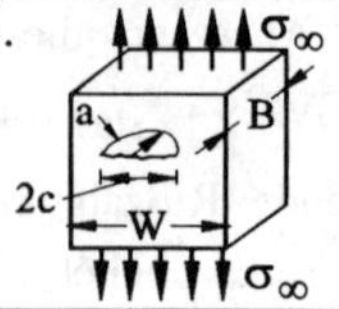	Oberflächenriß	$Y_a=1.12\,\dfrac{1.05+10\left(0.6-\frac{a}{2c}\right)\left(\frac{a}{B}\right)^3}{\sqrt{1+8\left(\frac{a}{2c}\right)^2}}\quad,\qquad Y_c=Y_a\cdot\sqrt{\frac{a}{c}}$
4. 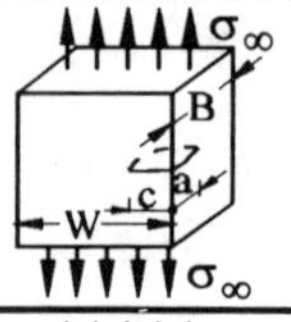	Eckriß mit kreisförmiger Rißfront	$Y_a=1.21\,\dfrac{1.05+10\left(0.6-\frac{a}{2c}\right)\left(\frac{a}{B}\right)^3}{\sqrt{1+8\left(\frac{a}{2c}\right)^2}}\quad,\qquad Y_c=Y_a\cdot\sqrt{\frac{a}{c}}$
5. 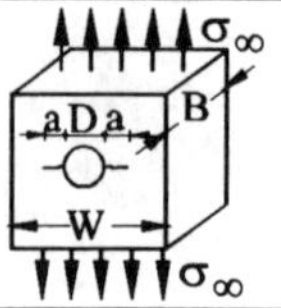	zweiseitiger Bohrungsanriß	$Y=\left(0.94+\dfrac{0.34}{0.14+\frac{a}{D}}\right)\cdot\sqrt{\dfrac{1}{\cos\dfrac{\pi\,(2a+D)}{2\cdot W}}}$
6. 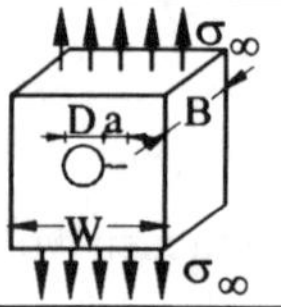	einseitiger Bohrungsanriß	$Y=\left(0.68+\dfrac{0.44}{0.16+\frac{a}{D}}\right)\cdot\sqrt{\dfrac{1}{\cos\dfrac{\pi\,(a+D)}{2\cdot W}}}$
7. 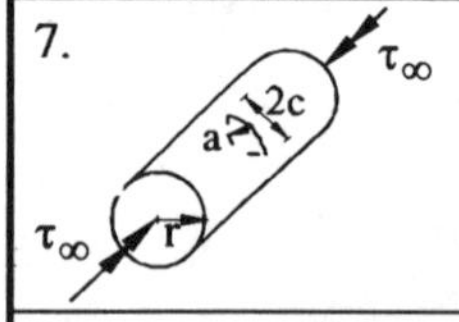	Oberflächenriß	$Y\left(\frac{a}{r}\right)=0.375\left(1+0.5\lambda+0.375\lambda^2+0.3125\lambda^3+0.2734\lambda^4+0.537\lambda^5\right)$ $\lambda=\frac{r-a}{r}$
8. 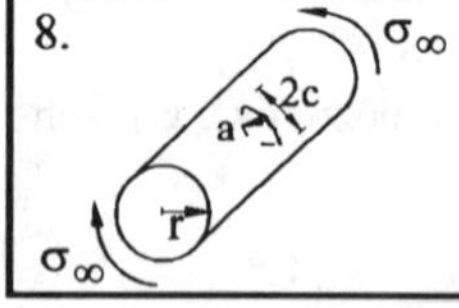	Oberflächenriß	$Y\left(\frac{a}{r}\right)=0.375\left(1+0.5\lambda+0.375\lambda^2+0.3125\lambda^3+0.2734\lambda^4+0.208\lambda^5\right)$ $\lambda=\frac{r-a}{r}$

Bild 24.11: Korrekturfunktionen für verschiedene Rißgeometrien nach /24.6/

Unter Berücksichtigung von Gl. (24.25) und (24.26) ist hierzu anzusetzen:

- Bei sprödem Werkstoffverhalten

$$\sigma_c = \frac{K_{Ic}}{\sqrt{\pi \cdot a_o}\; Y(a_o)}, \quad \text{mit } a_o \text{ als Anfangsrißlänge.} \tag{24.27}$$

Kennzeichnend ist, daß nahezu keine stabile Rißausbreitung erfolgt und somit $a_o \approx a_c$ ist. Ähnliches Verhalten zeigen dickwandige Bauteile (t > 25 mm) unter einem EVZ.

und

- Bei duktilem Werkstoffverhalten

$$\sigma_c = \frac{K_c}{\sqrt{\pi \cdot a_c}\; Y(a_c)}, \quad \text{mit } a_c \text{ als kritische Rißlänge.} \tag{24.28}$$

Da meist der K_c-Wert nicht bekannt ist, wird vielfach anstatt mit Gl. (24.28) eine Abschätzung zufolge

$$\sigma_c \approx \frac{K_{co}}{\sqrt{\pi \cdot a_o}\; Y(a_o)} \tag{24.29}$$

durchgeführt.

Um in diesem Zusammenhang auch Aussagen für dünnwandige Bauteile machen zu können, ist es wichtig, den K_c-Wert zu bestimmen. Dazu wird von der im nachfolgenden Bild 24.12 gezeigten Probe ausgegangen und die Rißwiderstandskurve gemessen.

Anstatt der exakten Rißzähigkeit K_c wird aber vor dem Hintergrund, den Meßaufwand zu reduzieren, nur die *scheinbare* Rißbruchzähigkeit $K_{co} = K_{co}(\overline{\sigma}_c, a_o)$ bestimmt. Die Versagensspannung $\overline{\sigma}_c$ der Probe wird ebenso vereinfachend bei $2\ a_o = b/3$ gemessen, wodurch die Ermittlung der kritischen Rißlänge entfällt. Somit kann die scheinbare Rißzähigkeit angegeben werden als

$$K_{co\,\infty} = \overline{\sigma}_c \sqrt{\frac{1}{6}\pi \cdot b} \tag{24.30}$$

(Der Index ∞ soll hervorheben, daß ungeachtet der endlichen Probenbreite der Wert für unendliche Proben gelten soll.)

Vorausgesetzt ist hierbei, daß die Probe in Dicke und Breite etwa die gleichen Abmessungen aufweist wie das Bauteil.

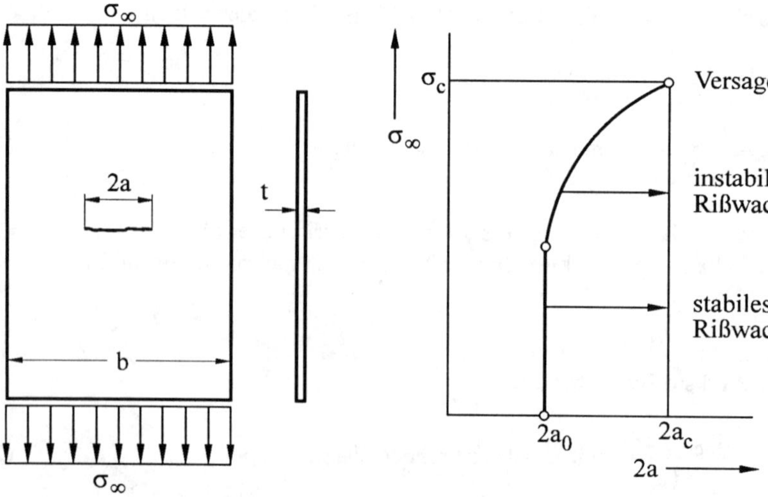

Bild 24.12: CCT-Probe für dünnwandige Bauteile

Unter weiterer Berücksichtigung der sogenannten *Feddersen-Beziehungen* läßt sich dann Gl. (24.29) wie folgt übertragen auf Bauteile:

Sektion	$K_{co} =$
$0 \le a_o \le \frac{9}{4\pi}\left(\frac{K_{co\infty}}{R_{p0,2}}\right)^2$	$R_{p0,2}\left[1-\frac{4\pi}{27}\left(\frac{R_{p0,2}}{K_{co\infty}}\right)^2 a_o\right]\sqrt{\pi \cdot a_o}\ \overline{Y}$
$\frac{9}{4\pi}\left(\frac{K_{co\infty}}{R_{p0,2}}\right)^2 \le a_o \le \frac{b}{6}$	$K_{co\infty} \cdot \overline{Y}$
$\frac{b}{6} \le a_o \le \frac{b}{2}$	$\frac{3}{2} K_{co\infty}\sqrt{\frac{6\,a_o}{b}}\left(1-\frac{2\,a_o}{b}\right)\overline{Y}$
mit $\overline{Y} = \sqrt{1/\cos\left(\pi \cdot a_o / b\right)}$	

(24.31)

Der Geltungsbereich ist hierbei eingeschränkt durch

- die Bauteildicke mit $\qquad t < 2{,}5\left(\frac{K_{Ic}}{R_{p0,2}}\right)^2,$

- die Bauteilbreite mit $\qquad b \ge \frac{27}{2\pi}\left(\frac{K_{co}}{R_{p0,2}}\right)^2$

und

- die Versagensspannungen mit $\sigma_c \leq R_{p0,2}\left(1 - \frac{2\,a_o}{b}\right)$.

Weiter ist mit

$$a_c = \frac{1}{\pi}\left(\frac{K_{Ic}}{\sigma_\infty}\right)^2$$

auch noch die kritische Rißlänge von Interesse.

24.8 Allgemeines Rißfortschrittsproblem

Als ein Vorteil des K-Konzeptes ist weiterhin die leichte Übertragbarkeit auf dynamische Probleme anzusehen. Unter den Voraussetzungen einer konstanten Mittelspannung und konstantem Spannungsausschlag läßt sich gemäß

$$\Delta K = \Delta\sigma_\infty \sqrt{\pi \cdot a}\; Y(a), \quad \text{mit } \Delta\sigma_\infty = 2\,\sigma_a \tag{24.32}$$

eine *zyklische Spannungsintensität* definieren. Wie das umseitige Bild 24.13 verdeutlicht, nimmt diese Spannungsintensität durch Rißwachstum stetig zu. Bruch tritt sodann ein, wenn eine der Instabilitätsbeziehungen

$$K_{max} = K_c \quad \text{oder} \quad \Delta K = \Delta K_c \tag{24.33}$$

verletzt ist. Wobei noch der bekannte Zusammenhang

$$\Delta K_c = (1 - R)\, K_c \tag{24.34}$$

besteht.

Entsprechend vorstehender Fragestellung gibt es somit eine Korrelation zwischen der Spannungsintensität und der Rißgeschwindigkeit. Je Lastwechsel wächst nämlich der Riß und somit auch die Spannungsintensität um

$$\Delta K = \Delta K_2 - \Delta K_1 = \Delta\sigma_\infty \sqrt{\pi\left(a + \frac{da}{dn}\,dn\right)}$$

an.

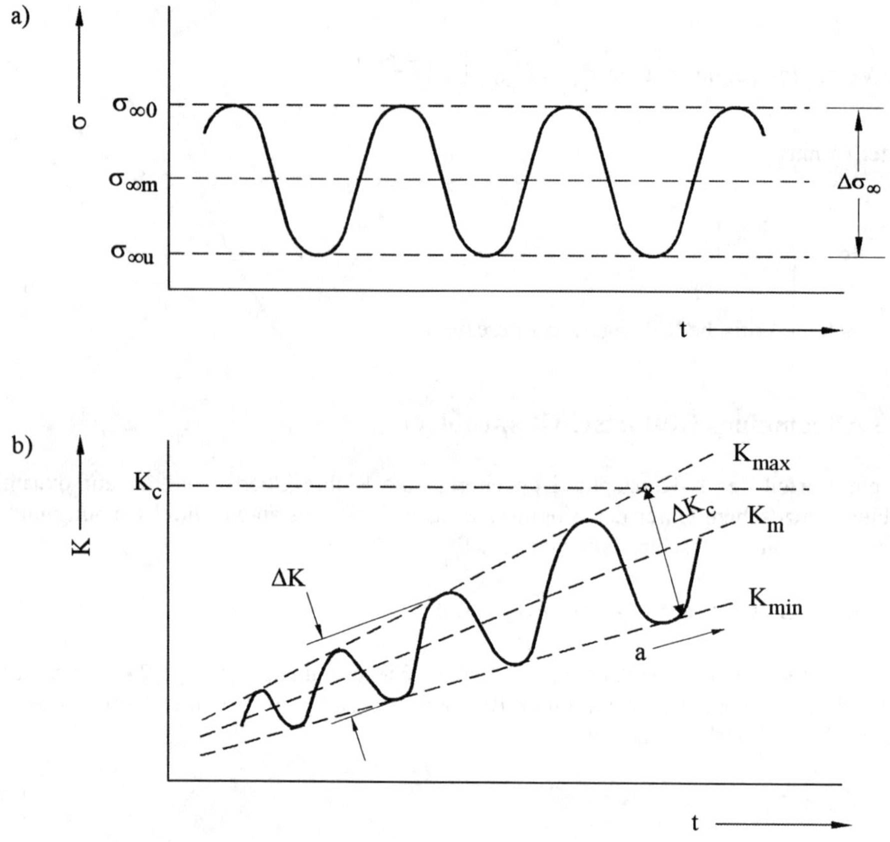

Bild 24.13: Verhältnis zwischen der Beanspruchung und dem Verlauf der zyklischen Spannungsintensität

Um nun die Ausbreitung von Ermüdungsrissen abschätzen zu können, muß in einem Werkstoff die jeweilige Rißlänge als Funktion der Lastspielzahl n gemessen werden.

Für benachbarte Datenpaare a, n stellt der Differentialquotient da/dn das Rißwachstum pro Lastspiel[*)] dar. Den angestrebten Zusammenhang erhält man durch die Auftragung von Bild 24.14, in der das Rißwachstum mit der zyklischen Spannungsintensität verknüpft ist.

Bei allen technisch relevanten Werkstoffen ergibt sich dabei näherungsweise der gezeigte S-förmige Kurvenverlauf, der sich asymtotisch innerhalb von zwei Grenzwerten bewegt.

[*)] Anmerkung: Eine Rißwachstumsgeschwindigkeit wäre da/dt, diese kann aber gewöhnlich meßtechnisch nicht erfaßt werden.

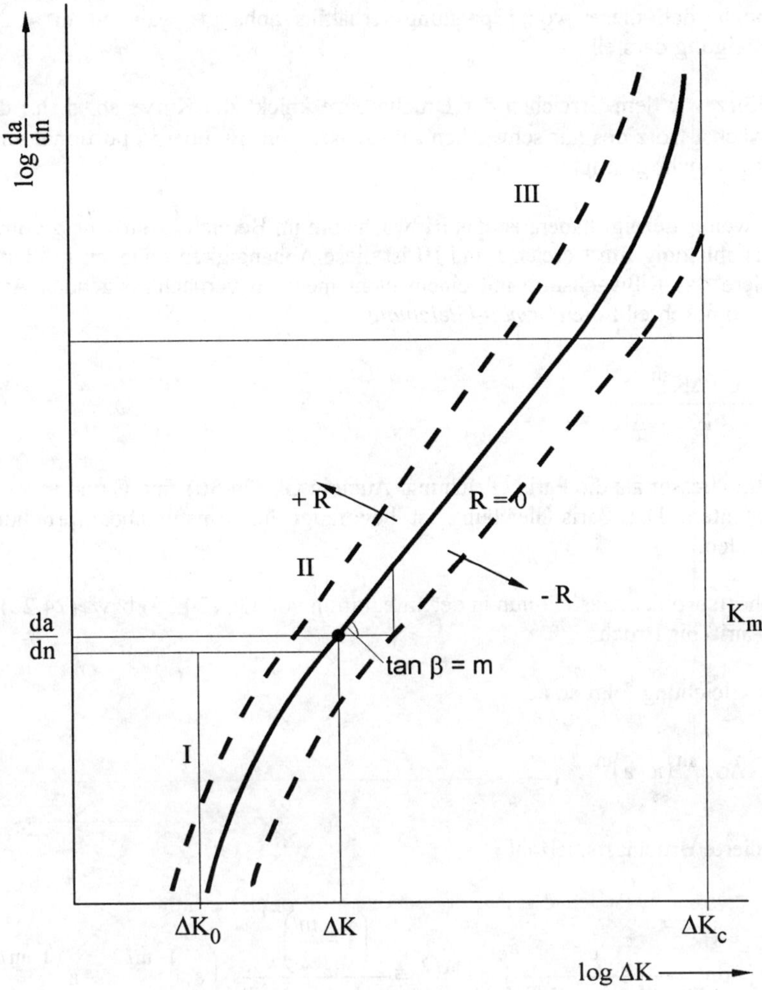

Bild 24.14: Doppellogarithmische Darstellung von da/dn über ΔK nach /24.7/

Vom Verlauf her lassen sich hierin drei Bereich abgrenzen:

- Bereich I: Untere Grenze ist der sogenannte *Schwellenwert* ΔK_o. Für $\Delta K \leq \Delta K_o$ ist Rißstillstand zu beobachten. Die Schwellenwerte der verschiedenen Werkstoffgruppen verhalten sich wie ihre Elastizitätsmodule.

- Bereich II: Kennzeichnend ist der lineare Zusammenhang zwischen log(da/dn) und log (ΔK). Dieser läßt sich durch die *Paris-Gleichung*

$$\frac{da}{dn} = C \cdot \Delta K^{m} \tag{24.35}$$

beschreiben. Hierin sind C und m werkstoffabhängige Konstanten. Für C gilt noch, daß dieser vom Spannungsverhältnis abhängt, während m ≈ 2-4 die Steigung darstellt.

- Bereich III: Kurz vor dem Erreichen der Bruchgrenze knickt die Kurve ab, d. h., der Riß wächst trotz des nur schwachen Zuwachses von ΔK überproportional und kann nicht mehr gestoppt werden.

Wie Versuche weiter gezeigt haben, ist das Rißwachstum im Bereich II nur wenig vom Spannungsverhältnis abhängig. Im Bereich I und III ist diese Abhängigkeit dagegen größer. Spielt sich insbesondere das Rißwachstum mit einem nicht mehr zu vernachlässigenden Anteil im Bereich III ab, so beschreibt die *Forman-Gleichung*

$$\frac{da}{dn} = \frac{C \cdot \Delta K^m}{(1-R)K_c - \Delta K} \tag{24.36}$$

das Rißwachstum besser als die Paris-Gleichung. Auch in Gl. (24.36) sind C und m identische Werkstoffkonstanten. Die Paris-Gleichung ist bevorzugt für Einstufenbeanspruchung mit $R = 0$ anzuwenden.

Das Rißfortschrittsproblem besteht nun in der Integration von Gl. (24.35) bzw. (24.26) in den Grenzen von Anriß bis Bruch:

- Für die Paris-Gleichung folgt so aus

$$\frac{da}{dn} = C \cdot \Delta\sigma_\infty{}^m (\pi \cdot a)^{m/2} ,$$

für die kumulierte Bruchlastspielzahl

$$N_B = \int_0^{N_B} dn = \frac{1}{C\left(\Delta\sigma_\infty \sqrt{\pi}\right)^m} \int_{a_o}^{a_c} a^{-m/2} = \frac{\left(1-\frac{m}{2}\right)^{-1}}{C\left(\Delta\sigma_\infty \sqrt{\pi}\right)^m} \cdot \left(a_c{}^{1-m/2} - a_o{}^{1-m/2}\right). \tag{24.37}$$

Die hierin noch unbekannte kritische Rißlänge kann aus der Grenzbetrachtung

$$K_{max} = \sigma_{\infty_o} \cdot \sqrt{\pi \cdot a_c} \equiv K_c$$

bestimmt werden zu

$$a_c = \frac{1}{\pi}\left(\frac{K_c}{\sigma_{\infty_0}}\right)^2 . \tag{24.38}$$

Eingesetzt in die vorstehende Gleichung erhält man

$$N_B = \frac{\left(1-\frac{m}{2}\right)^{-1}}{C\left(\Delta\sigma_\infty\sqrt{\pi}\right)^m}\left[\left(\frac{K_c}{\Delta\sigma_{\infty_0}\sqrt{\pi}}\right)^{2-m} - a_0^{1-m/2}\right] \tag{24.39}$$

Ein *Sonderfall der Integration* liegt für m = 2 vor. Ausgehend von

$$\frac{da}{dn} = C \cdot \Delta\sigma_\infty^{\,2} \cdot \pi \cdot a$$

folgt hier für die kumulierte Bruchlastspielzahl

$$N_B = \frac{1}{\left(C \cdot \Delta\sigma_\infty^{\,2} \cdot \pi\right)}\int_{a_0}^{a_c}\frac{da}{a} = \frac{1}{\left(C \cdot \Delta\sigma_\infty^{\,2} \cdot \pi\right)}\ell n\left[\frac{\left(\frac{K_c}{\Delta\sigma_{\infty_0}\sqrt{\pi}}\right)^2}{a_0}\right]. \tag{24.40}$$

- Für die Forman-Gleichung

$$\frac{da}{dn} = \frac{C\left(\Delta\sigma_\infty\sqrt{\pi}\right)^m \cdot a^{\frac{m}{2}}}{(1-R)\,K_c - \left(\Delta\sigma_\infty\sqrt{\pi}\right)\sqrt{a}}$$

erhält man entsprechend

$$N_B = \frac{2}{C\left(\Delta\sigma_\infty\sqrt{\pi}\right)^m}\left\{\frac{(1-R)K_c}{2-m}\left[\left(\frac{K_c}{\sigma_{\infty_0}\sqrt{\pi}}\right)^{2-m} - a_0^{(2-m)/2}\right]\right.$$
$$\left. - \frac{\Delta\sigma_\infty\sqrt{\pi}}{3-m}\left[\left(\frac{K_c}{\sigma_{\infty_0}\sqrt{\pi}}\right)^{3-m} - a_0^{(3-m)/2}\right]\right\}. \tag{24.41}$$

Auch hier ist wieder anzumerken, daß die vorstehende Gleichungen nur für die unendlichen Scheiben gelten, da die Korrekturfunktion nicht eingearbeitet ist. Eine Integration unter

Berücksichtigung der Korrekturfunktion ist wegen der Abhängigkeit Y(a) meist sehr aufwendig. In praktischen Fällen geht man deshalb zu einer *iterativen Lösung* der Rißwachstumsgleichung über. Hierzu wird die Rißlänge $\left(a_o \text{ bis } a_c\right]$ in ausreichend viele Intervalle i = 1, n eingeteilt und beispielsweise unter Anwendung von Gl. (24.39)/(24.40) die Bruchlastspielzahl nach folgendem Schema ermittelt:

- Vorgeben einer Rißlänge in den Schritten

$$\begin{aligned} \bar{a}_i &= a_i - a_o \\ \bar{a}_{i+1} &= \bar{a}_i + \frac{1}{2}\left(a_{i+1} - a_i\right) \\ &\vdots \\ \bar{a}_n &= \bar{a}_{n-1} + \frac{1}{2}\left(a_c - a_{n-1}\right) \end{aligned} \quad ,$$

- Bestimmen der Rißkorrekturfunktion

$$Y = Y\left(\bar{a}_i\right) ,$$

- Berechnen einer Teilbruch-Lastspielzahl gemäß

$$N_{Bi} = \frac{a_{i-1}^{(2-m)/2} - a_i^{(2-m)/2}}{\left(\frac{m-2}{2}\right) C\left[\Delta\sigma_\infty \cdot \sqrt{\pi} \cdot Y\left(\bar{a}_i\right)\right]} \quad \text{für } m \neq 2 \tag{24.42}$$

bzw.

$$N_{Bi} = \frac{\ell n\left(\frac{a_i}{a_{i+1}}\right)}{C \cdot \pi\left[\Delta\sigma_\infty \cdot Y\left(\bar{a}_i\right)\right]^2} \quad \text{für } m = 2 , \tag{24.43}$$

- Aufsummieren über alle Schritte

$$N_B = \sum_{i=1}^{n} N_{Bi} \tag{24.44}$$

zur resultierenden Bruchlastspielzahl.

Ein dementsprechender Ablauf kann auch mit der Forman-Gleichung entwickelt werden. Die iterative Gleichung lautet hier

$$N_{Bi} = \frac{2}{C\left[\Delta\sigma_\infty \sqrt{\pi} Y(\bar{a}_i)\right]^m} \left\{ \frac{(1-R)K_c}{2-m} \left[a_i^{(2-m)/2} - a_{i-1}^{(2-m)/2} \right] \right.$$
$$\left. - \frac{\Delta\sigma_\infty \sqrt{\pi} Y(\bar{a}_i)}{3-m} \left[a_i^{(3-m)/2} - a_{i-1}^{(3-m)/2} \right] \right\}. \tag{24.45}$$

Die Aufsummierung erfolgt dann wieder über alle Intervalle.

24.9 Bruchmechanische Akkumulation

In Analogie zu Kapitel 24.3 soll nun nicht mehr wie zuvor eine periodische Schwingbeanspruchung angesetzt werden, sondern ein stochastischer Verlauf zugelassen sein. Bisher gelten die damit zusammenhängenden Fragestellungen in der Bruchmechanik als noch nicht restlos geklärt. Im folgenden soll daher ein pragmatischer Weg unter der Vorstellung einer bruchmechanischen Akkumulation entwickelt werden. Ausgangsbeanspruchung soll hierfür das Kollektiv nach Bild 24.15 sein.

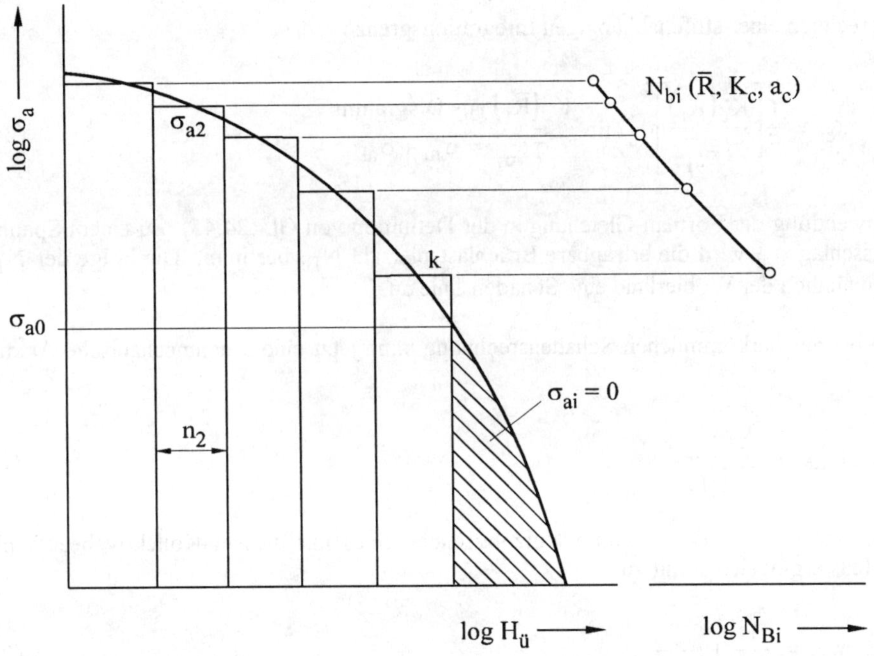

Bild 24.15: Rißkollektiv und Schadenslinie

Gemäß den Ausführungen zur Rißwachstumsfunktion kann zunächst dieses vollständige Kollektiv auf ein Rißkollektiv eingeschränkt werden. Maßgebend für das Rißwachstum sind nur Spannungsausschläge

$$\sigma_{ai} \geq \sigma_{ao} = \frac{1}{2} \frac{\Delta K_o}{\sqrt{\pi \cdot a_o}\, Y(a_o)} . \tag{24.46}$$

Somit tragen die Amplituden, die nicht zu einer Schwellenwertüberschreitung führen, nicht zum Rißwachstum bei. (Diese Einschränkung ist allgemein üblich und stellt somit eine Analogie zur Palmgren/Miner-Hypothese dar. Gegebenenfalls muß mit zunehmender Plastifizierung des Materials diese Eingrenzung aufgegeben werden.)

Unter der Wirkung von äquivalenten Einstufenbeanspruchungen kann nun unter Anwendung eines Rißwachstumsgesetzes eine Schadenslinie über alle Stufen bestimmt werden. Weil hierbei das Spannungsverhältnis veränderlich ist, bietet sich dazu die *Forman-Gleichung* an. Der Ablauf zur Bestimmung von Punkten der Schadenslinie gestaltet sich dabei folgendermaßen:

- Definition eines mittleren Spannungsverhältnisses

$$\overline{R}_i = \frac{\overline{\sigma}_m - \sigma_{ai}}{\overline{\sigma}_m + \sigma_{ai}} \tag{24.47}$$

  durch Ausgleich des gegebenen Verlaufs $\sigma(t)$,

- Berechnen einer stufenabhängigen Integrationsgrenze

$$a_{ci} = \frac{1}{\pi} \left[\frac{K_c(\overline{R}_i)}{\sigma_{\infty o_i}} \right]^2 \quad \text{mit} \quad \begin{matrix} K_c(\overline{R}_i) \text{ aus Diagramm} \\ \sigma_{\infty o_i} = \overline{\sigma}_m + \sigma_{ai} \end{matrix} , \tag{24.48}$$

- Anwendung der Forman-Gleichung in der Definition von Gl. (24.45). Zu einem Spannungsausschlag σ_{ai} wird die ertragbare Bruchlastspielzahl N_{Bi} bestimmt. Die Folge der N_{Bi} geben ähnlich der Wöhlerlinie eine Schadenslinie an.

Wie bei der herkömmlichen Schadensrechnung kann jetzt eine bruchmechanische Akkumulation

$$D_{RK} = \sum_{i=1}^{k} \frac{n_i}{N_{Bi}} \tag{24.49}$$

angesetzt werden. Die gesamte Nutzungsdauer eines mit diesem Kollektiv beaufschlagten Bauteils ergibt sich somit zu

$$w_B = \frac{1}{D_K} + \frac{1}{D_{RK}} , \tag{24.50}$$

welches ein Kollektivwiederholungsfaktor darstellt, der die Phasen Gefügezerrüttung/Anriß/Bruch abdeckt.

24.10 Einheitsakkumulation

Zur Abschätzung der Nutzungsdauer eines Bauteils ist zuvor ein aufbauendes Akkumulationskonzept entwickelt worden. Mit der Einführung des technischen Anrisses wurde hierbei eine recht willkürliche Grenze für die Gültigkeit der arbeits- bzw. bruchmechanischen Akkumulation eingeführt.

Als weiter noch unbefriedigend muß auch der bisher nicht berücksichtigte Reihenfolgeeinfluß gelten. Es gilt nämlich als experimentell belegt, daß eine Sortierung mit anfänglich höheren Amplituden zu einer niedrigeren Lebensdauer führt, als wenn anfänglich nur kleine Amplituden*) wirken.

Eine Forschungszielsetzung muß es daher sein, eine Akkumulationsregel zu entwickeln, die die beiden vorgenannten Effekte ausgleicht. Nachfolgend sei ohne tiefere Begründung eine auf der Basis des Paris-Erdogan-Gesetzes erstellte "Einheitsakkumulationsregel nach Franke" angegeben, die im Grenzübergang zur Miner-Regel führt.

Ausgangsüberlegung ist die Tatsache, daß kein Bauteil völlig frei von Rissen ist. Insofern können immer Anfangsrisse im Mikrometerbereich unterstellt werden. Für eine bestimmte Schwachstelle unter Kollektivbeanspruchung kann dann folgende Gleichung übernommen (s. Gl. (24.37)) werden:

$$N_B = \frac{a_c^{(2-m)/2} - a_o^{(2-m)/2}}{\left(\frac{2-m}{2}\right) C \cdot \pi^{m/2} \cdot (2\sigma_a)^m \cdot Y(a_c)^m} . \tag{24.51}$$

Diese kann nun verifiziert und umgeformt werden zu

$$N_{Bi} = \frac{1 - \left(\frac{a_{ci}}{a_o}\right)^{(2-m)/2}}{\left(\frac{m-2}{2}\right) C \cdot \pi^{m/2} \cdot (2\sigma_{ai})^m \cdot a_o^{(m-2)/2} \cdot Y(a_{ci})^m} . \tag{24.52}$$

bzw. geeignet erweitert werden zu

---

*) Anmerkung: In mehreren Versuchen wurde bei Lastfolgen High/Low ∅ D ≈ 0,7 und bei Low/High ∅ D ≈ 1,2 ermittelt.

$$N_{Bi} = \frac{1-\left(\frac{a_{ci}}{a_o}\right)^{(2-m)/2}}{\left(\frac{m-2}{2}\right) C \cdot \pi^{m-2} \cdot \left(\frac{2\,\sigma_{ai}}{\sigma_{ac_i}}\right)^m \cdot \left(2\,\sigma_{ac_i}\right)^m}$$

$$a_o^{(m-2)/2} \cdot \left(\frac{Y(a_{ci})}{Y(a_o)}\right)^m \cdot Y(a_o)^m . \qquad (24.53)$$

Aus dieser Gleichung lassen sich dann die Koeffizienten

$$B_i = \left(\frac{m-2}{2}\right) C \cdot \pi^{m/2} \cdot \left(2\sigma_{ac_i}\right)^m \cdot a_o^{(m-2)} \cdot Y(a_o)^m , \qquad (24.54)$$

$$ß_i = \frac{\sigma_{ai}}{\sigma_{ac_i}} , \qquad (24.55)$$

und

$$y_i = \frac{Y(a_o)}{Y(a_{ci})} \qquad (24.56)$$

abspalten. Des weiteren muß noch die folgende Zwischenbetrachtung über den Grenzwert der zyklischen Spannungsintensität durchgeführt werden

$$\frac{\Delta K_c}{\Delta K_c} = \frac{2\,\sigma_{ac} \cdot \sqrt{\pi} \cdot \sqrt{a_o} \cdot Y(a_o)}{2\,\sigma_a \cdot \sqrt{\pi} \cdot \sqrt{a_c} \cdot Y(a_c)} = 1 , \qquad (24.57)$$

was zu

$$\left(\frac{a_c}{a_o}\right) = \left(\frac{\sigma_{ac}}{\sigma_a}\right)^2 \cdot \left(\frac{Y(a_o)}{Y(a_c)}\right)^2 = \left(\frac{1}{ß} \cdot \frac{1}{y}\right)^2 \qquad (24.58)$$

führt. Damit kann dann endgültig für Gl. (24.52) geschrieben werden

$$N_{Bi} = \frac{\left[1-\left(ß_i \cdot y_i\right)^{m-2}\right]}{B_i\left(ß_i \cdot y_i\right)^m} . \qquad (24.59)$$

Im allgemeinen kann mit dieser Gleichung eine verläßliche Schadenslinie aufgestellt werden. Wie aus Bild 24.16 ersichtlich ist, nähert diese die Bauteil-Wöhlerlinie in einem vertretbaren Maße an, so daß hiermit ohne weiteres realistische Lebensdauerrechnungen durchgeführt werden können, wie in Begleitversuchen an dünnen St-Walzproben belebt werden konnte.

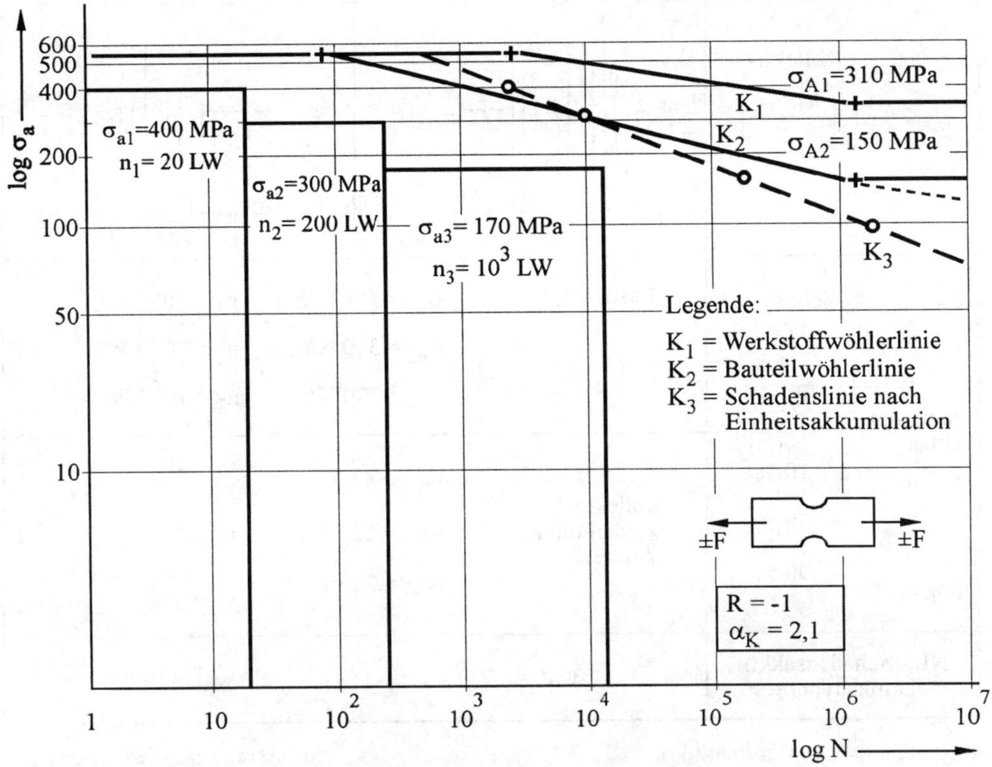

Bild 24.16: Auswertung eines Kollektivs nach dem Konzept der synthetischen Wöhlerlinie und der Einheitsakkumulation

Wie zuvor wird das Akkumulationsgesetz ebenso erweitert zu

$$D_{BK} = \sum_{i=1}^{k} \frac{\left[\left(\beta_i \cdot y_i\right)^{m-2} - 1\right]}{\left[\left(\beta_{i+1} \cdot y_{i+1}\right)^{m-2} - 1\right]} \cdot \frac{n_i}{N_{Bi}} \qquad (24.60)$$

und umfaßt jetzt den gesamten Lebensdauerbereich. Durch den Vorfaktor ist es jetzt auch möglich, verschiedene Amplitudenreihenfolgen zu wichten und miteinander zu verknüpfen. Wie die Auswertung bei beiden Kollektivformen im nachfolgenden Bild 24.17 zeigt, ergeben sich in Relation zur Miner-Regel deutlich andere Kollektivwiederholungsfaktoren.

Bemerkenswert ist die fast doppelt so hohe Lebensdauer bei der Umkehr des Kollektivs. Dies ist völlig konform mit der Erfahrung, denn kleine Amplituden führen anfänglich auch nur zu einem geringen Rißwachstum. Bisher konnte der in Gl. (24.60) aufgestellte Zusammenhang nur an einer geringen Anzahl von Bauteilen erprobt werden, wobei meist eine befriedigende Übereinstimmung zum Experiment gegeben war.

Kollektiv / Methode		
	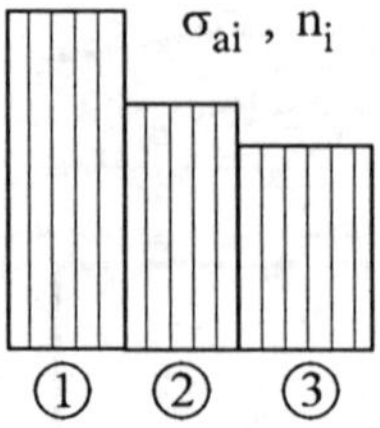	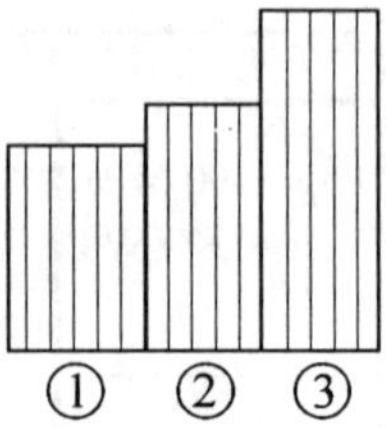
Palmgren-Miner; P_A	Laststufen:	$\sigma_{a1} = 400$ N/mm^2, $n_1 = 20$ LW $\sigma_{a2} = 300$ N/mm^2, $n_2 = 200$ LW $\sigma_{a3} = 170$ N/mm^2, $n_3 = 10^3$ LW
10 % 50 % 90 %	Kollektiv-wiederholungs-faktoren	$w_{10} = 4{,}82$ $w_{50} = 13{,}85$ für $T = 1:5$ $w_{90} = 24{,}09$
NL - Schadensakkumulationshyphotese	$w_B^{\downarrow} = 8{,}7$	$w_B^{\uparrow} = 16{,}96$

Bild 24.17: Nutzungsdauerabschätzung für ein Bauteil unter unterschiedlichen Kollektiven zur Belegung des Reihenfolgeeinflusses
(Palmgren-Miner = lineare Schadensakkumulation,
NL = nichtlineare Schadensakkumulation)

25 Strukturzuverlässigkeit

Die vorausgegangene Diskussion der Ermüdungsfestigkeit hebt auf die Analyse einer als schadenskritisch erkannten Stelle ab. Eine Leichtbaustruktur wird aber im Regelfall aus vielen Einzelteilen bestehen, so daß sich letztlich die Frage nach der Systemzuverlässigkeit stellt. Das somit neu auftretende Problem der Zuverlässigkeit soll im weiteren etwas vertieft betrachtet werden.

25.1 Zuverlässigkeitsanalyse

Für die Forderung Zuverlässigkeit von Tragwerken gibt es viele unterschiedliche Begriffsbestimmungen. Zur Bewertung der Auswirkungen soll im weiteren jedoch von folgender Definition ausgegangen werden:

> *"Mit Zuverlässigkeit einer Struktur soll die Fähigkeit bezeichnet werden, unter vorgegebenen Belastungs- und Funktionsbedingungen in einem bestimmten Zeitraum und mit einer definierten Wahrscheinlichkeit nicht auszufallen".*

Dies beinhaltet, daß man Zuverlässigkeit durch ein Merkmal wie die *Überlebenswahrscheinlichkeit* $(P_{Ü})$ oder die komplementäre *Ausfallwahrscheinlichkeit* (P_A) kennzeichnen kann. Hierdurch wird es möglich, diese Effekte dann auch zu quantifizieren.

Bei den hier zu betrachtenden Anwendungen soll bereits im Entwurf einem späteren Ausfall der Struktur vorgebeugt werden. Dies bedingt eine Maximierung der Zuverlässigkeit. Insofern gilt es, alle Maßnahmen bezüglich

- der Krafteinleitung,
- der Werkstoffauswahl,
- der Verbindungstechnik,
- der Gestaltung

bzw.

- der notwendigen Redundanzen

sorgfältig abzustimmen.

Die Bewertung einer Konstruktion hinsichtlich des verlangten Verhaltens erfolgt mittels einer Zuverlässigkeitsanalyse. Diese umfaßt eine Schwachstellenbetrachtung, eine Abstrahierung eines Systems in ein Boolesches Modell und hiervon abgeleitet eine wahrscheinlichkeitstheoretische Betrachtung bezüglich des Langzeitverhaltens.

25.2 Boolesche Grundanordnungen

Im weiteren soll angenommen werden, daß eine Struktur aus mehreren Komponenten mit unterschiedlichen Schwachstellen aufgebaut sei. Für die einzelnen Komponenten sei die Überlebens- oder Ausfallwahrscheinlichkeit durch Experiment bekannt. Von Interesse ist nun zu prognostizieren, welchen Einfluß die einzelnen Schwachstellen auf die Gesamtstruktur haben.

Nach grundsätzlichen Erkenntnissen treten in technischen Systemen stets bestimmte Boolesche Grundanordnungen auf, die sich entweder als Serien- oder Parallelanordnung der Komponenten darstellen.

Ausfall oder Überleben können hierbei als Komplementärereignisse angesehen werden. Es gilt demgemäß für eine Struktur/System

$$P_{Ü} + P_{A} = 1 \tag{25.1}$$

bzw. für eine einzelne Schwachstelle/Bauteil

$$P_{üi} + P_{ai} = 1\,. \tag{25.2}$$

Damit lassen sich die Grundanordnungen wie folgt charakterisieren:

Serienanordnung: Der Fall ist dadurch charakterisiert, daß die maßgebenden Komponenten (K1-Kn) hintereinander wirken. Eine Struktur überlebt dabei nur, wenn alle Komponenten überleben. Für die Überlebenswahrscheinlichkeit ist demgemäß anzusetzen

$$P_{Ü}(t) = P_{ü1} \cdot P_{ü2} \cdot \ldots \cdot P_{ün} = \prod_{i=1}^{n} P_{üi}(t) \tag{25.3}$$

bzw. für die Ausfallwahrscheinlichkeit

$$P_{A}(t) = 1 - \prod_{i=1}^{n} (1 - P_{ai}(t))\,. \tag{25.4}$$

Falls alle Komponenten die gleichen Wahrscheinlichkeitswerte aufweisen sollten, vereinfachen sich die vorstehenden Gleichungen zu

$$P_{Ü}(t) = P_{üi}{}^{n} \quad \text{bzw.} \quad P_{A}(t) = 1 - (1 - P_{ai})^{n}\,. \tag{25.5}$$

Parallelanordnung: Dieser Fall ist durch Verzweigungen gekennzeichnet, d. h. es sind mehrere Kräftepfade vorhanden. Der Ausfall einer Komponente zieht also nicht zwangsläufig auch den Ausfall der Struktur nach sich. Für die Ausfallwahrscheinlichkeit gilt somit

$$P_{A}(t) = P_{a1} \cdot P_{a2} \cdot \ldots \cdot P_{an} = \prod_{i=1}^{n} P_{ai} \tag{25.6}$$

bzw. für die Überlebenswahrscheinlichkeit

$$P_{Ü}(t) = 1 - \prod_{i=1}^{n} (1 - P_{üi})\,. \tag{25.7}$$

Sind wiederum alle Wahrscheinlichkeitswerte gleich, so sind die zu Gl. (25.5) dualen Beziehungen zu bilden.

Im Bild 25.1 sind die typischen Grundanordnungen in ihrem Aufbau symbolisch dargestellt.

Serienanordnungen liegen in der Technik überall da vor, wo der Kraftverlauf von einem Bauteil zum anderen läuft. Dies ist der Regelfall, der überwiegend vorkommt. Bei Parallelanordnungen wird der Kraftverlauf aufgespalten. In der Praxis ist dies relativ selten, obwohl es hierfür Anwendungsfälle (z. B. Zweikreis-Bremssystem bei LKW, doppelte Wände bei Öltanks etc.) gibt.

Blockdiagramm	Überlebenswahrscheinlichkeit
- logische Serienanordnung 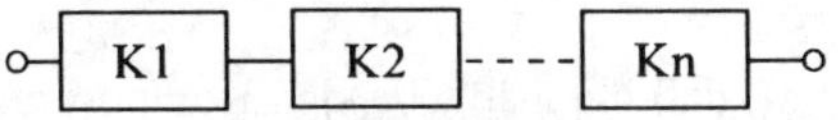	$P_{Ü}(t) = P_{ü1}(t) \cdot P_{ü2}(t) \; \ldots \; P_{ün}(t)$ $= \prod_{i=1}^{n} P_{üi}(t)$
- logische Parallelanordnung 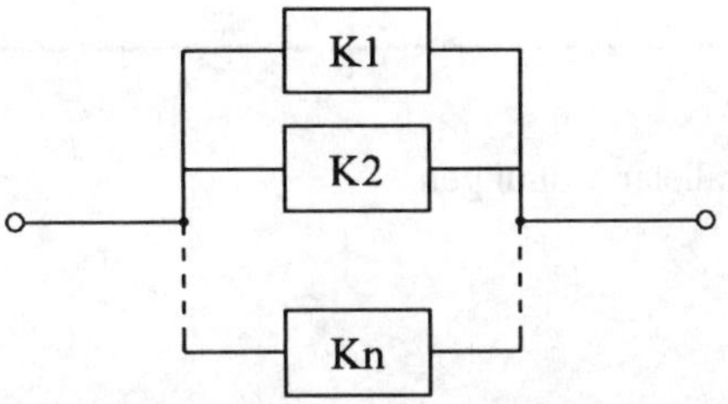	$P_{Ü}(t) = 1 - [1 - P_{ü1}(t)] \ldots [1 - P_{ün}(t)]$ $= 1 - \prod_{i=1}^{n} [1 - P_{üi}(t)]$

Bild 25.1: Logische Grundanordnungen im Zuverlässigkeits-Blockdiagramm nach /25.1/

Darüber hinaus treten oft auch Mischanordnungen dieser beiden Grundstrukturen auf. Eine Ausführungsform hierunter ist die Parallel-Serienanordnung, so wie im umseitigen Bild 25.2 gezeigt ist.

Die Parallel-Serienanordnung fällt demnach also aus, wenn gerade zwei Komponenten K_{1i} und K_{2i} in gegenüberliegenden Strängen ausfallen, was normalerweise nur wenig wahrscheinlich ist. Eine insgesamt höhere Zuverlässigkeit kann der Serien-Parallelanordnung zugeschrieben werden, da dort jedes Glied redundant vorhanden ist. Ein Gesamtausfall ist hier nur möglich, wenn eine Parallelanordnung insgesamt ausgefallen ist.

Die diesen Anordnungen zugehörigen Wahrscheinlichkeitsfunktionen sind in dem Bild exemplarisch mit aufgeführt worden.

Blockdiagramm	Überlebenswahrscheinlichkeit
- Parallel - Serienanordnung 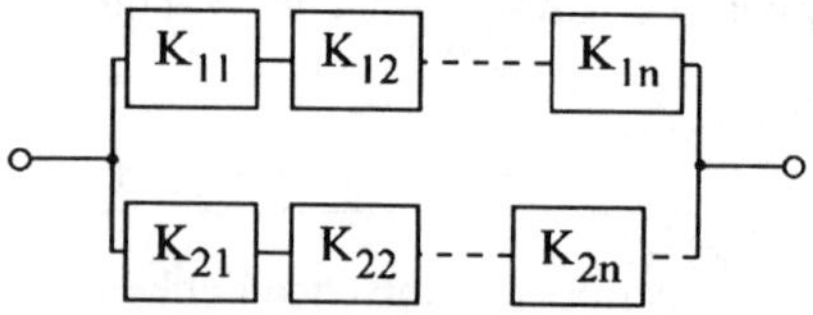	$P_{Ü}(t) = 1 - \left[1 - \prod_{i=1}^{n} P_{ü1i}(t)\right]\left[1 - \prod_{k=1}^{m} P_{ü2k}(t)\right]$
- Serien - Parallelanordnung 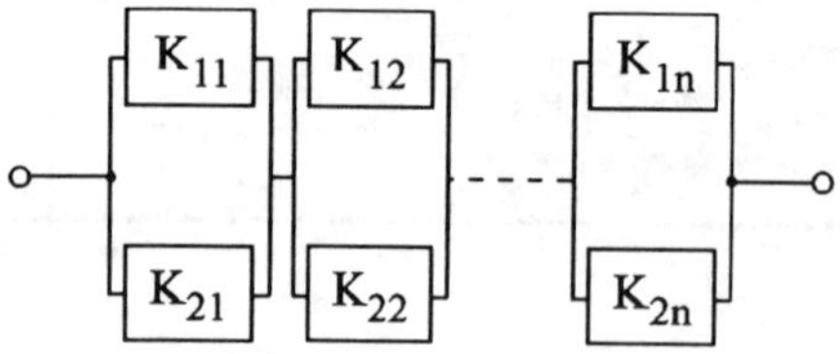	$P_{Ü}(t) = \prod_{i=1}^{n}\left(1 - \left[1 - P_{ü1i}(t)\right]\left[1 - P_{ü2i}(t)\right]\right)$

Bild 25.2: Zuverlässigkeits-Blockdiagramm von Parallelanordnungen

25.3 Statistische Nutzung

Es wird in der Praxis viele Fälle geben, wo von einem Leichtbauteil oder einer Leichtbaustruktur eine größere Stückzahl hergestellt werden soll. Das Zuverlässigkeitsverhalten der Struktur /25.2/ ergibt sich dann gemäß vorstehender Ausführungen aus dem Ausfallverhalten der Komponenten. Wenn die Ausfall- bzw. Überlebenswahrscheinlichkeiten der Komponenten streuen, so kann man auch das Ausfallverhalten und die Lebensdauer der Struktur nicht als Einpunktwerte auffassen, sondern diese werden ebenfalls streuen. Demzufolge muß man die Nutzungszeit T als Zufallsgröße ansehen.

Der *Erwartungswert* (Mittelwert) der Lebensdauer kann dann angesetzt werden als

$$E(T) \equiv T_m = \int_{0}^{\infty} f(t) \cdot t \, dt \,. \tag{25.8}$$

Darin bezeichnet f(t) die sogenannte *Ausfalldichte*, welche definiert ist zu

$$f(t) = \frac{dP_A}{dt} = -\frac{dP_Ü}{dt} \,. \tag{25.9}$$

Durch partielle Integration läßt sich Gl. (25.8) noch vereinfachen zu

$$T_m = \underline{-P_{\ddot{U}}(t) \cdot t \Big|_0^{\infty}} + \int_0^{\infty} P_{\ddot{U}}(t)\, dt \ . \tag{25.10}$$

Der erste Term in dieser Gleichung ist Null, weil $P_{\ddot{U}}(0) = 1$ bzw. $P_{\ddot{U}}(\infty) = 0$ ist. Die *mittlere Lebensdauer* kann so angegeben werden als

$$T_m = \int_0^{\infty} P_{\ddot{U}}(t)\, dt \ . \tag{25.11}$$

Der Wert T_m wird vielfach auch als MTTF (Mean Time To Failure) bezeichnet, welcher die ausfallfreie Zeit umfaßt.

Eine für die nachfolgenden Betrachtungen weiter wichtige Größe ist die sogenannte *Ausfallrate* λ(t), sie ist definiert als das Verhältnis

$$\lambda(t) = \frac{f(t)}{P_{\ddot{U}}(t)} \equiv -\frac{1}{P_{\ddot{U}}(t)} \cdot \frac{dP_{\ddot{U}}(t)}{dt} \ . \tag{25.12}$$

Der Begriff Ausfallrate wird verständlich, wenn man eine hinreichend große Anzahl N gleicher Komponenten betrachtet, die einer Lebensdauerprüfung unterworfen werden. Nach Ablauf einer vorgegebenen Prüfzeit t werden eine Anzahl von $n_a(t)$-Komponenten ausgefallen und ein Anzahl von $n_{\ddot{u}}(t)$-Komponenten die Prüfung überlebt haben. Dann gilt

$$n_a(t) + n_{\ddot{u}}(t) = N \ . \tag{25.13}$$

Versteht man die Wahrscheinlichkeit als Grenzwert der relativen Häufigkeit, dann läßt sich für die vorgenannten Ereignisse empirisch definieren

$$\tilde{P}_{\ddot{U}}(t) = \frac{n_{\ddot{u}}(t)}{N} \tag{25.14}$$

und

$$\tilde{P}_A(t) = \frac{n_a(t)}{N} \ . \tag{25.15}$$

Damit läßt sich dann wieder die Ausfallrate angeben zu

$$\lambda(t) = -\frac{N}{n_{\ddot{u}}} \cdot \frac{1}{N} \cdot \frac{dn_{\ddot{u}}}{dt} = \frac{1}{n_{\ddot{u}}} \cdot \frac{dn_a}{dt} \approx \frac{1}{n_{\ddot{u}}} \cdot \frac{\Delta n_a}{\Delta t} \ , \tag{25.16}$$

wobei die differenzierte Gl. (25.13) eingeführt worden ist. Die Ausfallrate kann so gedeutet werden als die Anzahl der in einem Zeitintervall Δt ausgefallenen Einheiten Δn_a bezogen auf die noch funktionsfähigen Komponenten $n_{\ddot{u}}$.

Des weiteren kann aus Gl. (25.12) noch die Überlebenswahrscheinlichkeit für ein System über ein Zeitintervall $(0,\ t_1)$ bestimmt werden. Aus einer Umstellung folgt

$$\int_{P_{ü}(0)}^{P_{Ü}(t_1)} \frac{dP_{Ü}}{P_{Ü}} = -\int_{0}^{t_1} \lambda(t) \cdot dt \qquad (25.17)$$

bzw.

$$\ell n\, P_{Ü}\Big|_{1}^{P_{Ü}(t_1)} = -\int_{0}^{t_1} \lambda(t) \cdot dt\ , \quad \text{mit } P_{Ü}(0) = 1$$

oder entlogarithmiert erhält man

$$P_{Ü}(t_1) = e^{\left(-\int_{0}^{t_1} \lambda(t) \cdot dt\right)}. \qquad (25.18)$$

Dies läßt sich erweitern auf die Fragestellung, die Überlebenswahrscheinlichkeit eines Systems für ein festes Zeitintervall $\Delta t = (t_1,\ t_2 = t_1 + \Delta t)$ anzugeben, wenn das System das vorausgegangene Zeitintervall $[0,\ t_1)$ überlebt hat. Zufolge der vorstehenden Betrachtungen folgt hierfür

$$P_{Ü}(t_1,\ t_2) = e^{\left(-\int_{t_1}^{t_1+\Delta t} \lambda(t) \cdot dt\right)} \qquad (25.19)$$

als Funktion der Überlebenswahrscheinlichkeit.

25.4 Zufallsausfälle

Ein wichtiger Spezialfall für die Nutzung einer Struktur ist der Zufallsausfall. In der Praxis kann dies bei einer Vielzahl gleicher Strukturen unter gleichen statischen Lastverhältnissen vorkommen. Das Kennzeichen eines Zufallsausfalls ist, daß Ausfälle zu beliebigen Zeiten auftreten. Es kann somit angenommen werden, daß die Ausfallrate zeitunabhängig ist. Somit kann für den Exponent von Gl. (25.19) angesetzt werden

$$\lambda \int_{0}^{t_1} dt = \lambda \cdot t_1\ . \qquad (25.20)$$

Die Überlebenswahrscheinlichkeit eines Systems in einem Zeitintervall von $t = 0$ bis $t = t_1$ ist dann angebbar als

$$P_{\ddot{U}}(t_1) = e^{-\lambda \cdot t_1} . \tag{25.21}$$

Interpretiert heißt dies aber auch, daß die Zuverlässigkeit $P_{\ddot{U}}(t_1, \Delta t)$ eines Systems, welches zum Zeitpunkt t funktionsfähig ist, unabhängig ist von der Vorbelastungszeit. Erweitert gilt so

$$P_{\ddot{U}}(t_1, \Delta t) = e^{-\lambda \cdot \Delta t} . \tag{25.22}$$

In Gl. (25.22) tritt somit die Vorbelastungszeit nicht mehr in Erscheinung, sondern nur noch das Zeitintervall. Entsprechend folgt für die Ausfallverteilungsfunktion

$$P_A(t_1, \Delta t) = 1 - e^{-\lambda \cdot \Delta t} . \tag{25.23}$$

Vorstehende Gleichungen beschreiben eine Exponentialverteilung, die somit Zufallsausfälle kennzeichnet.

Hieraus leitet sich die Ausfalldichte gemäß Gl. (29.9) zu

$$f(t) = \lambda \cdot e^{-\lambda \cdot t} \tag{25.24}$$

und die mittlere Lebensdauer zu

$$T_m = \int_0^\infty e^{-\lambda \cdot t} \cdot dt = -\frac{1}{\lambda} \cdot e^{-\lambda \cdot t}\Big|_0^\infty = \frac{1}{\lambda} \tag{25.25}$$

ab, d. h., bei Vorliegen einer konstanten Ausfallrate beschreiben der Mittelwert und die Ausfallrate die Zuverlässigkeit eines Systems. Der Ausdruck $1/\lambda$ = MTBF (Mean Time Between Failures) wird oft auch in Regelwerken zur Kennzeichnung der ausfallfreien Zeit herangezogen. Die Annahme einer konstanten Ausfallrate ist für beliebig große Betrachtungszeiträume jedoch nicht zutreffend, da gewöhnlich über einen längeren Zeitraum auch die Ausfallrate (z. B. wegen Kriechens, Ermüdens, Alterns etc.) zeitabhängig wird.

25.5 Früh- und Abnutzungsausfälle

Bei Systemen, die einer längeren Belastungsgeschichte unterliegen, zeigen Ausfälle eine bestimmte Systematik, die man unter dem Oberbegriff der Früh- und Abnutzungsausfälle zusammenfassen kann. Im Bild 25.3 ist eine dieses Verhaltens beschreibende Ausfallkurve (Badewannenkurve s. /25.3/) skizziert.

Die Kurve grenzt hierbei drei Bereiche ab:

- Im Intervall von $t = 0$ bis t_1 tritt eine abfallende Ausfallrate auf. Hierdurch werden Frühausfälle charakterisiert, die infolge verborgener Mängel (Herstellungs-, Montage- oder Werkstoffehler) vorkommen.
- Im Intervall t_1, t_2 hat sich die Ausfallrate stabilisiert, da vorher schon alle fehlerbehafteten Strukturen ausgefallen sind. Weitere Ausfälle treten somit nur zufällig auf.

- Im Intervall $t > t_2$ steigt die Ausfallrate wieder an. Ursache können hier Verschleiß, Alterung oder Ermüdung sein.

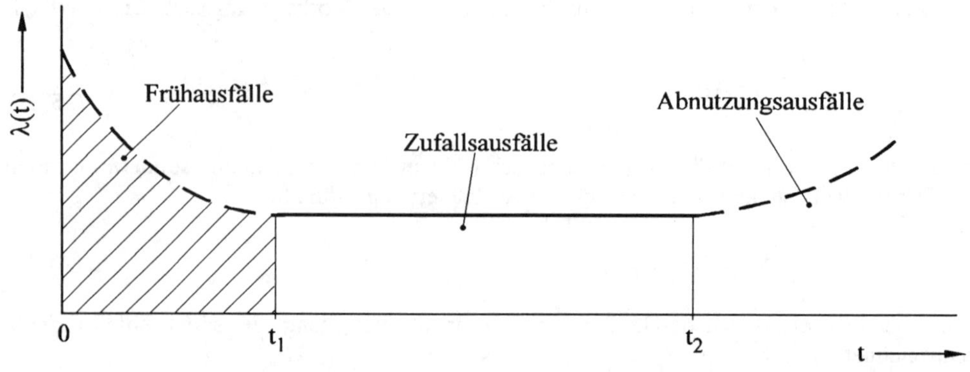

Bild 25.3: Bereichsweise veränderliche Ausfallkurve (Badewannenkurve)

Das zuvor beschriebene Verhalten kann mathematisch durch die *Weibull-Verteilung* /25.4/ beschrieben werden. Diese kann entweder zwei- oder dreiparametrig angesetzt werden.

- Bei der *zweiparametrigen Weibull-Funktion* entspricht die *Überlebenswahrscheinlichkeit*

$$P_{\ddot{U}}(t) = e^{-(t/T)^b} \quad . \tag{25.26}$$

Hierin ist t die variable Zeit, T die charakteristische Lebensdauer und b ein Formparameter, der den Verlauf der Verteilungskurve steuert.

Die *Dichtefunktion* ist anzusetzen als

$$f(t) = \frac{dP_A}{dt} = \frac{b}{T} \cdot \left(\frac{t}{T}\right)^{b-1} \cdot e^{-(t/T)^2} \tag{25.27}$$

und die *Ausfallrate* als

$$\lambda(t) = \frac{f(t)}{P_{\ddot{U}}(t)} = \frac{b}{T} \cdot \left(\frac{t}{T}\right)^{b-1} \quad . \tag{25.28}$$

Die Erfahrung zeigt, daß die mit der zweiparametrigen Weibull-Funktion berechneten Lebensdauern fast immer unter den real gemessenen Lebensdauern liegen. Als Ursache hierfür ist zu vermuten, daß gemäß Gl. (25.26) schon Ausfälle zum Zeitpunkt t = 0 angenommen werden. Dies wird in der Praxis aber sehr selten sein, sondern es kann unterstellt werden, daß jede Struktur eine bestimmte Mindestlebensdauer hat, ab der erst Ausfälle auftreten werden.

- Die *dreiparametrige Weibull-Funktion* berücksichtigt durch einen zusätzlichen Parameter t_o eben diese ausfallfreie Zeit. Demgemäß wird angesetzt

$$P_Ü(t) = e^{-[(t-t_o)/(T-t_o)]^b} . \tag{25.29}$$

Dieser Ansatz gibt im allgemeinen das Betriebsverhalten besser wieder.

Für die *Dichtefunktion* erhält man somit

$$f(t) = b(t - t_o)^{b-1} \cdot (T - t_o)^{-b} \cdot e^{-[(t-t_o)/(T-t_o)]^b} \tag{25.30}$$

und für die *Ausfallrate*

$$\lambda(t) = b(t - t_o)^{b-1} \cdot (T - t_o)^{-b} . \tag{25.31}$$

Die Bestimmung von t_o würde in der Praxis einen hohen Versuchsaufwand bedeuten, so daß man hier meist mit Abschätzungen operiert. Eine oft benutzte Bezugsgröße ist die L_{10}-Lebensdauer, bis wohin 10 % der Systeme ausgefallen sind. Damit kann dann eine Abschätzung wie

$$\frac{L_{10}}{L} = \frac{t_o}{t} = c \tag{25.32}$$

durchgeführt werden, da für viele Bauteile (Schrauben, Lager, Wellen etc.) das Verhältnis L_{10}/L aus Versuchen ungefähr bekannt ist.

Nach dem derzeitigen Erkenntnisstand existiert derzeit kein verläßlicher Ansatz als die Weibull-Funktion, um Systemlebensdauern vorhersagen zu können.

---

*) Anmerkung: Für $P_A = 1 - e^{-(t/T)^b}$ und $t = T = 1$ wird $P_A(T) = 0{,}632$ und ist unabhängig von b, weil $1^b = 1$. Somit bezeichnet T die Lebensdauer, bis zu der 63,2 % aller Strukturen/Systeme ausgefallen sind.

Leichtbau-Übungen

1. Übung zu Kapitel 2 "Kostenmodell"

Im folgenden soll zur Abschätzung einer günstigen Bauweise ein vereinfachtes Kostenmodell angewandt werden. Als Beispiel hierzu dient die leichtbaugerechte Optimierung einer Zelle eines Kleintransporters, dessen prinzipiellen Strukturaufbau die Skizze zeigt.

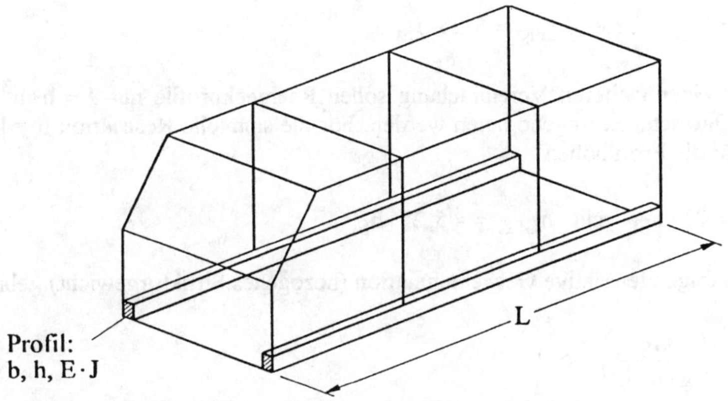

Bild 1: Prinzipielle Struktur einer Zelle eines Transportfahrzeuges

Bisher wurde die Gitterstruktur des Fahrzeugs aus Stahl-Profilen hergestellt. Im weiteren ist zu untersuchen, wann sich Al- oder GFK-Profile seitens der Kosten rentieren.

Für die Materialkenngrößen (Relationen) sollen dabei nachfolgende Annahmen gemacht werden:

	Stahl	Aluminium	GFK
ρ $\left[kg/dm^3\right]$	7,85	2,7	1,95
E [MPa]	210.000	70.000	40.000
k_W [DM/kg]	1	5	10

Die Gewichtsverteilung bei der St-Zelle war bisher

- Strukturgewicht: G_S = 1.000 kg
- Nutzlast: G_N = 800 kg

G = 1.800 kg

Unter der Voraussetzung, daß die tragenden Profile der Zelle auf gleiche Biegesteifigkeit ausgelegt werden sollen und hierfür die Bedingung

$$E_{St} \cdot J_{St} = E_x \cdot J_x = \text{konst.} \tag{1}$$

gilt, leitet sich die Bauweisenforderung

$$J_x = \frac{E_{St}}{E_x} \cdot J_{St} \tag{2}$$

ab. Für die erforderlichen Flächenträgheitsmomente der Alternativwerkstoffe gilt sodann

$$J_{Al} = 3 \cdot J_{St} \quad \text{bzw.} \quad J_{GFK} = 5,25 \cdot J_{St} \, . \tag{3/4}$$

Im Rahmen einer weiteren Vereinfachung sollen Rechteckprofile mit $J = b \cdot h^3 / 12$ für die tragenden Querschnitte angenommen werden. Für die sinnvolle Restriktion b = konst. finden sich dann für die Profilhöhen

$$h_{Al} = \sqrt[3]{3} \cdot h_{St} \quad \text{und} \quad h_{GFK} = \sqrt[3]{5,25} \cdot h_{St} \, . \tag{5/6}$$

Damit kann folgende relative Gewichtsfunktion (bezogenes Strukturgewicht) gebildet werden

$$G_S{}^* = \left(\frac{G_S}{g \cdot b \cdot L} \right) = \rho \cdot h \tag{7}$$

oder

$$\frac{G_{S,Al}{}^*}{G_{S,St}{}^*} = \frac{\rho_{Al} \cdot \sqrt[3]{3} \cdot h_{St}}{\rho_{St} \cdot h_{St}} = \frac{2,7}{7,85} \cdot 1,44 = 0,49$$

$$\frac{G_{S,GFK}{}^*}{G_{S,St}{}^*} = \frac{\rho_{GFK} \cdot \sqrt[3]{5,25} \cdot h_{St}}{\rho_{St} \cdot h_{St}} = \frac{1,95}{7,85} \cdot 1,73 = 0,43 \, .$$

Für das Strukturgewicht zeigt sich dabei folgende Entwicklung:

	St	Al	GFK
G_S [kg]	1.000	490	430
+ G_N [kg]	800	800	800
= G [kg]	1.800	1.290	1.230

Die Wirtschaftlichkeitsdiskussion zeigt dabei folgende Tendenz:

- Wegen der konstant belassenen Nutzlast bleibt die Einnahmeseite (K_E) von der Leichtbaumaßnahme unberührt.

- Die Betriebskosten sind proportional dem Gesamtgewicht anzusetzen

$$K_B = k_B \cdot G, \qquad \text{mit } k_B = 0,05 \text{ DM} / (\text{kg} \cdot 100 \text{ km}) \, ,$$

damit wird

$$K_{B,St} = 90 \text{ DM/(100km)}, \quad K_{B,Al} = 64{,}50 \text{ DM/(100km)}, \quad K_{B,GFK} = 61{,}50 \text{ DM/(100km)}$$
$$(100\,\%) \qquad (71{,}7\,\%) \qquad (68{,}3\,\%)$$

- Die gesamten Herstellkosten der Zelle können proportional zu den Werkstoffkosten angesetzt werden, und zwar zu

$$K_H = H \cdot I \cdot K_W = H \cdot I \cdot k_W \cdot G_S \,,$$

wobei die nachfolgenden Relationen gelten sollen:

		St	Al	GFK
Herstellkostenfaktor	H	1	1,5	4
Ingenieurkostenfaktor	I	1	2	3

Die Herstellkosten der Tragstruktur findet man somit zu

$$K_{H,St} = 1.000 \text{ DM},$$
$$K_{H,Al} = 7.350 \text{ DM}, \qquad K_{H,GFK} = 51.600 \text{ DM}.$$

- Für die Amortisation kann dann der bezogene Faktor gebildet werden:

$$f_{t,x}\left[100 \text{ km}\right] = \frac{K_{H,x} - K_{H,St}}{K_{B,St} - K_{B,x}} = \frac{\Delta K_H}{\Delta K_B} \,,$$

d. h., höhere Werkstoffkosten müssen also im vorliegenden Fall durch verringerte Betriebskosten amortisiert werden. Als Amortisationsfaktoren bezüglich Stahl erhält man

$$f_{t,Al} = 249{,}02 \cdot 100 \text{ km}$$
$$f_{t,GFK} = 1.775{,}44 \cdot 100 \text{ km}$$

Dies kann wie folgt interpretiert werden: Wenn der Kaufpreis P_{St} eines Nutzfahrzeuges mit Stahlstruktur nach n Kilometern wieder eingefahren worden ist, so würde dies bei Aluminium eben mal $f_{t,Al}$ und bei GFK mal $f_{t,GFK}$ dauern. Hieraus ist zu folgern, daß unter den angenommenen Gegebenheiten eine Al- oder GFK-Zelle für Kleintransporter derzeit nicht lohnend scheint.

2. Übung zu Abschnitt 5/6 "Werkstoffverhalten/Leichtbauwerkstoffe"

Als wesentliche Forderungen, die bei der Auswahl eines Konstruktionswerkstoffs unter Leichtbauaspekten zu berücksichtigen sind, gilt es anzuführen:

- Gewährleistung der Funktion (Verformungsbedingungen),
- Gewährleistung der Sicherheit (Langzeitverhalten),
- Erfüllung der Gewichtsforderung (Nutzlast/Strukturgewichtsverhältnisse),
- Verarbeitbarkeit (Umformbarkeit/Schweißeignung),
- Herstellkosten (Materialkosten, Verarbeitungskosten),
- Unterhaltskosten (Korrosionsschutz, Reparatur)

sowie

- Bewährung (Risiko der Nutzung neuer Werkstoffe).

Die Auswahl eines geeigneten Werkstoffs wird oft durch gegenläufige Forderungen erschwert, weswegen meist Kompromisse eingegangen werden müssen.

Um auf quantifizierbarem Wege eine Werkstoffauswahl durchführen zu können, sollen für die Alternative *Stahl oder Aluminium* einige Einsatzbeschränkungen betrachtet werden.

1. Vorteile der geringeren Masse

Der Vorteil einer geringeren Masse kommt vor allem bei dynamischen Vorgängen zum Tragen, so wie die folgenden Beispiele belegen.

1.1 Rotierende Bauteile

Rotierende Bauteile bewirken Zentrifugalkräfte

$$F_Z = m \cdot R \cdot \omega^2, \tag{1}$$

die wiederum im Bauteil Spannungen von der Größe

$$\sigma_Z = \frac{F_Z}{A} = \frac{m \cdot R \cdot \omega^2}{A} = \frac{m \cdot R^2 \cdot \omega^2}{A \cdot R} = \frac{m \cdot v^2}{A \cdot R} = \frac{V \cdot \rho \cdot v^2}{A \cdot R}$$

$$\sigma_Z = c \cdot \rho \cdot v^2 \quad \text{mit } c = \frac{V}{A \cdot R} \quad \text{und} \quad \begin{aligned} c &= \text{Systemkonstante}\,, \\ v &= \text{Umfangsgeschwindigkeit}\,, \\ \rho &= \text{Dichte} \end{aligned} \tag{2}$$

hervorrufen. Aufgelöst nach der Geschwindigkeit

$$v^2 = \frac{\sigma_z}{c \cdot \rho} = \frac{g}{c} \cdot \frac{\sigma_z}{\rho \cdot g} \,,$$

$$v = \sqrt{\frac{g}{c}} \cdot \sqrt{\frac{\sigma_z}{\rho \cdot g}} \,, \tag{3}$$

$$v_{max} = c_1 \cdot \sqrt{\frac{\sigma_z}{\rho \cdot g}} \,, \quad \text{worin } c_1 \text{ eine neue Konstante ist}$$

zeigt sich, daß die maximal erzielbare Grenzgeschwindigkeit unmittelbar von der Reißlänge des Werkstoffs abhängt. Diese Erkenntnis soll nun übertragen werden auf einen kleinen Anwendungsfall.

Beispiel: Rotierender Greifarm

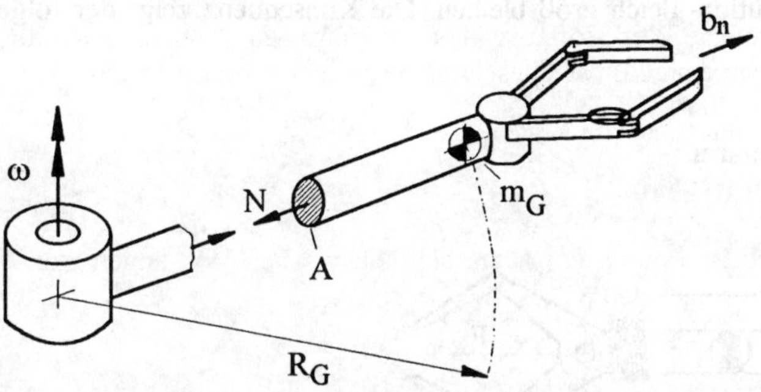

Bild 1:
Greifarm eines Roboters

Für die Umfangsgeschwindigkeit gilt nach (3)

$$v = c_1 \sqrt{\frac{\sigma_z}{\rho \cdot g}} = c_1 \sqrt{\frac{R_e}{\rho \cdot g}} \,.$$

Betrachtet man als zulässige Spannung die Streckgrenze R_e eines Werkstoffs, so zeigt die Tabelle, daß bei gleichen Baumaßen die Drehzahl des Greifers *fast verdoppelt* werden kann, wenn man *Stahl* durch *Aluminium* substituiert.

Werkstoff	R_e[MPa]	$\rho\left[kg / dm^3\right]$	$\frac{R_e}{\rho \cdot g}$[km]	$v = c_1(\rho \cdot g)\left[km^{1/2}\right]$
St 52	345	7,8	4,5	$2{,}12 \cdot c_1$
MgAl 8 Zn	230	1,8	13	$3{,}6 \cdot c_1$
AlZnMgCu 0,5 F 50	430	2,7	16,23	$4{,}02 \cdot c_1$

1.2 Oszillierende Bauteile

In oszillierenden Bauteilen entstehen Kräfte, die linear von der Dichte des Werkstoffs und der Beschleunigung abhängen:

$$N = m_G \cdot b = \rho \cdot V \cdot b = \rho \cdot A \cdot L \cdot b \quad \text{mit} \quad b = \text{translatorische Beschleunigung} \qquad (6)$$

Bei konstanter Beanspruchung $\sigma_z = N/A$ und unveränderter Baugröße gilt zunächst

$$\rho \cdot b = \frac{N}{A \cdot L}$$

oder das Verhältnis

$$\rho \cdot b = \text{konstant} \qquad (7)$$

muß bei der Werkstoffsubstitution gleich groß bleiben. Die Konsequenz zeigt der folgende Fall.

Beispiel: Linear bewegter Greifarm

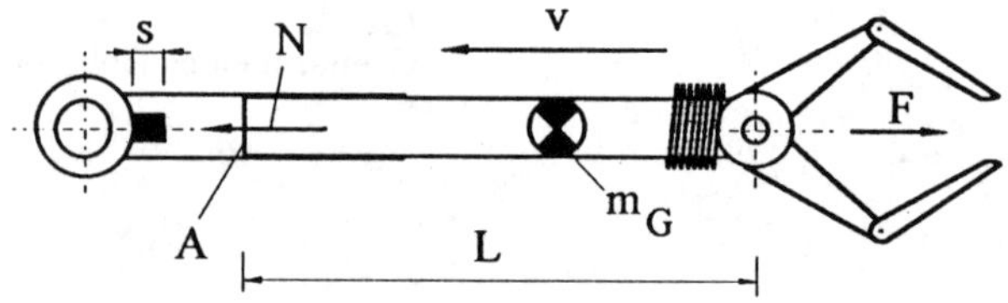

Bild 2:
Greifarm eines Roboters

Durch eine Werkstoffsubstitution von Stahl durch Aluminium kann also die Beschleunigung auf

$$b_{Al} = \frac{\rho_{St}}{\rho_{Al}} \cdot b_{St} = 2{,}9 \cdot b_{St}$$

vergrößert werden, wobei die Trägheitskraft dieselbe bleibt.

1.3 Unstetig bewegte Konstruktionen

In diese Kategorie fallen beispielsweise alle Fahrzeuge, die sich durch ständige Verzögerung oder Beschleunigung einem bestimmten Rhythmus anpassen müssen. Bei Verzicht auf eine Erhöhung der Beschleunigung kann somit ein geringeres Konstruktionsgewicht zu erheblicher Energieeinsparung führen, wie nachweislich an U-Bahnzügen bewiesen werden konnte.

U-Bahnwaggon	Stahlbauweise Bauj. 1965	Ganzaluminiumbauweise Bauj. 1986
Gesamtgewicht in kN	469	357
Gewichtsersparnis in kN bzw. in %		112 24
Energiekosten je t Gewicht/Jahr in DM/a	900	
Energiekostenersparnis bei Al-Waggon je Jahr in DM/a		10.000

Berücksichtigt man, daß ein Zug durchschnittlich aus 5 Waggons besteht, so können durch Materialsubstitution bis zu 50 TDM an Energie pro Jahr eingespart werden.

2. Einfluß des Elastizitätsmoduls

Wenn der E-Modul eines Werkstoffs niedriger ist als der von Stahl, so muß bei einer belasteten Konstruktion mit größeren Verformungen gerechnet werden. Dies gilt es insbesondere zu berücksichtigen, wenn *Stahl-Lösungen* umkonstruiert werden in *Al-Lösungen*.

2.1 Dimensionierung auf gleiche Steifigkeit

Meist gilt es, bei Tragstrukturen Verformungsbedingungen einzuhalten. Da der E-Modul von Al aber nur 1/3 dem von Stahl entspricht, ist mit 3fach größeren Verformungen zu rechnen. Für unterschiedliche Beanspruchungsarten bedingt dies notwendige konstruktive Maßnahmen.

Beispiel: Zugbeanspruchung

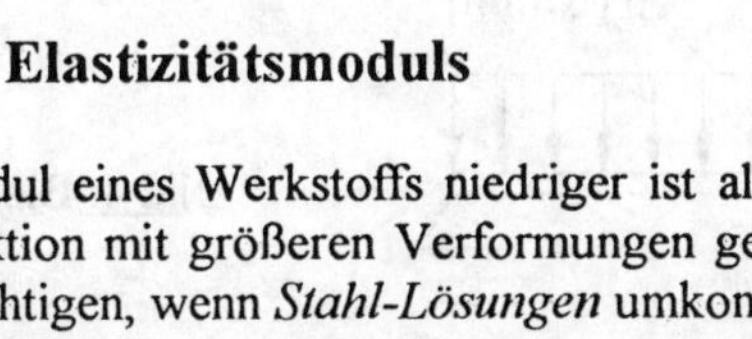

Bild 3: Zugstab

Bei gleicher Dehnung beträgt die erforderliche Stab-Querschnittsfläche in Al-Ausführung

$$\varepsilon = \frac{\sigma_z}{E} = \frac{F}{E \cdot A} = \text{konstant},$$

d. h. bei gegebener äußerer Kraft F muß der Nenner konstant bleiben. Hieraus folgt

$$E_{Al} \cdot A_{Al} = E_{St} \cdot A_{St}$$

oder

$$A_{Al} = \frac{E_{St}}{E_{Al}} \cdot A_{St} = 3 \cdot A_{St} \,. \tag{8}$$

Hieraus leitet sich ab, daß bei zugbeanspruchten Konstruktionen kein Gewichtsvorteil zu erzielen ist, da gleichzeitig Stahl dreimal so schwer wie Aluminium ist.

Beispiel: Biegebeanspruchung

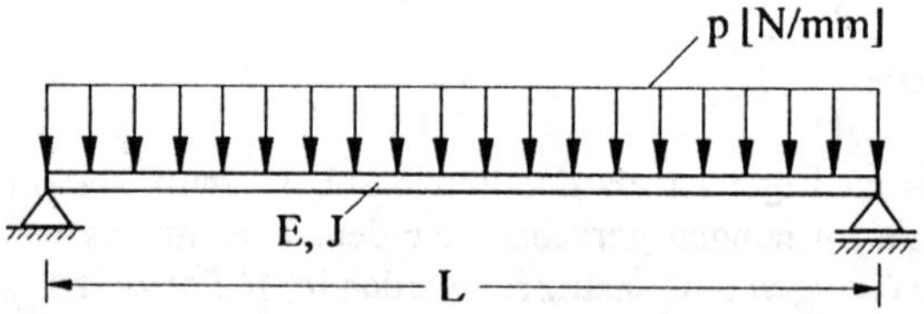

Bild 4: Biegebalken

Für die Durchsenkung eines Biegeträgers ist gemäß des Belastungs- und Lagerungsfalls anzusetzen

$$w_{max} = \frac{5}{384} \cdot \frac{p \cdot L^4}{E \cdot J} \,.$$

Unter der Voraussetzung gleicher Durchsenkung bei einem Stahl- und Al-Träger gilt

$$w = \frac{C}{E \cdot J} = \text{konstant} \,,$$

damit ergibt sich für die entsprechenden Flächenträgheitsmomente

$$E_{Al} \cdot J_{Al} = E_{St} \cdot J_{St}$$

oder

$$J_{Al} = \frac{E_{St}}{E_{Al}} \cdot J_{St} = 3 \cdot J_{St} \,. \tag{9}$$

Die mögliche Gewichtsersparnis ist jetzt aber davon abhängig, wie dieses Flächenträgheitsmoment realisiert wird. Die größte Einsparung ergibt sich immer dann, wenn die Querschnittsabmessungen noch veränderlich sind. Das größte Flächenträgheitsmoment läßt sich nämlich bei einer möglichst kleinen Querschnittsfläche erzielen. Bei Biegung wirkt sich dabei die Änderung der Höhe am stärksten aus. Für den gezeigten I-Träger führt dies zu folgender Bilanz:

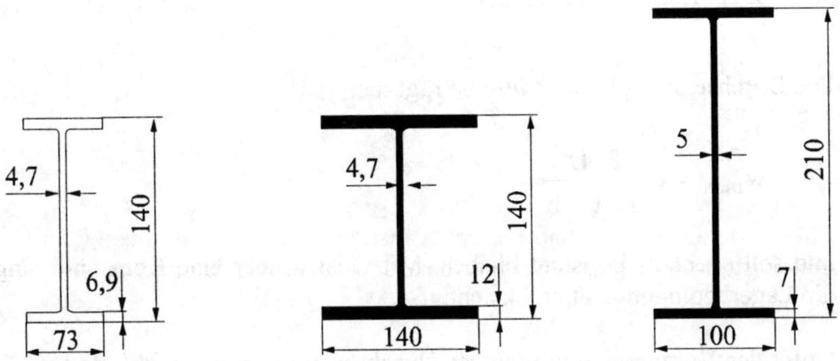

	Stahl	Aluminium	
	IPE 140	I 140/140/4,7/12	I 210/100/5/7
E[MPa]	210.000	70.000	70.000
$J[mm^4]$	$541 \cdot 10^4$	$1.443 \cdot 10^4$	$1.756 \cdot 10^4$
$E\,J[N \cdot mm^2]$	$1{,}14 \cdot 10^{12}$	$1{,}01 \cdot 10^{12}$	$1{,}23 \cdot 10^{12}$
$A[mm^2]$	1.640	3.820	2.380
G[kg / m]	12,9	10,6	6,4
G[%]	100	82	50
$W[mm^3]$	$77{,}3 \cdot 10^3$	$206{,}1 \cdot 10^3$	$167{,}2 \cdot 10^3$
$\sigma_{max}[\%]$	100	37	46

Bild 5: Biegeträger annähernd gleicher Biegesteifigkeit aus Stahl und Aluminium

Ergänzend soll die Durchsenkung einer Platte mit mittiger Einzellast betrachtet werden.

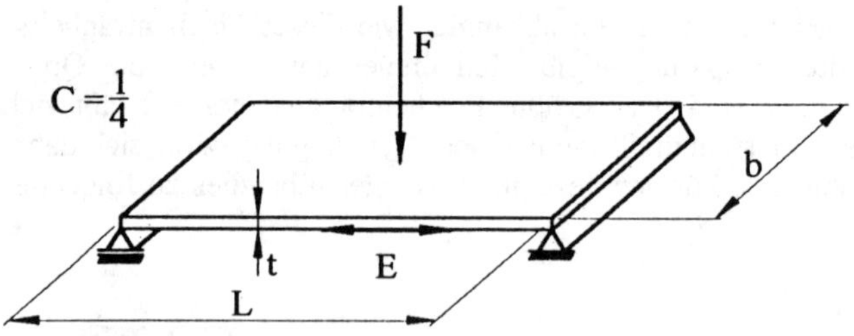

Bild 6: Platte

Die Durchsenkung in der Mitte beträgt hier

$$w_{max} = C \frac{F \cdot L^3}{E \cdot t^3 \cdot b}$$

und soll ebenfalls konstant bleiben. Mit C ist wieder eine Konstante eingeführt worden, die die Lagerbedingungen berücksichtigt.

Unter der Voraussetzung *gleicher Durchsenkung* bei der *Stahl-* und *Al-Platte* ergibt sich somit für die Plattendicke

$$E_{Al} \cdot t_{Al}^{\,3} = E_{St} \cdot t_{St}^{\,3}$$

oder

$$t_{Al} = \sqrt[3]{\frac{E_{St}}{E_{Al}}} \cdot t_{St} = 1{,}44 \cdot t_{St} \,. \tag{10}$$

Wird dieses Dickenverhältnis realisiert, so beträgt die Gewichtsersparnis zwischen den Ausführungen 50 %, so wie die folgende Tabelle zeigt.

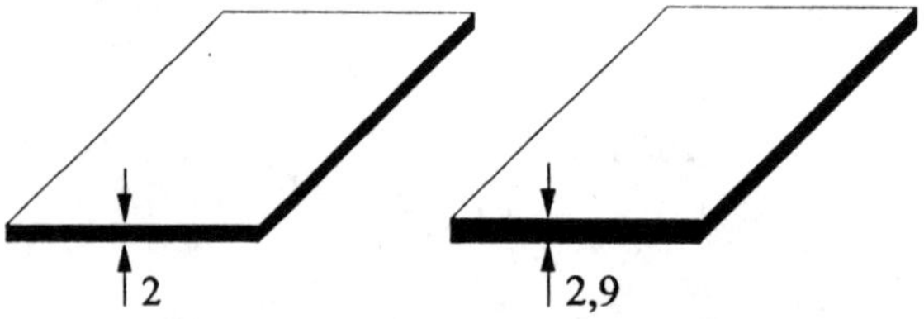

Stahl	Aluminium
t = 2 mm	t = 2,9 mm
G = 16 kg / m^2	G = 7,8 kg / m^2
= 100 %	= 50 %

Bild 7:
Platten gleicher Steifigkeit aus Stahl und Aluminium

Eine typische Kenngröße, um die Steifigkeit einer Platte zu bewerten, ist hierbei die bezogene Steifigkeit. Diese läßt sich über folgende Schritte herleiten:

- aus der Verformungsbedingung

$$t = \left(C \cdot \frac{F \cdot L^3}{w \cdot E \cdot b} \right)^{\frac{1}{3}}$$

und
- aus dem Plattengewicht

$$G = m \cdot g = \rho \cdot g \cdot (b \cdot L) \cdot t$$

$$= (b \cdot L) \cdot \left(C \cdot \frac{F \cdot L^3}{w \cdot b} \right)^{\frac{1}{3}} \cdot \frac{1}{\frac{E^{\frac{1}{3}}}{(\rho \cdot g)}} \quad . \qquad (11)$$

Wenn alle Baugrößen der Platten festliegen, so ist diejenige Platte am leichtesten, die den größten Steifigkeitswert ausweist.

Werkstoff	$\rho\,[kg/dm^3]$	E [MPa]	$E^{1/3}/(\rho \cdot g)\,[N^{-2/3} \cdot mm^{7/3}]$
St 52-3	7,8	210.000	75,72
AlZnMgCu 0,5 F 50	2,7	70.000	152,64
MgAl 8 Zn	1,8	42.000	193,11

2.2 Dimensionierung auf gleiche Stabilität

Für Dimensionierungen auf Instabilität ist wie zuvor wieder die Steifigkeit einer Konstruktion maßgebend.

Beispiel: Knickung

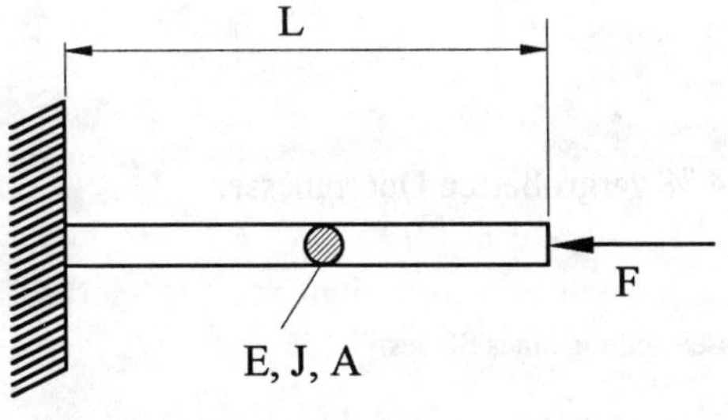

Bild 8: Knickstab

Für die elastische Knicklast eines zentrisch gedrückten Stabes kann nach Euler angesetzt werden:

$$F_K = \frac{\pi^2}{L_K^2} \cdot E \cdot J = C \cdot E \cdot J \quad \text{mit} \quad C = \frac{\pi^2}{L_K^2} \; . \tag{12}$$

Damit gelten für die Knickung die bereits bei der Biegung hergeleiteten Verhältnisse. Das erforderliche Flächenträgheitsmoment bei gleicher Knicksicherheit ist damit

$$J_{Al} = 3 \cdot J_{St}$$

bei (13)

$$J \approx 2\,\pi \cdot r_m^3 \cdot t \; .$$

Ein Vergleich ist bei den nachfolgenden Rundstäben durchgeführt worden. Es zeigt sich, daß das dünnwandige Rohr die bessere Lösung ist.

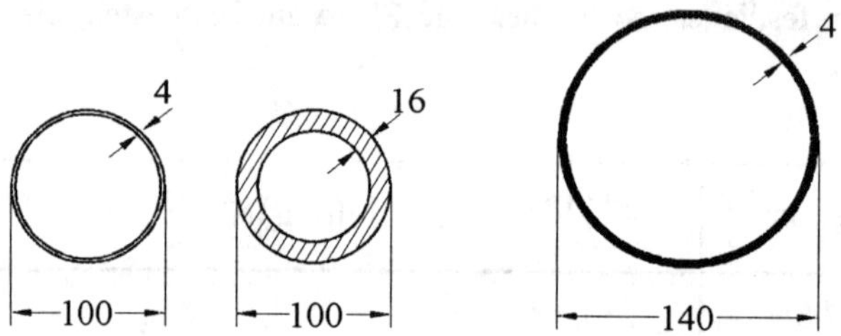

$$J = \frac{d_m^3 \cdot \pi \cdot t}{8}$$

	Stahl	Aluminium	
$J[mm^4]$	$138{,}9 \cdot 10^4$	$372 \cdot 10^4$	$394{,}9 \cdot 10^4$
$A[mm^2]$	1205	4220	1708
$\mu[kg/m]$*	9,47	11,39	4,59
G[%]	100	121	48,5

Bild 9: Knickstäbe annähernd gleicher Knicksicherheit aus Stahl und Aluminium

Die Konsequenz hieraus ist: Wenn eine Knickstütze aus Stahlrohr durch ein Aluminiumrohr ersetzt werden soll, so muß bei etwa gleicher Wandstärke das Durchmesserverhältnis

$$d_{m_{Al}} \approx \sqrt[3]{3} \cdot d_{m_{St}} \tag{14}$$

betragen. Dies entspricht einem um 44 % vergrößerten Durchmesser.

---

*) Anmerkung: $\mu = \frac{m}{L} = \rho \cdot A$ ist die Massebelegung eines Stabes.

Beispiel: Beulen

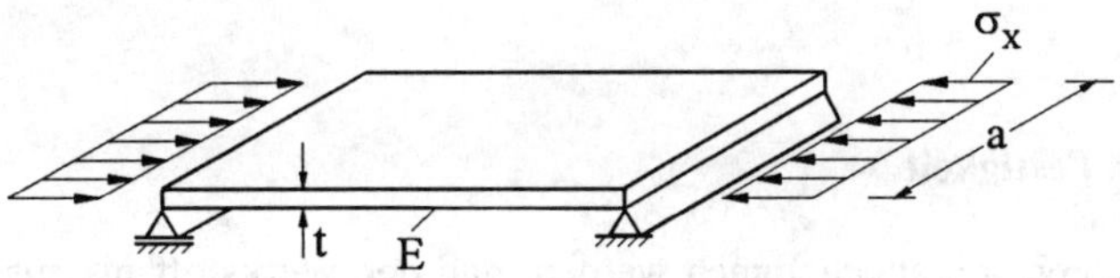

Bild 10:
Scheibe unter Druck

Wird bei einer druckbeanspruchten Scheibe eine bestimmte kritische Spannung überschritten, so tritt ein Ausbeulen der Mittelebene ein. Für diese kritische Spannung kann angesetzt werden

$$\sigma_x \leq \sigma_B = k \cdot \frac{E \cdot t^2}{a^2} \; ; \qquad (15)$$

hierin ist k die fallspezifische Beulzahl, die Lagerung, Geometrie und Beanspruchung erfaßt.

Für rechteckige Felder gilt die Beulzahl

$$k = \left(\frac{1}{\alpha} + \alpha\right)^2 \qquad \text{mit } \alpha = \text{Seitenverhältnis} = \frac{a}{b} \qquad (16)$$

Bild 11 zeigt die Bedeutung der Beulzahl für unterschiedlich große Felder an einer aufliegenden Scheibe.

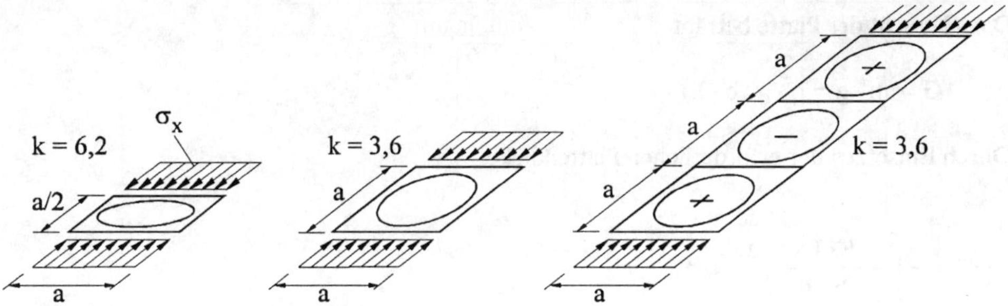

Bild 11: Beulzahlen von Scheiben

Gleiche Beulsicherheit wie bei einer Stahl-Scheibe stellt man also durch eine Erhöhung der Blechdicke her auf

$$t_{Al} = \sqrt{\frac{E_{St}}{E_{Al}}} \cdot t_{St} = 1,73 \cdot t_{St} \; . \qquad (17)$$

Trotz dieser Maßnahme können mit Aluminium noch 42 % Gewichtseinsparung erzielt werden

$$\frac{G_{Al}}{G_{St}} \approx \frac{\rho_{Al}}{\rho_{St}} \cdot \frac{t_{Al}}{t_{St}} = \frac{1,73}{3} = 0,58 \quad .$$

2.3 Dimensionierung auf gleiche Festigkeit

Für eine Festigkeitsdimensionierungen soll angenommen werden, daß der Werkstoff bis zur Fließgrenze ausnutzbar sei.

Beispiel: Plattenbiegung

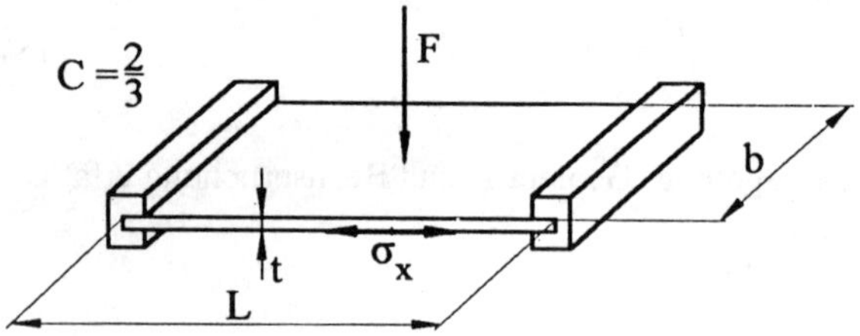

Bild 12: Plattenbiegung

Die eingespannte Platte soll durch eine mittige Einzellast beansprucht sein. Für die zulässige Belastung kann also angesetzt werden:

$$F_{zul} = C \cdot b \cdot t^2 \cdot \frac{R_e}{L} \quad .$$

Das Gewicht der Platte beträgt

$$G = m \cdot g = \rho \cdot g\,(b \cdot L) \cdot t \quad .$$

Durch Einsetzen der erforderlichen Plattendicke

$$t = \left(\frac{F \cdot L}{C \cdot b \cdot R_e}\right)^{\frac{1}{2}}$$

folgt daraus

$$G = (b \cdot L) \cdot \left(\frac{F \cdot L}{C \cdot b}\right)^{\frac{1}{2}} \cdot \frac{1}{\dfrac{R_e^{1/2}}{(\rho \cdot g)}} \quad . \tag{18}$$

Somit ist ersichtlich, daß die leichteste Platte durch den größten spezifischen Kennwert $R_e^{1/2} / (\rho \cdot g)$ gegeben ist.

3. Einfluß des Formänderungsvermögens

Typische Konstruktionen, wo das Formänderungsvermögen eine Rolle spielt, sind stoßbeanspruchte Strukturen (z. B. Fahrgastzelle). Der geringere E-Modul des Aluminiums erweist sich hierbei als günstig, da bei gleicher Krafteinleitung größere Verformungen möglich sind.

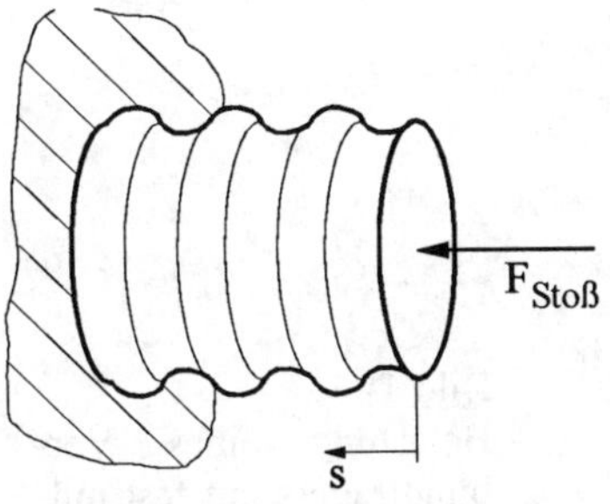

Die Formänderungsarbeit kann allgemein als

$$\pi = \frac{1}{2} \int F \cdot ds$$

angesetzt werden. Im linear-elastischen Bereich ergibt sich so

$$\pi = \frac{1}{2} \cdot F \cdot s \,.$$

Bild 13: Stoßbeanspruchte Konstruktion

Für die einwirkende Kraft kann weiter der folgende Zusammenhang hergestellt werden

$$F = E \cdot A \cdot \varepsilon = \frac{E \cdot A}{L} \cdot s = C \cdot E \cdot s \,,$$

welches eingesetzt zu der Proportionalität

$$\pi = \frac{1}{2} \cdot C \cdot E \cdot s^2$$

führt. Bei gleicher vorgegebener Energieabsorption verhalten sich demnach die Verformungen wie

$$s_{Al} = \sqrt{\frac{E_{St}}{E_{Al}}} \cdot s_{St} = 1,73 \cdot s_{St} \,. \tag{19}$$

Für die inneren Kräfte gilt dann

$$F_{Al} = \frac{F_{St} \cdot s_{St}}{s_{Al}} = 0,58 \cdot F_{St} \,. \tag{20}$$

Bei etwa gleichen Grundfestigkeiten ergibt sich somit bei Aluminium eine größere Reserve gegen plastische Verformung.

3. Übung zu Kapitel 6 "Leichtbauwerkstoffe"

Bei Trägerkonstruktionen werden im Leichtbau zunehmend Verbundwerkstoffe aus zwei und mehr Komponenten eingesetzt. In diesen Fällen interessiert dann meist, wie die einzelnen Werkstoffe ausgenutzt werden, welches eine Frage nach der Spannungsverteilung ist.

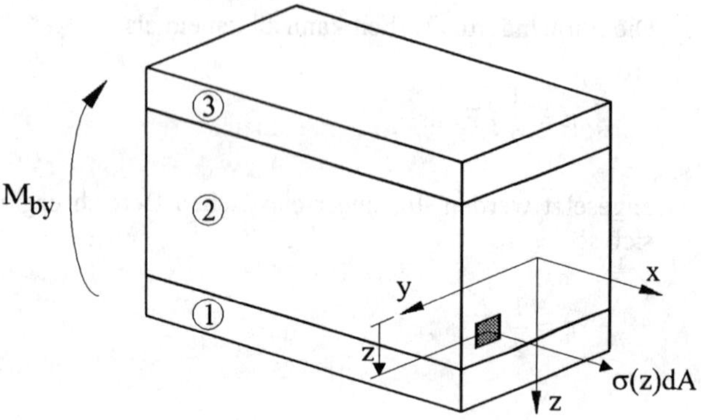

Bild 1:
Belastung eines Verbundträgers mit fest miteinander verbundenen Scheiben

Für die Verformung einer Faser unter Biegung gilt bekanntlich mit dem Krümmungsradius (ρ)

$$L = (\rho + z - z_0) \cdot \phi \tag{1}$$

und für die Dehnung

$$\varepsilon(z) = \frac{L - L_0}{L_0} = \frac{z - z_0}{\rho} \tag{2}$$

bzw. Spannung

$$\sigma(z) = \frac{E(z)}{\rho}(z - z_0). \tag{3}$$

Gleichfalls kann man als Gleichgewichtsbedingungen formulieren:

$$\sum K_x = 0: \quad \int_A \sigma(z)\, dA = 0 \tag{4}$$

$$\sum M_y = 0: \quad \int_A z \cdot \sigma(z)\, dA - M_{by} = 0. \tag{5}$$

Wird hierin Gl. (3) einsetzt, so erhält man weiter

$$\frac{1}{\rho}\left[\int_A E(z)\cdot z\,dA - z_0\int_A E(z)\,dA\right] = 0 \tag{6}$$

und

$$\frac{1}{\rho}\left[\int_A E(z)\cdot z^2\,dA - z_0\int_A E(z)\cdot z\,dA\right] = M_{by}\,. \tag{7}$$

Da der E-Modul bereichsweise konstant ist, lassen sich die Integrale auch schreiben als

$$\int_A E(z)\,dA = \sum_{i=1}^{n} E_i\cdot A_i$$

$$\int_A E(z)\cdot z\,dA = \sum_{i=1}^{n} E_i\cdot z_{Si}\cdot A_i \tag{8}$$

$$\int_A E(z)\cdot z^2\,dA = \sum_{i=1}^{n} E_i\cdot J_{yi}\,,$$

wobei mit dem Laufindex i jeweils die Teilflächen erfaßt werden. Die vorstehenden Gleichungen (6, 7) nehmen somit die Form an:

$$\frac{1}{\rho}\left[\sum_{i=1}^{n} E_i\cdot z_{Si}\cdot A_i - z_0\sum_{i=1}^{n} E_i\cdot A_i\right] = 0 \tag{9}$$

$$\frac{1}{\rho}\left[\sum_{i=1}^{n} E_i\cdot J_{yi} - z_0\sum_{i=1}^{n} E_i\cdot z_{Si}\cdot A_i\right] = M_{by} \tag{10}$$

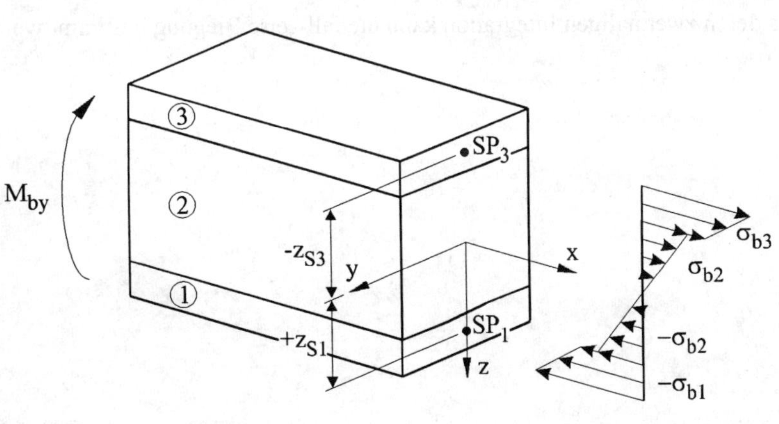

Bild 2: Lage der Schwerpunkte

Aus Gl. (9) folgt die Lage des Schwerpunktes zu

$$z_o = \frac{\sum_{i=1}^{n} E_i \cdot z_{Si} \cdot A_i}{\sum_{i=1}^{n} E_i \cdot A_i} \tag{11}$$

und aus Gl. (10) die Krümmung des Trägers mit

$$\frac{1}{\rho} = \frac{M_{by}}{\sum_{i=1}^{n} E_i \cdot J_{yi} - z_o \sum_{i=1}^{n} E_i \cdot z_{Si} \cdot A_i}. \tag{12}$$

Mit diesen Vorbetrachtungen kann dann die Spannungsverteilung angegeben werden als

$$\sigma_i(z) = \frac{M_y \cdot E(z) \cdot (z - z_o)}{\sum_{i=1}^{n} E_i \cdot J_{yi} - z_o \sum_{i=1}^{n} E_i \cdot z_{Si} \cdot A_i}. \tag{13}$$

Die Spannungsfunktion hat in der neutralen Faser bei $z = z_0$ den Wert null, ansonsten verläuft sie in jedem Werkstoffbereich mit E_i = konst. linear mit z.

Über den Krümmungsradius kann weiter der Zusammenhang zur Durchbiegung herstellt werden zu

$$w'' = \frac{1}{\rho} = \frac{M_{by}}{\sum_{i=1}^{n} E_i \cdot J_{yi} - z_o \sum_{i=1}^{n} E_i \cdot z_{Si} \cdot A_i}, \tag{14}$$

bzw. aus deren zweimaligen Integration kann die fallweise Biegung bestimmt werden.

4. Übung zu Kapitel 7 "Gestaltungsprinzipien"

In den Gestaltungsregeln für eine leichtbaugerechte Konstruktion ist unter anderem das Prinzip von der direkten Kraftleitung begründet worden. Oft wird nämlich in der Praxis der Effekt einer Kraftumlenkung unterschätzt. Am Beispiel eines Zuggestänges sollen die Auswirkungen einer nicht direkten Kraftleitung diskutiert werden.

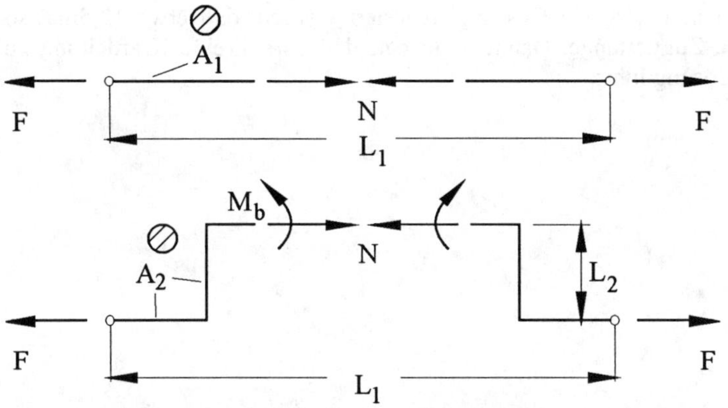

gegeben:

$F = 20$ kN

$L_1 = 1000$ mm

$L_2 = 50$ mm

$R_e = 200 N / mm^2$

Bild 1: Zuggestänge für eine mechanische Bremseinrichtung

Im Fall der geraden Zugstange liegt eine reine Normalkraftbeanspruchung vor. Für die Dimensionierung des Querschnitts ist anzusetzen

$$\sigma_z = \frac{N}{A} \leq R_e \tag{1}$$

oder

$$A_1 \geq \frac{N}{R_e} = \frac{20 \cdot 10^3}{2 \cdot 10^2} = 100 \text{ mm}^2 \quad \text{bzw.} \quad d = \sqrt{\frac{4\,A}{\pi}} = 11{,}3 \text{ mm} \; . \tag{2}$$

Im Fall des abgewinkelten Zugstabes liegt im gefährdeten Querschnitt eine überlagerte Normal- und Biegebeanspruchung vor. Zur Dimensionierung ist hier

$$\sigma_z = \frac{N}{A_2} + \frac{M_b}{W_b} \leq R_e \tag{3}$$

anzusetzen. Um die Dimensionierungsgröße zu ermitteln, muß also die Ungleichung

$$\frac{20 \cdot 10^3}{\frac{\pi}{4} \cdot d^2} + \frac{20 \cdot 10^3 \cdot 50}{\frac{\pi}{32} \cdot d^3} \leq 200 \tag{4}$$

befriedigt werden. Mit d ≈ 38 mm wird Gl. (4) etwa erfüllt. Die Fläche ist dann $A_2 = 1.134 \text{ mm}^2$, also um den Faktor 10 größer als A_1. Für die Gewichtsabschätzung ergibt sich wieder

$$\frac{G_2}{G_1} = \frac{\rho \cdot A_2 \left(L_1 + 2\,L_2\right)}{\rho \cdot A_1 \cdot L_1} = \frac{1.134 \cdot 1100}{100 \cdot 1000} = 12{,}5\ (!) \qquad (5)$$

Als Folge der Umlenkung muß also ein Gestänge realisiert werden, daß etwa 12,5mal so schwer ist wie das gerade Zuggestänge. Damit ist belegt, daß eine direkte Kraftleitung zu einer gewichtsminimalen Lösung führt.

5. Übung zu Kapitel 8.5 "Stabartige Bauelemente"

Den Kofferaufbau eines Transportfahrzeuges kann man etwa wie im Bild 1 gezeigt idealisieren. Für die Festlegung der Blechstärken gilt es im weiteren, die Beanspruchung über den Querschnitt aus Biegung und Schub zu ermitteln.

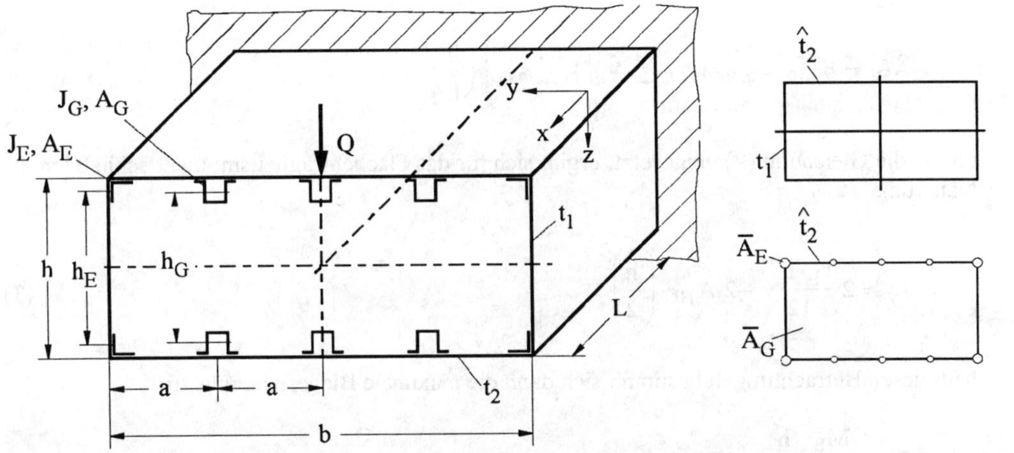

Bild 1: Kastenträger

Zur Bestimmung der Biegebeanspruchung sei zunächst das exakte Flächenträgheitsmoment bezüglich der strichpunktierten Linie aufgestellt:

$$J_y = 2\left\{\frac{t_1 \cdot h^3}{12} + \underbrace{\frac{b \cdot t_2{}^3}{12}}_{\approx 0} + b \cdot t_2 \cdot \left(\frac{h}{2}\right)^2 + \underbrace{2 \cdot J_E}_{\approx 0} + 2 \cdot A_E\left(\frac{h_E}{2}\right)^2 + \underbrace{3 \cdot J_G}_{\approx 0} + 3 \cdot A_G\left(\frac{h_G}{2}\right)^2\right\}. \tag{1}$$

Mit der Näherung $h_E \approx h_G \approx h$ und der Vernachlässigung der vorstehend gekennzeichneten Anteile lautet eine Abschätzung des Flächenträgheitsmomentes:

$$J_y \approx 2\left[\frac{t_1 \cdot h}{3} + b \cdot t_2 + \sum A_E + \sum A_G\right] \cdot \left(\frac{h}{2}\right)^2 . \tag{2}$$

Ein Verschmieren des Deck- und Bodenbleches zu einer Ersatzrechteckfläche soll zu einem Querschnitt gleichen Trägheitsmomentes führen. Dann kann für das Deck- und Bodenblech angesetzt werden:

$$\left(b \cdot t_2 + \Sigma A_E + \Sigma A_G\right)\left(\frac{h}{2}\right)^2 = \hat{A}_{Bl} \cdot \left(\frac{\hat{h}}{2}\right)^2 + \underbrace{\hat{J}_{BL}}_{\approx 0} .$$

Nach der Ersatzfläche $\hat{A}_{Bl}$ umgeformt

$$\hat{A}_{Bl} = b \cdot \hat{t}_2 = \left(b \cdot t_2 + \sum A_E + \sum A_G\right)\left(\frac{h}{\hat{h}}\right)^2$$

und in die Gleichung (2) eingesetzt, ergibt sich für das Flächenträgheitsmoment schließlich die Näherung

$$J_y \approx 2\,\frac{t_1 \cdot h^3}{12} + 2\,\hat{A}_{Bl} \cdot \left(\frac{\hat{h}}{2}\right)^2 . \tag{3}$$

Mit diesen Betrachtungen bestimmt sich dann die maximale Biegespannung zu

$$\sigma_b = \frac{M_b}{J_y} \cdot \frac{h}{2} \tag{4}$$

bzw. die Normalkraftbelastung zu

$$n_x = \sigma_b \cdot t . \tag{5}$$

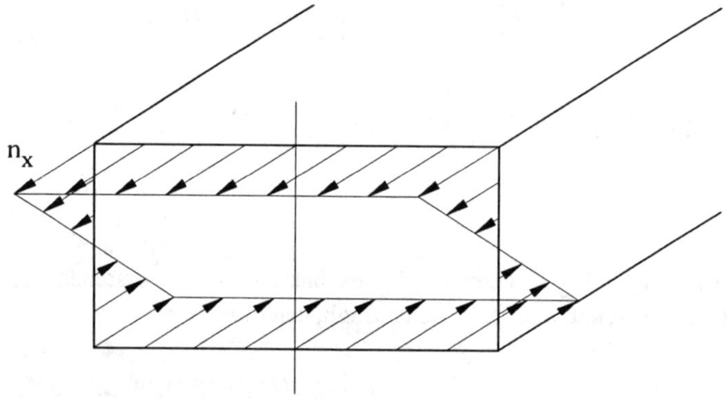

Bild 2: Normalkraftverlauf bzw. Biegebeanspruchung am kontinuierlichen Modell

Zur Bestimmung der Schubbeanspruchung ist hier die Beziehung für den Schubfluß

$$q = -\frac{Q \cdot S_y(s)}{J_y} \tag{6}$$

bzw. die Schubspannung

$$\tau = \frac{q}{t} \tag{7}$$

maßgebend.

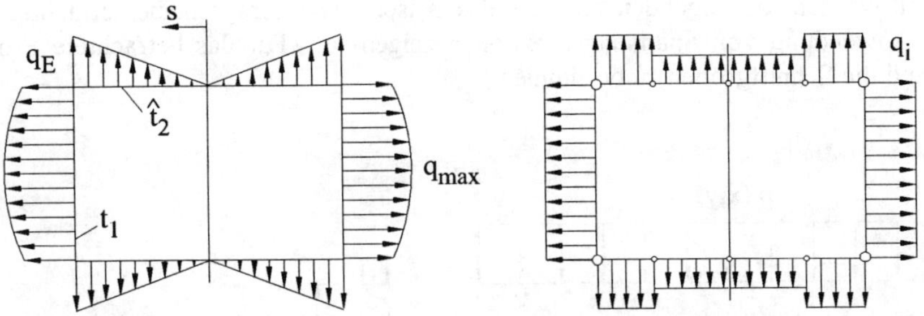

Bild 3: Schubflußverlauf bzw. Schubbeanspruchung am kontinuierlichen bzw. diskreten Modell

Im Fall, daß mit einem verschmierten Querschnitt gearbeitet wird, ist entsprechend Gl. (6) von einem Bezugspunkt ausgehend das statistische Moment $S_{y(s)}$ zu entwickeln. An den Ecken ergibt sich so

$$q_E = \frac{Q}{J_y} \cdot \left(\frac{b}{2} \cdot \hat{t}_2 \cdot \frac{h}{2} \right) , \tag{8}$$

und als Maximalwert hat man

$$q_{max} = \frac{Q}{J_y} \left(\frac{b}{2} \cdot \hat{t}_2 \cdot \frac{h}{2} + t_1 \cdot \frac{h}{2} \cdot \frac{h}{4} \right) = \frac{Q}{J_y} \cdot \frac{h}{8} \left(2b \cdot \hat{t}_2 + t_1 \cdot h \right) . \tag{9}$$

Wird dagegen mit dem Schubfeldschema gearbeitet, so ist der Querkraftfluß feldweise zu entwickeln nach

$$q_i = \frac{Q}{J_y} \sum_i \hat{A}_G \cdot \frac{h}{2} . \tag{10}$$

Die zugehörige Schubspannung findet man dann weiter aus Gl. (7).

6. Übung zu Kapitel 8.6.1 "Scheibenelement"

Für die Scheibe ist in Gl. (8.57) die DGL

$$\Delta\Delta F = \frac{\partial^4 F}{\partial x^4} + 2\frac{\partial^4 F}{\partial x^2\,\partial z^2} + \frac{\partial^4 F}{\partial z^4} = 0 \tag{1}$$

entwickelt worden. Im folgenden soll dazu das Beispiel einer Kragscheibe betrachtet werden, das die Anwendung von Spannungsfunktionen zeigen soll. Für das betrachtete Problem in Bild 1 sind die Schnittgrößen zu bestimmen.

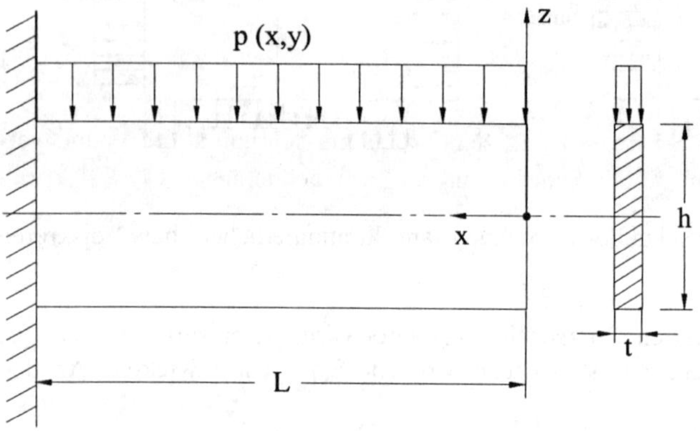

Bild 1:
Eingespannte Scheibe unter Flächenlast p(x, y)

Die Randbedingungen für dieses Problem (achten sie auf das Koordinatensystem) sind:

für $x = 0$: $n_x = 0, \quad q_{xz} = 0$ (2a)

für $x = L$: $u(L) = 0, \quad w(L) = 0$ (2b)

für $z = +\frac{h}{2}$: $n_z = -p \cdot t, \quad q_{xz} = 0$ (3a)

für $z = -\frac{h}{2}$: $n_z = 0, \quad q_{xz} = 0$. (3b)

Die Wahl der Koeffizienten der Spannungsfunktion ist so vorzunehmen, daß sowohl Gl. (1) als auch die Randbedingungen möglichst genau erfüllt werden. Es sei hingenommen, daß die Randbedingungen (2b) nicht berücksichtigt werden.

Für die Airysche Spannungsfunktion wird ein bipotentieller Ansatz gemacht, und zwar

$$F = a_{20} \cdot x^2 + a_{21} \cdot x^2 \cdot z + a_{23} \cdot x^2 \cdot z^3 + a_{03} \cdot z^3 + a_{05} \cdot z^5 \tag{4}$$

Der erste Index i am Koeffizienten a_{ik} steht für den Exponent von x, und der zweite Index k steht für den Exponent von z.

Mit dem gewählten Ansatz ergeben sich die Schnittgrößen laut Definition zu

$$n_x(x,z) = \frac{\partial^2 F}{\partial z^2} = 6\,a_{23}\cdot x^2\cdot z + 6\,a_{03}\cdot z + 20\,a_{05}\cdot z^3 , \tag{5a}$$

$$n_z(x,z) = \frac{\partial^2 F}{\partial x^2} = 2\,a_{20} + 2\,a_{21}\cdot z + 2\,a_{23}\cdot z^3 , \tag{5b}$$

$$q_{xz}(x,z) = -\frac{\partial^2 F}{\partial x \partial z} = -2\,a_{21}\cdot x - 6\,a_{23}\cdot x\cdot z^2 . \tag{5c}$$

Die in den Gleichungen auftretenden freien Koeffizienten a_{ik} müssen nun so bestimmt werden, daß die Bipotentialgleichung (1) der Scheibe und die Randbedingungen (2), (3) erfüllt sind:

– aus der DGL (1) folgt

$$a_{23} + 5\cdot a_{05} = 0 , \tag{6a}$$

– aus der Randbedingung (3a) und Gl. (5b) folgt

$$a_{20} + \frac{1}{2}a_{21}\cdot h + \frac{1}{8}a_{23}\cdot h^3 = -\frac{1}{2}p\cdot t , \tag{6b}$$

– aus der Randbedingung (3a) und Gl. (5c) folgt

$$a_{21} + \frac{3}{4}a_{23}\cdot h^2 = 0 , \tag{6c}$$

– aus der Randbedingung (3b) und Gl. (5b) folgt

$$a_{20} - \frac{1}{2}a_{21}\cdot h - \frac{1}{8}a_{23}\cdot h^3 = 0 . \tag{6d}$$

Das Gleichungssystem (6) liefert bereits Lösungen für die Koeffizienten

$$a_{20} = -\frac{p\cdot t}{4},\ a_{21} = -\frac{3}{4}\cdot\frac{p\cdot t}{h},\ a_{23} = \frac{p\cdot t}{h^3},\ a_{05} = -\frac{1}{5}\cdot\frac{p\cdot t}{h^3} . \tag{7}$$

Keine zusätzlichen Informationen ergeben sich aus der zweiten Randbedingung in (3b). Es verbleibt noch die Bestimmung des unbekannten Koeffizienten a_{03}. Die Randbedingung (2a) führt auf die unbrauchbare Aussage

$$n_{x(x=0,\, z)} = 6 \cdot a_{03} \cdot z - 4 \cdot \frac{p \cdot t}{h^3} \cdot z^3 = 0 . \tag{8}$$

Für die *Konstante* a_{03} ist diese Aussage nicht zu erfüllen. Man benötigt deshalb für die Randbedingung (2a) eine Ersatzrandbedingung, die die Forderung (8) abschwächt. Eine derartige Ersatzrandbedingung lautet:

$$M_{b(x=0)} = \int_{-\frac{h}{2}}^{\frac{h}{2}} n_{x(x=0,\, z)} \cdot z \, dz = 0 ,$$

das resultierende Biegemoment $M_{b(x=0)}$ aus dem Schnittgrößenverlauf $n_{x(x=0,\, z)}$ an der Stirnseite (x = 0) soll demnach verschwinden. Damit ergibt sich für den Koeffizienten a_{03}

$$\int_{-\frac{h}{2}}^{\frac{h}{2}} \left(6 \cdot a_{03} \cdot z - 4 \cdot \frac{p \cdot t}{h^3} \cdot z^3\right) \cdot z \cdot dz = 0$$

$$a_{03} = \frac{1}{10} \cdot \frac{p \cdot t}{h} . \tag{9}$$

Die gesuchten Schnittgrößen sind also

$$\begin{aligned} n_x &= \frac{p \cdot t}{h^3}\left(6\, x^2 \cdot z + \frac{3}{5} \cdot h^2 \cdot z - 4 \cdot z^3\right) \\ n_z &= \frac{p \cdot t}{h^3}\left(-\frac{1}{2} h^3 - \frac{3}{2} \cdot h^2 \cdot z + 2 \cdot z^3\right) \\ q_{xz} &= \frac{p \cdot t}{h^3}\left(\frac{3}{2} \cdot h^2 \cdot x - 6\, x \cdot z^2\right) . \end{aligned} \tag{10}$$

Nach der herkömmlichen technischen Balkenbiegetheorie kann man dagegen nur den Normalkraftfluß zu

$$\bar{n}_x = \sigma_x \cdot t = \left(\frac{M_b}{J_y} \cdot z\right) \cdot t = \frac{p \cdot \frac{x^2}{2} \cdot t^2}{\frac{t \cdot h^3}{12}} \cdot z = \frac{6 \cdot p \cdot t}{h^3}\, x^2 \cdot z \tag{11}$$

bestimmen. Somit ist der Unterschied zur klassischen Biegetheorie herausgearbeitet worden. In der nachfolgenden Auftragung (s. Bild 2) ist der sich dann einstellende Spannungsverlauf dargestellt. Es zeigt sich an der Stelle x = 0, daß die Randbedingung $n_x = 0$ nicht erfüllt wird.

	$x = h$	$x = \frac{h}{2}$	$x = 0$
$n_x\left(x, z = \frac{h}{2}\right)$	$\frac{14}{5} \cdot p \cdot t$	$\frac{11}{21} \cdot p \cdot t$	$\frac{4}{5} \cdot p \cdot t$
$\overline{n}_x\left(x, z = \frac{h}{2}\right)$	$3 \cdot p \cdot t$	$\frac{3}{4} \cdot p \cdot t$	0

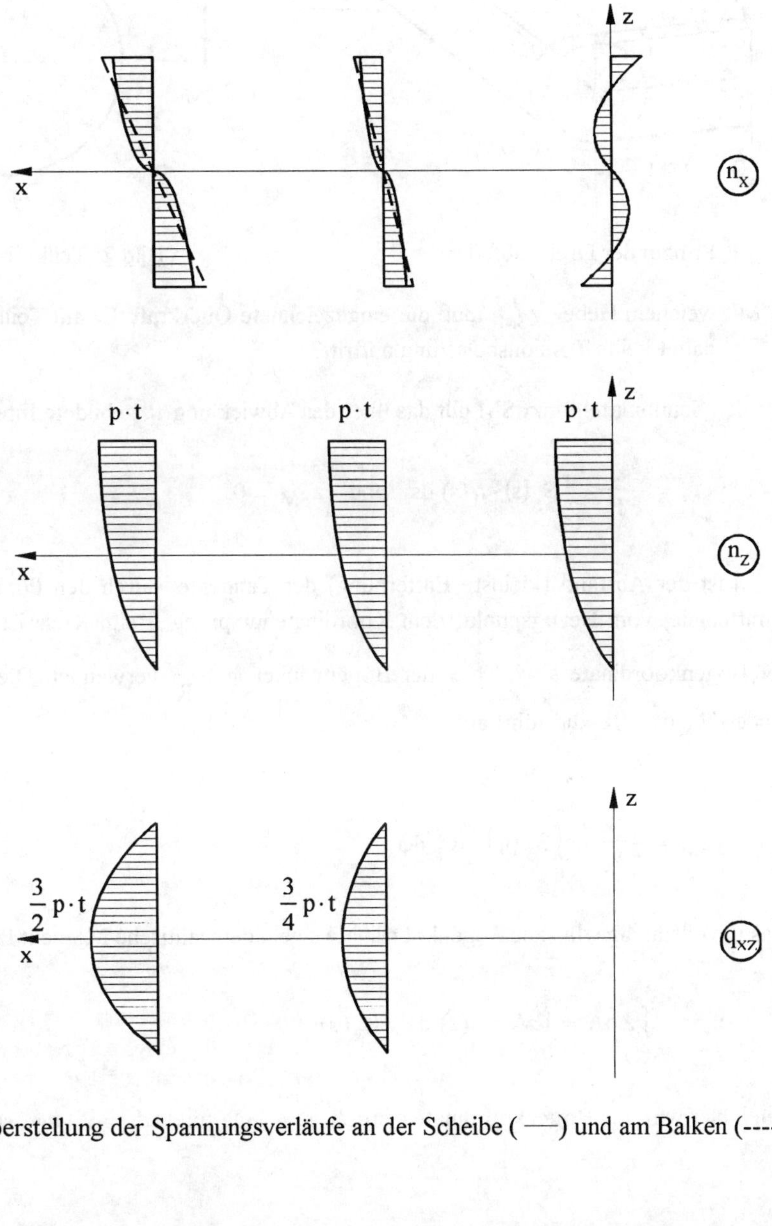

Bild 2: Gegenüberstellung der Spannungsverläufe an der Scheibe (—) und am Balken (----)

7. Übung zu Kapitel 9.1/9.2 "Kraftflüsse in dünnwandigen Profilen"

Gegeben ist das offene dünnwandige Teilkreisprofil Bild 2 einer einseitig fest eingespannten Drehstabfeder (Bild 1) der Länge L, an dessen freiem Ende eine Querkraft F_z angreifen soll.

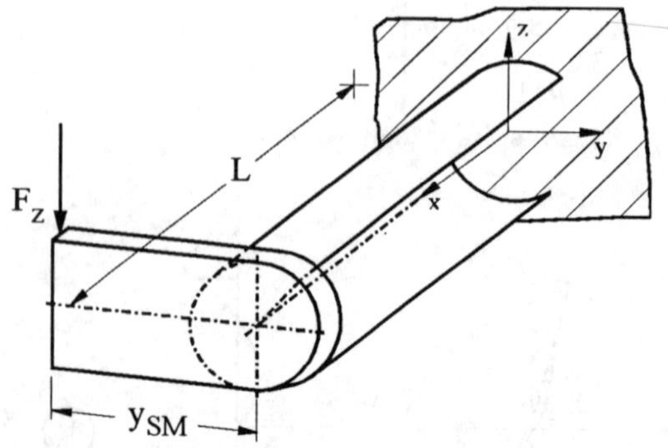

Bild 1: Prinzip der Drehstabfeder

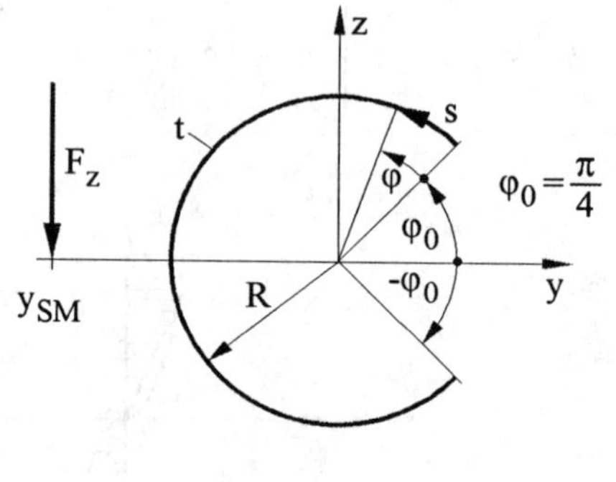

Bild 2: Teilkreisprofil

a) Mit welchem Hebel y_{SM} muß die eingezeichnete Querkraft F_z am Teilkreisprofil angreifen, damit keine Torsionsbelastung auftritt?

Für den Schubmittelpunkt SM gilt das über der Abwicklung a gebildete Integral

$$y_{SM} = -\frac{1}{J_y} \cdot \int_{(a)} S_y(s) \cdot r_t(s)\, ds \quad \text{und} \quad z_{SM} = 0 .$$

$r_T(s)$ ist der Abstand (kleinste Entfernung) der Tangente, durch den Punkt s auf der Profilmittellinie, vom Bezugspunkt, dem Koordinatenursprung. Beim Kreis ist $r_t(s) = R$. Statt der Bogenkoordinate s wird hier der Bogenwinkel $\varphi = \frac{s}{R}$ verwendet. Die Substitution mit $s = \varphi \cdot R$, $ds = R \cdot d\varphi$ führt auf

$$y_{SM} = -\frac{1}{J_y} \cdot \int_0^{\frac{3\cdot\pi}{2}} S_y(\varphi) \cdot R^2 \, d\varphi \tag{1}$$

Das unvollständige, bis zur Bogenkoordinate s gebildete statische Moment lautet:

$$S_y = \int_{A(z)} z\, dA = \int_0^s z(\bar{s}) \cdot t(\bar{s})\, ds = S_y(\bar{s})$$

Auch hier wird die Bogenkoordinate s durch $s = \varphi \cdot R$ und $ds = R \cdot d\varphi$ substituiert:

$$S_y(\varphi) = \int_0^{\varphi} z(\varphi) \cdot t(\varphi) \cdot R \, d\varphi .$$

Für die Abhängigkeit der Koordinate z vom Winkel φ gilt nach Bild 2

$$z(\varphi) = R \cdot \sin(\varphi + \varphi_0) = R \cdot \left(\sin \varphi \cdot \cos \varphi_0 + \cos \varphi \cdot \sin \varphi_0\right).$$

Die Profildicke t ist konstant über der Bogenlänge s bzw. dem Winkel φ. Mit $\varphi_0 = \frac{\pi}{4}$ folgt für das statische Moment

$$S_y(\varphi) = t \cdot R^2 \int_0^{\varphi} \sin \varphi \cdot \cos \frac{\pi}{4} + \cos\varphi \cdot \sin \frac{\pi}{4} \, d\varphi ,$$

$$S_y(\varphi) = \frac{t \cdot R^2}{\sqrt{2}} \int_0^{\varphi} \sin \varphi + \cos\varphi \, d\varphi ,$$

$$S_y(\varphi) = \frac{t \cdot R^2}{\sqrt{2}} \cdot \left(1 + \sin \varphi - \cos\varphi\right). \qquad (2)$$

Es fehlt noch das Flächenträgheitsmoment bezüglich der y-Achse, für dieses gilt:

$$J_y = \int_A z^2 dA = \int_0^{\frac{3\cdot\pi}{2}\cdot R} z(s)^2 \cdot t(s) \, ds ,$$

$$J_y = \frac{R^3 \cdot t}{2} \int_0^{\frac{3\cdot\pi}{2}} (\sin \varphi + \cos \varphi)^2 d\varphi ,$$

$$J_y = \frac{3 \cdot \pi + 2}{4} \cdot R^3 \cdot t . \qquad (3)$$

Nun läßt sich die Schubmittelpunktskoordinate y_{SM} nach Gl. (1) bestimmen:

$$y_{SM} = -\frac{4}{R^3 \cdot t \cdot (3 \cdot \pi + 2)} \cdot \int_0^{\frac{3\cdot\pi}{2}} \frac{R^4 \cdot t}{\sqrt{2}} \cdot \left(1 + \sin \varphi - \cos \varphi\right) d\varphi$$

$$y_{SM} = -\sqrt{2} \cdot \frac{3 \cdot \pi + 4}{3 \cdot \pi + 2} \cdot R . \qquad (4)$$

b) Es sind der Schub- und der Normalkraftfluß infolge der im Schubmittelpunkt SM angreifenden Querkraft F_z zu berechnen !

Im dargestellten Koordinatensystem gilt für den Schubfluß

$$q(x,\varphi) = -\frac{Q_z(x) \cdot S_y(\varphi)}{J_y} \tag{5}$$

Die Schnittgrößen am Kragträger lauten:

$$Q_z(x) = -F_z \text{ und } M_{by}(x) = F_z \cdot (L - x).$$

Das Einsetzen der Gl. (2) und Gl. (3) in die Gl. (5) liefert

$$q(\varphi) = \frac{2 \cdot \sqrt{2}}{3 \cdot \pi + 2} \cdot \frac{F_z}{R} \cdot \left(1 + \sin\varphi - \cos\varphi\right). \tag{6}$$

Der Normalkraftfluß bestimmt sich z. B. aus

$$\frac{\partial n_x(x,s)}{\partial x} + \frac{\partial q(s)}{\partial s} = 0,$$

$$\frac{\partial n_x(x,s)}{\partial x} = -\frac{\partial q(s)}{\partial s},$$

$$\frac{\partial n_x(x,\varphi)}{\partial x} = -\frac{\partial q(\varphi)}{\partial \varphi} \cdot \frac{\partial \varphi}{\partial s} \text{ mit } \frac{\partial \varphi}{\partial s} = \frac{1}{R}. \tag{7}$$

Aus Gl. (6) folgt

$$\frac{\partial q(\varphi)}{\partial \varphi} = \frac{2 \cdot \sqrt{2}}{3 \cdot \pi + 2} \cdot \frac{F_z}{R} \cdot \left(\sin\varphi + \cos\varphi\right).$$

Damit folgt für Gl. (7)

$$\frac{\partial n_x(x,\varphi)}{\partial x} = -\frac{2 \cdot \sqrt{2}}{3 \cdot \pi + 2} \cdot \frac{F_z}{R^2} \cdot \left(\sin\varphi + \cos\varphi\right). \tag{8}$$

Einmalige Integration und Berücksichtigung der Randbedingung $n_x(x = L, \varphi) = 0$ am freien Balkenende führt schließlich auf den gesuchten Normalkraftfluß

$$n_x(x,\varphi) = -\frac{2 \cdot \sqrt{2}}{3 \cdot \pi + 2} \cdot \frac{F_z}{R^2} \cdot \left(\sin\varphi + \cos\varphi\right) \cdot (x - L). \tag{9}$$

8. Übung zu Kapitel 9.3.1 "Schubmittelpunkt"

Für einen LKW-Muldenkipper ist qualitativ der Rahmenaufbau zu skizzieren. Hierbei ist zu berücksichtigen, daß in den Rahmen die Radkräfte und die Aufbaukräfte einzuleiten sind.

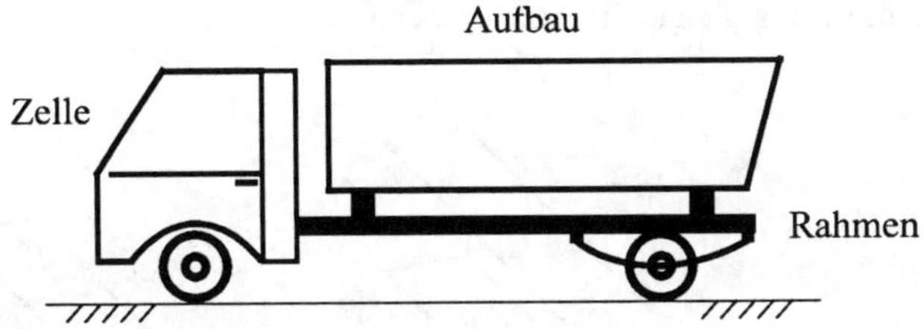

Bild 1: Muldenkipper

Um eine hohe Zuladung zu erzielen, sollte der Rahmen möglichst leicht sein, dies setzt die Verwendung offener warmgewalzter Profile voraus. Von der Geometrie bietet sich besonders das U-Profil an.

I. Ausführungsvariante:
Bei dieser Konstruktionsart wird das Rahmenprofil nach außen gedreht. Die Einleitung der Kräfte erfolgt im Schubmittelpunkt, damit das Rahmenprofil drillfrei bleibt. Als Quertraverse bietet sich ein T-Profil an, das insbesondere wölbfrei bleibt.

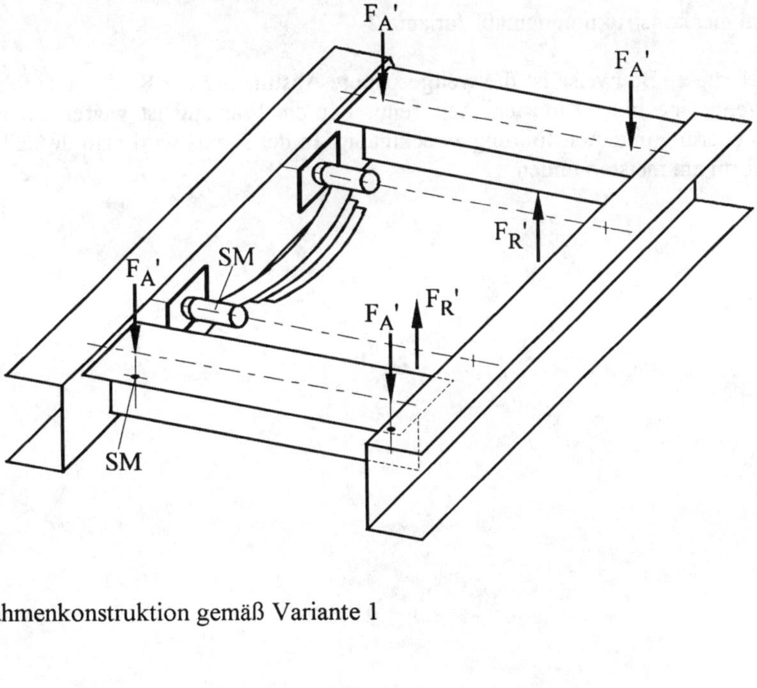

Bild 2: Rahmenkonstruktion gemäß Variante 1

Als nachteilig ist anzuführen, daß die Konstruktion schmal baut, welches ungünstig für die Kippsicherheit ist.

II. Ausführungsvariante:
Die Rahmenprofile sind umgedreht, so daß sich von außen eine glatte Konstruktion ergibt. Da auch hier die Kräfte in den Schubmittelpunkt eingeleitet werden sollen, müssen die kraftaufnehmenden Elemente von außen aufgesetzt werden.

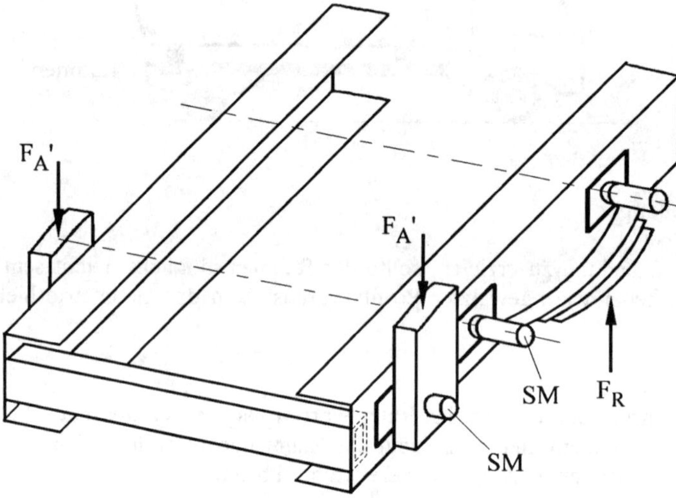

Bild 3: Rahmenkonstruktion gemäß Variante 2

Als Vorteil dieser Bauweise ist die weitgespannte Abstützung der Kräfte anzuführen, so daß das Fahrzeug eine hohe Kippsicherheit zeigt. Für die Wartung ist weiter auch die außenliegende Federung und Achsführung zweckmäßig. In der Praxis wird man deshalb diese Ausführungsform am meisten finden.

9. Übung zu Kapitel 10.4 "Offene dünnwandige Querschnitte"

Zwei dünnwandige, rein torsionsbelastete Rohre, das erste mit offenem längsgeschlitzten (Bild 1) und das zweite mit geschlossenem Profil (Bild 2), sind auf ihre Belastbarkeit und Verformbarkeit hin miteinander zu vergleichen. Die Rohre seien so eingespannt, daß freie Verwölbbarkeit gewährleistet ist.

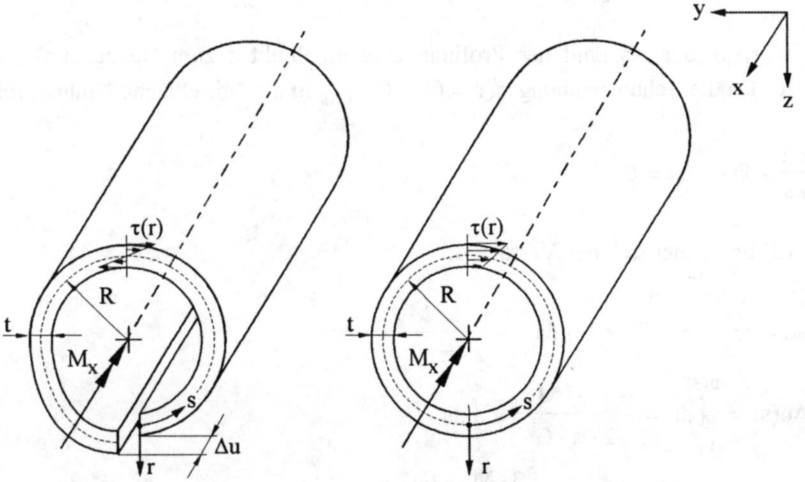

Bild 1: offenes dünnwandiges Rohr — Bild 2: geschlossenes dünnwandiges Rohr

Im Rohr mit offenem dünnwandigen Profil (siehe Bild 1) tritt nach St.-Venant der Spannungsverlauf eines dünnwandigen Rechteckprofils auf

$$\tau(r) = 2 \cdot G \cdot D \cdot r \tag{1}$$

auf. Die Drillung D beim offenen Profil ist gemäß Kapitel 10.1

$$D = \frac{M_x}{G \cdot J_{t,SV}} = \frac{3 \cdot M_x}{2 \cdot \pi \cdot G \cdot t^3 \cdot R}, \tag{2}$$

so daß für den Spannungsverlauf folgt

$$\tau(r) = \frac{3 \cdot M_x}{\pi \cdot t^3 \cdot R} \cdot r. \tag{3}$$

Die maximale Spannung tritt an der Rohrinnen- und -außenseite auf, somit folgt aus Gl. (3)

$$\tau_{max,offen} = \tau(r = \pm\frac{t}{2}) = \pm\frac{3 \cdot M_x}{2 \cdot \pi \cdot t^2 \cdot R} \tag{4}$$

Infolge des Längsschlitzes im geöffneten Rohr kommt es zu einem Versatz Δu (s. Bild 1) entlang des Schlitzes. Diesen gilt es gemäß Kapitel 9.3.4 zu bestimmen.

Die Gleitung eines infinitesimalen Elements auf der dünnwandigen Rohrmittelfläche ist allgemein

$$\gamma_{xs} = \frac{\partial u}{\partial s} + \frac{\partial v}{\partial x} = \frac{\partial u}{\partial s} + \frac{\partial \phi}{\partial x} \cdot r_t = \frac{\partial u}{\partial s} + D \cdot r_t(s). \tag{5}$$

Hierin ist $r_t(s)$ der Abstand der Profiltangente im Punkt s zum Bezugspunkt, somit gilt $r_t(s) = R$. Da die Schubspannung $\tau(r = 0) = G \cdot \gamma_{xs}$ in der Mittelfläche Null ist, folgt auch

$$\frac{\partial u}{\partial s} + D \cdot r_t(s) = 0.$$

Mit Gl. (2) berechnet sich der Versatz zu

$$du = \frac{\partial u}{\partial s} ds = -D \cdot r_t(s)\, ds = -\frac{3 \cdot M_x}{2 \cdot \pi \cdot G \cdot t^3}\, ds$$

$$\Delta u(s) = \int_{u_0}^{u(s)} du = -\frac{3 \cdot M_x}{2 \cdot \pi \cdot G \cdot t^3} \int_0^s d\bar{s}$$

$$\Delta u = \Delta u(s = 2 \cdot \pi \cdot R) = -\frac{3 \cdot M_x \cdot R}{G \cdot t^3}. \tag{6}$$

Im Rohr mit geschlossenem Profil überlagern sich der St.-Venantsche und der konstante Bredtsche Spannungsanteil (siehe Bild 2):

$$\tau(r) = \tau_{SV}(r) + \tau_B. \tag{7}$$

Für den St.-Venantschen Spannungsanteil erhält man nach Gl. (3):

$$\tau_{SV}(r) = \frac{3 \cdot M_{x,SV}}{\pi \cdot t^3 \cdot R} \cdot r, \tag{8}$$

und für den Bredtschen Spannungsanteil gilt:

$$\tau_B = \frac{M_{x,B}}{2 \cdot \pi \cdot t \cdot R^2}. \tag{9}$$

Das Moment M_x wird anteilig durch St.-Venantsche und Bredtsche Torsion abgetragen:

$$M_x = M_{x,SV} + M_{x,B}. \tag{10}$$

Die Drillung des Profils ist natürlich für beide Anteile gleich, d. h.

$$D = \frac{M_{x,B}}{G \cdot J_{t,B}} = \frac{M_{x,SV}}{G \cdot J_{t,SV}} = \frac{M_x}{G \cdot \left(J_{t,B} + J_{t,SV}\right)}. \tag{11}$$

Mit Gl. (11) und den Torsionsflächenmomenten $J_{t,SV} = \frac{2}{3} \cdot \pi \cdot t^3 \cdot R$, $J_{t,B} = 2 \cdot \pi \cdot t \cdot R^3$ bestimmt sich die Momentenaufteilung nach Gl. (10) zu

$$M_{x,B} = \frac{M_x}{1 + \frac{1}{3} \cdot \left(\frac{t}{R}\right)^2} \quad \text{und} \quad M_{x,SV} = \frac{M_x}{1 + 3 \cdot \left(\frac{R}{t}\right)^2}, \tag{12}$$

womit sich dann unter Verwendung der Gl. (8) und (9) die Spannungsanteile und damit auch die Gesamtspannungsverteilung

$$\tau(r) = \frac{3 \cdot M_x}{\pi \cdot t^3} \cdot \frac{\frac{r}{R} + \frac{1}{2}}{1 + 3 \cdot \left(\frac{R}{t}\right)^2} \tag{13}$$

ergibt. Die maximale Schubspannung an der Rohraußenseite $r = \frac{t}{2}$ ist

$$\tau_{max,geschlossen} = \frac{3 \cdot M_x}{2 \cdot \pi \cdot t^3} \cdot \frac{1 + \frac{t}{R}}{1 + 3 \cdot \left(\frac{R}{t}\right)^2}. \tag{14}$$

Das Verhältnis der beiden Spannungsanteile beträgt

$$\frac{\tau_B}{\tau_{SV,max}} = \frac{R}{t}. \tag{15}$$

Da in der Regel der Rohrradius wesentlich größer als die Wandstärke ist, also $R >> t$ ist, wird beim geschlossenen Profil wegen Gl. (15) der St.-Venantsche Anteil üblicherweise vernachlässigt.

Ausgehend von Gl. (15), (11) und (13) erhält man für die Querschnittsverschiebung

$$du = \left(\frac{\tau_B}{G} - R \cdot D\right) ds = 0 \;\Rightarrow\; u(s) = 0. \tag{16}$$

Demnach gibt es über dem gesamten Umfang keine Querschnittsverschiebung. Das geschlossene Kreisprofil ist *verwölbungsfrei*!

Vergleich offenes Profil - geschlossenes Profil:

Das Verhältnis der Drillungen ist

$$\frac{D_{offen}}{D_{geschlossen}} = 1 + 3 \cdot \left(\frac{R}{t}\right)^2 .$$

Wegen R >> t ist die Verdillung des offenen Profils wesentlich größer als die des geschlossenen Profils.

Das Verhältnis der maximalen Schubspannungen nach Gl. (4) und Gl. (14) lautet:

$$\frac{\tau_{max,offen}}{\tau_{max,geschlossen}} = \frac{1 + 3 \cdot \left(\frac{R}{t}\right)^2}{1 + \frac{R}{t}} .$$

Die maximale Schubspannung im geschlossenen Profil ist wesentlich kleiner als im offenen Profil.

Bezüglich Drillung, Verformung und Spannung erweist sich das geschlossene Profil als weitaus günstiger und ist dem offenen Profil, wenn möglich, vorzuziehen.

10. Übung zu Kapitel 10.5 "Hohlquerschnitt mit Steg"

Für den dargestellten zweizelligen Rechteckkasten unter Torsionsbeanspruchung ist die Schubflußverteilung zu berechnen. Verwölbung soll dabei noch ausgeklammert sein.

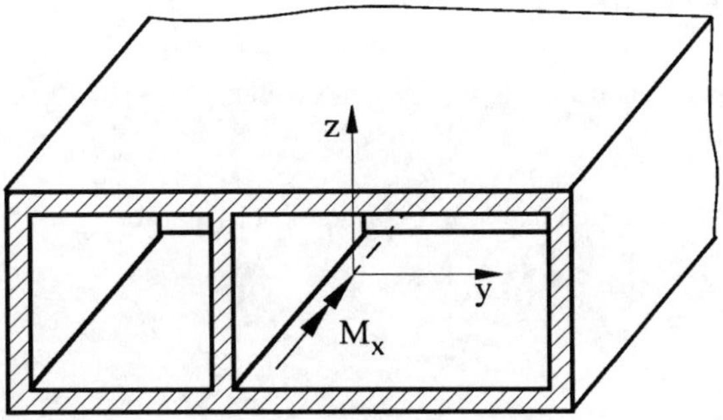

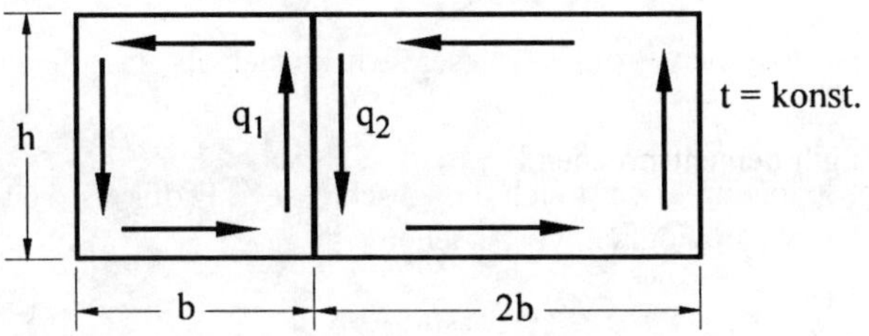

Bild 1:
Tordierter Rechteckkasten mit Steg

Unter der Annahme, daß beide Zellen an der Momentenübertragung teilnehmen, kann folgende Gleichgewichtsrelation angesetzt werden:

$$M_x = \sum_{i=1}^{2} M_{xi} = \sum_{i=1}^{2} q_i \cdot 2\,\dot{A}_i \,. \tag{1}$$

Hierin ist

$$M_{xi} = G \cdot J_{t_i} \cdot \phi' = G \cdot \left(\frac{4\,\dot{A}^2}{\oint \frac{ds}{t}} \right)_i \cdot \phi' = q_i \cdot 2\,\dot{A}_i \,. \tag{2}$$

Durch Umstellen kann hieraus der gesuchte Schubfluß in der Form

$$\frac{q_i}{G \cdot \phi'} \left(\oint \frac{ds}{t} \right)_i = 2\,\dot{A}_i \tag{3}$$

ermittelt werden. Das Umlaufintegral über den Querschnitt ist hierin wie folgt zu entwickeln:

$$\oint ds = \oint_1 ds - \oint_{1,2} ds + \oint_2 ds\,. \tag{4}$$

Im Kapitel 10 des Textteils ist zudem bereits als allgemeine Gleichung

$$a_{i,L} \cdot u_{i-1} + a_{i,Z} \cdot u_i - a_{i,R} \cdot u_{i+1} = 2\,\dot{A}_i \qquad (i = 1, 2, 3)$$

definiert worden. Hierin ist

$$a_{i,L,R} = \int_{s_1}^{s_2} \frac{ds}{dt}$$

für den linken bzw. rechten Steg und

$$a_{i,Z} = \left(\oint \frac{ds}{dt}\right)_i$$

für die gesamte Zelle anzusetzen.

Für das betrachtete Zweizellensystem gilt dementsprechend

$$a_{1,Z} \cdot u_1 - a_{1,R} \cdot u_2 = 2\,\dot{A}_1$$

oder (5)

$$\frac{2}{t} \cdot (b + h) \cdot u_1 - \frac{h}{t} \cdot u_2 = 2\, b \cdot h$$

$$a_{2,L} \cdot u_1 + a_{2,Z} \cdot u_2 = 2\,\dot{A}_2$$

oder (6)

$$\frac{h}{t} \cdot u_1 + \frac{2}{t}\left(2\,b + h\right) = 4\, b \cdot h$$

Aus diesem Gleichungssystem erhält man die Lösungen

$$u_1 = \frac{q_1}{G \cdot \phi'} = \frac{8\, b \cdot h\,(b + h)\, t}{8\, b^2 + 12\, b \cdot h + 3\, h^2}\,, \tag{7}$$

$$u_2 = \frac{q_2}{G \cdot \phi'} = \frac{2\, b \cdot h\,\left(4\, b + 5\, h\right)\, t}{8\, b^2 + 12\, b \cdot h + 3\, h^2}\,. \tag{8}$$

Des weiteren kann aus der Umrechnung

$$\frac{q_i}{G \cdot \phi'}\left(\oint \frac{ds}{t}\right)_i \cdot 2\,\dot{A}_i = 4\,\dot{A}_i^{\,2} \tag{9}$$

oder

$$\frac{q_i}{G \cdot \phi'} \cdot 2\,\dot{A}_i = \frac{4\,\dot{A}_i^{\,2}}{\left(\oint \frac{ds}{t}\right)_i} \equiv J_{t_i}$$

letztlich das gesamte Torsionsträgheitsflächenmoment als

$$J_t = \sum_{i=1}^{2}\left(\frac{q_i}{G \cdot \phi'}\right) 2\,\dot{A}_i = \frac{2 \cdot t}{8\,b^2 + 12\,b \cdot h + 3\,h^2} \left[8\,b \cdot h\,(b+h)\,b \cdot h + 2\,b \cdot h\,(4\,b + 5\,h)\,2\,b \cdot h\right] \tag{10}$$

$$= \frac{8\,b^2 \cdot h^2 \cdot t}{8\,b^2 + 12\,b \cdot h + 3\,h^2}\left(6\,b + 7\,h\right)$$

bestimmt werden. In Gl. (7) und (8) ist der Schubfluß aber noch von der Verdrillung ϕ' abhängig. Um die Verdrillung zu eliminieren, muß noch folgende Umwandlung durchgeführt werden:

$$q_i = G \cdot \phi' \cdot \left(\frac{q_i}{G \cdot \phi'}\right) = G \cdot \frac{M_x}{G \cdot J_t}\left(\frac{q_i}{G \cdot \phi'}\right) = \frac{M_x}{J_t}\left(\frac{q_i}{G \cdot \phi'}\right). \tag{11}$$

Damit erhält man

$$q_1 = \frac{M_x}{8} \cdot \frac{8\,b \cdot h\,(b+h) \cdot t}{b^2 \cdot h^2 \cdot t\,(6\,b + 7\,h)} = \frac{M_x}{b \cdot h} \cdot \frac{(b+h)}{(6\,b + 7\,h)} \tag{12}$$

und

$$q_2 = \frac{M_x}{8} \cdot \frac{2\,b \cdot h\,(4\,b + 5\,h) \cdot t}{b^2 \cdot h^2 \cdot t\,(6\,b + 7\,h)} = \frac{M_x}{4\,b \cdot h} \cdot \frac{4\,b + 5\,h}{6\,b + 7\,h}. \tag{13}$$

Somit sind die beiden wirkenden Schubflüsse bekannt.

11. Übung zu Kapitel 10.6 "Verwölbung von Querschnitten"

Es ist die maximale Spannung in einem kurzen Profilträger unter Torsion zu ermitteln, und zwar in dem Fall, daß sich eine unbehinderte Verwölbung einstellen kann bzw. die Verwölbung durch die Einspannung behindert ist.

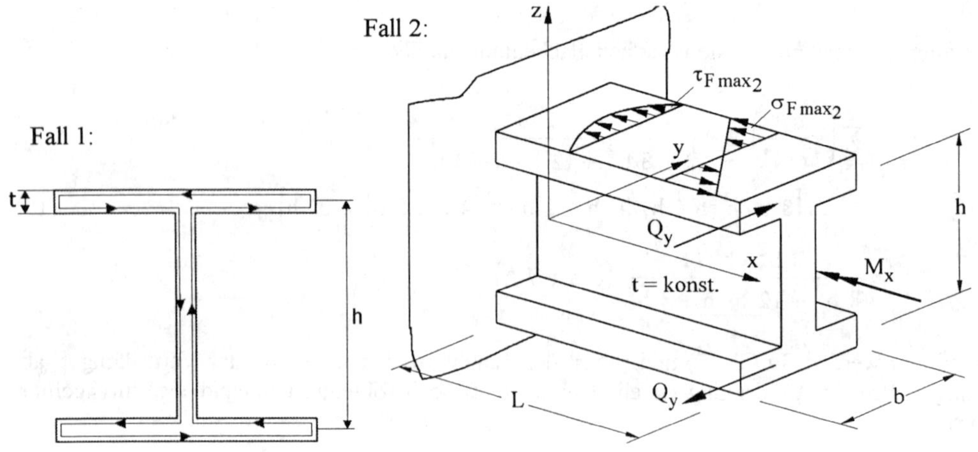

Bild 1: Kurzer I-Träger unter Torsion

Im ersten Fall der unbehinderte Verwölbung kann die Theorie der dünnwandigen Rechteckquerschnitte zugrunde gelegt werden, womit sich die Schubspannung zu

$$\tau_{max_1} = \frac{M_x}{\frac{1}{3}\left(2t^2 \cdot b + t^2 \cdot h\right)} \tag{1}$$

ergibt.

Im zweiten Fall der Wölbbehinderung ruft das Torsionsmoment M_x zum einen in dem Querschnitt eine Schubspannung und zum anderen über die Trägerbreite eine veränderliche Biegespannung hervor. Vernachlässigt man den Steg, so kann die Biegespannung im Flansch als Folge einer Querkraft Q angesehen werden, womit sich das bei x = L eingeleitete Torsionsmoment durch einen der reinen Torsion entsprechenden St.-Venantschen Anteil M_{St} und einen von der Biegung herrührenden Anteil M_B darstellen läßt:

$$M_t = M_{St} + M_B = M_{St} + Q \cdot h \tag{2}$$

Die maximale Biegespannung für kurze Träger ergibt sich damit zu

$$\sigma_{x\,max_2} = \frac{\left(\frac{M_t}{h}\right) \cdot L}{\frac{t \cdot b^2}{6}} = \frac{6 \cdot M_t \cdot L}{t \cdot h \cdot b^2} \quad \text{mit} \quad W_b = \frac{1}{6} t \cdot b^2 \tag{3}$$

Die in den Flanschen aus den Querkräften resultierenden Schubspannungen sind über die Flanschbreite parabolisch verteilt und besitzen ihren Maximalwert in Abhängigkeit der Länge bei

$$\tau_{F\,max_2}(x) = \frac{3}{2} \cdot \frac{Q(x)}{b \cdot t} = \frac{3}{2} \cdot \frac{M_B(x)}{h \cdot b \cdot t} \ . \tag{4}$$

Der absolute Maximalwert ergibt sich an der Einspannstelle für x = 0 mit $M_B = M_t$ zu

$$\tau_{F\,max_2} = \frac{3}{2} \cdot \frac{M_t}{h \cdot b \cdot t} \ . \tag{5}$$

Ein Vergleich zwischen Gl. (1) und Gl. (5) zeigt, daß die Schubspannung im Fall der Wölbbehinderung kleiner ist als im Fall der unbehinderten Verwölbung. Es wird nämlich stets

$$2 \cdot h \cdot b > 2 \cdot t \cdot b + h \cdot t \tag{6}$$

bzw.

$$1 > \frac{t}{h} + \frac{t}{2 \cdot b} \tag{7}$$

sein, wohingegen aber für Wölbbehinderung eine Normalspannung nach Gl. (3) ergibt, die im Fall der unbehinderten Verwölbung verschwindet.

12. Übung zu Kapitel 10.6 "Verwölbung von Querschnitten"

Das gezeigte dünnwandige Kastenprofil sei durch ein Torsionsmoment M_x belastet. Zum Zwecke der Überprüfung der Auslegung sind der Schubfluß, die Schubspannungen und die Verwölbung bei unbehinderter Verwölbung zu bestimmen. Der St.-Venantsche Schubspannungsanteil ist zu vernachlässigen.

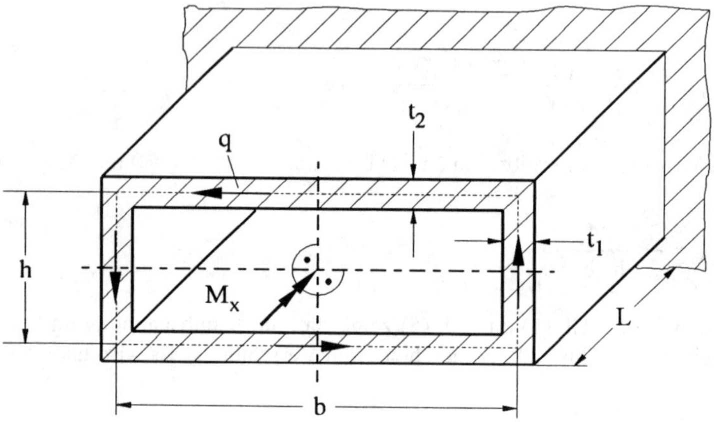

Bild 1: Torsion eines Kastenprofils

In Kapitel 10 ist dargelegt worden, daß der Schubfluß in geschlossenen Profilen konstant ist. Aus der 1. Bredtschen Formel bestimmt sich so der Schubfluß zu

$$q = \frac{M_x}{2\,\mathring{A}} = \frac{M_x}{2 \cdot b \cdot h} = \text{konst.} \tag{1}$$

Demgemäß erhält man die Schubspannungen in den Wänden zu

$$\tau_1 = \frac{q}{t_1} \quad \text{bzw.} \quad \tau_2 = \frac{q}{t_2} \; . \tag{2}$$

Für die Verwindung findet man entsprechend

$$\phi' = \frac{M_x}{4\,(b \cdot h)^2 \cdot G} \cdot 2\left(\frac{h}{t_1} + \frac{b}{t_2}\right) = \frac{q}{G \cdot (b \cdot h)} \cdot \left(\frac{h}{t_1} + \frac{b}{t_2}\right) \tag{3}$$

bzw. für den Verdrehwinkel

$$\phi = \frac{q}{G \cdot b \cdot h} \cdot \left(\frac{h}{t_1} + \frac{b}{t_2}\right) \cdot L \; . \tag{4}$$

Die maximale Verwölbung an einer Ecke folgt aus dem Ansatz von Gl. (10.40) zu

$$u = \int_0^{b/2} \gamma \cdot ds - \int_0^{b/2} \frac{dv}{dx} ds \quad \text{mit} \quad \gamma = \frac{q}{G \cdot t}, \; v = r_t(s) \cdot \phi \qquad (5)$$

$$v' = r_t(s) \cdot \phi'$$

$$u_2 = \frac{q}{G} \int_0^{b/2} \frac{ds}{t} - \phi' \int_0^{b/2} r_t(s)\, ds = \frac{q}{G} \cdot \frac{b}{2\, t_2} - \frac{q}{G\,(b \cdot h)} \cdot \left(\frac{h}{t_1} + \frac{b}{t_2}\right) \cdot \frac{b \cdot h}{4}$$

$$u_2 = \frac{q \cdot b}{2 \cdot G \cdot t_2} - \frac{q}{4 \cdot G} \cdot \left(\frac{h}{t_1} + \frac{b}{t_2}\right). \qquad (6)$$

$$u_2 = \frac{q \cdot b}{2 \cdot G \cdot t_2} - \frac{q \cdot h}{4 \cdot G \cdot t_1} - \frac{q \cdot b}{4 \cdot G \cdot t_2}$$

$$u_2 = \frac{q \cdot b}{4 \cdot G \cdot t_2} - \frac{q \cdot h}{4 \cdot G \cdot t_1}$$

$$u_2 = \frac{q}{4 \cdot G}\left(\frac{b}{t_2} - \frac{h}{t_1}\right).$$

Wie im nachfolgenden Bild 2 gezeigt ist, stellt sich die Verwölbung bei dem Kastenprofil als antimetrischer Verlauf ein.

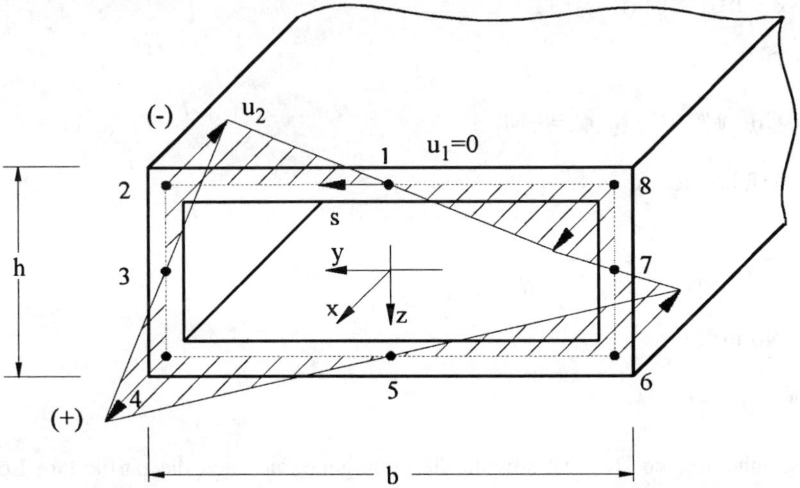

Bild 2: Verwölbtes Kastenprofil

13. Übung zu Kapitel 10.6/10.7 "Wölbkrafttorsion"

An einem eingespannten Profilträger unter einem Enddrillmoment tritt infolge der festen Einspannung eine Wölbbehinderung auf. Zu bestimmen sind die zu übertragenden Anteile aus der reinen Torsion und der Wölbkrafttorsion.

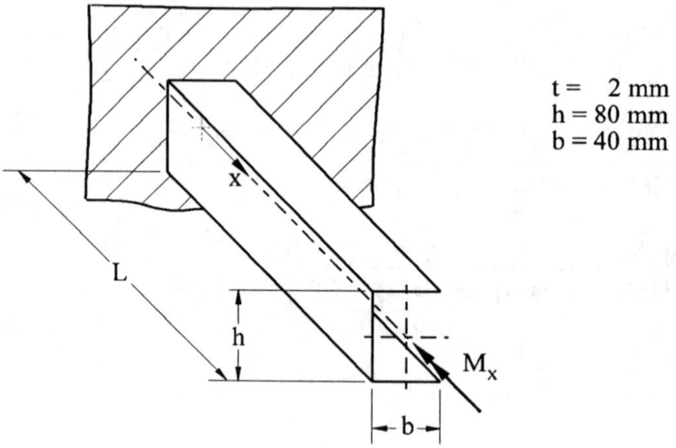

Bild 1: Tordiertes Profil unter Wölbbehinderung

In Kapitel 10.6 wurde dargelegt, daß unter Wölbbehinderung ein äußeres Torsionsmoment durch zwei Anteile übertragen wird. Dem entspricht die Gleichung

$$M_x = M_{xt} + M_{xT} \tag{1}$$

oder der DGL

$$E \cdot C_W \cdot \phi''' - G \cdot J_t \cdot \phi' = -M_x \,. \tag{2}$$

Umgestellt führt dies zu

$$\phi''' - \frac{G \cdot J_t}{E \cdot C_W} \cdot \phi' = -\frac{M_x}{E \cdot C_W} \tag{3}$$

oder der Normalform

$$\phi''' - \alpha^2 \cdot \phi' = -\mu \,. \tag{4}$$

Für diese inhomogene DGL ist sowohl die homogene wie auch die partikuläre Lösung bekannt, und zwar

$$\phi_h = A + B \cdot \cosh \alpha \cdot x + C \cdot \sinh \alpha \cdot x \tag{5}$$

$$\phi_p = \frac{\mu}{\alpha^2} \cdot x \,. \tag{6}$$

Aus den Randbedingungen folgt dann

1. $x = 0$: $\phi(0) = A + B = 0,$

2. $\phi'(0) = \alpha \cdot C + \frac{\mu}{\alpha^2} = 0,$

3. $x = L$: $\phi''(L) = \alpha^2 \cdot B \cdot \cosh \alpha \cdot L + \alpha^2 \cdot C \cdot \sinh \alpha \cdot L = 0,$

womit man für die Konstanten

$$C = -\frac{\mu}{\alpha^3}\,, \tag{7}$$

$$B = \frac{\mu}{\alpha^3} \cdot \tanh \alpha \cdot L \tag{8}$$

und

$$A = -B = -\frac{\mu}{\alpha^3} \cdot \tanh \alpha \cdot L \tag{9}$$

erhält. Die Lösung der DGL (4) lautet somit

$$\phi = \phi_h + \phi_p$$

$$\phi = \frac{\mu}{\alpha^3}\left[\tanh \alpha \cdot L \left(\cosh \alpha \cdot x - 1\right) - \sinh \alpha \cdot x + \alpha \cdot x\right]. \tag{10}$$

Des weiteren werden die Ableitungen von Gl. (10) benötigt

$$\phi' = \frac{\mu}{\alpha^3}\left[\alpha \cdot \tanh \alpha \cdot L \cdot \cosh \alpha \cdot x - \alpha \cdot \cosh \alpha \cdot x + \alpha\right] \tag{11}$$

$$\phi'' = \frac{\mu}{\alpha^3}\left[\alpha^2 \cdot \tanh \alpha \cdot L \cdot \cosh \alpha \cdot x - \alpha^2 \cdot \sinh \alpha \cdot x\right] \tag{12}$$

$$\phi''' = \frac{\mu}{\alpha^3}\left[\alpha^3 \cdot \tanh \alpha \cdot L \cdot \sinh \alpha \cdot x - \alpha^3 \cdot \cosh \alpha \cdot x\right]. \tag{13}$$

Gemäß Gl. (1) kann man nun die Momentenanteile bestimmen, und zwar

- Anteil des St. Venantschen Torsionsmomentes zu

$$M_{xt} = G \cdot J_t \cdot \phi' = \frac{\mu}{\alpha^2} \cdot G \cdot J_t \left[\tanh \alpha \cdot L \cdot \sinh \alpha \cdot x - \cosh \alpha \cdot x + 1\right] \tag{14}$$

bzw. mit Einsetzen von α^2 und μ folgt

$$M_{xt} = M_x \left[\tanh \alpha \cdot L \cdot \sinh \alpha \cdot x - \cosh \alpha \cdot x + 1\right] . \tag{15}$$

- Anteil der Wölbkraftdrillung zu

$$M_{xT} = -E \cdot C_W \cdot \phi''' = -E \cdot C_W \cdot \mu \left[\tanh \alpha \cdot L \cdot \sinh \alpha \cdot x - \cosh \alpha \cdot x\right] \tag{16}$$

bzw. mit Einsetzen von μ

$$M_{xT} = -M_x \left[\tanh \alpha \cdot L \cdot \sinh \alpha \cdot x - \cosh \alpha \cdot x\right] . \tag{17}$$

Um den Einfluß der Wölbbehinderung diskutieren zu können, muß weiter

$$\alpha^2 = \frac{G \cdot J_t}{E \cdot C_W} \tag{18}$$

bestimmt werden. Hierin ist

$$\frac{G}{E} = 0,385 \ , \tag{19}$$

$$J_t = \frac{1}{3} \sum_{i=1}^{3} h_i \cdot t_i^3 = \frac{1280}{3} = 427 \text{ mm}^4 \ , \tag{20}$$

$$C_W = \frac{7}{96} A_F \cdot h^2 \cdot b^2 = 59,73 \cdot 10^6 \text{ mm}^6, \quad \text{für } 2\,A_F = A_S \ . \tag{21}$$

Für Gl. (18) erhält man so

$$\alpha^2 = \frac{0,385 \cdot 427}{97,5 \cdot 10^6} = 2,8 \cdot 10^{-6} \text{ mm}^2$$

und

$$\alpha = 1,6 \cdot 10^{-3} \text{ mm}^{-1} . \tag{22}$$

Mit diesen Vorbetrachtungen wären nun Gl. (15) und (17) auswertbar. Zweckmäßiger ist es aber, noch eine Normierung der Längenkoordinaten mit $\xi = x/L$ vorzunehmen. Damit lassen sich dann die vorstehenden Beziehungen darstellen als

$$M_{xt} = M_x(1-\eta) \tag{23}$$

$$\text{mit} \quad \eta = \cosh \alpha_i \cdot \xi - \tanh \alpha_i \cdot \sinh \alpha_i \cdot \xi,$$
$$\alpha_i = 1{,}6 \cdot 10^{-3} \cdot L_i$$

$$M_{xT} = M_x \cdot \eta \tag{24}$$

Von Interesse ist aber das Verhältnis

$$\eta = \frac{M_{xT}}{M_x} = 1 - \frac{M_{xt}}{M_x}. \tag{25}$$

Eine Auswertung von η über die normierte Länge zeigt das nachstehende Bild.

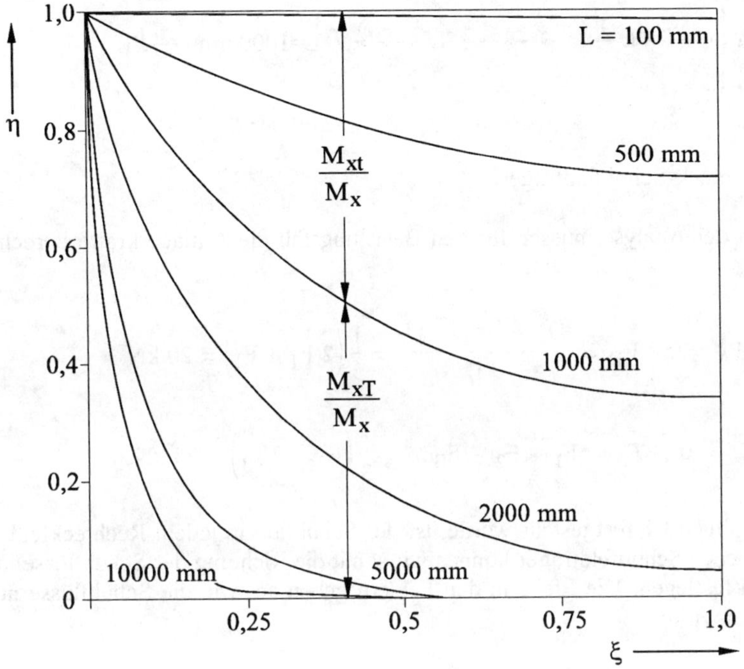

Bild 2: Momentenverläufe über der Stablänge

Als Resümee läßt sich daraus ableiten, daß der Wölbeinfluß bei kurzen Längen überwiegt.

Bei allen Stäben werden jedoch an der Einspannstelle vorwiegend Wölbmomente auftreten, während an der Kraftangriffsstelle überwiegend St. Venantsche Torsion vorherrscht.

14. Übung zu Kapitel 13 "Schubfeld-Konstruktionen"

Für den dargestellten Schubfeldträger unter Einzellasten ist der Schubflußverlauf in den Schubfeldern sowie der Normalkraftverlauf in den Gurten und Pfosten zu bestimmen.

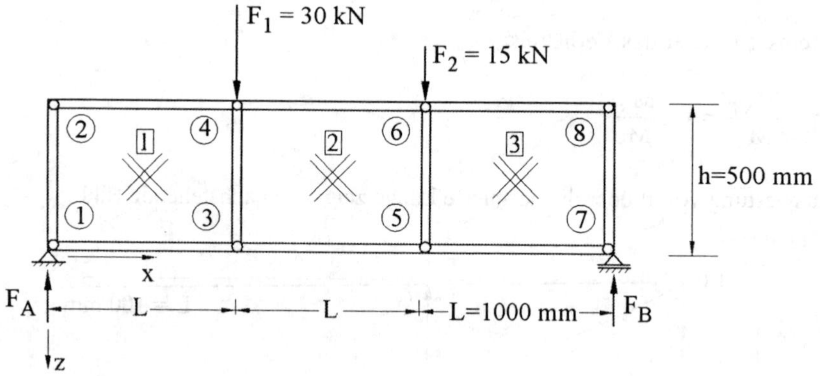

Bild 1: Rechteck-Schubfeldträger

Zu Beginn der Analyse müssen für den Belastungsfall die Auflagerkräfte berechnet werden. Es gilt

$$\sum M_A = 0: \quad F_B = \frac{F_2 \cdot 2\,L + F_1 \cdot L}{3\,L} = \frac{1}{3}\left(2\,F_1 + F_1\right) = 20\ \text{kN}$$

$$\sum K_z = 0: \quad F_A = F_1 + F_2 - F_B \quad = \frac{1}{3}\left(F_2 + 2\,F_1\right) = 25\ \text{kN}\ .$$

Wie in Kapitel 13.1 festgestellt wurde, ist der Schubfluß in jedem Rechteckfeld konstant. In dem gegebenen Schubfeldträger können wir somit die Richtung der Schubflüsse in jedem Feld willkürlich festlegen. Die Pfeile in den Feldern geben an, wie die Schubflüsse auf die Gurte und Pfosten wirken.

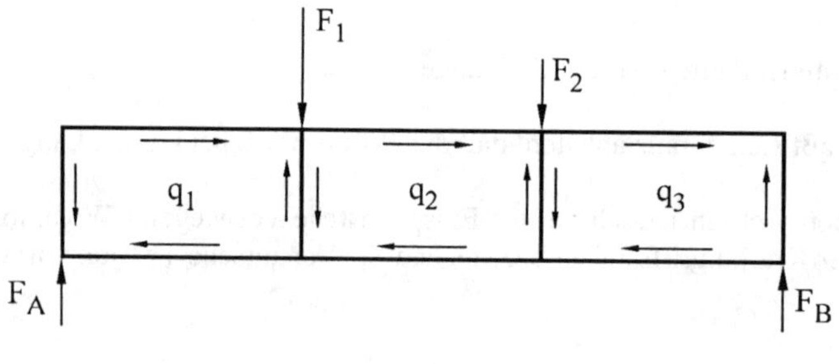

Bild 2: Verlauf der Schubflüsse

Zur Bestimmung der Schubflüsse beginnt man nun an einer bekannten Kraftangriffsstelle mit der Aufstellung des Gleichgewichts:

- Pfosten $\overline{12}$:

$$F_A - q_1 \cdot h = 0 \quad \rightarrow \quad q_1 = \frac{F_A}{h},$$

- Pfosten $\overline{34}$:

$$(q_1 - q_2) \cdot h - F_1 = 0 \quad \rightarrow \quad q_2 = q_1 - \frac{F_1}{h} = \frac{F_A - F_1}{h},$$

- Pfosten $\overline{56}$:

$$(q_2 - q_3) \cdot h - F_2 = 0 \quad \rightarrow \quad q_3 = q_2 - \frac{F_2}{h} = \frac{F_A - F_1 - F_2}{h},$$

- Pfosten $\overline{78}$:

$$F_B + q_3 \cdot h = 0 \quad \rightarrow \quad q_3 = -\frac{F_B}{h}.$$

(als Kontrolle)

Mit den gegebenen Werten findet sich

$$q_1 = 50 \text{ N/mm}, \quad q_2 = -10 \text{ N/mm}$$

und

$$q_3 = -40 \text{ N/mm}.$$

Das negative Vorzeichen drückt in diesem Zusammenhang nur aus, daß die wirklichen Schubflüsse in diesem Feld entgegen der angenommenen Richtung wirken.

Aus der Schubflußverteilung können jetzt die linear verlaufenden Normalkräfte in den Gurten und Pfosten bestimmt werden, und zwar

Untergurte		Obergurte	
Stelle 1:	$N_1 = 0$	2:	$N_2 = 0$
3:	$N_4 = q_1 \cdot L = +50$ kN	4:	$N_3 = -50$ kN
5:	$N_5 = -q_2 \cdot L = 40$ kN	6:	$N_6 = -40$ kN
7:	$N_7 = 0$	8:	$N_8 = 0$

Ohne weitere Rechnung ergeben sich die Pfostenkräfte aus den Endlasten in den entsprechenden Knoten.

Im umseitigen Bild 3 ist noch einmal der Verlauf der Schubflüsse und der Normalkräfte herausgestellt.

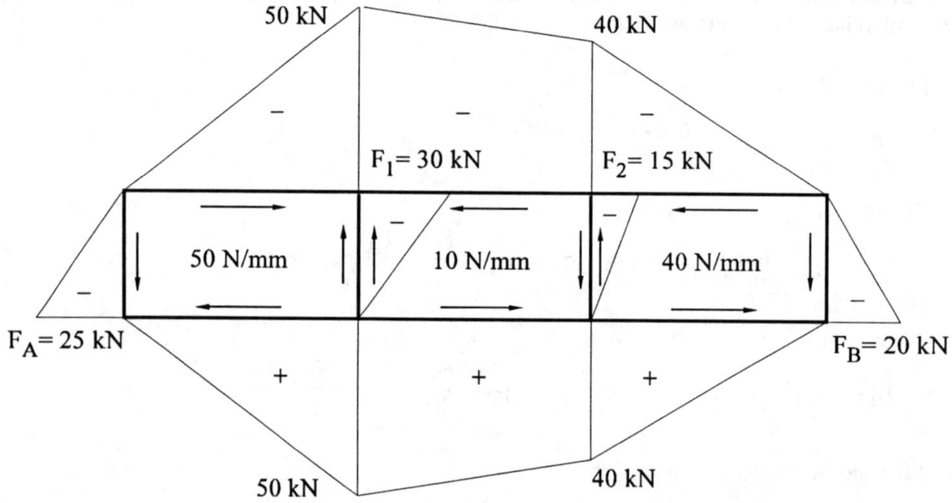

Bild 3: Darstellung der Schubflüsse und Normalkräfte im Schubfeldträger

15. Übung zu Kapitel 14 "Ausgesteifte Kastenprofile"

Für einen mit Querrippen versteiften Kastenträger aus drei Feldern ist die Schubflußverteilung unter Berücksichtigung des Abtragens in den Spanten zu bestimmen. Die Verhältnisse am Träger zeigt die folgende Skizze.

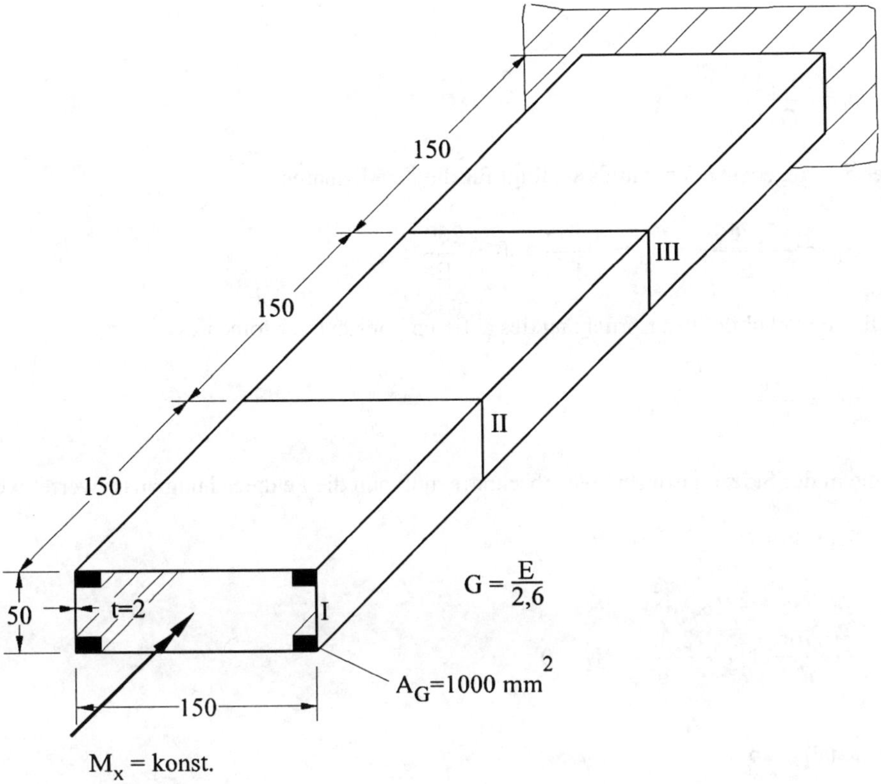

Bild 1: Eingespannter Kastenträger unter konstanter äußeren Torsion

In Kapitel 14 sind die wesentlichen Beziehungen zur Berechnung von Kastenträgern dargestellt worden. Insbesondere gilt die Feldgleichung

$$\alpha_o \cdot N_{k+1} + 2\,\alpha_{oo} \cdot N_k + \alpha_o \cdot N_{k-1} = 0\,. \tag{1}$$

Die rechte Seite wird hierbei gleich Null, weil im Beispiel $q_k{}^\circ = q^\circ{}_{k+1}$ ist, d. h. keine Krafteinleitung innerhalb der Felder erfolgt. Für die Koeffizienten folgt somit

$$\alpha_o = \frac{2}{3} \cdot \frac{L}{E \cdot A_G} - \frac{1}{2\,G \cdot L} \cdot \frac{(b+h)}{t}\,, \tag{2}$$

$$\alpha_{oo} = \frac{4}{3} \cdot \frac{L}{E \cdot A_G} + \frac{1}{2\,G \cdot L} \cdot \frac{(b+h)}{t} \ . \tag{3}$$

Des weiteren muß die Endgleichung für die starre Wand herangezogen werden

$$2\,\alpha_{oo} \cdot N_k + \alpha_o \cdot N_{k-1} = ß \cdot \dot{q}_k \tag{4}$$

mit

$$ß = \frac{(b+h)}{G \cdot t} \ . \tag{5}$$

Unter den gegebenen Verhältnissen folgt für die Koeffizienten

$$\alpha_o = -\frac{0,766}{E}, \quad \alpha_{oo} = \frac{1,166}{E}, \quad ß = \frac{260}{E}$$

und für die Schubflußbeanspruchung des äußeren konstanten Momentes

$$\dot{q}_k = \frac{M_x}{2\,b \cdot h} \ . \tag{6}$$

Für die in der Skizze gezeichneten Abschnitte muß nun die Feldgleichung ausgewertet werden

I. Feld (k = 1)

$$\begin{aligned} &\alpha_o \cdot N_2 + 2\,\alpha_{oo} \cdot N_1 = 0 \\ &-\frac{0,766}{E} \cdot N_2 + \frac{2,332}{E} \cdot N_1 = 0 \end{aligned} \tag{7}$$

II. Feld (k = 2)

$$\begin{aligned} &\alpha_o \cdot N_3 + 2\,\alpha_{oo} \cdot N_2 + \alpha_o \cdot N_1 = 0 \\ &-\frac{0,766}{E} \cdot N_3 + \frac{2,332}{E} \cdot N_2 - \frac{0,766}{E} \cdot N_1 = 0 \end{aligned} \tag{8}$$

III. Feld (k = 3)

$$\begin{aligned} &2\,\alpha_{oo} \cdot N_3 + \alpha_o \cdot N_2 = ß \cdot \dot{q}_k \\ &-\frac{2,332}{E} \cdot N_3 - \frac{0,766}{E} \cdot N_2 = \frac{260}{E} \cdot \dot{q}_k \ . \end{aligned} \tag{9}$$

Aus der Auflösung folgt

$$N_1 = 15{,}32 \cdot \dot{q}_k$$
$$N_2 = 46{,}72 \cdot \dot{q}_k \qquad (10)$$
$$N_3 = 126{,}84 \cdot \dot{q}_k \; .$$

Unter Heranziehung von Gl. (14.12)

$$\frac{N_k - N_{k-1}}{L} = 2\left(q_{1k} - \dot{q}_k\right)$$

bzw. aus der Umstellung

$$q_{1k} = \frac{N_k - N_{k-1}}{L} + \dot{q}_k$$

findet man nun die Schubflüsse in den Blechen zu

$$q_{11} = 1{,}05 \cdot \dot{q}_k$$
$$q_{12} = 1{,}10 \cdot \dot{q}_k \qquad (11)$$
$$q_{13} = 1{,}27 \cdot \dot{q}_k$$

und aus Gl. (14.29) folgt ergänzend

$$q_{21} = (2 - 1{,}05) \cdot \dot{q}_k = 0{,}95 \cdot \dot{q}_k$$
$$q_{22} = (2 - 1{,}10) \cdot \dot{q}_k = 0{,}90 \cdot \dot{q}_k$$
$$q_{23} = (2 - 1{,}27) \cdot \dot{q}_k = 0{,}73 \cdot \dot{q}_k \; .$$

Wie diese Belastungen über die Länge des Kastenträgers wirken, zeigt das umseitige Bild 2.

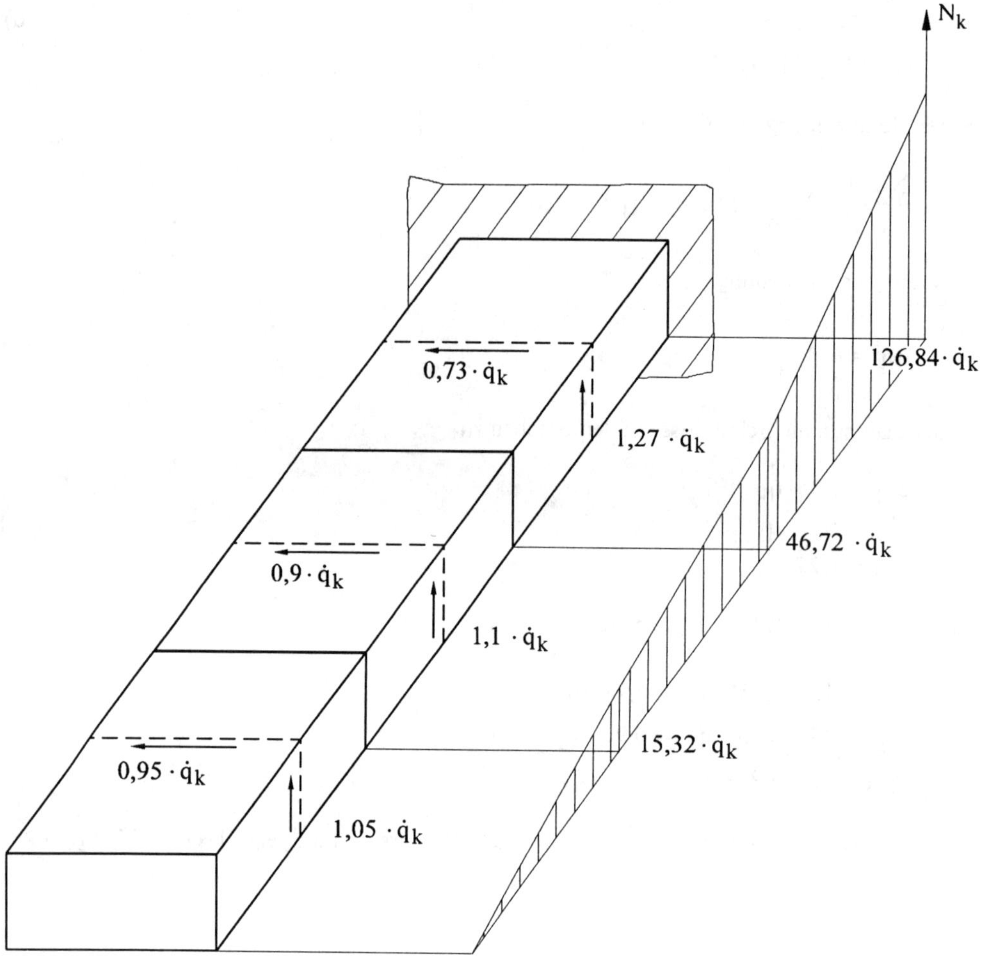

Bild 2: Auswertung des Belastungsverlaufs

16. Übung zu Kapitel 15.1 "Energieprinzip"

Für einen geschlossenen Rahmen unter Einzelkräften ist über die Formänderungsarbeit das Biegemoment im Mittelschnitt der horizontalen Trägerabschnitte zu ermitteln.

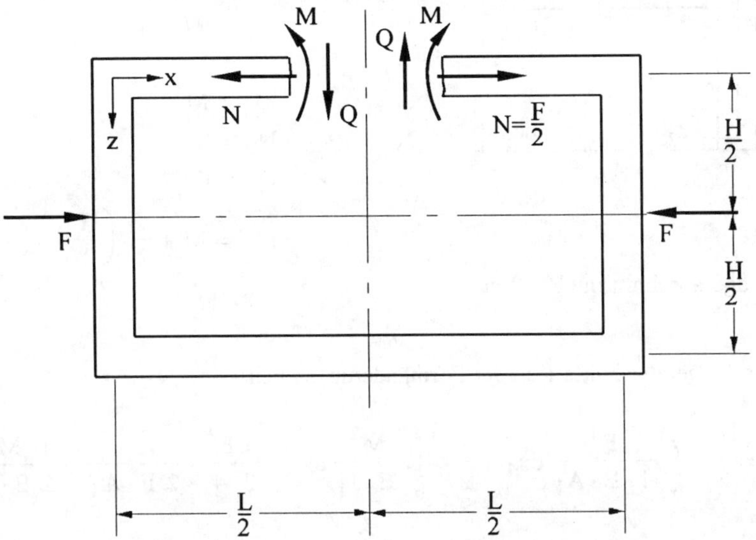

Bild 1: Geschlossener Rahmen unter Druckkräften

Im Kapitel 15.1 ist dargestellt, wie die Formänderungsarbeit eines elastischen Körpers allgemein dargestellt werden kann als

$$\pi_i = \frac{1}{2}\int_V \left(\sigma_x \cdot \varepsilon_x + \tau_{xy} \cdot \gamma_{xz}\right) dV \,. \tag{1}$$

Angewandt auf das vorliegende Problem führt dies zu der Gleichung

$$\pi_i = \frac{1}{2}\left[\int_o^L \frac{N^2}{E \cdot A} dx + \int_o^L \frac{M^2}{E \cdot J_y} dx + \int_o^L \frac{Q^2}{G \cdot A} dx\right] . \tag{2}$$

Bei dem zu untersuchenden Rahmen liegt eine Doppelsymmetrie vor, somit genügt es, die Betrachtungen auf ein Viertel des Rahmens zu beschränken.

Am Ort des gesuchten Momentes wird dazu der Rahmen aufgeschnitten und die vorhandenen Schnittkräfte als äußere Kräfte eingeführt. Da es sich beim Mittelschnitt um eine Symmetrielinie handelt, entfallen die antimetrischen Schnittkräfte. Im vorliegenden Fall trifft dies für die Querkraft Q zu. Die Normalkraft läßt sich dagegen mit Hilfe der Gleichgewichtsbedingung bestimmen.

- Beschreibung des Trägersegmentes:

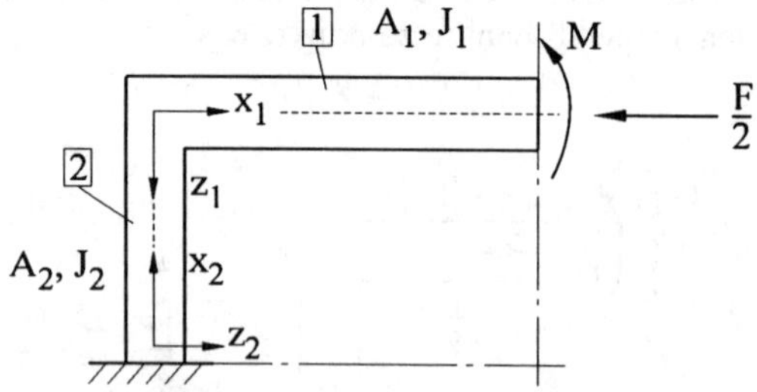

Bild 2: Trägerabschnitt mit Kräften

Schnittkräfte für die Trägerabschnitte:

$N_1 = F / 2$

$Q_1 = 0$

$M_1 = M$

$N_2 = 0$

$Q_2 = F / 2$

$M_2 = M + \frac{F}{2} \cdot \left(\frac{H}{2} - x_2\right)$

- Anteil des Trägerabschnitts 1 an der Formänderungsarbeit:

$$\pi_{i_1} = \frac{1}{2} \cdot \int_0^{L/2} \frac{F^2}{4 \cdot E \cdot A_1} dx_1 + \frac{1}{2} \cdot \int_0^{L/2} \frac{M^2}{E \cdot J_1} dx_1 = \frac{1}{2} \frac{F^2}{4} \cdot \frac{L}{2} \frac{1}{E \cdot A_1} + \frac{1}{2} \frac{M^2}{E \cdot J_1} \cdot \frac{L}{2}$$

$$\pi_{i_1} = \frac{F^2 \cdot L}{16 \cdot E \cdot A_1} + \frac{M^2 \cdot L}{4\,E \cdot J_1}, \tag{3}$$

- Anteil des Trägerabschnitts 2 an der Formänderungsarbeit

$$\pi_{i_2} = \frac{1}{2\,E \cdot J_2} \cdot \int_0^{H/2} \left[M + \frac{F}{2} \cdot \left(\frac{H}{2} - x_2\right)\right]^2 dx_2 + \frac{1}{2} \cdot \int_0^{H/2} \frac{F^2}{4\,G \cdot A_2} dx_2 \tag{4}$$

Die Integration führt zu

$$\pi_{i_2} = \frac{1}{2\,E \cdot J_2} \left[\frac{M^2 \cdot H}{2} + \frac{1}{8} M \cdot F \cdot H^2 + \frac{F^2 \cdot H^3}{96}\right] + \frac{F^2 \cdot H}{16\,G \cdot A_2}. \tag{5}$$

Für das betrachtete Rahmen-Viertel kann damit die Formänderungsarbeit zusammengefaßt werden zu

$$\frac{1}{4} \pi_i = \pi_{i_1} + \pi_{i_2} \tag{6}$$

$$\frac{1}{4} \pi_i = \frac{F^2 \cdot L}{16\,E \cdot A_1} + \frac{M^2 \cdot L}{4\,E \cdot J_1} + \frac{M^2 \cdot H}{4\,E \cdot J_2} + \frac{M \cdot F \cdot H^2}{16\,E \cdot J_2} + \frac{F^2 \cdot H^3}{192\,E \cdot J_2} + \frac{F^2 \cdot H}{16\,G \cdot A_2}. \tag{7}$$

Zur Ermittlung des unbekannten Momentes wird jetzt der *Satz von Castigliano* angewandt, der folgendes besagt:

> Die partielle Ableitung der äußeren Arbeit nach der Kraft (einem Moment) ergibt die Verschiebung (Verdrehung) des Kraftangriffspunktes in Richtung dieser Kraft (dieses Momentes).

Da der Rahmen an der fiktiven Schnittstelle nicht klaffen darf, ist hier die Verschiebung gleich Null zu fordern.

Wird dieser auf Gl. (7) wie folgt angewandt

$$\frac{\partial \pi_i}{\partial M} = \frac{M \cdot L}{2\,E \cdot J_1} + \frac{M \cdot H}{2\,E \cdot J_2} + \frac{F \cdot H^2}{16\,E \cdot J_2} = 0 \tag{8}$$

bzw.

$$M\left(\frac{L}{H} \cdot \frac{J_2}{J_1} + 1\right) + \frac{F \cdot H}{8} = 0,$$

so folgt für das Moment

$$M = -\frac{F \cdot H}{8\left(1 + \frac{L}{H} \cdot \frac{J_2}{J_1}\right)}\,. \tag{9}$$

17. Übung zu Kapitel 15.2 "Passive Formänderungsarbeit"

Für den in Bild 1 dargestellten Kragträger ist mit Hilfe der *passiven Formänderungsarbeit* die Biegelinie zu bestimmen.

Der Kragträger ist an der Stelle a mit der Einzelkraft F belastet, die im Schubmittelpunkt des Profils angreift.

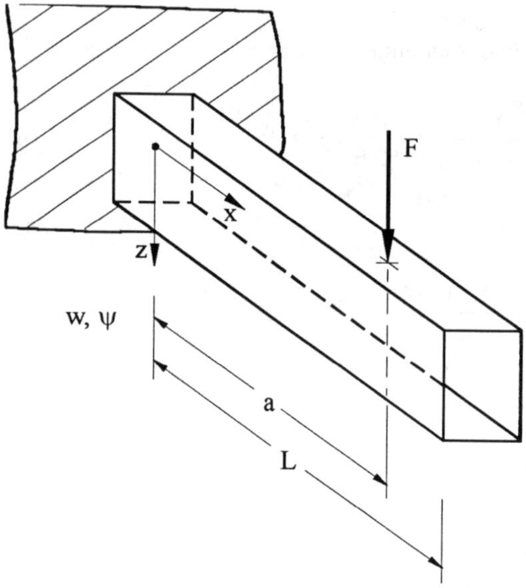

Bild 1: Kragträger mit Einzelkraft F

Für den Biegefall ist von der Beziehung

$$w_i = w(x_i) = \int_0^L \frac{M_b(x) \cdot \overline{M}_b(x, x_i)}{E \cdot J_y} dx$$

auszugehen. Es ergibt sich damit die Durchsenkung w_i an der Stelle x_i. Der Punkt x_i ist der Angriffspunkt der virtuellen Kraft „1". $M_b(x)$ ist der Biegemomentenverlauf der real einwirkenden Lasten, und $\overline{M}_b(x, x_i)$ ist der aus der virtuellen Kraft „1" resultierende Biegemomentenverlauf. Mit $0 \leq x_i \leq L$ als variable Größe beschreibt $w(x_i)$ die Biegelinie. Am Ort a der Krafteinleitung hat der reale Biegemomentenverlauf bzw. der reale Krümmungsverlauf κ einen Knick. Demzufolge muß die Biegelinie in zwei Intervallen beschrieben werden, d. h. $w_i(0 \leq x_i \leq a)$ und $w_i(a \leq x_i \leq L)$.

Biegelinie im Bereich $0 \le x_i \le a$

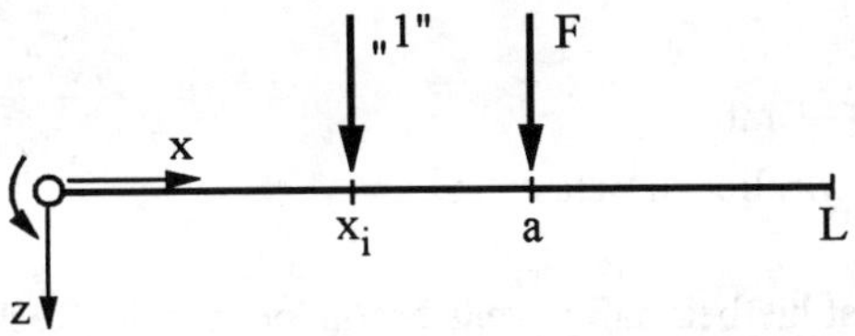

Biegemomentenverlauf $M_b(x)$ im Bereich

$$0 \le x < x_i: \quad M_b(x) = -F \cdot (a-x);$$
$$x_i \le x \le a: \quad M_b(x) = -F \cdot (a-x);$$
$$a < x \le L: \quad M_b(x) = 0.$$

Biegemomentenverlauf $\overline{M}_b(x, x_i)$ im Bereich

$$0 \le x < x_i: \quad \overline{M}_b(x, x_i) = -(x_i - x);$$
$$x_i \le x \le a: \quad \overline{M}_b(x, x_i) = 0;$$
$$a < x \le L: \quad \overline{M}_b(x, x_i) = 0.$$

$$w(x_i) = \int_0^{x_i} \frac{F \cdot (a-x) \cdot (x_i - x)}{E \cdot J_y} dx + \int_{x_i}^{a} \frac{-F \cdot (a-x) \cdot 0}{E \cdot J_y} dx + \int_a^L \frac{0 \cdot 0}{E \cdot J_y} dx$$

$$= \frac{F}{E \cdot J_y} \cdot \int_0^{x_i} (a-x) \cdot (x_i - x) dx$$

$$w(x_i) = \frac{F \cdot x_i^2}{E \cdot J_y} \cdot \left(\frac{a}{2} - \frac{x_i}{6}\right) \text{für } 0 \le x_i \le a$$

Biegelinie $a \le x_i \le L$

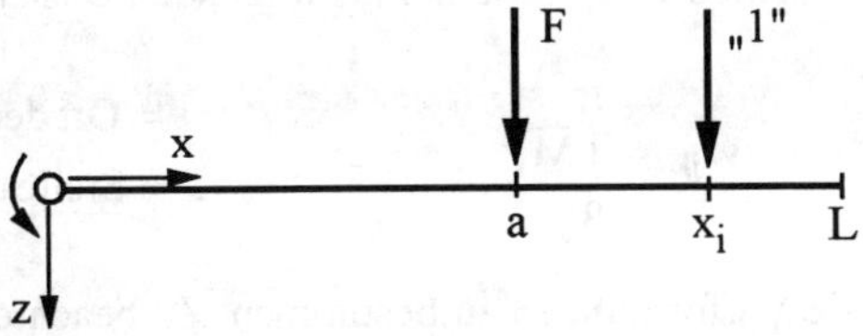

Biegemomentenverlauf $M_b(x)$ im Bereich

$$0 \le x < a: \quad M_b(x) = -F \cdot (a-x);$$
$$a \le x \le x_i: \quad M_b(x) = 0;$$
$$x_i < x \le L: \quad M_b(x) = 0.$$

Biegemomentenverlauf $\overline{M}_b(x, x_i)$ im Bereich

$$0 \le x < x_i: \quad \overline{M}_b(x, x_i) = -(x_i - x);$$
$$x_i \le x \le a: \quad \overline{M}_b(x, x_i) = -(x_i - x);$$
$$a < x \le L: \quad \overline{M}_b(x, x_i) = 0.$$

$$w(x_i) = \int_0^{a} \frac{F \cdot (a-x) \cdot (x_i - x)}{E \cdot J_y} dx + \int_{a}^{x_i} \frac{0 \cdot (x - x_i)}{E \cdot J_y} dx + \int_{x_i}^L \frac{0 \cdot 0}{E \cdot J_y} dx$$

$$= \frac{F}{E \cdot J_y} \cdot \int_0^{a} a \cdot x_i - (a + x_i) \cdot x + x^2 dx$$

$$w(x_i) = \frac{F \cdot a^2}{6 \cdot E \cdot J_y} \cdot (3 \cdot x_i - a) \text{für } a < x_i \le L$$

18. Übung zu Kapitel 15.2 "Arbeitsprinzip"

An dem gezeigten Rahmen, der durch eine Streckenlast belastet sei, gilt es, über den Arbeitssatz bzw. die daraus folgenden Beziehung

$$w_{ik} = \int_{o}^{L} \overline{M}_i \cdot \frac{M_k}{E \cdot J} dx \qquad \begin{array}{l} i = \text{Ort der "1"-Kraft} \\ k = \text{Stelle der wirklichen Belastung} \end{array} \tag{1}$$

die Verformungen zu bestimmen. Zu beachten ist hierbei, daß jeweils besondere für die Rechnung geeignete Koordinatensysteme benutzt werden.

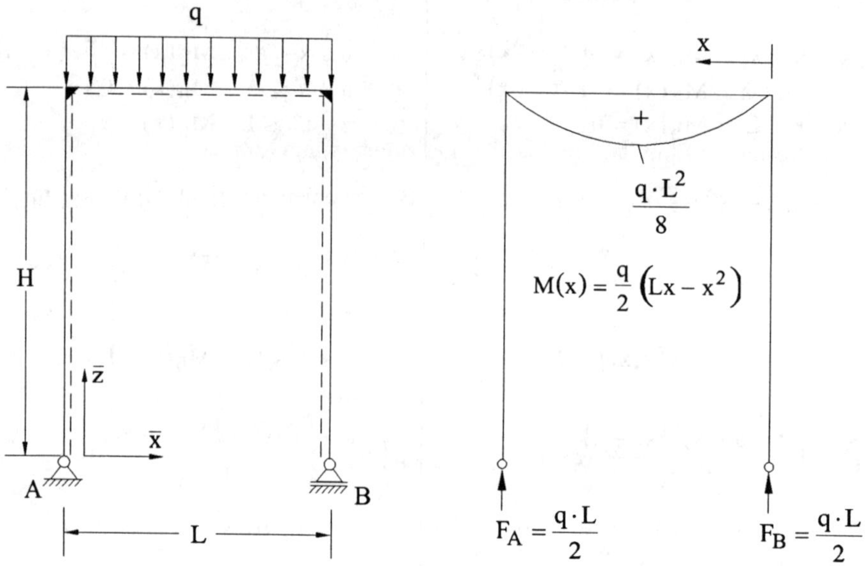

Bild 1: Rahmen und Momentenfläche

a) Berechnung der seitlichen Verschiebung u des Loslagers B

Am Ort der gesuchten Verschiebung muß eine Einheitskraft "1" in Richtung der Verschiebungswirkung aufgebracht werden. Infolge dieser Einheitslast ergibt sich der dargestellte Biegemomentenverlauf $\overline{M}$, der abschnittsweise mit dem realen Biegemomentenverlauf M des Rahmens überlagert werden muß.

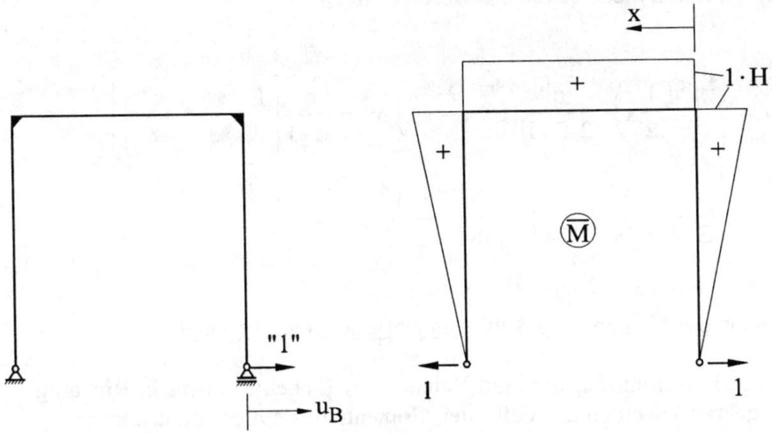

Bild 2: Normierte Einzellast am Lager B mit zugehörigem Momentenverlauf $\overline{M}$

Zur Bestimmung der Loslagerverschiebung ist der Arbeitssatz wir folgt anzuwenden und auszuwerten:

$$u_B = \int_0^L (1 \cdot H) \cdot \frac{q}{2} \frac{\left(L \cdot x - x^2\right)}{E \cdot J} dx = \frac{q \cdot H}{E \cdot J} \left[\frac{L}{2} \cdot \frac{x^2}{2} - \frac{x^3}{6} \right] \Bigg|_0^L = \frac{q \cdot H \cdot L^3}{12\, E \cdot J} \quad . \tag{2}$$

b) Berechnung der Durchbiegung w_M in Rahmenmitte

Wie zuvor bereits gezeigt, ist auch für diesen Belastungsfall wieder der Momentenverlauf zu erstellen.

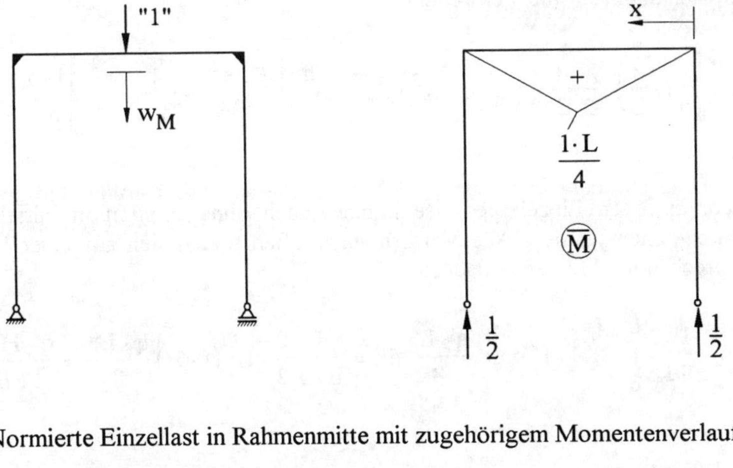

Bild 3: Normierte Einzellast in Rahmenmitte mit zugehörigem Momentenverlauf $\overline{M}$

Für die Durchbiegung ist demgemäß anzusetzen:

$$w_M = 2\int_0^{L/2}\left(\frac{1}{2}x\right)\cdot\frac{q}{2\,E\cdot J}\left(L\cdot x - x^2\right)dx = \frac{q}{E\cdot J}\left[\frac{L}{2}\cdot\frac{x^3}{3}-\frac{x^4}{8}\right]\Bigg|_o^{\frac{L}{2}} \qquad (3)$$

$$= \frac{q\cdot L^4}{E\cdot J}\left(\frac{1}{48}-\frac{1}{128}\right) = \frac{5}{384}\cdot\frac{q\cdot L^4}{E\cdot J}.$$

c) <u>Berechnung der Neigung ψ des Pfostenquerschnitts am Lager B</u>

Für diesen Belastungsfall muß am Rahmen ein Einheitsmoment in Richtung der Verdrehung angebracht werden und dafür der Momentenverlauf ermittelt werden.

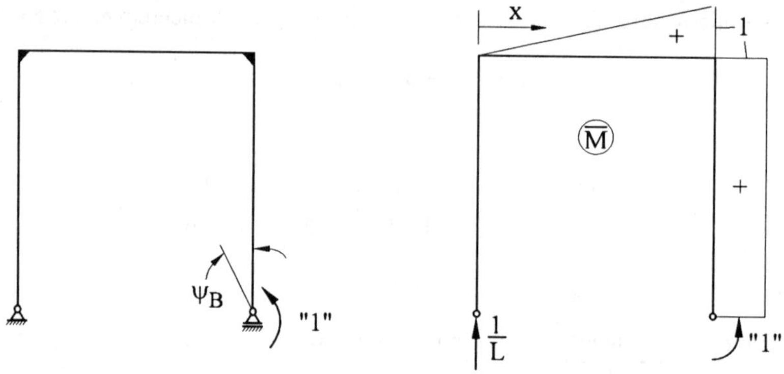

Bild 4: Normiertes Einheitselement am Lager B mit zugehörigem Momentenverlauf

Es ergibt sich damit für die Verdrehung

$$\psi_B = \int_0^L\left(1\cdot\frac{x}{L}\right)\cdot\frac{q}{2\,E\cdot J}\left(L\cdot x - x^2\right)dx = \frac{q}{E\cdot J}\left[\frac{1}{2}\cdot\frac{x^3}{3}-\frac{1}{2\,L}\cdot\frac{x^4}{4}\right]\Bigg|_o^L = \frac{q\cdot L^3}{24\cdot E\cdot J}. \qquad (4)$$

d) Die zuvor erzielten Einzelergebnisse können auch ohne Integration mittels umseitiger Tabelle gewonnen werden. Alle Verformungsgrößen finden sich aus einer Überlagerung der entsprechenden Momentenflächen.

$$u_B = \frac{1}{E\cdot J}\cdot\int_0^L \overset{\overline{M}_i}{\oplus}\, 1\cdot H\cdot \overset{M_k}{\oplus}\,\frac{q\cdot L^2}{8}dx = \frac{1}{E\cdot J}\frac{2}{3}\cdot L\cdot(1\cdot H)\frac{q\cdot L^2}{8} = \frac{q\cdot H\cdot L^3}{12\,E\cdot J} \qquad (5)$$

$$w_M = \frac{1}{E \cdot J} \cdot \int_o^L \overset{\overline{M}_i}{\oplus}\, 1 \cdot \frac{L}{4} \cdot \overset{M_k}{\oplus}\, \frac{q \cdot L^2}{8} dx = \frac{1}{E \cdot J} \cdot \frac{5}{12} \cdot L \cdot \left(1 \cdot \frac{L}{4}\right) \frac{q \cdot L^2}{8} = \frac{5\, q \cdot L^4}{384\, E \cdot J}$$

$$\psi_B = \frac{1}{E \cdot J} \cdot \int_o^L \overset{\overline{M}_i}{\oplus}\, 1 \cdot \overset{M_k}{\oplus}\, \frac{q \cdot L^2}{8} dx = \frac{1}{E \cdot J} \frac{1}{3} \cdot L \cdot (1) \left(\frac{q \cdot L^2}{8}\right) = \frac{q \cdot L^3}{24\, E \cdot J}$$

	Rechteck M_k M_k L	Dreieck M_k L	Dreieck M_k $\alpha \cdot L$ $\beta \cdot L$ L	Trapez M_{k1} M_{k2} L	Quadr. Parabel M_k L	Quadr. Parabel M_k L	Quadr. Parabel M_k L
Rechteck M_i M_i L	$\overline{M}_i \cdot M_k \cdot L$	$\frac{1}{2}\overline{M}_i \cdot M_k \cdot L$	$\frac{1}{2}\overline{M}_i \cdot M_k \cdot L$	$\frac{1}{2}\overline{M}_i \cdot (M_{k1} + M_{k2}) \cdot L$	$\frac{2}{3}\overline{M}_i \cdot M_k \cdot L$	$\frac{2}{3}\overline{M}_i \cdot M_k \cdot L$	$\frac{1}{3}\overline{M}_i \cdot M_k \cdot L$
Dreieck M_i L	$\frac{1}{2}\overline{M}_i \cdot M_k \cdot L$	$\frac{1}{3}\overline{M}_i \cdot M_k \cdot L$	$\frac{1}{6}(1+\alpha)\overline{M}_i \cdot M_k \cdot L$	$\frac{1}{6}\overline{M}_i \cdot (M_{k1} + 2M_{k2}) \cdot L$	$\frac{1}{3}\overline{M}_i \cdot M_k \cdot L$	$\frac{5}{12}\overline{M}_i \cdot M_k \cdot L$	$\frac{1}{4}\overline{M}_i \cdot M_k \cdot L$
Dreieck M_i L	$\frac{1}{2}\overline{M}_i \cdot M_k \cdot L$	$\frac{1}{6}\overline{M}_i \cdot M_k \cdot L$	$\frac{1}{6}(1+\beta) \cdot \overline{M}_i \cdot M_k \cdot L$	$\frac{1}{6}\overline{M}_i \cdot (2M_{k1} + M_{k2}) \cdot L$	$\frac{1}{3}\overline{M}_i \cdot M_k \cdot L$	$\frac{1}{4}\overline{M}_i \cdot M_k \cdot L$	$\frac{1}{12}\overline{M}_i \cdot M_k \cdot L$
Dreieck M_i $\alpha \cdot L$ $\beta \cdot L$ L	$\frac{1}{2}\overline{M}_i \cdot M_k \cdot L$	$\frac{1}{6}(1+\alpha) \cdot \overline{M}_i \cdot M_k \cdot L$	$\frac{1}{3}\overline{M}_i \cdot M_k \cdot L$	$\frac{1}{6}\overline{M}_i \cdot [(1+\beta) \cdot M_{k1} + (1+\alpha) M_{k2}] \cdot L$	$\frac{1}{3}(1+\alpha\beta)\overline{M}_i \cdot M_k \cdot L$	$\frac{1}{12}\left(5-\beta-\beta^2\right) \cdot \overline{M}_i \cdot M_k \cdot L$	$\frac{1}{12}\left(1+\alpha+\alpha^2\right) \cdot \overline{M}_i \cdot M_k \cdot L$
Trapez M_{i1} M_{i2} L	$\frac{1}{2}(\overline{M}_{i1} + \overline{M}_{i2}) \cdot M_k \cdot L$	$\frac{1}{6}(\overline{M}_{i1} + 2\overline{M}_{i2}) \cdot M_k \cdot L$	$\frac{1}{6}\overline{M}_k \cdot [(1+\beta) \cdot \overline{M}_{i1} + (1+\alpha)\overline{M}_{i2}] \cdot L$	$\frac{1}{6}[(2M_{k1} + M_{k2}) \cdot \overline{M}_{i1} + (M_{k1} + 2M_{k2}) \cdot M_{i2}] \cdot L$	$\frac{1}{3}(\overline{M}_{i1} + \overline{M}_{i2}) \cdot M_k \cdot L$	$\frac{1}{12}(3\overline{M}_{i1} + 5\overline{M}_{i2}) \cdot M_k \cdot L$	$\frac{1}{12}(\overline{M}_{i1} + 3\overline{M}_{ik}) \cdot M_k \cdot L$
Quadr. Parabel M_i L	$\frac{2}{3}\overline{M}_i \cdot M_k \cdot L$	$\frac{5}{12}\overline{M}_i \cdot M_k \cdot L$	$\frac{1}{12}\left(5-\beta-\beta^2\right) \cdot \overline{M}_i \cdot M_k \cdot L$	$\frac{1}{12}\overline{M}_i \cdot (3M_{k1} + 5M_{k2}) \cdot L$	$\frac{7}{15}\overline{M}_i \cdot M_k \cdot L$	$\frac{8}{12}\overline{M}_i \cdot M_k \cdot L$	$\frac{3}{10}\overline{M}_i \cdot M_k \cdot L$
Quadr. Parabel M_i L	$\frac{2}{3}\overline{M}_i \cdot M_k \cdot L$	$\frac{1}{4}\overline{M}_i \cdot M_k \cdot L$	$\frac{1}{12}\left(5-\alpha-\alpha^2\right) \cdot \overline{M}_i \cdot M_k \cdot L$	$\frac{1}{12}\overline{M}_i \cdot (5M_{k1} + 3M_{k2}) \cdot L$	$\frac{7}{15}\overline{M}_i \cdot M_k \cdot L$	$\frac{11}{30}\overline{M}_i \cdot M_k \cdot L$	$\frac{2}{15}\overline{M}_i \cdot M_k \cdot L$
Quadr. Parabel $\overline{M}_i$ L	$\frac{1}{3}\overline{M}_i \cdot M_k \cdot L$	$\frac{1}{4}\overline{M}_i \cdot M_k \cdot L$	$\frac{1}{12}\left(1+\alpha+\alpha^2\right) \cdot \overline{M}_i \cdot M_k \cdot L$	$\frac{1}{12}\overline{M}_i \cdot (M_{k1} + 3M_{k2}) \cdot L$	$\frac{1}{5}\overline{M}_i \cdot M_k \cdot L$	$\frac{3}{10}\overline{M}_i \cdot M_k \cdot L$	$\frac{1}{5}\overline{M}_i \cdot M_k \cdot L$
Quadr. Parabel $\overline{M}_i$ L	$\frac{1}{3}\overline{M}_i \cdot M_k \cdot L$	$\frac{1}{12}\overline{M}_i \cdot M_k \cdot L$	$\frac{1}{12}\left(1+\beta+\beta^2\right) \cdot \overline{M}_i \cdot M_k \cdot L$	$\frac{1}{12}\overline{M}_i \cdot (3M_{k1} + M_{k2}) \cdot L$	$\frac{1}{5}\overline{M}_i \cdot M_k \cdot L$	$\frac{2}{5}\overline{M}_i \cdot M_k \cdot L$	$\frac{1}{30}\overline{M}_i \cdot M_k \cdot L$

19. Übung zu Kapitel 17.2 "Sandwichelemente-Aufbauprinzip"

Die Bodengruppe eines Rennwagens soll aus sehr leichten Sandwichplatten aufgebaut werden. Hierfür wurden verschiedene Studien angefertigt. Als Problem erweist sich jedoch die Anbindung von notwendigen Stützen, die vorwiegend Druckkräfte einleiten sollen.

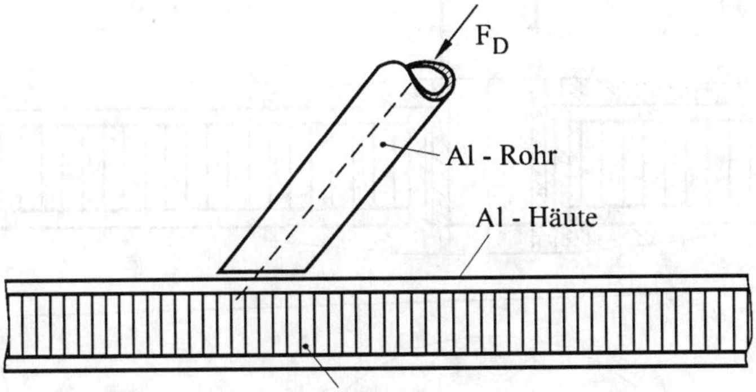

Bild 1: Situation der Anbindung und der Krafteinleitung

Aufgabenstellung soll es im folgenden sein, einen Vorschlag für das Krafteinleitungsproblem auszuarbeiten.

Allgemeines: Im Kapitel 17.1 wurden einige mögliche Aufbauprinzipien von Sandwichelementen dargestellt. Auch ist dort schon auf die Problematik der Einleitung von äußeren Kräften eingegangen worden. Ergänzend wurden auch typische Werkstoffwerte zusammengestellt.

Insbesondere die Kernwerkstoffe zeigen hier nur geringe mechanische Werte, so daß der Kern nach Möglichkeit nicht konzentriert zu beanspruchen ist. In den umzusetzenden Konstruktionsprinzipien sollte dies unbedingt berücksichtigt werden.

Zur Musterlösung: Natürlich gibt es mehrere Möglichkeiten, der vorgegebenen Aufgabenstellung zu genügen. Nachfolgend sei ein Prinzip skizziert, das mit relativ geringem Aufwand alle Randbedingungen erfüllt.

Konstruktionsprinzip

- Falls möglich, sollten Schubkräfte in Sandwichelemente eingeleitet werden. Durch die schräge Rohrstütze werden in idealer Weise Schub- und Druckkräfte abgeleitet.
- Das entwickelte Einschraubelement ist zunächst lösbar und gut für die Kompensation von Kräften geeignet. Die Schubkraft wird als Flächenlast in die Häute eingeleitet und der Kern frei von Druckkräften gehalten.
- Durch Dimensionierung der Durchmesser, insbesondere der Tellergröße, können die Kraftverhältnisse in weitem Rahmen den zulässigen Werten angepaßt werden.

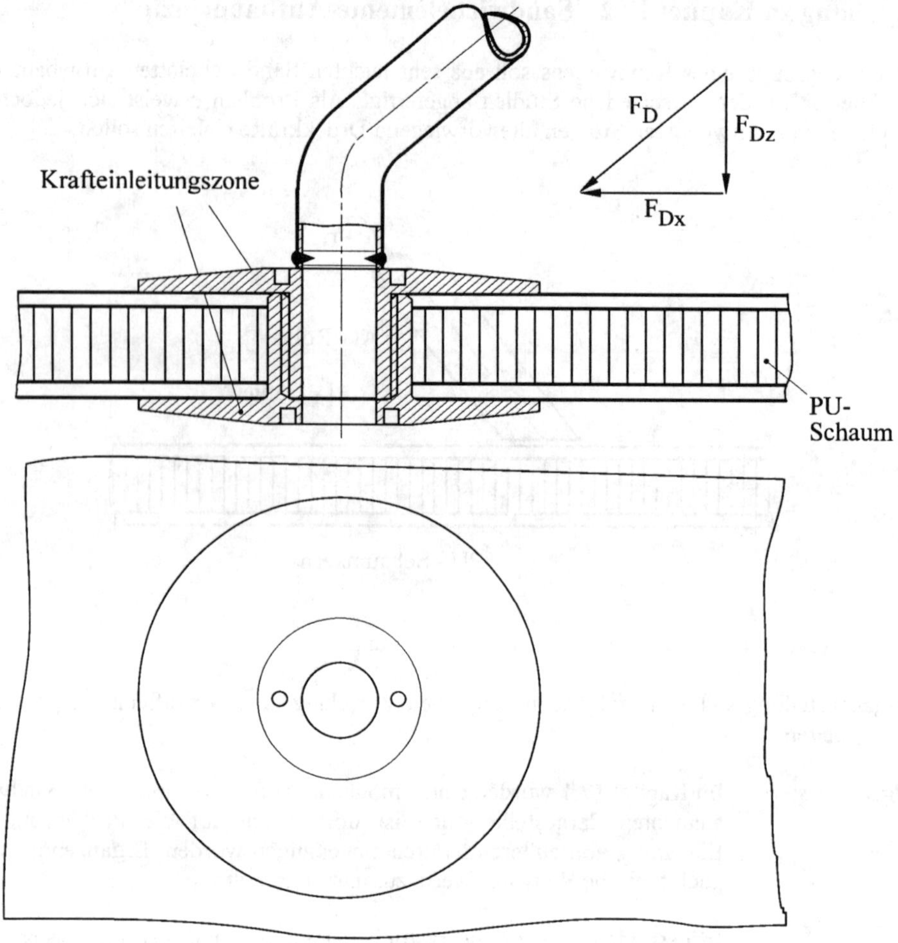

Bild 2: Anbindung einer Stütze an eine Sandwichplatte

Die vorstehende Lösung ist für ein reales Fahrzeugkonzept entwickelt worden. Für den Einsatz von Sandwichelementen im Maschinenbau ist noch eine Systematik von

- Eckabschlüssen oder Eckenstößen,
- Mittenanschlüssen oder Mittenstößen

sowie

- Winkelanschlüssen

von Interesse.

In den umstehenden konstruktiven Vorschlägen sind dabei die zuvor beschriebenen Grundregeln der großflächigen Krafteinleitung und der möglichen Freihaltung des Kerns von großen Kräften beherzigt worden. Die gezeigte Zusammenstellung ist bei weitem nicht vollständig, sondern soll nur Prinzipien andeuten.

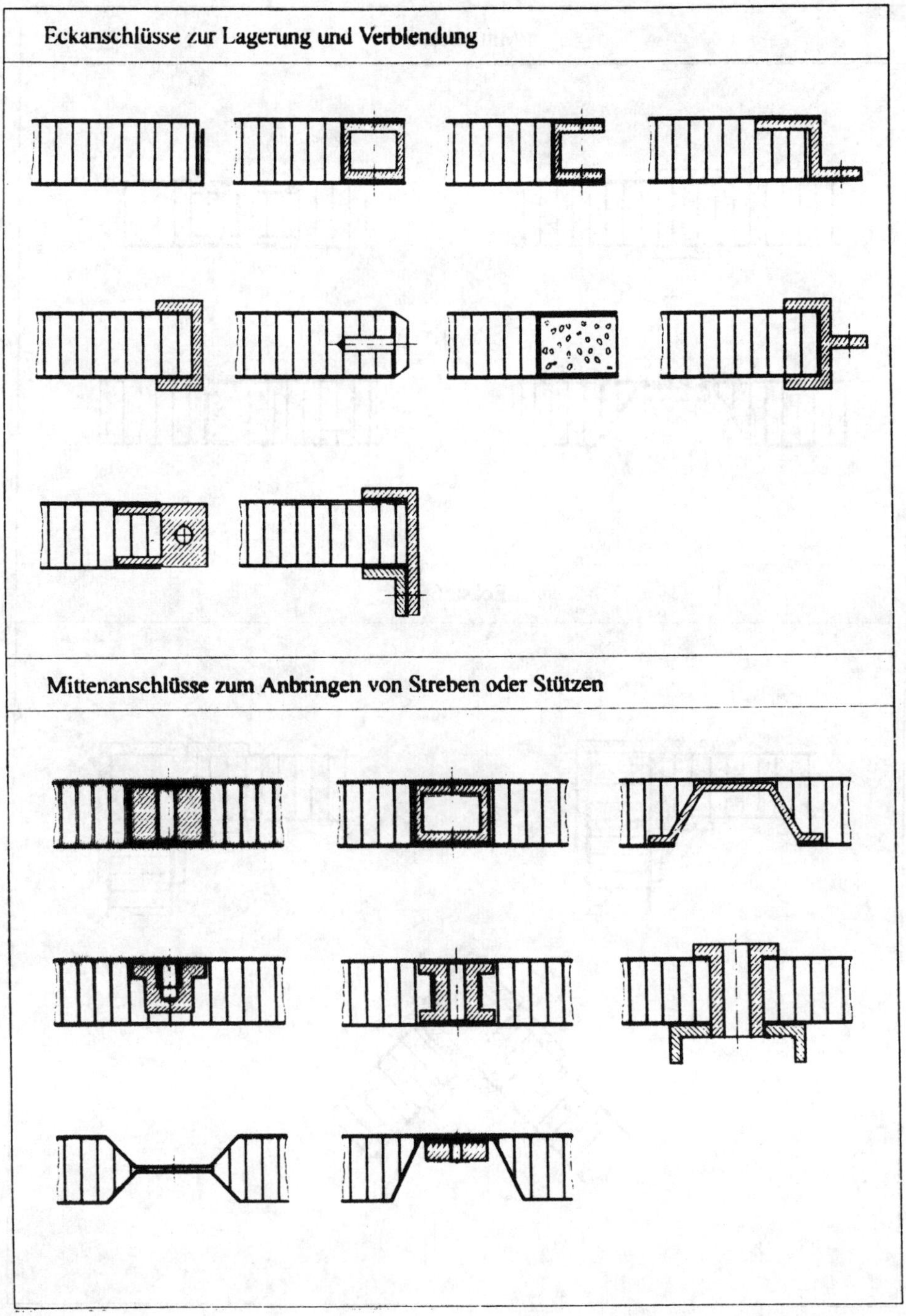

Bild 3: Systematik von Sandwichverbindungen

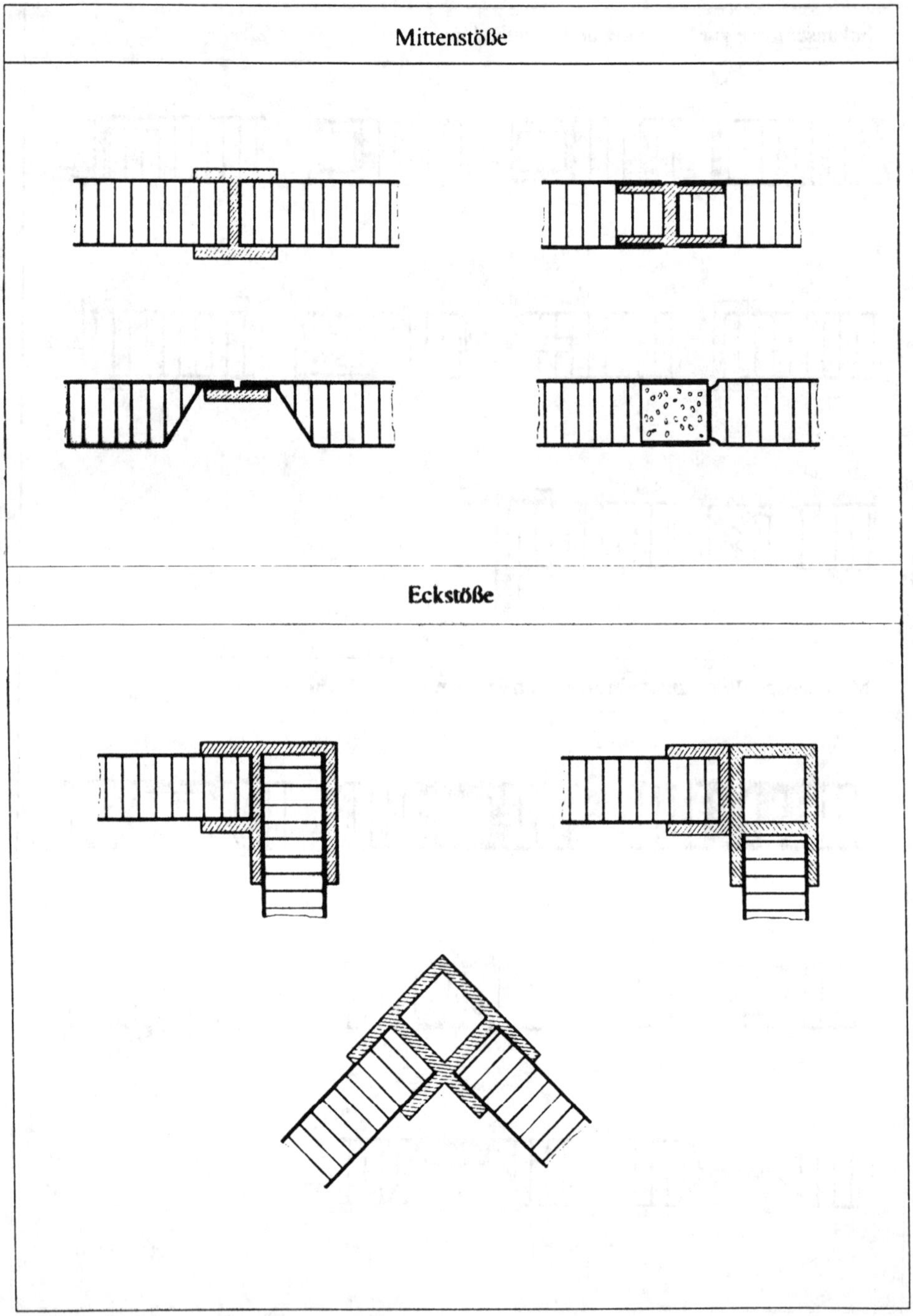

Bild 4: Systematik von Sandwichverbindungen

20. Übung zu Kapitel 17.5 "Sandwichelemente/Partialdurchsenkung"

Für den dargestellten beidseitig gelenkig gelagerten Sandwichbalken unter Streckenlast ist die maximale Durchsenkung zu bestimmen.

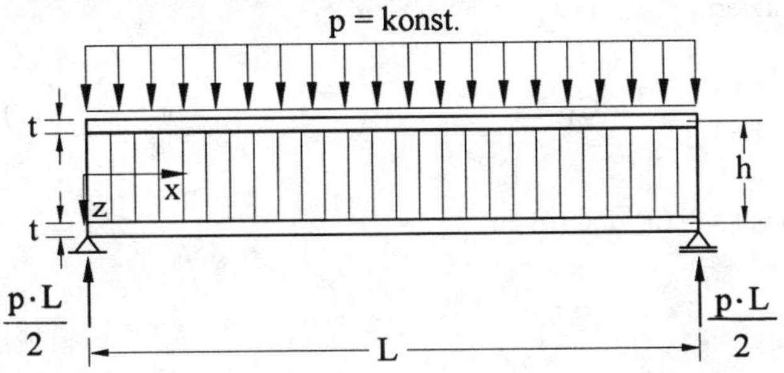

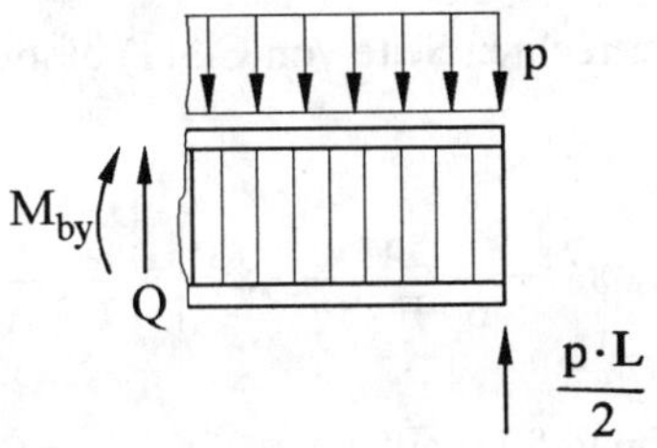

Bild 1:
Sandwichbalken der Breite b

Die Neigung $w(x)'$ der Biegelinie bei berücksichtigter Schubverformung ist

$$w(x)' = \gamma(x) - \beta(x)\ . \tag{1}$$

Der Verdrehwinkel $\beta(x)$, der die Neigung der Querschnitte beschreibt, bestimmt sich aus

$$M_{by}(x) = E \cdot J_y \cdot \frac{d\beta(x)}{dx}\ . \tag{2}$$

Die Schubverformung $\gamma(x)$ ist das Resultat der berücksichtigten Schnittkraft $Q(x)$

$$Q(x) = G \cdot A_S \cdot \gamma(x)\ . \tag{3}$$

$A_S = b \cdot h$ ist die Querschnittfläche des Sandwichbalkens. Für den gegebenen beidseitig gelenkig gelagerten Sandwichbalken erhält man die Schnittgrößenverläufe

$$Q(x) = p \cdot \left(\frac{L}{2} - x\right), \tag{4}$$

$$M_{by}(x) = \frac{p}{2} \cdot x \cdot (L - x). \tag{5}$$

Aus Gl. (2) und (5) folgt für die Ableitung des Verdrehwinkels

$$\frac{d\beta(x)}{dx} = \frac{p}{2 \cdot E \cdot J_y} \cdot x \cdot (L - x) . \tag{6}$$

Einmalige Integration von Gl. (6) liefert

$$\beta(x) = \frac{p}{4 \cdot E \cdot J_y} \cdot L \cdot x^2 - \frac{p}{6 \cdot E \cdot J_y} \cdot x^3 + C_1 . \tag{7}$$

Der Schubwinkel $\gamma(x)$ ergibt sich aus Gl. (3) und (4) zu

$$\gamma(x) = \frac{p}{G \cdot A_s} \cdot \left(\frac{L}{2} - x\right) . \tag{8}$$

Damit sind die beiden Größen der rechten Seite von Gl. (1) bestimmt und man erhält die Neigungslinie der Biegelinie

$$w(x)' = \left(-\frac{p}{4 \cdot E \cdot J_y} \cdot L \cdot x^2 + \frac{p}{6 \cdot E \cdot J_y} \cdot x^3\right) + \frac{p}{G \cdot A_s} \cdot \left(\frac{L}{2} - x\right) + C_1 . \tag{9}$$

Die Integration der letzten Gleichung führt auf

$$w(x) = -\frac{p}{12 \cdot E \cdot J_y} \cdot L \cdot x^3 + \frac{p}{24 \cdot E \cdot J_y} \cdot x^4 + \frac{p}{2 \cdot G \cdot A_s} \cdot \left(L \cdot x - x^2\right) + C_1 \cdot x + C_2 . \tag{10}$$

Aus den Randbedingungen

$$w(x = 0) = 0 \quad \text{und} \quad w(x = L) = 0 \tag{11}$$

ergeben sich die beiden Konstanten in Gl. (10)

$$C_1 = \frac{p \cdot L^3}{24 \cdot E \cdot J_y} \quad \text{und} \quad C_2 = 0 , \tag{12}$$

womit für die Biegeverformung bei berücksichtigtem Schubeinfluß die Gleichung

$$w(x) = \frac{p}{24 \cdot E \cdot J_y} \cdot \left(x^4 - 2 \cdot L \cdot x^3 + L^3 \cdot x\right) + \frac{p}{2 \cdot G \cdot A_s} \cdot x \cdot (L - x) \tag{13}$$

gefunden wird. Man erkennt, daß sich die Biegelinie Gl. (13) nach der Partialdurchsenkungstheorie aus einem reinen Biegeanteil

$$w_b(x) = \frac{p}{24 \cdot E \cdot J_y} \cdot \left(x^4 - 2 \cdot L \cdot x^3 + L^3 \cdot x\right)$$

und dem reinen Schubanteil

$$w_s(x) = \frac{p}{2 \cdot G \cdot A_s} \cdot x \cdot (L - x)$$

zusammensetzt. Die maximale Gesamtdurchbiegung in der Mitte des Balkens ist

$$w_{max} = w\left(x = \frac{L}{2}\right) = \frac{5}{384} \cdot \frac{p \cdot L^4}{E \cdot J_y} + \frac{p \cdot L^2}{8 \cdot G \cdot A_s}, \tag{14}$$

$$w_{max} = w_{b\,max} + w_{s\,max} \,.$$

Das Verhältnis des maximalen Schubanteils zum maximalen Biegeanteil ist

$$\frac{w_{s\,max}}{w_{b\,max}} = \frac{48 \cdot E \cdot J_y}{5 \cdot G \cdot A_s \cdot L^2} \,. \tag{15}$$

Die Biegesteifigkeit $E \cdot J_y$ hängt im wesentlichen von der oberen und unteren Hautplatte ab; sie entspricht in Näherung dem mit dem E-Modul der Hautplatten E_H multiplizierten Steinerschen Anteil

$$E \cdot J_y \approx E_H \cdot t \cdot b \cdot h^{2\,*)}. \tag{16}$$

Die Schubsteifigkeit $G \cdot A_s$ wird durch den Kern bestimmt

$$G \cdot A_s = G_K \cdot b \cdot h \,. \tag{17}$$

Berücksichtigt man Gl. (16) und (17) in Gl. (15), so gilt

$$\frac{w_{s\,max}}{w_{b\,max}} = \frac{48 \cdot E_H}{5 \cdot G_K} \cdot \left(\frac{t}{h}\right) \cdot \left(\frac{h}{L}\right)^2 \,. \tag{18}$$

Beispiel: Al-Haut und Al-Wabenkern

$$E_{Al} \approx 70.000 \frac{N}{mm^2}, \quad G_K \approx 100 \frac{N}{mm^2}, \quad \frac{t}{h} = 0{,}1$$

---

*) Anmerkung: An dieser Stelle ist stark gerundet worden:

$$E \cdot J_y = E_H \cdot \left[\frac{{h_K}^3 \cdot b}{12} + 2\left(\frac{b \cdot t^3}{12} + \frac{h^2}{4} b \cdot t\right)\right] \approx E_H \cdot t \cdot b \cdot h^2$$

$\frac{h}{L}$	$\frac{w_{s\,max}}{w_{b\,max}}$	Fehler bei Vernachlässigung von w_s
0,16	17,20	95 %
0,10	6,72	87 %
0,02	0,27	21 %

Die Tabelle zeigt, daß der Schubfluß bei kurzen Balken nicht vernachlässigt werden darf. Bei langen Balken überwiegt dagegen der Biegeeinfluß. Bild 2 verdeutlicht diesen Sachverhalt, der aus Gl. (18) resultiert.

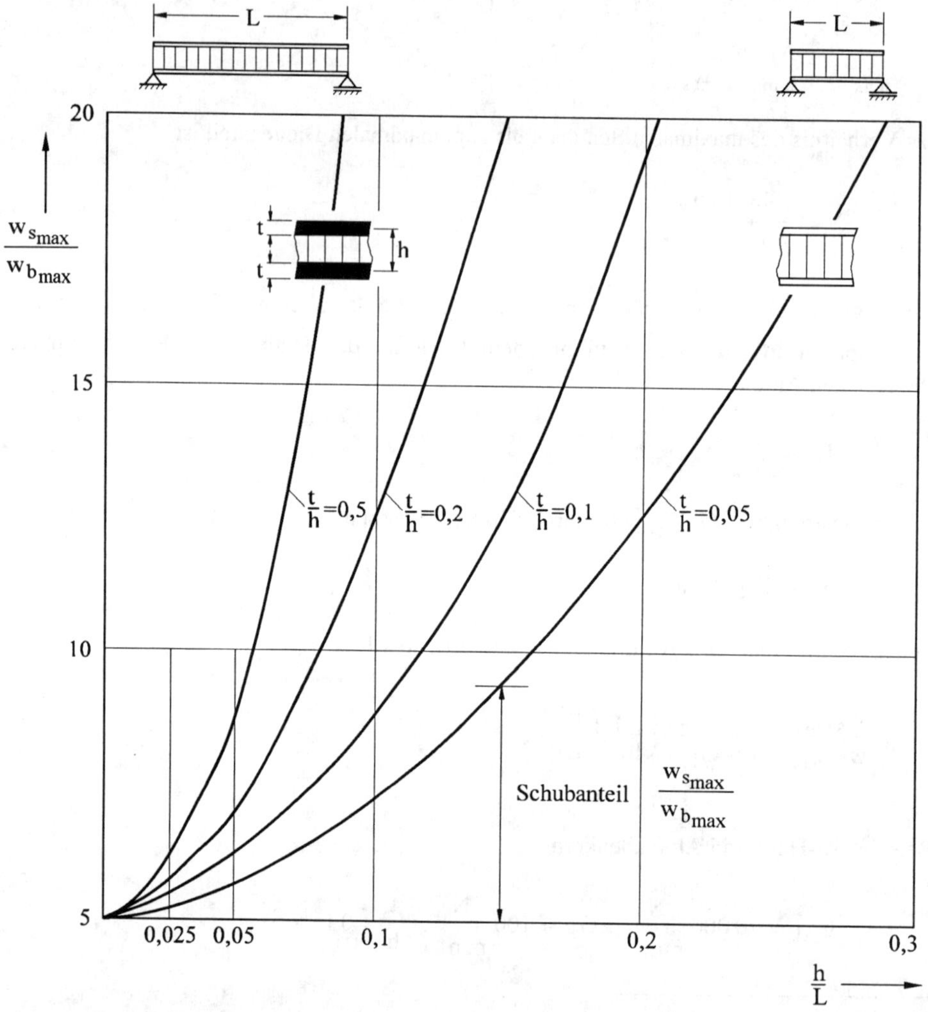

Bild 2: Schubeinfluß bei der Biegung eines Sandwichbalkens in Abhängigkeit von den Balkenabmessungen

21. Übung zu Kapitel 18.4 "Knickung von Stäben und Balken"

Für den abgebildeten Druckstab mit elastischer Mittelstütze soll die kritische Druckkraft in Abhängigkeit von der Federsteifigkeit bestimmt werden.

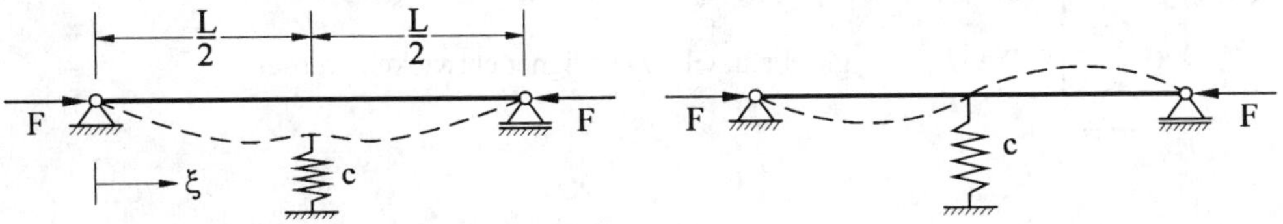

Bild 1: Symmetrische und antimetrische Knickform des Druckstabes

Der Druckstab kann im Versagensfall je nach Steifigkeit der Mittelstütze eine symmetrische oder antimetrische Knickform annehmen.

Im antimetrischen Fall findet keine Belastung der Mittelstütze statt. Die kritische Druckkraft entspricht daher der Eulerschen Knicklast des beidseitig gelenkig gelagerten Stabes der Länge $L_K = L/2$

$$F_{krit} = \left(\frac{\pi}{L_K}\right)^2 E \cdot J = 4\,\frac{\pi^2}{L^2} E \cdot J = k \cdot \frac{\pi^2}{L^2} E \cdot J\,. \tag{1}$$

Hieraus läßt sich der Beulwert des Problems mit k = 4 herleiten.

Im symmetrischen Fall muß die DGL (s. auch Gl. (18.8))

$$\frac{d^4 w}{d\xi^4} + \mu^2 \frac{d^2 w}{d\xi^2} = 0, \qquad \text{mit } \mu^2 = \frac{F}{E \cdot J} \tag{2}$$

gelöst werden. Der Lösungsansatz dafür ist

$$w(\xi) = C_1 + C_2 \cdot \xi + C_3 \cdot \cos\mu \cdot \xi + C_4 \cdot \sin\mu \cdot \xi\,. \tag{3}$$

Die Integrationskonstanten bestimmt man wieder an den Stellen $0 \leq \xi \leq 2$ zu

$$w(0) = 0: \qquad C_1 + C_3 = 0 \tag{4}$$

$$w''(0) = 0: \qquad C_3 = 0 \rightarrow C_1 = 0 \tag{5}$$

$$w'(\xi = 1) = 0: \qquad C_2 + \mu \cdot C_4 \cdot \cos\mu = 0. \tag{6}$$

Mit Gl. (6) liegt aber nur eine Gleichung für zwei Unbekannte vor. Eine weitere Beziehung findet man durch Freimachen der Feder, nämlich

$$2\,Q(1) = c \cdot w(1)\,. \tag{7}$$

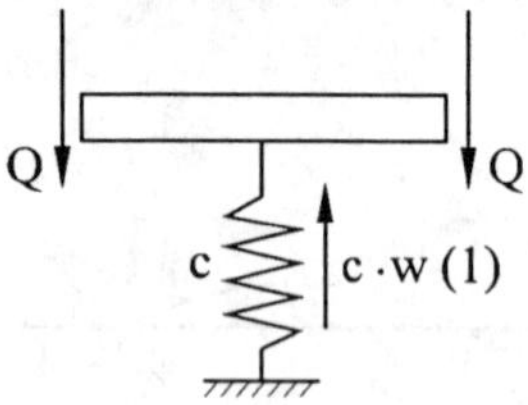

Unter Berücksichtigung, daß bei Balkenbiegung noch

$$M' = Q \quad \rightarrow \quad Q = E \cdot J \cdot w(x)'''$$

gilt, kann Gl. (7) geeignet entwickelt werden.

Bild 2: Kräftegleichgewicht an der Feder

Dies bedarf aber zunächst noch eines Einschubes zur Differentiation, und zwar ist

$$\xi = \frac{2x}{L}, w' = \frac{dw}{d\xi} \cdot \frac{d\xi}{dx} = \frac{dw}{d\xi} \cdot \frac{2}{L}, w''' = 8\frac{1}{L^3} \cdot \frac{d^3w}{d\xi^3}\,.$$

Damit folgt für Gl. (7) unter Berücksichtigung der halben Balkenlänge

$$-2 \cdot 8\frac{E \cdot J}{L^3} \cdot \frac{d^3w}{d\xi^3}(1) + c \cdot w(1) = 0\,. \tag{8}$$

Wird darin weiter eingesetzt, so erhält man

$$16\frac{E \cdot J}{L^3} \cdot \mu^3 \cdot C_4 \cdot \cos\mu + c\left(C_2 + C_4 \cdot \sin\mu\right) = 0\,. \tag{9}$$

Mittels Gl. (6) und Gl. (9) kann jetzt ein Gleichungssystem für die noch unbekannten Integrationskonstanten erstellt werden

$$\begin{bmatrix} 1 & \mu \cdot \cos\mu \\ c & 16\frac{E \cdot J}{L^3}\mu^3 \cdot \cos\mu + c \cdot \sin\mu \end{bmatrix} \cdot \begin{bmatrix} C_2 \\ C_4 \end{bmatrix} = \begin{bmatrix} 0 \\ 0 \end{bmatrix}. \tag{10}$$

Unter der Forderung der verschwindenden Koeffizientendeterminante erhält man so die Eigenwertgleichung

$$16\frac{E \cdot J}{L^3}\mu^3 \cdot \cos\mu + c \cdot \sin\mu - c \cdot \mu \cdot \cos\mu = 0 \left| \cdot \frac{1}{c \cdot \cos\mu} \right. \tag{11}$$

$$16\frac{E \cdot J}{c \cdot L^3}\mu^3 + \tan\mu - \mu = 0$$

oder

$$\tan\mu = \mu - 16\frac{E \cdot J}{c \cdot L^3}\mu^3 = \mu\left(1 - \gamma \cdot \mu^2\right), \qquad (12)$$

worin jetzt der Steifigkeitsparameter

$$\gamma = 16\frac{E \cdot J}{c \cdot L^3} \qquad (13)$$

eingeführt werden kann.

In der nachfolgenden Abbildung ist der Verlauf dieses Steifigkeitsparameters als Funktion des Eigenwertes μ dargestellt.

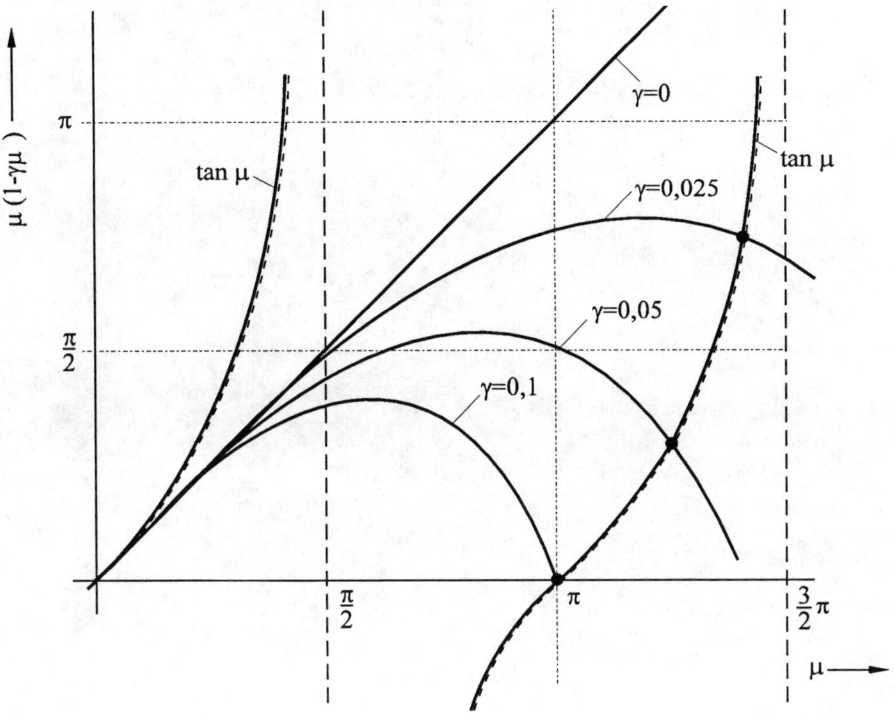

Bild 3: Darstellung der Eigenwerte

Es zeigt sich, daß mit $\mu = \pi$ der kleinste Eigenwert gefunden ist. Hierzu gehört der Steifigkeitsparameter

$$\gamma = \frac{1}{\pi^2} \approx 0{,}1 \ . \qquad (14)$$

Eine Erhöhung der Steifigkeitsparameter über diesen Wert hinaus bringt keinen Gewinn an Tragvermögen, weil der Stab dann antimetrisch ausknickt. Als Grenzwert für die Steifigkeit erhält man aus Gl. (13) und Gl. (14)

$$c_{min} = 16\frac{\pi^2}{L^3} E \cdot J = \frac{16}{L}\left(\frac{\pi}{L}\right)^2 E \cdot J = \frac{16}{L} F_{krit}^{Euler} . \qquad (15)$$

Zusammenfassend kann somit festgestellt werden, daß die Knicklast durch *eine* Stütze maximal aus das Vierfache der Eulerschen Knicklast angehoben werden kann. Bei steiferen Stützen tritt nur eine andere Knickform auf.

22. Übung zu Kapitel 18.4.2 "Knickung doppeltsymmetrischer Profile"

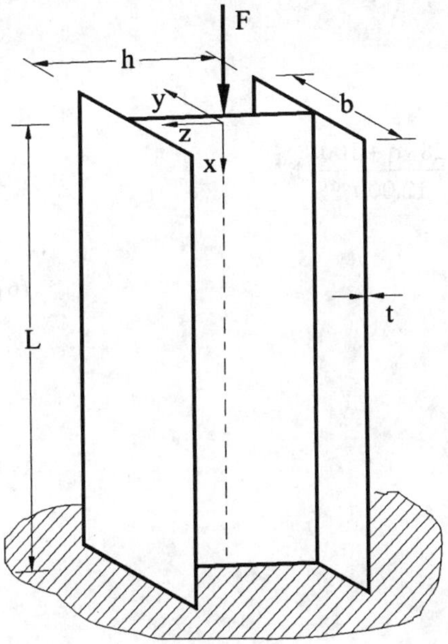

Innerhalb einer Konstruktion soll das gezeigte doppelt-symmetrische I-Profil zur Abstützung einer Druckkraft eingesetzt werden. Wie groß darf diese Kraft werden, damit keine reine Biegeknickung oder reine Drillknickung auftritt?

Daten: b = 100 mm, 150 mm, 200 mm
t = 10 mm
h = 100 mm
L = 1000 mm
$\nu = 0{,}3$
E = 210.000 MPa

Bild 1: Stütze

Gemäß Kapitel 18.2.2 ist bei dem vorgegebenen Profil zu klären, ob

$$F \le F_{krit} \tag{1}$$

ist. Die kritische Kraft ist dabei die kleinste Kraft aus der Biegeknickung

$$F_{krit,y} = \left(\frac{\pi}{L_K}\right)^2 E \cdot J_z, \quad F_{krit,z} = \left(\frac{\pi}{L_K}\right)^2 E \cdot J_y\,, \tag{2}$$

oder der Drillknickung

$$F_{krit,t} = \frac{1}{i_{SP}^2}\left[\left(\frac{\pi}{L_K}\right)^2 E \cdot C_W + G \cdot J_t\right]. \tag{3}$$

Für den einseitig fest eingespannten Träger ist $L_K = 2 \cdot L$. Zunächst können mit $t = \frac{h}{10}$ und $\eta = \frac{b}{h}$ recht einfach für das Profil Größen bestimmt werden:

– die Fläche

$$A = (2\,b + h) \cdot t = (2\,b + h)\frac{h}{10} = \frac{2 \cdot \eta + 1}{10} \cdot h^2 \,, \tag{4}$$

– die Flächenträgheitsmomente

$$J_y = 2 \cdot \frac{b \cdot t^3}{12} + \frac{t \cdot h^3}{12} + 2 \cdot b \cdot t \cdot \left(\frac{h}{2} + \frac{t}{2}\right)^2 = \frac{728 \cdot \eta + 100}{12.000} \cdot h^4 \,, \tag{5}$$

$$J_z = \frac{t \cdot b^3}{12} + \frac{h \cdot t^3}{12} + \frac{t \cdot b^3}{12} = \frac{200 \cdot \eta^3 + 1}{12.000} \cdot h^4 \,, \tag{6}$$

– der polare Flächenträgheitsradius

$$i_{SP}^2 = \frac{J_y + J_z}{A} = \frac{200 \cdot \eta^3 + 728 \cdot \eta + 101}{1.200 \cdot (1 + 2 \cdot \eta)} \cdot h^2 , \tag{7}$$

– der Wölbwiderstand

$$C_W = \frac{h^2 \cdot J_{F1} \cdot J_{F2}}{(J_{F1} + J_{F2})} = \frac{1.210}{2.400} \cdot \eta \cdot h^4 \tag{8}$$

und

– das Torsionsflächenmoment

$$\begin{aligned} J_t &= \frac{1}{3} \sum_i t_i^3\, b_i \\ J_t &= \frac{2}{3} b \cdot t^3 + \frac{1}{3} h \cdot t^3 = \frac{2 \cdot \eta + 1}{3.000} \cdot h^4 \end{aligned} \tag{9}$$

Damit bestimmen sich die kritischen Kräfte für reine Biegeknickung zu

$$F_{krit,y} \approx 0{,}52 \cdot \frac{200 \cdot \eta^3 + 1}{12.000} \cdot h^4, \quad F_{krit,z} \approx 0{,}52 \cdot \frac{728 \cdot \eta + 100}{12.000} \cdot h^4 \tag{10}$$

bzw. für Drillknickung

$$F_{krit,t} = \frac{129.293{,}5 \cdot \eta^2 + 129.262{,}1 \cdot \eta + 32.307{,}7}{1.200 \cdot \eta^3 + 728 \cdot \eta + 101} \cdot h^2 . \tag{11}$$

Die nachfolgende Auswertung der Gl. (10) und (11) zeigt die Abhängigkeit der kritischen Knickkräfte vom geometrischen Verhältnis $\eta = \frac{b}{h}$.

Auswertung:

$\frac{h}{b}$	0,1	0,3	0,5	0,735	1	1,473	1,972	3
$F_{krit,y}$[MN]	0,005	0,028	0,113	0,345	0,871	2,77	6,65	23,4
$F_{krit,z}$[MN]	0,749	1,38	2,011	2,75	3,588	5,08	6,65	9,897
$F_{krit,t}$[MN]	2,674	2,547	2,638	2,75	2,827	2,77	2,603	2,061

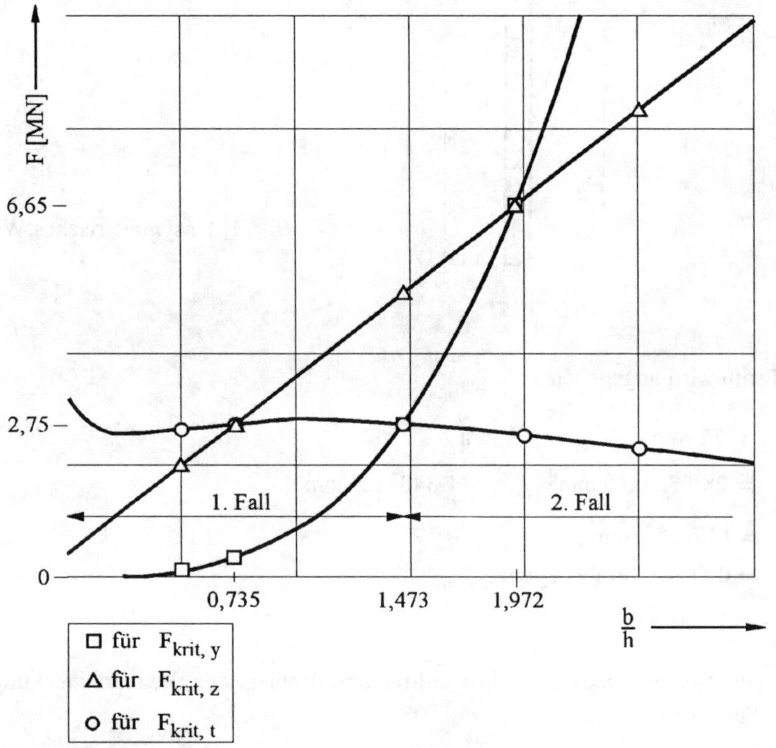

Bild 2: Verlauf der kritischen Knick- und Drillkraft

1. Fall: $\frac{b}{h} < 1{,}473$ $\Rightarrow$ $F_{krit,y}$ ist kritische Kraft F_{krit}

2. Fall: $\frac{b}{h} > 1{,}473$ $\Rightarrow$ $F_{krit,t}$ ist kritische Kraft F_{krit}

23. Übung zu Kapitel 18.4.4 "Knickung unsymmetrischer Profile"

Für einen beidseitig gelenkig gelagerten Druckstab der Länge L mit dem abgebildeten unsymmetrischen Querschnitt ist die kritische Last für das Biegedrillknicken zu ermitteln. Der Stab wird mittig gedrückt, und die Endquerschnitte sind gegen Verschiebung in ihrer Ebene gehalten und sollen frei von Biegespannungen sein.

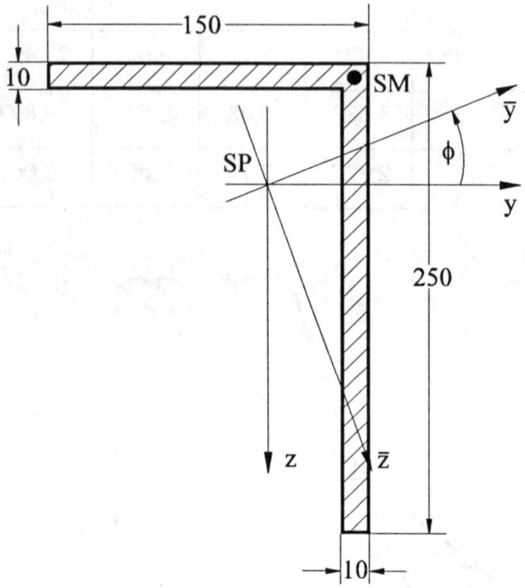

Bild 1: Unsymmetrisches Winkelprofil

Für das Profil wird angegeben:

$\bar{y}_{SM} = 52$ mm, $\bar{z}_{SM} = -63$ mm,

$J_{\bar{y}} = 28.980 \cdot 10^3$ mm^4, $J_{\bar{z}} = 4.340 \cdot 10^3$ mm^4,

$J_t = 130 \cdot 10^3$ mm^4,

$C_W = 0$ für wölbfreie Lagerung,

$A = 3.900$ mm^2.

Die Instabilitätsbedingung für das hier auftretende Problem der Biegedrillknickung ist in Gl. (18.26) gegeben zu

$$\left(\bar{y}_{SM}^2 + \bar{z}_{SM}^2 - i_M^2\right) F^3 + \left[\left(F_{\bar{y}} + F_{\bar{z}} + F_t\right) i_M^2 - \bar{y}_{SM}^2 F_{\bar{z}} - \bar{z}_{SM}^2 F_{\bar{y}}\right] F^2 -$$

$$- i_M^2 \left(F_{\bar{y}} F_{\bar{z}} + F_{\bar{y}} F_t + F_{\bar{z}} F_t\right) F + F_{\bar{y}} F_{\bar{z}} F_t \, i_M^2 = 0, \qquad (1)$$

hierin bedeuten

$\bar{y}_{SM}$, $\bar{z}_{SM}$ - Koordinaten des Schubmittelpunktes

i_M - Trägheitsradius bezogen auf den Schubmittelpunkt

$$i_M^2 = \bar{y}_{SM}^2 + \bar{z}_{SM}^2 + \frac{J_{\bar{y}} + J_{\bar{z}}}{A}\,, \tag{2}$$

$F_{\bar{y}}$, $F_{\bar{z}}$ - kritische Knicklasten nach Euler durch Biegung um die $\bar{y}$- bzw. $\bar{z}$-Achse

$$F_{\bar{y}} = \frac{\pi^2 \cdot E \cdot J_{\bar{y}}}{L^2}\,, \quad F_{\bar{z}} = \frac{\pi^2 \cdot E \cdot J_{\bar{z}}}{L^2}\,, \tag{3}$$

F_t - kritische Knicklast durch Torsion um die Längsachse $\bar{x}$

$$F_t = \frac{G\,J_t + \dfrac{\pi^2 \cdot E \cdot C_W}{L^2}}{i_M^2} := \frac{G \cdot J_t}{i_M^2}\,, \tag{4}$$

μ - Eigenwert der Biegelinie

$$\mu = \frac{n \cdot \pi}{L}\,. \tag{5}$$

Für das vorliegende Beispiel sollen zunächst die Beziehungen Gl. (2-5) in Gl. (1) eingesetzt werden. Man erhält so

$$\left(\bar{y}_{SM}^2 + \bar{z}_{SM}^2 - \bar{y}_{SM}^2 - \bar{z}_{SM}^2 - \frac{J_{\bar{y}} + J_{\bar{z}}}{A}\right) F^3 + \left[\left(E \cdot J_{\bar{y}} \cdot \mu^2 + E \cdot J_{\bar{z}} \cdot \mu^2 + \frac{G \cdot J_t}{i_M^2}\right) \cdot\right.$$
$$\left. \cdot\, i_M^2\right] F^2 + \left(-\bar{z}_{SM}^2 \cdot E \cdot J_{\bar{y}} - \bar{y}_{SM}^2 \cdot E \cdot J_{\bar{z}}\right) F^2 - i_M^2 \cdot \left(E^2 - J_{\bar{y}} \cdot J_{\bar{z}} \cdot \mu^4 + \right.$$
$$\left. + \frac{E^2 \cdot J_{\bar{y}} \cdot G \cdot J_t \cdot \mu^2}{i_M^2} + \frac{E^2 \cdot J_{\bar{z}} \cdot G \cdot J_t \cdot \mu^2}{i_M^2}\right) F + \frac{E^2 \cdot G \cdot J_{\bar{y}} \cdot J_{\bar{z}} \cdot J_t \cdot \mu^4}{i_M^2} = 0 \tag{6}$$

oder

$$-\frac{J_{\bar{y}} + J_{\bar{z}}}{A} \cdot F^3 + \left\{G \cdot J_t + E \cdot \left[\left(J_{\bar{y}} + J_{\bar{z}}\right) \cdot i_M^2 - \left(J_{\bar{y}} \cdot \bar{z}_{SM}^2 + J_{\bar{z}} \cdot \bar{z}_{SM}^2\right)\right] \mu^2\right\} F^2 +$$
$$- E \cdot \mu^2 \cdot \left[E \cdot J_{\bar{y}} \cdot J_{\bar{z}} \cdot i_M^2 \cdot \mu^2 + G \cdot J_t \cdot \left(J_{\bar{y}} + J_{\bar{z}}\right)\right] F + E^2 \cdot J_{\bar{y}} \cdot J_{\bar{z}} \cdot G \cdot J_t \cdot \mu^4 = 0. \tag{7}$$

Die Koeffizienten enthalten die geometrischen Querschnittswerte, die Materialwerte E und G und über den Eigenwert μ die Stablänge und die Zahl der Sinuswellen beim Ausknicken.

Wird weiter durch $-\frac{J_{\bar{y}} + J_{\bar{z}}}{A}$ geteilt und werden die problemspezifischen Werte eingesetzt, so folgt mit

$$i_M^2 = 15{,}22 \cdot 10^3 \, mm^2 \tag{8}$$

$$F^3 - \left[128 \cdot 10^4 + 932 \cdot 10^{12} \, \mu^2\right] F^2 + \left[892 \cdot 10^{16} + 991 \cdot 10^{22} \, \mu^2\right] \mu^2 \, F - 710 \cdot 10^{28} \mu^4 = 0$$

Aus dieser Gleichung kann die kritische Last F_{krit} als Funktion von μ ermittelt werden, die sich als kleinste der reellen Wurzeln für n = 1 ergibt.

Die kritische Last soll nun für verschiedene Längenverhältnisse berechnet werden:

L = 1000 mm:

$$F^3 - 9190{,}4 \cdot 10^6 \cdot F^2 + 1050 \cdot 10^{12} \cdot F - 692 \cdot 10^{18} = 0$$
$$F_{krit} = 672{,}1 \text{ kN}$$

L = 2000 mm:

$$F^3 - 2298{,}6 \cdot 10^6 \cdot F^2 + 82{,}5 \cdot 10^{12} \cdot F - 43{,}2 \cdot 10^{18} = 0$$
$$F_{krit} = 530 \text{ kN}$$

L = 3000 mm:

$$F^3 - 1022{,}3 \cdot 10^6 \cdot F^2 + 21{,}8 \cdot 10^{12} \cdot F - 8{,}59 \cdot 10^{18} = 0$$
$$F_{krit} = 483{,}4 \text{ kN}$$

L = 4000 mm:

$$F^3 - 575{,}6 \cdot 10^6 \cdot F^2 + 9{,}26 \cdot 10^{12} \cdot F - 2{,}71 \cdot 10^{18} = 0$$
$$F_{krit} = 370{,}2 \text{ kN}$$

L = 5000 mm:

$$F^3 - 369 \cdot 10^6 \cdot F^2 + 5{,}06 \cdot 10^{12} \cdot F - 1{,}11 \cdot 10^{18} = 0$$
$$F_{krit} = 301 \text{ kN}$$

Eine Knickuntersuchung allein nach Euler hätte nach Gl. (3) für die betrachteten Längen folgende kritische Lasten ergeben:

L = 1000: F_{krit} = 9000 kN
L = 2000: F_{krit} = 2250 kN
L = 3000: F_{krit} = 1000 kN

L = 4000: F_{krit} = 560 kN
L = 5000: F_{krit} = 360 kN

Diese Ergebnisse sind im nachfolgenden Diagramm dargestellt. Es wird ersichtlich, daß sich bei kurzen Stäben große Unterschiede zwischen der kritischen Last nach Euler (Biegeknicken) und der kritischen Last des Biegedrillknickens ergeben. Für längere Stäbe wird der Unterschied jedoch geringer.

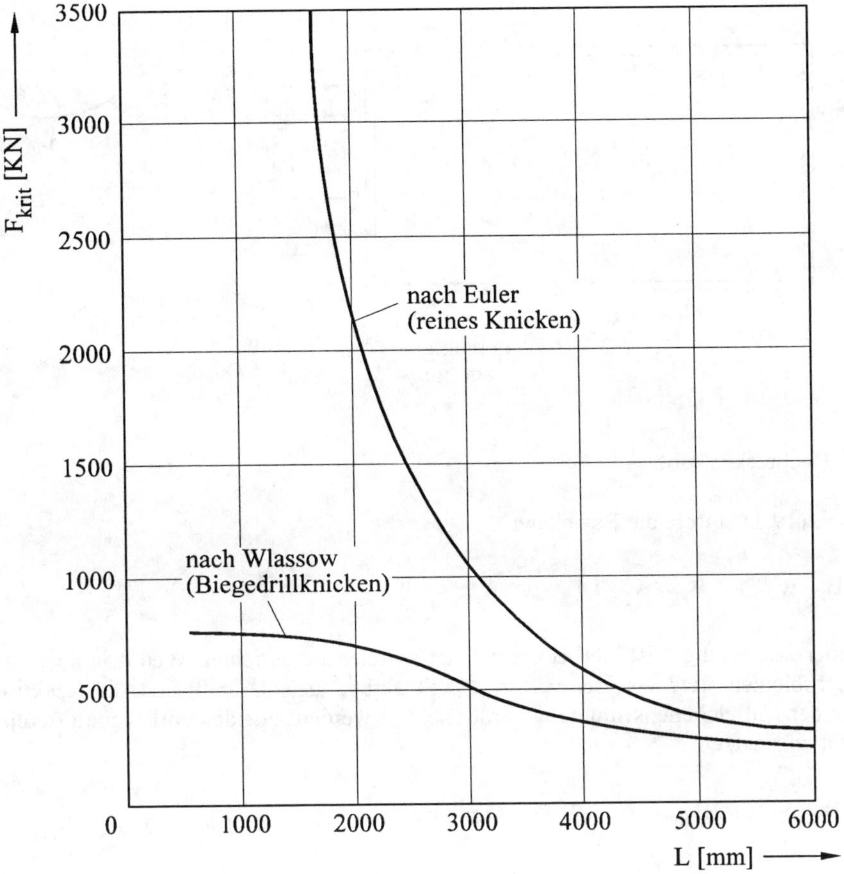

Bild 2: Verlauf der kritischen Lasten über Knicklänge

24. Übung zu Kapitel 19 "Beulen von Blechfeldern"

Für die nachfolgend dargestellte orthotrope Rechteckscheibe unter Längsdruckbelastung ist eine Beuluntersuchung durchzuführen. Es ist zu ermitteln, wie groß der Einfluß der seitlichen Lagerung ist und wann die Platte als Plattenstab und wann als Plattenstreifen gerechnet werden darf.

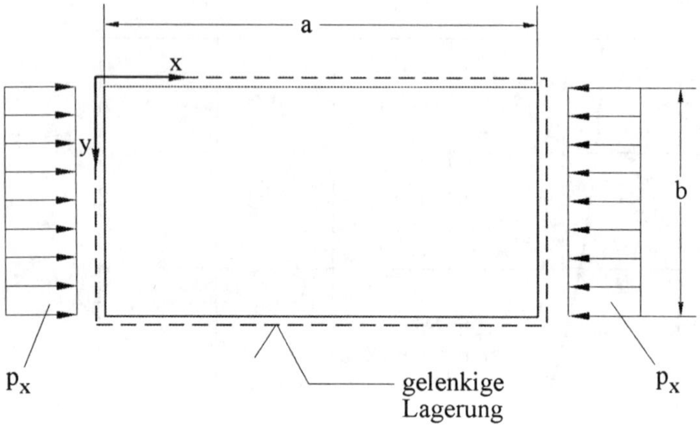

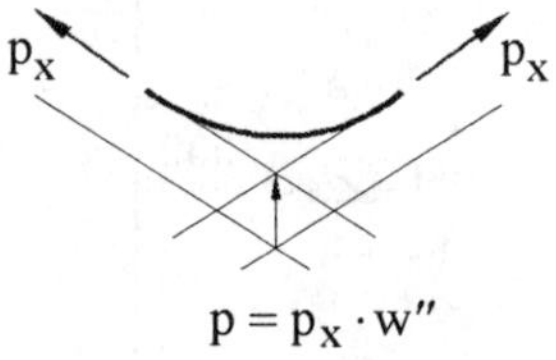

Bild 1: Rechteckscheibe

Nach Gl. (19.1) lautete die Beziehung

$$B_x \cdot w^{\prime\prime\prime\prime} + 2\,B_{xy} \cdot w^{\prime\prime\cdot\cdot} + B_y \cdot w^{\cdot\cdot\cdot\cdot} = p\ .$$

Die äußere Belastung p ist hierbei normal zur Mittelebene gerichtet. Weil man aber bei Instabilitätsproblemen stets von der verformten Struktur ausgeht, muß jetzt die Reaktionskraft zufolge der Mittelebenenkrümmung berücksichtigt werden. Für das vorliegende Beulproblem ist somit anzusetzen

$$B_x \cdot w^{\prime\prime\prime\prime} + 2B_{xy} \cdot w^{\prime\prime\cdot\cdot} + B_y \cdot w^{\cdot\cdot\cdot\cdot} = -p_x \cdot w''\ . \qquad (1)$$

Bei der Grenzbelastung $p_x = p_{x_{krit}}$ tritt dann gerade Beulen der Mittelebene ein.

Für die Durchsenkung der Mittelebene kann im weiteren der bekannte Doppelreihenansatz (s. Gl. (19.8))

$$w(x, y) = \sum_m \sum_n C_{mn} \cdot \sin\frac{m \cdot \pi \cdot x}{a} \cdot \sin\frac{n \cdot \pi \cdot y}{b}, \text{m,n= Halbwellenzahl} \qquad (2)$$

gemacht werden. Wird dieser entsprechend oft abgeleitet und in Gl. (1) eingesetzt, so entsteht folgende charakteristische Gleichung

$$\sum_m \sum_n \left[B_x \left(\frac{m \cdot \pi}{a}\right)^4 + 2\, B_{xy} \left(\frac{m \cdot \pi}{a}\right)^2 \cdot \left(\frac{n \cdot \pi}{b}\right)^2 + B_y \left(\frac{n \cdot \pi}{b}\right)^4 \right] = p_x \sum_m \left[\left(\frac{m \cdot \pi}{a}\right)^2 \right] \quad (3)$$

oder umgestellt

$$p_{x_{krit}} = \sum_m \sum_n \left[\left(\frac{a}{m}\right)^2 \cdot \pi^2 \left[B_x \left(\frac{m}{a}\right)^4 + 2\, B_{xy} \left(\frac{m \cdot n}{a \cdot b}\right)^2 + B_y \left(\frac{n}{b}\right)^4 \right] \right]. \quad (4)$$

Hierin sind eingeführt

- die Biegesteifigkeit mit $B_x = \dfrac{E \cdot t^3}{12\left(1 - \nu^2\right)}$, $B_y = \dfrac{E \cdot t^3}{12\left(1 - \nu^2\right)}$

und

- die Diagonalsteifigkeit mit $B_{xy} = \dfrac{\nu \cdot E \cdot t^3}{12\left(1 - \nu^2\right)} + \dfrac{2(1-\nu)\, E \cdot t^3}{12\left(1 - \nu^2\right)}$.

Die vorstehende Gl. (4) soll nun so umgeformt werden, daß die dimensionslose Beulzahl k abgespalten werden kann

$$p_{x_{krit}} \cdot \frac{b^2}{\sqrt{B_x \cdot B_y}} = \sum_m \sum_n \left[\pi^2 \left[\sqrt{\frac{B_x}{B_y}} \cdot \frac{b^2}{a^2} m^2 + 2 \frac{B_{xy}}{\sqrt{B_x \cdot B_y}} \cdot n^2 + \sqrt{\frac{B_y}{B_x}} \cdot \frac{a^2}{b^2} \cdot \frac{n^4}{m^2} \right] \right]. \quad (5)$$

Es ergibt sich dann folgende Beziehung für den kritischen Längsdruck

$$p_{x_{krit}} = \pi^2 \cdot k \cdot \frac{\sqrt{B_x \cdot B_y}}{b^2}. \quad (6)$$

Weiterhin können aus Gl. (5) noch folgende Kenngrößen herausgelöst werden:

- die Diagonalzahl

$$\eta = \frac{B_{xy}}{\sqrt{B_x \cdot B_y}}, \quad (7)$$

- das wirksame Seitenverhältnis

$$\beta = \frac{b}{a} \sqrt[4]{\frac{B_x}{B_y}} \quad (8)$$

und

- das reziproke Seitenverhältnis

$$\alpha = \frac{1}{\beta} \,. \tag{9}$$

Die Beulzahl läßt sich dann auch angeben zu

$$k = \sum_m \sum_n \left[\frac{m^2}{\alpha^2} + 2\eta \cdot n^2 + \alpha^2 \cdot \frac{n^4}{m^2} + \underbrace{\left(2n^2 - 2n^2\right)}_{\text{Erweiterung}} \right] = \sum_m \sum_n \left[\left(\frac{m}{\alpha} + \alpha \frac{n^2}{m} \right)^2 + 2n^2 \left(\eta - 1 \right) \right] \tag{10}$$

Da seitens der Belastung nur p_x vorliegt, ist im weiteren die Beulung in y-Richtung nicht von Bedeutung, so daß n = 1 (Zahl der Wellen in y-Richtung) gesetzt werden kann

$$k = \sum_m \left[\left(\frac{m}{\alpha} + \frac{\alpha}{m} \right)^2 + 2 \left(\eta - 1 \right) \right] . \tag{11}$$

Trägt man nun den Wert k - 2 (η - 1) über dem Seitenverhältnis α als Parameter auf, so erhält man den nachfolgenden Kurvenverlauf.

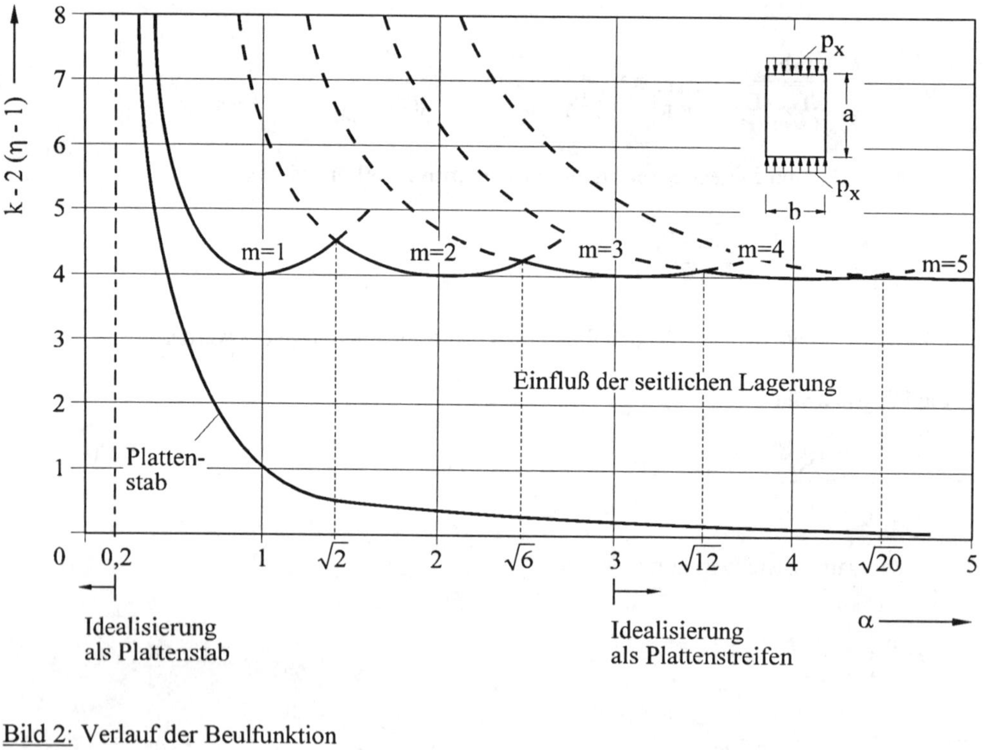

Bild 2: Verlauf der Beulfunktion

Die Kurven besitzen ein identisches Minimum, welches man aus folgender Ableitung erhält

$$\frac{dk}{d\alpha} = \sum_m \left[-2\frac{m^2}{\alpha^3} + 2\frac{\alpha}{m^2} \right] = 0 \rightarrow \alpha_{min} = m \tag{12}$$

$$k_{min} = 4 + 2(\eta - 1)$$

oder

$$k_{min} - 2(\eta - 1) = 4 \tag{13}$$

für alle Wellenzahlen m. Da sich stets der niedrigste Beulwert einstellt, entstehen als Grenzkurven die gezeigten Girlandenverläufe. Die Schnittpunkte dieser Kurven ergeben sich aus

$$k_m = k_{m+1}$$

oder

$$\frac{m}{\alpha} + \frac{\alpha}{m} = \frac{m+1}{\alpha} + \frac{\alpha}{m+1}$$

zu

$$\alpha = \sqrt{m(m+1)}\ . \tag{14}$$

Des weiteren sollen noch folgende Grenzfälle der Beulproblematik betrachtet werden:

- Der Plattenstab als Analogie des Balkens auf zwei Stützen

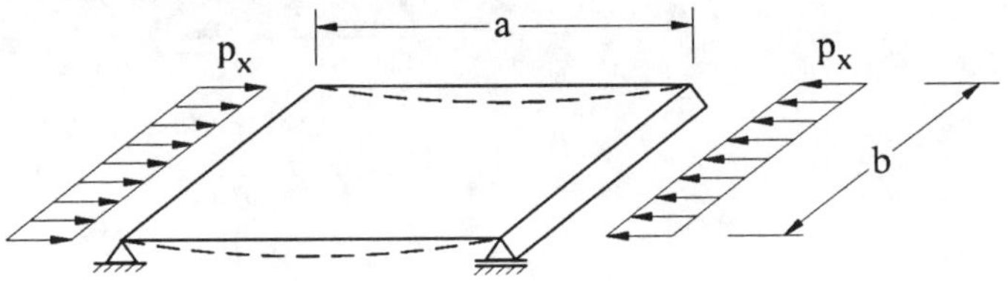

Bild 3: Plattenstab

Unter der Voraussetzung, daß die Ausdehnungen in der y-Richtung keine Rolle spielt, kann Gl. (4) folgendermaßen abgewandelt werden:

$$p_{x_{krit}} = \left(\frac{a}{m}\right)^2 \pi^2 \left[B_x \left(\frac{m}{a}\right)^4 \right]$$

oder für m = 1

$$p_{x_{krit}} = \left(\frac{\pi}{a}\right)^2 \cdot B_x = \pi^2 \frac{B_x}{a^2} \cdot \frac{\sqrt{B_y}}{\sqrt{B_y}} \cdot \frac{b^2}{b^2} = \pi^2 \frac{\sqrt{B_x \cdot B_y}}{b^2} \cdot \frac{b^2}{a^2} \cdot \frac{\sqrt{B_x}}{\sqrt{B_y}} = \pi^2 \frac{\sqrt{B_x \cdot B_y}}{b^2} \cdot \frac{1}{\alpha^2} \cdot \tag{15}$$

Der sich hierdurch ergebende Kurvenverlauf ist ebenfalls im vorstehenden Bild 2 eingezeichnet. Für ein Verhältnis $\alpha < 0,2$ sind die Kurven so sehr abgeglichen, daß die allseitig gelenkig gelagerten Platten zum Plattenstab vereinfacht werden können.

- Der Plattenstreifen

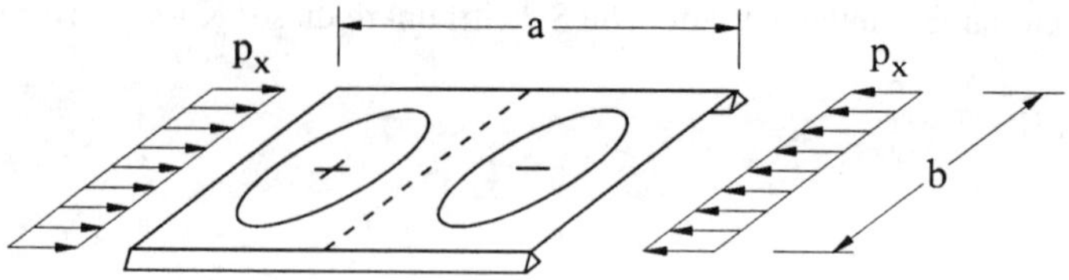

Bild 4: Plattenstreifen

Die vorstehenden Girlandenkurven lassen erkennen, daß für das wirksame Seitenverhältnis $\alpha \rightarrow \infty$ der Beulwert $k \rightarrow 4$ strebt. Gemäß der Angrenzung in dem Diagramm bedeutet dies, daß der Einfluß der Stirnlagerung gegenüber der seitlichen Lagerung näherungsweise vernachlässigt werden kann. Ab einem Wert $\alpha = 3$ kann die allseitig gelenkig gelagerte Platte ohne große Fehler als Plattenstreifen betrachtet werden.

Anm.: In anderen Abschätzungen wird k_{min} für Stahlplatten mit 3,62 angegeben.

25. Übung zu Kapitel 20.2 "Sicken"

Für den Aufbau eines segmentierten Fahrzeugbodens soll alternativ der Einsatz einer massiven und einer gesickten Platte untersucht werden. Die Belastung ist mit $F_i = 300$ N anzunehmen. Vorgesehen ist die Verwendung von Aluminiumblechen.

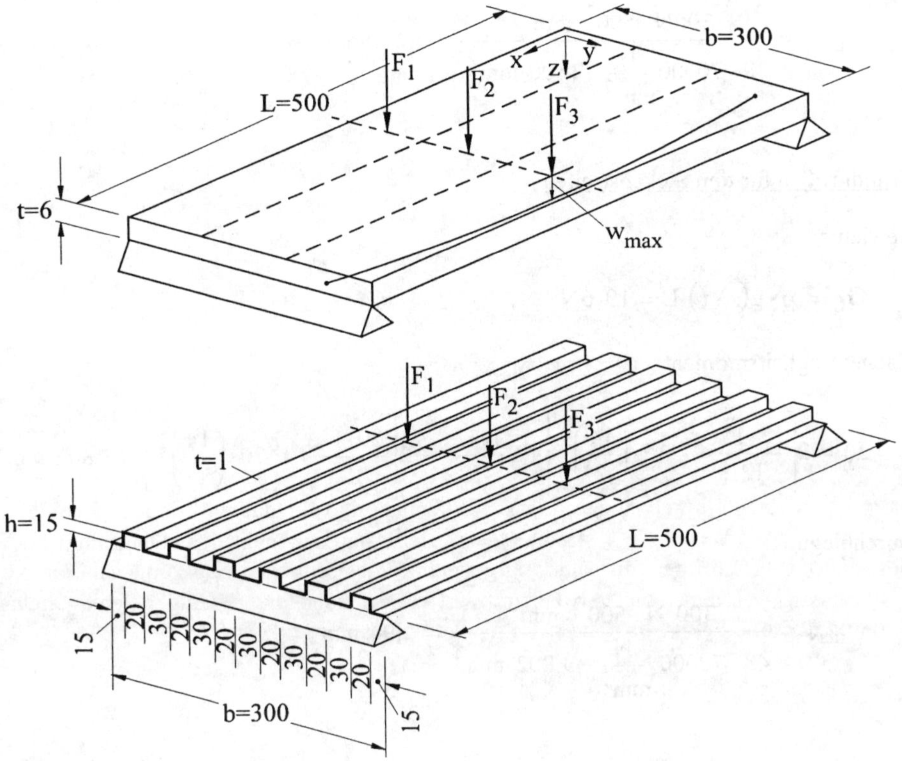

Bild 1: Plattenbauweisen

Aus der vorgesehenen Bauweise kann sofort die Symmetrie in der Belastung und in der Geometrie abgeleitet werden. Insofern kann das Plattenproblem durch ein äquivalentes Balkenproblem angenähert werden. Es ist somit also ausreichend, einen Plattenstreifen (b' = 100) mit einer abgegrenzten Sicke zu vergleichen.

- Grundgrößen für den Plattenstreifen

Gewicht:

$$G_P = \rho \cdot g \cdot A \cdot L = 79{,}461 \text{ N} \tag{1}$$

Flächenträgheitsmoment:

$$J_y = \frac{100 \cdot 6^3}{12} = 1800 \text{ mm}^4 \tag{2}$$

Durchbiegung:

$$w_{max} = \frac{300\text{N} \cdot 500^3 \text{ mm}^3}{48 \cdot 70000\frac{\text{N}}{\text{mm}^2} \cdot 1800 \text{ mm}^4} = 6{,}2 \text{ mm} \tag{3}$$

- <u>Grundgrößen für den Sickenstreifen</u>

Gewicht:

$$G_S = \rho \cdot g(s \cdot t) \cdot L = 19{,}6\text{N}$$

Flächenträgheitsmoment:

$$J_y = 2\left[\frac{15 \cdot 1^3}{12} + 1 \cdot 15 \cdot \left(\frac{14}{2}\right)^2\right] + 2\frac{1 \cdot 13^3}{12} + 2\left[\frac{20 \cdot 1^3}{12} + 1 \cdot 20 \cdot \left(\frac{14}{2}\right)^2\right] = 3.802 \text{ mm}^4$$

Durchbiegung:

$$w_{max} = \frac{300 \text{ N} \cdot 500^3 \text{ mm}^3}{48 \cdot 70000 \frac{\text{N}}{\text{mm}^2} \cdot 3.802 \text{ mm}^4} = 2{,}94 \text{ mm}$$

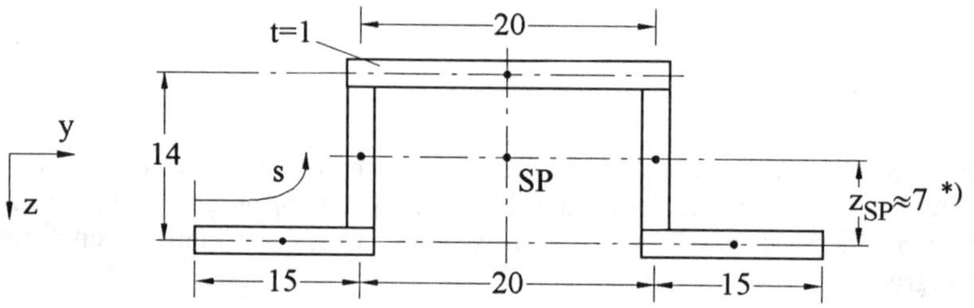

<u>Bild 2:</u> Bestimmung des Flächenträgheitsmomentes

Diese einfache Gegenüberstellung belegt einsichtig, daß Sicken zu einer Erhöhung des Flächenträgheitsmomentes führt und somit auch die Durchbiegung reduzieren. Als zweites ist auch ersichtlich, daß die aufgelöste Bauweise um ein Vielfaches leichter ist als die massive Bauweise.

---

*) Anmerkung: Der exakte Schwerpunkt liegt bei $z_{SP} = 7{,}07$.

26. Übung zu Kapitel 21.4 "Durchzüge"

Zum Zweck der Gewichtserleichterung ist ein dünner I-Träger im Steg mit Erleichterungslöchern zu versehen. Da dadurch der Querschnitt geschwächt wird, soll die Höhe der Beanspruchung abgeschätzt und Maßnahmen zur Stabilisierung des Steges angegeben werden.

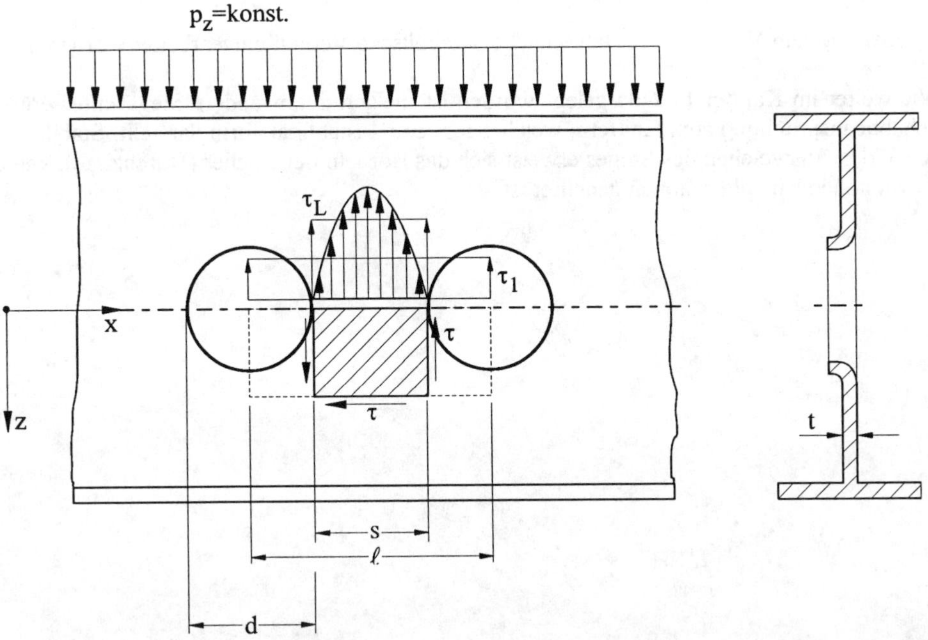

Bild 1: Gelochter Profilträger

Im Kapitel über die Schubwandträger-Profile wurde herausgearbeitet, daß in dem Steg dünnwandiger Profile in der Hauptsache Schub wirkt. Auf der Neutralachse angebrachte Erleichterungslöcher haben somit auf die Biegespannung nur geringen Einfluß. Durch die Verringerung des tragenden Querschnitts erfahren die Schubspannungen jedoch eine beträchtliche Erhöhung, die es wie folgt abzuschätzen gilt:

- Beanspruchung des ungeschwächten Steges mit

$$\tau_1 = \frac{Q_z \cdot S_y(0)}{J_y \cdot t} \,. \tag{1}$$

- Beanspruchung des gelochten Steges.

Die aus dem Spannungsansatz von Gl. (1) resultierende Schubkraft Q_x muß im Fall des gelochten Steges von einer kleinen Fläche aufgenommen werden. Demnach ergibt sich das Verhältnis

$$Q_x = \tau_l \cdot t \cdot \ell = \tau_L \cdot t \cdot s\,. \tag{2}$$

Hieraus folgt für die auftretende Schubspannung

$$\tau_L = \tau_l \cdot \frac{\ell}{s} \equiv \frac{3}{2}\tau_l \cdot \frac{\ell}{s} = \frac{3}{2} \cdot \frac{\ell}{s} \cdot \frac{Q_z \cdot S_y(0)}{J_y \cdot t}\,, \tag{3}$$

wobei mit dem Vorfaktor der tatsächliche parabolische Verlauf eingearbeitet worden ist.

Wie weiter im Kapitel 13.2 dargelegt worden ist, neigen dünnwandige Stege unter erhöhter Schubbeanspruchung zum Knittern, welches hier eine Instabilitätsform darstellt. Stabilisierend gegen das Ausweichen des Steges erweist sich das Bördeln der Löcher (Durchzüge), wie dies im vorstehenden Bild schon angedeutet ist.

27. Übung zu Kapitel 23 "Strukturoptimierung"

Ein Sandwichplattenstab unter gleichmäßiger Flächenlast ist hinsichtlich seines Eigengewichts zu optimieren. Als variabel sollen die Hautdickeit und deren Distanz h angesehen werden.

Die Optimierung ist einmal unter verlangter Tragfähigkeit und einmal unter verlangter Steifigkeit durchzuführen.

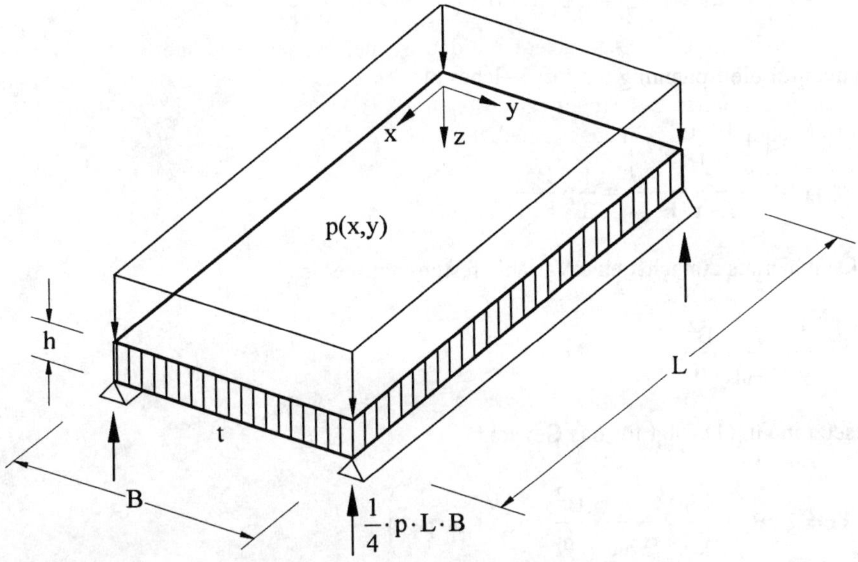

Bild 1:

Das Eigengewicht des Sandwiches ist bestimmt zu

$$G = g \cdot B \cdot L \left(2\, t \cdot \rho_H + h \cdot \rho_K\right) . \tag{1}$$

Fall a: *Vorgegebene Tragfähigkeit des Tragwerkes*

Für die Spannung in den Häuten ist diesbezüglich zu fordern

$$\sigma_H \leq \sigma_{zul} = \frac{\sigma_F}{S_F} . \tag{2}$$

Eine gewichtsoptimale Dimensionierung setzt somit voraus, daß die auftretende Biegespannung in den Häuten gerade den zulässigen Wert erreicht

$$\sigma_{H_{max}} = \sigma_{zul} = \frac{M}{J} \cdot \frac{h}{2} . \tag{3}$$

Mit dem Flächenträgheitsmoment der Platte

$$J \approx 2\,(L \cdot t) \cdot \left(\frac{h}{2}\right)^2 = \frac{1}{2} L \cdot t \cdot h^2 \tag{4}$$

und dem maximalen in der Plattenmitte auftretenden Biegemoment

$$M = \left(\frac{1}{4} p \cdot L \cdot B\right) \cdot \frac{B}{2} = \frac{1}{8} p \cdot L \cdot B^2 \tag{5}$$

erhält man für die Spannung

$$\sigma_{zul} = \frac{\left(\frac{1}{8} p \cdot L \cdot B^2\right)}{L \cdot t \cdot h} = \frac{1}{8} p \frac{B^2}{t \cdot h} \tag{6}$$

bzw. kann hieraus zunächst eine Variable festgesetzt werden

$$t = \frac{1}{8} \cdot \frac{p}{\sigma_{zul}} \cdot \frac{B^2}{h}\,. \tag{7}$$

Eingesetzt in Gl. (1) folgt für das Gewicht

$$G = g \cdot B \cdot L \left(\frac{1}{4} \cdot \frac{p}{\sigma_{zul}} \cdot \frac{B^2}{h} \cdot \rho_H + h \cdot \rho_K\right). \tag{8}$$

Die zweite Variable findet man aus der Forderung

$$\frac{dG}{dh} = 0 = \text{MINIMUM!}$$

oder

$$\frac{dG}{dh} = -\frac{1}{4} \cdot \frac{p}{\sigma_{zul}} \cdot \frac{B^2}{h^2} \cdot \rho_H + \rho_K = 0 \tag{9}$$

zu

$$h_{opt} = \frac{1}{2} B \sqrt{\frac{p}{\sigma_{zul}}} \cdot \sqrt{\frac{\rho_H}{\rho_K}}\,. \tag{10}$$

Wird nun diese Größe eingesetzt, so kann das Minimalgewicht angegeben werden als

$$G_{min} = g \cdot B \cdot L \left(\frac{1}{2} B \sqrt{\frac{p}{\sigma_{zul}}} \cdot \sqrt{\rho_H \cdot \rho_K} + \frac{1}{2} B \sqrt{\frac{p}{\sigma_{zul}}} \cdot \sqrt{\rho_H \cdot \rho_K} \right) \tag{11}$$

$$= \frac{g \cdot B^2 \cdot L}{2} \sqrt{\frac{p}{\sigma_{zul}}} \cdot \sqrt{\rho_H \cdot \rho_K} \, (1+1) \, .$$

Daraus ist abzuleiten, daß das Gewichtsminimum unter der Forderung vorgegebener Tragfähigkeit bei gleichem Gewichtsaufwand für Haut und Kern zu erreichen ist. Aus Gl. (1) ist somit

$$2 \, t_{opt} \cdot \rho_H = h_{opt} \cdot \rho_K \tag{12}$$

bestimmt, womit dann auch

$$t_{opt} = \frac{1}{4} B \sqrt{\frac{p}{\sigma_{zul}}} \cdot \sqrt{\frac{\rho_H}{\rho_K}} \tag{13}$$

gegeben ist.

Fall b: *Vorgegebene Biegesteifigkeit des Tragwerks*

Für die Steifigkeit ist verlangt

$$B_{erf} = B_H = E_H \cdot J = \frac{1}{2} E_H \cdot L \cdot t \cdot h^2 \, . \tag{14}$$

Hieraus folgt unmittelbar für eine Variable

$$t = 2 \frac{B_{erf}}{E_H \cdot L \cdot h^2} \, . \tag{15}$$

Wird diese in die Gewichtsgleichung eingesetzt, so kann das Eigengewicht angegeben werden als

$$G = g \cdot B \cdot L \left(\frac{4 \, B_{erf}}{E_H \cdot L \cdot h^2} \cdot \rho_H + h \cdot \rho_K \right) . \tag{16}$$

Die andere Variable wird jetzt aus der Minimumforderung

$$\frac{dG}{dh} = -8 \frac{B_{erf}}{E_H \cdot L \cdot h^2} \cdot \rho_H + \rho_K = 0 \tag{17}$$

bestimmt, und zwar zu

$$h_{opt} = 2\sqrt[3]{\frac{B_{erf}}{E_H \cdot L} \cdot \frac{\rho_H}{\rho_K}} \,. \tag{18}$$

Das Minimalgewicht kann so angesetzt werden als

$$\begin{aligned} G_{min} &= g \cdot B \cdot L \left(\sqrt[3]{\frac{B_{erf}}{E_H \cdot L}} \cdot \sqrt[3]{\rho_H + \rho_K{}^2} + 2\sqrt[3]{\frac{B_{erf}}{E_H \cdot L}} \cdot \sqrt[3]{\rho_H + \rho_K{}^2} \right) \\ &= g \cdot B \cdot L \cdot \sqrt[3]{\frac{B_{erf}}{E_H \cdot L}} \cdot \sqrt[3]{\rho_H + \rho_K{}^2}\,(1+2). \end{aligned} \tag{19}$$

Es ist ersichtlich, daß das Gewichtsminimum unter der Forderung einer vorgegebenen Steifigkeit nur beim doppelten Gewichtsaufwand für den Kern zu erzielen ist. Somit besteht die Beziehung

$$h_{opt} \cdot \rho_K = \frac{1}{4} t_{opt} \cdot \rho_H \,, \tag{20}$$

woraus abzuleiten ist, daß

$$t_{opt} = \frac{1}{2}\sqrt[3]{\frac{B_{erf}}{E_H \cdot L} \cdot \left(\frac{\rho_K}{\rho_H}\right)^2} \tag{21}$$

sein muß.

28. Übung zu Kapitel 24 "Schadensakkumulation"

Eine Zugstange zur Betätigung einer Bremseinrichtung in einem Verkehrsfahrzeug ist auf seine Nutzungsdauer hin zu kontrollieren. Die Beanspruchung ist weitestgehend stochastischer Natur.

a) In der folgenden Auswertung ist der Beanspruchungsverlauf schon idealisiert worden. Um eine Mittelspannung $\sigma_m = 0$ pendelt eine Unter- und Oberspannung mit den dargestellten Spannungsausschlägen. Dieser Spannungsverlauf ist mittels Zählung in ein Kollektiv zu überführen. Das Kollektiv verwendet dabei nur die Spannungsausschläge σ_a in einer abfallenden Größenordnung.

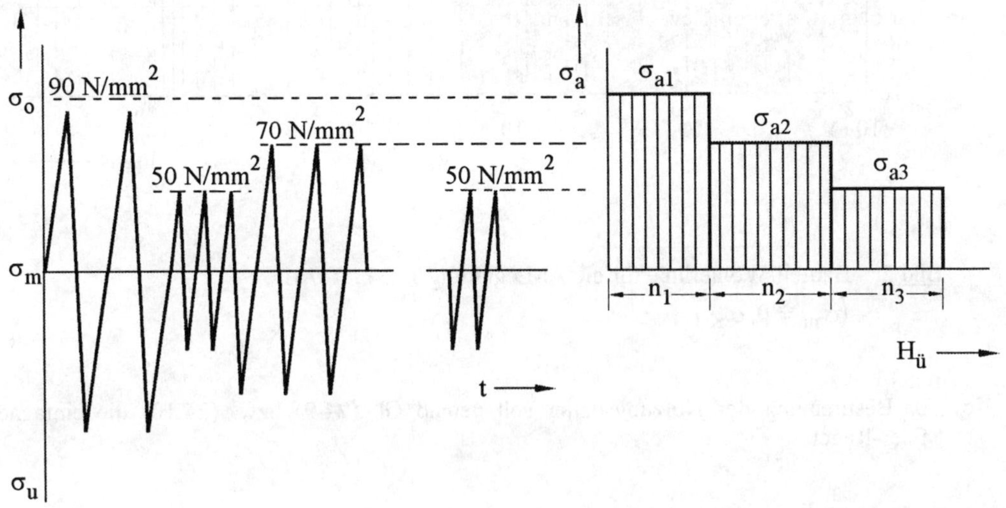

Bild 1: Überführung eines Beanspruchungsverlaufs in ein Amplitudenkollektiv

Die Auswertung kann hierbei in der folgenden Tabelle dargestellt werden:

σ_{ai} [N/mm^2]	90	70	50
n_i [LW]	$1 \cdot 10^3$	$3 \cdot 10^3$	$1{,}1 \cdot 10^4$

b) Für den verwendeten Werkstoff (3.4377 T 761 AlZnMgCu) sind 50 %-Wöhlerversuche mit dem Probestab $(\alpha_K = 3{,}6)$ durchgeführt worden. Die Aufzeichnung ist umseitig gezeigt.

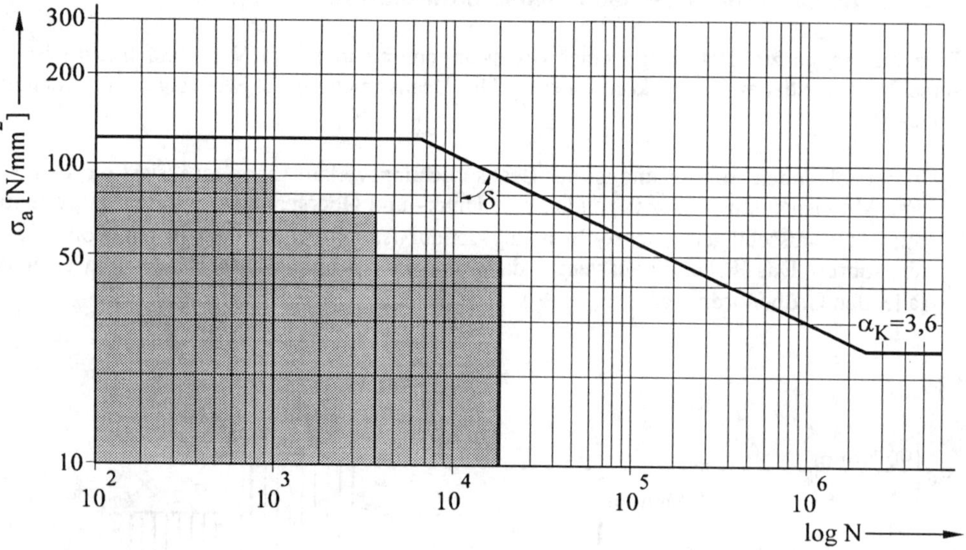

Bild 2: Bauteil-Wöhlerlinie für die Al-Legierung 3.4377 T 761
$(\sigma_m = 0, \alpha_K)$

c) Zur Bestimmung der Nutzungsdauer soll gemäß Gl. (24.9) bzw. (24.10) die einfache Miner-Regel

$$S_K = \sum_{i=1}^{3} \frac{n_i}{N_i} \tag{1}$$

bzw.

$$N_R = \frac{\sum\limits_{i=1}^{3} n_i}{\frac{1}{S_K} \cdot \sum\limits_{i=1}^{3} n_i} = \sum_{i=1}^{3} \frac{n_i}{N_G} \left(\frac{\sigma_{ai}}{\sigma_A} \right)^k \tag{2}$$

angewandt werden.

Die Auswertung erfolgt dabei zweckmäßigerweise nach dem Schema von Bild 3. Als erforderliche Zwischenwerte gilt es aber noch zu ermitteln:

- die Dauerfestigkeit $\sigma_A = 25 N/mm^2$ (ablesen)
- die Grenzlastspielzahl $N_G = 2{,}4 \cdot 10^6 LW$ (ablesen)

- bzw. ein Fixpunkt $N_1 = 18500\ LW$ (ablesen)

  $\sigma_{a1} = 90\ N/mm^2$ (ablesen)

Damit ergibt sich der Wöhlerlinienexponent zu

$$k = -\frac{\log(N_1/N_A)}{\log(\sigma_{a1}/\sigma_A)} = -\frac{\log(1{,}85 \cdot 10^4 / 2{,}4 \cdot 10^6)}{\log(90/25)} = 3{,}7984 \qquad (3)$$

Mit diesen Vorbetrachtungen kann dann die rechnerische Lebensdaueranalyse durchgeführt werden:

i	n_i	σ_{ai}	$\left(\frac{\sigma_{ai}}{\sigma_A}\right)^{-k}$	$N_i = N_G\left(\frac{\sigma_{ai}}{\sigma_A}\right)^{-k}$	$\frac{n_i}{N_i}$
1	1000	90	0,071875	18500	0,05405
2	3000	70	0,020023	48055	0,06243
3	11000	50	0,007708	172500	0,06377
	$\sum n_i = 15000$				$S_n = \sum \frac{n_i}{N_i} = 0{,}18025$

Bild 3: Schema zur Lebensdauerberechnung

Für die Schadenssumme findet sich $S_K = 0{,}18025$, was einem Kollektivwiederholungsfaktor von

$$w_B = \frac{1}{S_K} = 5{,}548 \qquad (4)$$

entspricht. Aus der Anwendung von Gl. (2) erhält man weiter die Lastwechselzahlen bis zum technischen Anriß zu

$$N_R = \frac{15 \cdot 10^3}{0{,}18025} = 83218\ LW\ . \qquad (5)$$

Nimmt man weiter an, daß eine Lastwechsel eine Sekunde dauert, so beträgt die Lebensdauer

23,1 Std.

29. Übung zu Kapitel 24 "Rißfortschrittsproblem"

Der in einem Tragwerk eingebaute Zuggurt, der mit einer sinusförmigen Schwellbeanspruchung von $\Delta\sigma_\infty = 100\ N/mm^2$ belastet wird, ist ein Riß von $a_o = 10$ mm Länge entstanden. Mit wieviel Lastwechseln kann dieser Gurt noch bis zum Bruch beaufschlagt werden?

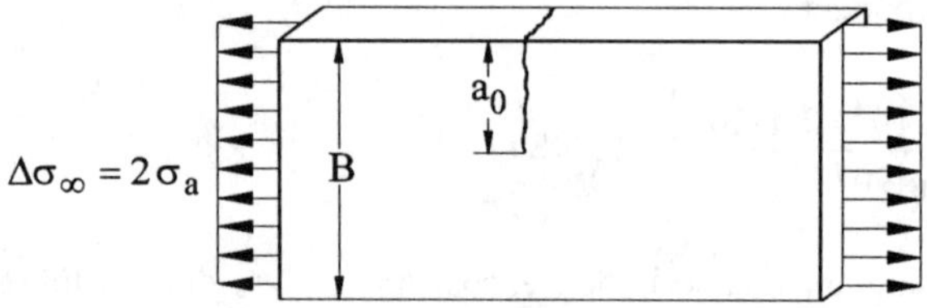

Werkstoffdaten: $m_p = 2{,}7$
$C_p = 2{,}54 \cdot 10^{-11}$
$B = 70$ mm
$t = 4$ mm
$K_{Ic} = 4000\ Nmm^{-3/2}$

Bild 1: Zuggurt

Gemäß den Ausführungen von Kapitel 24.8 kann dieses Problem mit der Paris-Gleichung gelöst werden, die hier wie folgt anzusetzen ist

$$N_B = \frac{a_o^{\frac{2-m_p}{2}} - a_c^{\frac{2-m_p}{2}}}{\left(\frac{m_p - 2}{2}\right) C_p \left[\Delta\sigma_\infty \cdot \sqrt{\pi} \cdot Y\left(\frac{a}{B}\right)\right]^{m_p}} \tag{1}$$

mit dem Korrekturfaktor

$$Y\left(\frac{a}{B}\right) = 1{,}12 - 0{,}23\frac{a}{B} + 10{,}55\left(\frac{a}{B}\right)^2 - 21{,}72\left(\frac{a}{B}\right)^3 + 30{,}39\left(\frac{a}{B}\right)^4 . \tag{2}$$

Unbekannt ist in diese Formel aber noch die kritische Rißlänge a_c. Unter Verweis auf Gl. (24.32) kann diese aber aus einer Überschreitungsrechnung der zyklischen Spannungsintensität

$$\Delta K_I = \Delta\sigma_\infty \cdot \sqrt{\pi \cdot a} \cdot Y\left(\frac{a}{B}\right) \tag{3}$$

bestimmt werden. Dazu gilt es, die maximale Rißlänge in Intervalle einzuteilen und zu angenommenen Rißlängen die Korrekturfunktion und die Spannungsintensität zu bestimmen. Die Rißlänge, bei der die Spannungsintensität die Bruchzähigkeit (K_{Ic}) überschreitet, kann als kritisch angesehen werden. Im vorliegenden Fall soll die kritische Rißlänge mit $a_c = 40$ mm angenommen werden.

a	$Y\left(\frac{a}{B}\right)$	ΔK_I
10	1,2518	701,62
20	1,6114	1.277,33
30	2,2747	2.208,29
35	2,8269	2.964,26
38	3,2687	3.571,40
39	3,4385	3.806,11
40	**3,6210**	**4.059,14**

Bild 2: Ermittlung der kritischen Rißlänge

Trotz dieser Vorbetrachtung ist Gl. (1) nicht direkt lösbar, da sich diese Gleichung aus einer Integration (s. Gl. (24.37) ergeben hat und weiterhin die rißlängenabhängige Korrekturfunktion zu berücksichtigen ist. Hier muß also ein iterativer Lösungsweg gewählt werden.

Die demnach anzusetzende Gleichung lautet

$$N_{B_i} = \frac{a_{i-1}^{\frac{2-m_p}{2}} - a_i^{\frac{2-m_p}{2}}}{\left(\frac{m_p - 2}{2}\right) C_p \left[\Delta\sigma_\infty \cdot \sqrt{\pi} \cdot Y\left(\frac{\bar{a}_i}{B}\right)\right]^{m_p}} . \tag{4}$$

Die gesamten Lastwechsel bis zum Bruch enthält man aus der intervallweisen Addition zu

$$N_B = \sum_{i=1}^{n} N_{B_i} . \tag{5}$$

Für die Auswertung von Gl. (4) wird zweckmäßigerweise eine Tabellenform gewählt. Das Prinzip ist hierbei:

- Einteilen des Rißweges (von 10 bis 15 und 15 bis 20) bis a_c in beliebige Abschnitte,
- in der Mitte des Intervalls $\bar{a}_i$ wird die Rißkorrekturfunktion bestimmt,
- Einsetzen dieser Welle in Gl. (4)

somit
- erhält man die Lastspielzahl die erforderlich ist, einen Anfangsriß von 10 mm nach 15 mm etc. vorwärt zu treiben.

Anfangs-rißlänge a_{i-1}	Endriß-länge a_i	mittlere Rißlänge $\bar{a}_i$	Korrekturfunktion $Y\left(\frac{\bar{a}_i}{B}\right)$	Lastspielzahl N_{B_i}
10	15	12,5	1,3226	29.764
15	20	17,5	1,5012	13.281
20	25	22,5	1,7392	6.331
25	30	27,5	2,0648	3.031
30	35	32,5	2,5257	1.402
35	40	37,5	3,1882	616
				$N_B = 54.425$

Aus der Addition über den Rißverlauf läßt sich also prognostizieren, daß der Zuggurt vom Anfangsriß ausgehend noch mit $N_B = 54.425 LW$ beaufschlagt werden kann.

Literaturverzeichnis

zu Kapitel 1

[1.1] Zindel, E.: Die Probleme und Möglichkeiten des Leichtbaues und seine Entwicklung vom Luftfahrzeugbau zur allgemeinen Technik. 1. Teil Blech Nr. 10/1967, S. 458-462

[1.2] Kirst, L.: Konstruktive Grundlagen des Leichtbaus: Werkstoff - Berechnung - Gestaltung. VDI-Z 98 (1956) 23, S. 1373-1380

[1.3] Czerwenka, G.; Schnell, W.: Einführung in die Rechenmethoden des Leichtbaus. Bd. 1 (Nr. 124/124a) und Bd. 2 (Nr. 125/125a), BI Hochschultaschenbücher, Mannheim, 1967

[1.4] Schapitz, E.: Festigkeitslehre für den Leichtbau. VDI-Verlag, Düsseldorf, 1963

[1.5] Hertel, H.: Leichtbau. Springer-Verlag, Berlin, 1980

[1.6] Wiedemann, J.: Leichtbau. Springer-Verlag, Berlin-Heidelberg-New York, Bd. 1, 1986

zu Kapitel 2

[2.1] Bleicher, W.: Konstruieren mit Aluminium. Aluminium-Taschenbuch, Düsseldorf, 1974, Kapitel 12

[2.2] Breitling, U.: Leichtbau-Optimierung in der Konstruktionspraxis. Konstruktion 35 (1983) 2, S. 53-56

[2.3] Wiedemann, J.: Gewichts- und kostenorientierte Zielmodelle, Einsatzkriterien, Konstruktionsprinzipien und Probleme des Leichtbaus. Vortrag Technische Akademie Esslingen, 1984

[2.4] Hertel, H.: Leichtbau. Springer-Verlag, Berlin, 1980

[2.5] Autorenkollektiv: Handbuch Struktur-Berechnung (HSB). Industrie Ausschuß - Struktur-Berechnungsunterlagen, 1992

zu Kapitel 3

[3.1] Feyerabend, F.: Methodische Gewichtsreduzierung - am Beispiel von Industrierobotern. Diss. Universität-GH-Paderborn, 1990

[3.2] Klein, B.: FEM - Grundlagen und Anwendungen, Vieweg-Verlag, Braunschweig, 1990

[3.3] Hoffmann, K.: Grundlagen der Dehnungsmeßstreifen-Technik. Manuskript Hottinger Baldwin Meßtechnik, Darmstadt, 1976

zu Kapitel 4

[4.1] N.N.: Festigkeitsgerechtes Konstruieren im Fahrzeugbau. Merkblatt Studienkreis der Verkehrsfahrzeuge e.V., 1969

[4.2] Baumgartner, H.: Optimaler Leichtbau von Schienenfahrzeugen. Nahverkehrspraxis, 11/1972, S. 442-454

[4.3] Autorenkollektiv: Konstruieren mit Verbund- und Hybridwerkstoffen. VDI-Bericht 563, Düsseldorf, 198

[4.4] Schapitz, E.: Berechnungsverfahren für Schalenkonstruktionen. VDI-Bericht, Bd. 28, Düsseldorf, 1958

zu Kapitel 5

[5.1] Gürtler, G.: Leichtmetalle und Leichtbau. VDI-Bericht Bd. 28/1958, S. 49-57

[5.2] Kann, v. H.: Die Leichtmetalle Magnesium, Aluminium und Titan als neuzeitliche Konstruktionswerkstoffe. Metall 17 (1963) 3, S. 209-217

[5.3] Öry, H.: Leichtbau. Vorlesungsmitschrift, RWTH-Aachen, 1983

[5.4] Mengeringhausen, M.: Das Prinzip des Leichtbaus und seine Bewertung in Natur und Technik. VDI-Z 102 (1960) 13, S. 523-527

[5.5] Conen, H.: Gestalten und Dimensionieren von Leichtbaustrukturen. in Kohlenstoff- und aramidfaserverstärkte Kunststoffe, VDI-Verlag, Düsseldorf, 1977

[5.6] Klein, B.: Beanspruchungskenngrößen zur Konstruktionsbewertung. Technica, Heft 15/16 (1985), S. 11-15

zu Kapitel 6

[6.1] N.N.: Stahlfibel. Beratungsstelle für Stahlverwendung, Düsseldorf, 1972

[6.2] Hornbogen, E.: Werkstoffe. Springer-Verlag, Berlin-Heidelberg, 1972

[6.3] Domke, W.: Werkstoffkunde und Werkstoffprüfung. Girardet-Verlag, Essen, 1982

[6.4] Reisner, J.: Werkstoffe Ib. AMIV-Verlag, ETH-Zürich, 1976

[6.5] Weber, A. (Hrsg.): Neue Werkstoffe. VDI-Verlag, Düsseldorf, 1989

[6.6] Autorenkollektiv: Aluminium-Taschenbuch. 14. Auflage, Aluminium-Verlag, Düsseldorf, 1988

[6.7] Gans, G.: Elektronenstrahlschweißen von Titan am Beispiel eines Flugzeug-Flügelkastens. Werkstatt und Betrieb 115 (1982) 7, S. 425-430

[6.8] Autorenkollektiv: Kunststoffe im Automobilbau. VDI-Verlag, Düsseldorf, 1983

[6.9] Stüwe, H.-P.: Einführung in die Werkstoffkunde. BI-Hochschultaschenbuch, Nr. 467, Mannheim, 1969

[6.10] N.N. Trends in Aluminium: Aluminium-Lithium-Legierungen. Industrie-Anzeiger 29/1991, S. 22

[6.11] Borbe, P. Chr.; Erdmann, F.: Eigenschaften und Anwendung von Superleichtlegierungen. Maschinenmarkt 89 (1983) 53, S. 1232-1235

[6.12] Suzuki, H.; Kanno, M.; Hayashi, N.: Aging phenomena in aluminium-lithium alloys. Aluminium 58 (1982) 2, S. 120-122

[6.13] Marissen, R.: Flugtauglich - Hybrid-Verbundwerkstoffe für hochbelastete Bauteile. Konstruktionselemente 9/1987, S. 80-82

[6.14] Puck, A.: Grundlagen der Faserverbund-Konstruktion. Vorlesungsmanuskript, GH-Kassel, 1987

[6.15] Taprogge, R.; Scharwächter, R.; Hahnel, P.: Faserverstärkte Hochleistungs-Verbundwerkstoffe. Vogel-Verlag, Würzburg, 1975

zu Kapitel 7

[7.1] Nachtigall, W.: Werkstoffe und Leichtbauweisen in der Natur. in Verbundwerkstoffe und Werkstoffverbunde in der Kunststofftechnik. VDI-Verlag, Düsseldorf, 1982

[7.2] Wiedemann, J.: Gewichts- und kostenorientierte Zielmodelle. in Einsatzkriterien, Konstruktionsprinzipien und Probleme des Leichtbaus. Vortrag Technische Akademie Esslingen, 1984

[7.3] Jorden, W.: Beanspruchungsgerechtes Konstruieren. Vorlesungsmanuskript, GH-Paderborn, 1986

zu Kapitel 8

[8.1] Szabo, I.: Einführung in die technische Mechanik. Bd. 1, Springer-Verlag, Berlin-Heidelberg, 1984

[8.2] Wiedemann, J.: Leichtbau. Bd. 1, Springer-Verlag, Berlin-Heidelberg, 1986

zu Kapitel 9

[9.1] Czerwenka, G.; Schnell, W.: Einführung in die Rechenmethoden des Leichtbaus. Bd. 1, BI-Hochschultaschenbuch, Nr. 124/124a, Mannheim, 1967

[9.2] Wiedemann, J.: Leichtbau. Bd. 1, Springer-Verlag, Berlin-Heidelberg, 1986

zu Kapitel 10

[10.1] Friemann, H.: Schub und Torsion in geraden Stäben. Werner-Verlag, Düsseldorf, 1983

[10.2] Bruhns, O. T.; Klöhn, C.: Technische Mechanik II, Elastostatik. Vorlesungsmanuskript, GH-Kassel, 1984

[10.3] Wiedemann, J.: Leichtbau. Bd. 1, Springer-Verlag, Berlin-Heidelberg, 1986

zu Kapitel 11

[11.1] Czerwenka, G.; Schnell, W.: Einführung in die Rechenmethoden des Leichtbaus. BI-Hochschultaschenbücher, 124/124a, Mannheim, 1967

zu Kapitel 12

[12.1] Dreher, H.-J.: Leichtbaustatik. Teubner-Verlag, Stuttgart, 1982

[12.2] Rammersdorfer, F. G.: Reptitorium Leichtbau. Oldenbourg-Verlag, Wien München, 1992

zu Kapitel 13

[13.1] Czerwenka, G.; Schnell, W.: Einführung in die Rechenmethoden des Leichtbaus. BI-Hochschultaschenbücher, 124/124a, Mannheim, 1967

zu Kapitel 14

[14.1] Kan, S. N.; Panowko, J. G.: Festigkeit dünnwandiger Konstruktionen - Blechbaustatik. VEB-Verlag, Technik, Berlin, 1956

[14.2] Heilig, R.: Beitrag zur Theorie der Kastenträger beliebiger Querschnitte. Stahlbau, 30/1961, S. 333-349

[14.3] Dreher, H.-J.: Leichtbaustatik. Teubner-Verlag, Stuttgart, 1982

zu Kapitel 15

[15.1] Falk, S.: Technische Mechanik. Bd. 3, Springer-Verlag, Berlin-Heidelberg, 1968

[15.2] Czerwenka, G.; Schnell, W.: Einführung in die Rechenmethoden des Leichtbaus. Bd. 1, BI-Hochschultaschenbücher, 124/124a, Mannheim, 1967

zu Kapitel 16

[16.1] Czerwenka, G.; Schnell, W.: Einführung in die Rechenmethoden des Leichtbaus. Bd. 1, BI-Hochschultaschenbücher, 124/124a, Mannheim, 1967

[16.2] Szabo, I.: Einführung in die technische Mechanik. Bd. 1, Springer-Verlag, Berlin-Heidelberg, 1984

zu Kapitel 17

[17.1] Blume, W.: Festigkeitseigenschaften kombinierter Leichtbaustoffe im Hinblick auf die Verkehrstechnik. Forschungsberichte des Verkehrsministeriums NRW, Nr. 487, Düsseldorf, 1958

[17.2] Reich, O.: Die Biegung der Sandwichbalken. Wiss. Zeitschrift der TU-Dresden 11 (1962) 1, S. 71-86 und 11 (1962) 3, S. 501-508

[17.3] Stamm, K.; Witte, H.: Sandwichkonstruktionen. Springer-Verlag, Berlin-Heidelberg, 1974

[17.4] Wiedemann, J.: Leichtbau I und II. Vorlesungsmitschrift, TU-Berlin, 1979/80

[17.5] Plantema, F. J.: Sandwich Construction. Wiley & Sons, New York, 1966

[17.6] Hertel, H.: Leichtbau. Springer-Verlag, Berlin, 1980

zu Kapitel 18

[18.1] Pflüger, A.: Stabilitätsprobleme der Elastostatik. Springer-Verlag, Berlin-Heidelberg, 1975

[18.2] Holzmann, G. et.al.: Technische Mechanik. Bd. 3, Teubner-Verlag, Stuttgart, 1971
[18.3] Wiedemann, J.: Leichtbau. Bd. 1, Springer-Verlag, Berlin-Heidelberg, 1986
[18.4] Czerwenka, G.; Schnell, W.: Einführung in die Rechenmethoden des Leichtbaus. Bd. 2, BI-Hochschultaschenbücher, 125/125a, Mannheim, 1969

zu Kapitel 19

[19.1] Kollenbrunner, C. F.; Meister, M.: Ausbeulen. Springer-Verlag, Berlin-Göttingen-Heidelberg, 1958
[19.2] Szabo, I.: Einführung in die technische Mechanik. Bd. 1, Springer-Verlag, Berlin-Heidelberg, 1984
[19.3] Wiedemann, J.: Leichtbau I und II. Vorlesungsmitschrift, TU-Berlin, 1979/89
[19.4] Öry, H.: Leichtbau. Vorlesungsmitschrift, RWTH-Aachen, 1983
[19.5] Hertel, H.: Leichtbau. Springer-Verlag, Berlin, 1980

zu Kapitel 20

[20.1] Oehler, G.; Draeger, E.: Versteifen von Stahlblechteilen. Merkblatt Stahl Nr. 350, Düsseldorf, 1971
[20.2] Kienzle, O.: Die Versteifung ebener Böden und Wände aus Blech. Mitteilungen der Forschungsgesellschaft Blechverarbeitung, Düsseldorf, 1955, H. 7
[20.3] Mohr, H.; Weber, A.: Rippen- und sickenversteifte Kunststoff-Konstruktionen. Mitteilungen der BASF, Ludwigshafen, 1976

zu Kapitel 21

[21.1] Schapitz, E.: Festigkeitslehre für den Leichtbau. VDI-Verlag, Düsseldorf, 1963
[21.2] Wiedemann, J.: Leichtbau I und II. Vorlesungsmitschrift, TU-Berlin, 1979/80

zu Kapitel 22

[22.1] Autorenkollektiv: HSB-Handbuch Struktur Berechnung. Industrie Ausschuß Sturktur-Berechnungsunterlagen, Bremen, 1976
[22.2] Althof, W.: Kleben. in O. C. Bauer, Handbuch der Verbindungstechnik, Hanser-Verlag, München-Wien, 1991
[22.3] Volkersen, O.: Die Nietkraftverteilung in zugbeanspruchten Nietverbindungen mit konstanten Laschenquerschnitten. Luftfahrtforschung 15 (1938) 1/2, S. 41-47
[22.4] Müller, H.: Festigkeits- und Dimensionierungsvoraussagen von einfach überlappten Metallklebeverbindungen. Fertigungstechnik und Betrieb 11 (1961) 2, S. 131-135
[22.5] Matting, A.; Ulmer, K.: Grenzflächenreaktionen und Spannungsverteilung in Metallklebeverbindungen. Kautschuk Gummi Kunststoff 16 (1963), S. 213-224, S. 280-290, S. 334-345 und S. 387-396
[22.6] Goland, M.; Reissner, E.: The Stresses in Cemented Joints. Journal of Applied Mechanics 11 (1944) 1, pp. 17-27

[22.7] Matting, A.; Draugelates, U.: Die Schwingfestigkeit von Metallklebeverbindungen. Adhäsion 12 (1968) 1, S. 5-22, S. 110-132

zu Kapitel 23

[23.1] Wiedemann, J.: Leichtbau. Bd. 2, Springer-Verlag, Berlin-Heidelberg, 1989

[23.2] Wiedemann, J.. Leichtbau I und II. Vorlesungsmitschrift, TU-Berlin 1979/80

[23.3] Mattheck, C.: Design in der Natur. Rombach-Verlag, Freiburg, 1992

[23.4] Freitag, D.: Programmentwicklung KONTOPT. unveröffentl. Manuskript, Gh-Kassel, 1994

zu Kapitel 24

[24.1] Zammert, W.-U.: Betriebsfestigkeitsberechnung. Vieweg-Verlag, Braunschweig-Wiesbaden, 1985

[24.2] Schütz, W.; Zenner, H.: Schadensakkumulationshypothesen zur Lebensdauervorhersage bei schwingender Beanspruchung - Ein kritischer Überblick. Zeitschrift für Werkstofftechnik 4 (1973) 1, S. 25-33 und S. 97-102

[24.3] Autorenkollektiv: Leitfaden für eine Betriebsfestigkeitsrechnung. Verlag Stahl Eisen, Düsseldorf, 1985

[24.4] Schwalbe, K.-H.: Bruchmechanik metallischer Werkstoffe. Hanser-Verlag, München-Wien, 1980

[24.5] Autorenkollektiv: Berechnungsunterlagen zur Rißfortschritts- und Restfestigkeitsvorhersage rißbehafteter Großbauteile. Bericht der Arbeitsgemeinschaft Betriebsfestigkeit, Nr. ABF 06, Düsseldorf, 1979

[24.6] Handbuch: The Fracture Mechanic Software. American Society for Metals, USA, 1986

[24.7] Haibach, E.: Betriebsfestigkeit - Verfahren und Daten zur Bauteilberechnung. VDI-Verlag, Düsseldorf, 1989

zu Kapitel 25

[25.1] Lechner, G.; Hirschmann, K. H.: Fragen der Zuverlässigkeit von Fahrzeuggetrieben. Konstruktion 31 (1979) 1, S. 19-26

[25.2] Birolini, A.: Qualität und Zuverlässigkeit technischer Systeme. Springer-Verlag, Berlin-Heidelberg, 1991

[25.3] Autorenkollektiv: Zuverlässigkeitssicherung bei Automobilherstellern und Lieferanten. VDA, Frankfurt, Heft 3, 1984

[25.4] Bertsche, B.; Lechner, G.: Verbesserte Berechnung der Systemlebensdauer von Produkten des Maschinenbaus. Konstruktion 38 (1986) 8, S. 315-321

[25.5] Bertsche, B.; Lechner, G.: Zuverlässigkeit im Maschinenbau. Springer-Verlag, Berlin-Heidelberg, 1990

Sachwortverzeichnis